经以修志
继往开来

贺教育部
哲人及向项目
成立主题

季羡林
二〇〇八

教育部哲学社会科学研究重大课题攻关项目
"十三五"国家重点出版物出版规划项目

城镇化背景下我国义务教育改革和发展机制研究

STUDY ON THE REFORM AND DEVELOPMENT
MECHANISM OF COMPULSORY EDUCATION
IN THE CONTEXT OF URBANIZATION IN CHINA

邬志辉 等著

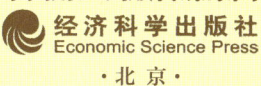

中国财经出版传媒集团
经济科学出版社
Economic Science Press
·北京·

图书在版编目（CIP）数据

城镇化背景下我国义务教育改革和发展机制研究/
邬志辉等著．－－北京：经济科学出版社，2024.3
教育部哲学社会科学研究重大课题攻关项目 "十三
五"国家重点出版物出版规划项目
ISBN 978-7-5218-2308-0

Ⅰ.①城⋯　Ⅱ.①邬⋯　Ⅲ.①义务教育-教育改革-
研究-中国②义务教育-发展-研究-中国　Ⅳ.
①G522.3

中国版本图书馆 CIP 数据核字（2021）第 013820 号

责任编辑：孙丽丽　胡蔚婷
责任校对：隗立娜
责任印制：范　艳

城镇化背景下我国义务教育改革和发展机制研究

邬志辉　等著

经济科学出版社出版、发行　新华书店经销
社址：北京市海淀区阜成路甲 28 号　邮编：100142
总编部电话：010-88191217　发行部电话：010-88191522
网址：www.esp.com.cn
电子邮箱：esp@esp.com.cn
天猫网店：经济科学出版社旗舰店
网址：http：//jjkxcbs.tmall.com
北京季蜂印刷有限公司印装
787×1092　16 开　38.75 印张　750000 字
2024 年 3 月第 1 版　2024 年 3 月第 1 次印刷
ISBN 978-7-5218-2308-0　定价：156.00 元
（图书出现印装问题，本社负责调换．电话：010-88191545）
（版权所有　侵权必究　打击盗版　举报热线：010-88191661
QQ：2242791300　营销中心电话：010-88191537
电子邮箱：dbts@esp.com.cn）

课题组主要成员

首席专家 邬志辉
主要成员 秦玉友 李 涛 凡勇昆 刘善槐
　　　　　　丁学森 王 红 付昌奎 陈昌盛
　　　　　　倪建雯 汤 颖

总　序

哲学社会科学是人们认识世界、改造世界的重要工具，是推动历史发展和社会进步的重要力量，其发展水平反映了一个民族的思维能力、精神品格、文明素质，体现了一个国家的综合国力和国际竞争力。一个国家的发展水平，既取决于自然科学发展水平，也取决于哲学社会科学发展水平。

党和国家高度重视哲学社会科学。党的十八大提出要建设哲学社会科学创新体系，推进马克思主义中国化、时代化、大众化，坚持不懈用中国特色社会主义理论体系武装全党、教育人民。2016年5月17日，习近平总书记亲自主持召开哲学社会科学工作座谈会并发表重要讲话。讲话从坚持和发展中国特色社会主义事业全局的高度，深刻阐释了哲学社会科学的战略地位，全面分析了哲学社会科学面临的新形势，明确了加快构建中国特色哲学社会科学的新目标，对哲学社会科学工作者提出了新期待，体现了我们党对哲学社会科学发展规律的认识达到了一个新高度，是一篇新形势下繁荣发展我国哲学社会科学事业的纲领性文献，为哲学社会科学事业提供了强大精神动力，指明了前进方向。

高校是我国哲学社会科学事业的主力军。贯彻落实习近平总书记哲学社会科学座谈会重要讲话精神，加快构建中国特色哲学社会科学，高校应发挥重要作用：要坚持和巩固马克思主义的指导地位，用中国化的马克思主义指导哲学社会科学；要实施以育人育才为中心的哲学社会科学整体发展战略，构筑学生、学术、学科一体的综合发展体系；要以人为本，从人抓起，积极实施人才工程，构建种类齐全、梯队衔接的高校哲学社会科学人才体系；要深化科研管理体制改革，发挥高校人才、智力和学科优势，提升学术原创能力，激发创新创造活力，建设中国特色新型高校智库；要加强组织领导、做好统筹规划、营造良好学术生态，形成统筹推进高校哲学社会科学发展新格局。

哲学社会科学研究重大课题攻关项目计划是教育部贯彻落实党中央决策部署的一项重大举措，是实施"高校哲学社会科学繁荣计划"的重要内容。重大攻关项目采取招投标的组织方式，按照"公平竞争，择优立项，严格管理，铸造精品"的要求进行，每年评审立项约40个项目。项目研究实行首席专家负责制，鼓励跨学科、跨学校、跨地区的联合研究，协同创新。重大攻关项目以解决国家现代化建设过程中重大理论和实际问题为主攻方向，以提升为党和政府咨询决策服务能力和推动哲学社会科学发展为战略目标，集合优秀研究团队和顶尖人才联合攻关。自2003年以来，项目开展取得了丰硕成果，形成了特色品牌。一大批标志性成果纷纷涌现，一大批科研名家脱颖而出，高校哲学社会科学整体实力和社会影响力快速提升。国务院副总理刘延东同志做出重要批示，指出重大攻关项目有效调动各方面的积极性，产生了一批重要成果，影响广泛，成效显著；要总结经验，再接再厉，紧密服务国家需求，更好地优化资源，突出重点，多出精品，多出人才，为经济社会发展做出新的贡献。

作为教育部社科研究项目中的拳头产品，我们始终秉持以管理创新服务学术创新的理念，坚持科学管理、民主管理、依法管理，切实增强服务意识，不断创新管理模式，健全管理制度，加强对重大攻关项目的选题遴选、评审立项、组织开题、中期检查到最终成果鉴定的全过程管理，逐渐探索并形成一套成熟有效、符合学术研究规律的管理办法，努力将重大攻关项目打造成学术精品工程。我们将项目最终成果汇编成"教育部哲学社会科学研究重大课题攻关项目成果文库"统一组织出版。经济科学出版社倾全社之力，精心组织编辑力量，努力铸造出版精品。国学大师季羡林先生为本文库题词："经时济世 继往开来——贺教育部重大攻关项目成果出版"；欧阳中石先生题写了"教育部哲学社会科学研究重大课题攻关项目"的书名，充分体现了他们对繁荣发展高校哲学社会科学的深切勉励和由衷期望。

伟大的时代呼唤伟大的理论，伟大的理论推动伟大的实践。高校哲学社会科学将不忘初心，继续前进。深入贯彻落实习近平总书记系列重要讲话精神，坚持道路自信、理论自信、制度自信、文化自信，立足中国、借鉴国外，挖掘历史、把握当代，关怀人类、面向未来，立时代之潮头、发思想之先声，为加快构建中国特色哲学社会科学，实现中华民族伟大复兴的中国梦做出新的更大贡献！

教育部社会科学司

前　言

扎根中国大地做研究

"按教育规律办教育"是教育界乃至全社会的普遍共识。至于什么是教育规律？我们知道的多是教科书式的答案——教育规律是不以人的意志为转移的，教育活动各要素之间所具有的内在的、本质的和必然的联系，是教育发展变化的必然趋势。这种"教科书话语"看似正确，但却较少能启迪决策者、实践者和评价者的教育智慧，毋宁说在一定意义上还禁锢了人们的情境思维和创新意志。既然规律是不以人的意志为转移的，是事物发展变化的必然趋势，那么人在规律面前岂不是束手无策吗？"人类可以让世界变得更美好"岂不是谎言？既然规律是活动要素内在的、本质的、必然的联系，那么划定内在与外在、本质与表象、必然与偶然的标准是什么？我们又该如何看待事物的普遍联系和永恒发展的观点？对于这些疑问，我们似乎在理论上说清了，但还是经常在实践中迷茫。为什么会这样呢？笔者认为可能与我们对教育规律的发生学、类型学、人性学本性的认识不足有关。

教育规律是永恒的吗？如果我们仅把"教育规律是永恒的"理解为"只要有教育活动存在就必然有教育规律起作用"的话，这似乎只是一个常识或一句正确的废话，它并没有告诉我们在当下阶段、当下国家、当下情境的教育规律究竟是什么。人类社会是发展变化的，规律当然也要随之发生变化。换句话说，教育规律具有发生学本性。在古代，人类社会是没有当今世界这样的全球化、城镇化、工业化、信息化和农业现代化现象的，当然也就不存在教育与这些现象相关联的规律。人类社会有一个发展的过程，教育规律自然也有一个暴露的过程，在规律还没有暴露之前，人类只能前瞻预测而无法做到准确认识。即使教育规律暴露了，人类也不一定能"立即地"和"全面地"予以认识，因为认识活动同样需要一个过程，君不见人类常常因违背教育规律而受挫却不自知吗？再假使先知先觉者悟到了教育规律的真谛，但是要把个体悟到的道理表达清楚也不是一件容易的事情。因为人类的许多认识是以缄默知识的方式存在的，只可意会而较难言传。同样，即使我们对所有教育表象背后的规律都认识和表达清楚了，但是让所有的人知道、理解和运用规律也需要时间。这意味着，人类认识教育规律是一个永无止境的过程，因为当下我们所处的历史阶段、所属的文化传统、所在的教育情境皆是不同的，因此本本主义、概念主义的规律观是行不通的，我们必须扎根中国大地，面对时代变迁，持续深耕研究，惟如此才能引领变革、创新发展。

教育规律是一样的吗？换句话说，教育规律是普遍适用的吗？为什么会有"例外"事件发生？我认为，教育既是一种社会现象，也是一种文化现象。作为社会现象，教育规律是有一定普遍性的，古今中外皆持一理，概莫能外。所以，我们要借鉴一切人类教育文明成果，既向优秀传统文化学习，又向国际先进经验学习。作为文化现象，教育规律又是有一定特殊性的，古典观念不一定适合维新时代，域外理论也不一定适合中国国情。虽然古为今用、洋为中用、学为术用、他为我用的事情经常发生，但"不管用"的时候也时常存在。为什么会这样呢？因为教育是一种复杂现象，教育规律具有类型学本性，也就是说，在此种教育类型起作用的规律，在彼种教育类型却不一定起作用。譬如在拥有共同教育本质的同时，中国教育规律与英国教育规律也有不同，学前教育规律和高等教育规律也会有所差别，教育宏观发展规律和教育微观活动规律很不一样，即使同为微观教育活动，德育活动规律、智育活动规律、体育活动规律和美育活动规律也会有所差异。再以学与术的关系为例，教育理论在许多情况下是无条件的和完美的，讲的是通用性、简单性和概念性，而教育实践则是有约束的和不完美的，讲的是特殊性、复杂性和情境性。美国当代心理学家唐纳德·A. 舍恩（Donald A. Schön）曾指出："所有职业的从业者，当他们运用所学的理论解决实际问题时，都经常遇到'行不通'的困惑。根本原因在于，人们没有把问题解决看作是特定情境下的任务。"加拿大教育变革学家迈克尔·富兰（Michael Fullan）也认为，教育情境的不确定性、教育对象的复杂性和差异性、教育决策的不可预见性和不可复制性使我们"总是遇到例外"。"例外"往往被认为是小概率事件，很少引起人们的注意，也很少成为学者的研究对象，因此我们对日常教育生活中总是遇到的"例外"事件的发生规律无所认知。所以，我们要回归真实教育世界、扎根中国教育大地开展学术研究，在真实世界中生成富有解释力的中国概念，而不是把中国教育现象全部"套塞"进西方教育理论中，把中国的教育存在当作西方教育理论的一个证据，或者用西方的教育理论"剪裁"中国的教育实践，把他者教育成功的道理当作我们行动的依据，而是要重新找回中国教育理论的存在感，重拾中国教育的学术自信。

　　教育规律是客观的吗？规律常常被视为确定性的因果联系，因此有客观性的一面。但关键是，在现实世界中，许多事物的因果关系经常是不确定的，一因多果、多因一果、多因多果、互为因果的事大量存在。人类为什么需要掌握事物的发展规律？因为人类期望通过对事物因果关系的把握来找到达成人类目的的工具、手段、方法、策略和机制。在这个意义上，恰如石中英教授所说，教育规律就是"一种教育活动得以顺利进行并实现预期目的的不可或缺性、不可违背性"的东西。然而，这里涉及了一个更深层次的学术问题，即教育规律的人性学本性问题。教育是关涉人的，但人的教育目的都是正当的、合法的吗？什么才是正当而合法的教育目的呢？这既是一个哲学问题，也是一个政治问题，而辨明此问题的方法只有哲学追问和政治批判，跟规律无关。规律是在承认目的价值正当性的前提下对工具价值合理性的遵循。现实的情况是，人们时常把手段当作目的本身，没有把人——"自我"及"他人"当成教育的目的，而是把人自身当作了赢得权力、地位、利益和面子的工具。在异化了的目的的前提下，一切手段即使再合理、再正当，也谈不上是遵循了规律。由此看，教育规律亦受价值规约的影响，从而表现出其主观性的一面。在目的正当的前提下，考量一个教育活动或教育行为是否遵循了教育规律，一要看工具价值是否正当，二要看手段设计是否有效。工具价值的正当性是受法律制度、道德规范、社会习俗等规约的，英文中的 law 一词既指法律又指规律，足见规律的律令之维。手段设计的有效性就是达成正当目的之合法手段的效率、效益和效果问题。中国面临的教育问题，虽然有价值迷茫或价值迷失的问题，但更多的是机制不灵或方法不当的问题。譬如我们喊了那么多年的"素质教育"，自然知道人的全面发展的价值重要性，但却一直找不到破解素质教育难题的办法。当下，在城镇化背景下推进我国义务教育改革发展，既要彰显"以人民为中心发展教育"的中国价值，更要面对时代难题，激发全体人民的创新意志和实践智慧，创造符合教育规律的中国办法和中国经验。

  当今时代的中国是一片火热的土地，正在经历由"乡土社会"向"城市社会"的重大转型。受历史上城乡二元制度惯性、现实中开放市场自主选择、在未来高新技术革命作用的综合影响，中国的城镇化呈现出与早发国家极为不同的新特征、新问题和新挑战。忠实地记录、科学地研究这一人类伟大的社会变迁过程，解释真实世界背后的实践逻辑，生成富有中国特色的学术话语、学术概念和理论体系，是时代赋予我们的神圣使命。自 2013 年 10 月该重大课题攻关项目获批以来，我们研究团队经历无数次交流研讨，经过研究设计、工具开发、科学抽样等环节，先后赴北京朝阳、广州天河、深圳福田、东莞寮步、苏州高新、厦门思明、青岛李沧、成都青羊、重庆沙坪坝、长春宽城等 10 余市区（镇）开展城镇化背景下大城市义务教育面临的挑战及实践创新调研，又先后赴湖南郴州、衡阳、永顺、溆浦、江西萍乡、鄱阳、弋阳、四川南江、理县、蒲江、甘肃白银、张掖、浙江台州、遂昌、云南文山、绥江、广西钦州、博白、宁夏西吉、海原、河南鹿邑、信阳、湖北孝感、贵州毕节等 10 余省 20 多个县开展农村寄宿制学校、小规模学校、留守儿童、乡村教师、县镇大班额以及城乡义务教育一体化改革的调查研究，前后累计投入调查研究人员达 280 余人次，发表学术论文 90 余篇，形成研究报告 10 余份，多份获得李克强总理、刘延东副总理以及教育部领导批示。我们期望自己能真正做到扎根中国大地做研究、把论文和著作写在中国大地上。

  课题研究历时 4 年，现在终于可以画上一个阶段性的句号了。本书是教育部哲学社会科学研究重大课题攻关项目"城镇化背景下我国义务教育改革和发展机制研究"的最终成果，是团队攻关和集体智慧的结晶，该成果还得到了吉林省高校创新团队项目、东北师范大学重点学科方向 PI 团队项目的支持。在此，笔者代表课题组对长期以来支持农村教育研究团队的教育部基础教育司、教师工作司以及各调研省市县教育厅局的领导，各调研学校的校长和教师们表示衷心的感谢！尽管我们的研究收获了很多答案，但也发现了更多值得研究的新课题；尽管我们尽心竭力，但书中一定还存在不少问题，我们真挚地恳请各位专家学者和热心读者批评指正。

课题组负责人：邬志辉

摘　要

21世纪以来，我国城镇化快速发展引发城市学龄人口过密化和乡村学龄人口过疏化、社会结构三元化与家庭人口两地化、义务教育优质化和资源配置均等化等问题，迫切需要机制创新。本书全面探讨了城镇化背景下我国城乡义务教育面临的新挑战以及改革发展需要的新机制。全书共分三篇。第一篇系统阐述了城镇化的本质、功能、实践逻辑、城市性、人的城市化，以及城镇化与义务教育的相互作用机制、中国义务教育城镇化的时代特征。第二篇以调查为基础系统阐释了学龄人口流入对城市义务教育的挑战以及城市破解压力的机制创新，诸如大城市义务教育资源承载机制、城市义务教育供给侧结构性改革发展机制、大城市义务教育不平等治理机制、农民工子女城市义务教育就学机制、城市纳民学校发展机制等。第三篇也以调查为基础详细分析了学龄人口流出对农村义务教育的挑战以及农村破解危机的机制路径，诸如县城义务教育学校大班额化解机制、农村义务教育寄宿制学校发展机制、乡村小规模学校发展机制、乡村义务教育教师队伍建设机制、农村义务教育学校留守儿童关爱机制等。最后，本书提出了城镇化背景下城乡义务教育一体化发展的总体构想。

Abstract

Since the new century, the rapid development of urbanization in China has led to the problems of over dense urban school-age population and over sparse rural school-age population, ternary social structure and dual family population, and high-quality compulsory education and equal allocation of resources. This book comprehensively discusses the new challenges faced by China's urban and rural compulsory education under the background of urbanization and the new mechanism needed for their reform and development. The book is divided into three parts. The first part systematically expounds the essence, function, practical logic, urbanity, people-oriented urbanization, the interaction mechanism between urbanization and compulsory education, and the characteristics of China's urbanization of compulsory education. Based on the survey, the second part systematically explains the challenges of school-age population inflow to urban compulsory schools and the mechanism innovation to solve the pressure, such as the resource capacity mechanism of compulsory schools in metropolis, the supply-side structural reform and development mechanism of urban compulsory schools, the governance mechanism of urban compulsory education inequality in metropolis, the pedagogical mechanism of urban compulsory schools for migrant workers' children, and urban NAMIN schools (i.e. bring the school for the children of migrant workers into the management series of private schools) Development mechanism, etc. Based on the survey, the third part also detailedly analyzes the challenges of school-age population outflow from rural compulsory schools and the mechanism path to solve the crisis in rural areas, such as the resolution mechanism of large class size in County compulsory schools, the development mechanism of rural compulsory boarding schools, the development mechanism of small-scale schools in rural areas, the construction mechanism of teachers in rural compulsory schools, and the care mechanism for rural left behind Children in compulsory schools. Finally, the book puts forward the overall concept of the integration of urban and rural compulsory education under the background of urbanization.

目 录
Contents

引论 ▶ 城镇化对义务教育意味着什么　1

第一篇
理论透视篇　39

第一章 ▶ 中国城镇化的实质及其逻辑　41
 第一节　城镇化的本质与功能　42
 第二节　中国城镇化的实践逻辑　56
 第三节　城市性与人的城市化　68

第二章 ▶ 城镇化与义务教育的关系　81
 第一节　城镇化对义务教育的多重作用　81
 第二节　义务教育对城镇化的促进作用　93
 第三节　城镇化与城镇义务教育扩张的互动机制　102

第三章 ▶ 中国义务教育城镇化的当代特征　116
 第一节　义务教育城镇化进程的特点与发展矛盾　116
 第二节　城镇化过程中城镇教育的扩容问题　124
 第三节　城镇化过程中农村教育面临的时代挑战　137
 第四节　义务教育城镇化的发展战略选择　143

第二篇

城市挑战篇 147

第四章 ▶ 大城市义务教育资源承载机制研究　149

第一节　为什么大城市会成为一个问题　149

第二节　怎样判断大城市义务教育资源承载力是否超标　171

第三节　一座特大城市的典型案例分析　182

第五章 ▶ 城市义务教育供给侧结构性改革发展机制研究　195

第一节　研究设计　196

第二节　城镇化、义务教育与供给侧结构性改革　204

第三节　城市义务教育用地机制改革　215

第四节　城市义务教育教师配置机制　232

第五节　城市义务教育经费保障机制　254

第六章 ▶ 大城市义务教育不平等治理机制研究　271

第一节　大城市义务教育入学空间不平等及其治理机制　271

第二节　大城市义务教育升学身份不平等及其治理机制　288

第三节　大城市义务教育融入文化不平等及其治理机制　311

第七章 ▶ 农民工子女城市义务教育就学机制研究　320

第一节　农民工携带子女进城的总体态势　321

第二节　农民工随迁子女在城市就学的现实困境　329

第三节　农民工随迁子女在城市就学的机制选择　336

第八章 ▶ 城市纳民学校发展机制研究　341

第一节　城市纳民学校的产生与发展　341

第二节　城市纳民学校的发展困境　348

第三节　城市纳民学校的发展空间　350

第四节　城市纳民学校存在的合理性省察　352

第五节　城市纳民学校的发展机制探讨　354

第三篇

县域挑战篇　359

第九章 ▶ 县城义务教育学校大班额化解机制研究　361

第一节　县城义务教育学校大班额的形成机制　361
第二节　县城义务教育学校大班额治理的理论基础　368
第三节　县城义务教育学校大班额的化解机制　375

第十章 ▶ 农村义务教育寄宿制学校发展机制研究　400

第一节　农村义务教育寄宿制学校的现实特征与形成机制　401
第二节　农村义务教育寄宿制学校的国际视野与价值争论　421
第三节　当前农村义务教育寄宿制学校发展的困境与挑战　428
第四节　农村义务教育寄宿制学校的发展机制与改革策略　449

第十一章 ▶ 乡村小规模学校发展机制研究　463

第一节　乡村小规模学校的基本形态　464
第二节　乡村小规模学校面临的挑战　471
第三节　乡村小规模学校的潜在优势　476
第四节　乡村小规模学校的发展机制　479

第十二章 ▶ 乡村义务教育教师队伍建设机制研究　487

第一节　乡村义务教育教师劳动力市场的现实境遇　488
第二节　乡村义务教育教师职业吸引力的现实状况　496
第三节　乡村义务教育教师队伍建设改革的实践难题　503
第四节　乡村义务教育教师队伍的建设机制　513

第十三章 ▶ 农村义务教育学校留守儿童关爱机制研究　518

第一节　农村义务教育留守儿童问题的价值观照　518
第二节　农村义务教育留守儿童的现实境况　522
第三节　农村义务教育留守儿童的问题表现与形成原因　529

第四节　农村义务教育留守儿童关爱的新思维　538
第五节　农村义务教育留守儿童问题的关爱机制　545
第六节　农村义务教育留守儿童问题解决的可能路径　550

参考文献　557
后记　585

Contents

Introduction: What does Urbanization Mean to Compulsory Education   1

Part 1   Theoretical Perspective   39

Chapter 1   The Essence and Logic of China's Urbanization   41

   1.1   The Essence and Function of Urbanization   42

   1.2   The Practical Logic of China's Urbanization   56

   1.3   Urbanity and People-oriented Urbanization   68

Chapter 2   The relationship between Urbanization and Compulsory Education   81

   2.1   Multiple Effects of Urbanization on Compulsory Education   81

   2.2   Promoting Effects of Compulsory Education on Urbanization   93

   2.3   The Interactive Mechanism between Urbanization and the Expansion of Urban Compulsory Education   102

Chapter 3   Contemporary Characteristics of Urbanization of Compulsory Education in China   116

   3.1   Process Characteristics and Development Contradictions of Urbanization of Compulsory Education   116

3.2 Studies on the Expansion of Urban Education in the Process of Urbanization   124

3.3 Contemporary Challenges Faced by Rural Education in the Process of Urbanization   137

3.4 Strategical Choices for Urbanization of Compulsory Education   143

Part 2   Urban Challenges   147

Chapter 4   Studies on the Resource Capacity Mechanism of Compulsory Schools in Metropolis   149

4.1 Why Big Cities have the Problem of Resource Capacity   149

4.2 How to Judge Whether the Resource Capacity of Compulsory Education Exceeds the Standard or not in Metropolis   171

4.3 A Typical Case Studies of Megacity   182

Chapter 5   Studies on the Supply-side Structural Reform and Development Mechanism of Urban Compulsory Education   195

5.1 Research Design   196

5.2 Urbanization, Compulsory Education and Supply-side Structural Reform   204

5.3 Land Use Mechanism for Urban Compulsory Education   215

5.4 Teachers' Allocation Mechanism for Urban Compulsory Education   232

5.5 Funding Guarantee Mechanism for Urban Compulsory Education   254

Chapter 6   Studies on the Governance Mechanism of Compulsory Education Inequality in Metropolis   271

6.1 Enrollment Space Inequality and its Governance Mechanism of Compulsory Education in Metropolis   271

6.2 Entrance Status Inequality and its Governance Mechanism of Compulsory Education in Metropolis   288

6.3 Involvement Culture Inequality and its Governance Mechanism of Compulsory Education in Metropolis   311

**Chapter 7 Studies on the Schooling Mechanism of Migrant Workers'
Children in Urban Compulsory Schools   320**

    7.1 The General Situation of Migrant Workers Carrying their Children into the City   321

    7.2 The Realistic Dilemma of Migrant Workers' Children going to School in Cities   329

    7.3 The Mechanism Choice for Migrant Workers' Children going to School in Cities   336

**Chapter 8 Studies on the Development Mechanism of Urban
NAMIN Schools   341**

    8.1 The Emergence and Development of Urban NAMIN Schools   341

    8.2 The Development Dilemma of the Urban NAMIN Schools   348

    8.3 The Development Space of Urban NAMIN Schools   350

    8.4 Reflection on the Existence Rationality of Urban NAMIN Schools   352

    8.5 Inquiry on the Development Mechanism of Urban NAMIN Schools   354

Part 3 County Challenges   359

**Chapter 9 Studies on the Resolution Mechanism of Large Class Size of
County's Compulsory Schools   361**

    9.1 The Formation Mechanism of Large Class Size of County's Compulsory Schools   361

    9.2 The Theoretical Basis of Large Class Governess for County's Compulsory Schools   368

    9.3 The Resolution Mechanism of the Large Class Size of County's Compulsory Schools   375

**Chapter 10 Studies on the Development Mechanism of Rural
Compulsory Boarding Schools   400**

    10.1 The Realistic Characteristics and Formation Mechanism of Rural Compulsory Boarding Schools   401

10.2　The International Perspectives and Value Debates of Rural Compulsory Boarding Schools　421

10.3　The Difficulties and Challenges of the Development of Rural Compulsory Boarding Schools　428

10.4　The Development Mechanism and Reform Strategy of Rural Compulsory Boarding Schools　449

Chapter 11　Studies on the Development Mechanism of Small Rural Schools　463

11.1　The Basic Patterns of Small Rural Schools　464

11.2　The Challenges Faced by Small Rural Schools　471

11.3　The Potential Advantages of Small Rural Schools　476

11.4　The Development Mechanism of Small Rural Schools　479

Chapter 12　Studies on the Building Mechanism of Rural Compulsory Teachers　487

12.1　The Realistic Situation of Rural Compulsory Teachers' Labor Market　488

12.2　The Current Situation of the Attraction of Rural Compulsory Teachers　496

12.3　The Realistic Dilemma of Building Rural Compulsory Teachers　503

12.4　The Building Mechanism of Rural Compulsory Teachers　513

Chapter 13　Studies on the Care Mechanism of Left Behind Children (LBC) in Rural Compulsory Schools　518

13.1　The Values of LBC in Rural Compulsory Schools　518

13.2　The Realistic Situation of LBC in Rural Compulsory Schools　522

13.3　The Problems and Causes of LBC in Rural Compulsory Schools　529

13.4　The New Thinking of Caring for LBC in Rural Compulsory Schools　538

13.5　The Care Mechanism for LBC in Rural Compulsory Schools　545

13.6　The Possible Solutions to LBC in Rural Compulsory Schools　550

References　557

Postscript　585

引论

城镇化对义务教育意味着什么

城镇化是一个世界性的现象。尽管世界各国的城镇化在本质上是相同的，但是在具体实践路径上却有相当大的差异。正如美国比较城市化专家布赖恩·贝利（Brian J. L. Berry）所认识到的，"我深信，尽管城市化存在很多共性，但可以肯定不会只有一种，而是有多种路径，各自的成因及相应后果不同"①。实际上，不只各国的城镇化路径是不同的，各国义务教育的发展路径也是不一样的。那么，中国的城镇化和义务教育发展路径有什么特殊性呢？

一、中国城镇化和义务教育发展的路径约束

（一）中国城镇化的发展路径

在人类发展史上，工业化和城镇化的过程在一定意义上就是现代化的过程。初期的城镇化是由工业化推动的，但是中期的城镇化却以高于工业化的速度发展着，以至于后期的城镇化与工业化之间会形成较为松弛的发展关系。美国社会学家塞缪尔·H. 普雷斯顿（Samuel H. Preston）曾对全世界（不包括中国）1950～1970年工业化和城市化之间的关系进行了考察，在数据分析的基础上他发现，

---

① ［美］布赖恩·贝利著：《比较城市化：20世纪的不同道路》，顾朝林等译，商务印书馆2010年版，前言第5页。

城市化与工业化的比例关系是 2∶1，即工业劳动力占总体劳动力的比例每增长 1%，城市人口占总人口的比例则会增长 2%。[①]

中国早期的工业化发展并没有遵循工业化和城镇化的一般关系。新中国成立之初，为了加速国家的工业化进程，实现工业、农业、国防和科技四个现代化，我国采取了"重工业优先"的发展战略，把实现工业化放在国家发展战略的主导地位。按理说，我国的"工业化优先"战略本来可以促进城镇化的快速发展。然而，由于中国缺少工业化的原始资本积累，为了获得农业剩余以支持工业发展，国家不得不利用工农业产品价格"剪刀差"、限制农村劳动力向城市流动等方式积累工业化的初始资金，因为农村人口进城被看作是对城市本就不足的就业机会、生活物品、社会福利的争夺。因此，为了实现"以农促工"的战略目标，国家开始控制农村人口向城市的盲目流动，把大批农村劳动力终生束缚在土地上，以生产大量低价的农产品。从 20 世纪 50 年代起，国家建立了一系列控制人口流动的粮食购销、人民公社、户口登记、就业分配等制度安排。这就是为什么新中国初期工业化不仅没有有效推动城镇化发展，相反还形成了城乡二元分割制度体系的根本原因。所以，我国城镇化率一直落后于工业化率，城镇化率由 10% 增长到 20% 用了 32 年时间（1949~1981 年），由 20% 增长到 30% 用了 16 年时间（1981~1996 年）（见表 0-1）。

表 0-1　　1949~1996 年我国城镇化率和工业化率的动态演进　　单位：%

年份	城镇化率	工业化率	年份	城镇化率	工业化率
1949	10.64	—	1981	20.16	46.0
1953	13.31	23.2	1982	21.13	44.6
1957	15.39	29.6	1984	23.01	42.9
1961	19.29	31.9	1986	24.52	43.5
1965	17.98	35.1	1988	25.81	43.5
1969	17.50	35.4	1990	26.41	41.0
1973	17.20	42.8	1992	27.46	43.1
1977	17.55	46.7	1994	28.51	46.2
1980	19.39	48.1	1996	30.48	47.1

资料来源：国家统计局：《年度数据之国民经济核算 1949~1996》，http://www.stats.gov.cn。

[①] Samuel H. Preston. Urban Growth in Developing Countries：A Demographic Reappraisal. *Population and Development Review*，Vol. 5，No. 2，1979，pp. 195-215.

按照美国城市地理学家雷蒙德·M. 诺瑟姆（Raymond M. Northam）提出的城市化发展曲线（Urbanization Curve），发达国家的城市化大体上经历了类似扁平"S"型的曲线上升发展过程。① 即，当一个国家的城市化水平低于30%时，则经济发展较为缓慢，国家处于农业社会，属于城市化的"起步阶段"（initial stages）；当城市化水平超过30%时，就会出现第一个拐点，经济开始高速发展，国家开始进入工业社会，属于城市化的"加速阶段"（acceleration stage）；当城市化水平提高到超过70%之后，就会出现第二个拐点，经济发展再次趋于平缓，国家基本实现现代化，进入后工业社会，属于城市化的"末期阶段"（terminal stage）。

在1996年之前，我国在工业化高速发展的情况下，城镇化并没有像世界上其他国家那样获得同步高速发展，只是到了1996年之后，城镇化才以每年1.34个百分点的速度递增，进入快速发展时期。近20年来，我国总人口平均每年增长794万人，而城镇人口平均每年则增长2 100万人，这意味着每年约有1 300万名农村剩余劳动力转向城镇就业。以2018年为例，我国常住人口城镇化率是59.58%，而户籍人口城镇化率只有43.37%，两者相差16.21个百分点，这个落差被学界认为是虚假的城镇化率（The Rate of Pseudo – Urbanization）。这意味着在2.8亿名农民工中，只有6 216万人解决了城镇落户问题，还有2.26亿名农民工尚未实现市民化，占78.44%。2018年农民工子女在义务教育阶段学校读书的达2 898.5万人，其中留守儿童是1 474.4万人，占50.87%，随迁子女是1 424.1万人，占49.13%。如果按教育部党组所说的随迁子女在公办学校就读的比例"稳定在80%左右"来推算，目前约有284.8万名农民工随迁子女无法在城镇享受公办义务教育②（见表0 – 2）。

---

① Raymond M. Northam. *Urban Geography*（2nd edition），New York：John Wiley & Sons Inc.，1979，P.66. 实际上，诺瑟姆的城市化"S"型（S – curve）曲线并不是世界城市化发展的唯一模型，除"S"型外，还有"J"型（J – curve）曲线。对称的"S"型曲线模拟的主要是发达国家的城市化过程，其动力学根源是城乡人口迁移，即迁移主导型（migration led）的城市化，代表性国家有北美的美国、中欧的瑞士；不对称的"J"型曲线模拟的主要是欠发达国家的城市化过程，其动力学根源在于城乡人口迁移和人口自然增长的双重作用——凡是人口增长率很高的落后国家，城市化过程基本上都表现为陡峭增长型，代表性国家有中美洲的哥斯达黎加、亚洲的印度。见陈彦光：《城市化水平增长曲线的类型、分段和研究方法》，载于《地理科学》2012年第1期，第12～17页。

② 中共教育部党组：《发展具有中国特色世界水平的现代教育——党的十八大以来教育改革发展的成就和经验》，载于《求是》2017年第16期，第47～49页。

表0-2　　1996~2018年城镇化、农民工及其子女义务状态演进　　单位：万人

项目	总人口TP（万人）	城镇人口UP（万人）	城镇化率UR（万人）	农民工RMW	外出农民工RWO（万人）	RMW/TP比例（%）	义务教育阶段农民工子女数量			
							随迁子女（万人）	留守儿童（万人）	合计T（万人）	T/RMW（%）
1996年	122 389	37 304	30.48	—	7 223					
1998年	124 761	41 608	33.35	—	8 431*					
2000年	126 743	45 906	36.22	—	9 641*					
2002年	128 453	50 212	39.09	—	10 800*					
2004年	129 988	54 283	41.76		11 823					
2006年	131 448	58 288	44.34		13 181					
2008年	132 802	62 403	46.99	22 542	14 041	16.97	884.6	—		
2010年	134 091	66 978	49.95	24 223	15 335	18.06	1 167.2	2 271.5	3 438.7	14.20
2012年	135 404	71 182	52.57	26 261	16 336	19.39	1 393.9	2 271.1	3 665.0	13.96
2014年	136 782	74 916	54.77	27 395	16 821	20.03	1 294.7	2 075.4	3 370.1	12.30
2016年	138 271	79 298	57.35	28 171	16 934	20.37	1 394.8	1 726.3	3 121.1	11.08
2017年	139 008	81 347	58.52	28 652	17 185	20.61	1 406.6	1 550.6	2 957.2	10.32
2018年	139 538	83 137	59.58	28 836	17 266	20.67	1 424.1	1 474.4	2 898.5	10.05

资料来源：国家统计局：《年度数据之人口1996~2018》，http：//www.stats.gov.cn；《2009~2018年农民工监测报告》，http：//www.stats.gov.cn；义务教育阶段农民工子女数量数据，见《中国教育事业发展统计简况1996~2018》，教育部发展规划司。上表"外出农民工"一列中的*号数据系由同济大学顾乐民教授运用"幂指数+指数混合增长模型"、按最小一乘准则计算得出的结果，是对缺位数据进行的补缺，对矛盾数据进行的纠正。见顾乐民：《中国外出农民工历史的测算与未来的趋势》，载于《浙江农业科学》2015年第1期，第130~136页。

在城镇化进程中，农民工之所以不能完全享受市民化待遇、农民工子女之所以无法全部进城随迁、进城随迁子女之所以无法全部进入公办学校就读，或无法全部获得在城市公平参加升学考试的机会，其重要根源之一就是1958年颁布实施的城乡二元户籍制度——《中华人民共和国户口登记条例》。户口对个体公民权益获得具有严格的控制功能。在中国，一个人"出生后要及时去报户口，进幼儿园要凭户口报名，找工作要有当地户口，谈恋爱时要互相了解户口，大量的票证凭户口发放，大量的待遇由户口决定，移居迁徙时要转户口，死亡以后还要注

销户口……户籍制度以户口城乡有别、城乡隔离为重要特征"。① 改革开放以来，附着在户籍身上的许多限制逐步突破了城乡身份束缚，譬如迁移自由、购物自由、结婚自由等，但是户口在很多方面依然发挥着身份区隔与福利屏蔽的功能，譬如教育、就业、医疗、养老等。这是中国城镇化的特定历史约束，这一路径依赖决定了未来中国的城镇化进程要用很大的精力去解决这些历史上形成、当下又无法一下子全面根除的制度障碍。可以说，中国全面健康的新型城镇化过程就是科学合理、妥善稳定地解决这些制度约束的过程。那么，城镇化对我国义务教育的制度约束是什么呢？要回答这个问题，首先要厘清我国义务教育自身历史发展的路径约束问题。

（二）中国义务教育的发展路径

义务教育是全体适龄儿童和青少年都必须接受，政府、社会和家庭必须予以保证，国家法律强迫实施的国民教育，具有强制性、免费性和普及性等特点。虽然早在1619年德国魏玛公国就公布了"父母应送其6~12岁子女入学"的法令，但义务教育的大面积普及还是源于工业革命的推动。中国在清朝末年才接触到"义务教育"和"强迫教育"的概念，于1904年在《癸卯学制》中作出了"除废疾、有事故外，不入学者罪其家长"的规定，其后虽经推动，但囿于当时的政治、经济时局及人力、物力、财力资源匮乏，到1949年新中国成立时，留下的人口80%却是文盲。

新中国成立后，国家正式提出实施义务教育的动议是在1985年，是年颁布的《中共中央关于教育体制改革的决定》（以下简称《决定》）正式提出"有步骤地实行九年制义务教育"，次年国家又出台了《义务教育法》，以立法的形式正式确立我国实施九年制义务教育。30多年来，我国推进义务教育的历程是非常艰难的，无论从管理体制还是发展战略上看，都可以将义务教育发展分为三个阶段：

1. 1985~2001年：义务教育"非均衡发展"战略与"城乡二元"体制

党的十一届三中全会开启了中国改革开放的伟大征程，实现了"以经济建设为中心"的工作重心转移。那么，如何激发不同主体发展生产的动力呢？针对过去"平均主义""大锅饭"的制度弊端，邓小平同志适时地提出了"让一部分人先富起来，带动大部分地区，然后达到共同富裕"的发展思路。这一思路在义务教育发展上的体现就是因地制宜、分区规划。《决定》认为，"在新的经济和教

---

① 俞德鹏著：《城乡社会：从隔离走向开放——中国户籍制度与户籍法研究》，山东人民出版社2002年版，第12页。

育体制之下，各地将有充分的可能发挥自己的经济和文化潜力，加快教育事业的发展。不仅要承认全国各省市区之间经济文化发展的不平衡性，而且要承认在一个省、一个市、一个县范围内的发展也是不平衡的，所以必须鼓励一部分地区先发展起来，同时鼓励先发展起来的地区帮助后进地区，达到共同的提高。"由于我国幅员广大，经济文化发展很不平衡，义务教育的要求和内容也应该因地制宜，有所不同。为此，《决定》把全国划分为"约占全国人口1/4的城市、沿海各省中的经济发达地区和内地少数发达地区""约占全国人口一半的中等发展程度的镇和农村"以及"约占全国人口1/4的经济落后地区"三类，并分别提出了不同的目标要求。

按理说，义务教育是政府向全体适龄儿童和青少年保证的、对所有地区都无差别实施的公益性教育，实行分区差异化发展是典型的"非均衡发展"思维，但是在当时的条件下，这也是实事求是的、符合中国实际的战略选择。义务教育的"非均衡发展"战略在后续的政策文件中不断得到强化。1992年党的十四大提出"到本世纪末，基本普及九年义务教育，基本扫除青壮年文盲"的"两基"目标。1993年中共中央、国务院印发的《中国教育改革和发展纲要》进一步强调，"在地区发展格局上，从各地经济、文化发展不平衡的实际出发。因地制宜，分类指导。鼓励经济、文化发达地区率先达到中等发达国家80年代末的教育发展水平，积极支持贫困地区和民族地区发展教育"。1994年在《国务院关于〈中国教育改革和发展纲要〉的实施意见》中把"两基"目标具体化为"全国基本普及九年义务教育（包括初中阶段的职业教育），即占全国总人口85%的地区普及九年义务教育。初中阶段的入学率达到85%左右，全国小学入学率达到99%以上"（后来被称为"双八五"目标），"全国基本扫除青壮年文盲，即使青壮年的非文盲率达到95%左右"，并强调"根据分区规划、分类指导、分步实施的原则，全国不同地区的发展目标和速度可有差异"，具体是：

——约占总人口40%的城市及经济发展程度较高的农村，目前初中普及率较高。这类地区1997年前基本普及九年义务教育。

——约占总人口40%的中等发展程度的农村，目前小学已普及。这类地区2000年前基本普及九年义务教育。

——约占总人口15%的经济发展程度较低的农村，其中占总人口5%左右的地区，小学教育基础较好，到2000年基本普及九年义务教育；其余占总人口10%的地区重点普及5～6年小学教育。

——约占总人口5%的特别贫困地区，要普及3～4年小学教育。①

---

① 《国务院关于〈中国教育改革和发展纲要〉的实施意见》，1994年7月3日。

2001年1月1日，中华人民共和国向全世界庄严宣布：中国实现了基本普及九年义务教育和基本扫除青壮年文盲的战略目标。那么，接下来普及九年义务教育的路该怎么走？《国务院关于基础教育改革与发展的决定》（以下简称《新决定》）提出，继续按照"积极进取、实事求是、分区规划、分类指导"的原则发展义务教育，不同地区义务教育事业发展的基本任务是：

——占全国人口15%左右、未实现"两基"的贫困地区要打好"两基"攻坚战，普及初等义务教育，积极推进九年义务教育和扫除青壮年文盲。

——占全国人口50%左右、已实现"两基"的农村地区，重点抓好"两基"巩固提高工作，义务教育学校办学条件明显改善，教育质量和办学效益进一步提高。

——占全国人口35%左右的大中城市和经济发达地区，高水平、高质量普及九年义务教育。①

与义务教育"非均衡发展"战略相配套的是"城乡二元"的义务教育财政体制。《决定》和《义务教育法》确定的我国义务教育管理体制是"地方负责，分级管理"。也就是说，义务教育的管理权属于地方，是一种属地化管理体制。在当时，由于国家限制农村劳动力及其子女流动，属地化的义务教育管理体制并不存在什么问题，但是随着农村人口流动日益频繁、数量日益扩大、农民工子女携带日益增多，非属地学龄人口在城市接受义务教育的问题就开始暴露出来了，这是后话。所以，《决定》提出"为了保证地方发展教育事业，除了国家拨款以外，地方机动财力中应有适当比例用于教育，乡财政收入应主要用于教育"。在实践中，属地管理和分级负责体制将举办义务教育的责任层层下放，形成了县乡村三级办学、县乡两级管理的办学体制。国家之所以建立"重心在下"的义务教育办学体制，与当时"划分收支、分级包干"的"分灶吃饭"财政体制是相协调的。新中国成立之初，国家实行的是"强中央"财政体制，中央财政收入占整个财政收入的比重一直保持在70%~80%，但是过度集中的财政体制严重影响了地方政府扩大财政收入的积极性，因此从1958年起中央开始改革财政管理体制，向地方下放财政权力。20世纪80年代实行"强地方"财政体制后，地方财力显著增强，截至分税制改革前，与新中国成立初期相比，基本实现了中央财政和地方财政所占比例的倒转（见表0-3）。《决定》规定"地方可以征收教育费附加""乡财政主要用于教育"。虽然1986年《义务教育法》规定"国家对接受义务教育的学生免收学费"，但1992年《义务教育法实施细则》又规定"实施义务教育的学校可收取杂费"。据国务院发展研究中心调查，当时农村义务教育经

---

① 《国务院关于基础教育改革与发展的决定》，2001年5月29日。

费中央只负担2%，省地两级负担11%，县级负担9%，78%的经费由乡镇这一级来负担。① 可以看出，当时农村义务教育是一种"以乡为主"的"低重心"投入体制。财政体制由"统收统支"的"一灶吃饭"向"划分收支"的"分灶吃饭"转变，使得乡镇政府筹集预算外支出的积极性提高，农村百姓除了按国家规定缴纳教育事业费附加外，还要缴纳一定数量的教育集资，从而形成了表面上是"政府办"而实际上是"人民办"的格局。而在城市，政府资金相对充裕，所以义务教育总体上是"政府办"的，从而形成了"城乡二元"的投入体制。

表0-3　　　　1985～1993年中央和地方财政收入及占比

项目	全国总计（万元）	中央收入（万元）	地方收入（万元）	中央占比（%）	地方占比（%）
1985年	2 004.82	769.63	1 235.19	38.4	61.6
1986年	2 122.01	778.42	1 343.59	36.7	63.3
1987年	2 199.35	736.29	1 463.06	33.5	66.5
1988年	2 357.24	774.76	1 582.48	32.9	67.1
1989年	2 664.90	822.52	1 842.38	30.9	69.1
1990年	2 937.10	992.42	1 944.68	33.8	66.2
1991年	3 149.48	938.25	2 211.23	29.8	70.2
1992年	3 483.37	979.51	2 503.86	28.1	71.9
1993年	4 348.95	957.51	3 391.44	22.0	78.0

资料来源：国家统计局：《年度数据之财政1985～1993》，http://data.stats.gov.cn。

1994年，国家实行"分税制"改革。改革当年，中央财政收入占比就由1993年的22.0%猛增到55.7%。然而，财政体制改革也使义务教育"事权"重心在下和"财权"重心上移的矛盾凸显出来，地方为了维持农村义务教育运转，不得不进一步向农民收费，从而导致了农村的乱收费、乱集资、乱罚款、乱摊派的现象，当时农村流传的"一税轻，二税重，三税四税无底洞"民谣就是一个佐证。到20世纪末，乡镇企业陷入低迷、农民增产不增收，再加上严重的税费负担，农民生活异常艰难。为了减轻农民负担，从1998年起一些地方陆续开展了以"取消乡统筹、改革村提留、调整农业税"为主要内容的农村税费改革。税费改革后农民负担减轻了，但农村义务教育经费也同时减少了。以率先在全国开展税费改革的安徽省为例，1994～1998年（税费改革之前），全省每年平均可征收

---

① 陆学艺：《统筹城乡发展 破解"三农"难题》，载于《半月谈》2004年第4期，第20～22页。

农村教育费附加7.1亿元、农村教育集资3.84亿元,两项合计平均每年可收入约11亿元,约占同期农村教育投入总量的30%(这还不包括大量未入账的代收代支、村集资等费用)。2000年实行农村税费改革后这11亿元收入取消,而当年预算内教育事业费拨款仅26.24亿元,仅比1999年增加3.3亿元(主要是财政转移支付),这意味着税改前的1999年和税改后的2000年相比,农村义务教育投入减少7.7亿元,导致当年用于办公和基建维修的经费锐减。① 与此同时,国家又陆续开展了"普九评估验收"② 工作,为了顺利通过"普九评估验收",一些地方不得不向银行、教师和农民"借债普九",乡镇已经没有钱向农村教师发工资了,只能给教师打白条,到2001年全国累计约拖欠农村教师工资120亿元。城乡之间的义务教育差距十分明显。以2000年第五次人口普查数据为例,6~11岁人口读小学的比例城市为94.2%、镇为94.4%、乡村为94.8%,城乡之间的教育差距不大,甚至乡村还要好于城市,但是12~14岁超龄读小学的比例城市仅为29.6%、镇为32.7%、乡村却高达49.4%。12~14岁读初中的比例,城市为68.2%、镇为64.9%、乡村只有49.2%(见表0-4)。2000年普通小学生均经费、生均公用经费、生均基建经费分别为499.78元、37.18元和8.20元,农村分别只有417.44元、24.11元和4.47元,农村分别只相当于总体平均水平的83.5%、64.9%和54.5%;初中生均经费、生均公用经费、生均基建经费分别为698.28元、74.08元和18.47元,农村分别只有539.87元、38.67元和6.33元,农村分别只相当于总体平均水平的77.3%、52.2%和34.3%。③

---

① 胡平平、张守祥主编:《农村义务教育投入保障机制及管理体制问题研究》,科学出版社2007年版,第5页。

② 为了确保在世纪末实现在全国普及初等义务教育和在大部分地区普及九年义务教育的目标,1994年9月24日教育委员会公布了《普及义务教育评估验收暂行办法》,决定对普及九年或初等义务教育的县(市、市辖区)进行评估验收。评估的基本要求是:(1)入学率:初等教育阶段适龄儿童都能入学。初级中等教育阶段适龄少年,在城市和经济文化发达的县都能入学;其他县达到95%左右。各类适龄残疾儿童、少年,在城市和经济文化发达的县达到80%左右,其他县达到60%左右(含在普通学校随班就读的学生)。(2)辍学率:初等教育和初级中等教育在校生年辍学率,城市和经济文化发达的县应分别控制在1%以下和2%以下;其他县应分别控制在1%左右和3%左右。(3)完成率:15周岁人口中初等教育完成率一般达到98%左右。17周岁人口中初级中等教育完成率达到省级规定的要求。(4)文盲率:15周岁人口中的文盲率一般控制在1%左右(识字人口含通过非正规教育达到扫盲要求的)。

③ 教育部财务司、国家统计局人口和社会科技统计司编:《中国教育经费统计年鉴2001》,中国统计出版社2002年版,第53页。

表0-4 第五次人口普查城乡6~14岁年龄组人口接受义务教育的情况

单位：人

年龄组	城市 总计	城市 小学	城市 初中	镇 总计	镇 小学	镇 初中	乡村 总计	乡村 小学	乡村 初中
6岁	2 930 429	2 258 888	21	2 148 696	1 745 982	16	11 391 015	9 180 782	44
7岁	3 029 161	2 967 054	39	2 296 061	2 248 489	19	12 589 534	12 067 990	41
8岁	3 072 653	3 054 277	62	2 330 332	2 314 731	26	13 349 121	13 100 077	89
9岁	3 160 666	3 145 249	4 073	2 489 192	2 474 346	4 702	14 432 168	14 244 266	18 484
10岁	3 978 169	3 934 003	32 036	3 174 546	3 123 135	40 519	19 057 329	18 746 118	131 405
11岁	4 057 564	3 689 567	356 582	3 082 118	2 751 132	321 609	17 997 996	16 873 897	969 187
12岁	4 062 416	2 324 045	1 725 847	3 033 871	1 781 249	1 242 975	17 479 904	12 960 945	4 357 028
13岁	4 294 087	920 864	3 334 881	3 255 912	861 039	2 364 156	18 732 645	8 383 899	10 150 240
14岁	3 919 872	391 839	3 309 301	2 944 329	380 449	2 381 417	16 325 875	4 586 745	11 365 101

资料来源：《第五次人口普查数据》，http://www.stats.gov.cn。

2. 2002~2011年：义务教育"均衡发展"战略与"城乡三元"体制

实际上，在2001年发布的《新决定》中国家就认识到了，虽然我国义务教育取得了辉煌成就，"两基"目标初步实现，素质教育全面推进，但我国义务教育"总体水平还不高""发展还不平衡"的问题，遵循的依然是"分区规划、分类指导"的非均衡发展原则。直到2002年教育部发布《关于加强基础教育办学管理若干问题的通知》才提到"积极推进义务教育阶段学校均衡发展"，强调"城市地区要结合城区改造和学校布局调整，有计划地在义务教育阶段举办九年一贯制学校，以扶持、联合、兼并等多种形式加快薄弱学校改造，建立校长、教师定期流动机制，努力扩大义务教育阶段优质学校的规模，满足人民群众对高质量教育的需求。各地可进行并逐步扩大将公办优质高中的招生指标按一定比例分配到每所初中的试验，促进初中学校的均衡发展"。这一政策标志着义务教育由"非均衡发展"向"均衡发展"的战略转变。但是，我们也注意到，这时的义务教育均衡发展政策还是非常有限的：首先，均衡发展仅限于学校均衡，还没有扩充到地区之间、城乡之间和群体之间更大范围的均衡；其次，均衡发展仅限于城市空间，是城市内部重点校与薄弱校之间的均衡。2003年发布的《国务院关于进一步加强农村教育工作的决定》虽提出"我国农村教育整体薄弱的状况还没有得到根本扭转，城乡教育差距还有扩大的趋势"，但强调的是"加大城市对农村教育的支持和服务，促进城市和农村教育协调发展"。这时，国家政策文件中在对待城乡义务教育关系上使用的概念是"协调发展"而非"均衡发展"。

直到2005年，教育部才正式出台第一份以"义务教育均衡发展"概念命名的文件——《教育部关于进一步推进义务教育均衡发展的若干意见》，文件认为"由于我国仍处于社会主义初级阶段，各地经济社会发展不平衡，城乡二元结构矛盾突出，尽管近年来各地义务教育都有了新的发展，但城乡之间、地区之间、学校之间的差距依然存在，在一些地方和有些方面还有扩大的趋势"，并要求各级教育行政部门"研究提出本地区推进义务教育均衡发展的目标任务、实施步骤和政策措施，并纳入当地教育改革与发展的总体规划"。从历史意义上看，该文件有三大突破：第一，不仅正式使用了"义务教育均衡发展"概念，还全面确立了区域之间、城乡之间、学校之间均衡发展的概念外延，并提出了要"切实保障弱势群体学生接受义务教育"的群体之间均衡发展的思想，尤其是关照了城镇化推进中"进城务工农民子女"和"留守儿童"[①] 义务教育的问题；第二，确立了县（市、区）域内义务教育均衡发展的核心地位和农村校与薄弱校提升改造的重点地位，强调"在认真组织实施国家各项重大义务教育工程和项目的同时，把工作的着力点放在推进县（市、区）域内义务教育均衡发展上来，并力争在更大范围内逐步推进；要在促进义务教育整体发展的同时，把提高农村学校教育质量和改造城镇薄弱学校放在更加重要的位置""重点支持农村地区、贫困地区、少数民族地区的义务教育发展"；第三，全面阐述了义务教育均衡发展的基本内涵，包括学校基本办学条件要求、教师资源统筹管理与合理配置、课程开设、质量监测、教学指导、资源共享、督导评估、均衡监测等，并把全国各地探索的义务教育均衡发展成功经验上升到国家政策给予全力推行。尽管这一政策的积极意义不可磨灭，但是我们还是发现了一些不足，譬如政策文件的对象是各级教育行政部门，在处理行政部门与政府的关系问题上，要求各级教育行政部门要"积极争取政府及有关部门的大力支持"。"积极争取"意味着政府及有关部门没有责任和义务，高兴时可以给你支持，不高兴时就可以不给你支持，各级教育行政部门的"被动地位"甚至"无地位"的状况可见一斑。好在 2006 年修订的《义务教育法》及时改变了这一状况，明确提出了"国务院和县级以上地方人民政府应当合理配置教育资源，促进义务教育均衡发展""县级以上人民政府教育行政部门具体负责义务教育实施工作；县级以上人民政府其他有关部门在各自的职责范围内负责义务教育实施工作"。由教育行政部门"积极争取"向县级以上人民政府"应当"转变，体现的是政府促进义务教育均衡发展的责任和义务，同时也理顺了各级行政部门与各级人民政府之间、教育行政部门与其他有关行政部门之间的关系，这对依法推进义务教育均衡发展提供了重要的制度保障。

由于城乡二元结构和区域发展差距的历史惯性作用，在推进义务教育均衡发展过程中，中西部地区和农村地区一直是义务教育的重点难点和薄弱环节。2003 年全国农村教育工作会议之后，中央政府高度重视中西部地区和农村地区义务教育发展，先后实施了一系列促进区域和城乡义务教育均衡发展的重大工程，譬如 2003 年启动的"农村中小学现代远程教育工程""农村中小学危房改造工程"，2004 年启动的西部地区"两基"攻坚计划（2004~2007 年），2005 年实施的农

[①] 在当时，有些政策文件和学术论著对"进城务工农民子女"概念的使用是不准确的，譬如把"进城务工农民子女"等同于"随迁子女"。实际上，"进城务工农民子女"是一个全称性概念，它包括两部分人群：一是进城务工农民的随迁子女，二是进城务工农民的留守子女。如果把"进城务工农民子女"等同于"随迁子女"，就等于在逻辑上承认"留守儿童"不是进城务工农民的子女，这显然是荒谬的。在这里，为了与原文件保持一致，还是使用了当时逻辑上不是很准确的概念，特此说明。

村义务教育经费保障新机制，2006年启动的西部农村义务教育"特岗教师"计划，2007年实施的农村初中校舍改造工程，2008年实施的城乡义务教育全面免费政策，2009年实施的义务教育教师绩效工资政策，2010年启动的农村义务教育学生营养改善计划、义务教育教师"国培计划"、农村义务教育薄弱学校改造计划，2011年实施的省部签署义务教育均衡发展备忘录，等等。随着义务教育硬件资源均衡化配置的不断推进，区域和城乡学校的办学条件得到了极大的改善，在全国范围内出现了"农村最好最美的建筑是学校"的可喜局面。因此，2010年教育部出台的第二份义务教育均衡发展文件——《教育部关于贯彻落实科学发展观进一步推进义务教育均衡发展的意见》认为，"我国义务教育已经全面普及，进入了巩固普及成果、着力提高质量、促进内涵发展的新阶段""要把义务教育作为教育改革与发展的重中之重，把均衡发展作为义务教育的重中之重""要以提高教育质量为核心，通过制度建设和机制创新，整体提高教育教学水平，促进义务教育的内涵发展和均衡发展"，并提出"力争在2012年实现区域内义务教育初步均衡，到2020年实现区域内义务教育基本均衡"的发展目标。同年出台的《国家中长期教育改革和发展规划纲要（2010～2010年）》（以下简称《规划纲要》）也强调"均衡发展是义务教育的战略性任务"，并期望通过建立健全义务教育均衡发展保障机制，切实缩小校际差距、城乡差距和区域差距。由此可见，国家的义务教育均衡发展战略也经历了一个由学校均衡到全面均衡、由外延均衡到内涵均衡、由初步均衡到基本均衡的逐步深化的发展过程。

必须指出的是，义务教育均衡发展战略提出与实施的过程与国家城镇化快速发展的过程是重叠的。本来，实施义务教育均衡发展战略可以逐步消解由20世纪承接下来的城乡二元教育体制弊端，但是由于城镇化力量的作用，城乡二元结构不仅没有消解，反而在一定程度上得到了放大，甚至因为农村学龄人口向城镇流动和城镇教育制度不兼容，导致出现了"城乡教育三元结构"①的新局面。21世纪初，针对"农村教育人民办、城市教育政府办"的二元办学体制，《新决定》提出要完善农村义务教育管理体制，实行"在国务院领导下，由地方政府负责、分级管理、以县为主的体制"。随着计划生育政策效果的集中显现和城镇化作用的不断凸显，加之城乡教育质量差距的日益扩大，学龄人口由农村向城镇流动逐渐成为一种趋势，农村学校布局分散、规模变小的问题突出出来，所以《新

---

① "城乡三元结构"概念源于"城乡二元结构"与"城市二元结构"概念的叠加。在中国，"城乡二元结构"主要指因户籍制度形成的城乡居民在就业、教育、医疗等方面差别化对待的结构体系。"城市二元结构"则是指在城镇化背景下，因户籍制度的惯性作用导致的农村流动人口在城市遭受就业、教育、医疗等差别化对待所形成的结构关系。城乡三元结构指的是城乡二元结构和城市二元结构并存的现象，即现实中"农民、农民工和市民"三种身份同时存在，城乡教育三元结构是城乡三元结构在教育上的体现。

决定》适时提出了"因地制宜调整农村义务教育学校布局"的政策安排：

按照小学就近入学、初中相对集中、优化教育资源配置的原则，合理规划和调整学校布局。农村小学和教学点要在方便学生就近入学的前提下适当合并，在交通不便的地区仍需保留必要的教学点，防止因布局调整造成学生辍学。学校布局调整要与危房改造、规范学制、城镇化发展、移民搬迁等统筹规划。调整后的校舍等资产要保证用于发展教育事业。在有需要又有条件的地方，可举办寄宿制学校。①

从政策文本看，国家对农村义务教育学校布局调整的要求是实事求是、因地制宜，然而由于农村义务教育由"人民办"转向了"政府办"、由"以乡为主"转向了"以县为主"，县级政府的财政压力骤然陡增。特别是受区域经济发展不平衡和税费改革政策的影响，经济欠发达地区县级政府的财政能力是十分薄弱的，在有限的财政能力约束下如何办好全县义务教育、促进县域义务教育均衡发展成为县级政府不得不考虑的重大现实问题。许多县市政府采取的策略是大幅度撤并农村义务教育学校，让小学进镇、初中进城，实行集中化办学，因为地方政府相信"规模效益"，实施集中化办学不仅能优化教育资源配置、提高教育教学质量，还能开足开齐国家课程、扩大学生交际范围，最重要的是还能节约教育成本。在这一思想观念指导下，农村义务教育学校经历了史上罕见的"大撤并"。根据教育部公布的数据，2000 年全国有乡村小学 440 284 所、乡村教学点 157 519 个、乡村初中 41 066 所，到 2011 年仅剩 169 045 所、60 972 个和 20 974 所，分别减少了 61.6%、61.3% 和 48.9%。当然，撤并乡村学校的原因非常复杂，既有经济上的考量，也有城镇化的影响，但不管怎样，当城乡义务教育遇上城镇化的时候，不仅把原有教育发展矛盾复杂化，而且使城乡二元教育结构扩大化。一方面，国家要巩固和发展农村税费改革成果，进一步减轻农民负担，另一方面，还要扩大公共财政覆盖农村范围，推进基本公共服务均等化，而东中西部之间甚至在各省份内部各区县之间的经济发展水平非常不均衡，国家教育意志如何能均衡地得到实现成了一个大问题，农村教育经费配置机制改革势在必行。为此，2005 年末国家出台了《国务院关于深化农村义务教育经费保障机制改革的通知》，改革的主旨是逐步将农村义务教育纳入公共财政保障范围，基本策略是建立中央和地方分项目、按比例分担的农村义务教育经费保障新机制。首先是"两免一补"经费，免学杂费资金由中央和地方按比例分担，西部地区为 8∶2，中部地区为 6∶4；东部地区除直辖市外，按照财力状况分省确定。免费提供教科书资金，中西部地区由中央全额承担，东部地区由地方自行承担。补助寄宿生生活费资金由

---

① 《国务院关于基础教育改革与发展的决定》，2001 年 5 月 29 日。

地方承担。其次是"生均公用"经费，先是各省制定农村中小学预算内生均公用经费拨款标准，然后是中央适时制定全国农村义务教育阶段中小学公用经费基准定额，所需资金均由中央和地方按免学杂费资金分担比例共同承担。再次是"校舍维修改造"经费，中央分省测定每年校舍维修改造所需资金，由中央和地方按照 5∶5 比例共同承担。最后是"教师工资"经费，中央对中西部及东部部分地区给予支持，省级人民政府对本行政区域内财力薄弱地区实行转移支付，底线是保证教师工资按照国家标准按时足额发放。

  应该说，农村义务教育经费保障新机制，强化了政府对农村义务教育公共服务的保障责任，具有重大的历史进步意义。然而，城镇化的不断推进使越来越多的进城务工农民携带子女进城读书。随迁子女既然已经离开农村，自然享受不到农村义务教育经费保障新机制的好处，随迁子女虽然已经进入城市，但由于其父母没有获得市民身份而面临一系列城市入学门槛限制，常常被拒之门外。尽管《新决定》提出"要重视解决流动人口子女接受义务教育问题，以流入地区政府管理为主，以全日制公办中小学为主，采取多种形式，依法保障流动人口子女接受义务教育的权利"，确立了"两为主"的政策方针，甚至 2003 年和 2006 年还分别出台了《教育部　中央编办　公安部　发展改革委　财政部　劳动保障部关于进一步做好进城务工就业农民子女义务教育工作的意见》和《国务院关于解决农民工问题的若干意见》文件，提出"流入地政府财政部门要对接收进城务工就业农民子女较多的学校给予补助。城市教育费附加中要安排一部分经费，用于进城务工就业农民子女义务教育工作""输入地政府要承担起农民工同住子女义务教育的责任，将农民工子女义务教育纳入当地教育发展规划，列入教育经费预算，以全日制公办中小学为主接收农民工子女入学，并按照实际在校人数拨付学校公用经费"，但是进城务工人员随迁子女在城市接受义务教育的状况却并不乐观。据国务院妇女儿童工作委员会办公室等单位主持的抽样调查显示，"流动儿童中的在学者占全部流动儿童的 90.7%，一直未上学者占 6.85%，失学者占 2.45%，后二者合计显示的流动儿童失学率高达 9.3%"；"6 周岁未上学的占 6 岁组流动儿童的 46.9%，9 周岁和 10 周岁还在上小学一、二年级的占相应年龄流动儿童的 19.7% 和 4.6%……13 周岁和 14 周岁还在小学就读的占相应年龄流动儿童的 31.5% 和 10.0%"。[①] 因此，进城务工人员随迁子女在城市入公办校难的问题非常突出，出现了一批"打工子弟学校""棚户区学校"等，"城乡三元"教育格局逐渐形成。

[①] 中央教科所教育发展研究部课题组：《中国进城务工就业农民子女义务教育研究》，载于《华中师范大学学报（人文社会科学版）》2007 年第 2 期，第 129~134 页。

3. 2012~2020年：义务教育"新非均衡发展"战略与"城乡一体"机制

对中国义务教育发展来说，2011年是一个具有重大历史意义的年份，因为2011年我国所有省（区、市）全部完成"普九"目标，全国人口覆盖率达100%，青壮年文盲率下降到1.08%，这意味着我国用25年的时间实现了全民教育的伟大目标，实现了许多发达国家需要上百年才能走完的路程，这是人类教育发展史上了不起的伟大成就。虽然我们从根本上解决了适龄儿童少年"有学上"的问题，但是"上好学"的问题还没有完全解决，区域之间、城乡之间、学校之间还存在明显的办学水平和教育质量差距，人民群众日益增长的美好教育需要与教育不平衡不充分的发展之间的矛盾依然突出。如何实现"城乡义务教育公共服务均等化"成为新时期义务教育改革发展的战略议题。因此，2012年《国务院关于深入推进义务教育均衡发展的意见》提出推进义务教育均衡发展的基本目标是：

每一所学校符合国家办学标准，办学经费得到保障。教育资源满足学校教育教学需要，开齐国家规定课程。教师配置更加合理，提高教师整体素质。学校班额符合国家规定标准，消除"大班额"现象。率先在县域内实现义务教育基本均衡发展，县域内学校之间差距明显缩小。到2015年，全国义务教育巩固率达到93%，实现基本均衡的县（市、区）比例达到65%；到2020年，全国义务教育巩固率达到95%，实现基本均衡的县（市、区）比例达到95%。[①]

党的十八大报告重申了"均衡发展九年义务教育"的目标，并提出要"大力促进教育公平，合理配置教育资源，重点向农村、边远、贫困、民族地区倾斜，支持特殊教育，提高家庭经济困难学生资助水平，积极推动农民工子女平等接受教育，让每个孩子都能成为有用之才"[②]。2017年国务院印发的《国家教育事业发展"十三五"规划》（以下简称"十三五规划"）的发展原则强调："教育的公平性是社会主义本质要求，要发展社会主义，逐步实现全体人民共同富裕，教育公平是基础。注重有教无类，让全体人民、每个家庭的孩子都有机会接受比较好的教育，让教育改革发展成果更好地惠及最广大人民群众。突出精准扶贫，面向中西部地区特别是边远、贫困地区，加大对家庭经济困难学生帮扶力度。"在发展任务上，除了"推动县域内均衡发展""缩小区域差距"外，着重强化"巩固提高普及水平"，即"着力提升辍学现象比较集中的农村、边远、贫困和民族地区教育质量。建立义务教育巩固率监测系统，全面落实控辍保学责任制，建立行政督促复学机制，推动政府、学校、家庭、福利机构、共青团组织和

---

① 《国务院关于深入推进义务教育均衡发展的意见》，2012年9月5日。
② 胡锦涛：《坚定不移沿着中国特色社会主义道路前进　为全面建成小康社会而奋斗——在中国共产党第十八次全国代表大会上的报告》，载于《求是》2012年第22期，第3~25页。

社区联保联控。建立帮扶学习困难学生的责任制度,因地制宜促进农村初中普职教育融合,提供多种成长通道,妥善解决农村学生上学远和寄宿生家校往返交通问题。加大对贫困生帮扶力度,努力不让一个孩子掉队。加快实现义务教育学校管理标准化,整体提升义务教育质量"①。党的十九大报告强调"建设教育强国是中华民族伟大复兴的基础工程,必须把教育事业放在优先位置,加快教育现代化,办好人民满意的教育……推动城乡义务教育一体化发展,高度重视农村义务教育……努力让每个孩子都能享有公平而有质量的教育"②。

"十三五规划"对党的十八大以来我国义务教育改革发展的总体概括是"九年义务教育全面普及,进入均衡发展新阶段"。那么,这个"新阶段"新在哪里呢?首先,重视力度前所未有。从政策文件的发布主体看,由以往的"教育部"提升到"国务院";从政策语言的使用力度上看,由党的十七大时的"促进义务教育均衡发展"发展到党的十八大的"均衡发展九年义务教育"再到党的十九大的"推动城乡义务教育一体化发展,高度重视农村义务教育",说明国家对义务教育均衡发展的承诺更可期许、意志更加坚定、力度更为加大。其次,战略布局突出重点。针对当前我国义务教育发展所处的历史阶段和所面对的关键问题,在加强"全面建设"的同时更加"突出重点"。习近平在中共中央政治局以"'十三五'时期我国经济社会发展的战略重点"为主题的第三十次集体学习会议上强调发展战略的重点是"衣领子""牛鼻子",并强调"经济社会发展中的短板特别是主要短板,是影响如期实现全面建成小康社会目标的主要因素,必须尽快把这些短板补齐"。均衡发展的关键是"补短板",通过重点加强薄弱环节、加大向农村贫困地区倾斜力度来促进义务教育均衡发展是一种"新的非均衡战略"(见表0-5)。再次,城乡一体共同发展。1985年《决定》时期的发展思路是"鼓励一部分地区先发展起来,同时鼓励先发展起来的地区帮助后进地区,达到共同的提高",而到了"十三五规划"时期,发展思路则是"发展社会主义,逐步实现全体人民共同富裕……让全体人民、每个家庭的孩子都有机会接受比较好的教育,让教育改革发展成果更好地惠及最广大人民群众",由"部分地区优先发展"向"城乡一体共同发展"的转变标志着中国义务教育改革发展进入了一个新均衡阶段。

---

① 国务院:《国家教育事业发展"十三五"规划》,2017年1月10日。
② 习近平:《决胜全面建成小康社会 夺取新时代中国特色社会主义伟大胜利——在中国共产党第十九次全国代表大会上的报告》,载于《人民日报》2017年10月28日第001版。

表0-5　　　　2012年以来国务院及办公厅关于加强义务
　　　　　　　教育薄弱环节建设的政策文件

文件名称	成文日期
国务院办公厅关于规范农村义务教育学校布局调整的意见	2012年9月6日
国务院办公厅转发教育部等部门关于实施教育扶贫工程意见的通知	2013年7月29日
国家贫困地区儿童发展规划（2014~2020年）	2014年12月25日
乡村教师支持计划（2015~2020年）	2015年6月1日
国务院关于加快发展民族教育的决定	2015年8月11日
国务院关于进一步完善城乡义务教育经费保障机制的通知	2015年11月25日
国务院关于加强农村留守儿童关爱保护工作的意见	2016年2月4日
国务院办公厅关于加快中西部教育发展的指导意见	2016年5月11日
国务院关于加强困境儿童保障工作的意见	2016年6月13日
国务院关于统筹推进县域内城乡义务教育一体化改革发展的若干意见	2016年7月2日
国务院办公厅关于进一步加强控辍保学提高义务教育巩固水平的通知	2017年7月28日

　　如何实现城乡义务教育的共同发展？针对之前存在的"城乡三元结构"问题，《规划纲要》提出要"建立城乡一体化义务教育发展机制，在财政拨款、学校建设、教师配置等方面向农村倾斜"的总体思路。2016年出台的《国务院关于统筹推进县域内城乡义务教育一体化改革发展的若干意见》提出了"加快推进县域内城乡义务教育学校建设标准统一、教师编制标准统一、生均公用经费基准定额统一、基本装备配置标准统一和'两免一补'政策城乡全覆盖，到2020年，城乡二元结构壁垒基本消除，义务教育与城镇化发展基本协调；城乡学校布局更加合理，大班额基本消除，乡村完全小学、初中或九年一贯制学校、寄宿制学校标准化建设取得显著进展，乡村小规模学校（含教学点）达到相应要求；城乡师资配置基本均衡，乡村教师待遇稳步提高、岗位吸引力大幅增强，乡村教育质量明显提升，教育脱贫任务全面完成"的工作目标，并提出了"改革教育治理体系"等十大举措解决"城挤"（包括同步建设城镇学校、实施消除大班额计划、改革随迁子女就学机制）、"镇宿"（包括科学推进学校标准化建设、改革控辍保学机制、加强留守儿童关爱保护）和"乡弱"（包括努力办好乡村教育、统筹城乡师资配置、改革乡村教师待遇保障机制）三大核心问题。尤其是2015年颁布的《国务院关于进一步完善城乡义务教育经费保障机制的通知》针对我国新型城镇化建设和户籍制度改革背景下"城乡义务教育经费保障机制有关政策不统一、经费可携带性不强、资源配置不够均衡、综合改革有待深化等问题"，整合农村

义务教育经费保障机制和城市义务教育奖补政策，建立了统一的中央和地方分项目、按比例分担的城乡义务教育经费保障机制。其中，最引人瞩目的是统一城乡义务教育"两免一补"政策，民办学校学生可按中央确定的生均公用经费基准定额标准免除学杂费，并且"两免一补"和生均公用经费基准定额资金随学生流动可携带，解决了在民办学校就读的进城务工人员随迁子女和其他人员子女的教育公民待遇问题。中央统一确定全国义务教育学校生均公用经费基准定额。对城乡义务教育学校（含民办学校）按照不低于基准定额的标准补助公用经费，并适当提高寄宿制学校、规模较小学校和北方取暖地区学校补助水平。2016年中央确定的生均公用经费基准定额为：中西部地区普通小学每生每年600元、普通初中每生每年800元；东部地区普通小学每生每年650元、普通初中每生每年850元。在此基础上，对寄宿制学校按照寄宿生年生均200元标准增加公用经费补助，对农村地区不足100人的规模较小学校按100人核定公用经费和北方地区取暖费等政策；特殊教育学校和随班就读残疾学生按每生每年6 000元标准补助公用经费。

针对独特的"第三元"——进城务工人员随迁子女，在2001年"两为主"政策的基础上，2014年《国务院关于进一步推进户籍制度改革的意见》又提出了"两纳入"政策，即"将随迁子女义务教育纳入各级政府教育发展规划和财政保障范畴"。《国务院关于进一步做好为农民工服务工作的意见》进一步强调要"深化基本公共服务供给制度改革，积极推进城镇基本公共服务由主要对本地户籍人口提供向对常住人口提供转变，努力实现城镇基本公共服务覆盖在城镇常住的农民工及其随迁家属，使其逐步平等享受市民权利"，城市"公办义务教育学校要普遍对农民工随迁子女开放，与城镇户籍学生混合编班，统一管理"，并"进一步完善和落实好符合条件的农民工随迁子女接受义务教育后在输入地参加中考、高考的政策"。可以看出，为了全面实现2020年义务教育发展目标和为实现两个百年奋斗目标奠定强大的人力资本基础，国家主动应对城镇化背景下城乡义务教育发展面临的不平衡、不协调、不充分、差距大、矛盾多，以及优质教育资源总量不足、布局不合理等系列问题，精准发力，科学施策，全面深化义务教育综合改革，推进城乡义务教育的一体化和现代化。但是，当下城乡义务教育面临的问题具有历史性，并随着城镇化进程的快速推进而得以放大，特别是一系列深层次的体制机制问题在阻碍着义务教育的内涵发展。那么，城镇化对我国义务教育带来哪些挑战呢？

二、城镇化背景下我国义务教育的改革发展议题

(一) 城镇化背景下的义务教育发展观

1. 城教协调发展理念

教育是社会结构的一元,必须与社会发展的整体进程相协调。不论教育快于(教育优先发展不等于教育过度发展)还是慢于社会发展进程,都会产生不协调和不适应的现象,进而引发社会问题和教育问题。我国正处在城镇化进程加快、农村人口流动频繁、由城乡二元结构向城乡一体发展过渡的新阶段。在此背景下,我国义务教育该如何发展?义务教育与城镇化之间究竟是一种什么样的关系?怎样统筹推进城乡义务教育一体化发展?这是关系到我国义务教育改革发展大局的重大战略问题,也是城镇化背景下我国义务教育改革与发展的重大理论问题。当前,有一部分学者提出我国应该快速推进"义务教育城镇化",采取"小学进镇""初中进城"甚至"消灭农村义务教育"的策略,期望一步到位地解决教育的城镇化问题。我们究竟应该持一种激进的还是保守的城镇化观点?怎样看待先发国家经验和中国的现实国情?怎样看待大城市的要素集聚能力和辐射带动作用,大中小城市、小城镇和乡村如何科学合理地规划与布局?我国由二元结构向一元结构过渡究竟应该一步到位还是要经过一个三元、四元甚至多元的中间状态?如何协调人口城镇化与土地城镇化之间的关系?如何在城市大扩张的同时不断提升城市的综合管理水平?这些问题都是值得深入研究的。如果这些问题处理不好,盲目粗放地推进城镇化进程,就会使农村学生处于"城市容不下、农村回不去"的尴尬境地。义务教育只有与城镇化进程相协调,控制好城乡学校布局调整的节奏和速度,缓慢而有计划地进行渐进改革,才能实现义务教育与城镇化的协调健康发展。

2. 城乡均衡发展理念

城镇化不是消灭农村,而是城镇与农村的融合发展。在城镇化背景下,义务教育的发展目标是城乡均衡,这是义务教育健康发展的底线所在。城乡义务教育均衡发展,不仅是指在学校层面上资金、硬件与师资配置的均衡,学生个体层面上享受优质义务教育的机会、过程与结果的均衡,还是指城乡不同学生群体层面上(如留守儿童与随迁子女)享受义务教育的均衡。在保障义务教育均衡发展的基础上,要促进城乡义务教育更优质、有特色、个性化地发展。均衡是城乡义务教育发展的基础,但均衡不是消灭城乡差异、使城乡教育一样化、一统化。所以,推进城乡义务教育均衡发展要协调好硬件与软件、均衡与适切、均衡化与多

样化、特色化和个性化之间的关系。城乡义务教育均衡发展不是用城市的标准去压平农村教育，农村也不是一切都向城市教育看齐，而是要从农村的自然生态、社会传统、人文精神出发，与乡村儿童的生活经验相结合，与乡村社区的文化传统相协调，探索符合农村实际的生活教育与自然教育，建立具有乡土风情和自然韵味的教育基地，为加深城乡认同与理解、促进城乡交流与互动奠定基础。城镇化的过程既是城市生活方式向外扩散和传播的过程，同时也是农村文明唤醒与自觉的过程，这是一个双向的而不是单向的过程。城乡义务教育均衡发展既包含城市教育与乡村教育在资源配置方面的均衡，更包括让无论居住在城市还是乡村的儿童都能通过公平的规则，得到受教育和发展的机会，都能共享社会经济发展成果，都能形成包容恰切的城乡理解，形成尊重差异、和谐共生的城乡多元文化意识。

3. 多元统筹治理理念

从农业文明走向工业文明，城镇化是必经之路。然而，我们正在走的是超快速度的、超量人口的、超大幅员的城镇化。快速的社会结构转型导致城乡之间义务教育发展的矛盾不断凸显，而我们的教育管理理念与教育管理方式、教育政策设计和教育发展规划又远远不能适应这一结构性变化并及时作出有效的跟进、调整和改革，从而出现了一个落差。城镇化背景下我国义务教育改革发展涉及教育、发改、财政、人社、国土、住建、编办等多个部门，需要顶层设计，协同治理。解决城乡义务教育发展矛盾、缩小城乡义务教育发展差距的出路在于破除城乡二元分割分治的制度束缚，实现城乡义务教育一体化，即在城乡之间达成共同体意识，形成广泛且强而有力的制度，以确保人们对"城乡义务教育均衡发展"的可靠期望。首先，要秉持"政府主体责任"的治理理念，政府在直接提供有形教育公共产品的同时，还要提供制度、规则和政策等无形教育公共产品，更要激发社会力量广泛参与义务教育治理，推进基层教育创新；其次，要坚持"城乡包容一体"的发展理念，积极适应新型城镇化和新农村建设需要，统筹规划城乡教育，做强农村教育、做大城镇教育，推进城乡教育一体化和同步实现现代化；再次，要确立"城乡共同利益"的价值理念，发展现代化农村教育不只是农村人的群体福祉，更是全社会的共同利益，实现农村教育现代化对农村、城镇和国家均有裨益，城乡是互益共享的利益共同体，农村人口思想和行为的现代性转变是城乡共同的资本与财富。当下，要探索不同利益主体在信息不完全及决策分散化条件下的行政行为和社会行为，挖掘推进城乡教育一体化的显性制度与隐性制度（如习俗、惯习、农民理性和社会文化心理机制）之间的关系，形成"激励兼容、动力强劲、运转有效、约束有力"的城乡一体化义务教育发展机制。同时，要深化改革，进一步明确政府职责，提高政府管理水平；要鼓励探索创新，吸引社会资源，激发社会活力；还要综合治理，在不断下放权力、推进"放管服"改革的同时还要进一步提升统筹层级，统筹配置各类教育资源，统筹协调各部门关系、统筹管理学前教育和普通高中教育，促进城乡义务教育一体化发展。

（二）义务教育城镇化的发展逻辑

在统计意义上，城镇化指的是一个国家城镇常住人口占该国常住总人口的比例。相应地，义务教育城镇化则指在城镇学校上学的学龄人口占义务教育总学龄人口的比例。在城镇化背景下，重点指进城务工农民携带义务教育阶段子女进城读书的比例。那么，义务教育城镇化的发生逻辑是什么呢？这里我们有三点假设：

第一，进城务工农民是理性的，他们是否流动、往哪里流动、是否携带义务教育阶段子女一起流动，是家庭集体决策的结果，决策的依据是对进城后预期成本-收益的估算，当预期收益大于预期成本时，才会携带子女进城，否则便会把子女留在家乡由父母和委托监护人照管。

第二，初次进城时，农民工与其拟进入的城市在信息上是不对称的，"不了解""不熟悉"会给进城务工农民带来心理恐惧和不安全感，因此有过在城市打工经历的"熟人意见"对他们作出最终决策有重要影响作用。而是否携带子女进城读书，既与农民工的教育价值追求有关，也与其工作的稳定性有关，工作越稳定的农民工越倾向于携带子女进城读书。

第三，农民工拥有通用性而非专用性人力资本，这决定了他们只能在次要劳动力市场上寻找工作，且存在被他人替代的风险。尽管在城市务工存在巨大风险，但在城市就业高回报的利益驱动下，农民工一般选择在城乡间循环流动，即到城市高收入地赚钱、到农村低收入地消费，从而获得流动的双重收益。这种情况下，循环流动的农民工较少携带子女进城读书，这可以解释为什么存在大量农村留守儿童。

这三点假设是农民工进城决策的基本机制，也是他们作出是否携带子女一起进城或者作出在城市结婚生子选择的逻辑基础。然而，从城镇化本身的内在发展逻辑看，在农业文明走向工业文明、农村社会走向城市社会的变迁过程中，大城市的要素集聚能力是其吸纳人口的重要力量。在国家城镇化的总体设计中，既要体现大中小城市匹配发展，更要发挥大城市的辐射作用，让大城市履行必要的社会责任。正是基于个体流动的决策逻辑和城市发展的市场逻辑，刘易斯（William Arthur Lewis）的二元经济结构模型才具备解释力，即在劳动无限供给条件下，现代工业部门的回报率高于传统农业部门，从而引发农村富余劳动力向城镇集聚，直到两个部门收益实现平衡时，人口的绝对流动方才停止。

城镇化必然带来经济结构、人口特性和社会形态的全面转型，这三者之间也会互相影响、共同促进城镇化发展。城镇化能够使农村产业结构全面调整与升级，从而促进农村剩余劳动人口加快转化和流动，最终使城乡的社会结构与社会形态发生变化。城镇化对义务教育有着直接和间接的影响，直接的影响体现为义务教育学龄人口在地理空间分布上的变化，义务教育资源配置的空间布局必须与之适应；间接的影响体现为有助于推进城乡社会的文明化程度，进而对义务教育提出更高的要求，包括需要提供更多优质的教育、提供更加公平的教育机会等。与此同时，城镇化为义务教育的改革和发展也创造了机遇，它对经济增长的促进作用必然带来更加丰富和广泛的教育资源，它对人口流动的导向机制能够提升教育资源的利用效率，它对社会发展的完善方式使人们对义务教育有了更加理性科学的观念和更加开放积极的态度。在城镇化的大背景下，义务教育改革发展的最终目标是促进教育与城镇化互相适应与协调，城镇化对义务教育改革提出的核心问题是如何配置教育资源以适应人口分布的新变化，如何提升义务教育的品质以适应人们不断提升的新需求，以及如何促进城乡义务教育一体化发展以实现国家的社会公平理想夙愿。

我们认为，城镇化背景下我国义务教育的改革发展应该按照"遵循社会规律、借鉴成功经验、科学前瞻规划、实践多样模式"的指导思想进行。我们的总体研究思路是，兼顾短期需要和长远要求、教育品质提升和教育均衡发展、教育协调发展和社会全面进步，认真摸清城镇化大背景下义务教育改革发展的现状及存在的问题，全面探寻城镇化对义务教育的影响，合理借鉴国外城镇化背景下义务教育改革发展的成功经验，准确预测未来20年中国城镇化的产业结构特征、人口变迁趋势、社会发展水平，在此基础上努力探索和实验适合不同区域特性的、能顺应未来社会发展规律的、多样化的义务教育发展模式。

（三）城镇化进程对我国义务教育改革发展的挑战

我国已进入中等收入国家行列，并进入城镇化快速发展的黄金时期。城镇化发展本身是有规律的，在农业文明走向工业文明时代，要素集聚是生产力提高的重要基础，也是人口集聚的重要力量。受城乡二元体制的制约，我国的人口城镇化将是一个长期的、复杂的渐进演变过程。新型城镇化的本质是农民工的市民化，但市民化不是简单地取消农业和非农业的户口划分，户籍制度改革的核心在于逐步消除城乡居民的公共服务差距。义务教育作为公共产品，是吸引人口流动的重要力量之一，具有"洼地效应"。如果城市义务教育质量高，就会吸引更多适龄儿童随迁就学，进而挑战城市教育资源承载力，如果城市义务教育质量低，也会影响产业劳动力的供给，这是一个城市与流动人口的博弈过程。总体来说，城镇化发展对我国义务教育改革发展带来的挑战是多方面的，意义也将会是极为深远和深刻的。

1. 城市人口过密化和乡村人口过疏化的挑战

从国际经验看，与城镇化过程相伴随的是农村人口向城镇的大规模迁移和流动，而人口向城镇的不断集聚导致的是农村过疏化和城市过密化的人口分布格局。按照美国经济学家刘易斯的理论，发展中国家一般存在着由"传统的"农业部门和"现代的"工商部门组成的二元经济结构，在一定条件下，传统农业部门的边际生产率为零或为负，农业劳动者在最低工资水平上提供劳动，存在无限劳动供给。一般地，城市工商部门工资要高于农村农业部门工资且在一定时期内工资水平保持不变。由于两部门工资存在差异，诱使农业剩余劳动人口向城市工业部门转移，并促进现代工商部门发展。经济发展的关键是资本家利润即剩余部分的使用，当资本家利用剩余部分进行投资的时候，现代工业部门资本量得以增加，进而从农业部门吸收更多的剩余劳动力。当农业剩余劳动力消失时，农业劳动的边际生产率会提高，收入也会随之增加。当城乡两部门的收入大致相当时，二元结构逐步趋同，过渡到现代经济增长，城镇化过程接近完成。① 刘易斯理论有一个前提假设，即农业劳动力人口向城镇的流动是家庭化和均质化的，并不会给乡村社会带来任何"后遗症"。但对中国而言，情况则大为不同。我国从农村转移到城市的劳动力大部分是年轻的、有文化的、以男性为主的，其结果是留在农村的劳动力呈现低素质化的特点；从农村转移出来的劳动者几乎都在城市非正规部门就业，由于农村劳动力整体素质较低，加上城市正规部门设置了许多不合理的就业门槛，许多农民工被排斥在正规部门之外。② 这意味着，中国的城镇化是不完整的城镇化，人的城镇化目标的实现还需要一个较为漫长的时间过程。

未来20年中国农村人口将减少1/3以上，将有3亿人由农村移居到城市和城镇。按照2020年城镇人口市民化率过半、2050年城镇化率与城镇人口市民化率并轨的目标，2020年和2050年城市群、中心城市和县域城市分别需要吸纳农村迁移人口1.65亿人和5.78亿人（见表0-6）。大规模的人口流动将引发农村地区学龄人口持续减少与城镇地区学龄人口不断集聚。伴随城镇化而来的城镇过密的义务教育学龄人口，对城市义务教育学校布局带来严峻的挑战，城镇将面临征土地、建学校、雇教师、配设备、投资金等一系列资源压力，更为严峻的是，由于城镇流动人口的不稳定性和不确定性，为城镇学校的空间布局和资源配置形

---

① ［美］阿瑟·刘易斯编著：《二元经济论》，施炜、谢兵、苏玉宏译，北京经济学院出版社1989年版，第1～46、149～170页。
② 郭熙保、黄灿：《刘易斯模型与我国农村劳动力转移问题》，载于《光明日报》2009年9月22日第009版。

成重大挑战。2015 年修订的《义务教育法》要求"地方各级人民政府应当保障适龄儿童、少年在户籍所在地学校就近入学",对于"非户籍所在地"的流动儿童来说,法律只要求"当地人民政府应当为其提供平等接受义务教育的条件",并没有"就近入学"的规定,这意味着流动儿童存在着在城市长距离上学的安全风险。随着农村劳动力人口的向城镇流动,特别是学龄人口的跟随式流动,加剧了乡村义务教育学龄人口的稀疏化。乡村学校面临学生减少、教师富余、布局分散、上学变远、没有规模效益等诸多挑战。表面上看,乡村学校规模变小可以节省许多教育资源,但实际上,由于课程开设、教室采暖、仪器配备等并不会因为学生人数的减少而等比例缩减,因此乡村小规模学校的大量存在反而会对教育资源提出更多的要求以达到教育质量均等化的目的。乡村学校学生人数的不断减少也给学校的生存发展带来不确定性,因为没有人知道一所小规模学校还可以持续多长时间,对于可能即将消失的学校来说,政府是没有投资建设动力的,这在很大程度上加剧了乡村小规模学校的衰败。

表 0-6　　　　各类城市吸纳农村流动人口数量分布　　　单位:万人

类型	2015 年累计吸纳农村迁移人口数	2020 年累计吸纳农村迁移人口数	2050 年累计吸纳农村迁移人口数
城市群	5 217	10 671	38 846
中心城市	1 544	3 159	10 315
县域城市	1 291	2 640	8 621
合计	8 052	16 470	57 782

资料来源:国家人口和计划生育委员会流动人口服务管理司编:《中国流动人口发展报告 2010》,中国人口出版社 2010 年版,第 30 页。

2. 城市教育高成本与教育财力高需求的挑战

依据级差地租理论,越是接近城市中心区域,地租和生活成本越高,越是接近郊区或农村,地租和生活成本越低。李克强总理在 2014 年《政府工作报告》中强调,今后一个时期要着重解决好现有"三个 1 亿人"问题,即促进约 1 亿名农业转移人口落户城镇,改造约 1 亿人居住的城镇棚户区和城中村,引导约 1 亿人在中西部地区就近城镇化。大量农业转移人口向城镇聚焦,由于地租和生活成本显著增高,无疑对我国经济增长有刺激和拉动作用。但是,农民工市民化成本是由私人成本、企业成本和公共成本三部分组成的,从私人成本和企业成本角度看,城镇人口聚焦有助于促进居民消费、拉动经济增长,但如果从公共成本角度讲,则会增加流入地政府的财政负担。《国家新型城镇化规划(2014~2020 年)》提出要"将农民工随迁子女义务教育纳入各级政府教育发展规划和财政保障范畴，合理规划学校布局，科学核定教师编制，足额拨付教育经费，保障农民工随迁子女以公办学校为主接受义务教育。对未能在公办学校就学的，采取政府购买服务等方式，保障农民工随迁子女在普惠性民办学校接受义务教育的权利"[1]。据国务院发展研究中心课题组测算，在推动城镇化过程中，每个农民工市民化的政府支出公共成本在8万元左右，其中每名随迁子女的义务教育公共成本为1.4万元左右（见表0-7）。中国社会科学院单菁菁博士的测算认为，在我国东中西部地区的城镇，农民工市民化的人均公共成本分别为17.6万元、10.4万元和10.6万元，全国平均为13.1万元。其中，东中西部人均义务教育成本分别为15 066元、12 384元和12 616元，全国平均为14 180元。[2] 张继良、马洪福的测算发现，江苏外来农民工市民化成本需求是12.3万元，其中第一代农民工市民化成本约为11.2万元，新一代农民工市民化的成本约为14.3万元。如果一次性实现农民工市民化，公共财政需要为每个农民工一生支付的成本为92.7万元。外来农民工随迁子女生均财政性教育成本为4 596.5元。[3] 这说明，城镇化是一个过程，在城镇化的早期阶段，农民工市民化的成本相对较低，但越是到了城镇化的后期阶段，农民工市民化的成本相对就越高。相应地，农民工随迁子女的义务教育公共成本大致也遵循这一发展过程规律。

表0-7　　　　　农民工市民化义务教育公共成本测算　　　　　单位：元

项目	嘉兴市	武汉市	郑州市	重庆市
小学生	5 807.6	7 898.3	3 252.2	3 021.0
中学生	7 321.9	10 067.7	4 931.3	3 077.6
校舍	2 659.3	2 919.3	3 016.8	2 773.3
合计	15 788.8	20 885.3	11 200.3	8 871.9

资料来源：国务院发展研究中心课题组：《农民工市民化进程的总体态势与战略取向》，载于《改革》2011年第5期，第5~29页。

据《城市蓝皮书》预测，到2020年我国城镇化率将达到60%，2030年达到68%，2040年达到75%，2050年达到81%，2020年之前全国大约有3亿名、2030年之前大约有3.9亿名农业转移人口需要实现市民化。要解决3.9亿名农民

---

[1] 中共中央、国务院：《国家新型城镇化规划（2014~2020年）》，2014年3月16日。
[2] 单菁菁：《农民工市民化的成本及其分担机制》，见潘家华、魏后凯主编：《城市蓝皮书：中国城市发展报告No.6：农业转移人口的市民化》，社会科学文献出版社2013年版，第138页。
[3] 张继良、马洪福：《江苏外来农民工市民化成本测算及分摊》，载于《中国农村观察》2015年第2期，第44~56页。

市民化问题，政府公共成本需要支出约51.1万亿元。① 按照随迁子女占农民工的4.84%②估算，到2020年之前至少有1 451.19万名、2030年之前至少有1 886.55万名学龄人口进入城镇接受义务教育，如果按每人1.4万元公共教育成本测算，2020年之前城镇财政至少需要多投入2 031.67亿元，2030年之前至少需要多投入2 641.17亿元。城镇义务教育学龄人口的大量集聚，必然对城镇教育财政支出产生刚性需求，形成新的财政负担。然而，虽然农村学龄人口减少，但由于缺少规模效益，同样需要更高的教育成本和对教育财政资金的更多需求，对于本就不宽裕的县级教育财政来说，这无疑也是巨大挑战。

3. 社会结构三元化与家庭人口两地化的挑战

城镇化的终极意义是人的城镇化，当下最急迫的任务是实现农民工市民化，尤其是帮助那些有强烈愿望和移居能力的农民工优先市民化。长期以来，我国实行的是城乡二元的公共服务供给体制和属地化的公共服务提供模式，尽管国家对农民工随迁子女提出了"两为主"和"两纳入"的政策支持体系，但由于焦点城市外来人口在短时间内大量聚焦，让流入地财政陡然间面临超大压力，使得学龄人口的流动化与公共服务的属地化之间的矛盾不断凸显。虽然国家颁布的《居住证暂行条例》规定"到其他城市居住半年以上，符合有合法稳定就业、合法稳定住所、连续就读条件之一的"，就可以按规定申领居住证，当地政府要为居住证持有人提供"义务教育、基本公共就业服务、基本公共卫生服务和计划生育服务、公共文化体育服务、法律援助和其他法律服务以及国家规定的其他基本公共服务"，但是焦点城市除了要求身份证、户口簿、居住证之外，还设置了租房合同/房产证、劳动合同/务工证明、连续缴纳社保证明、计划生育证、父母学历证/职称证、投资纳税证明、疫苗卡、学前班证明等，使得农民工及其子女无法在城市享受同等的市民待遇，从而形成了"父母在城市打工、子女在城镇上学、老人在农村留守"的家庭人员三地化格局，这显然与"城市只要农村劳动力，不要劳动者家人"的筛选机制密切相关，更与"农民、农民工、市民"三元并存的社会结构息息相关。据国家统计局的《农民工监测调查报告》显示，2018年全国有农民工28 836万人，平均年龄为40.2岁，1980年及以后出生的新生代农

---

① 魏后凯、盛广耀、苏红键：《推进农业转移人口市民化的总体战略》，见潘家华、魏后凯主编：《城市蓝皮书：中国城市发展报告 No.6：农业转移人口的市民化》，社会科学文献出版社2013年版，第27~28页。

② 2008~2016年的9年间，我国农民工数量分别是2.25亿人、2.30亿人、2.42亿人、2.53亿人、2.63亿人、2.69亿人、2.74亿人、2.77亿人、2.81亿人，期间义务教育阶段进城务工人员随迁子女的数量分别是884.6万人、997.1万人、1 167.2万人、1 261.0万人、1 393.9万人、1 277.2万人、1 294.7万人、1 367.1万人和1 394.8万人，随迁子女占农民工的比例平均为4.84%，故按此比例推算2020年和2030年义务教育阶段随迁子女的数量。

民工占全国农民工总量的51.5%。在全体农民工中有配偶的占79.7%，其中外出农民工有配偶的达68.1%，本地农民工有配偶的达90.8%。① 但是，农村"三留守"问题依然突出。据徐斌对四川省15个观察村的调查显示，共有外出务工劳动力5 767人，占15个村户籍总人口的18.58%，共产生"三留守"人员5 068人，占15个村户籍人口的16.33%（见表0-8）。2015年城市流入人口的平均家庭规模为2.61人，其中省内流动人口的平均家庭规模为2.75人，跨省流动人口的平均家庭规模为2.54人。从居住时间上看，居住3年以下的流动人口平均家庭规模为2.29人，3~4年的为2.70人，5年及以上的为2.95人。城市流动人口中家庭成员有3人、4人和5人的比例分别为31.82%、16.02%和4.94%，2人及以下的占47.23%。② 虽然流动人口"家庭化"趋势较为明显，但依然有接近一半的农民工只能夫妻两人或单独一方在外打拼，无法实现与孩子和老人的家庭团聚。

表0-8 四川省15个观察村"三留守"人员情况

项目		15个观察村	经济较发达地区4村	经济欠发达地区10村	少数民族地区1村
外出务工劳动力	总人数（人）	5 767	1 214	4 417	136
	平均每村人数（人）	384.5	303.5	441.7	136
	占户籍人口比例（%）	18.58	13.72	22.93	4.65
	占劳动力人口比例（%）	34.17	22.98	44.27	8.42
三留守人员	总人数（人）	5 068	1 363	3 505	200
	平均每村人数（人）	337.9	340.8	350.5	200
	占户籍人口比例（%）	16.33	15.40	18.20	6.84
留守儿童	总人数（人）	936	101	805	30
	平均每村人数（人）	62.4	25.3	80.5	30
	占儿童总数比例（%）	22.76	14.43	31.64	3.45
留守妇女	总人数（人）	2 013	761	1 114	138
	平均每村人数（人）	134.2	190.2	114.4	138

---

① 国家统计局：《2018年农民工监测调查报告》，http://www.stats.gov.cn，2019年4月29日。
② 国家卫生和计划生育委员会流动人口司编：《中国流动人口发展报告2016》，中国人口出版社2016年版，第23、99页。

续表

项目		15个观察村	经济较发达地区4村	经济欠发达地区10村	少数民族地区1村
留守老人	总人数（人）	2 119	501	1 586	32
	平均每村人数（人）	141.3	125.3	158.6	32
	占老人总数比例（%）	40.17	23.91	57.90	7.26

资料来源：徐斌：《农村三留守》，http://www.snsc.gov.cn/ncgc/3449.htm，2016年8月11日。

随着国家相关政策的不断调整，户籍的意义也在发生着重要的变化。一方面，城市户籍作为不平等公共服务和社会福利的屏蔽机制依然在起着身份区隔的作用；另一方面，农村户籍却享受着承包地、宅基地、林地、征地补偿，以及集体收益分配、各种国家补贴等权益。由于城乡义务教育差距的持续存在，使有能力的农村家庭通过"以足投票"的方式逃离农村进入城市。从目前的情况看，进城务工人员多为青壮年和有文化的一代人，农村人口的教育存量和整体素质呈下降态势。在农村有一定知识的人逃离农村的背景下，谁来为我们种地产粮？谁来支撑农业现代化？谁来保卫我们国家的粮食安全？这成了一个大问题。然而，农民工及其子女进城后却无法立即实现身份流动和阶层流动，他们虽然离开了农村，但却难以融入城市，成为无家可归的原子化个人。由于城镇化进程的加快和农民工市民化进程的滞后，导致社会弱势和弱小群体——留守儿童，成为家庭结构残缺化和中国不完全城镇化的代价承受者。尽管政府作出极大努力以期改变城乡学校区隔化和分层化、农村学校和薄弱学校学生群体被边缘化的现实，但是当城乡二元结构遇上城镇化的时候，不仅放大了原有的教育矛盾，而且还提出了新的教育挑战。面对新形势、新情况、新问题和新挑战，我们该做什么准备？又该如何通过体制机制创新来探索出一条新型城镇化背景下义务教育发展的中国道路？这是时代提出的大课题。

三、义务教育应对城镇化挑战的时代价值

城镇化（Urbanization）是农村人口不断向城镇迁移、农村生产生活方式逐步向城镇进化、农村文明持续向城镇文明转型发展的现代性蜕变过程，表现为乡村人口向城镇人口的转化和非农就业比例的增加。党的十五届四中全会提出"要不失时机地实施城镇化战略"，党的十六大要求"加快城镇化进程"，党的十七大强调"走中国特色城镇化道路""促进大中小城市和小城镇协调发展"，党的十

八大提出"坚持走中国特色新型工业化、信息化、城镇化、农业现代化道路,推动信息化和工业化深度融合、工业化和城镇化良性互动、城镇化和农业现代化相互协调,促进工业化、信息化、城镇化、农业现代化同步发展"。党的十九大报告提出"推动新型工业化、信息化、城镇化、农业现代化同步发展"和"乡村振兴战略"。

2016年,我国常住人口城镇化率已经达到57.35%,高于2014年54%的世界城镇化平均水平,① 户籍人口城镇化率为41.2%,离《国家新型城镇化规划(2014~2020年)》确定的到2020年户籍人口城镇化率达45%左右的目标只差不到4个百分点。按照美国城市地理学家纳瑟姆的城市化发展曲线理论,我国已进入城镇化加速发展的新阶段;2016年我国人均GDP达到8 866美元,在世界100个国家中排名第69位,与2012年相比提升18位,按照世界银行的标准已经进入中等收入国家行列。虽然我国正处在城镇化发展的黄金时期,但是我们也清醒地看到,像中国这样一个拥有十几亿人口的大国实现向工业化、城镇化和农业现代化的现代性转变,在人类现代化历史上是前所未有的,在这一过程中会面临诸多矛盾、挑战和危险,如果一些问题处理不好就会陷入"城市病陷阱"和"中等收入陷阱"。作为我国社会结构的一个历史性巨变,城镇化对经济社会各方面均产生了深刻影响。在城镇化进程中,作为事关国计民生的城乡义务教育也经受着前所未有的挑战,发生着重大变革。准确把握城镇化与城乡义务教育改革发展的关系,科学应对城镇化背景下各种复杂的挑战、矛盾和问题,是贯彻落实创新、协调、绿色、开放、共享五大发展理念,促进我国义务教育持续健康发展的必然要求,有着重要的学术价值和战略意义。

(一)有助于合理调整城乡义务教育学校布局,从容应对城镇化挑战

城镇化的过程是农村富余劳动力向城镇集中和向二三产业转移的过程。据《投资蓝皮书》预测,到2030年我国的城镇化水平将达到70%,中国总人口将超过15亿人,届时居住在城市和城镇的人口将超过10亿人。中国农村人口将减少1/3以上,未来20年将有3亿人由农村移居到城市和城镇,② 城镇将新增3 000万人左右的义务教育学龄人口。城镇化进程的结果是农村地区学龄人口减

---

① United Nations Department of Economic and Social Affairs, Population Division. World Urbanization Prospects: The 2014 Revision. New York: T/ESA/SER. A/366, 2015, P. 7.

② 肖金成:《中国城镇化战略及未来发展预测》,引自杨庆蔚主编:《投资蓝皮书:中国投资发展报告(2013)》,社会科学文献出版社2013年版,第120页。

少与城镇地区学龄人口集聚,从而导致农村人口分布过疏化和城镇人口分布过密化问题。就城市而言,大量增加学龄人口对城市征土地、建学校、雇教师、投资金、配设备等提出了一系列刚性需求。同时,受城乡二元制度结构的影响,进城务工农民还没有完全享受到附着在户籍背后的一系列公共服务待遇,还没有获得与城镇户籍居民均等一致的社会身份和权利,还没有全面参与城市的政治、经济、社会和文化生活。进城务工人员随迁子女要获得城市身份并同城市居民一样获得平等的义务教育,城市将面临巨大的资源扩容挑战。对农村来说,大量富余劳动力进城务工或就地转移到二三产业就业,使本来就稀疏的农村人口分布更加难以形成规模。由于农村地域广大、人口分散,小规模学校将日益增多,寄宿制学校将大量存在,学生上学路程变远、上学成本增加、交通安全隐患增多、留守儿童关爱缺乏等成为全社会关注的焦点问题。更为重要的是,城镇化需要的多是有知识、青壮年的农村富余劳动力,当这样一群农村人口被抽离的时候,谁来为中国种地、谁来保卫中国的粮食安全、谁来实现农业的现代化遂成为一个重要的现实问题。所以,研究城镇化背景下城乡义务教育学校合理布局问题,有助于为城镇化、信息化、工业化和农业现代化的协调发展提供有力的智力支持,有助于积极稳妥推进城镇化,优化城市形态和布局,加强城镇化管理,不断提升城镇化的质量和水平,解决城镇化进程中义务教育改革发展面临的突出矛盾与问题,防止教育"城市病"和"农村塌陷"。

(二) 有助于高位统筹配置城乡义务教育资源,科学推进高质量均衡

党的十八大报告要求"大力促进教育公平,合理配置教育资源,重点向农村、边远、贫困、民族地区倾斜"。《国家中长期教育改革和发展规划纲要(2010~2020年)》明确提出要"建立城乡一体化义务教育发展机制,在财政拨款、学校建设、教师配置等方面向农村倾斜"。《"十三五"推进基本公共服务均等化规划》强调要"建立城乡统一、重在农村的义务教育经费保障机制,加大对中西部和民族、边远、贫困地区的倾斜力度。统筹推进县域内城乡义务教育一体化改革发展,推进建设标准、教师编制标准、生均公用经费基准定额、基本装备配置标准统一和'两免一补'政策城乡全覆盖,基本实现县域校际资源均衡配置,扩大优质教育资源覆盖面,提高乡村学校和教学点办学水平"①。党的十九大报告再次强调要"推动城乡义务教育一体化发展,高度重视农村义务教育"。在城镇化进程快速推进、农村人口流动日益频繁、城乡产业结构日益融合的大背景下,农村教育的发展方向是什么?许多人几乎都把农村教育的发展方向定位在

---

① 国务院:《"十三五"推进基本公共服务均等化规划》,2017年1月23日。

"城镇化"上了,甚至有人提出"小学进镇""初中进城"直至"消灭农村教育""让所有儿童都享受城市优质教育"的观点。那么,在城镇化背景下到底要"保留"还是"消灭"农村教育呢?我们认为,中国特色的现代化道路既要解决城市化发展问题,也要解决新农村建设问题。我们在推进城镇化的同时,切不可忽视"农村教育"的弱势地位与战略价值。城镇化呼唤中国教育现代化,呼唤中国农村教育改革发展。城镇化必然推动乡土社会向城市社会演变,但这并不是简单地以城市文明替代农村文明,更不能用城市文化消灭农村文化。在城乡二元共生和一体化发展的新框架中,要重新认识农村教育的价值和重要性。那种认为社会现代化就是消灭农村、取消农村教育的观念是错误的和不切实际的。恰恰相反,在部分人口向城镇转移的背景下,地方政府应该更有精力和能力把农村教育办好,更应该把农村教育作为优先领域,防止出现"农村教育凹陷",着力推进教育公平。即使推进城镇化建设也不能急于求成,而应合理掌控城镇化发展的节奏与速度,把城镇化发展过程中遇到的问题放到时间这一大维度中逐步化解,实施渐进式的义务教育改革发展,做到水到渠成。随着城镇化的推进,在实行城乡统一的拨款标准、建设标准、教师编制标准的同时,还要对农村教育给予倾斜照顾,用更多的精力、更大的财力、更优惠的政策,促进农村义务教育的改革和发展。所以,研究城镇化背景下的义务教育有助于全面推进农村学校标准化建设、积极促进区域城乡教师全员流动、城市优质校与农村薄弱校捆绑合作、优质高中招生指标分配到校等改革,努力缩小城乡义务教育差距,实现有质量的义务教育均衡。

(三) 有助于突破推进人口城镇化的制度束缚,实现同城无障碍教育

城镇化进程的快速推进有助于转移农村富余劳动力、增加农民人均可支配收入、释放农民巨大消费潜力。但是,由于政策原因,现在不仅产生了 1.12 亿名"被城镇化"的失地农民,而且到 2020 年合计约有 3 亿人与土地无关,更重要的是在城市还出现了 2.23 亿名"虚假城镇化"的农民工群体[1],成为中国社会"三元结构"中的独特一元。虽然我国 2016 年城镇化率已达到 57.35%,但这是按在城镇居住半年以上人口计算的,如果按户籍人口计算,则中国的城镇化率只有 41.2% (5.7 亿人)。由于中国城镇化的不彻底性,结果导致出现大量城镇随迁子女和农村留守儿童。2016 年,义务教育阶段进城务工人员随迁子女和留守儿童人数分别达到 1 394.77 万人和 1 726.29 万人,分别占义务教育阶段在校生

---

[1] 刘彦随:《与土地无关的 3 亿农民需要重视》,载于《上海证券报》2015 年 12 月 2 日第 A01 版。"虚假城镇化群体"是依据 2016 年我国常住人口城镇化率和户籍人口城镇化率的差额测算的。

总数的9.79%和12.12%，合计达21.91%，已超过1/5。中国城镇化需要解决的关键问题是如何让农民工能够跨越城镇的"门槛"，让其随迁子女在流入地享有同城教育待遇。流动人口子女能否顺利完成义务教育，不仅直接关系到中国义务教育制度的贯彻落实，还关系到中国城市化发展的速度和水平，更关系到中国现代化建设能否顺利实现。从本质上说，城镇化的过程就是农民转变为市民的过程，农民工市民化的过程实质上又是公共服务和社会权利均等化的过程。在推进城镇化发展的过程中，如何将"准城镇化人口"转变为城市市民身份，使农民工及其随迁子女享有与城市居民一样的教育待遇，使城市和乡村两个学龄人口群体获得公平的教育机会和资源，本身就是一个重大的教育课题。农民工进城的目的有很多，其中经济目的和教育目的是主要的。突破进城务工人员随迁子女在城市受到歧视和不公平对待的教育制度障碍，突破户口作为社会屏蔽机制的功能，有助于让城市原住民能以宽容平等的心态接纳他们，同时让进城务工人员随迁子女不断认同和融入城市社会，有助于推进"土地城镇化"与"人口城镇化"协调发展，妥善处理经济建设城镇化和公共服务城镇化之间的矛盾，有助于防止出现如拉美国家由于快速城镇化及相应的制度保障跟不上所导致的"城市病"问题，促进我国城镇化平稳科学发展，维护社会稳定与和谐。

（四）有助于稳定农业人口维护国家粮食安全，积极推进新农村建设

党的十八大报告明确提出要坚持走中国特色新型工业化、信息化、城镇化、农业现代化道路，推动信息化和工业化深度融合、工业化和城镇化良性互动、城镇化和农业现代化相互协调，促进工业化、信息化、城镇化、农业现代化同步发展。党的十九大报告更是提出了"实施乡村振兴战略"。从表面上看，城镇化是在解决城市问题，但实质上是在解决"三农"问题，城镇化和农业现代化是一个问题的两面，不可分割。从长远看，中国农业领域只需要1亿~1.5亿劳动力。但是，要实现农业现代化，这1.5亿人绝对不可能是老人、妇女和儿童，他们必须是有文化、懂技术、会经营的现代职业化农民。没有良好的义务教育做基础，没有农民的职业化，农业的现代化是不可想象的；同样，没有高质量的农村义务教育做保障，即使有职业化农民也会因为子女教育问题而离开农村。发展好现代化的农村义务教育不仅有助于留住一批有能力的人从事农业生产，确保国家粮食安全，还有助于加强新农村建设，让农民在农村就地过上城市化的现代生活，更有助于农村富余劳动力向城镇的转移，整体提升城市人口的质量和城镇化的质量。美国经济学家米凯·吉瑟（Micha Gisser）的研究证明，在农村地区，教育水平每提高10%，将多诱导6%~7%的农民迁出农业，按照净效应，它将把农业工

资提高 5%（见图 0-1）。①

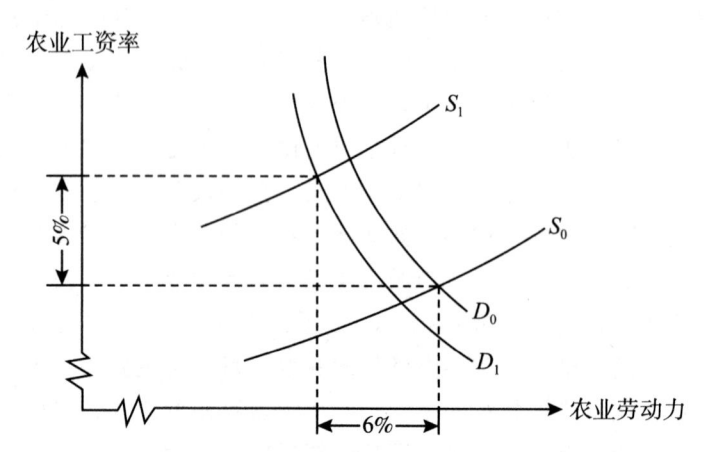

图 0-1　学校教育与农业劳动力工资回报率之间的关系

大量研究表明，投资贫困地区和弱势群体比投资经济发达地区能够获得更大的收益。农村教育是农民、农业、农村工作的重要组成部分，在农村经济社会发展中具有基础性、先导性和全局性的重要作用。教育作为社会可持续发展的重要内容和动力机制，必须着力提升国民素质，特别是提升农村人口和弱势群体的综合素质。在城镇化背景下加强农村义务教育有助于让新一代农民在农村实现"巴伐利亚式变革"，推进信息化农村和智能化农村建设；有助于从根本上解决农民、农业、农村在关键环节上的问题，促进农村经济社会协调发展、加速提升国家综合竞争力；有助于改善农村义务教育学校办学条件、整体提高农村义务教育教师队伍素质、促进农村义务教育现代化；有助于将农村人口压力转化为人力资本优势，全面提高落后的农村地区人口整体素质水平，为最终消除城乡教育差别、实现城乡一体化发展提供制度、思想和行动策略保障。

（五）有助于推进义务教育体制机制改革创新，实现城乡一体化发展

城乡差别对待的二元化思想是一种"重城轻乡"的城市中心主义教育发展观和价值观，在这种制度思维指导下的教育政策和制度设计具有歧视农村的特点，违背了伦理上和法律上的正当性，违背了公民平等的生存权、发展权和受教育权，背离了公正、和谐的现代教育价值理念。在城乡一体化的教育理念下，城乡教育关系不仅是"城市"和"乡村"两个教育主体之间的关系，更重要的是，政府作为全民教育的共同主体，要对城乡教育及其两者之间的关系作出一个既标

---

① Micha Gisser. *Schooling and the Farm Problem*. Econometrica, Vol. 33, No. 3, 1965, pp. 582-592.

准统一又适度倾斜农村的制度安排,改变城乡教育的制度性区隔,消除城乡教育双轨制,缩小城乡之间的教育差距,确保城乡在教育机会、资源配置、教育效能上的统一和公平。因此,需要确立一种城乡一体化的结构性思维,改变"一个国家,两种制度,重城抑乡"的发展思路,确立"城乡统筹规划、一体化发展"的大城乡和新城乡的发展新思维,重新定位城乡教育关系架构,突出现阶段我国城乡关系格局中的突出矛盾和重点问题,加大统筹力度,重点补偿和支持农村教育发展,加大城市教育支持农村教育的力度,形成逆差序格局的教育资源流动机制,在"不削峰"的前提下,着重于"但填谷"的制度设计,使城乡教育差距在"一体化"的制度设计中逐步缩小。同时,还要扎根于农村本土、着眼于城镇化发展实际,凸显农村教育的本土特色,在城市与农村的互动中,实现农村教育的本土化发展。在制度化地厘清省级政府的义务教育统筹职责和向农村倾斜的政策取向的同时,针对城镇化背景下城乡义务教育改革发展的突出问题,运用新制度主义经济学和社会学的机制设计理论,在自由选择、自愿交换、信息不完全及决策分散化条件下设计各种机制(游戏规则或制度)以实现既定目标。在传统管理学的机制理论的基础上,运用经济学和社会学中信息效率、激励相容、合法性、政府间博弈等理论,解释和建构有利于促进城乡教育一体化目标实现的教育体制机制理论,实现理论的借鉴性创新。

(六)有助于摸清人口流动对义务教育的需求,加强教育数据库建设

现代意义上的城镇化是由工业化带动的。自工业革命以来,大规模集中生产的工厂制度一直是推动经济增长的主导力量。工业化生产的各部门集聚在城市,形成了规模经济、范围经济和外部经济,提高了分工和专业化的效率,反过来又极大地加速了城镇化的进程。工业化的推进导致了城镇的繁荣,而城镇化的推进与服务业的繁荣又进一步提高了劳动生产率,催生了新的行业和生产部门,使经济结构更加侧重于第三产业。但是,工业化和城镇化的发展是以农业的现代化为基础的。主要发达国家的历史经验证明,农业现代化不仅有助于提高农业生产率,还有助于为工业化和城镇化提供大量的农产品。同时,农业现代化提高了农业生产的机械化、集约化程度,产生了大量的剩余劳动力,为工业化提供了大量的劳动力资源。反过来,农业生产率的提高又带来了农业人口收入水平和消费能力的提高,也为工业化和城镇化提供了持续发展的动力。中国的城市类型较为多样,仅按城市规模分就包括超大城市、特大城市、大城市、中等城市、小城市和小城镇等。在国家加速发展城镇化的战略中,究竟是优先发展"大都市""中小城市"还是"小城镇"?是采取"政府主导型"还是"市场主导、政府引导型"的城镇化发展模式?是按"城镇人口密度和经济活跃程度"还是按"城乡行政

区划体制"来界定城市？不同的城镇化发展战略所导致的农村富余人口的流动方向是不一样的。2016 年底，全国共有城市 657 个，其中，直辖市 4 个、副省级城市 15 个、地级市 278 个、县级市 360 个、建制镇 20 883 个，常住人口超过 500 万的城市有 88 个，其中超过 1 000 万人的大都市有 13 个。[①] 由于不同类型城市的产业集聚能力各不相同，如果把市场机制作为城镇化发展的基础性力量，那么产业优势明显的地区就会吸引大量青壮年外来务工人员，随着"人的城镇化"和"基本公共教育服务均等化"政策的推进，尽管大多数人想留在城市成为市民，但也不排除有人想返回农村当农民或返回县镇当市民，多样化的流动意向会对城乡义务教育产生多样化的需求。通过对已经进城和潜在流动人口的流动意愿、各地教育主管部门义务教育综合承载能力、学校教师及家长需求的分类调查，有助于形成"基于城镇化的义务教育数据库"，为国家和地方制定科学的教育发展决策提供数据支持。

（七）有助于总结借鉴国内外教育城镇化经验，探索中国特色化道路

从世界发达国家所走过的城镇化发展道路来看，大致经历了中心型城市化、郊区城市化、去城市化和再城镇化的发展阶段。第一个阶段表现为人口从农村或郊区向城市中心区单向迁移；第二个阶段则在农村人口向城市中心区大量迁移的同时，中心区的部分人口开始向郊区迁移；第三个阶段是中心城市人口向城镇或乡村迁移；第四个阶段则同时伴有人口从城市向城镇或乡村流动和从乡村或城镇向中心城市流动，但这种流动更多地表现为工作地和居住地之间日常的空间位移，而不是大规模的人口迁移。与以上发展阶段相适应，学校的布局也会发生相应的变化。在我国一些城镇化水平较高的大都市，已经同时出现了第二个阶段和第四个阶段并存的状态。世界发达国家所走过的成功城镇化发展道路可为中国提供一定的经验借鉴。作为后发国家，先发国家所走过的失败道路也可为我们提供教训和启示。以韩国为例，20 世纪 60 年代的新村运动走了一条放弃农村教育的发展道路，结果导致乡村教育荒废，进而引发国家的农业危机。50 年后，韩国政府正在实施乡村教育振兴计划，目的正是通过振兴乡村教育来吸引人才向农村反流，以推动国家农业振兴与粮食安全。就世界城市化的"一般规律"来看，且不说西方发达国家的城市化在经历了向中心城市聚集之后又出现了向郊区分散的"郊区化"和"逆城市化"（Counter-Urbanization）趋势，仅就先发工业化国家和后发工业化国家所走的城市化道路来看也是不一样的。随着新科技革命、第三次工业革命的到来，新型生态观光旅游产业的发展，许多产业不必再像过去那样

---

① 国家统计局：《2016 年末我国常住人口城镇化率达 57.4%》，央广网，2017 年 7 月 11 日。

聚集于城市，完全可以向农村和城镇聚集与转移，城市与乡村融合的田园城市将成为未来发展的重要方向。在我国，有江浙的"倾斜型"、京沪的"辐射型"、湖北武汉城市圈与湖南"长株潭"城市群等"群组型"、成都的"全域型"和重庆的"一体型"等多种城乡教育一体化模式。通过国际比较和国内个案研究，有助于探索城镇化背景下有中国特色义务教育改革发展的独特道路，为各地区实现城乡义务教育一体化目标提供具有可操作性的经验启示和具体的机制设计，以加快区域内城乡义务教育一体化的实践进程。

第一篇

理论透视篇

第一章

中国城镇化的实质及其逻辑

城镇化（Urbanization）一词起源于拉丁文"Urbs"（单数）和"Urbis"（复数），但"Urbanization"作为一个独立的名词最早出现于1860~1861年，由西班牙土木工程师兼城市规划设计师伊尔德方斯·塞尔达（Ildefons Cerdà）创造，用于指代他对巴塞罗那所做的城市规划，即所谓的"Plan Cerdà"的城市风格——正交网格状城区结构，该结构从地理上保证了每个居民的居住权利，没有社会分级，没有所谓好的住宅区和坏的区域，平均每几个街区就能共享一所教堂、学校、市场、墓地、公园甚至警察局。塞尔达心目中理想城市的公共设施是平均分配的，这样既能保证每个人都享有使用公共资源的同等权利，又能提高城市运作的效率。[①] 他在1867年出版的《城镇化的基本理论》（*The General Theory of Urbanization*）一书中把"城市化"定义为实现这一理想的新的科学综合研究与实践活动。

城市化是19世纪以来出现的全球性社会现象。美国统计学家、经济学家及城市学家阿德纳·费林·韦伯（Adna Ferrin Weber）就注意到："当前（19世纪）最为显著的社会变化是人口在城市的集聚……在西方世界，向心或者集聚现象成为普遍的趋势。"[②] 据统计，1800年，世界上只有3%的人口居住在城市地区；到1900年，大约有14%的世界人口是城市人；到1950年，这一比例已达到

---

① Louis：《为什么巴塞罗那的建筑十分统一？》，http://daily.zhihu.com/story/3696400。
② Adna Ferrin Weber. *The Growth of Cities in the Nineteenth Century: A Study in Statistics.* Columbia University, 1899. 亦可参见［美］布赖恩·贝利著：《比较城市化——20世纪的不同道路》，顾朝林等译，商务印书馆2012年版，第2页。

29.6%；到 2000 年，世界城市人口占 46.6%；预计到 2030 年，这一比例将达到 60.0%；2050 年将达到 66.4%。① 因此，到了 20 世纪城市化已经成为一个全世界广泛接受的词汇。20 世纪 70 年代后期，Urbanization 一词被引入中国。从目前掌握的资料看，学术界最早使用"城镇化"概念可追溯到 1981 年，罗清澄先生率先在《城市规划》上撰文探讨"安徽省城镇特点和城镇化问题"，并从从事非农生产人口、生活社会化、居民集中程度三个维度判定城镇化水平。② 1982 年中国建筑学会城市规划学术委员会在南京召开了"中国城镇化道路问题"学术讨论会，探讨了城镇化的概念和标准、城镇化发展趋势和我国城镇化道路等问题，认为城镇化是指人口向城镇地区集中和乡村地区转变为城镇地区的动态过程，表现为城镇数目逐渐增多，各个城镇内部的人口和用地规模不断扩大，居民生活方式由量到质的改善和基础设施的现代化。③ 这是目前见到的国内对城镇化的较早定义，后来许多学者所给出的界定在本质上都没有超出 1982 年的定义。1998 年国家质量技术监督局和建设部联合发布的《城市规划基本术语标准：GB/T 50280～98》对"城市化"的解释是"人类生产和生活方式由乡村型向城市型转化的历史过程，表现为乡村人口向城市人口转化以及城市不断发展和完善的过程，又称城镇化、城市化"④。那么，城镇化的本质是什么？什么是人的城镇化？中国城镇化的实践逻辑是什么？又该如何实现产城人的融合发展呢？

第一节 城镇化的本质与功能

城镇化是人类发展史上的重要社会现象，它不仅影响着人类的生命福祉，更重构着人类的社会关系。那么，城镇化现象形成的内在机制是什么？本质又是什么？城市作为一种不同于乡村的社会存在，它又有哪些独特的社会功能？中国的城镇与世界上出现的城镇化现象有什么不同，遵循什么样的发展逻辑？如何实现产城教的融合发展？又如何促进人的城镇化和城市性的形成呢？

城市并不是今天才有的现象，观察人类最早城市的形成对于理解现代城市的

---

① United Nations Department of Economic and Social Affairs, Population Division. World Urbanization Prospects: The 2014 Revision. ST/ESA/SER. A/366, 2015, P. 33.
② 罗清澄：《安徽省城镇特点和城镇化问题初探》，载于《城市规划》1981 年第 3 期，第 34～38 页。
③ 吴万齐：《中国城镇化道路问题学术讨论会在南京举行》，载于《建筑学报》1983 年第 3 期，第 16～17 页。
④ 国家质量技术监督局、中华人民共和国建设部：《中华人民共和国国家标准——GB/T 50280～98：城市规划基本术语标准》，中国建筑工业出版社 1999 年版，第 2 页。

出现是非常有意义的。在古代,"城"与"市"是两个不同的概念。据《吴越春秋》记载:"筑城以卫君,造郭以卫民",即以墙为界,内为城、外为郭,筑城廓以防御外敌入侵。颜师古在注《世本·作篇》的"祝融作市"时曰:"古未有市,若朝聚井汲,便将货物于井边货卖,曰市井。"当"市"形成时,《孟子·公孙丑下》有云:"古之为市也,以其所有,易其所无者,有司者治之耳。"因此"市"乃交易之地。据《战国策·齐策五》记载,苏秦游说齐缗王时建议"通都小县,置社有市之邑,莫不止事而奉王"。至此,才有了"城市"之概念。美国著名民族学家、人类学家路易斯·H. 摩尔根(Lewis H. Morgan)曾说:

试将人类进步的途径回顾一下,我们便可以看出在开化低级状态中部落的常住地,是以木栅围绕的村落。到了开化中级状态中,带着堡垒性质的、以土砖及石料建筑的共同住宅便相继出现。但是,到开化高级状态中时,环状堤防围绕的、最后用整列石头造成围墙的都市,在人类的经验中第一次出现了。当人类思想表现于以具有高塔、胸墙和门楼的整列石头造成的防御墙壁,围绕足以容纳多数人口的广大地域,用以同样保护其中所有的人口,并用共同力量加以防卫,这确是前进道路上的一大步。属于此种等级的都市,实暗示有固定的而且发达的农业的存在,有牛、羊等家畜的存在,有大量的商品以及不动产的存在。①

尽管城市在古代社会就已存在,但城市化(或城镇化)却是现代才有的现象,它是与工业革命相伴而生的,美国城市化专家布赖恩·贝利甚至直接将现代城市化的开端称为"工业城市化"(Industrial Urbanisation),正是工业革命使得人类的城市化进程大大地加快了。工业革命使生产率大幅度提高,生产率的提高又带来个人收入水平的提高,进而引发就业结构的重心由农业部门向工业部门转换,而这恰恰成为吸引大量农村人口向城市转移、推进农业经济向工业经济转变的重要动力。

一、集聚机制

那么,城市化的本质是什么呢?笔者认为就是集聚(Agglomeration)。美国城市学家阿德纳·韦伯也认为:"城市化是一个人口集聚的过程。其发生方式有两种:集聚点的不断增加和单个集聚点范围的不断扩大……只要城市存在规模上的扩大或者数量上的增长,城市化的进程就在进行之中。……城市化是一个激进

---

① [美] 摩尔根著:《古代社会/人类从野蛮经过开化至文明之发展路径的研究(第二册)》,杨东莼、张栗原、冯汉骥译,商务印书馆1972年版,第440页。

的过程。它意味着……从集聚性较弱的状态向集聚性较强的状态转移。"① 但是，人口集聚还只是外在的表象，而导致人口集聚背后的力量是产业的集聚、资本的集聚和知识的集聚。

（一）产业的集聚

经济发展在空间上是不均衡的。贾雷德·戴蒙德（Jared Diamond）认为这种不平衡与区际间的资源禀赋差异密切相关。考古学等研究显示，一个地区的农业发展需要可驯化、可改良的野生动植物物种，而这些野生动植物物种的分布在世界上仅有几处，这些独特的植物和动物区系成为地球上的食物生产中心，为人类的生存和发展提供了空间地理基础。② 但是，城市化所导致的集聚却并不完全依赖于这种动物区系和植物区系，它所依赖的是以工业为基础的新产业体系。农业是以土地为生产要素的，而土地有三个基本特点：一是空间的不可移动性，二是产量的最大上限性，三是物种的空间特异性。农业的土地收益受产量和市场价格的影响。工业和服务业虽然也对土地有依赖，但是这种依赖具有相对性，在某种意义上可以说，工业的特点是摆脱了对土地的完全依赖，它所依赖的更多的是可移动的生产要素，比如原材料、劳动力、资金和技术等。工业和服务业租用土地的收益往往与自身所生产的产品和提供的服务息息相关。而恰恰在这一点上，某些产业在城市这一特定的地理区域内高度集中、产业生产要素在空间范围内不断汇聚，但是集聚的产业所生产的商品、所提供的服务却是差异化的，所提供的就业机会也是多样化的，这导致城市里的产业并不是完全竞争的，差异化生产赋予了生产商某种控制市场的力量。③ 产业聚集的好处除了提供差异化和多样化的产品外，还能刺激生产理念和商品创新、提高生产效率和规模效益、形成上游和下游密切相关的产业链条，同时能满足和引领大众消费、改善百姓日常生活、提供多元就业机会、提高劳动者的工作收益。这些好处无疑成为吸引农村人口向城镇流动的最强大动力。

（二）资本的集聚

资本的本性是寻利的。当城市工业部门的投资回报率高于农村农业部门时，

---

① ［美］布赖恩·贝利著：《比较城市化——20世纪的不同道路》，顾朝林等译，商务印书馆2012年版，第2页。
② ［美］贾雷德·戴蒙德著：《为什么有的国家富裕，有的国家贫穷》，栾奇译，中信出版社2017年版，第64~65页。
③ ［法］皮埃尔-菲利普·库姆斯、蒂里·迈耶、雅克-弗朗索瓦·蒂斯著：《经济地理学：区域和国家一体化》，安虎森等译，中国人民大学出版社2011年版，第4页。

资本就会自动地在一国范围内从其他地区、其他产业向高回报地区和高利润产业聚集；在全球化时代和日益开放的国际环境中，全球资本也会从投资回报率低的国家和产业向投资回报率高的国家和产业集聚。由于资本寻利是存在巨大风险的，因此以市场为导向的经济体制对安全稳定的经济环境有内在要求，逼迫资本集聚地政府加强法治建设，增强经济活动的可预期性和透明度。由此，现代的经济制度文明，特别是刺激资本聚集和资本稳定的创新性经济政策在城市地区率先涌现。正是安全稳定的经济环境，让资本的利润不断增加。为了创造更多的利润，资本持有者把利润进一步转化为资本，从而导致生产规模的扩大、产业结构的升级和产品技术的创新，这一切又带动了就业率的提升、地方税收的增加、工人收益的增长和工作岗位专业化水平的提高。这一切使城市—工业社会与前工业社会相比，在经济、政治和空间上出现了显著的差别（见表1-1）。

表1-1　　　　　　　　前工业社会和城市—工业社会的区别

项目	前工业社会	城市—工业社会
经济	非货币或单一货币经济，地方交易，基础设施不足，手工工业为主，专业化程度低	以货币为基础，国家范围内的交易，相互依赖性强。工厂生产，资本密集
政治	非长期权威，规定性的习俗，人与人之间的交流，注重传统	稳定的政体，民选政府，大众媒体参与，具有理性的政府机构
空间（地理）	地方范围内关系，近域特征，社会空间群体在网络空间中复制	区域与国家相互依赖，在城市空间系统中，分工是基于主要资源和相对区位

注：此处对原表进行了节选。特别需要说明的是，这里的"城市—工业社会"是以19世纪的欧洲为原型的。实际上，20世纪以来的城市化发展出现了许多新现象，已远远超出了这里描述的情形。在政治体制上，除了资本主义的城市化外，还出现了社会主义的城市化，展现了城市化各不相同的发展道路。

资料来源：［美］布赖恩·贝利著：《比较城市化——20世纪的不同道路》，顾朝林等译，商务印书馆2012年版，第2页。

（三）知识的集聚

人类的工业革命为什么会发生？或许是人类贪婪的和安逸的本性使然，但真正使工业革命得以发生的还是"知识的力量"。19世纪60年代蒸汽机、纺织机等技术的广泛使用，使人类从繁重的手工劳动中解放出来，进入了"机器时代"，造就了第一次工业革命；19世纪70年代发电机、白炽灯、电话、无线电报机等新能源和新技术的发明和使用，补充甚至取代了蒸汽机动力，使人类进入了"电气时代"，造就了第二次工业革命；20世纪50年代以原子能技术、航天技术、电子计算机技术为代表的新科学技术革命以及核反应技术、人造卫星和电子管计算机的应用，使人类从部分复杂的脑力劳动中解放出来，进入"电子时代"，造就了第三次工业革命；21世纪10年代以智能制造为主导，充分利用信息通信技术和网络空间虚拟系统，全面改造提升制造业的智能化水平，再造智能化工厂、智能化生产和智能化物流，不仅极大提高了资源生产率，还有效减少了污染排放，使人类进入"智能时代"，造就了第四次工业革命——"绿色工业革命"或"工业4.0"。城市化作为现代化的重要内容，促进了知识的流动和知识的集聚，也创造了新知识和新文明。美国哈佛大学经济学家爱德华·格莱泽（Edward Glaeser）曾说："是城市放大了人类的力量"，"对于城市来说，对教育的投资会带来两份收入。学生掌握了更多的知识，这最终会提高这一地区的生产力。较好的学校也会吸引文化素质较高的父母，他们会马上提高这一地区的生产力。打造一座智慧型城市的唯一的、最好的方法是打造能够吸引和培养人才的学校"。①荷兰学者亚历山德拉·登海耶（Alexandra den Heijer）等研究也发现，城市越来越重视吸纳知识型工作者，在一个城市有无大学与城市对企业和社会机构选址入驻的吸引力之间存在着明确的相关关系。他们认为：

构建知识城市的未来发展情境与构建大学的未来发展情境是同等重要的。事实上，它们也是紧密相关的。荷兰2040年发展情境的构建是以人们和城市未来发展的3条主要经验为基础的。第一，知识是并仍将是荷兰成功发展的关键。对于参与科技进步和在全球化世界中保持竞争优势来说，人力资本和知识都是不可或缺的。第二，工作岗位将越来越基于任务的集合。第三，经济活动将在城市里聚集。城市吸引那些从面对面交流中获益的熟练工人。②

（四）人口的集聚

产业集聚、资本集聚和知识集聚的后果之一，就是导致城市就业机会增加、工作回报提高，因而成为经济落后地区特别是农村人口竞相迁移的目的地。现代经济活动在城市地区的大量聚焦，吸引了大量外来进城寻找工作的人口，而城市人口的不断增加反过来又会创造更多新的就业机会（譬如仅仅为新增人口服务就会创造无限的就业机会），促进劳动分工和专业化程度的不断提高。亚当·斯密（Adam Smith）早就指出："分工起因于交换能力和分工的程度，因此总要受交换能力大小的限制，换言之，要受市场广狭的限制。市场要是过小，那就不能鼓励

---

① [美] 爱德华·格莱泽著：《城市的胜利：城市如何让我们变得更加富有、智慧、绿色、健康和幸福》，刘润泉译，上海社会科学院出版社2012年版，第230、235页。
② [荷兰] 亚历山德拉·登海耶、杰基·德弗里斯、汉斯·德扬著：《发展中的知识城市——整合城市、企业和大学的校园发展战略》，焦怡雪译，载于《国际城市规划》2011年第3期，第50~59页。

人们终生专务一业。因为在这种状态下，他们不能用自己消费不了的自己劳动生产物的剩余部分，随意换得自己需要的别人劳动生产物的剩余部分。"① 人口集聚的结果就是扩大了市场范围，突破了市场狭小的限制，因此经济就业结构日益丰富，劳动分工日益细致、工作专业化要求日益提高、劳动生产率不断攀升，个人的劳动回报和消费能力大为改善，社会所提供的服务和企业所生产的产品日益多样，最终导致城市居民生活质量显著改善、城市地区经济活力显著增强、社会民主法治程度显著提高。所以布赖恩·贝利说："日益增加的劳动分工、市场不断扩大、城市化加速等均需要或产生了以下结果：过去从事农业以及那些原始生产中的非熟练工人，转向了技术型的白领职业或高层次的职业，这些职业绝大部分在城市集聚区。旧的体制从根本上受到震动，新的体制开始建立起来，在金融和市场体制方面更是如此，从而引发了社会、经济因素在城市的高度集聚，使得更高效率的生产力成为可能，现代体制变得更为有效。"②

二、筛选机制

从世界范围看，农村人口向城镇集聚的城镇化过程是自由的、没有筛选的，只要你能在城市里找到一份工作、能够让一家人在城市里生存下去，你都可以自由地选择在城市生活。但从中国目前的实际情况看，农村人口向城镇集聚表面上是完全自由的，但是实际上它有一个过滤网，我们称之为筛选机制（Screening Mechanism）。当然，中国城镇化的筛选机制经历了一个"自由迁徙"——"限制流动"——"放开流动"的发展过程。

1954 年《中华人民共和国宪法》第九十条规定"中华人民共和国公民有居住和迁徙的自由"，1954~1956 年是我国历史上户口迁移频繁的时期，全国迁移人数达 7 700 万人，包括大量农民进入城镇居住并被企业招工。③ 但是，由于当时城市工业发展缓慢，社会保障能力较弱，难以一下子消化掉数量如此庞大的期待进城就业的农村劳动人口，所以不得不制定政策限制农民进城。因此，1958 年颁布的《中华人民共和国户口登记条例》第十条明确规定"公民由农村迁往城市，必须持有城市劳动部门的录用证明、学校的录取证明，或者城市户口登记机关的准予迁入的证明，向常住地户口登记机关申请办理迁出手续"。虽然 1958

---

① ［英］亚当·斯密著：《国民财富的性质和原因的研究（上卷）》，郭大力、王亚南译，商务印书馆 2009 年版，第 16 页。
② ［美］布赖恩·贝利著：《比较城市化——20 世纪的不同道路》，顾朝林等译，商务印书馆 2012 年版，第 5 页。
③ 周其仁著：《城乡中国（上）》，中信出版社 2013 年版，第 44 页。

年《户口登记条例》没有完全禁止农村人口向城镇流动，但实际上能够获得以上三类证明的人口非常有限，甚至一些地方在控制城镇人口盲目增长的工作中对一些正当合理的户口迁移也加以限制，以致在城市和某些农村出现了一部分人落不上户口的现象，因此1964年国务院批转的《公安部关于处理户口迁移的规定（草案）》强调"应当正确地贯彻执行控制城镇人口增长的方针，既要限制不合理的盲目的迁移，又必须保障正当合理的迁移"，规定：

一、下列的户口迁移，一律不要限制：

（一）从城市、集镇迁往农村的。

（二）从城市迁往集镇的。

（三）从大城市迁往小城市的。

（四）从北京、上海两市迁往其他城市的。

（五）同等城市之间、集镇之间、农村之间相互迁移的。

（六）从内地人口稠密地区迁往边远人口稀少地区的。

二、从农村迁往城市、集镇，从集镇迁往城市的，要严加限制。从小城市迁往大城市，从其他城市迁往北京、上海两市的，要适当限制。但对有下列情形之一的，不要限制，应当允许迁移落户。

（一）按照国家规定调动、招收、分配的职工、学生及批准随迁的家属。

（二）退职、退休、退学、休学和被清洗、开除、解除劳动教养、劳改释放后必须回家的。

（三）在农村无依无靠，不能单独生活，或有其他特殊情况，必须迁往城市、集镇投靠直系亲属的。

（四）有政治理由，需要由小城市迁往大城市投靠直系亲属的。①

改革开放以后，传统的户籍制度逐步突破，依靠户籍来筛选城镇人口的机制逐步弱化。但事实上，要实现真正意义上的农村人口到城镇安家落户依然是有筛选的，依据筛选功能的强弱，可分为"强筛选"和"弱筛选"两种机制。

（一）强筛选

所谓"强筛选"就是通过设置硬性门槛来限制农村人口进城安家、落户、工作并享受市民化待遇的筛选方式，这也是一种显性的筛选方式。

党的十一届三中全会后，为了落实返城知青、干部家属、两地分居职工等进城落户问题，1980年中央组织部、民政部、公安部、国家劳动总局联合发出《关于逐步解决职工夫妻长期两地分居问题的通知》，针对夫妻双方均为国家职工

---

① 国务院：《国务院批转公安部关于处理户口迁移的规定（草案）》，1964年8月14日。

且两地分居者,"一般应本着大城市就中小城镇,内地就边疆,一、二线地区就三线地区的原则,通过组织调动解决"。同年,公安部、粮食部、国家人事局联合发布《关于解决部分专业技术干部的农村家属迁往城镇由国家供应粮食问题的规定》,准许部分符合条件的专业技术干部(包括高级专业技术干部,年龄在40岁以上工龄在20年以上的中级专业技术干部,有重大发明者和在科研、技术以及专业工作中有特殊贡献的专业技术干部等)在农村的配偶将户口迁入城镇,由国家供应口粮,即所谓的"农转非"。虽然国家开启了进城落户的口子,但筛选标准是身份性的,"两地分居双职工""专业技术干部家属"毕竟不是大众化的农村人口,因此属于强筛选范畴。

1984年国务院发出《关于农民进入集镇落户问题的通知》规定:凡到集镇务工、经商、办服务业的农民和家属,在集镇有固定住所,有经营能力,或在乡镇企事业单位长期务工的,允许落常住户口,发《自理口粮户口簿》和《加价粮油供应证》。这是改革开放以后第一个全面放开户口限制的文件,虽然这个文件还只限于集镇,但面向的却是普通农民,意义重大,它打开了农村人口通往城镇的一扇侧门。这时的筛选标准除了"工作""住所"外,还附加了"自理口粮"和"加价粮油",这无疑增加了进入集镇农民的生活成本。尽管如此,农民进镇的积极性依然十分高涨。为了满足农民进镇的需求,1986年初安徽省天长县秦栏镇规定,凡有务工经商一技之长的农民在每人缴付5 000元的建镇费以后,便可以取得在秦栏镇定居与生活的资格,开创了非农户口商品化的新模式。据统计,1992年各地卖户口所得金额超过100亿元,有可能达到240亿元之巨,占1992年国家财政总收入4 188.97亿元的5.9%。① 后来,农村人口进城流动日益增多,针对此问题,1985年公安部出台《关于城镇暂住人口管理的暂行规定》,要求在城市和集镇暂住时间超过三个月的十六周岁以上的人口须申领《暂住证》,对外来开店,办厂,从事建筑安装、联营运输、服务行业的暂住时间较长的人须登记为寄住户口并发给《寄住证》,但前提条件是暂住人口必须要租赁房屋,并由房主带领房客到当地公安派出所申报登记。1984~1986年,全国办理自理口粮户口多达16 338户,计4 542 988人。1984~1988年,"农转非"人口累计达4 679万人,增加了4 679万名"非农业人口"。② 尽管这个文件把农村人口流动的空间范围由集镇拓展到了城市,但毕竟还只是在城市"暂住"和"寄住",而不是"迁移"和"流动",除了传统的升学、招工、农转非之外,农村人口通往城市之路依然是比较狭窄的,筛选门槛非常高。

---

① 殷志静、郁奇虹著:《中国户籍制度改革》,中国政法大学出版社1996年版,第14页。
② 殷志静、郁奇虹著:《中国户籍制度改革》,中国政法大学出版社1996年版,第14、20页。

1992年邓小平南方谈话之后,进城打工日益成为风潮,农民进城落户的诉求也日益高涨。同年8月,公安部就《关于实行当地有效城镇居民户制度的通知》向各部门和地方政府征求意见,该《通知》决定外商亲属、投资办厂人员、被征地农民可以在小城镇、经济特区申领"当地有效城镇户口",允许他们以"蓝印户口"的形式在城镇落户,享受城镇常住户口同等待遇。"蓝印户口"有以下特点:一是城镇户口商品化,农民只要支付得起一定额度的建镇费、开发费就可进镇入区;二是身份待遇同等化,农民一旦身份转变成功便与当地城镇居民一样享有同等的权利与义务;三是户籍身份当地化,"蓝印户口"只在当地有效,属于"地方粮票"而非"全国粮票",变更属地时无法得到新属地承认。"当地有效城镇户口制度"出台以后,上海、天津、广东、浙江、山东、山西、河北等十多个省份陆续试行了"蓝印户口"制度。譬如上海市1993年颁布的《上海市蓝印户口管理暂行规定》规定:

第四条 在本市投资并有固定合法住所,具备下列条件之一的,其本人(境外投资者除外)或其亲属或其聘用的外省市来沪人员可申请一个蓝印户口:

(一)外商和港、澳、台人士在本市投资达到二十万美元、项目竣工投产或营业两年以上的;

(二)外省市单位或个人在本市投资达到一百万元人民币、项目竣工投产或开业或营业两年以上的。

前款所指亲属须是投资者或者配偶的直系亲属或三代以内旁系亲属。

本条第一款所指外省市来沪人员须是被投资者聘用的管理人员或具有工艺技能的操作人员。

每增加一倍投资额的,可再申请一个蓝印户口。

依本条第一款规定申请蓝印户口者的配偶和未成年子女要求取得蓝印户口的,由投资者增加同额投资。

第五条 境外人士在本市购买的外销商品住宅,其建筑面积为一百平方米以上的,购买者或其配偶的直系亲属或三代以内旁系亲属,可申请一个蓝印户口。

第六条 外省市来沪人员被本市的国家机关、企业、事业单位、社会团体和个体工商户(以下简称单位)聘用,并具备下列条件的,可申请蓝印户口:

(一)达到高中以上文化程度的;

(二)具有管理能力或工艺技能且为聘用单位所需要的;

(三)被一个单位连续聘用三年以上且有工作实绩的;

(四)在本市有固定合法住所的。

依前款规定取得蓝印户口满两年的,其配偶和一名未成年子女,可申请蓝印户口。①

"当地有效城镇居民户口制度"门槛非常苛刻,仅在上海投资 100 万元、能购买 100 平方米外销商品住宅等几项,就不是一般人能够负担得起的,普通农民更是望尘莫及。之后,全国几大焦点城市又陆续探索出了"积分入户"和"以土地换户口"等迁居城市的地方新政策,但眼中盯着的却是农民的土地,"如果要当市民就要交出农村的土地"成了一些地方思考农民进城落户的"新思路"。随着国家政策的不断调整,附着在城市户口上的社会福利增幅并不明显,而农村户口的含金量却在不断提高,农村人口越来越不愿意放弃农村户口,他们希望既能进城工作还能享受农村土地利益,因为对于农村人口来说,定居城市的成本毕竟是很高的。2015 年国务院颁布的《居住证暂行条例》规定,离开常住地的公民只要"有合法稳定就业、合法稳定住所、连续就读条件之一的",便可按规定申领居住证,但这不等于取消了筛选,只是进城的筛选门槛有所降低罢了。

中国强筛选城镇化的结果,一方面导致农村大量留守儿童、留守妇女、留守老人的存在,导致农村青春活力、知识能力和劳动体力的部分丧失;另一方面导致"半城镇化"和"虚假城镇化"现象的存在,城市要的不是"农村人口"而是"农村人力"和"农村人才",即使进城务工的农村劳力也只能部分享受城市福利,因此"农民工市民化"和"人的城镇化"还有很长的路要走。

(二) 弱筛选

所谓"弱筛选"是指在农村人口进城安家、落户、工作并享受市民化待遇上没有硬性的制度性门槛,但却存在限制农村人口进入城市,甚至对农村人口进行区隔的隐性过滤机制,譬如市场化的购房价格等。弱筛选主要表现在经济能力和文化适应上。

从经济能力上看,尽管农民进城就业很辛苦,而且打工收入还要高于农业收入,但是跟城市里其他工作岗位比起来,其总体收入依然是偏低的。据国家统计局公布的统计数据显示,虽然农民工年平均工资占城镇单位就业人员平均工资的比例由 2009 年的 52.74% 提高到 2017 年的 56.27%,几乎每年增长 7.03 个百分点,但实际差距依然较大,2009 年两类群体的年收入差距只有 15 240 元,到 2017 年则扩大到 32 498 元(见表 1-2)。农民工仅靠微薄的工资收入是较难维持一家人在城市里过上较为体面的生活的。如果再考虑到在城市安家所需的购房购车、子女上学、养老保险等支出,这些潜在的经济压力无疑成为一道看不见的门槛,挡住了许多农民工的城市梦想。

---

① 上海市政府:《上海市蓝印户口管理暂行规定》,1993 年 12 月 23 日。

表1-2 2009~2018年城镇单位就业人员与农民工年工资比较

单位：元

项目		2009年	2010年	2011年	2012年	2013年	2014年	2015年	2016年	2017年	2018年
全国平均	城镇职工	32 244	36 539	41 799	46 769	51 483	56 360	62 029	67 569	74 318	82 461
	农民工	17 004	20 280	24 588	27 480	31 308	34 368	36 864	39 300	41 820	44 652
制造业	城镇职工	26 810	30 916	36 665	41 650	46 431	51 369	55 324	59 470	64 452	—
	农民工	15 972	18 984	23 040	25 560	30 444	33 984	35 640	38 796	41 328	44 784
建筑业	城镇职工	24 161	27 529	32 103	36 483	42 072	45 804	48 886	52 082	55 568	—
	农民工	19 500	23 352	28 584	31 848	35 580	39 504	42 096	44 244	47 016	50 508
批发和零售业	城镇职工	29 139	33 635	40 654	46 340	50 308	55 838	60 328	65 061	71 201	—
	农民工	—	—	24 288	—	29 184	30 648	32 592	34 068	36 576	39 156
交通运输、仓储和邮政业	城镇职工	35 315	40 466	47 078	53 391	57 993	63 416	68 822	73 650	80 225	—
	农民工	20 052	23 472	29 820	32 820	37 596	39 612	42 636	45 300	48 576	52 140
住宿和餐饮业	城镇职工	20 860	23 382	27 486	31 267	34 044	37 264	40 806	43 382	45 751	—
	农民工	15 168	18 132	21 684	25 200	28 392	30 792	32 676	34 464	36 228	37 776
居民服务和其他服务业	城镇职工	25 172	28 206	33 169	35 135	38 429	41 882	44 802	47 577	50 552	—
	农民工	15 312	18 240	21 912	24 696	27 564	30 384	32 232	34 212	36 264	38 424

资料来源：国家统计局：《年度数据——就业人员和工资（2009~2018）》，http://www.stats.gov.cn；国家统计局：《全国农民工监测调查报告（2009~2018）》，http://www.stats.gov.cn。

从文化适应上看，工业大都市被公认为是社会变迁的分水岭。乡村社会是一个礼俗社会，社会的基本单位是家庭或靠血缘维系的族群，社会关系是本能的和惯常的，个人行为经常受社会习俗和亲情关系左右，对个人的回报是基于世俗的权力。乡村生活节奏缓慢，社会共同体意识较强；城市社会则是一个法理社会，社会的基本单位是公司或其他法人单位，社会关系是建立在契约之上的，个人行为深受效率和理性计算的影响，对个人的回报基于个体的劳动竞争能力和专业同行的认可。城市生活节奏很快，个体自主性意识很强。在农村人看来，城市就是一个无情的社会，人与人之间的关系纯粹是交易性的、一次性的，难以找到归属感和家的温馨。布赖恩·贝利较为深刻地描绘了作为初级社会关系的乡村社会被作为二级社会关系的城市社会所取代的情况：

  触及公共生活所有方面的无所不包的初级社会关系，是建立在情感、习俗、亲情关系和世袭权力的基础上的，会被基于分工的非个人的二级关系取代。在新的城市有一种暗示表明：对于象征性因素越来越依赖，"地位符号"标志着一个人的身份和在社会关系中的地位；通常二级契约被认为会产生同质、非正常、社会的失序。原因在于，非正式的社会控制，以及经过长时间才形成的，建立在社会习俗、道德和社会体制之上的社会凝聚力，会被一种控制系统所取代，这种控制系统建立在法律、行政命令、警察、小集团内的制裁等基础上。①

对于这种陌生文化的不习惯、不认同、不会做，经常使农村人与城市人产生"文化冲突"和"文化碰撞"。虽然农村人对城市里的物质文明无限向往，但却对城市里的精神生活极度恐惧。农民工经常会遭到城里人的歧视甚至排斥，因为他们（城里人）总能通过口音、面庞、服饰、眼神、气味等把自己（乡下人）从大众人群中区隔出来，并投以鄙夷的目光，这种冷暴力时常让农民工感到冷漠而不是温暖。很多情况下，正是这些文化上的不适应让农民工选择不是留下来，而是回家。

三、城市与乡村：功能的分野

城市就像是一块巨人的磁石，把除土地等不可流动的经济要素之外的其他要素统统吸引过来，形成一个"大尺度、高密度、居民具有异质性的人口的集聚点"②，从而导致一个与乡村殊为不同的多功能的社会结构的形成。

---

① ［美］布赖恩·贝利著：《比较城市化——20世纪的不同道路》，顾朝林等译，商务印书馆2012年版，第12~14页。
② ［美］布赖恩·贝利著：《比较城市化——20世纪的不同道路》，顾朝林等译，商务印书馆2012年版，第16页。

（一）城市是一个多功能社区

人口集聚的后果之一就是使分工和专业化成为可能。由于服务对象具有规模效应，所以能够满足人们就业、生产、生活、住房、休闲、教育、医疗、社保等从出生到死亡全过程、多方面需求的行业就会自动出现，从而让城市成为一个多功能的社区。像图书馆、救护站、科技馆、托儿所、公安局、消防站、运动场、电影院、咖啡屋、理发店、政府、学校、医院、企业、邮局、银行、公寓、公园、旅馆、饭店、洗浴、商场、超市等实体功能机构的存在，让城市人在享受生活便利的同时，更享受到了生活的丰富多彩。其中，有许多功能在乡村是不可能存在的，因为乡村广袤的地域、分散的人口、偏远的位置、不便的交通难以做到与城市有一样的功能机构，从而使城市与乡村出现了功能的分野。

外来人口的增多导致城市人口的集聚，但新移民的涌入导致的并不是有机的团结，而是异质性的增加，甚至"孤立的地方居民社区被看作是一个转瞬即逝的实体"①。由于背景不同、类型各异的人聚集在一起，并没有共同的价值观念和道德体系，因此松散地聚集在一起的人们很难说是真正意义上的"社区"或"共同体"（community）。那么，城市社会是如何建构这种同质性的呢？在中国，单位制度和住宅市场化发挥了重要作用。

城市里的单位对新进人员有筛选机制，从而保证了单位内部人员在学历层次、工作领域、专业方向上的总体一致性，加上单位文化的持续熏染，最终使同一单位人在价值观念、道德文化上也能基本保持一致，"例外者"在单位里的生存与发展空间经常会受到极大的限制。从这个意义上看，单位构成了一个初步的社区，并对单位内的每个成员形成共同的影响。在单位分配住宅时期，从工作到生活，单位人几乎总是在一起的，这有助于形成类似于乡村的邻里社区关系。美国芝加哥大学城市社会学家萨特尔斯（Gerald D. Suttles）认为，要想理解邻里概念，就必须回到童年时代的认知地图。如果你在一个大城市里长大，你是最了解自己所生活的街区的。人们对自己所住街区以外城市的认知，会随着离家距离的增加而信息密度迅速减小。自己最熟悉的邻里心理边界一般是从自家门向外的 5±2 个街道。让人们感觉最舒适熟悉的地区构成了自己的邻里体验。而"邻里标签一旦确定，就会产生真实的后果……对于生活在其中的人来说，邻里界定了相对没有侵入者的区域，指示了哪里有潜在的朋友或者哪里可以发展潜在的朋友，将可能的地位不平等减至最小，并且简化了众多针对空间活动的日常决策。

---

① ［美］布赖恩·贝利著：《比较城市化——20 世纪的不同道路》，顾朝林等译，商务印书馆 2012 年版，第 70 页。

因而，这种邻里的心理地图不是多余的认知负担，而是承担着重要的心理的和社会的功能。"①

但是随着住房市场化进程的逐步推进，房地产开发商针对不同身份群体，选择特定的城市区位空间和功能空间，定位开发了不同风格的住房商品。对于从价值几百万元甚至千万元的别墅区到城市边缘地带的棚户区，房屋价格作为一种社会筛选机制，把城市中的不同身份群体进行了重新区隔和聚集，从而形成了坐落在城市不同功能空间并具有相对同质性的社区，不同的住宅小区已经成为城市里不同身份人群之间的身份标志与地位象征，小区围墙也逐渐演变成了不同身份群体之间的社会区隔之墙。当然，房地产开发商在选择地块时主要基于城市功能和土地价格的双重考虑，对于城市功能强大、附近有湖光风景、大片绿地的小区，自然会成为高能群体竞相争夺的对象；对于位置偏远、城市功能较弱的小区，开发商也会通过各种运作手段，把优质的学校、医院、超市等相应配套设施从城市中心迁移过来，以体现小区地产的高附加值。可以看出，城市人口的再聚集过程就是对城市资源和社区功能的再争夺过程。

（二）城市空间的外部性问题

外部性（Externalities）是一个经济学概念，指的是个体、群体或组织的决策或行动导致除自身之外的其他个体、群体或组织受益或受损而对方又无法付费或承担成本的现象。外部性有正负之分。正外部性（Positive Externality）指的是个体、群体或组织为了自身目的的行为或活动导致他人或社会受益，而他人和社会无须花费代价的现象。譬如女性自己花钱买化妆品或时装打扮自己，他人欣赏到自己的美丽却不用为此付费。负外部性（Negative Externality）则正好相反，指的是个体、群体或组织为了自身目的的行为或活动导致他人或社会受损，但却没有承担相应成本的现象。譬如某人夜晚在房间内大声歌唱、弹钢琴或跳舞愉悦了自己，但却影响了邻居的休息，又没有为此付出代价。过去，外部性多指商品生产与消费、个体行为与地位等对他人产生的正面的或负面的无法计价的后果，现在，城市地理学家却认为，外部性的强度是相对区位的函数，是一个有限空间"场"。"每个城市都有大量各式各样的服务业和便利设施：公园、学校、饭店、剧院、图书馆、消防站、商店、诊所、医院、托儿所、邮局、河边小径等，它们都是特定地方（或地点）的服务（即依赖于特定区位），并且因此呈现尖锥形的

---

① Stanley Milgram. Book Review on Gerald D. Suttles. *The Social Construction of Communities*. University of Chicago Press, 1972. 同时参见 [美] 布赖恩·贝利著：《比较城市化——20世纪的不同道路》，顾朝林等译，商务印书馆2012年版，第71页。

外部性（即强度随与某一固定点的距离增加而减少）……我们必须认识到有些设施（例如学校、足球场）对一部分人来说是有利设施，对另一部分人来说可能就是不利设施。从另一个角度看，很显然，某些外部性仅向使用者提供，而另一些却能够向整个邻里提供……最后，我们还必须注意到，外部性的强度会随人们距离特定服务业和便利设施的最短距离的远近而发生变化。""很明显，外部性场的模式对人们的福利具有强大的影响力……城市社会地理是禀赋不平等的团体之间冲突的产物，这些冲突都是围绕着不同团体寻求获得或多或少排他性的接近正外部性和拒绝负外部性场而作为整体产生于社会之中的。"① 可见，在城市，住处与设施之间的空间关系决定了人们所能享受的正外部性和可能避免的负外部性的净强度。在这种情况下，那些拥有经济资本、权力资本、社会资本和文化资本的人往往在获得正外部性和避开负外部性方面占据着最为有利的位置。

趋利避害是人的本性。因此，所喜爱城市设施的到达成本和所讨厌城市生活的接受代价就成为衡量空间外部性的经济尺度。在中国城市，每个家庭都期望获得城市生活正外部性的最大化，譬如学校就是拥有各项资本的人竞相角逐的对象。为了让子女获得优质学校的入学权利，学区房的价格自然被市场抬到高得离谱的境地，譬如北京学区房均价超过 5 万元，最高超过 34 万元/平方米。所以，城市便利设施的空间区位分布不仅影响着家庭的购房决策，也影响着居民实际获得的公共福利，因此自然成为家庭竞争的焦点。然而，城市公共服务设施布局的不合理，必然形成城市空间"斑块"而导致可达性困境。如何科学规划、合理布局城市公共服务和便利设施便成为空间正义的价值诉求。

第二节　中国城镇化的实践逻辑

与早发城镇化国家相比，中国是一个后发城镇化国家。后发城镇化国家所面临的国际环境与科技背景与早发城镇化国家相比已经大为不同了，不仅如此，后发城镇化国家不同的制度偏好和独特的路径约束，使其城镇化实践遵循了与早发国家完全不同的逻辑。那么中国城镇化的方向是什么？在由乡土中国向城市中国转型的过程中，作为城镇化进程的两个重要主体——农民家庭和城市政府的城镇化路径又是什么样的？又体现了怎样的中国智慧呢？

---

① ［美］保罗·诺克斯、史蒂文·平奇著：《城市社会地理学导论》，柴彦威、张景秋等译，商务印书馆 2005 年版，第 329～330、332 页。

（一）社会转型：乡土中国还是城市中国

中国是一个什么样的社会？不同的人在不同的时期可能都会对中国社会有不同的判断，是仁者见仁、智者见智的事。费孝通先生在《乡土中国》的开篇写道："从基层上看去，中国社会是乡土性的。我说中国社会的基层是乡土性的，那是因为我考虑到从这基层上曾长出一层比较上和乡土基层不完全相同的社会，而且在近百年来更在东西方接触边缘上产生了一种很特殊的社会。"① 按照费老的理解，如果乡土社会是一个熟人社会、面对面社群（face to face group）的话，那么这个"比较上和乡土基层不完全相同的""在东西方接触边缘上产生的很特殊的社会"就是一个陌生人社会、背对背社会（back to back group），也即所谓的"现代社会"或"城市社会"。从这个意义看，至少在费老的时代就同时存在"乡土社会"和"城市社会"这两种不同的社会，只不过从基层上看去，中国社会是乡土性的罢了。可以看出，费老是从文化意义上来理解乡土社会的，而不是对中国社会性质所做的整体判断。乡土社会是中国文化的根脉，是印刻在中国人骨子里的，是中国人"为人处世""想事做事"的行动哲学，即使乡下人变成了城里人，也难以一下子改变掉，所以才有了"城里人也是乡下人"一说。但要说到中国社会从总体性质上究竟是乡土性的还是城市性的，的确很难下判断。因此，周其仁先生干脆将其称为"城乡中国"：

中国很大，不过这个很大的国家，可以说只有两块地方：一块是城市，另一块是乡村。中国的人口很多，不过这十数亿中国人，也可以说仅分为两部分人：一部分叫城里人，另外一部分叫乡下人。这样看，城乡中国、中国城乡，拆开并拢，应该就是一回事。……除了少数例外，世界上绝大多数国家的土地人口，差不多一概都是城乡两分天下。……天下人不是城里人就是乡下人，或者像农民工，可算在城乡进进出出的流动人。②

"城乡中国"一说虽然客观全面，但也只是一个中性的概括，照此逻辑我们同样可以说"城乡英国""城乡美国""城乡日本"，还可以说"城乡印度""城乡南非""城乡巴西"，欧美日和亚非拉概莫能外。可见，"城乡中国"并没有说出当下中国的社会本质。那么，当下中国的社会本质是什么呢？我觉得可能是"转型"——人口由城乡土著向城乡迁移转变、工业由低端制造向高端制造转变、环境由污染破坏向保护治理转变等，总而言之，中国正在经历由传统社会向现代社会的重大转变，即信息化和工业化深度融合、工业化和城镇化良性互动、城镇

---

① 费孝通著：《乡土中国　生育制度》，北京大学出版社1998年版，第6页。
② 周其仁著：《城乡中国（上）》，中信出版社2013年版，第Ⅶ、Ⅹ页。

化和农业现代化相互协调,工业化、信息化、城镇化、农业现代化同步发展的新型社会。虽然世界上的所有国家都无时无刻不处在变化之中,但能称得上"转型"的可能并不多,即使有国家也面临重大转型,但像中国这样一个有十几亿人口的大国经历如此重大的转型和变革,这在人类现代化史上是前所未有的,也是独一无二的。受工业化、城镇化、信息化和农业现代化驱动、经济全球化趋势影响,加上人民群众对美好生活的向往和追求,使中国社会正在经历千年未有之大变迁、大移民、大流动和大转型,而且这一重大转型不会在短时间内结束,而是要持续相当长的一段时间,或许到中华人民共和国成立100周年时,会出现一个新的稳定形态。转型中国虽然对城市和乡村都带来了巨大的挑战,但转型的方向毕竟是城市中国,因此对乡土中国里的乡下人影响更大,乡土中国正在呈现出完全不同的新景象:

所以,乡土中国的中国人也就是乡下人,在从"土"里拔出来,抖抖身上的泥土,面貌渐渐脱离了"土气",向城市进军。有些村子成了工业发展基地,很多外来者来打工,从而发展成了镇,或者城;有些城郊村庄在城市开发中成了市民,不再是农民;大部分村庄即使还是农村,但是土地与他们的关系已经从根本上改变了,主要的经济收入不再是土地,不是种地,而是进城打工了。似乎能够有些力气,或者知识技能的,基本上都外出打工了,农村里除了年龄偏大些的,也就是目前六十、七十岁以上的人们可能不少人还保留着当年乡土中国极少外出的情况,年轻一代几乎和城里人没大差别,都到城里见过世面,走南闯北。

……

整个社会因为流动,血缘在让位于地缘关系;熟悉让位给了"陌生";"古道热肠"也在让位给"冷漠"。我曾写过一篇文章《拒绝独自吃饭》,就是现在这个流动性大,又是手机电脑"刷屏"的社会,匆忙里,大家一起吃个饭都不容易,一家子人在一起吃个饭也简直成了奢侈。有个读者在网上评论说得好,"我们的社会在碎片化,家庭也在碎片化"。乡土社会在高科技和城市化大潮里,"土气"被洗刷得剩不了多少了,越来越呈现出"陌生"。

社会在由一种"没有具体目的,只是因为在一起而发生的社会",向另一种"为了要完成一件任务而结合的社会"转变。①

农村人口因对城市美好生活的向往和追求而向城市迁移,这会不会使中国最终转变成一个"城市中国"或"城市社会"呢?"乡土中国"会不会因此而消失呢?我认为,无论中国怎么变,中华优秀传统文化的"魂"是不会变的,这是中

---

① 陈心想:《走出乡土——阅读费孝通〈乡土中国〉札记之一》,载于《书屋》2015年第2期,第41~45页。

国人的精神家园,"魂"丢了就不是"是城里人还是乡下人"的事了,而是"是中国人还是外国人"的事了。所以,无论城市还是乡村,未来都将发生积极的改变,使城乡呈现出在生活质量上无差别而在生活样态上有不同的两种生活空间,至于人们是选择在城市生活还是在乡村生活,无非是个体或家庭价值观念和生活认知的结果。特别是在交通条件完全改善、信息网络全面覆盖,以及4D打印技术、无土栽培技术、新工业技术、互联互通技术等特别发达的情况下,"总部经济"是完全可以期待的,你在世界的任何一个角落都可以指挥全球工厂的生产、世界电商的销售和每一个体的获得,到那时"逆城镇化"是不可避免的。在城乡生活质量差别消除的时候,个体劳动的生产功能将被智能机器代替,而个体劳动的发展功能越发凸显出来,人们从事各种农业、工业和服务业生产劳动完全是出于人的自我完善和自我发展的目的,劳动真正成为人的第一需要。但是,在当下,城市无疑是美好生活的象征,所以许多农村人口义无反顾地走上了背井离乡的进城之路。

(二) 农民进城:个体行为还是家庭行为

中国正在经历的城镇化,其速度、深度和广度在世界城镇化史上是前所未有的。据联合国经济与社会事务部人口司发布的《世界城镇化展望:2014年修订版》预测,到2020年我国总人口将达到14.3亿人,城镇常住人口将超过8.7亿人,常住人口城镇化率将达到61.0%;到2050年虽然我国总人口将下降到13.8亿人,但城镇常住人口将达到10.4亿人,常住人口城镇化率将达到75.8%(见表1-3)。这意味着,未来30年中国将至少再转移农村人口1.76亿人。世界上的早发城镇化国家,如欧美日等,在实现高城镇化率的同时,还做到了农村进城人口能具备职业技能和可迁移性技能,使他们能在城市实现长期稳定就业,并能获得维持家庭生存发展的体面收入,形成了包容性极强的社会保障和公共服务体系,堪称世界城镇化的样板。但是世界上一些后发城镇化国家,如以印度、巴西、南非等为代表的亚非拉国家,有的虽然城镇化率也高达80%,但进城务工人员较难获得长期稳定的工作,工人的工资收入比较低,医疗、教育和社保等公共服务不健全,出现了人口数量庞大的"城市贫民窟",并陷入了"中等收入陷阱"。中国经历了如此快速的城镇化进程,虽然没有早发国家做得那么好,出现了留守儿童、留守妇女和留守老人等家庭成员多地分离的问题,以及农民工及其随迁子女问题,但是却没有出现亚非拉等国家的"城市贫民窟"现象,经济上也没有陷入"中等收入陷阱",不仅如此,中国目前依然是世界经济增长的"火车头",成为世界经济最活跃的地区。我们该如何看待中国式的城镇化道路?中国城镇化现象蕴含了怎样的中国智慧?又给世界城镇化提供了什么样的发展范例?

表 1-3　2020～2050 年我国总人口、城镇人口及城镇化率预测

项目	2020 年	2025 年	2030 年	2035 年	2040 年	2045 年	2050 年
总人口数（千人）	1 432 868	1 448 984	1 453 297	1 448 589	1 435 499	1 414 089	1 384 977
城镇常住人口数（千人）	874 427	947 540	998 925	1 030 048	1 044 395	1 050 838	1 049 948
常住人口城镇化率（%）	61.0	65.4	68.7	71.1	72.8	74.3	75.8

资料来源：United Nations Department of Economic and Social Affairs, Population Division. World Urbanization Prospects: The 2014 Revision. CD-ROM Edition, 2014. https://esa.un.org/unpd/wup/CD-ROM/.

中国农民进城经历了从"个体流动"到"举家迁移"的变化过程。2016 年我国城镇常住人口城镇化率为 57.35%，户籍人口城镇化率为 41.20%，而按常住人口享受"基本公共服务"水平和质量来计算的城镇化率则为 47.88%。目前，流动人口家庭平均人员数量为 3.06 人，流入地家庭成员数量在 3 人及以上的比例达 52.78%，但 2 人流动比例依然占 1/4 以上，达 25.71%，1 人流动比例占 1/5 以上，达 21.52%。尽管流动人口家庭平均有 1.4 个孩子，而且有 2 个孩子的家庭比例超过了 1/3，但老年人随迁比例却只有 3%，超过 90% 的家庭有留守老人且接近 90% 的留守老人没有子女在身边。① 可以看出，我国的城镇化具有不彻底性，既存在留守问题（没有全部举家实现城镇化），也存在进城问题（农民工进城后并没有全部享有市民待遇），但也的确没有产生拉美国家的"城市贫民窟"问题。那么，该如何评价中国的城镇化模式呢？中国的基本经济单位究竟是农民工个体还是农民工家庭呢？

挪威学者贺美德（Mette Halskov Hansen）和鲁纳（Rune Svarverud）认为，现代中国社会正在经历"个体的崛起"，即"个体从过去无所不包的社会关系中脱离出来"，证据就是人们在"生活理想中对于个人权利和自由的强调，社会实践中更多的个人选择，以及个体从涵盖一切的家庭、亲属关系和社群等社会藩篱中脱嵌"。虽然"个体从包含一切的社会范畴中脱离出来"，但这并不意味着集体的消失，恰恰相反，集体反而成了"正在崛起的个体可资利用的资源"②。"个

---

① 国家卫生和计划生育委员会流动人口司编：《中国流动人口发展报告 2016》，中国人口出版社 2016 年版，第 98～101 页。
② ［挪威］贺美德、鲁纳编著：《"自我"中国：现代中国社会中个体的崛起》，许烨芳等译，上海译文出版社 2011 年版，第 19、16、22 页。

体崛起"彰显了公民意识的觉醒和外来人口对平等市民权利的诉求。① 在过去，个体是为了延续家庭和宗族的血统而存在的，家庭或宗族会通过传统来左右个体的选择，而现在，家庭是为了服务于个体的需要而被创建的，个体经常以离婚、第三者等方式左右家庭的存在方式。在理解农民工进城问题上，"个体崛起论"实际上隐含着农民工进城的动力来源是为了追求个人利益的最大化。正如联合国开发计划署（UNDP）报告所指出的：

只要城市和农村间存在差异，就会有人通过流动去设法获得更好的教育资源与社会服务、更高的收入机会、更好的文化设施、新的生活模式、新技术以及和世界的联系……更优越的工作、教育、公民与政治权利、保障和健康保健条件激励着人们去迁移。大多数迁移者比迁移前生活得好，有时会好很多。②

美国历史学家黄宗智教授指出："在中国经济史上，最基本的经济单位一直都是农户家庭，而不是个体化的雇工；一定程度上，今天依然如此……即便是在现代工业和服务业领域，今天约一半的劳动力，并不是简单的个体化城镇工人和职员，而是作为农户家庭经济单位一员的'农民工。'"③ 农民家庭不仅是基本的生产单位，譬如家庭联产承包责任制，而且还是基本的消费单位，譬如家庭中子女的结婚、买房等行为大多有家庭成员甚至亲属的支持和赞助。因此，农民进城还是返乡，都是以实现家庭经济收益最大化为目的的，农民工的市民化也绝不是农民工个体的市民化，而是其整个家庭的市民化，农民工家庭成员留守还是随迁也是基于理性计算后家庭整体利益最大化的结果。农民工进城无论是个体的"循环流动"还是代际的"接续流动"，甚至是家庭采取"半工半耕"的经济模式，其目的都是为了获得进城和留守的双重利益和好处。当进城打工的收益高于在乡村务农的收益且家庭存在富余劳动力的时候，家庭会委派成员进城打工，赚取单位劳动时间的最佳收益，并把收益寄回老家供家庭使用。他们之所以不是选择彻

---

① 阎云翔教授在《"自我"中国：现代中国社会中个体的崛起》一书引论中介绍的"刘书宏事件"非常典型地描述了个体崛起时代外来者对平等公民权利的诉求。北京市政府 2001 年发布规定，要求所有外来人口都要持新的暂住证。新暂住证分为三类：A 类发给那些在北京居住三年以上、被合法雇佣、无犯罪记录的外来人口；B 类发给那些在这座城市居住一至三年，并达到后两个条件的外来人口；C 类发给那些在北京居住未满一年的人，并强迫要求外来人口随时携带居民身份证、当地公安部门签发的暂住证和当地劳动局签发的工作许可证。刘书宏认为北京的做法违背了中国的宪法和多项居住条例，因此于 2008 年 4 月 2 日在博客上发表了一份"我对我持有北京 C 类暂住证的声明"，引发激烈争议和讨论。参见［挪威］贺美德、鲁纳编著：《"自我"中国：现代中国社会中个体的崛起》，许烨芳等译，上海译文出版社 2011 年版，第 6~15 页。
② 联合国开发计划署编：《2009 年人类发展报告——跨越障碍：人员流动与发展》，刘民权、王素霞、夏君译，中国财政经济出版社 2009 年版，第 18、49 页。
③ 黄宗智：《中国过去和现在的基本经济单位：家庭还是个人?》，载于《人民论坛·学术前沿》2012 年第 1 期，第 76~93 页。

底进城,是因为自身在城市的工作收益虽然比农村高,但却远低于具有市民身份职工的工作收益,毕竟在城里挣钱到农村花是最有效益的。同样,家庭中之所以有老人、妇女或儿童,同样是因为在国家取消农业税、粮食直补、土地确权和土地流转等政策的激励下,农村户口的价值在上升,农村土地不仅是有收益的,还是抵御金融危机、企业裁员等不确定性风险的手段。因此,范芬芬教授把农民进城与留守决策看作是一种家庭策略:

一直以来,"家"是影响家庭成员作迁移决策的关键。家庭成员通过血缘或婚姻相互联系,其预算、财产和利益密不可分,即使是分成不同的户、居住在不同的地方,也同样如此。家庭在作决策时往往也将那些不住在同一屋檐下的家庭成员考虑进来。不断增多的迁移并没有破坏人们对扩展家庭的看法。因此,个体作迁移决策时通常也把其他家庭/户的成员纳入考虑之中。外出农民工的收入使整个家庭受益,而留守在农村的其他家庭成员则有助于农民工最终返乡。千千万万个农村家庭为了维持生计,一家人不得不天各一方,有的留守在家,有的到远方的城市打工。家庭分离在农村非常普遍,通常是丈夫外出打工妻子留在农村。迁移需要家庭成员的劳动力分工与合作,因此,理解迁移决策和结果的关键在于家庭内的社会关系和权力等级关系。①

许多地方采取"以农民土地换进城"的激进城镇化策略,其目的就是想一次性地解决农民工的城市化问题。从现实来看,农民是理性的,政府并没有比农民更聪明,激进做法带来的往往是失地农民的持续就业、技能培训、生活成本等诸多后续问题。"中国农民进城,极少是一次性进城,而是多次在城乡之间往返,只有当他们在城市获得了稳定的就业和有保障的收入后,他们才会真正进城安居,否则,他们就可能年轻时进城而年老时返乡。更重要的是,即使目前已经进城的农民工,他们的父母甚至子女都依然在家务农……正是进城农民与农村家乡之间的这种联系,以及造成这种联系的特殊制度安排,为中国城市化提供了与其他发展中国家相当不同的路径,为中国现代化提供了与一般发展中国家相当不同的可能……当进城农民无法在城市体面安居时,他们可以选择返回农村家乡。农村家乡有土地,有住房,有熟人的社会关系,有祖祖辈辈的传统,有根,因此有归属感。返回家乡,可以生活得体面而舒服,至少要好于城市贫民窟中漂泊无根的生活。进城农民在进城若干年后发生分化,少数运气好收入高的农民在城市安居下来,变成了体面的城市一员;运气不大好收入也不高的农民则退回村庄过收入不高却很稳定的生活。这样一来,中国城市就看不到发展中国家通常都有的大

---

① [美]范芬芬著:《流动中国:迁移、国家和家庭》,邱幼云、黄河译,社会科学文献出版社2013年版,第10页。

规模贫民窟。"① 所以,中国农民进城不能搞强迫,而必须尊重农民自己的选择,这样做不只可以体现以人民为中心的发展思想,更重要的是它吻合了中国民间智慧的城镇化路径。

(三) 城市定位:"产城人教" 的逻辑关系

虽然到哪一个城市去务工是法律赋予农民的自由选择权利,但是城市通常或者通过设置门槛来筛选"城市需要的人",或者通过定向教育来培育"产业需要的人",总之,在城镇化进程中,城市、产业、人口和教育这四者之间存在着非常紧密的关系。传统上,城市主要通过城市规划来决定功能的空间布局,通过产业规划来聚集所需的劳动人口,从而形成产城之间的互动关系。党的十八大提出走中国特色新型工业化、信息化、城镇化和农业现代化道路,推动信息化和工业化深度融合、工业化与城镇化良性互动、城镇化与农业现代化相互协调,促进工业化、信息化、城镇化和农业现代化"四化"同步发展。《中共中央关于全面深化改革若干重大问题的决定》也强调要坚持走中国特色新型城镇化道路,推进以人为核心的城镇化,推动大中小城市和小城镇协调发展、产业和城镇融合发展,促进城镇化和新农村建设协调推进。实际上,世界上许多国家都在思考如何实现产城人教协同发展的问题。荷兰经济政策分析局(CPB Netherlands Bureau for Economic Policy Analysis)提出的"荷兰 2040"规划就非常重视知识城市及大学的重要作用,并强调知识城市必须具有七项基础要素:知识基础、经济基础、生活品质、易达性、城市多样性、城市规模和社会公平。在这些基础要素之外,还要有能够成功吸引知识型工作者的组织能力、创造知识、应用知识以及发展增长簇群。为了实现这四种行动——以经济增长为目标——城市必须要与现有的知识机构和知识企业进行通力合作:整合分散的知识基础和经济基础②(见图 1-1)。

那么,在中国新型城镇化推进过程中,如何实现"产业""城镇""人口"和"教育"之间的有机融合和互动发展呢?目前,国内许多城市进行了非常有益的探索,形成了逻辑各不相同的四要素互动发展关系。

1. 以城择人促产定教模式

"以城择人促产定教模式"是以城市定位为核心,根据城市发展目标确定产业集成和人才需求,进而确定与之相适应的教育,最终引导城市建设与发展。上海是这一模式的典型代表。③

---

① 贺雪峰著:《城市化的中国道路》,东方出版社 2014 年版,第 11 页。
② [荷兰] 亚历山德拉·登海耶、杰基·德弗里斯、汉斯·德扬著:《发展中的知识城市——整合城市、企业和大学的校园发展战略》,焦怡雪译,载于《国际城市规划》2011 年第 3 期,第 50~59 页。
③ 内容参见《上海市城市总体规划(2016~2040)》(草案),2016 年 8 月 22 日。

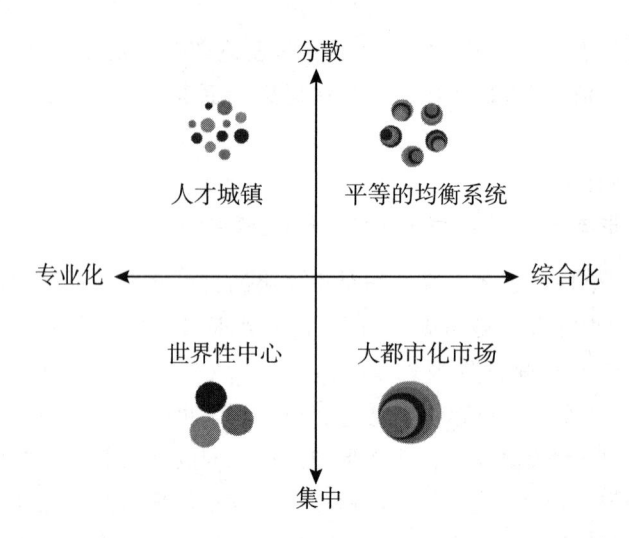

```
                    分散
                     ↑
         ∴           ∵
      人才城镇      平等的均衡系统

专业化 ←─────────────────→ 综合化

       ∴           ●
    世界性中心    大都市化市场
                     ↓
                    集中
```

图 1-1 荷兰城市未来发展的 4 种情境、知识城市以及大学的重要作用

2016 年上海公布的《上海市城市总体规划（2016~2040）》将城市目标愿景设定为"卓越的全球城市，令人向往的创新之城、人文之城、生态之城"，成为"国际经济、金融、贸易、航运、科技创新中心和文化大都市"。其中，子目标 1 "更具活力的创新之城"的定位是成为具有全球影响力的创新中心，成为在全球资源配置领域具有重要话语权的国际中心城市。为了提升全球城市的核心功能，上海瞄准集聚科技创新高端要素以培育科创能力，以金融城和自贸区建设为抓手提升经济辐射力，塑造城市文化品牌，加快高端制造业的集聚和传统产业的转型升级。为了稳步提升上海的枢纽门户地位，积极提高亚太航空门户枢纽能级，推动国际海港枢纽功能升级，提升国家铁路输送能力，健全信息通信枢纽服务水平。子目标 2 "更富魅力的人文之城"的定位是成为城市治理成功、全球影响突出、市民高度认同的幸福人文城市。为此，上海构建多元融合的 15 分钟生活圈，保护风格独特的历史遗产，塑造特色凸显的城乡风貌，培育兼收并蓄的文化氛围。子目标 3 "更可持续的生态之城"的定位是成为引领国际绿色、低碳、可持续发展的杠杆。为此，上海积极应对气候变化，营造绿色开放的生态网络，建设科学全面的环保治理体系，形成稳定高效的综合防灾能力。上海根据全新的城市功能定位，聚集创新资源、吸引创新人才，应对全球新技术革命和新产业革命，融入全球创新网络，促进城市产业向高端化、服务化发展。城市的职业教育布局、大学学科布局与城市定位和产业定位相结合，全力培育适应甚至引领城市发展的创新型人才，培育城市的创新能力。在此逻辑下，上海对外来者的选择既不是"作为活着的生命体"的人口，也不只是作为"具备劳动能力"的人力，而是作为"能够进行创造性劳动"的人才。而且为了营造良好的创新人才成长环境，上海为青年人才提供优质且可支付得起的住房、公共服务和技能供给，推进国际人才向上海流动。

2. 以产定教促城聚人模式

"以产定教促城聚人模式"是以产业规划为核心，根据区域产业定位确定教育结构和城市形态，进而汇聚与之相适应的人才，最终引导城市建设与发展。成都是这一模式的典型代表。①

2010年成都市公布《成都市产业功能区规划》，划定了4大总体功能区、13个市管产业功能区和19个区（市）县管产业功能区，以促进"世界现代田园城市"建设。该《规划》以市域生态本底和现实条件为依据，在充分保护和尊重生态本底的基础上，将市域划分为两带生态及旅游发展区、优化型发展区、提升型发展区、扩展型发展区四大总体功能区。在总体功能分区的基础上，根据产业发展战略，确定了以电子信息（含软件）、生物医药为主的高新技术产业，以动漫游戏、文化旅游为主的文化创意产业和城市商务中心区为重点的天府新城高新技术产业区；以金融业为主的金融总部商务区；以文化创意产业为主的现代服务业和城市商业副中心为重点的东部新城文化创意产业综合功能区；以国际商贸为主的现代服务业和城市商业副中心为重点的北部新城现代商贸综合功能区；以现代服务业为主的产业功能和城市商业副中心为重点的西部新城现代服务业综合功能区；以文化创意、文博旅游、总部经济为主的"198"生态及现代服务业综合功能区；龙门山、龙泉山生态旅游综合功能区；以整车研发和生产、关键零部件制造为主，配套发展汽车商贸、会展、娱乐等相关产业的汽车产业综合功能区；以太阳能、核能、风能为主的新能源产业功能区；以硅材料、高性能纤维、稀土材料为主的新材料产业功能区；以炼化一体为主的石化产业功能区；国际航空枢纽综合功能区和国际铁路物流枢纽功能区等13个市管产业功能区。为了满足产业规划所需的职业技能型人才需求，成都市构建了第一产业以成都农业科技职业学院为牵头学校，以都江堰职业中学、成都市燎原职业技术学校、邛崃市职教中心、大邑职业高级中学、成都市中和职业中学、成都市建筑职业中专学校、成都市财贸职业高级中学为集团成员，以农业科技类企业为合作对象的职教集团；第二产业以成都工业职业技术学院为牵头学校，以成都市工程职业技术学校、大邑职业高级中学、成都市建筑职业中专学校、邛崃市职教中心为集团成员，以工业制造类企业为合作对象的职教集团；第三产业以成都职业技术学院为牵头学校，以都江堰职业中学、成都市燎原职业技术学校、成都市中和职业中学、成都市蜀兴职业中学、成都市财贸职业高级中学、成都市华阳职业中学、新津职业中

---

① 内容参见《成都市产业功能区规划》，2010年3月20日。

学、成都市礼仪职业中学为集团成员，以服务业类企业为合作对象的职教集团。这种模式以产定教、以产促城、以产聚人，实现了产城协同共进、相辅相成、良性互动和产学良性互动、学用结合、创新集成，有力地推进了城镇化的建设与发展。

3. 以人定产促城配教模式

"以人定产促城配教模式"是以移民搬迁为核心，把移民搬迁、产业扶贫与小城镇建设相结合，配套建设教育、医疗、文化等民生服务设施，形成"以产定搬、以搬拓城、产城融合，就近城镇化"的建设与发展模式。移民搬迁的种类有很多，诸如为了易地扶贫、生态修复、工程建设等进行的移民搬迁，为了防止地质灾害、气象灾害、海洋灾害等进行的移民搬迁等。陕西省镇安县是这一模式的典型代表。[①]

镇安县位于陕西省东南部、秦岭南麓，地势西北高东南低，山大沟多耕地少，地形地貌复杂，地质灾害频发，是"九山半水半分田"的土石山区。2011年陕西省人民政府印发了《陕南地区移民搬迁安置总体规划（2011~2020年）》，提出了"搬得出、稳得住、能致富"的目标。为此，镇安县围绕"人到哪里去、钱从哪里来"两个重点，统筹移民搬迁规划、秦巴山片区产业扶贫规划和城乡建设规划，依托产业园区、商贸街区、精品景区建设来规划搬迁社区，根据搬迁对象的就业需求确定搬迁去向，形成群众围绕产业而聚居，服务围绕搬迁而跟进的城镇化格局。一是围绕农业园区建搬迁小区，以产业吸引和决定搬迁，大力培育品牌山地农业产业，促进产业改造提升；二是结合工业园区建搬迁小区，围绕农产品的精深加工，在集镇和集中移民安置点上策划龙头企业项目，让搬迁群众在家门口上班；三是靠近商贸街区建搬迁小区，借助搬迁带来的人口聚集效应，积极发展商贸流通业，提升集镇发展活力；四是依托旅游景区建搬迁小区，充分吸纳"秦岭民居""徽派民居""江南民居"风格元素，把搬迁安置房作为农家宾馆来建设，把移民社区作为美丽乡村来打造，把特色城镇作为景区来提升。在此基础上，完善水、电、路、视、讯、垃圾及污水处理等基础设施建设，配套建设幼儿园、小学、医务室、文化书屋、文化广场、敬老院、集镇超市、商务酒店等服务机构和设施，促进了小城镇教育、卫生、文化、社保等公共服务设施的集中，形成了能上学、能就医，生能养、死能葬的社会保障体系。镇安县就地城镇化模式的核心是根据搬迁群众就业需求分类规划，打造一批宜工、宜商、宜游、宜居的小城镇，使搬迁群众想来、愿来、能来，也激发了城镇能留住人、留住产

---

① 李波、璩泽涛：《以产定搬　以搬拓城　产城融合——镇安移民搬迁让群众就地实现城镇化》，http://www.sx-dj.gov.cn/Html/2014-3-20/090123.Html。

业、留住发展的活力。

4. 以教聚人催产促城模式

"以教聚人催产促城模式"是以教育园区建设为核心,通过学生人口的聚集带动周边相关服务产业兴起,进而推进新城区的建设与发展。教育园区建设也有多种类型,譬如城市郊区的大学城模式、县城的教育园区模式等。天津海河教育园区是这一模式的典型代表。①

为了整合天津全市教育资源,支撑海河中游地区开发,2008 年天津市规划局按照市委市政府部署编制设计海河教育园区总体规划。海河教育园区是集职业教育、职业培训、技能鉴定、职业指导、技能竞赛于一体,产学研相结合,面向社会开放办学的综合性教育园区,基本定位是国家级高等职业教育改革实验区、教育部直属高等教育示范区、天津市科技研发创新示范区,总体布局结构为"一廊两翼",即一个中央生态绿廊,以及绿廊两侧的院校、居住及配套设施建设区。规划总用地 37 平方千米,办学规模 20 万人,居住人口 10 万人,年社会培训 30 万人次。教育园区共分高职园、高教园、高研园三大部分(见图 1 – 2)。"高职园"东翼布置 4 块职业院校用地;西翼布置 3 块职业院校用地和 4 块院校预留用地;中央生态绿廊内布置管理中心(园内设置园区管理中心、公共图书馆和文化交流中心)和体育中心(内置体育场、游泳馆、体育馆、公共实训中心和商业娱乐中心)。"高教园"东翼布置南开大学建设用地和 1 块院校预留用地;西翼布置建设用地和 1 块院校预留用地。两校用地之间布置 1 处服务中心,为两校配套、共享的学者村、学生活动中心、商业街区等。"高研园"主要布置教育、科研、居住的发展预留地。目前已有南开大学、天津大学、商务学院、青年学院、机电职业学院、机电工业学院、现代职业学院、轻工职业学院、中德职业学院、电子职业学院、电子技术学校、南洋职专、海运职业学院、开放大学等大学和高职院校进驻,同时配套建设了南开小学、南开中学等九年一贯制学校,业主子女可凭海教园户口及房屋产权证免试入学。海河教育园区建设拉动了周边地区的产业发展和经济增长,实现了教育、居住、产业"三区联动",带动了高新技术产业和现代服务业的产业集聚。据估计,每增加 1 万名大学生将增加 2 500 个配套就业岗位。②这意味着,20 万人的在校大学生将创造 5 万个就业岗位,再加上图书馆、体育馆、实训中心等对外服务和居住小区的日常生活需求,其所能带动的产业规模是不可限量的,教育园区无疑催生了一座新城。

---

① 内容参见《天津海河教育园区介绍》,百度百科,2017 年 9 月 13 日。
② 刘宁:《大学园区对城市发展的影响研究》,华东师范大学 2013 年博士学位论文,第 171 页。

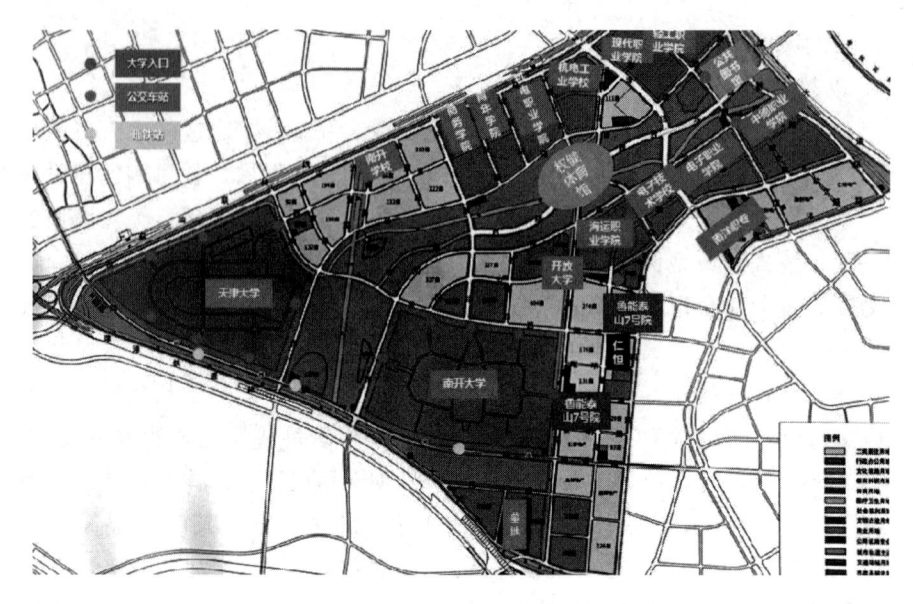

图 1-2　天津海河教育园区规划

由此可见，城市、产业、人口和教育是密切相关的，切断了四者之间的逻辑联系，不能实现四者的共生发展，就会导致鬼城、空城、睡城的出现，这恰恰是不协调城镇化产生的恶果。

第三节　城市性与人的城市化

"城镇化"中的"化"字至少有两种含义：一是指某种事物的性质或状态所发生的根本性变化，指一种"质的转换"，二是指某种事物向某种性质或状态所做的改变或变化，指一种"转换的过程"。① 为了对"化"的第一种含义做准确的描绘，学术界经常用"××性"来概括这种"性质的转换"，因此也就有了"城市性"（Urbanity）一词。那么，什么是城市性？城市性与人的城市化之间又是一种什么关系呢？

（一）物的城市性与人的城市性

城市与乡村除了指两个具有不同功能的社会空间之外，还表征着两种不同的

---

① 邬志辉著：《中国教育现代化新视野》，东北师范大学出版社2000年版，第20页。

文化气质。拉丁语的"urbs"和"urbis"不仅指"城市",还有"文明"之意,它的拉丁语形容词"urbanus"既指"城市的、市民的",还指"精细的、雅致的、文明的、彬彬有礼的、有文化的、有教养的"。相反的,拉丁语的"rus"和"ruris"除了指"农村"之外,还有"愚昧"之意。① 虽然城市化进程同人类的文明进步、人文发展指数的提升相向偕行,但是人类并没有单向度赞美城市、排斥乡村,反而形成了"城市进步主义"和"乡村怀旧主义"并存、心情十分复杂的意识形态。雷蒙·威廉斯(Raymond Williams)就发现,"对于乡村,人们形成了这样的观念,认为那是一种自然的生活方式:宁静、纯洁、纯真的美德。对于城市,人们认为那是代表成就的中心:智力、交流、知识。强烈的负面联想也产生了:说起城市,则认为那是吵闹、俗气而又充满野心家的地方;说起乡村,就认为那是落后、愚昧且处处受到限制的地方"。② 所以,城市性不仅有文明、进步、教养的一面,还有冷漠、堕落、野心的另一面。

在社会学史上,较早对城市性概念做出界定的是美国学者路易斯·沃思(Louis Wirth)。他在 1938 年发表的论文《作为一种生活方式的城市性》一文中将城市性定义为城市社会生活所独有的、区别于乡村生活的那些特征,即城市性是相对巨大的、密集的和具有社会异质性的不同个体的永久居住地。城市社会虽然人口较多,但是人与人之间的关系在很大程度上是匿名的、肤浅的和暂时的,亲密的私人关系相对较为缺失。人口密度的增大虽然促进了频繁的接触,但也加剧了人与人之间的距离,出现了密切的身体接触和遥远的社会关系并存的矛盾现象。个体间的异质性的增加导致共同的价值观和道德系统的丧失,因此人们不得不用金钱作为唯一的价值度量指标,从而导致更多的流动性、不稳定性和不安全性。③ 赫尔穆特·博特(Helmut Bott)则从城市规划的视角将城市性理解为一种城市景观的设计模式,譬如高密度、高层化、重叠性和扭曲式的城市居住形态,人口高密度、社会多样化、功能混合化的城市生活等。④ 然而,无论是沃思还是博特,他们所理解的城市性基本上是"物"的城市性、社会的城市性,而不是"人"的城市性、生活的城市性。"人的缺失"是早期城市性关怀的最大问题。罗伯特·E. 帕克(Robert E. Park)认为:

---

① 潘孝军:《"URBANIZATION"之确切含义及中文译词选择》,载于《城市观察》2011 年第 6 期,第 173~180 页。

② [英]雷蒙·威廉斯著:《乡村与城市》,韩子满、刘戈、徐珊珊译,商务印书馆 2013 年版,第 1 页。

③ Louis Wirth. Urbanism as a Way of Life. *American Journal of Sociology*, Vol. 44, No. 1, 1938, pp. 1 - 24.

④ [德]赫尔穆特·博特著:《今日的城市性》,刘涟涟、蒋薇摘译,载于《国际城市规划》2010 年第 4 期,第 3~8 页。

城市，从本文的观点来看，绝不仅仅是许多单个人的集合体，也不是各种社会设施——诸如街道、建筑物、电灯、电车、电话等——的聚合体；城市也不只是各种服务部门和管理机构，如法庭、医院、学校、警察和各种民政机构人员等的简单聚集。城市，它是一种心理状态，是各种礼俗和传统构成的整体，是这些礼俗中所包含，并随传统而流传的那些统一思想和情感所构成的整体。换言之，城市绝非简单的物质现象，绝非简单的人工构筑物。城市已同其居民们的各种重要活动密切联系在一起，它是自然的产物，而尤其是人类属性的产物。①

一般而言，在城市化进程快速推进的过程中，城市遇到的最大问题就是物的城市化和人的城市化不同步、不协调的问题。尽管农民工实现了身体进城，但很难同步实现精神进城、生活方式进城、心理状态进城，因此经常出现"人虽在城市但却不属于城市"的情况，一些人甚至还排斥或抵制城市性的生活方式和交往方式，以至于出现了身份认同内卷化问题，即自己不认为自己是农村人，但城里人又不认为他们是城里人，他们既较难融入城市社会，又较难回归乡土社会，因而只能被认同为"农民工"或赫伯特·甘斯（Herbert J. Gans）所说的"城市乡民"这一第三类群体，过着精神漂泊、灵魂无所寄托的生活。当前，我国的城镇化较为注重物质层面和社会层面的城市性，注重规模扩张型的"土地城镇化"，较为忽视个体层面和精神层面的城市性，忽视内涵成长型的"人的城镇化"。实际上，土地城市化相对来说是较为容易的，而人的城市化是较为困难的，因此要促进物的城市性与人的城市性的协调发展，积极发展现代乡村教育十分必要。从早发城市化国家的经验看，许多经历了乡里人的城市性落后于城里人、城里人的城市性落后于乡里人（当城市出现贫民窟、城里人进行逆城镇化流动时）、乡里人的城市性同步于城里人三个阶段，当一个国家发展到第三个阶段时，城乡差别就基本上消失了。

人的城市性在根本上是个体在城市社会中习得的市民化心理、态度、观念和行为，是属于一个人心理状态、思想精神、思维方式和生活方式层面的东西。那么，人的城市性具有哪些核心特征呢？实际上，早期社会学家的理论，诸如腾尼斯（Ferdinand Tönnies）的礼俗社会和法礼社会理论、涂尔干（Emile Durkheim）的片断化社会和组织化社会理论、萨姆纳（William G. Sumner）的民俗社会与国家社会理论等，都从不同侧面论述了城市化社会中人的共性特质。概括来说，人的城市性有如下特征：

第一是理性信念。城市人的行为是受理性引导的，相信社会中存在着合法的

---

① [美] R.E. 帕克：《城市：对于开展城市环境中人类行为研究的几点意见》，见 [美] R.E. 帕克、E.N. 伯吉斯、R.D. 麦肯齐著：《城市社会学——芝加哥学派城市研究文集》，宋俊岭、吴建华、王登斌译，华夏出版社1987年版，第1页。

义务,譬如守时、守规矩、守秩序,重事实、乐于革新、强调理性计算,并理性地迫使自己和期待他人去履行这些义务。用齐美尔(Georg Simmel)的话说,就是"用头脑(Head)代替良心(Heart)对他人作出反应"[1]。

第二是主体意识。城市人口数量的增多和异质性的增大,使个人之间的相互依靠会涉及很多人但又很少特定依赖某个人。同时,"乡土社会"人与人之间的联系依靠的是情感,而"城市社会"人与人之间的联系依靠的是"利益"。因此,个体的权利观念和独立意识觉醒,出现了由"我属于谁"向"我是谁"的身份意识转变。

第三是法治观念。城市虽然是一个自由人的聚居地,但也是陌生人的社会场,人与人之间的异质性、交往的一次性等导致人与人之间的信任感丧失。由于城市大工业生产体系的不断拓展和科学技术的持续进步,导致社会分工日益细致化和专业化,因此在一个以分工和交换为主导的复杂的城市社会,用法律来保护交易的长期性和稳定性、维护主体平等自由的观念逐渐扎根。

第四是公共情怀。城市个体的异质化和独立性,一方面导致城市公共性的缺失,但另一方面也唤醒了城市人的公共意识。乡土社会是等级化的,大多数人的身份都是子民;而城市社会是平等性的,它确定了城市人的独立人格,每个人在法律面前都享有同等的社会权利,每个人都有权利参与公共治理,每个人的身份都是公民。公共性即集体的外部性,因为它会影响到每个人,因而激发了每个人参与公共事务的热情。

第五是包容精神。城市是一个陌生人社会,充满异质性、多样性和复杂性,而这恰恰是城市社会充满活力之秘密所在。美国社会学家马克·格兰诺维特(Mark S. Granovetter)提出的弱关系理论认为,个人的人际关系网络主要有"强关系"和"弱关系"两种,强关系是同质性较强的社会网络,信息的同质性较高;弱关系是异质性较强的社会网络,信息的异质性也较高。关系的强弱决定了人们能够获得信息的性质、价值和功能的差异。实际上,关系越弱,互补性越强。[2] 因此,城市人的包容性较强,能够接纳不同的文化,并善于从不同的文化中汲取营养,从而展现出开放和包容的现代性品质。

由此可见,城市性研究不能只见物而不见人。美国社会学家阿历克斯·英格尔斯(Alex Inkeles)曾说:"人的现代化是国家现代化必不可少的因素。它并不是现代化过程结束后的副产品,而是现代化制度与经济赖以长期发展并取得成功

---

[1] Georg Simmel. *The Metropolis and Mental Life.* Translated and edited by Kurt H. Wolff. *The Sociology of Georg Simmel.* New York:Free Press,1950,pp. 409 – 424.

[2] Mark S. Granovetter. The Strength of Weak Ties. *American Journal of Sociology*,Vol. 78,No. 6,1973,pp. 1360 – 1380.

的先决条件。""当今任何一个国家,如果它的国民不经历这样一种心理上和人格上向现代性的转变,仅仅依赖外国的援助、先进技术和民主制度的引进,都不能成功地使其从一个落后的国家跨入自身拥有持续发展能力的现代化国家的行列。""一个国家,只能当它的人民是现代人,它的国民从心理和行为上都转变为现代人的人格,它的现代政治、经济和文化管理机构中的工作人员都获得了某种与现代化发展相适应的现代性,这样的国家才可真正称为现代化国家。否则,高速稳定的经济发展和有效的管理,都不会得以实现。即使经济已经开始起飞,也不会持续长久。"① 我想,如果把英格尔斯这句话中的"国家"替换为"城市",把"现代化"和"现代性"替换为"城市化"和"城市性"也是合适的。如果没有人的率先城市化,那么城市所取得的一切成就也难以持续长久。

(二)个人城市化与城市乡民问题

从人类城镇化的宏观演化规律来看,大致可分为集聚与分散两个阶段或过程。在城市化的早期阶段,主要表现为人口由农村向城镇聚集、产业由农业向非农业产业转换、建筑景观由乡村田园型向城市立体型演变、生活方式由农村型向城市型转变的过程,这一过程与工业化进程是同步进行的;在城市化的后期阶段,随着交通、通信等新技术的发展,城市人口开始向郊区和乡村扩散、产业链条由聚集化的工厂经济向分散化的总部经济转换、建筑景观由密度与高度相结合的空间紧凑型向松散与平面相结合的空间生态型转变,城市的生活方式和价值观念也开始向农村地域扩散,这一过程是与后工业化进程相伴而生的。赫伯特·G. 韦尔斯(Herbert G. Wells)和布赖恩·贝利(Brian J. L. Berry)就指出:

> 目前,新生力量的影响具有很强的向心性。然而,它随之也会产生显著的离心化……本世纪以前的大城镇的形态是圆形的,并成吹气球式增长。而现代的大城市看上去就像是一个不可忍受的外壳发生了爆炸,或是被那种更便利更快的发展的粗劣的权宜之策……随便溅上了几笔。

现代通信技术的发展为信息传递和社会事务的远程处理提供了更好的渠道。过去,要通信便利,首先就要将人带入城市。而现在,远距离通信的时间消除特性与新兴通信技术跨越空间的能力相结合调制出一种溶剂,在时间和空间上溶解了向心性的城市,产生了所谓的"没有城市的城市文明"。②

---

① [美] 阿历克斯·英格尔斯著:《人的现代化——心理、思想、态度、行为》,殷陆君编译,四川人民出版社1985年版,第7~8页。
② [美] 布赖恩·贝利著:《比较城市化:20世纪的不同道路》,顾朝林等译,商务印书馆2010年版,第44、61页。

我国是后发城镇化国家，早发国家历时态经历的过程，我国正在同时态地经历着，即所谓的新型工业化、信息化、城镇化和农业现代化同步发展。尽管如此，当下我国的城镇化总体上还处在集聚阶段。戴维·波普诺（David Popenoe）认为，城市化（居民聚集到相对巨大、密集、异质的居住区）与城市过程（Urban Process）不是一回事。约翰·弗里德曼（John Friedmann）也指出："城市化这一术语通常指两个完全不同的过程，一个是导致空间居住体系演化的过程，另一个是社会文化体系（在既定社会中由子系统到主系统）演化的过程。或者，更确切地说，城市化，一方面是指把总人口中的新增人口纳入城市定居模式，使城市成为社会生产和生活的基本生态基质，并导致其在空间上扩张、增殖和转型的过程；另一方面则指把总人口中的新增人口纳入城市社会结构和生活方式，且总是将这些结构改造和转换成新构造的过程。"① 由此可见，关于城市化大致形成了两种研究路向：一个是对"社会城市化"的研究，重点关注的是在工业化背景下人口向城镇集聚后的城市规划、城市形态、城市建筑、城市景观、产业布局、功能分布等多样化功能混合的城市特征及其进化的过程；另一个是对"个人城市化"的研究，重点关注的是农村进城人口由农村人到城市人的再社会化过程，即农村进城人口接受现代城市文明，并在精神、思想、态度和行为等人格方面发生积极变化的过程，抑或城市价值取向、文化观念、生活方式向农村传播进而实现城乡社会文化相互渗透融合的过程。那么，个人的城市化又经历了怎样的过程？当下又面临怎样的挑战？又该如何应对这些挑战？

1. 个人城市化的四个阶段与三重落差

个人的城市化是一个持续不断的终生学习与进步的过程。从城乡融合的视角看，个人的城市化大致要经历四个阶段：

第一，就业城市化阶段。当城乡单位劳动生产率和经济回报率存在巨大差距时，乡村剩余劳动力人口就会选择由农村向城市流动，在城市现代生产部门（即非农生产部门）短期灵活就业或长期稳定就业，从而实现个体空间城市化和就业城市化。在这个阶段，城市对进入者是有筛选的，城市需要的往往是年富力强的、文化程度高的、具备劳动能力的人口，而家中的老人和儿童往往无法跟随进城务工的劳动者一起流动。农村家庭对进入城市也是有利益计算的，当进城务工有利可图且城市生活成本相对较低，务工收益大于务工成本时，进城务工才成为可能。当城市生活成本大于务工收益时，农民工就会选择返乡务农，从而实现自我利益的最大化。当然，相对于以往限制农村人口进城就业来说，就业城市化是

---

① John Friedmann. Two Concepts of Urbanization: A Comment. Urban Affairs Review, Vol. 1, No. 4, 1966, pp. 78 – 84.

一个巨大的进步,但对于国家致力于推进新型城镇化的目标来说,就业城市化就显得远远不够了,还必须在此基础上向前再迈出一步。

第二,身份城市化阶段。所谓身份城市化就是通常所说的"人的城镇化"或农民市民化。在中国,进城务工劳动者能在城市就业并不意味着就是市民,也不意味着就能拥有市民权利,更不意味着能享有与城市居民一样的公共福利。受传统户籍制度的惯性影响,农民进城务工在养老保险、医疗保险、失业保险、工伤保险、生育保险和住房公积金(以下简称"五险一金")、子女教育、工资发放等方面还难以享受到与城市市民一样的待遇。调查显示,2014年农民工参加"五险一金"的比例除了工伤保险超过1/4以外,其余全部低于1/5,参加住房公积金的比例只有5.5%(见表1-4)。2016年,被拖欠工资的农民工人数达236.9万人,被拖欠的工资总额为270.9亿元,人均被拖欠11 433元,其中,外出农民工人均被拖欠11 941元,本地农民工人均被拖欠10 518元。① 对于身份城市化问题,国家出台的《居住证暂行条例》规定县级以上人民政府及其有关部门应当为居住证持有人提供义务教育、基本公共就业服务、基本公共卫生服务和计划生育服务、公共文化体育服务、法律援助和其他法律服务,以及国家规定的其他基本公共服务。② 但是,不同城市、不同农民工群体所享受的市民待遇依然是有差别的。

表1-4　　　　农民工参加"五险一金"的比例　　　　单位:%

项目	工伤保险	医疗保险	养老保险	失业保险	生育保险	住房公积金
合计	26.2	17.6	16.7	10.5	7.8	5.5
外出农民工	29.7	18.2	16.4	9.8	7.1	5.6
本地农民工	21.1	16.8	17.2	11.5	8.7	5.3

资料来源:国家统计局:《2014年全国农民工监测调查报告》,http://www.stats.gov.cn,2015年4月29日。

第三,人格城市化阶段。农民能够进城就业,并不意味着农民可以拥有市民身份,即使农民获得了市民身份,也并不意味着农民在价值观念、心智模式、生活方式上也同步地实现了城市化。农民要完成由农村人向城市人的社会性转化,必须不断接受现代城市文明的洗礼,并在精神、思想、态度和行为上发生现代性的转变,这是一个漫长的再社会化过程。毕竟,农民的初次社会化是在农村这一社会场域完成的,农村社会场域的特殊性决定了农民身上凝结的是纯朴的乡土性

---

① 国家统计局:《2016年农民工监测调查报告》,http://www.stats.gov.cn,2017年4月28日。
② 国务院:《居住证暂行条例》,2015年11月26日。

（Ruralism），而乡土性和城市化之间的异质性是非常强的，毋宁说是两种截然对立的社会性，它们在价值观念、行为规范、生活习惯、语言方式、开放程度上可以说是两个极端。对于年龄较小、学习能力较强、社会化相似度较高的农村个体而言，实现向城市性转变的再社会化过程相对比较容易，而对于年龄较大、学习能力较弱、社会化异质性较高的农村个体来说，重新习得城市的社会行为、社会规范、社会文化，完成个体的城市性再社会化过程则是十分困难的，因为这是一个把本不具有城市性的人"化"为具有城市性的人的过程，实现个体人格的现代化转变，其道路艰辛而漫长。

第四，一体城市化阶段。实际上，城市性是一种文明，乡土性亦是一种文明，城市性有人性异化的方面，乡土性也有人性禁锢的方面。因此，人类未来的发展方向是城乡文明的高度融合与不断更新。城市性作为一种生活方式、人格特质、价值观念，当在城市社会发展成熟并被普遍接受时，也会随着人口的城乡流动、信息的城乡传播，以及逆城市化、全球化进程的推进，而在乡村社会传播扩散开来，从而形成一个城乡社会空间的自然风格不同但社会服务相同、城乡个体人格日趋接近、相似甚至一致的城乡融合的社会。在这个阶段，个体不需要通过进城来实现城市化，而是在城乡社会的任何一个角落都可以过上现代文明的新生活，因为城乡社会中的每一个人都具备现代文明的人格特质，从而在理想的意义上实现城乡一体式的现代化是可及的。

然而，我国当下的城市化却存在三重落差：一是就业城市化与身份城市化的落差，即进城而未成为市民；二是身份城市化与人格城市化的落差，即大规模聚集的新市民依然具有乡民性；三是城里人的城市化与乡下人的城市化的落差，即乡下人尚未形成城市性人格。在早发城市化国家，这三重落差的弥合是自然发生的，经历了一个较为漫长的发展过程。对中国而言，要实现这三重落差的弥合同样是需要时间的，更是十分艰难的，但我们可以通过政府的、社会的、教育的和技术的等各方面力量加快这一进程，为此我们需要一个系统性的解决方案。

2. 城市乡民与城市性重塑

20世纪20—30年代，美国芝加哥城市社会学派的代表人物沃斯（Louis Wirth）提出的作为城市居民生活方式的城市性是由城市人口规模、密度和异质性等城市特征形塑的，因为城市与乡村是两种完全不同的生活方式，农村人从乡村进入城市会受到全新的城市化社会力量的影响，亲属关系和邻里关系纽带会减弱，家庭社会功能会降低，社会团结基础丧失，从而使其自身完成向城市化的转变。换句话说，沃斯认为城市性（Urbanism）作为一种生活方式在本质上是普遍性的，其影响是无所不在的，生活于其中的人是无可逃避的。① 美国城市社会学家奥斯卡·刘易斯（Oscar Lewis）研究了特波茨兰村民（Tepoztlán）移民到墨西哥城后的生活方式，发现他们的人际关系没有解体，社会团结基础没有破坏，人情味仍然很强，总之，特波茨兰人迁入大城市后的生活方式并没有发生太多改变，他们依然在自己的生活圈内保留着亲密、信任、互助的态度与关系，大量陌生人和匿名性人际关系的存在并没有对他们的生活、行为、人际互动及精神健康等造成妨碍。② 实际上，这种现象在美国大城市中的唐人街、日本城、犹太人区、意大利人社区等都可以见到。1954 年联合国教科文组织在阿比让发起"撒哈拉以南非洲工业化和城市化挑战"学术会议，一群社会学家、人类学家在会上探讨最多的却不是城市性和城市化，而是"欧化""西化""去部落化""城镇发展"和"人们由部落性向崭新又陌生的生活方式转变的问题"，并认识到这些人要获得产业工人和公民所需的知识还有很长的路要走。③ 萨阿德·E. 易卜拉欣（Saad E. M. Ibrahim）在研究城镇化现象时也发现，尽管阿拉伯世界的城镇人口所占比例与西欧大致相当，但两者在作为现代"生活方式"的城市性方面却并不一致，阿拉伯中心城镇与其说是"工业化城市"，倒不如说是"前工业化城市"更合适。实际上，阿拉伯世界存在"城镇化过度"（Over‑Urbanization）和"城市性不足"（Under‑Urbanism）并存、"数量城镇化"（Quantitative Urbanization）快于"质量城市性"（Qualitative Urbanism）的问题。但是，在西方世界却出现了非常复杂的现象，譬如许多农村居民已经过上城市性的生活方式，相反，一些城市居民却始终没有被同化到城市性的生活方式之中。④ 赫伯特·甘斯（Herbert J. Gans）也对沃斯的"城市社会生活"和"乡村社区生活"的二元对立观念提出了质疑，并提出了城郊性（Suburbanism）的概念，认为城郊生活方式是准原始性的，中心城市和城市郊区生活模式之所以出现差别，在很大程度上是因为社会阶级制度和生活圈子的不同所致。⑤ 实际上，城市里的生活方式是多种多样的，既有以知识分子、艺术家、音乐家、作家等为代表的所谓普遍主义生活方式，也

---

① Louis Wirth. Urbanism as a Way of Life. *American Journal of Sociology*, Vol. 44, No. 1, 1938, pp. 1 – 24.

② Oscar Lewis. Urbanization without Breakdown: A Case Study. *The Scientific Monthly*, Vol. 75, No. 1, 1952, pp. 31 – 41.

③ Nels Anderson. Urbanism and Urbanization. *American Journal of Sociology*, Vol. 65, No. 1, 1959, pp. 68 – 73.

④ Saad E. M. Ibrahim. Over‑Urbanization and Under‑Urbanism: The Case of the Arab World. *International Journal of Middle East Studies*, Vol. 6, No. 1, 1975, pp. 29 – 45.

⑤ Herbert J. Gans. *Urbanism and Suburbanism as Ways of Life: A Reevaluation of Definitions*. In Arnold M. Rose (Ed.). Human Behavior and Social Processes. Boston, MA: Houghton Mifflin Company, 1962, pp. 625 – 648.

有以意大利人区、爱尔兰人区、犹太人区、华人区等为代表的族群生活方式,既有以城市贫民、流浪汉、乞丐、残障人士、装卸工、搬运工等为代表的社会底层生活方式,还有以路边歌手、街头画匠、小丑演员、印度佛僧、单人乐队、功夫表演、动物表演等所谓"都市怪人"(Urban Characters)的生活方式,因此较难用普遍主义的统一性特质来概括所谓的"城市性"。甘斯在研究城市贫民窟和城市低收入人口的生活方式问题时发现,居住在波士顿西区的意大利裔美国人聚居区存在着"都市乡村"(Urban Village)现象,即原住地人口向城市移民后,大多按原有的种族关系聚居在某一特定的城市空间中,并保持着原有生活方式,他将这些人称为"城市乡民"(Urban Villagers)。在本质上,城市乡民与其说是一个种族现象,毋宁说是一种阶级现象。而由工人阶级、下层阶级向中产阶级的转变,实质上是一种文化的转变,即进入中产阶级不仅需要获得必要的机会,而且需要有接受中产阶级生活方式的意愿和能力。①

  后来,城市社会学逐渐接受了"城市乡民"这一概念,用来指谓在城市化进程中由乡村进入城市并实现了职业非农化、身份市民化但没有同步实现自身人格和生活方式转型的农村进城人口。显然,这是人的城市性滞后于人的城市化的直接后果。由于我国是后发型城镇化国家,西方早发城镇化国家历时性经历的人的城市化过程,我国正在同时态地经历着。因此,在纯乡村社区和纯城市社会这两极之间,存在着生活方式城市化水平的"连续谱系",分布着城市性程度各不相同的人群。但是,这个连续谱系也会有例外,譬如在一些乡村,人们可能共享着非常传统的生活方式和价值观念,但在另外一些乡村人们却过着几乎跟城市一样的生活、拥有着十分现代的观念。在城市内部也同样存在着这种差别。王兴周教授认为,城市乡民的"乡民性"主要有居住生活模式的隔离性、乡村性,社会交往模式的内向性、初级性,社会身份认同的矛盾性、模糊性,城市社会融入的封闭性、选择性,以及乡村社会联系的持续性、频繁性五个特征。② 乡土性是根植于乡下人的言行举止之中的,是乡土社会千百年来培育形成的,具有着比游牧社会更具文明意义的人文性与现代性,譬如乡村作为熟人社会,建构了人与人之间的信任关系,形成了由礼俗来规约的行为方式,并共享着由情感维系的价值观念。同样,城市性也是印刻在城市人骨子里的,体现着城市的精神和灵魂,蕴涵着个体自由与解放的新文明性。譬如城市作为异质社会,建构了人与人之间的匿名关系,形成了由法律规制的行为方式,并彰显着由理性维系的价值观念。由此

---

① Herbert J. Gans. *Urban Villagers*: *Group and Class in the Life of Italian – Americans*(Updated and Expanded Edition), The Free Press, 1982, P. 264.
② 王兴周:《珠江三洲新市民的乡民性与人的城市化》,载于《广西民族大学学报(哲学社会科学版)》2015 年第 6 期,第 24~34 页。

可见，乡土性的"拔根"与城市性的"扎根"是一个此消彼长的过程，是个体文化适应和再社会化的过程。

根据农村进城人口的稳定性和组织性特点的不同，大致可以将"城市乡民"分为4种类型（见图1-3）。

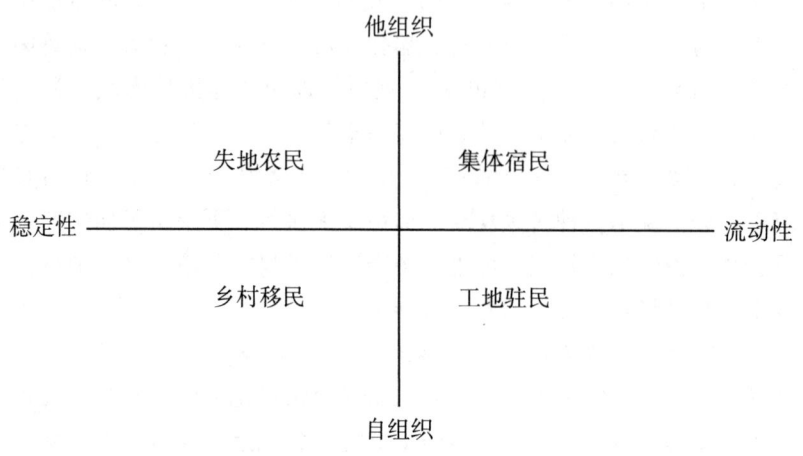

```
                    他组织
                      │
                      │
          失地农民    │    集体宿民
                      │
    稳定性 ───────────┼─────────── 流动性
                      │
          乡村移民    │    工地驻民
                      │
                      │
                    自组织
```

图1-3　城市乡民的四种类型

第一种是失地农民，稳定性高且他组织性强。失地农民大多居住在城市郊区，虽然长期从事农业生产，但由于离城市较近，因此在生活方式上同城市居民有较强的相似性。随着土地城镇化的不断扩张，自己长期居住的农村一下子变成了城市，有的甚至被周边的城市包围变成了"城中村"，因此近郊农民也在一夜之间变成了市民，他们或者被安排在工厂做工人，或者靠出租房屋维持生计。一般来说，他们的住房和工作基本上是由政府或开发商来安排的，居留城市的意愿强，因此具有较高的稳定性和他组织性特点。失地农民对城市生活方式的认同和践行能力相对较高，尽管与同城市精英相比，他们在生活方式和价值观念上还有不小的差距，但同纯粹由乡村进入城市的农民工相比，其城市性程度总体上处于较高的水平。

第二种是乡村移民，稳定性高且自组织性强。城市是一个陌生人社会，与乡村熟人社会相比，陌生人社会的最大挑战是不安全感。因此，为了在陌生社会保持基本的安全和信任，初次外出打工的农民大多要跟同民族、同宗族、同乡里的熟人一起外出工作、生活和居住，从而在城市形成了相对固定的聚落空间，并复制了迁出地的生活模式，共享着相同的语言习惯、规范习俗、饮食传统、服饰礼仪、节日礼俗、历史记忆、宗教信仰等文化模式。譬如大家耳熟能详的浙江村、新疆村、安徽村、四川村、河南村、福建村、湖南村、湖北村等，他们依据同宗同源、同乡同业等亲近性的人际关系，在城市建构新的村落生活。由于这些同乡有一定的规模和交往范围,具备了自治式社会生态圈的基本条件,因而具有较强的封闭性和自组织性。可以想见,乡村移民认同的多是本乡文化而非城市文化,较难养成城市性的人格素养。

第三种是集体宿民,流动性高且他组织性强。城市大型工厂企业为了扩大生产而面向农村招收工人,并提供集体宿舍集中居住。虽然应聘者大都来自农村,但却不一定来自同省同县同村,也不一定是同宗同族同源,可谓五湖四海、东南西北,自然地,他们在生活习俗、价值观念上也各不相同。尽管如此,与同城市居民的生活方式相比,他们依然在"乡民性"上具有极大的相似性,共享着集体认同的价值观念,特别是在大型企业具有较强规范性、组织性、纪律性的制度规约下,两种文化之间可能会存在矛盾甚至冲突,从而使本来较为松散的"农村工人"团结起来,集体应对工资拖欠、工伤不赔、加班无酬等侵害农民工权益的行为,并强化了原有的"乡民性"文化。从另一个角度看,由于企业的现代管理模式,也使得工人们渐渐形成了具有城市特点的生活方式和工作习惯。

第四种是工地驻民,流动性高且自组织性强。与城市大型企业的招工不同,城市里还有许多由包工头组织的各种临时性、体力性的作业,譬如工程建筑、道路维修、苗圃种植等,由于这些项目有一定的工期时限,较难像大型企业那样在集体宿舍中长期居住,而只能在工地附近临时搭建简易住房。这类农民工群体大多具有地缘、血缘和亲缘上的关联性,包工头也基本上是本乡本村、同宗同族的,因此可以算作是城市里"流动的乡村"和"流动的乡民",自组织性非常强,与城市居民基本没有私人化的交往,他们自成一个小社会,非常封闭,在生活方式上几乎完全是乡村生活的翻版。即使如此,他们毕竟身居城市环境之中,耳濡目染地也会受到城市生活方式的影响。

除了以上四种典型的"城市乡民"外,其实还有许多其他混合形态,譬如城中村里的居住者。但不论如何,农村人的城市性获得既受城市社会环境的影响,也受个人主观意愿的制约。一般而言,文化程度高、学习能力强、年龄比较小、开放程度高、社会参与多的农村个体更容易获得城市性,相反就会比较困难。

传统上,学术界秉持着一种城市进步主义、城市至上主义的思想,认为城市性的生活方式是现代的、文明的,而乡土性的生活方式则是传统的、愚昧的。这种二元对立的思维方式表面上看是进步的,而实际上则是霸权思维的表现。乡土性是农耕文明的成果,农耕文明相对于采集文明、狩猎文明和游牧文明来说,既有进步意义上的否定性,也有文明意义上的传承性。对于工业文明而言同样如此。换句话说,城市文明对乡土文明不只有否定还有传承,是否定之否定的融合创新过程,这就是为什么在城市化快速发展的新时代出现了"乡愁情思""田园怀旧"的情绪。我认为,城市性重建是一个刻不容缓的时代课题,而重建的方向绝对不是消灭乡土性，而是实现乡土性与城市性的有机融合与再造，生成更具包容性的新城市文明。而且，城市本身应该体现出一种文化的异质性和多元化，如果真的有那么一天，城市性变成了单一性的文明样态，那么城市性离自己的死亡也就不远了。

笔者认为无论是城市性的获得还是新城市文明的再造，人的认知能力的提升才是人的城市化和现代化的基础。尤瓦尔·赫拉利（Yuval N. Harari）曾说，是"认知革命"让历史正式启动。① 我们要开启新的历史，同样离不开开启新的认知革命。传统上，我们非常重视学校教育在改变人的认知技能上的作用，这无疑是非常正确的，但是我们在重视正规教育的同时，切不可忽视非正规教育和非正式教育的作用。或许，英格尔斯的话至今依然是重要的，我愿意用他的一段话作为本章的结语：

我们本着一个信念：即生活经验促进人们转向现代化。这就是说，人们通过他们各自特殊的生活经验逐渐成为现代化的人。在生活经验中，特别应当强调人的工作经验对于他成为现代人的意义。我们相信，在具备比较现代的经营管理和科学技术的机构里工作，具有改变人的特殊能力，可以使人在心理、态度、价值观和行为上从较传统的一端，逐渐转变到较现代化的一端。在这些机构中，我们特别着重强调工厂的作用，视工厂为培养人的现代性的学校，因为工厂是近代文明的工业形态的缩影。但我们也不能忽视都市生活和大众传播媒介的强有力影响，忽视教育的重要性。②

---

① ［以］尤瓦尔·赫拉利著：《人类简史：从动物到上帝》，林俊宏译，中信出版社2014年版，第3页。
② ［美］阿历克斯·英格尔斯著：《人的现代化——心理、思想、态度、行为》，殷陆君编译，四川人民出版社1985年版，第9~10页。

第二章

城镇化与义务教育的关系

世界上许多国家或地区，城镇化水平与义务教育发展水平之间都存在着典型的相关关系，即城镇化水平较高的地区，总体上义务教育的发展水平也比较高。但是，这里并没有回答谁影响谁和谁决定谁的问题，即究竟是"城镇化影响（或决定）义务教育"还是"义务教育影响（或决定）城镇化"？抑或两者之间是相互影响（或决定）的。根据我们的经验观察，从局部看，义务教育对城镇化发展具有带动性，但从总体看，义务教育对城镇化发展又具有依附性，即城乡学校布局、教育资源配置、教育制度设计等是受制于城镇化发展的。那么，城镇化与义务教育之间究竟是一种什么关系？两者之间的互动机制又是什么样的？这是本章关注的课题。

第一节 城镇化对义务教育的多重作用

城镇化对义务教育的正向作用具有多样性和复杂性，有的是单方面的，有的是综合性的；有的是强作用，有的是弱作用；有的是直接影响，也有的是间接影响；有的是显性作用，有的是隐性作用。从层次维度上来看，城镇化对义务教育的多重作用主要体现在教育理念、教育布局和教育结构三个方面。

一、城镇化驱动义务教育理念革新

改革开放以来,我国城镇化高速发展,1982~2020 年,城镇常住人口从 2.1 亿人猛增加到 9.0 亿人,城镇化率从 20.9% 提升到 63.9%,年均提高 1.13 个百分点。① 尽管城镇化增速总体乐观,但截止到 2020 年户籍人口城镇化率只有 45.4%,不仅远低于发达国家 80% 的平均水平,也低于人均收入与我国相近的发展中国家 60% 的平均水平,仍有较大的发展空间。城镇化的高速发展意味着需要更庞大的城市产业体系作支撑,需要更为深刻的结构性改革和要素集聚,而这必然使中国城镇化的核心命题由高速化发展转向高质化发展。《国家新型城镇化规划(2014~2020 年)》明确提出要以人的城镇化为核心,有序推进农业转移人口市民化,不断提高人口素质,促进人的全面发展和社会公平正义。在新型城镇化的纵深推进中,提升城市文明程度、提高人力资本水平以及彰显公平正义的根本要求必将促进义务教育理念的深化革新。

(一) 城镇化使义务教育的目的致力于培养现代公民

以人为核心的新型城镇化既要使城市的基础设施、公共服务和住宅建设具有吸纳流入人口的能力,也要求流入人口的人文素养和生存技能与城市基本生产生活方式相匹配。在计划经济国家和后发转型国家,城镇化的推进明显是政府主导型的,流入人口的市民化总体上处于被动状态,迅速被动市民化的农民并未真正完成个体在城镇化意义上的文化准备。政府采取行政命令的方式,将农业区和城郊区转型为城市的急剧城镇化做法也并未在真正的意义上完成城市的功能准备,人口和城市捆绑式的双重邂逅注定是一场"未能被完全消化"的城镇化。被动转型的农民并不习惯于全新的城市生活方式和价值观念,也无法匹配城市日益变革下产业技能不断升级的内在需求,"农业城市"和"半市民化"的双重尴尬需要未来城市和几代人的集体消化。

新型城镇化需要义务教育提供能够促进社会生产和生活向现代文明转变的人才,以及具有一定道德素质和人文素养、能够融入城市生活的现代公民。在传统的城市本位教育理念驱动下,农村教育长期陷入"离农"和"为农"的两难境地:大量农村优秀人才通过教育渠道进入城市甚至实现阶层跃迁,但更多的农村人口只能沿袭传统的"为农"或"务农"路径复制上一代人的生活。这种"片

---

① 国务院第七次全国人口普查领导小组办公室编:《2020 年第七次全国人口普查主要数据》,中国统计出版社 2021 年版,第 7 页。年均提高数据是依据统计数据计算得出的。

面化"的人才培养模式导致尚未具有公民素养的农村人口在流入城市后不易于融入城市生活,也使得部分长期从事农业体力劳动者在离开土地后难以在城市产业结构中拥有立足之地。为了使农村人口能够迅速融入社会发展的巨大浪潮中,以培养社会精英为宗旨的教育目的逐渐转向为培养全面发展的现代公民。在素质教育和终身教育理念的指导下,更加贴近学生生活实际的校本课程、综合实践课程不断被开发,尊重学生个体差异的小班化教学形式不断创新,使系统化、开放性的课程体系得以全面开展。随着普通高中扩招、职业教育转型以及综合高中的兴起,义务教育后学生有更加多元化的升学或就业选择,大量有文化、高素质、具有独立思想的创新型人才成为新型城镇化建设的后备军。在学习型社会建设的宏观框架下,全民终生学习的社会风气必将为城市发展注入新的活力,推动城镇化发展进程。

(二) 城镇化使义务教育功能定位于推进城乡一体化

随着城镇化进程的加速推进,城乡产业、基础设施、公共服务以及城乡人民生产、生活、文化方式逐渐实现一体化。在以市场主导驱动的城镇化发展模式下,城市单纯的生产功能也逐渐向更多元的生存和文化功能转变。传统生产型城市生产的大规模工业产品需要更加多元的消费市场,城市自身因生产而不断集聚的人口显然提供了这种机会,与生产相配套的服务性商业消费逐步兴起,城市向集经济、产业、文化和服务等多功能于一体的方向发展也愈发明显。第四次全国经济普查结果显示,2018 年末,全国共有从事第二产业和第三产业活动的法人单位 2 178.9 万个,比 2013 年末(2013 年是第三次全国经济普查年份)增加 1 093.2 万个,增长 100.7%。① 第一产业向第二产业、第三产业加速聚集不仅带动了城市产业结构优化升级,也使得农村产业结构由单一种植结构转变为生产、运输、管理、销售等系列化链条式生产服务结构。

新型城镇化背景下义务教育改革发展的最终目的是促进城乡义务教育一体化发展,它将引导未来学龄人口的有序流动与合理分布,使义务教育人口在一体化

---

① 中华人民共和国国家统计局国务院第四次全国经济普查领导小组办公室:《第四次全国经济普查主要数据公报(第一号)》,http://www.stats.gov.cn,2019 年 11 月 20 日。全国经济普查是为了全面掌握我国第二产业、第三产业的发展规模、结构和效益等情况,建立健全基本单位名录库及其数据库系统,为研究制定国民经济和社会发展规划,提高决策和管理水平奠定基础。2004 年 9 月 5 日国务院颁布《全国经济普查条例》,2018 年 7 月 4 日,国务院第 15 次常务会议通过了《国务院关于修改〈全国经济普查条例〉的决定》。该《条例》规定全国经济普查每 5 年进行一次,标准时点为普查年份的 12 月 31 日。目前,我国已经进行了四次全国经济普查工作,第一次普查的标准时点是 2004 年 12 月 31 日,时期资料为 2004 年年度;第二次普查的标准时点为 2008 年 12 月 31 日 24 时,普查时期为 2008 年 1 月 1 日~12 月 31 日,普查时期资料为 2008 年年度资料;第三次普查的标准时点为 2013 年 12 月 31 日,普查时期为 2013 年 1 月 1 日~12 月 31 日,普查时期资料为 2013 年年度资料;第四次普查的标准时点为 2018 年 12 月 31 日,普查时期为 2018 年 1 月 1 日~12 月 31 日,普查时期资料为 2018 年年度资料。

发展机制下，向能够可持续提供教育资源的地区聚集，并满足他们享受义务教育服务的需求。城乡义务教育一体化并不是消灭农村教育或者把农村教育转型为城市教育。随着城乡二元教育壁垒的逐步去除，农村教育与城市教育不再是从属关系，教育将通过提升人力资本水平，培养大量服务型人才、创业型人才、创新型高端人才以及新型职业农民，推动城乡一体化发展，以创新为驱动提升国家综合实力。教育推动城乡一体化具体体现在以下三个方面：第一，满足城镇化对高素质劳动力的需求。高素质劳动力不仅能够尽快适应产业结构优化升级需求，而且能够通过职后培训迅速获得较大幅度的技能提升，从而充分发挥劳动力市场价值，促进生产效率提高。第二，满足城镇化对人才结构优化的需求。尽管目前我国各级各类教育规模不断扩大，但从劳动力就业市场来看，低文化水平的从业者仍占有较大比例，而高学历实践性人才较为稀缺，供需结构矛盾依然突出。只有合理设置高等教育专业，加强职业教育和成人教育，加快实现人才供给与产业结构对接，才能真正满足产业结构优化升级的人才需求。第三，满足城镇化对复合型专业人才的需求。城乡产业结构优化升级对不同层次、不同专业、不同类型的人才提出新的需求。以知识和技术为基础发展起来的城市高新产业成就瞩目，而这一产业的兴起亟须大量具有高文化素质、高专业技术能力以及自主研发能力的创新型人才。农村产业转型升级对职业农民的需求不断增加，大量"爱农业、懂技术、善经营"的新型职业农民将成为未来炙手可热的稀缺人才。而所有这些人才的基础在于义务教育质量和水平的提升。

（三）城镇化使义务教育价值取向体现为实现公平正义

人口向城镇的快速聚集为社会经济发展提供了新机遇，却也为实现义务教育公平带来了新挑战。在大多数情况下，城镇化使得人们生活水平更高，获得义务教育和信息渠道更方便，拥有更好的工作机会。对于进城务工人员而言，城镇化是一定时期的权宜之计，以今天的辛勤劳动换取更好的生活，并未使其子女从中获得更大的收益，大量留守儿童和随迁子女在城镇化发展中承担着可能对其造成无法弥补的家庭教育缺失的风险。受制于内在的经济因素、社会资本以及外在的公共政策等综合因素的影响，外出务工人员在社会流动的过程中会针对是否携带子女入城就学做出不同的家庭决策，进而产生出"流动儿童"和"留守儿童"的问题。2020年，全国共有义务教育阶段随迁子女1 429.73万人，农村留守儿童1 289.67万人。① 在我国现行城乡政策框架下，一些随迁子女还无法全面享受与城市儿童同等的教育机会，成了被"边缘化"的群体，而农村留守儿童则被迫

---

① 教育部：《教育统计数据2020》，教育部官网，2021年8月28日。

留守在村庄,或随父母一方留守家中,或随年迈体弱、文化素质不高的爷爷奶奶一同生活。近年来,一系列公共事件频频发生并引发社会舆论对这一群体展开集体反思,作为中国经济高速推进中不可避免的制度性衍生现象。

　　城镇化的价值观并不是单一的"城市的"价值观,而是多元价值的包容、理解、欣赏与发现,我们应重塑共同体文化,实现文化价值的共享与互享。然而,以规模效益为导向的资源配置方式极易导致城乡间、区域间以及区域内义务教育发展差距的扩大,即便在城市内部也存在重点学校和薄弱学校之分。在农村地区这种分化则更加明显,优质资源向县镇大规模学校集中,吸引大量学龄人口向县镇学校聚集,而学龄人口不断流失使原本教育资源不足的乡村小规模学校陷入难以维持的发展困境。事实上,身处城市的薄弱学校和身处乡村的小规模学校,恰恰是贫困儿童、随迁子女、留守儿童等处于社会边缘的弱势群体的主要入学地,如何保障这部分群体在城镇化高速推进中能与城市儿童共同享有优质教育资源,从而实现全纳教育的人权观、平等观、民主观和价值观是我国现阶段及未来较长一段时间内义务教育应当关注的重点。为了解决进城务工人员随迁子女在城市入学难、升学难问题,在"两为主""两纳入"基本框架内,各地逐渐将随迁子女纳入教育发展规划,不断改革随迁子女入学升学办法,同时通过优化教育资源配置方式,支持并规范民办学校发展等一系列措施,保证随迁子女在城市就学。针对义务教育发展的薄弱环节,国家陆续出台了一系列向农村地区倾斜的教育政策,不断加大财政投入力度,逐步实现了农村学校标准化建设和信息化建设,拓宽了乡村教师的补充渠道,通过"特岗计划""公费师范生"、校长教师交流轮岗等政策,吸引优秀人才补充到农村教师队伍中来,使处于乡村社会底层的"走不了"的群体在"家门口"也能上好学。

二、城镇化促进义务教育布局优化

　　伴随着中国城镇化的加速推进,义务教育阶段的教育城镇化率从2009年的51.04%快速攀升到2020年的80.25%,11年增长了29.21个百分点。这远远高于中国常住人口城镇化率从2009年的46.59%到2020年的63.89%共17.3个百分点的增幅,也高于中国户籍人口城镇化率从2009年的35%到2020年的45.4%共10.4个百分点的增幅。① 在义务教育城镇化率远超城镇化率的时代背景下,城

---

　　① 义务教育城镇化率是依据教育部官网发布的《教育统计数据》计算得出的,计算公式为:义务教育城镇化率=(年度城区+镇区义务教育在校生人数)/年度义务教育在校生总数。历年常住人口城镇化率主要来自国家统计局发布的年度统计公报数据,户籍人口城镇化率来自公安部历年发布的统计数据。

乡义务教育布局也相应地发生了一系列调整变化，以解决城镇化背景下持续动态变化的适龄儿童少年接受教育的需求与相对滞后的公共教育资源供给之间的矛盾。城乡义务教育布局调整主要包括学校空间布局和教育资源配置两个方面。

（一）城镇化直接影响义务教育学校的空间布局

城镇化背景下城乡学龄人口分布的变动趋势主要表现为城市中心区和县镇中心区变密集，城郊区逐渐增加，乡村地区逐渐减少。学龄人口分布趋势的变化带来了不同地区教育需求的变化，对此，学校的空间布局需要根据不同区域的学龄人口分布特点进行动态调整，以适应城镇化的新形势。

1. 城镇化发展迫使城区义务教育学校布局做出相应调整

近年来，城镇化的发展给城区学校带来了一系列的挑战。其一，城镇化发展导致新增城市外来人口对教育的需求与城市原有学位供给之间的矛盾。随着城镇化步伐的加快，大量劳动力由乡村涌入城市，且进城务工人员已经由原来的季节性流动转为常住化流动，携带子女到城镇生活的比例越来越高，随迁子女呈现出规模大、涌入速度快和分布集中的特征，这一发展态势导致城区学龄人口密度加大。2020年广东省义务教育阶段非本地户籍学生的比例已达到22.48%。其二，城市原有居住格局调整后学龄人口密度增加与区域内学校容量之间的矛盾。近年来一些中等城市和县城推进了"城镇扩容""危旧住房改造""旧城改造"和"开发区建设"等城市内部城镇化系列工程，工程项目完工之后，容积率较原有居民区明显提高，增加了学龄人口密度，就近入学压力倍增。其三，周边城镇和农村对优质公共教育资源的需求与城市教育资源有限供给之间的矛盾。当前城乡教育不均衡问题仍广泛存在，随着城镇化的发展，一些中等城市和县城的公共教育资源获得增量发展并显著优于农村，吸引了经济条件相对较好的周边城镇和乡村家庭按照分层式消费的竞争逻辑去拥堵式稀释并不十分宽裕的教育增量。

城镇化发展导致城镇单位面积学龄人口密度增加，高层化居住空间使原有的学校布局难以满足学龄儿童的就学需求[①]，从而催生了城镇大班大校的出现。调研发现，许多地区城镇小学的班级规模已经超过50人，甚至有的班级规模达到80人之多，过大的学校规模和班级规模都会影响教育质量。针对学龄人口单位面积密度增加的趋势，城区开始逐步对义务教育学校布局进行相应的调整，合理设置学校服务半径，以适应学龄人口变化规律和趋势，保障城区内适龄儿童少年受教育需求与其所在学区提供学位的动态平衡，控制学校和班级规模，防止城区

---

① 刘善槐：《我国城镇义务教育学校布局调整研究》，载于《教育研究》2015年第11期，第103～110页。

大班额，以保证教育质量。

2. 城镇化迫使城市义务学校布局覆盖范围向外延展

为缓解城市教育资源严重紧缺导致的主城区大班额和农村生源逐年减少带来的教育资源浪费问题，教育园区概念应运而生，这是一个由城市发起的学校布局形式与思路的新探索，其地理位置多处于城镇主城区和农村之间，囊括了不同教育阶段的各级各类学校和相关体育文化设施，服务半径可同时辐射城乡。通过规模优势聚集人力、物力、财力，形成教育资源集群，进行园区内资源的高度共享，凝心聚力促进城乡一体化发展。教育园区既能满足城镇化发展带来的教育需求，也能带动地方经济发展。如山西太原、安徽池州、江苏昆山、广西南宁、四川广元、河南新郑等地陆续规划建设了教育园区。又如江西会昌县规划了面积达146公顷的教育文化园区，园区内建设了新会昌中学、第三初中、职业技术学校、教师进修学校、省委党校以及"三馆一中心"（图书馆、文化馆、博物馆、青少年校外活动中心）、标准体育场、网球场、游泳馆等一大批教育文化体育设施、场馆。①

3. 城市地理空间的向外拓展对教育资源配套布局提出了新要求

城镇化进程中，许多城市为寻求新的发展，地理空间不断向外拓展。新建房地产出于土地审批便利和吸引消费者购房的目的，预留教育用地并配套建设教育设施，但实际操作中挤占、挪用教育用地事件屡见不鲜，结果导致城郊原有教育资源越来越难以满足逐渐密集的学龄人口对教育的需求。

对此，广东、山东、浙江、陕西、福建、贵州、云南等多地纷纷出台了新建、扩建城镇居住区配套教育设施的相关管理规定和办法，对居住区配套教育设施的权责分担、实施流程、管理监督和惩罚办法等进行规范，以保证城镇新建社区的教育配套。如佛山市于2015年印发的《佛山市城镇新建住宅区配建教育设施管理暂行办法》中就明确要求房地产开发住宅项目必须配套建设幼儿园、小学，并规定"住宅区配建教育设施属国有公共教育资源，由开发企业代建，经验收合格并初始登记后，无偿移交当地区人民政府，由区人民政府统筹并交由教育行政主管部门使用和管理；未经城乡规划行政主管部门批准，开发企业不得擅自缩减或修改配建教育设施规模，不得擅自改变配建教育设施的位置；未按要求完成移交手续的，相关部门不再办理该住宅项目的审批及验收；各区教育行政主管部门接管配建教育设施后，必须严格按照国家和省的要求，办成公办学校、公办幼儿园或免租金委托办成普惠性幼儿园；城乡规划、国土、建设、教育等行政主

---

① 廖成铭：《打造教育文化园区　提升新型城镇化水平》，载于《江西日报》2010年3月29日第B03版。

管部门及各区人民政府应根据职能分工监督管理配建教育设施的规划、建设、移交和使用"①。

(二) 城镇化间接决定了义务教育资源的配置方式

一方面,城镇化使城市面临外来学龄人口的大量涌入;另一方面,又使农村面临学生的大量流失。随着城乡一体化进程的加快,城乡教育资源配置也需要结合教育需求的新变化作出调整。教育资源配置主要包括对教师资源、财政经费和教育用地的配置。

1. 城镇化间接决定了城乡义务教育的教师配置需求

城镇化发展给城乡师资配置带来新挑战。城镇学龄人口陡增增加了对义务教育教师的需求。大量农村进城务工人员子女随父母进入城市并就地入学接受教育,城市原有的师资数量供不应求。然而这部分学龄儿童通常是随其父母务工地的变化而迁移的,流动性较强,生源不稳定,数量波动幅度较大,故城市学校不能盲目采用增加编制的方式满足生源对师资的需求。对此,在进一步改革教师配置标准与方式、结合地方实际需求适当放宽"控编减编"政策规定的同时,还要弹性化地聘请编外教师并保证与城市在编教师同工同酬待遇。例如,北京市海淀区 2016 年拟拿出 2 000 万元,采取"区管校用"的方式聘用 100 名左右没有事业编制的中小学教师充实教师队伍,各项福利及其职称评定同在编教师一样,实行无差别管理。② 为保证正常的教育教学秩序,许多公办学校不得不聘用编外教师。如新疆乌鲁木齐市的天山区、沙依巴克区分别聘用了 600 多名临聘教师,以满足随迁子女涌入带来的教师需求。③

与城市教师在现行编制标准下数量绝对不足不同,农村地区教师呈现出"数量超编但实际缺编"的特点。调查显示,我国农村地区人数少于 100 人的学校达到 98 196 所,人数少于 60 人的学校达到 69 935 所,人数少于 20 人的学校有 32 826 所,乡村小规模学校教师紧缺、工作量大,"一师一校""一师多科"和"包班教学"等情况非常普遍。④ 因此,乡村小规模学校应遵循工作量一致、生师比与班师比相结合的原则配置教师,并鼓励音体美等小科教师走教。

2. 城镇化间接决定了城市义务教育的财政经费需求

教育吸引型城镇化导致外来学龄人口涌入城镇,原有的教育经费供给模式无

---

① 佛山市人民政府办公室:《佛山市城镇新建住宅区配建教育设施管理暂行办法》,2015 年 3 月 17 日。
② 三九木:《乐见招聘无编制教师》,载于《中国教育报》2016 年 1 月 15 日第 2 版。
③ 蒋夫尔:《随迁子女就学"门槛"该设多高——新疆乌鲁木齐市随迁子女就学调查》,载于《中国教育报》2016 年 6 月 4 日第 1 版。
④ 刘善槐、邬志辉:《新城镇化背景下我国农村教师的核心问题与政策应对》,载于《东北师大学报(哲学社会科学版)》2014 年第 5 期,第 187~190 页。

法满足人口变动引发的教育成本需求。根据中国教育部官方网站上发布的《2020年全国教育事业发展统计公报》数据显示：中国义务教育阶段在校生人数为1.56亿人，其中进城务工人员随迁子女数已达1 429.73万人。农村富余劳动力向城镇的大规模迁徙，使中国由落后的农业国家转变为现代化的工业化大国，GDP增长幅度全球第一，成为仅次于美国的世界第二大经济体。然而，中国经济的高速发展，是以牺牲农村流动人口平等享受公共教育福祉为代价的，2020年仍然有14.2%的随迁子女群体在城市无法进入公立学校就读，有更多的随迁子女无法在流入地升入普通高中，他们还难以享受到与城市儿童同等的受教育机会。

《义务教育法》中明确规定要保障全体适龄儿童少年接受义务教育的权利，然而数量如此庞大的进城务工人员随迁子女涌入城市，必然会给流入地政府带来巨大的财政压力。以广州市天河区为例，2013年全区进城务工人员随迁子女为5.93万人，如果全部进入公办学校就读，至少需要新建学校59所（按每校1 000人测算），用于征土地、建学校和聘教师等方面的开支至少需要380亿元，而全区可支配财政收入仅有50多亿元，资金缺口巨大。①

在解决随迁入学问题时，国家先后经历了"两为主""两纳入"再到"两统一"的政策演进②，逐步明晰了随迁子女谁来管、谁出钱、怎么出的问题。2016年国务院发布的《关于实施支持农业转移人口市民化若干财政政策的通知》中进一步规定，地方政府要将农业转移人口及其他常住人口随迁子女义务教育纳入公共财政保障范围，中央和省级财政部门要按在校学生人数及相关标准核定义务教育和职业教育中涉及学生政策的转移支付，统一城乡义务教育经费保障机制，实现"两免一补"和生均公用经费基准定额资金随学生流动可携带。

3. 城镇化间接决定了城市义务教育的用地需求

城镇化发展对义务教育用地产生影响的原因主要包括两个方面：其一，学龄人口向城市流动导致城市学校人满为患，乡村学校少人问津，城市学校需要获取更多的教育用地来扩大规模和新建校址；其二，新开发的楼盘、棚户区改造、城郊新功能区建设等城市规划用地，需要对包括教育用地在内的所有用地进行整体规划设计。

城市扩张和城市学龄人口增加，导致城市教育用地需求量加大，但在教育用地有限供给条件下，城市学校规模在一定时期内必然不断扩大；城市学校规模扩张，必然影响教室、活动室、功能教室等的有效供给，从而不仅使生均校园占地

---

① 刘善槐、邬志辉：《农民工随迁子女普惠性民办校发展的困境与政策应对》，载于《华中师范大学学报（人文社会科学版）》2015年第5期，第162~167页。

② 邬志辉、李静美：《农民工随迁子女在城市接受义务教育的现实困境与政策选择》，载于《教育研究》2016年第9期，第19~31页。

面积严重低于国家标准，而且使学校日常教育教学功能的发挥受到影响。城市土地使用陷入追求经济效益和发展公共利益的矛盾中，教育用地申请、批复、落实等环节存在多重梗阻，已批复的教育用地被挪用挤占、学校新建扩建工程被一拖再拖的现象屡见报端。

在城区义务教育学校面临数量增加、规模扩增需求与土地供给紧缺矛盾的同时，一些农村地区义务教育学校的生均占地面积却远超国家标准，造成了土地资源的浪费。面对这种情况，要求在制定城市建设和土地利用规划时，要充分考虑当地义务教育需求，充分预留教育用地；在新建居民区要保证必要的配套教育用地面积；要实行教育用地计划单列、申请优先批复政策，并严格控制教育用地的使用，防止教育用地被挪用和挤占。同时，要加强对乡村学校教育用地的核查，防止土地资源的浪费和教育用地的挪用。

三、城镇化推动城市教育结构完善

城镇化是推动教育结构调整的重要力量。教育结构是指教育机构总体的各个部分的比例关系及组合方式，即教育纵向系统的级与级之间的比例关系和相互衔接及教育横向系统的类与类之间的比例关系和相互联系。[①] 它具有多层次性和多方面性特点，主要包括：教育层次结构、教育类型结构、办学形式结构、教育管理体制结构等。随着城镇化的发展，大量农村人口相继涌入城市，增加了城市的人口数量，同时也使城市人口类型多样化。从迁移人口的年龄结构来看，既有少年儿童也有成年人。从迁移人口所从事的职业来看，既有进城的临时工，也有行政部门的工作人员，还有跟随父母随迁的学生。人口数量的增多不仅导致教育需求总量扩增，而且人口的异质性及身份的多样性也决定了教育需求的多样化，这些均要求教育结构的相应调整。

（一）城镇化使教育层次结构合理化

教育层次结构也称为教育纵向结构，是指教育系统内各级教育之间的比例关系。[②] 在教育发展过程中，教育层次结构一般呈金字塔形，基础教育比重较大，中等教育与高等教育比重相对较小。[③] 虽然我国的教育层次结构在总体上处于较为合理化的状态，即呈现金字塔形结构，但从城市和农村内部来看，城市的教育层次结构更为合理、更为完整。我们不难发现，城市中有幼儿园、小学、初中、

[①] 顾明远主编：《教育大辞典（增订合编本·上）》，上海教育出版社1986年版，第1796页。
[②][③] 顾明远主编：《教育大辞典（增订合编本·上）》，上海教育出版社1986年版，第1899页。

高中和大学等，形成了一套完整系统、相互衔接的教育体系，涵盖了学前教育、初等教育、中等教育、高等教育等不同层次；然而在农村地区一般只有幼儿园、小学、初中和高中，尽管也存在农村高等教育自学考试、农村广播电视教育、农村函授高等教育、农村社区学院、农村网络高等教育等成人教育性质的高等教育，但同城市相比，不仅结构不完整，而且功能也相去甚远。

教育层次结构的合理化还体现在教育与外部环境的适应性上，即教育层次结构的合理化是适应经济社会发展的结果。一方面，教育根据经济社会发展的需要培养出数量充足、层次各异、类型多样的人才，另一方面，各类人才按市场规律配置在第一（政府）、第二（企业）和第三部门（NGO或NPO）进而促进经济和社会发展。城镇化的快速发展吸纳了大量农村剩余劳动力到城市就业，为了实现教育层次结构和市场人才结构的无缝对接，满足劳动力市场的人才需求，教育依据区域经济社会发展特点，基于劳动力素质的差异性提供不同层次的教育。譬如，长春市是中国最大的汽车工业城市，汽车工业占工业产值的比重超过70%。为了促进区域内汽车产业和地区经济发展，市内许多职业学校都设置了与汽车相关的专业，期望培养的汽车专业人才可以直接在长春市就业。从学校层级来看，既有以培养专业技术人才为主的中高职院校（即职业教育），也有以培养拔尖创新人才为主的研究型高校（即学术教育）。

（二）城镇化使教育类型结构多样化

教育类型结构也称为教育横向结构，是指教育系统内各类教育之间的比例关系。城镇化的核心是人的城镇化，根本目的是推进农业转移人口市民化和农村留守人口就地城镇化。教育是城镇化发展的基础和先导。[①] 无论是农业转移人口的市民化，还是留守农民的就地城镇化，教育都将发挥基石作用。

当前，城市教育类型主要有普通教育、职业教育、特殊教育、继续教育、成人教育等，为农业转移人口和当地居民提供多样的学习机会，可以满足不同群体的学习需求，营造了"人人皆可成才、人人尽展其才"的社会氛围。在农村，随着大批农村人口迁出，留守农民成为切实解决"谁来种地、怎样种地"问题的希望。然而，未来的农民绝对不是传统的经验化和身份化的农民，而是现代的知识化和职业化的农民，培养"有文化、懂技术、善经营、会管理"的新型职业农民，需要农村普通教育、成人教育和职业教育三类教育的现代化转变。

---

① 张春铭：《曾天山访谈：教育是城镇化发展的基础和先导》，载于《中国教育报》2013年3月10日第003版。

（三）城镇化使办学形式结构多元化

城镇化进程中大量人口涌入城市，势必会带来教育规模的扩大。教育规模扩大导致城市原本有限的教育资源更加捉襟见肘，给城市不同层级教育带来压力。为了全面提高城镇化质量，实现人的城镇化，各地通过多种形式缓解城市教育压力。我们在调研中了解到，大多数城市采用改建原有公办学校和兴办民办学校的方式来缓解义务教育阶段学位紧张的问题。其中改建原有公办学校的途径有三种：一是扩建原有城区学校。湖南省资兴市通过扩建整个城区幼儿园和小学以增加学位。扩建的内容包括增加教室、增加学校场地等。据统计，自 2008 年以来，资兴市城市学校新增学位 6 500 个，其中小学学位 3 000 个，初中 3 500 个，有效地解决了"入学难"问题。二是新建学校。湖南省郴州市北湖区计划在 2014~2015 年扩建和新建 15 所学校，以解决区域内的学位需求问题。三是改造县区薄弱学校。资兴市通过改造升级县区原有学校、调配师资增强学校师资力量的方式来吸引、接收教育人口入学。兴办民办学校也是缓解城市义务教育阶段学位紧张的重要形式。民办学校的开办，缓解了政府的资金等压力，一定程度上解决了部分学龄人口的教育问题。但是许多地区，尤其是人口流入较多的大城市，仍然出现大量打工子弟学校，这些学校质量比较低。譬如，我们在东部某地调查发现，有 30 所农民工子弟学校（纳民学校），其中没有资质的有 9 所，占全部农民工子弟学校的近 1/3。

教育产业化也是办学形式结构多元化的重要体现。城市人口密度高降低了教育服务的人均成本，刺激了教育产业化服务的多样性。基于"政府保基本，市场提供个性化服务"的准则，在不同教育阶段出现了相应的个性化教育服务，譬如针对全日制教育的特长班和补习班。短期培训班也是教育产业化的一种形式。城镇化的核心是人的城镇化，农业转移人口的市民化是人的城镇化的关键。农业转移人口的市民化，融入城市是关键，短期培训班为农业转移人口步入城市、找到合适的工作岗位提供了机会。

（四）城镇化使教育管理体制复杂化

城镇化必然伴随着大量人口迁移，人口大规模流动给教育管理体制带来很大挑战。

首先，城镇化带来教育管理幅度两极化，使"以县为主"的义务教育管理体制受到较大挑战。主要表现为：一是人口净流入地区教育管理幅度变大；二是人口净流出地区教育管理幅度变小。① 具体而言，随着人口净流入地区人口数量的迅速增加，"县级"甚至"乡镇街道级"教育管理幅度增大。调查显示，目前珠三角地区、长三角地区和青岛地区的很多乡镇都存在"教育办"这样的管理机构。在人口净流出地区，人口迁出使得教育规模变小，相应地，管理幅度也随之变小，面临是否需要改变管理主体层级，上移至市级或省级的问题。

其次，城镇化冲击传统的"五级政府"管理体制。新型城镇化更突出地强调了城市群综合功能和区域辐射功能，使区域内的城市发展按照功能分区、交通连贯、服务共享等方式一体化推进，这对原有的"省城—地市—县城—乡镇—乡村"学校布局思维方式产生重大挑战，使教育管理由原来的"以城市或县城为管理单元"向"以城市群为管理单元"转化。②

最后，城镇化影响城乡学校的布局管理。对城市而言，如何准确预测流动的教育人口规模？如何满足新增人口的教育需求？应当在城市的什么地区进行教育布局？这些都会对原有的城市学校布局提出挑战。对农村而言，也需要准确把握适龄儿童的规模变化趋势和流动意向选择，以此来设计学校的空间布局，保证教育供给。③

第二节 义务教育对城镇化的促进作用

从城镇化与教育之间的互动关系来看，一方面，城镇化对教育具有决定作用；另一方面，教育对城镇化的发展又具有促进作用。这种促进作用主要体现在：首先义务教育通过内在的"质量诱导力"和外在的"职业竞争力"促进人口向城镇迁移；其次通过对不同迁移人口精细化、立体化和多层性的有效培训，促进迁移人口实现真正的市民化；最后依靠教育"自身作为产业""自身作为产业投资的基础环境""自身直接加速产业孵化和创新"三种方式促进城市就业岗位的丰富和收入水平的提高而稳定迁移人口，防止产业空心结构下的城镇化；同时，教育通过推动公共政治生活的民主化和精细雕塑城镇文化样态，为每一个迁移人口最终真正享有城镇化红利奠定基础。

一、义务教育促进人口向城镇迁移

城镇化的过程表现之一是人口的迁移。一方面是空间迁移，即农业户籍人口

---

①②③ 姜超、邬志辉：《新型城镇化对义务教育管理的挑战与回应》，载于《基础教育》2016年第2期，第27~38页。

向城镇常住人口的迁移；另一方面是产业迁移，即涉农产业人口向非农产业人口的迁移。目前，国内外学术界在涉及人口迁移研究时，更多的是从迁移的制度、收益成本、迁移距离以及迁移人口结构因素等方面着手展开，对于教育与人口迁移之间关系的研究并不太多。事实上，教育在促进人口从农村向城镇迁移方面发挥了越来越重要的作用。

（一）义务教育直接促进人口向城镇迁移

作为公共服务的核心组成部分，义务教育在发展中国家明显呈现出从农村向城市空间梯度转移中与质量水平的正相关，城市直接依靠义务教育等公共服务水平的卓越和丰富而吸引越来越多的农村人口完成城镇化的迁移，日益增多的义务教育吸引型城市和城市教育园区的兴起，也进一步证明学习、培训和子女教育日益成为与务工、经商等传统城镇化迁移诱因并重的迁移性因素而直接促进城镇化进程。有越来越多的理由相信，随着传统单纯依靠劳动密集粗放型投入和资本投入的产业盈利模式向现代知识、创新产业模式的转型升级，教育将更具强大的内在诱导力，直接促进人口的城镇化迁移。

（二）义务教育间接促进人口向城镇迁移

美国著名经济学家迈克尔·P. 托达罗（Michael P. Todaro）早在20世纪90年代就明确指出，在农村向城市的人口迁移研究中，最重要的发现就是教育成就同人口迁移之间存在正相关关系，接受正规教育多的人比接受正规教育少的人更愿意迁移，受教育程度和迁移偏好之间存在一种明显的联系。[①] 托达罗用巴纳姆和萨博特对坦桑尼亚人口迁移的经验研究进一步证明了受教育水平和人口迁移之间的紧密关系。这种紧密联系，我们大致可以归纳为两点：一是城市提供的就业岗位必须具备相应的教育技能；二是教育提高了人口迁移的主观意愿。事实上，在托达罗之前关于教育与人口迁移之间关系的研究尽管有局部的实证冲突，如吉安·S. 萨霍塔（Gian S. Sahota）1968年应用引力模型在巴西洲际迁移中发现教育对迁移的直接影响不是很显著，[②] 迈克·J. 格林伍德（Michael J. Greenwood）同样应用引力模型对埃及省际迁移进行回归分析，发现迁出地的人均受教育水平每提高1%，迁出的人数减少0.744%，流入地人均受教育年限每提高1%，迁入

[①] ［美］迈克尔·P. 托达罗著：《经济发展与第三世界》，印金强、赵荣美等译，中国经济出版社1992年版，第238页。

[②] Gian S. Sahota. An Economic Analysis of Internal Migration in Brazil. *Journal of Political Economy*, Vol. 76, No. 2, 1968, pp. 218–245.

的人数增加0.638%，[1] 但更多的研究证明，受教育程度越高，则人口的迁移也越高。如关注迁移中人力资本问题的人力资本模型从理论上证明了受教育水平高地区间人口迁移的增加；[2] 跨县、跨市、跨州迁移的次数明显与受教育水平呈正相关；[3] 对于年轻一代而言，受教育程度提高更促使其倾向于迁移。[4] 国内的研究更是明确发现中国城镇化进程中教育与人口迁移的正相关：与农村劳动力的平均水平相比，迁移者的受教育程度更高，即大多数为受过初中以上教育的劳动力；[5] 以农村劳动力迁移为例，外出务工的劳动力初中以上文化程度者占了81.6%，比全国农村劳动力平均文化程度高18.3%。[6] 谢童伟等运用2006~2010年《中国人口年鉴》统计数据发现，县教育水平与迁入、迁出均呈正向作用关系，教育水平提高1%，县人口迁出率和迁入率分别上升0.003%和0.002%，可以看出，教育对人口迁出的影响均大于对人口迁入的影响，教育普及率的提高有助于人口迁移。[7]

从国家统计局发布的《2020年农民工监测调查报告》来看，在外出务工农民工中，未上过学的仅占1%，小学文化程度的占14.7%，初中文化程度的占55.4%，高中文化程度的占16.7%，大专及以上文化程度的占12.2%（见表2-1）。根据中国社会科学院社会学研究所发布的《社会蓝皮书：2016年中国社会形势分析与预测》提供的数据，在农民这个总群体中，未上过学的比例高达15.7%，初中以下文化程度的占绝大多数，比例达到82.90%，高中和职高毕业者仅占9.5%，远低于农民工26.4%的比例。[8] 可见，教育在促进人口向城镇迁移方面发挥了重要作用。

---

[1] Michael J. Greenwood. An Analysis of the Determinants of Geographic Labor Mobility in the United States. *The Review of Economics and Statistics*, Vol. 51, No. 2, 1969, pp. 189-194.

[2] Larry A. Sjaastad. The Costs and Returns of Human Migration. *Journal of Political Economy*, Vol. 70, No. 5, 1962, pp. 80-93.

[3] Aba Schwartz. Interpreting the Effect of Distance on Migration. *Journal of Political Economy*, Vol. 81, No. 5, 1973, pp. 1153-1169.

[4] Claudio Thum, Silke Uebelmesser. Mobility and the Role of Education as a Commitment Device. *International Tax and Public Finance*, Vol. 10, No. 5, 2003, pp. 549-564.

[5] 蔡昉、杨涛：《城乡收入差距的政治经济学》，载于《中国社会科学》2000年第4期，第11~22页。

[6] 盛来运著：《流动还是迁移——中国农村劳动力流动过程的经济学分析》，上海远东出版社2008年版，第77页。

[7] 谢童伟、吴燕：《教育发展差异对人口迁移的影响——基于城市化发展的视角》，载于《南方人口》2012年第6期，第15~21页。

[8] 邹雨春、张浩：《2015年中国农民生产生活基本状况调查分析报告》，见李培林、陈光金、张翼主编：《社会蓝皮书：2016年中国社会形势分析与预测》，社会科学文献出版社2016年版，260~278页。

表 2-1　　　　　2015～2018 年农民工文化程度构成　　　　　单位：%

项目		未上过学	小学	初中	高中	大专及以上
农民工合计	2015 年	1.1	14	59.7	16.9	8.3
	2016 年	1	13.2	59.4	17	9.4
	2017 年	1	13	58.6	17.1	10.3
	2018 年	1.2	15.5	55.8	16.6	10.9
	2019 年	1	15.3	56.0	16.6	11.1
	2020 年	1	14.7	55.4	16.7	12.2
外出农民工	2015 年	0.8	10.9	60.5	17.2	10.7
	2016 年	0.7	10	60.2	17.2	11.9
	2017 年	0.7	9.7	58.8	17.3	13.5
	2018 年	—	—	—	—	13.8
	2019 年	—	—	—	—	14.8
	2020 年	—	—	—	—	16.5
本地农民工	2015 年	1.4	17.1	58.9	16.6	6
	2016 年	1.3	16.2	58.6	16.8	7.1
	2017 年	1.3	16	58.5	16.8	7.4
	2018 年	—	—	—	—	8.1
	2019 年	—	—	—	—	7.6
	2020 年	—	—	—	—	8.1

资料来源：国家统计局：《2016 年农民工监测调查报告》，http：//www.stats.gov.cn，2017 年 4 月 28 日；国家统计局：《2020 年农民工监测调查报告》，http：//www.stats.gov.cn，2021 年 4 月 30 日。

二、义务教育促进迁移人口市民化

据中国社会科学院城市发展与环境研究所《中国城市发展报告》测算，中国农业转移人口市民化综合程度仅为 40.7% 左右。① 显然，农业转移人口市民化如果不能得到妥善解决，中国新型城镇化就不可能实现。受教育水平提高能够直接有效促进迁移人口的市民化，能够显著塑造个体受教育者的城市化生活观念，提

---

① 潘家华、魏后凯主编：《中国城市发展报告 No.6：农业转移人口的市民化》，社会科学文献出版社 2013 年版，第 6 页。

高职业技能水平和应对城市化风险的能力,在个体自身预期可塑性与就业期望值、额外收益之间达至更完美的信息协调和更强大的综合处理。对个体而言,教育年限的延长和教育技能的提高,更容易获得城市以"户口"为依据所提供的更完整的市民化待遇和社会接纳。

在中国,新增城镇化率的人口来源主要有三种:一是通过接受高等教育、参军等体制内渠道进入城市,在大学和部队等单位通过接受教育完成必要的城镇化预备,获得与城市需求相匹配的专业技能和文化知识,在毕业和复员时能够在城市中找到匹配的就业岗位,进而通过岗位所在单位的城市指标获得城市户口,从而完整享有户籍意义上完整的公共服务市民待遇;二是通过城镇化规模扩张,把原有城镇周围的农业生产用地和宅基地通过土地增减挂钩等多种方式置换为城市建设用地,把传统农村社区纳入城市居民社区,农业人口就近就地转移为城镇户口居民,进而通过户籍享受完整的城市公共服务,享有市民待遇;三是农村户籍人口通过外出务工或经商常驻城镇六个月以上,尚未拥有城市户口而被城市称为外来务工人员或农民工,无法享受完整的市民待遇。

显然,中国新增城镇化率中的第一种人口来源,明确证明教育能够直接促进迁移人口的市民化。事实上,通过接受完整的大学教育(其前提是能有质量地完成义务教育)进入城市生活进而成长为城市当地社会中产阶级,是中国城镇化最稳定和最高质量的进入渠道。作为城市的核心人力资本,一方面通过以大学知识传递和应用为纽带,以实践性技能进入常规产业部门和服务行业维持城市发展;另一方面则以科研转化和创意设计为产业的新增长点,通过创业和岗位制造为城市繁荣带来动力,进而为城市承载力的提升创造机会。

中国新增城镇化率中的第二种人口来源,恰恰证明教育只有展开更专业、更开放、更持久和更负责任的市民化培育和观念传递,才能加速对接和满足在被动型城镇化中被抛为新市民的传统农村人口的发展需求,进而使其实现真正的市民化。土地城镇化先于人的城镇化的社会发展逻辑,使新市民在信息流、资本流和观念流快速交叠的新城中显然很难适应,而传统保守的村落生活习惯和劳动生存技能,使新市民尤其是教育程度较低和年龄较大的新市民依然用与农业文明相匹配的观念和能力去塑造新城。显然,在"农业城市"和"半市民化"双重尴尬并存的局面下,即便有教育的积极干预也需要未来城市的几代人来集体消化。

中国新增城镇化率中的第三种人口来源,更证明了教育在促进迁移人口市民化中所发挥的重大作用:一方面,城市,尤其是特大城市和超大城市,需要提供无歧视的教育公共服务和丰富多样的教育市场选择,以适应中国农民工代际转型中对城市生活嵌入性依赖日益加深的现实,进而加速实现身份未改变和制度未突破现实下不可逆转的农民工市民化培育；另一方面，中国制造向中国智创的升级转型，需要中国教育以更多公正的精神和更多卓越的质量培育出国家伟大理想的劳动者，进而以足够的综合国力去解决一代农民工为中国资本积累付出而未能市民化的代价，解决城镇化加速推进过程中的后遗症。

近 40 年间，中国农民工在点亮中国制造和中国发展奇迹的同时，是以极低的劳动回报率和城市公共服务提供水平为代价超载实现了中国劳动力再生产的，他们创造和生产了这个世界上琳琅满目的产品，为中国经济（2021 年占全球 GDP 比重 18% 以上）奠定了最坚实的基础，但却恰恰不敢通过预期的劳动回报来享有产品，甚至在对作为下一代中国未来劳动者——子女的教育培养上也往往陷入愁思。中国经济结构长期徘徊在微笑曲线低端的事实，急切呼吁下一代劳动者能够获得更为公平的教育机会、达至知识的平等分享而实现最大规模化的产业升级和中国智创，实现国家理想的同时通过国家实力给予一代付出者以市民化补偿，促成家庭结构的完整迁徙。

三、义务教育推动城镇产业发展

（一）义务教育自身作为产业促进城市发展

随着现代社会的发展，传统单纯依靠政府投入覆盖的公共教育服务已经很难满足中国公众日益增长的教育多样化选择需要，未来中国教育的提供者在更强大的社会需求刺激下显然将更为丰富。事实上，随着中国教育投资路径和投资环境的更为通畅，越来越多的投资人开始进入教育行业，导致教育行业的投资和融资市场极为活跃。数据显示，从 2013 到 2015 年，教育行业投资每年保持 100% 的速度增长，到 2016 年和 2017 年，教育投资的增长速度虽有所放缓，但投资结构更为优化，逐渐进入理性期，涉及教育的核心板块，如 K-12、国际教育、早幼教、职业教育、教育信息化、STEM、素质教育等依然是 2017 年融资的相对集中点。目前，中国教育行业的市场规模已超过 2 万亿元，预计到 2020 年，中国教育行业的市场规模可以达到 3 万亿元。[①] 近些年，在教育投资注重传统线下教育的基础上，线上教育投资规模将迅速扩大，据 GSV 全球教育行业报告预测，2017 年全球在线教育市场规模将达到 2 555 亿美元，而中国 2017 年在线教育则驶入了初步成熟的过渡期，在线语言教育市场规模预计将达到 375.6 亿元，用户规模突破 2 600 万人。显然，相比于全球在线教育规模，中国教育产业，尤其是

---

① 郭西凡：《2017 年教育行业融资并购报告》，http://tech.sina.com.cn，2017 年 6 月 5 日。

在线教育产业还有相当巨大的增长空间。数据显示，中国教育在头部企业的投资回报率虽然比其他产业低 1～2 倍，但是整个行业平均的投资回报率比其他产业高，① 这也是教育行业近年来投资迅猛发展的核心因素，中国教育产业的发展既满足了多元化的教育需要，又提供了新的就业岗位，显示出教育自身作为产业促进城市发展的重要价值。

另外，传统优质学校布局也会带动周边住宅、门市及相应产业的发展，比较常见的教育园区、大学城周围学区房和服务业的兴盛即是代表，从而带动城镇空间的功能发展和经济增长，对当地经济增长的贡献作用是显而易见的。

（二）义务教育自身作为产业投资的基础环境促进城市发展

越来越多的中国一线城市发展逐渐与国际接轨，二三线城市也逐步向国内一线城市看齐。人才流动，尤其是有资本、有思想、会技术、懂管理、能经营的国际国内人才流动，将成为未来越来越依靠知识创新和新产业孵化为核心发展引擎的中国城市人口流动的常态，未来更为健康的城镇化推进也将更加紧密地围绕知识变革和由知识变革所引发的产业升级来进行。因此，以城市公共服务为核心，配套与人才多元化需求相匹配的教育尤为关键。事实上，在城市治理中，因为城市教育环境预期差异而导致优秀人才流失的现象并不少见。因此，在城市中提供差异化和丰富性的教育形态，办好优质学校和国际学校，以城市教育吸引更多的国内国际投资商和优秀的专业人才，对于城市经营和发展显然是至关重要的。

另外，城市空间的宜居性往往与好的教育紧密相关。以城市空间为例，大学名校周围往往也是城市空间中相对较为宜居的区域，这从侧面也反映出居民综合素质、生活观念和文化习俗对于城市社区空间宜居度的影响。现代城市作为开放的"学习型大学"或者"没有校门的大学"越来越不断形塑本地居民的市民品质，反过来，被形塑的市民品质也促成一座城市的公共文化的再造，教育水平和因教育水平而不断塑造的城市品质也日益成为现代人口流动中的首选目的地。

（三）义务教育间接加速城市产业孵化和创新

义务教育是一切后续教育的基础。随着时代的进步，20 世纪以来的社会发展给全球教育提出了崭新和紧迫的任务。以高等教育为例，百年来应对人类社会变迁最大的自我革新是：传统的以"高深学问"和"基础理论"研究为中心、

---

① Alien：《专业人士告诉你，3 万亿的教育市场该怎么玩！》，载于《投资界》，2017 年 6 月 2 日。头部企业是指在同行业中处于领先地位且对其他企业有重要影响、号召和示范、引导作用的企业。

以"象牙之塔"自居的大学逐渐转变办学理念，以"社会服务"和"综合应用"为目标的学术与科学技术研究迅速增多，在欧美主流高校已经成为较普遍的现象。以应用性学术研究、产业孵化创新和人才培养为纽带，现代大学与市场企业、政府机构和公共组织之间的频繁互动，达成了现代城市中日益紧密的"产学研一体化"综合发展共同体。企业、政府和组织通过资金、股权、职务分享等多重因素直接投资于学者个人，或创办和建设大学内部的实验室、基地等，而学者个人、实验室与基地又反过来为企业、政府和组织提供技术储备和应用专利，这已经成为现代城市产业发展的常态。一大批新的教育与企业互动模式还在不断被孕育、创生和完善，如企业社团模式、企业联合资助模式、开源社区模式等，①大学也在不断加强通过各种形式的治理改革，如用公司管理理念办大学、提供廉价土地和设立大学产业园区吸引企业入驻、鼓励教授和学生创业、开展直接面向企业的定制人才培养等多种形式，共同探索建立与政府和企业需求直接对接的新型教学科研和人才培养体制。事实上，类似于像"斯坦福大学—硅谷"等的"教育—产业"发展模式早已成为教育直接加速产业孵化和创新来促进城市发展的典型，国内城市中大量依托大学成立的"产业园""孵化园"也日益在城市产业发展中发挥了重要作用，苏州教育园区即是其中的典型代表。

另外，直接为产业界输送人才也是教育加速产业孵化和创新、促进城市发展的重要目标之一。城镇化是以工业化为基础的，只有工业化的纵深推进才能不断加速城镇化的步伐，从而催生多种产业在城市中的孕育、创生与发展，防止出现产业空心化的城镇化危机。城镇化在吸纳资本和土地的同时，对于与产业发展相配套的各层次专业性和技能性人才的需求也是旺盛的。这可以从高等教育和基础教育两个方面的人才培养来看：

首先，尽管高等教育层次的人才流动性被认为是最高的，但高等教育所培养的人才恰恰是本地城镇化推进中最高效的部分。作为城市的核心竞争力资源，一方面通过大学知识传递和应用为纽带，以实践性技能进入常规产业部门和服务行业维持城市发展；另一方面则以所在大学的育人风格为特征，通过科研转化和创意设计为产业创生新的增长点，以创业和岗位制造为城市繁荣带来动力，进而为城市承载力的提升创造可能性空间。比如斯坦福大学的学生更喜欢创业，麻省理工学院的学生则更热衷于攻克技术难题，他们都为当地城市的产业发展贡献了力量。

---

① 包云岗：《浅谈产业界与学术界的合作研究》，载于《中国计算机学会通讯》2014 年第 5 期，第 36～42 页。"开源社区"（Open Source Community）又称"开放源代码社区"（Open Source Software Community），一般由拥有共同兴趣爱好的人所组成，根据相应的开源软件许可证协议公布软件源代码的网络平台，同时也为网络成员提供一个自由学习交流的空间。由于开放源代码软件主要被散布在全世界的编程者所开发，开源社区就成了他们沟通交流的必要途径，因此开源社区在推动开源软件发展的过程中起着巨大的作用。

其次，基础教育层次的人才流动性相对较低，是本地城镇化推进中最稳定的部分。基础教育所培养的人才规模最为庞大，随着现代城市产业的升级，虽然基础教育所培养的人才已经很难再扮演传统工业化时代直接作为可用劳动力的角色，但其作用却反而愈加重要，城市的发展越走向分工的智慧性、精细化和专业化，则越需要基础教育所提供的人力资本存量，也越需要拥有成为未来城市设计者和实践参与者所必备的思维素养、知识储备和动手能力，这给传统重视知识积累和机械复制的接受式中国基础教育带来挑战，基础教育基数庞大，为城市快速变迁、产业升级提供了最好的人才储蓄空间。事实上，这好比木桶理论，一个城市发展质量的高低，取决于这座城市中受教育水平相对较低的那部分人群的技能水平和生活质量。

四、义务教育推动城镇公共政治生活民主化

每一个社会都会努力将其思想传统、社会传统、文化和理想代代相传。在传统的乡土社会中，人们日复一日同质性的日常生活和熟人社会的生存逻辑使社会调节与整合的公共规则主要依靠长者统治下的礼仪和习俗，以公平契约精神和权利义务关系为核心的现代法治规则显然很难真正全面进入以"无讼"为主流价值观的村落共同体中。城镇化的快速推进使大量并未完整受过现代法治精神教育和政治民主生活训练的农业人口迅速转变成统计意义上的城市人口，但却未能在生活方式和文化适应上真正完成实质层面的城镇化。在传统礼俗文化主导的乡村熟人社会中生活多年的这些新城市人，虽然在抽象意义上对法律本身也抱有敬畏和公共认同，但在真正涉及城市日常生活和个体公共事务时，却恰恰有意无意地成为了城市这个异质性法理社会公共规则的边缘人。一方面来自观念认同和处事规则上强大的传统路径依赖；另一方面则来自以"法理社会"为特征的现代城市并未能够承担起通过系统教育完成对新市民和外来人口民主政治生活的现代性启蒙。

城市无疑成为城乡两种根本性异质文化直接相互排斥又相互融合的战场，尤其是随着产业链条的延长和产业分工的深化使城市劳务报酬所得的结构性差异明显，城市资本性收益的分层更加剧了阶层分离，或主动或被动进入城市的人群在生活模式、处事方式、文化风格和身份认同上或多或少都出现了明显的焦虑和紧张，甚至持续若干年都无法消解，差异性和标签式的生活误解常常引发社会矛盾，教育显然需要承担更多公共责任以通过观念濡化和实践培育，强化新转移人口的民主管理能力和处事水平。按照哲学家杜威"教育即生活，学校即社会"的观点，通过教育对数以亿计的迁移人口形塑和传播现代城市生活中的民主准则和

行为方式，恰恰是国家对国民进行公共政治生活民主化改进的过程，民主的启蒙也将更有利于现代国家的民主制度改进本身，民主生活的培育恰恰能够提高新市民的政治参与能力和独立思考能力，从而通过教育所达到的民主能够预防社会矛盾走向激进的抗争和冲突，有效降低社会治理成本和维稳公共开支，为更为和谐的公共生活奠定更加宽松和文明的社会环境。因此，通过改善权力支配结构使公共教育更具自主性与创造性，从而加速民主发育、促进社会进步，使每一个国民最终真正享有城镇化带来的红利。

五、义务教育提升城镇品位和文化包容

城镇化的快速推进对于中国而言绝不仅仅是一场经济远行，还是一场惊心动魄的文化遭遇。尽管在城镇化加速推进中建成了鳞次栉比的高楼大厦，汇聚了琳琅满目的货物商品，提供了源源不断的各式服务，改善了人民的日常生活，但是，城镇化的品质和灵魂归根结底比拼的还是文化含量、市民素质和城市宜居性，城市自身的品位也绝不能只从物质商品的繁荣中去寻找标志，其灵魂深处恰恰还是人的文明。具体而言就是市民自处时的修为和共处时的情怀，是城市和悦包容与尊重差异的态度，是远者悦来、居者皆宜的日常舒适感和朗朗口碑。

教育使城乡文化的深度融合成为可能，通过观念重塑和内化，促进城市内不同群体减少歧见、包容差异、相互尊敬和彼此认同，使城市生活更具宽度和弹性。教育正是通过一系列细致的言传身教和耳濡目染缓慢雕刻着一座座城市的文化样态和精神气质，在每所学校开展的校园文化活动中，在每个家庭代际传递的文化味蕾中，在整个社会公共文化生活的日常浸染中，教育从根本上塑造着城市的品位。事实上，教育所面向的人和城市的气质是相互成就且交互融合的，我们一方面很容易从不同城市的人身上不经意的点滴中发现和体悟到那种生于斯长于斯的城市文化特质，另一方面，这些拥有与其城市文化灵魂深处相交契的雅俗文化特质，又进一步在柔性的文化之沐中形成了市民的集体偏好与公共兴趣，进而进一步促成了城市品质的提纯，例如声誉在外的"钢琴之城"（厦门）、"音乐之城"（哈尔滨）、"电影之城"（长春）等，教育通过培育人的现代性，从而影响城市的文明程度，为推进城镇化促力。

第三节 城镇化与城镇义务教育扩张的互动机制

如前所述，城镇化的推进影响甚至决定了教育发展的某些因子，而教育也促

进了城镇化在广度和深度上的融合发展。城镇教育扩张作为当前教育发展的重要面向，它与城镇化之间事实上也存在这种互动关系。任何试图以单一线性思维看待城镇化与城镇教育扩张关系的行为都是非理性、非客观的。不过，它们究竟是如何互动的？这种互动是直接互动还是中间变量作用的结果？又面临着怎样的外部环境？

一、城镇化与义务教育发展的外部环境

我国当前的城镇化和义务教育发展，在国际环境、技术环境、制度环境、动力机制等维度上已有所不同。事实上，这些外部环境因素不仅影响了城镇化的发展路径，还影响着义务教育的发展方向以及二者之间的互动关系，因此有必要将其放置于外部环境中予以考量。

（一）国际环境

新航路的开辟和殖民体系的建立构成了城镇化早发国家①的国际环境。海外殖民掠夺、对外贸易以及侵略战争为城镇化早发国家积累了大量的工业化启动资金、生产资料和劳动力，其城镇化发展几乎不存在今天这样的资源限制，而工业化的产出又通过海外殖民贸易大量销售，如此循环，这些国家的工业化大为发展。加之，城镇化早发国家的工业化和城镇化在工业革命驱动下还实现了良性互动，工业革命建立了全新的工业经济体系，以极大的力度拉动了人口在城市的就业和向城镇集聚，同时城镇化也因基础设施和市场的供给提升了工业化的生产效率。②也就是说，工业化的壮大促进了人口集聚和城镇化发展。当前，后发国家的城镇化、工业化发展以及教育公共服务事业发展不再有殖民地时期的可供掠夺的资源来实现资本积累，当然也不存在初始资本问题，所有国家都被放逐于全球化的国际分工格局当中。不同于殖民体系下不受资源环境约束的高投入、高消耗的粗放发展模式，全球化背景下日益激烈的国际竞争使得后发国家的经济增长和城镇化发展必须通过提高全要素生产率来实现，即要在各种生产要素的投入水平既定的条件下，通过技术进步和生产要素优化组合尽可能提高额外生产效率。③技术进步要求实现增长动力转换，由投入驱动到创新驱动，生产要素的重新配置

---

① 基于历史的特殊性，我国走的是城镇化道路，其他国家走的基本是城市化道路，"城镇"囊括了"城市"。本节为了叙述方便，全部采用了"城镇化"的概念。
② 国务院发展研究中心课题组：《着力实现质量与水平同步提升——城镇化经验的国际比较与启示》，载于《中国发展观察》2014年第7期，第7~10页。
③ 蔡昉：《全要素生产率是新常态经济增长动力》，载于《北京日报》2015年11月23日第17版。

则包括劳动力在第一产业和第二、第三产业之间的转移等，这些都与教育息息相关，有赖于通过教育推动创新和提升人力资本。

（二）技术环境

第四次工业革命是当前我国城镇化和教育发展面临的技术环境。在经历了以蒸汽技术为代表的第一次工业革命、以电力技术为代表的第二次工业革命和以信息技术为代表的第三次工业革命后，人类终于在21世纪迈入了第四次工业革命，它是"以智能化、信息化为核心，以大数据、云计算、人工智能、量子通信等前沿技术为代表的新一轮产业革命"[①]。早发国家的城镇化主要集中在前两次工业革命期间进行，而中国的城镇化始于第三次工业革命，在第四次工业革命中得到大力发展。这样的革命就使"总部经济"下的分散化生产成为可能，即在信息化、智能化条件下实现功能、组织结构与空间分离。企业按照"总部+生产基地"的模式进行空间布局，总部在城市集群布局，负责协调各地生产、技术等管理，生产加工基地布局在成本较低的城市周边地区或外地，负责利用当地资源进行生产，从而减少投入、降低成本，并能充分利用不同地区的资源比较优势。这样一个分散化的生产模式对城镇化的推进模式也会起到直接影响，即有利于乡镇产业化和村庄产业化的发展，重新点燃乡镇企业、村庄企业的熊熊烈火。本次工业革命在给城镇化和义务教育发展带来机遇的同时，也带来了巨大的挑战，如潜在的不平等问题挑战和技术排斥劳动力等。强大的创新需求，让资本（包括资金和智力成果）提供者在革命中获得巨大收益，而工薪阶层则因为劳动力的技术和资本因子低而只能获得相对较低的报酬，使收入差距不断加剧。人工智能的发展，使传统的机械的简单重复劳动甚至是半情感性劳动正在逐渐被取代，人类只有专注于更为复杂的和更具有情感性、创造性、互动性的劳动活动，才可能有立足之地，而这也会成为教育活动最重要的任务。

（三）制度环境

总体上，对公平的探寻可构成我国当前城镇化和义务教育发展的制度环境。城镇化早发国家在市场主导、经济理性的引导下，资源、人口等要素在向城市集聚过程中得到了快速发展，但市场驱动下的纯利益考量也带来了各类城市病以及城镇化进程中的社会分化问题。农业劳动力大量涌入城市就业，但市政建设、住房建设、教育等公共服务供给远远跟不上工业发展速度，而且工业化不加控制地

---

① 卫庶、朱虹、靳博、朱少军：《聚焦第四次工业革命　凝聚转型力量》，载于《人民日报》2016年6月26日第8版。

发展，导致空气污染、大气污染、固体污染严重，人居环境恶劣。如市场主导下城镇化发展的美国，其"政治体制决定了城市规划及其管理属于地方性事务，联邦政府调控手段薄弱，政府也没有及时对以资本为导向的城镇化发展加以有效的引导，造成城镇化发展的自由放任，并为此付出了高昂的代价"①。这样的生产生活状态，形成了阶层的空间区隔，富裕阶层离开城市中心区到市郊居住生活，城市中心区构成了一个以贫困人口为主的"内城"。这类现象在我国也有所显现，随着技术进步、交通改善、通信发展，城市的富裕阶层走向了新城或郊区的别墅区，与旧城形成分化；除此之外，还存在城镇化发展下的乡村贫弱问题。这些问题的产生显然与制度环境有关，制度环境的本质在于它是一个国家或一个政府价值取向、政策偏好的结果，是所在时代人们的价值观念共识及其理性计算的体现，因此制度环境是因势而变的。制度环境并不等同于具体制度，如"交易规则作为一项具体的制度安排，很大程度上依赖于其运行的制度环境，交易规则的有效性往往是该种规则与制度环境中的其他制度安排相适应所体现出的一种均衡状态"②。进入 21 世纪，我国社会发展的制度环境正在实现由效率向公平的转换，走以人民为核心的创新、协调、绿色、开发、共享的更高质量、更加公平、更可持续的发展道路，制度环境的这种变化源于政府的责任主体意识，体现的是政府的担当。在城镇化发展上，《国家新型城镇化规划（2014～2020 年）》确立了以人的城镇化为核心的发展道路，要求实现人的生产方式、生活方式、文明素质和社会权益的重大变化③，为此户籍制度、土地制度、社会保障制度都开始了新的变化。当然，"以人为本"也对教育提出了要求，教育不只服务于经济增长，不同群体的平等权益也需要实现，并促成"人"本身的全面成长。

（四）动力机制

在城镇化和义务教育发展的动力机制上，城镇化早发国家更多是自然内生驱动和市场主导的，我国主要是政府驱动的。自然内生驱动型城镇化的增长点主要依赖于农业生产经营方式改变、工业革命和现代交通革命的推动，虽然过程中也部分经历了类似"圈地运动"这样激进的人地分离，进而将劳动力从传统农牧业中转移出来，但这种转移恰恰总体上反映了当时早期发达国家城市工商业迅猛发

---

① 王秀玲：《对国外城镇化发展的思考》，《河北师范大学学报（哲学社会科学版）》2006 年第 4 期，第 42~45 页。
② 李善民、张媛春：《制度环境、交易规则与控制权协议转让的效率》，载于《经济研究》2009 年第 5 期，第 92~105 页。
③ 李强、王昊：《什么是人的城镇化？》，载于《南京农业大学学报（社会科学版）》2017 年第 2 期，第 1~7、150 页。

展急需大量劳动力和原材料的现实，总体上属于"自然内生驱动型"的城镇化。当过渡到市场主导驱动时，城市单纯的生产功能也逐渐向更加多元的生存和文化功能转变。传统生产性城市的工业产品的大规模生产在远距离贸易中逐渐遇到新的困境而需要就近寻找更多元化的消费市场，城市自身因生产而不断增多的人口集聚显然提供了这种机会，围绕工业生产而配套发展的服务性产业逐步兴起，早期城市资源向经济、产业、文化和服务中心集聚的特点也愈发明显。市场的壮大，尤其是本土市场的壮大使城市的生活功能凸显，相对于农村，城市在市场主导型的城镇化推进中以其占据产业分工体系链中高端地位的优势使社会财富的增量呈几何级倍增，进而逐渐以更为丰富的异质性文化和经济增益预期吸引了越来越多的人口涌入，资本要素自由流动背景下经济人的理性选择使城镇化迅速进入黄金期。如果说自然内生、市场驱动的城镇化进程中，这种"用脚投票"的自由选择意义上的个体流动，在总体上保证了流入人口的文化技能与城市的吸纳能力相匹配。我国城镇化推进和教育事业发展则明显属于政府主导型，因此城镇化高速行进，但人口的流入或者就地市民化总体上处于被动状态，迅速被动市民化的农民并未真正达成个体在城镇化意义上的文化预备，政府采取行政命令的方式，将农业区和城郊并编为城市的急剧城镇化做法也并未在真正意义上达成城市的功能预备，人口和城市捆绑式的双重邂逅注定是一场"未能被完全消化"的城镇化，被动转型的农民并不习惯于全新的城市生活方式和价值观，也无法匹配城市日益变革下产业技能不断升级的内在需求，"农业城市"和"半市民化"的双重尴尬需要未来城市和几代人的集体消化。同时，在计划主义国家普遍实行的身份（户籍）制度又进一步割裂了城乡之间自由流动的市民基础，可进可退的城镇化变成了固化的寓居模式和单一的身份象征。在这样的动力机制下，教育常常处于矛盾尴尬的境地，一方面是教育作为城镇化扩张的直接手段沦为城镇化的俘虏，但另一方面，教育又为城镇化发展起到了文化缓冲、矛盾调和和社会融合的重要作用。

二、城镇化与城镇义务教育扩张的互动机制

从教育层级结构看，一般认为城镇化背景下大量农村学生（义务教育阶段）离开农村到城镇上学导致城镇义务教育规模扩大的过程是义务教育城镇化，高中和高等教育虽然规模也在扩大，但由于高中以上教育原本几乎全部布局在城镇空间，因此并不存在受教育空间上移的问题。因此，为防止语义混淆，我们没有采用"教育城镇化"概念，而是将其归为"城镇教育扩张"。"互动机制"意味着城镇化与城镇教育扩张之间并不是单向的决定关系，而是相互影响、相互制约的

耦合关系。即使是在一方影响另一方的关系阐释上，其影响因子也往往是复合的，且各因子之间非完全并列，极可能杂糅交织，但基本理路是可以明晰的（见图 2-1）。

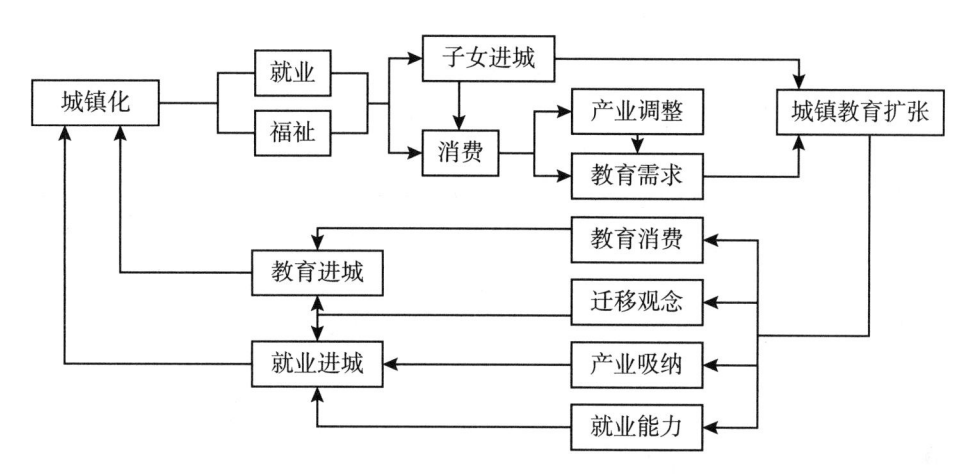

图 2-1 城镇化与城镇义务教育扩张互动机制的逻辑框架

（一）城镇化是如何推动城镇义务教育扩张的？

城镇化实则可分为三种类型，即就业驱动下为获取经济利益进城类型、福祉驱动下为享受服务进城类型以及两种力量共同作用下的复合类型。城镇化对城镇教育扩张最为直接的影响路径是子女或因跟随父母进城，或为享受优质教育进城，从而导致对城镇原有学位供给形成压力，要求城镇教育扩容，这首先影响到义务教育，再传递到更高阶段教育。间接路径则表现为通过影响消费和产业、然后再推动城镇教育扩张。

1. 子女进城驱动

（1）就业与福祉进城。

农村富余劳动力为获取较高的劳务报酬进城务工，从而导致常住人口城镇化率不断提高，这是城镇人口膨胀的第一大原因。农业生产水平提高和可耕土地减少，释放了大量农村剩余劳动力。在新中国成立初期，为了加强工业化建设，国家通过控制农产品价格和实行工农业产品价格剪刀差政策，为工业提供资本积累，导致农民收入低微，城乡居民收入出现巨大差距，2015 年城乡人均可支配收入比为 2.32。随着城乡二元社会由封闭走向开放，工业化和城镇化发展为农民提供了数量可观的低端就业岗位。为获取更高的劳动回报，2020 年已有 2.86 亿名的农民进城（除了乡村到城镇的就业流动，还有城镇之间的就业流动）就业。农民进城务工也会携带子女进城读书。

城乡的福祉差异也在推动"乡－城"流动。户籍制度形塑了城乡的二元分立,它承载的不只是成员资格或社区归属,还承载着资源分享的权利。① 有学者认为,在我国的城镇存在两种农村不具备（或者是质量不及）的福利,分别是户籍福利和非户籍福利,前者须通过户籍资格获得,包括就业保障、子女教育、医疗、住房、社保等带有一定竞争性的公共品,后者是只要身处城镇这个空间均可享有,包括城市基础设施、非正式的就业机会、秩序、信息、环境和文化氛围等非竞争性的公共品。② 而事实上,这两种福利均与户籍制度密切关联,"非户籍福利"的说法只是户籍制度改革后的新近概念而已,它只是在一定程度上忽略了户籍成员资格认证和限制人口迁移的功能,但在"乡－城"流动被严格限制的时期,即使是"非户籍福利"也必须通过户籍转换获得。依据城市的福利分配功能,有学者将中国社会居民分为农民户、非农户、城镇户、城市户、大城市户和直辖市户六类,构成了宝塔式结构,户籍的福利待遇也随类型而逐渐提高。③

当前,我国制度环境发生了改变,为保障全体居民人均收入增长和均等享受公共服务的合法权利,各项惠农政策频频出台,城乡公共服务一体化逐步推进,人口流动更加自由,福利待遇与户籍也日渐分离,城乡居民福利差距逐渐缩小。但受传统模式的路径依赖和改革成本影响,政策推进仍然需要较长时间,城乡居民经济、福利待遇差异仍然较大,教育亦如是。尽管国务院在2014年发文要求取消农业户口和非农业户口分类,统一登记为居民户口,④ 但是如果以户籍为依托的属地化公共服务供给机制不改革,那么统一的"居民户口"也只不过是名称的变化而已。正是基于城乡的待遇差异,渴望更高报酬、更好福利的部分农民想方设法进入城镇,并希望能够获得所在城镇的户口或居住证,永久性留在城镇,事实上也确实有部分进城务工人员已经获得了城镇当地户籍。

基于城乡产业结构持续调整和对城乡福利差异事实的感知,近十年来农民进城就业数量持续增加。根据历年《农民工监测调查报告》显示,农民工数量由2009年的22 978万人增加至2020年的28 560万人,增幅为24.29%,年均增长2.21%。不过,就业驱动型和福利驱动型进城务工人员表现出了差异化特征。前者以老一代或者是不具备专业技能的农民工为主,主要目的是获取更高的报酬,工资报酬之外的福利对他们尚未形成足够的吸引力,挣钱的目的往往是回乡,他们的流动性更强。后者主要是新一代农民工或者是具有一定技能的相对素质较高

---

① ［美］苏黛瑞著:《在中国城市中争取公民权》,王春光、单丽卿译,浙江人民出版社2009年版,第6页。
② 邹一南:《户籍制度改革的内生逻辑与政策选择》,载于《经济学家》2015年第4期,第48～53页。
③ 宫希魁:《中国现行户籍制度透视》,载于《社会科学》1989年第2期,第32～36页。
④ 《关于进一步推进户籍制度改革的意见》,2014年7月30日。

的人，他们所追寻的福祉一般是多维的、综合性的和整体性的，大多期望成为"市民"，渴望并更有能力留在城镇，他们的稳定性更高。但是例外在于，当城镇优质教育机会成为了第一甚至唯一追求（如家长因子女教育而进城陪读）时，他们表现出的特征又和就业驱动类型存在部分类似，如在城镇居住较为稳定，但是一旦子女完成一定阶段学业，他们就会返回乡村。当然，就业和福祉"双轮驱动"进城的现象也时常发生。

（2）子女进城。

城镇充足的就业岗位和更优的福利待遇，成为农民进城和城镇化率提升的主要动因，塑造了三种不同类型的城镇化。与此相对应，也产生了三种不同类型的进城学生。第一类是就业驱动型，即子女跟随父母进城，学生处于从属地位，他们能否继续在城镇上学取决于父母是否继续外出务工和父母是否携带子女进城。第二类是福祉驱动型，根据追求福利的种类，又可细分为两种：一种是将子女教育作为主要甚至唯一追求的福利，子女进城上学处于主导地位，属于教育驱动型进城上学；另一种是将教育之外的福利作为主要追求目标，子女进城仅处于从属地位，但这种随迁相对第一种更为稳定，当家庭获得城镇户籍后，子女也会完成由随迁子女到本地学生的身份转换。第三类是综合驱动型，子女进城上学既有城镇教育吸引的因素，还有城镇工作吸引的因素。

国家的随迁子女就学升学政策先后经历了"以公办学校和流入地政府为主"到"纳入城镇发展规划和财政保障范围"，再到"统一以居住证为主要依据为随迁子女提供义务教育服务，统一随学生流动携带'两免一补'资金和生均公用经费基准定额资金"的转变。国家制度环境的改善既为更大规模的农民工子女随迁提供了可能，也为城镇教育扩张提供了动力机制。"人的城镇化"强调要有序推进农业转移人口市民化，稳步推进城镇基本公共服务常住人口全覆盖，子女教育作为基本公共服务之一被纳入政策保障范围。所以，以户籍制度为基础建构的属地化教育公共服务供给体制开始受到挑战，各地逐渐开始以常住人口为依据重新规划布局教育设施，在城镇范围内陆续兴起了新建、改扩建学校和购买民办学校公共服务的大潮，不断扩大城镇学位供给，增加城镇教育资源承载力。政府的积极作为让随迁子女看到了在城市就学的希望，反过来则加剧了农民工子女的随迁行为。

因此，三类城镇化对城镇教育扩张的作用，也就通过子女进城这一中间变量得以实现。

然而，需要予以明确的一点是，虽然三种类型城镇化产生了三种类型进城学生，但是鉴于义务教育阶段就近入学的法律规定和政府尤其是大中城市政府对于择校的严格规制，为了获得合法性，在外在形式上大多以"随迁子女"名义呈现,即国家统计的"随迁子女"一般包括以上三类进城学生。根据历年《全国教育事业发展统计公报》显示,随迁子女数量已由2009年的997.11万人增加至2020年的1 429.73万人,增幅为43.39%,年均增长3.94%。11年间,随迁子女的增幅比例是农民工的1.79倍,子女随迁的势头迅猛,数据也确实证明了这一点,农民工子女随迁率已由2009年的30.95%增长至2020年的49.13%。2020年义务教育阶段进城务工人员随迁子女数量占义务教育阶段在校生总数的9.14%。当城镇义务教育扩张并接收了更多随迁子女后,农民工对随迁子女的学业期待也会有所改变。根据中国农村教育发展研究院2015年12月对全国12省的调查发现,由乡村进入县城上学的小学生希望"读到大学毕业"和"研究生毕业"的比例之和(88.77%)比在乡村当地上学的小学生(79.42%)高出9.35个百分点。① 可以认为,子女进城上学不仅会带来城镇基础教育的扩张,还极有可能带来更大的高等教育需求,进而导致高等教育扩张。

2. 消费与产业驱动

(1)消费增长与教育消费能力提升。

城镇化与产业结构调整存在互动关系。我国快速发展的城镇化正推动着产业结构的调整,其机制是通过消费来推动产业结构转型与升级。一方面,城镇化带动居民收入持续增加、居民消费能力和消费水平不断提高。2020年城镇居民人均可支配收入达43 833.8元,农村居民人均可支配收入为17 131.5元。付波航等基于1989~2010年29个省份面板数据的实证分析表明,我国居民消费率与城镇化水平呈正相关,城镇化率每提高1%,居民消费率增加0.04%。城镇化改变了居民的消费能力、消费习惯和消费领域,尽管受城市建设投资增加的影响,居民消费影响系数还不够大,但随着城镇化的持续稳步推进,其贡献将会不断增加。② 另一方面,城镇化带动着居民消费结构的升级。改革开放40多年来,居民食品支出占比大幅下降,城镇居民家庭的恩格尔系数由1978年的57.5下降为2020年的29.2,农村居民家庭的恩格尔系数由1978年的67.7下降为2020年的32.7。③ 居民消费形态由"生存型"向"发展型"和"享受型"转变,消费结构不断升级。当城乡居民有更多的富余资金的时候,子女教育消费就成为重要的消费方向。

城镇化过程中居民身份的转换同时意味着消费总量与结构的重大变化。首

---

① 数据来源于2015年12月东北师范大学中国农村教育发展研究院对全国十二省份进行的大调研。
② 付波航、方齐云、宋德勇:《城镇化、人口年龄结构与居民消费——基于省际动态面板的实证研究》,载于《中国人口·资源与环境》2013年第11期,第108~114页。
③ 国家统计局:《2020年国民经济和社会发展统计公报》,http://www.stats.gov.cn,2021年2月28日。

先，有效消费需求增加。以食品和居住需求来说，农村居民的两种需求基本可以自给自足，但是如果农村居民发生了向城镇居民的身份转换，必然导致对农产品（第一产业）、工业品（第二产业）和服务品（第三产业）等有效需求的增加。[①]其次，消费需求结构改变。农村人口进入城镇后对工业产品和服务产品（第三产业）的消费需求特别是对子女教育等公共服务的消费需求日益增加。

（2）产业调整与教育需求升级。

城市经常是新产业的创生地和聚集地。生产技术更新和劳动力市场需求变换决定着产业调整。随着工业革命4.0时代即智能化时代的来临，人工智能会排斥甚至替代传统的劳动形态，人类和机器争夺工作岗位的战争即将打响。为了赢得这场战争，人类必须学会做机器做不了甚至做不好的工作。目前来看，创造性的和情感性的工作是人类仅存的未来争夺空间。而这样的工作则必须以创造教育和情感教育为基础，时代对人类的完整人格再一次提出了现实要求。为了迎接这一重大挑战，人类的教育必须发生重大的转向，即由"守成的教育"向"创造的教育"转变、由"片面的教育"向"完整的教育"转变。然而，这种转变不应只发生在高等教育和职业教育领域，更应发生在基础教育领域，特别是义务教育领域。没有义务教育的现代化和转型升级，整体教育的现代化和转型升级就会成为空中楼阁、无本之木。不仅如此，为了迎接挑战，个体需要接受更多的教育和更有质量的教育，这必然会推动高中阶段教育和高等教育的普及和扩张。

城镇化不仅推动了人口的聚集，也推动了多元化教育的供给，更重要的是，推动了人们对"城市位置"所附带的教育公共产品的追求。在城市除了存在传统的公办学校外，还存在大量的校外培训、补习辅导、在线教育、虚拟学校、国际学校等教育新业态。在教育与产业的相互激励作用下，教育作为一项服务性产业也获得了快速发展。一方面，城镇人口的聚集凸显了教育需求的多样化；另一方面，差异性教育需求诱致了教育新业态的出现。随着城镇居民消费观念和消费能力的提升，不仅推动了城市学校的特色化发展和多样化发展，更推动了高中阶段教育和高等教育的普及。

城市教育规模的扩张离不开财政投入的支持，产业发展促进了经济增长，并提供雄厚的教育财政保障。一般地，以消费和产业为中间变量的教育促动力量按两条路径推进：一是城镇化带来消费增长和消费升级，促进了新产业供给，刺激了教育需求扩张；二是教育本身作为一项产业，被不断注入扩张的动力，从而引发教育形态的多样化。尽管地方政府会对城镇教育发展作出战略性规划，但是市

[①] 叶裕民、黄壬侠：《中国新型工业化与城市化互动机制研究》，载于《西南民族大学学报（人文社科版）》2004年第6期，第1～10页。

场作为一种调节机制会对城镇教育需求给予自动性满足，从而导致教育发展与经济发展、城镇化发展的匹配与同步。

（二）城镇教育扩张如何促进了城镇化？

作为"互动关系"的另一面，城镇教育扩张也为城镇化提供了"养分"，推动了城镇化的进程。有学者提出了中国城镇化的七种推进模式，即建立开发区、建设新区和新城、城市扩展、旧城改造、建设中央商务区、乡镇产业化和村庄产业化，① 可以认为前五种属于城市化的推进模式，后两种属于就地城镇化的推进模式。城镇教育扩张通过消费、产业、就业和迁移观念等中间变量发挥的人口集聚效应，不仅推动了城市化发展，还为就地城镇化提供了契机。

1. 加剧了城镇教育消费

城镇教育扩张不仅为进城务工人员随迁子女提供在城市接受学校教育的机会，而且为他们接受各种辅导补习、校外培训等提供了平台，从而引发农民工家庭教育消费结构的改变。

首先，城镇教育扩张使越来越多的农村学生进入城镇，成为城镇常住人口，从而推动城镇化进程。一些地区为了整合教育资源、提高办学效益、实施规模办学，在县镇建立了教育园区，将农村学生全部集中到县镇上学，也在一定意义上推动了城镇化的发展。其次，子女为上学而进城是一种家庭行为，而不是子女的个体行为，因此父母会以陪读的形式带动家庭的城镇化。根据历次调研发现，如果子女在县城读书，一般监护人会进城陪读，即使家庭对城镇优质教育的渴望再强烈，也很少出现子女单独进城的现象。由于大中城市政府对择校的严格限制，为了保证隐性择校的合法性，进城学生必须以"随迁子女"名义就读，即需要以监护人进城为前提。再次，在义务教育就近入学的法律规制下，优质教育人口集聚具有吸附作用。在义务教育仍然未达到充分均衡的情况下，居民对优质资源的需求与政府的教育供给之间时常发生矛盾，对学区房的哄抢即是一例。为了子女能够"上好学"，一些家长不惜代价购买学区房，导致周边房地产价格以名校为中心呈同心圆分布，距离名校越近，房价越高，形成了学区房的"差序格局"。义务教育学校地理位置成了居民选择家庭住址的重要考量因素。最后，当学生完成学业，尤其完成高中教育和高等教育后，他们一般会继续选择留在城镇继续升学或就业，从而推动城镇人口的高质化发展。

2. 促进了城镇产业吸纳

产业吸纳是指产业对就业人口的吸引与容纳。城镇教育扩张的路径有很多，

---

① 李强等著：《多元城镇化与中国发展：战略及推进模式研究》，社会科学文献出版社 2013 年版，第 78~85 页。

一是原有学校招生数量扩增；二是根据城镇规划在一定区位设立新学校。一般来说，城镇新学校特别是基础教育阶段学校的设立往往会带动周边零售、餐饮、学习用具、课外补习等产业的发展，刺激有学生家庭对衣食住行的消费，从而在一定意义上吸纳一定数量的就业人口。但是，对于高等教育来说，大学作为所在区域的智力高地，也会吸纳高新技术企业在周边聚集，并为之提供研究资源和高质量毕业生，从而形成产学研相结合、科学技术生产为一体的高新技术创新发展园区。企业在高校周边布局，能够降低人员筛选的密度、通勤成本和交易费用，并能够及时获取教育机构的科研信息、技术发展趋势等。以美国硅谷（Silicon Valley）为例，依托科研力量雄厚的斯坦福大学（Stanford University）、圣塔克拉拉大学（Santa Clara University）、圣何塞州立大学（San Jose State University）、卡内基梅隆大学西海岸校区（Carnegie Mellon University, West Coast Campus）、加州大学伯克利分校（University of California, Berkeley）、加州大学戴维斯分校（University of California, Davis）、加州大学圣塔克鲁斯分校（University of California, Santa Cruz）和东湾州立大学（California State University, East Bay）等，聚集了大大小小电子工业公司 10 000 余家，其中包括谷歌、苹果、脸书、惠普、英特尔、思科、英伟达、甲骨文、特斯拉、雅虎等大公司，成为当今电子工业和计算机业的世界中心，其对世界高科技人才的吸纳能力非常强大。1959 年硅谷地区提供的高科技工作岗位仅有约 1.8 万个，到 1971 年增加到 11.7 万个，1990 年增加到 26.8 万个，2016 年高达 162.1 万个，其中美国科学院院士上千人，诺贝尔奖科学家 30 多人。①

实际上，大学城、教育园区等已成为城市政府推动城市化的有力工具，教育也成为促进产业发展、经济发展、城市发展的直接手段。以珠海市为例，在 21 世纪初成立了大学园区工作委员会，并将大学园区建设纳入"十一五规划"纲要。政府通过无偿划拨教育用地、为教学管理人员提供财政补贴、设立各类科研奖励等形式吸引高等院校在大学园区集聚。政府资金支持高等院校技术研发和成果转化，出台文件鼓励高等院校创办产学研基地、科技成果转化基地、科技中介服务机构，积极推动企业与高等院校合作，实现优势互补与共同发展，构筑以"大学园区（教育）、产学研基地（孵化器）和功能区（产业区）"为核心的三位一体科教产业发展新模式，通过走"产学研合作创新"之路，最终形成了"企业环大学而居"的城市布局。② 大学园区建设，本身就会造成以师生为主的集聚，同时又以独特的优势吸引产业集聚，产业集聚供给就业岗位，适合岗位需

---

① 李煜伟、郭淑婷著：《新型城镇化与教育支持》，广东经济出版社 2014 年版，第 111 页。
② 李煜伟、郭淑婷著：《新型城镇化与教育支持》，广东经济出版社 2014 年版，第 32~38 页。

求的劳动力包括高科技人才就会随之而来。

城市教育扩张与产业吸纳之间遵循以下逻辑关系：首先，教育尤其是高等教育扩张推动着科研创新，为产业结构转型升级优化提供强劲的技术支撑。同时，教育扩张推动着劳动力质量的提高，促进着产业的高质量发展。最直接的，教育扩张对先进的教育仪器装备和教育技术手段提出了新要求，进而直接推动着教育仪器装备和教育技术手段企业的发展。其次，产业结构转型升级优化会淘汰传统落后的就业岗位，特别是高新技术产业发展促进工作岗位技术含量增加，必然导致劳动力替代现象发生，部分劳动力会因自身素质与产业发展不相匹配而失去工作岗位，使"用工荒"与"就业难"同时存在并造成结构性失业。但我们必须看到，产业结构调整对就业的促进作用大于抑制作用，产业结构调整能够有效带动就业增长。① 高新技术产业的发展也会带来新的高新技术岗位的就业机会，并反过来强化人民群众对高等教育的追求。

3. 提高了人口就业能力

教育能够增强迁移者的城镇就业能力、改变农民工的迁移观念，促进流动者的迁移行动。城镇教育扩张能够增加人口的就学机会，提高他们的认知观念和就业技能，增进他们在城镇就业的竞争力。就业能力几乎决定了居民能否顺利向城镇迁移，而城镇教育扩张有利于提升个体人力资本，增强就业竞争力。随着国家经济发展日新月异和产业结构不断优化，对高精尖人才的需要与日俱增，仅接受基础教育的劳动力在更高层次的就业市场上已经很难获得立足之地。教育尤其是高等教育扩张，为更多的人提供了接受更高层次教育的机会，使他们能提升科学研究能力和技术应用能力，增进自身知识资本，从而达成技能与产业需求的匹配，获得更高的职业竞争力，化解结构性失业现象。职业教育因直接面向就业市场而专注于职业技能的培养，职业教育的合理扩张将培养一大批适应城市产业发展的技能型人才，并能减少信息不对称，降低交易成本。针对农村劳动力转移的职业教育与培训也能够提升进城务工人员的职业素养，拓展职业空间。当然，基础教育的作用更不容忽视，"基础教育"顾名思义是高等教育和职业教育发展的基础，优质的基础教育扩张和全覆盖能够为后续教育奠定良好的基础。当然，当具备一定技能的农村进城劳动力回到农村时，他们的知识资本和技能资本也能够促进乡镇和村庄产业的现代化发展。

4. 改变了人口迁移观念

迁移观念是居民关于是否愿意迁移以及在什么情形下会进行迁移的思维集

---

① 劳动科学研究所课题组：《产业结构调整要有效促进就业增长》，载于《中国劳动》2012 年第 3 期，第 5～13 页。

成。城镇教育扩张有利于更为能动的迁移观念的形成。首先，教育可以通过对人的现代性启蒙，使其不再受制于传统，更加重视自身的能动作用，自主迁移。[①]教育能够改变受教育者的认知与观念，尤其是当前教育内容"城市化"且城乡经济差距巨大化时，会让农村人口淡化对乡村文化的认知与情感，譬如他们不再像父辈一样具有对土地的特殊情感，更愿意走向城市文明。其次，教育发挥了文化缓冲与文化融合的功能，教育扩张让接受更多教育的新一代农村学生和新一代农民工在文化上融入城市不再那么复杂与艰难。迁移者与当地居民的文化冲突，归根到底是城乡文化的冲突，是法理社会与礼俗社会的冲突，教育可以软化这种矛盾。一方面，"城市化"的教育可以通过"熔炉"机理，使迁移者在教育过程中了解城市文化、城市生活的特质与规则，逐渐认同并接纳城市生活。另一方面，城镇教育时空也是城市社会的缩影，在这个时空内，农村学生与城市学生提前进行社会生活的磨合，为真正进入城市生活奠定基础；而且，城镇模式也更能够塑造反思型的社会交往与融合。

---

① 褚宏启、赵茜等著：《城镇化进程中的教育变革》，教育科学出版社2016年版，第121页。

第三章

中国义务教育城镇化的当代特征

城镇化是一个国家实现现代化必须经历的发展过程。城镇化过程是全方面的，除了人口由农村向城镇转移、就业由第一产业向二三产业转移、生活方式由乡村型向城市型转变外，义务教育的空间布局与资源配置也必须发生相应的改变。当义务教育遭遇城镇化的时候，究竟会遇到什么样的挑战和问题，义务教育又当做出怎样的应对呢？

第一节 义务教育城镇化进程的特点与发展矛盾

2020年末，我国城镇化率为63.89%，到2035年乃至更长一段时间，我国将处于30%~80%这一城镇化率高速增长期。在城镇化高速发展背景下，我国义务教育城镇化表现出了速度快、规模大、地区发展不均衡等特点。人口流动的广域性，优质教育资源的紧缺性以及义务教育收益的"外溢性"增加了义务教育均衡发展的难度。把握义务教育城镇化进程的特点与发展矛盾对认识并打破城镇化背景下义务教育改革发展机制障碍会有所助益。

一、义务教育城镇化进程特点

(一) 义务教育城镇化速度迅猛

义务教育城镇化是指义务教育阶段农村学龄人口进城上学的过程,即农村学生转变为城镇学生的过程。农村学龄人口之所以进城上学,大致有三种情况:一是学校布局调整过程中由撤点并校引发的农村学龄人口被迫进城上学;二是教育资源分布不均衡导致的为追求城镇优质教育而主动进城上学;三是农村学龄人口以随迁子女身份跟随进城务工父母的伴随式进城上学。城镇化背景下教育资源向城镇集聚、农村教育稀疏化以及城乡教育质量不均衡状况加快了这三类农村学龄人口进城就学的步伐,出现了义务教育城镇化的发展速度快于人口城镇化,义务教育城镇化率远高于人口城镇化率的不协调现象。

与世界上其他国家相比,我国人口城镇化位于世界城镇化最高速之列,[①] 而义务教育城镇化的速度还要高于城镇化的速度。2001年,我国义务教育城镇化率为38.20%,其中小学城镇化率为31.40%,初中城镇化率为51.30%;到了2020年,我国义务教育城镇化率、小学城镇化率、初中城镇化率分别为80.25%、77.15%、87.02%,19年间增长了43.23个、45.75个和35.72个百分点,年均增长2.28个、2.41个和1.88个百分点,增长速度迅猛。2020年,义务教育城镇化率、小学城镇化率、初中城镇化率已远高于人口城镇化率,分别高出16.36个、13.26个和23.13个百分点(见表3-1)。

表3-1　　2001~2020年人口城镇化率与义务教育城镇化率变化情况　　单位:%

项目	义务教育城镇化		小学城镇化		初中城镇化		人口城镇化	
	义务教育城镇化率	较上年增长	小学城镇化率	较上年增长	初中城镇化率	较上年增长	人口城镇化率	较上年增长
2001年	38.20		31.40		51.30		37.66	
2002年	40.00	1.80	33.03	1.63	52.67	1.37	39.09	1.43
2003年	40.69	0.69	34.22	1.19	51.98	-0.69	40.53	1.44
2004年	40.45	-0.24	34.39	0.17	50.90	-1.08	41.76	1.23

---

① 厉以宁、艾丰、石军著:《中国新型城镇化概论》,中国工人出版社2014年版,第50页。

续表

项目	义务教育城镇化		小学城镇化		初中城镇化		人口城镇化	
	义务教育城镇化率	较上年增长	小学城镇化率	较上年增长	初中城镇化率	较上年增长	人口城镇化率	较上年增长
2005年	42.84	2.39	36.05	1.66	54.70	3.80	42.99	1.23
2006年	44.50	1.66	37.67	1.62	56.77	2.07	43.90	0.91
2007年	47.83	3.33	40.83	3.16	60.73	3.96	44.94	1.04
2008年	49.77	1.94	42.65	1.82	62.93	2.20	45.68	0.74
2009年	51.04	1.27	43.85	1.20	64.37	1.44	46.59	0.91
2010年	53.11	2.07	46.18	2.33	66.16	1.79	47.50	0.91
2011年	65.13	12.02	59.05	12.87	77.05	10.89	51.27	3.77
2012年	68.00	2.87	62.33	3.28	79.55	2.50	52.57	1.30
2013年	70.79	2.79	65.63	3.30	81.66	2.11	53.70	1.13
2014年	72.55	1.76	67.73	2.10	82.93	1.27	54.77	1.07
2015年	73.80	1.25	69.40	1.67	83.70	0.77	56.10	1.33
2016年	75.01	1.21	70.83	1.43	84.59	0.89	57.35	1.25
2017年	76.48	1.47	72.50	1.67	85.52	0.93	58.52	1.17
2018年	77.89	1.41	74.21	1.71	86.06	0.54	59.58	1.06
2019年	79.15	1.26	75.78	1.57	86.53	0.47	60.60	1.02
2020年	80.25	1.10	77.15	1.97	87.02	0.49	63.89	3.29

资料来源：中华人民共和国教育部发展规划司编：《中国教育统计年鉴》（2001~2020），中国统计出版社2002~2021年版。

（二）义务教育城镇化规模庞大

从计划生育政策在波动中的实施以及人们生育观念的转变，2001~2020年，我国义务教育在校生数总体上到三胎政策呈递减趋势，2020年义务教育在校生总数较2001年减少了3 418.41万人。城镇化背景下，义务教育学龄人口向城集聚的趋势明显，城镇在校生数有所增长而农村在校生数锐减。2001年城镇义务教育在校生为7 248.42万人，2020年为12 551.16万人，2020年较2001年增加了5 302.74万人，年均增加279.09万人。反观乡村地区，2001年，乡村在校生为11 777.63万人，要比同年城镇在校生多出4 497.40万人，而到了2020年，乡村在校生仅为2 463.61万人，较2001年减少了9 314.02万人，年均减少达490.21万人（见表3-2）。受乡村学龄人口自然减少以及进城务工人员为追求优质教育而携带子女进城上学等因素的影响,乡村学龄人口递减的态势依然在持续。2010 年义务教育阶段进城务工人员随迁子女为 1 167.17 万人,到 2020 年猛增到 1 429.73 万人,较 2010 年多出了 262.56 万人,农村学龄人口向城镇集聚的趋势较为明显(见表 3-3)。

表 3-2　　　　2001~2020 年义务教育在校生数变化情况　　　单位:人

项目	城镇在校生	较上年增长	乡村在校生	较上年增长	总在校生	较上年增长
2001 年	72 484 153	—	117 261 053	—	189 745 206	—
2002 年	75 374 911	2 572 689	113 066 501	-4 709 751	188 441 412	-2 137 062
2003 年	74 787 042	-587 869	109 018 626	-4 047 875	183 805 668	-4 635 744
2004 年	71 898 609	-2 888 433	105 838 787	-3 179 839	177 737 396	-6 068 272
2005 年	73 159 328	1 260 719	97 630 769	-8 208 018	170 790 097	-6 947 299
2006 年	74 175 073	1 015 745	92 519 764	-5 111 005	166 694 837	-4 095 260
2007 年	77 968 629	3 793 556	85 033 345	-7 486 419	163 001 974	-3 692 863
2008 年	79 211 587	1 242 958	79 953 245	-5 080 100	159 164 832	-3 837 142
2009 年	79 181 965	-29 622	75 942 111	-4 011 134	155 124 076	-4 040 756
2010 年	80 832 928	1 650 963	71 367 415	-4 574 696	152 200 343	-2 923 733
2011 年	97 649 899	16 816 971	52 281 799	-19 085 616	149 931 698	-2 268 645
2012 年	98 323 713	673 814	46 265 879	-6 015 920	144 589 592	-5 342 106
2013 年	97 690 994	-632 719	40 315 741	-5 950 138	138 006 735	-6 582 857
2014 年	100 373 749	2 682 755	37 983 199	-2 332 542	138 356 948	350 213
2015 年	103 357 382	2 983 633	36 683 949	-1 299 250	140 041 331	1 684 383
2016 年	106 836 078	3 478 696	35 587 732	-1 096 217	142 423 810	2 382 479
2017 年	111 169 890	4 333 812	34 187 720	-1 400 012	145 357 610	2 933 800
2018 年	116 770 195	5 600 305	33 148 200	-1 039 520	149 918 395	4 560 785
2019 年	121 804 410	5 034 215	32 079 310	1 068 890	153 883 720	3 965 325
2020 年	125 511 555	3 707 145	30 882 870	1 196 440	156 394 425	2 510 705

资料来源:中华人民共和国教育部发展规划司编:《中国教育统计年鉴》(2001~2020),中国统计出版社 2002~2021 年版。增长数据是由统计数据计算得到的。

表 3-3　　　　2010~2020 年进城务工人员随迁子女人数　　　　单位：万人

项目	总人数	较上年增长	小学	较上年增长	初中	较上年增长
2010 年	1 167.17	—	864.30	—	302.88	—
2011 年	1 260.97	93.80	932.74	68.44	328.23	25.35
2012 年	1 393.87	132.90	1 035.54	102.80	358.33	30.10
2013 年	1 277.17	-116.70	930.85	-104.69	346.31	-12.02
2014 年	1 294.73	17.56	955.59	24.74	339.14	-7.17
2015 年	1 367.10	72.37	1 013.56	57.97	353.54	14.40
2016 年	1 394.77	27.67	1 036.71	23.15	358.06	4.52
2017 年	1 406.6	11.83	1 042.18	5.47	364.45	6.39
2018 年	1 424.1	17.50	1 048.39	6.21	375.65	11.20
2019 年	1 426.96	2.86	1 042.03	-6.36	384.93	14.28
2020 年	1 429.73	2.77	1 034.86	-7.17	394.88	9.95

资料来源：中华人民共和国教育部发展规划司编：《中国教育统计年鉴》（2001~2020），中国统计出版社 2002~2021 年版。增长数据是由统计数据计算得到的。

（三）义务教育城镇化区域失衡

受各地经济、地理、交通状况以及居民个人偏好等因素的综合影响，我国义务教育城镇化率在地区间、省际间存在一定的差距，义务教育城镇化发展水平很不均衡。从地区上看，东部地区义务教育城镇化水平始终最高，中部地区次之，西部地区最低。其中，东部地区与中部地区之间，义务教育城镇化率差距呈现出倒"U"型变化趋势。2001~2010 年，两者义务教育城镇化率差距整体上呈扩大趋势，在 2010 年达到最大值，东部地区义务教育城镇化率比中部地区高出 17.53 个百分点。在 2010 年以后，两者义务教育城镇化率差距逐年缩小，至 2017 年，东部地区义务教育城镇化率仅比中部地区高出 8.55 个百分点。东部地区与西部地区之间，东部地区义务教育城镇化率始终比西部地区高出 10 个百分点，两者义务教育城镇化率差距呈现出三个特征迥异的历史阶段：2001~2005 年，两者义务教育城镇化率差距呈逐年扩大趋势；2006~2010 年，两者义务教育城镇化率差距基本保持平稳；2010~2011 年，义务教育城镇化率差距出现了瞬间大幅上升，但在 2011 年以后，两者义务教育城镇化率差距呈逐年缩小趋势。中部地区与西部地区之间，义务教育城镇化率差距相对较小，始终保持在 5 个百分点以内，其中，2003 年以及 2006~2010 年，西部地区义务教育城镇化率略高于中部地区，而其他年份则是中部地区略高于西部地区。

从各省情况来看，义务教育城镇化率省际差距较大，但这种差距随着义务教育城镇化率较低地区义务教育城镇化水平的提高有所减小。2001年义务教育城镇化率位于前五位的省（市、区）及其义务教育城镇化率分别为：上海95.41%，浙江85.90%，北京79.26%，天津66.90%，重庆62.13%；位于后五位的分别为：安徽25.62%，河南25.37%，甘肃24.54%，云南22.71%，贵州22.32%，上海与贵州义务教育城镇化率相差了73.09个百分点，差距较大。到了2017年，义务教育城镇化率位于前五位的省（市、区）及其义务教育城镇化率分别为：上海97.19%，北京92.99%，江苏90.20%，内蒙古89.74%，陕西87.84%；位于后五位的分别为：河南67.25%，广西66.94%，新疆56.19%，西藏55.31%，云南54.56%。义务教育城镇化率较低地区的义务教育城镇化水平有了很大提高，但同义务教育城镇化率较高地区相比仍有一定差距（见表3-4），例如，上海与云南义务教育城镇化率依然相差了42.63个百分点，不均衡状态仍待改善。以全国31个省（市、区）义务教育城镇化率的变异系数（变异系数＝标准差/平均数）为指标，省际义务教育城镇化水平不均衡状态可以得到进一步证实，2001年义务教育城镇化率变异系数为0.42，到了2017年，变异系数为0.14，虽然省际的不均衡状态有所改善，但2017年变异系数依然位于0.1这一合理数值之上，各省之间义务教育城镇化水平仍处于一种不均衡的状态。

表3-4　　2001~2017年各地区义务教育城镇化率及省际差异　　单位：%

项目	全国	东部	中部	西部	东部—中部	东部—西部	中部—西部	省际变异系数
2001年	38.20	45.45	34.96	33.00	10.49	12.45	1.96	0.42
2002年	40.00	48.16	36.51	34.19	11.65	13.97	2.32	0.42
2003年	40.69	50.01	35.27	35.86	14.74	14.15	-0.59	0.39
2004年	40.45	50.59	36.51	33.08	14.08	17.51	3.43	0.38
2005年	42.84	53.77	37.87	35.69	15.90	18.08	2.18	0.35
2006年	44.50	53.18	37.32	42.39	15.86	10.79	-5.07	0.33
2007年	47.83	57.02	41.15	44.69	15.87	12.33	-3.54	0.31
2008年	49.77	59.07	43.15	46.45	15.92	12.62	-3.30	0.29
2009年	51.04	60.56	43.96	48.12	16.60	12.44	-4.16	0.28
2010年	53.11	63.20	45.67	49.94	17.53	13.26	-4.27	0.27
2011年	65.13	75.52	60.22	58.68	15.30	16.84	1.54	0.20
2012年	68.00	77.56	63.54	61.61	14.02	15.95	1.93	0.19
2013年	70.79	79.36	67.32	63.98	12.04	15.38	3.34	0.17

续表

项目	全国	东部	中部	西部	东部—中部	东部—西部	中部—西部	省际变异系数
2014 年	72.55	80.33	69.38	66.09	10.95	14.24	3.29	0.15
2015 年	73.80	80.92	70.95	67.67	9.97	13.25	3.28	0.15
2016 年	75.01	81.61	72.34	69.26	9.27	12.35	3.08	0.15
2017 年	76.48	82.49	73.94	71.25	8.55	11.24	2.69	0.14

注：①表格中的数据由 2001~2017 年《中国教育统计年鉴》整理所得。其中，东部地区包括 11 个省级行政区，分别是北京、天津、河北、辽宁、上海、江苏、浙江、福建、山东、广东、海南；中部地区包括 8 个省级行政区，分别是山西、吉林、黑龙江、安徽、江西、河南、湖北、湖南；西部地区包括 12 个省级行政区，分别是四川、重庆、贵州、云南、西藏、陕西、甘肃、青海、宁夏、新疆、广西、内蒙古。

②地区义务教育城镇化率 = 该地区城镇（城区 + 镇区）义务教育阶段在校生数/该地区乡村义务教育阶段在校生数。

二、义务教育城镇化发展矛盾

（一）义务教育资源配置的区域性与人员流动的广域性

无论义务教育管理体制是"三级办学、两级管理"还是"省级统筹、以县为主"，教育资源配置均是以区域为单位的。无论是校舍、图书馆、运动场、实验室以及仪器设备等硬件设施的建设，还是教师及相关人员的配备，义务教育的资源配置都具有相对的固定性，只能服务于一定区域的学龄人口，一旦完成资源的初次配置就很难再进行大的调整，很难在空间上进行大范围的转移。

农村人口向城镇流动是个人基于城乡劳动生产率、城乡劳动收益、城乡公共服务差异等诸多因素而做出的选择，人口向城镇流动有一定的自主性。从人口流动涉及的区域来看，农村人口向城镇流动可以分为省内流动和跨省流动两类，其中省内流动又可分为县内流动和跨县流动两种，同时由于人口流动受地区经济发展水平以及就业机会的影响较大，人们在追逐城镇高经济利益的过程中表现出了就业地点选择的自发性和灵活性，地区经济发展状况直接影响着进城务工人员的去留选择。在产业转型升级地区，一方面为高端人才开辟了广阔的就业市场，另一方面也使以进城务工人员为主体的低端劳动力面临失业风险，迫使他们进行就业转移，向以劳动密集型产业为主的地区集聚。

城镇化背景下进城务工人员及其随迁子女流动的广域性给"在国务院领导

下,由地方政府负责、分级管理、以县为主"的体制带来诸多挑战。跨省流动不利于"省级统筹"功能的充分发挥,省内跨县流动则增加了教育资源配置"以县为主"的难度。进城务工人员随迁子女流入地政府面临较大的教育扩容压力,而作为人口流出地的广大农村地区则可能面临教育资源使用效率低下、教育资源浪费等困境。地区经济动态变化导致的人员流动给教育资源的配置规划工作带来了巨大的挑战。

(二)义务教育需求的品质提升与优质教育资源的相对紧缺

教育作为一种私人投资方式在形成人力资本过程中的重要作用以及教育在促进阶层流动中的正向功能日益得到彰显,人们愈发明确地认识到教育对个人发展的重要价值。接受良好的教育可以提高人的综合素养,提升人们在劳动力市场中的核心竞争力,在激烈的竞争中获得丰厚的工资报酬和良好的发展前景。义务教育作为基础教育是人们接受正规学校教育的起步阶段,对于大多数人而言,接受怎样的义务教育在一定程度上影响着一个人的学校教育之路能走多远,能否接受高等教育以及接受怎样的高等教育,进而影响一个人在劳动力市场中处于怎样的位置。随着居民收入水平的普遍提高,人们具备了投资教育的可能性,当下人们追求的不单单是"有学上"这一合法权益不受损害,而是越来越希望自己的子女能够享有优质的义务教育资源,能够通过教育来改变人生的轨迹。

"优质"作为一个相对的概念,目前总体上还是一个"小概率事件",意味着只有少数人能享有。我国优质义务教育资源除了总量有限外,还表现出分布不均衡的特点,义务教育资源向城镇集聚引发了城乡之间教育资源分布的不均衡,城市整体上优于农村。同时,城镇内部义务教育资源向"重点校""实验校"聚集进一步加剧了教育资源的不均衡分布状态。

"择校择班热""天价学区房""陪读经济"等社会现象背后反映的是我国优质教育资源与非优质教育资源之间差距过大的现实,人们渴求优质义务教育并为此进行激烈的竞争。教育资源分布不均衡以及优质教育资源紧缺的实际较难满足人民日益增长的对教育品质提升的需求,优质教育需求得不到满足又在另一方面增加了人们对高品质教育的渴望与竞争,进而加剧了优质教育资源的供给矛盾。

(三)义务教育投入的"以县为主"与教育投入收益的外溢问题

义务教育是充实一个国家人力资本、提高国民综合素质、提升国家综合竞争力的奠基工程。义务教育的公共产品属性内在地要求政府承担起义务教育的提供者和发展者的义务,保障每一个儿童少年平等享有义务教育的合法权益。地方政府对辖区义务教育的投入有利于提升在当地接受义务教育的人口素质,有利于本地社会的稳定与健康发展。在我国"以县为主"的义务教育管理体制下，县级政府是义务教育经费投入的主体，负责发展辖区内义务教育事业。

在城镇化背景下人口的高流动性以及高等教育大众化使得义务教育投入的"外溢性"特点更加突出，地方政府在义务教育上的投入与其在义务教育投入中所获得的收益不成比例。当在某地接受义务教育的人员最终选择异地居住就业时，该人员在义务教育阶段累积的人力资本并没有在义务教育投入地发挥效用，导致投入地的教育投入收益外流，利益受到损害。义务教育投入收益的"外溢"现象在经济欠发达地区表现得更为明显。

教育投入收益的外溢性不利于调动地方政府，尤其是欠发达地区政府在义务教育上加大投入的积极性。在欠发达地区，义务教育投入收益随着人口向经济发达地区的聚集而流失到经济发达地区，无法获得与义务教育投入相符合的教育收益。甚至从某种程度上讲，在经济欠发达地区大力发展义务教育事业，加大义务教育投入甚至加速了本地区人口尤其是地方精英的外流，这种在教育投入上的"发展悖论"显然不利于调动落后地区发展义务教育的积极性，导致部分地区的义务教育维持在较低的运转水平。

第二节 城镇化过程中城镇教育的扩容问题

城镇化带动农村学龄人口向城镇流动，引起城镇学龄人口与农村学龄人口的涨消。城镇特别是人口流入主导型的城镇学校，学位数量难以满足日益增长的在城镇居住学龄人口的教育需求，城镇教育扩容问题成为国家与人口流入地所面临的重大课题。新型城镇化过程中，数量庞大的农村劳动力携带子女向城镇流动，给不同类型城镇带来不同程度的教育扩容压力。城镇教育有序扩容，需要相关部门科学收集测算有关信息，根据国家不同规模城镇的发展战略定位，借鉴世界城镇化经验，分类确定不同规模城镇的教育扩容思路。

一、不同类型城镇面临的教育扩容压力

（一）城市教育扩容压力大，随迁子女入学难

城镇化进程中，就业机会较多和劳动收益较高的超大、特大、大城市对人口有强大的吸附能力，数量庞大的进城务工人员携带子女向城镇流动，使其成为人

口流入主导型城市，尤其是超大、特大、大城市承受着较大的教育供给压力。根据国家统计数据，2001 年我国义务教育阶段城市校均学生数 724.43 人，2020 年达 1 413.83 人，2020 年比 2001 年增长 95.16%。2001 年我国城市校均班级数为 16.10 个，2020 年达 31.65 个，2020 年比 2001 年增长了 96.58%。从短期宏观数据看，在城市学校持续发力接纳进城务工人员随迁子女入学就学、教育扩容压力不断增大、《国家中长期教育改革和发展规划纲要（2010～2020 年）》控制班级规模政策有效执行背景下，从 2010 年和 2020 年数据看，义务教育班均规模由 48.70 人缩小到 39.76 人，城市学校数量有较大幅度增长。从点上数据看，一些超大、特大城市面临的扩容任务更重。如自 2005 年以来，郑州市区共新建和扩建中小学 73 所。①

考虑到城镇学位供不应求情况下教育扩容的压力，以及担心一旦降低入学门槛可能出现的"洼地效应"，一些特大、超大城市纷纷出台调控进城务工人员随迁子女入学的准入门槛，以抑制过量的教育需求，同时向进城务工人员及其随迁子女释放城市教育资源紧张的信号。"入学门槛"成为观察各地城市教育供给紧张程度的重要指标。除了几乎所有城市都需要进城务工人员有合法稳定就业的"就业证明"和合法稳定住所的"居住证/暂住证"等前置条件外，规模越大且进城务工人员越多的城市越是出台了更多且更难达到的条件。随着我国城镇化战略的推进，虽然我国城市在校生数量持续增长，但在学校数量上并没有出现协同增长的趋势。根据国家统计数据，2001 年我国义务教育阶段城市学校的在校生数为 2 745.01 万人，2020 年为 6 106.03 万人，2020 年比 2001 年增长 122.44%。2001 年我国城市班级数 610 010 个，2020 年达 1 366 917 个，2020 年比 2001 年增长 124.08%。然而，从学校数量变化看，城市应对义务教育阶段进城学龄人口的态度是不积极的，2001 年我国城市学校数为 37 892 所（包括城镇小学教学点），2020 年达 44 789 所，2020 年比 2001 年仅增长了 18.20%（见表 3-5）。在学生数量和班级数量增长 3/4 以上的情况下，学校数量并没有发生太大变化。从 2001 年到 2010 年的数据看，在在校学生数总体呈增长趋势的情况下，学校数量还在大幅减少。事实上，在城市地方本位主义思维影响下，城市也存在大量撤并学校的情况，他们在接收进城务工人员随迁子女入学就学的积极性方面仍有很大的提升空间。

---

① 厉以宁、艾丰、石军著：《新型城镇化与农民工市民化》，中国工人出版社 2014 年版，第 203 页。

表3-5 2001~2020年城市义务教育学校、班级、学生层面数据

项目	2001年	2005年	2010年	2015年	2018年	2020年	2020年比2001年增长（%）
学校数（所）	37 892	28 945	23 888	39 078	42 340	44 789	18.20
校均班级数（个）	16.10	19.97	24.75	24.82	28.18	30.52	89.57
校均学生数（人）	724.43	955.67	1 205.44	1 154.59	1 278.71	1 363.29	88.19
班级数（个）	610 010	577 995	591 233	969 919	1 193 319	1 366 917	124.08
班均学生数（人）	45.00	47.86	48.70	46.52	45.37	44.67	0.01
学生数（人）	27 450 110	27 661 977	28 795 441	45 118 908	54 140 378	61 060 342	122.44

资料来源：由中华人民共和国教育部官网（http://www.moe.gov.cn）《教育统计数据》（2001~2020）和教育部发展规划司《中国教育事业发展统计简况》（2001~2020）所提供的统计数据计算得出的。

（二）县镇巨班大校问题突出，进城上学代价大

在城镇化进程中，当前县镇的政策是全面放开户籍限制。全面放开户籍限制背景下，受教育吸引型城镇化或撤点并校型城镇化的推动，县域大量乡村学龄人口涌入县镇读书。据测算，2020年我国义务教育的城镇化率为80.25%，而同年我国城镇化率仅为63.89%，义务教育城镇化率超出城镇化率16.36个百分点。在"以县为主"而不是以乡镇为主的管理体制中，在区域内熟人社会关系压力下，一些教育发展不均衡的县域，全县其他乡镇的学龄人口涌入教育发展水平较高的县城或个别乡镇，出现了巨班大校现象。从全国统计数据上看，2001年我国义务教育阶段县镇学校数为71 314所，2020年为76 771所，2020年比2001年增长7.65%。2001年我国县镇义务教育学校学生数为4 503.40万人，2020年为6 445.12万人，2020年比2001年增长43.12%。2001年我国县镇义务教育学校班级数为934 371个，2020年达1 497 223个，2020年比2001年增长60.24%。在学校数量增加10%的情况下，学生数量增长了近40%，班级数量增长了一半以上（见表3-6）。

表 3-6 2001~2020 年县镇义务教育学校、班级、学生数量情况

项目	2001 年	2005 年	2010 年	2015 年	2018 年	2020 年	2020 年比 2001 年增长（%）
学校数（所）	71 314	47 707	50 305	79 697	78 651	76 771	7.65
校均班级数（个）	13.10	18.21	20.02	16.02	18.16	19.50	48.85
校均学生数（人）	631.49	953.42	1034.44	730.75	796.30	839.53	32.94
班级数（个）	934 371	868 746	1 007 066	1 277 022	1 428 557	1 497 223	60.24
班均学生数（人）	48.20	52.36	51.67	45.60	43.84	43.05	-10.68
学生数（人）	45 034 043	45 484 682	52 037 487	58 238 474	62 629 817	64 451 213	43.12

资料来源：来自教育部网站（http：//www.moe.gov.cn）"教育统计数据"，2001~2020。2020 年数据来自教育部发展规划司：《中国教育事业发展统计简况 2020》。

如果县域教育发展比较均衡，学校布局调整又比较适度，县镇巨班大校现象一般不突出。但是，县城巨班大校问题在教育发展不均衡与农村学校撤并过度或人口密度较大的地区比较普遍。就孩子及其家庭而言，教育吸引型城镇化与撤校推动型城镇化造成了多方面的不良影响。首先，孩子往往获得的是一个缩水的高质量教育机会，即从表面看孩子可以到县镇学校读书，可以获得高质量的教育机会，但是由于班级规模过大，无论从班级学习环境，还是从孩子可能获得教师的个体化关注方面都受到严重影响，优质教育的效果被大班额稀释了。其次，孩子获得的是一个昂贵的教育机会。一些进城就读学生需要父母一方（或其他亲属）陪读，一年不计算成人的劳动力成本，租房和生活费直接成本就要两三万元，这是一个昂贵的教育机会，如算上父母陪读的劳动力成本，这个教育机会将更加昂贵。再次，孩子获得的是一个不方便的教育机会。孩子回家不方便，只能一周或更长时间回家一次，而且许多地区学生家庭到学校之间路途遥远，存在较大交通安全隐患。同时，对孩子来说，由于不在本乡镇、本村上学需要更多时间熟悉生活学习环境和融入县镇生活。最后，陪读造成了许多家庭的不完整性。家庭中需要一个成人来陪读，这个成人很多时候可能是母亲或者是父亲，这样会给孩子和父母带来不完整的日常家庭生活。

（三）企业繁荣乡镇纳民学校涌现，学生上学负担重

从流动趋向上看，劳动力会向经济活跃的地区流动。根据国家统计局《2020年农民工监测调查报告》统计数据，2020年有15 132万人在东部地区务工，占全国农民工总量（28 560万人）的52.98%。经济活跃的东部地区，特别是珠三角、长三角、环渤海等地区，除了大城市接纳大量外来人口外，广大乡镇由于乡镇企业、民营企业比较繁荣，也吸引了大量外来务工人员。在"两为主"等相关政策下，一方面，乡镇政府要妥善解决进城务工人员随迁子女教育问题；另一方面，由于教育供给能力的有限性，他们又不愿意为教育移民买单，致使纳民学校大量出现。纳民学校是地方政府教育供给能力和供给意愿的重要反向指标，纳民学校数量越多，说明地方政府教育供给能力和供给意愿相对越低。企业繁荣则乡镇纳民学校数量较多，一定程度上反映了这些乡镇面临着较大教育扩容压力。部分地区在地方政府供给能力和供给意愿有限的情况下，有些纳民学校为了维持学校的正常运转以及合理的利润收入，会向进城务工人员随迁子女收取一定的费用，将学校的办学成本转嫁到学生家长身上，义务教育的"收费"现象在一定程度上增加了进城务工人员的经济负担，学生上学负担较重。

二、城镇教育扩容压力传递机制研究

在教育扩容实践中，可以观察和感受到的现象是，当进城务工人员随迁子女超过一定数量出现在城镇学校时，会给城镇学校带来扩容压力；但当进城务工人员随迁子女没有超过一定数量出现在城镇学校时，城镇学校并不会感受到扩容压力。当然，理论上讲，只要有在校生，学校在空间上就存在压力；只要在校生数量发生变化，学校在空间上就存在压力变化，就会在空间之维把不同大小的压力传递到不同层面。

不同类型城镇的教育扩容压力在空间、师资、投入等教育发展要素维度上遵循着相似的压力传递机制。引入学校承载力等相关概念，可以更加精致地分析在空间、师资、投入等教育发展要素之维的教育扩容压力如何从小到大传递到不同层面，以便更自觉地有序推进城镇教育扩容实践。

（一）学校承载力与承载等级探讨

为了从理论上说明教育扩容压力传递机制，这里引入三个概念，即学校承载力、学校承载量、学校承载等级。环境承载力的研究可以为说明这三者的关系提

供一定的借鉴。环境承载力即某一环境对一定规模人口活动的支持能力。[①] 学校承载力是一所学校（建筑面积、占地面积）对师生的合理承载量，由于教师数量一般是根据学生数量配置的，所以，我们可以把学校承载力简化界定为一所学校对学生的合理承载量。根据相关政策规定，每一所学校在规划设计之初都会按照相关政策标准核定班级规模、教室数量及其与功能室等其他用房的数量或面积比例，核定的学位数量（核定班级规模×核定教室数量），即学校承载力。学校承载量是一所学校实际承载的在校生数量。一个城镇某一学段的教育承载力就是这个城镇这一学段所有学校的承载力之和，一个城镇某一学段的教育承载量就是这个城镇这一学段所有学校的承载量之和。学校承载等级 y 是学校承载量 x 的函数，学校承载等级 y 等于学校承载量 x 与学校承载力 k 之比，即 $y = x/k$，其中 k 为常数。学校承载等级 y 可以说明教育扩容在一所学校空间之维的压力的相对大小。粗略分析，当 $y = 1$ 时，学校承载量达到承载力，学校处于满载等级；当 $y < 1$ 时，学校承载量小于承载力，学校处于轻载等级；当 $y > 1$ 时，学校承载量大于承载力，学校处于超载等级。一个城镇中小学校不同承载等级下的承载量是城镇教育扩容的数据基础，城镇需要研制城镇中小学校承载等级并测算相应等级下的承载量。为了测算不同承载等级下一个城镇的教育承载量，需要研制更加细化的学校承载等级，可以把学校承载等级细化为红色、橙色、黄色、蓝色、绿色、小班与赤字七个等级。为了阐述一个更加细化的城镇中小学校承载等级的理论框架，这里根据国家相关规定[②]与国际社会班级规模的实证研究[③]，并结合实际，以一所小学教室承载等级指标（学校规划设计之初核定班级规模为45人）为例说明学校承载等级（见表3-7）。

---

① 洪阳、叶文虎：《可持续环境承载力的度量及其应用》，载于《中国人口·资源与环境》1998年第3期，第54~58页。

② 我国2012年施行的《中小学校设计规范》中规定的班额为：完全小学应为每班45人，非完全小学应为每班30人。各省（市、区）在相应的办学条件标准和设计规范中对于班额数都有相关规定，但略有不同。如北京、上海两市规定完全小学班额为每班40人；山东、河南、贵州、吉林、四川、重庆、甘肃、辽宁等均规定完全小学班额为每班不超过45人。湖北、辽宁省除规定当前小学班额为每班45人外，还提出远期的小班化目标：湖北省远期目标中规定班额每班为35人，辽宁省小班化目标中规定班额为每班30人。

③ 国际关于班级规模的实证研究中比较有代表性的是：美国田纳西州的师生成就比实验（STAR）、加利福尼亚州的小班化教育实验（CSR）、威斯康星州的SAGE项目、印第安纳州的"黄金"时间项目（Project Prime Time）和英国班级规模与师生比项目。前四个项目小学K-3年级小规模班级分别为：13~17人、15人、20人及以下、18人；第五个项目没有给出小规模班级的具体数值。美国国家幼儿教育协会（the National Association for the Education of Young Children）也建议，3岁和4岁孩子的班级规模不超过20人。考虑到小学高年级规模可以适当增加，这里把小学的小班规模区间确定在16~25人。

表3-7　　小学阶段学校不同教室承载等级及班级规模区间

不同等级	班级规模区间
红色	66人及以上
橙色	56~65人
黄色	46~55人
蓝色	36~45人
绿色	26~35人
小班	16~25人
赤字	15人及以下

假定一所小学每个教室（班级）设计之初，按照相关政策核定的教室承载力（核定班额）为45人。从班级层面看，如果可用教室的教室承载量均处在36~45人这一班级规模区间时，这个学校教室承载等级处于蓝色，教室承载力（45人）是教室承载等级处于蓝色时的班级规模上限，在这个等级区间学生在教室活动感觉比较舒适。在蓝色等级以上可以分为三个等级区间：教室承载量处于46~55人时，教室承载等级处于黄色，在教育资源紧张的情况下，这是一个暂时可以容忍的等级；教室承载量处于56~65人时，教室承载等级处于橙色，这是一个预警等级；教室承载量处于66人及以上时，教室承载等级处于红色，这时班级规模亟须有效控制。在蓝色等级以下可以分为三个等级区间：教室承载量处于26~35人时，教室承载等级处于绿色，这是教育资源相对充分的地区可以达到的等级；教室承载量处于16~25人时，教室承载等级处于小班，这是发达国家追求的班级规模，也是中国未来教育发展的一个方向；教室承载量处于15人及以下时，教室承载等级处于赤字，是一个缺乏规模效益的班级规模。根据现实条件以及教育教学活动开展的需要，城镇政府在确定本城镇教育承载等级上有一定弹性。根据城镇教育扩容任务的现实状况及教育教学活动开展需要，一个城镇可以确定本城镇各学校都要遵守的承载等级，当城镇一个学校的承载等级或城镇教育承载等级超过这个等级时，政府会并且必须采取相关措施疏导教育压力。我们把这个承载等级叫承载等级标准。在城镇教育扩容压力较大的情况下承载等级标准会在蓝色等级以上。

（二）教育扩容空间压力传递机制

当学校承载量下降，学校承载量与承载力之比小到一定比例时，达到教育资源使用效率极限；当学校承载量增长，学校承载量与承载力之比达到一定比例时，超过学校承载等级标准。当学校承载量下降到教育空间使用效率极限时，政府会选择撤并学校（撤并学校相关问题此处暂不作深入讨论）。如果在一个学区内考虑教育扩容问题，在某所（些）学校承载量达到学校承载等级标准并且仍有应该服务的学龄人口要到这所（些）学校上学时，为减轻这所（些）学校的空间压力，政府需要在学区内跨学校调节教育扩容空间压力，分流这些超出学校承载等级标准的承载量。从一个城镇所面临的情况看，教育扩容压力的空间传递机制问题会变得更加复杂。一个城镇教育承载量没有超过承载等级标准，但由于城镇各学区学龄人口不是按照各学区教育承载力成比例地分布于相应学区时，可能会出现有的学区教育承载等级超过承载等级标准，而有的学区教育承载等级远远低于承载等级标准的情况，如果可以跨学区调节教育扩容空间压力，就通过跨学区进行教育承载量调整，解决一些学区超过承载等级标准的问题。一个城镇教育承载等级总体超过承载等级标准之时，无论如何调整，在这个城镇内一定有一定数量的学校承载等级超过学校承载等级标准，城镇必须扩建新建学校，分散教育扩容的空间压力。

（三）教育扩容师资压力传递机制

从生态承载力视角看，环境承载力是约束条件，资源承载力是基础条件。[①] 如果说对环境承载力的关注提醒我们关注教育扩容压力在空间之维传递的话，那么，对资源承载力的关注则提醒我们关注教育扩容压力在师资与投入之维的传递。教育扩容在给城镇带来空间压力的同时，也给城镇教育发展带来了师资压力。如果从教师工作量、教师数量、教师组织三个要素看，则可以将城镇教育扩容给师资带来的压力由小到大分成三个层面。

第一个层面，如果班级层面正在使用的教室没有达到教室承载等级标准，在正在使用的教室没有达到教室承载等级标准到教室达到承载等级标准这个增长区间内，通过扩大班级规模增加在校生数量，一般不需要增加教师，教育扩容的师资压力较小。但是，班级规模的增加无疑增加了现有教师的工作量。

第二个层面，如果班级层面正在使用的教室已达到教室承载等级标准，学校还有空余教室，在学校从当下正在使用的所有教室达到教室承载等级标准到空余教室也达到教室承载等级标准这个增长区间内，可以通过学校内增加班级数量增加在校生数量；空余教室达到教室承载等级标准后，如果学校还有扩建空间，从扩建前的所有教室都达到教室承载等级标准到扩建的教室达到教室承载等级标准

[①] 向芸芸、蒙吉军：《生态承载力研究和应用进展》，载于《生态学杂志》2012年第11期，第2958~2965页。

这个增长区间内，可以通过学校扩建增加班级数量来增加在校生数量。在这两种情况下，学校将有更多班级，如果增加班级数量较多，学校需要相应地增加一些科任教师，因此在教师数量上开始出现压力问题。这一层面，教育扩容会在教师工作量和教师数量两个要素上产生师资压力。

第三个层面，在学校当前使用的教室、可以新空出的教室、扩建的教室先后均达到教室承载等级标准时，如果仍然有符合条件的学龄人口要求入学，学区（城镇）层面往往需要新建学校。在这一层面，教育扩容在教师工作量、教师数量和教师组织三个要素上都会产生相应压力。

（四）教育扩容投入压力传递机制

在教育扩容过程中，依据户籍学龄人口数量核拨城镇教育经费，城镇政府会面临日益增加的教育投入压力。教育扩容投入涉及事业性经费与基本建设经费。在一个学区（城镇）内，在教育承载量没有达到承载等级标准到达到承载等级标准的过程中，如果在校生始终能够按照各校承载力成比例地分布，新增学生只需要学区（城镇）增加事业性经费。如果在校生不是按照各校承载力成比例地分布，在校生过分集中于某些学校的入学服务半径内，为平衡各学校的承载量，需要把学生分配到其他学校，如果其他学校较远，需要为学生提供交通或寄宿服务，就需要增加交通或寄宿服务方面的投入。在一个学区（城镇）内，当承载量超过承载等级标准时，学区（城镇）必须基于超出承载等级标准的在校生数量及其分布情况扩建、新建学校；并且，学区（城镇）同样还可能产生平衡各学校的承载量所产生的交通或寄宿服务费用。这会增加事业性经费与基本建设经费。

三、城镇教育扩容思路探索

城镇化是中国的重要发展战略，中国城镇化是 21 世纪世界经济发展的两大引擎之一。2014 年 3 月，《国家新型城镇化规划（2014~2020 年）》提出了城市规模划分标准与不同类型城市和建制镇发展政策。2014 年 11 月，《国务院关于调整城市规模划分标准的通知》进一步调整和细化了城市规模划分标准，同年，联合国经济与社会事务署（Department of Economic and Social Affairs）出版的《世界城镇化展望（要点）（2014 年版）》① 提出城市规模划分标准及不同类型城镇发展政策。为实现城镇教育有序扩容，相关部门需要在采集城镇学龄人口信息

---

① 《世界城镇化展望（要点）（2014 年版）》回顾了 1950~2014 年世界城镇化历史，预测了 2015~2050 年世界城镇化趋势，提出了世界城镇化的政策建议。

与科学预测学龄人口变化趋势、收集教育承载信息与测算不同承载等级下承载量的基础上,根据国家不同规模城镇发展战略定位,借鉴世界城镇化的经验,分类确定不同规模城镇教育扩容思路(见表3-8)。

表3-8　　　　　不同类型城镇及规模区间(城区人口)

《国家新型城镇化规划（2014~2020年）》	《国务院关于调整城市规模划分标准的通知》	《世界城镇化展望（要点）（2014年版）》
500万人以上的特大城市	超大城市（n≥1 000万人）	1 000万人以上的特大城市（megacities）
	特大城市（500万人≤n<1 000万人）	500万~1 000万人的大城市（large cities）
300万~500万人的大城市	I型大城市（300万人≤n<500万人）	100万~500万人的中等城市（medium-sized cities）
100万~300万人的大城市	II型大城市（100万人≤n<300万人）	
50万~100万人的城市	中等城市（50万人≤n<100万人）	50万~100万人的城市（cities）
50万人以下的小城市①	I型小城市（50万人≤n<100万人）	50万人以下的城区（urban areas）
	II型小城市（n<20万人）	
建制镇		

资料来源:2014年3月《国家新型城镇化规划(2014~2020年)》;2014年11月《国务院关于调整城市规模划分标准的通知》;World Urbanization Prospects Highlights The 2014 Revision。

(一) 及时进行城镇学龄人口与教育承载信息采集与变动预测

从需求侧看,为更加精准地满足新型城镇化进程中城镇人口的教育需求,我们首先需要获得城镇学龄人口信息。《世界城镇化展望(要点)(2014年版)》指出,精确、持续与及时的城镇化与城市规模增长的全球趋势数据对评估城镇发展的当前和未来需要、确定促进城乡全纳与平等发展的政策优先性至关重要。②

---

① 《国家新型城镇化规划(2014~2020年)》没有明确给出小城市的人口规模区间,此处小城市的人口规模区间根据上下文推断。

② United Nations Department of Economic and Social Affairs. *World Urbanization Prospects Highlights*：*The 2014 Revision*. New York，2014，P. 18.

城镇教育扩容需要全面、准确、及时地掌握城镇所有学龄人口，尤其是进城务工人员随迁子女的相关信息，包括学龄人口信息采集及基于包括这些信息在内的广泛信息的学龄人口变动预测。相关部门要及时对学龄前与学龄人口信息和信息变动进行登记、跟踪或核查。做好学龄前与学龄人口的意向上学地点与现实上学地点以及所达到城镇入学条件情况的信息采集工作。

从供给侧看，在新型城镇化的基本公共服务指标中，国家提出2020年农民工随迁子女接受义务教育比例≥99%的操作性指标。为达到相关指标，在城镇，特别是人口流入主导型城镇，相关部门要完善和及时公布本城镇学校分布及各校承载力、承载量信息，根据不同学校的承载力和承载等级，精准测算一个区域的教育承载力和不同承载等级下的承载量，为校际承载量调整、学校承载量适当增加、学校扩建新建以及橙色等级预警和红色等级严控提供量化依据，优化区域学生分布，为进城务工人员随迁子女提供高质量教育服务。

（二）超大、特大城市人口规模控制背景下调控型教育扩容

按照《国家新型城镇化规划（2014~2020年）》，超大、特大城市要严格控制人口规模，超大城市控制人口规模的任务更加艰巨。在这种严格控制人口规模与用地规模的政策背景下，超大、特大城市会更倾向于实施调控型的教育扩容政策。调控型教育扩容就是在严格控制人口规模的政策背景下，严格控制进城务工人员与随迁子女的数量。调控型教育扩容有两方面内容：一方面，为城市达到合理规模要求，要对进城务工人员及其随迁子女从总量上严格控制，而不是单方面限制随迁子女进城上学。另一方面，城市一旦接纳了某些进城务工人员，按照新型城镇化规划的要求，必须平等地为他们及其随迁子女提供公共服务，包括为随迁子女提供基本公共教育服务。从调控型教育扩容的立场看，要严格限制城市规模，从根本上讲，必须匹配性地限制基于住宅数量、城市可居住户数量的城市居住人口（包括进城务工人员）数量与基于学校数量、学位数量的在校学生（包括随迁子女）数量，杜绝潜在地鼓励不携带子女流动的进城务工人员接纳政策。

在严格控制人口规模的情况下，在整个城市内，如果全面接纳进城务工人员随迁子女后，城市教育承载等级在蓝色等级及以下，应该积极有序地接收进城务工人员随迁子女入学。进城务工人员随迁子女聚集的某部分城区学校承载等级在黄色等级以上的学校，要有序地向学校承载等级在绿色等级及以下的学校分流，特别是向一些老城区在校生数量处于小班和赤字等级的学校分流，市政府要统筹交通等部门，为进城务工人员随迁子女在这些学校上学提供条件。如果全面接纳进城务工人员随迁子女后整个城市教育承载等级达到黄色等级以上，这些城市要调动社会力量办学，为进城务工人员随迁子女提供教育服务。在调动民办力量办

学方面，为保障进城务工人员随迁子女的教育权益，一方面，通过设定办学标准，要求城市民办民工子弟学校办学条件达标，努力提高教育质量；另一方面，通过向民办学校购买学位等措施让进城务工人员随迁子女享受免费的义务教育。

（三）大中等城市人口规模扩大背景下同步型教育扩容

从世界城镇化数据看，2000~2014年，增长最快的城市是亚洲和非洲的大城市（人口100万~500万人）和中等城市（人口50万~100万人），43个城市以每年6%以上的速度增长，其中4个在非洲、38个在亚洲（18个在中国）、1个在北美。中国江苏苏州是唯一经历了如此快速增长而拥有超过500万名居民的城市。① 国际研究表明，避免在一个国家内部人口过分集中于一两个城市及拉美促进中等城市增长政策有诸多效益，其中一个重要的政策功能就是有利于应对为城市贫民提供基础设施和基本社会服务的挑战。② 《国家新型城镇化规划（2014~2020年）》明确提出，中等城市要有序放开落户限制，Ⅱ型大城市要合理放开落户限制；Ⅰ型大城市规模接近特大城市规模区间，接近"严控"的边缘，要合理确定落户条件。从政策允许增加的规模区间来看，规模较小的Ⅰ型大城市、Ⅱ型大城市和中等城市人口规模发展空间较大，可以有序扩大。在大中城市扩容过程中，要同步甚至优先考虑学校扩建新建，即进行同步型教育扩容。城市扩容政策中，地方政府要把是否有学校扩建新建规划作为城市扩容规划能否通过的一个前置条件。在这些城市，如果全面接纳达到有合法稳定就业与合法稳定住所等条件的进城务工人员随迁子女后教育承载等级达到黄色等级以上，城市政府必须督促扩建新建学校，相关部门与机构要积极承担起为他们提供基本公共教育服务的应尽职责；扩建住宅小区时必须同步扩建学校，并且扩建的学校要达到相应规模，新开发住宅小区必须配套建设有相应承载力的学校。

（四）县城教育发展不均衡背景下均衡型教育扩容

从世界城镇化数据看，2014年世界城镇人口中接近一半居住在人口小于50万人的小城镇。尽管这个比例将日益减小，但是，到2030年仍然有45%的城镇居民居住在小城镇。③ 因此，小城镇发展问题仍然是我们必须关注的。按照《国家新型城镇化规划（2014~2020年）》，小城市与建制镇要全面放开落户限制。

---

① United Nations Department of Economic and Social Affairs. *World Urbanization Prospects Highlights*: The 2014 *Revision*. New York，2014，P. 15.
② Ibid. P. 17.
③ Ibid. P. 15.

一般而言，由于小城市就业机会少，进城务工人员数量少，其带动流入小城市的学龄子女数量也有限，即使在全面放开落户限制的政策下，从长远看，小城镇人口占城镇人口总量的比例也将呈下降趋势，教育扩容压力不大。但是如果县域内学龄人口向县城或个别乡镇集中，情况就不一样了。在教育发展不均衡的县域，县域内其他乡镇的学龄人口向个别发达乡镇，特别是县城聚集，造成县城或部分乡镇学位紧张，学校面临较大的教育扩容压力，也催生了教育吸引型城镇化乱象。为平衡择校学生集中的县城或个别乡镇教育承载量与县域内其他乡镇教育承载量，遏止教育吸引型城镇化乱象，需要至少做两方面的努力。首先，在规范学校布局调整和学校标准化建设的过程中，保留必要的农村小规模学校，有序建设适度规模学校，坚决杜绝盲目追求大规模学校，为农村儿童提供方便的教育。其次，完善区域内校际师资二次配置制度，推进校际教师交流制度化，促进师资校际均衡化；同时，为区域教师专业发展提供平等机会，保障校际师资水平均衡发展，为农村儿童提供公平而有质量的教育服务。

（五）乡镇人口聚集背景下疏导型教育扩容

按照《国家新型城镇化规划（2014～2020年）》，企业繁荣的乡镇也要全面放开落户限制。由于就业机会多，外来人口会向企业繁荣乡镇聚集，从而面临乡镇扩容问题。教育扩容是城镇扩容的重要内容，与大城市不同，企业繁荣乡镇有空间为外来务工人员随迁子女提供教育服务。我们调查发现，这些地区提供教育服务的方式大致有三种类型：一是外来务工人员随迁子女进入公办学校与本地学生一起接受教育；二是进入公办民工子弟学校；三是进入民办民工子弟学校。民办民工子弟学校是收费的，这是一种以办学质量较低民办教育满足外来务工人员随迁子女受教育需求的方式，这些学校用被撤并村小、村委会、闲置厂房等场所招收外来务工人员随迁子女，教师主要是学校自己招聘的编制外教师。外来务工人员随迁子女到这些地区后，如果公办学校有空余学位，他们就被安排到公办学校就读；当公办学校教育服务供给能力不足时，一些地方会借助纳民学校为外来务工人员随迁子女提供教育服务。对于企业繁荣乡镇，县政府要全面动员县域教育资源，多途径疏导企业繁荣乡镇的教育扩容压力。一方面，县政府要充分利用现有公办学校教育资源，使县域所有公办学校积极承担外来务工人员随迁子女的教育责任，满载运行。另一方面，在充分利用公办学校教育空间的同时，要充分调动社会力量办学的积极性，为外来务工人员随迁子女提供教育服务。对于纳民学校，县教育行政部门应该加强管理与服务。第一，按时发布可使用的办学场所的相关信息，为社会力量办学提供必要的信息服务。第二，基于相关入学就学标准，区分不同情况，采用政府向民办学校购买服务的方式（全额支付与部分额度支付或全员支付与部分人员支付），逐步让外来务工人员随迁子女享受义务教育。第三，县教育行政部门要定期检查民办民工子弟学校的安全达标与教学达标状况，加强民办学校管理，提高教育质量。

第三节 城镇化过程中农村教育面临的时代挑战

与城镇教育扩容压力有所不同，作为人口流出地的广大农村地区，面临着农村学校小规模化，教师队伍建设任务艰巨，农村留守儿童教育难度大等诸多挑战。在城镇化过程中，农村教育如何走出一条符合自己特色的道路，如何定位自身存在的价值和意义，是认识并解决农村教育发展过程中出现的问题、振兴农村教育、实现农村教育现代化的关键。

一、城镇化过程中农村义务教育发展问题表征

（一）农村小规模学校"两难"选择

计划生育政策的贯彻落实，进城务工人员随迁子女进城上学以及农村学龄人口为追求城镇优质教育进城上学，导致农村学龄人口不断减少。农村学龄人口的锐减致使农村学校办学规模不断缩小，小规模学校数量持续增加。农村学校小规模化为农村教育发展带来诸多发展机遇与挑战。班级规模小是农村小规模学校的实际，在班级规模较小的情况下，师生之间交往互动的机会和时间也会随之增加，教师可以发挥自己的智慧创造性地进行小班教学，教学组织形式上可以更多地采用个别教学、活动教学，教室空间布置可以更加灵活。另外，农村学校小规模化也给学校教育教学工作带来了许多挑战。

学校教育教学活动主要是以班级为单位进行的，学校规模小，在师资配置、经费保障等方面会出现"两难"境况。师资配置上，超编缺人困扰着农村小规模学校师资配置，如果按照师生比配置教师，则会出现学校教师不足、课程无法开足开齐的现象，如果按照师班比配置教师，保障课程开足开齐则会出现教师超编难题。在公用经费配置上，如果按照在校生数拨付公用经费，农村小规模学校办学经费不足，难以维持学校的正常运转，如果遵照"不足100人按100人拨付公用经费"政策，如果县域内农村小规模学校较多，那么县级政府将面临较大的财政压力。在学校教学设施设备的配置上，农村地区现代化的教学设备短缺，需要

教育主管部门予以解决，但学校小规模化会产生设备使用效率不高，后期使用维修费用生均成本过高的情况，这将导致有限的学校办学经费更为紧张的局面。

（二）农村教师队伍建设任务艰巨

农村地区经济相对落后、生活条件比较艰苦、交通及通信不够发达，信息闭塞不畅。在农村工作，农村教师的职业发展机会有限，经济收入微薄，社会地位不高，对于年轻教师而言，交友、恋爱、成家等正常的生活需求也难以得到充分满足。在诸多不利因素的综合影响下，农村教师"下不去""留不住"的问题成为亟待解决的难题。

农村教师队伍建设过程中，教师的培养培训不能为农村教育的质量提升提供有效保障。随着师范院校培养模式的变革，多数师范院校培养出来的教师"专"而不"全"，无法满足当地教育亟须的既懂得各学科基础性知识又具备教育学、心理学知识尤其是懂得在农村小规模学校教书的"农村教师"的需求。多数师范生在大学期间没有接受过有关农村教育教学的理论知识与技能训练，对农村教育的特殊性认识不足，走上教学岗位后缺乏必要的理论和技能支撑，影响了农村教师的教学效果和专业发展。教师培训存在"城市中心"倾向，培训的适切性不强。农村地区广泛开展的网络培训效果不佳，教师难以就现实中存在的问题同专家学者进行面对面的沟通交流，影响了培训的实际效果。培训内容方面，近年来在农村地区发生的师生纠纷、师校纠纷等教育现象要求加强对教师教育法律法规知识的培训，但这些培训还没有引起人们足够的重视，农村教师依法从教、依法保护自己的合法权益的意识还比较淡薄，有待进一步加强。

（三）农村留守儿童教育难度大

城镇化过程中，大量农村剩余劳动力向城市转移，基于城市生活成本以及子女接受教育的便宜程度等因素，部分进城务工人员将自己的子女留在农村，接受农村教育。2016年，民政部发布的我国农村留守儿童摸底排查的数据显示，我国16岁以下农村留守儿童有902万人，其中由祖父母、外祖父母监护的805万人，无人监护的36万人，众多的农村留守儿童教育问题成为大家关注的新教育课题。

父母的"离场"增加了留守儿童的教育难度。首先，学校规范儿童日常学习和生活习惯的难度加大。许多社会规范与风俗习惯是在家庭教育中潜移默化习得的，为人处世待人接物等基本素养也是在家庭日常生活的点滴中逐步形成的，留守儿童成长过程中父母言传身教的缺失以及隔代教育带来的溺爱等问题使得学生良好行为习惯的养成出现困难。其次，家校合力难以形成。留守儿童日常生活中无法与父母进行情感的沟通交流，无法在难过的时候进行畅达的情绪宣泄，父母不在身边使得父母对学生出现的问题无法及时与教师沟通，教师也难以在第一时间找到儿童的父母共同商讨有效的针对学生问题的应对措施。最后，教师工作量有所增加。父母不在身边，学校承担了部分本是家庭教育应尽的责任，教师不但要完成学校的教育教学工作，还要时刻关注留守儿童的日常生活起居和生活习惯的养成，观察儿童情绪上的变化并及时进行心理辅导，这在无形中增加了教师的工作负担。

二、农村义务教育发展价值再认

（一）教育发展方向："同质"还是"特色"

城镇化过程中，城市文明作为一种先进生产力的代表在文化系统中处于强势地位，乡土文化由于农村地区生产力相对落后在文化系统中处于被动地位，文化中的城乡二元结构或隐或显地存在于日常生活当中，影响着人们的价值选择和判断。这种文化中的城乡二元结构在教育方面的表现是农村教育对城市教育的全面模仿，并以城市教育为参照体现自身存在的价值与意义，农村教育的独立性日渐消解。教师的培养与培训、课程的设置与开发、课堂教学组织形式安排、教室空间布置等教育的方方面面都流露出"城市中心"倾向，教师培养的"专业化"，课程开设上的分科教学，高利害测试中的认知取向等现实使农村教育处于一种失语的状态。农村教育的特殊性成为印证"农村即落后"的主观偏见，农村教育本身包蕴的教育价值没有得到人们的充分认同和深度挖掘。

实际上，以城市教育为参照的农村教育问题包含着农村教育教学改革的机遇，农村地区经济上的相对贫困落后可以转化为激励农村学生在课堂上奋发向上刻苦学习的不竭动力。农村学校小规模化的现实客观上大大增加了师生交流的机会，学生能够得到教师更多的指导与呵护。师资紧缺的挑战也可以转化为农村教师进行课程改革的勇气与魄力，根据农村实际情况有针对性、有创造性地进行教育教学活动。农村教育自身拥有城市教育无法比拟的先天优势，农村自然环境清新优美，远离城市的喧嚣浮躁，更适宜儿童生活。农村学校坐落在农村社区，农村社区淳朴的民风为农村儿童的成长提供了良好的社会环境。农村学校活动场地相对宽阔，儿童能够在活动场地上自由玩耍，满足了儿童天性活泼好动的需求，有益于学生身心健康发展。农村教育的发展不是要与城市保持同质，而是最大限度地发挥其特点、特色和特质。

（二）教育功能："阶层流动"还是"人力资本提升"

长期以来"学而优则仕"的传统思想影响着人们对教育的期望，将来获得"风吹不着雨淋不着"的"铁饭碗"是农村家长投资子女教育的最大动力。走出面朝黄土背朝天的生活，摆脱农村人身份、实现阶层向上流动是农村家长对子女最强烈的期盼。随着我国劳动力市场就业压力的不断加大以及农村教育在教育系统中所处的不利地位，教育在促进农村子女阶层流动方面的作用日渐式微，"读书无用论"的消极论调在广大农村地区悄然兴起，对"阶层流动"教育功能的功利性认识直接消减了农村家长投资教育的热情。

促进阶层流动是教育的重要功能之一，在工业化、信息化、城镇化、农业现代化发展背景下，对农村教育的认识需要突破这种狭隘的功利视角，突破"离农"与"为农"的二元对立思维，教育既可以是"离农"的，为农村人口融入城市文明助力，也可以是"为农"的，为更加科学地进行农业生产提供智力服务，农村教育可以是"为农"而"离农"的，工业反哺农业，用科学的方式提高农业劳动生产效率。从一种更广阔更持久的发展观点来认识农村教育，回归教育本质从人的发展的角度来审视农村教育，把农村教育作为社会和个人人力资本积累的有效手段，是再认识农村教育价值的基本前提。通过农村教育，可以有效提高农村居民的知识文化水平，可以唤醒农村居民医疗保健意识，养成科学健康的生活饮食习惯，从而有效促进农村社区人力资本的提升。在农业现代化的今天，没有知识文化，不懂得科学技术的农民，显然无法胜任现代农业发展。进城务工人员获得就业的机会，更好地适应城市生活，更离不开农村教育的支持与保障。

（三）学校布局调整："效益"还是"公平"

学校布局调整过程中，对"效益"与"公平"的不同认识影响了具体的工作实践。2001年《国务院关于基础教育改革与发展的决定》指出"按照小学就近入学、初中相对集中、优化教育资源配置的原则，合理规划和调整学校布局。农村小学和教学点要在方便学生就近入学的前提下适当合并，在交通不便的地区仍需保留必要的教学点，防止因布局调整造成学生辍学"。政策文本十分明确地提出了农村小学和教学点的合并应当是"适当"的，是以"方便学生就近入学为前提"的，是要因地制宜"保留教学点"的，教育公平在农村学校布局调整过程中是各项工作的根本原则，是农村教育发展的首要任务。政策颁布实施后，部分地区忽视或者没有充分认识教育公平的重要性，片面理解"优化教育资源配置"内涵，掀起了声势浩大的"撤点并校"运动，大量农村小学和教学点不顾实际被人为撤并。2001年我国农村小学和教学点共计578 618所，到了2012年，农村小学和教学点共计 271 423 所，较 2001 年减少了 307 195 所，减幅高达 53.09%，平均每年约有 27 927 所农村小学和教学点消亡，每天就有近 77 所农村小学和教学点消亡。① 农村小学和教学点的过度撤并增加了农村子女的上学路程和上学时间，学生无论是步行上学还是乘坐交通工具或者在学校寄宿，都会增加教育成本，损害了农民子女上学的切身利益。对教育"公平"认识上的不足，"效益"的价值无法得到应有的体现，反而会引发诸多矛盾。

2012 年《国务院办公厅关于规范农村义务教育学校布局调整的意见》在肯定学校布局调整提高办学效益和办学质量作用的基础上，指出了布局调整过程中存在的诸如部分学生上学路途变远、交通安全隐患增加，学生家庭经济负担加重等负面问题，提出"规范农村义务教育学校撤并程序""撤并方案要逐级上报省级人民政府审批。在完成农村义务教育学校布局专项规划备案之前，暂停农村义务教育学校撤并"要求，将保障教育"公平"制度化和可操作化，有效遏制了盲目撤并的风气。农村学校布局调整过程中，"公平"的彰显也要考虑"效益"，在保障教育公平的基础上充分利用有限的教育资源，科学合理地制定布局规划，统筹相关因素因地制宜实事求是地调整农村学校布局。

三、农村义务教育振兴策略

（一）坚持农村教育特征与教育自信

城乡教育一体化发展并不是指城市教育与农村教育同质化同步化发展，也不是指城市教育与农村教育建设的各项标准完全统一，更不是将"落后"的农村教育改造为"先进"的城市教育、用城市教育来否定农村教育，城市教育与农村教育的发展各有特点，皆是教育统一体中不可替代的有机构成部分。

无论城市教育还是农村教育在其发展过程中都会遇到一系列的发展问题，问题的有效解决需要在城市教育与农村教育发展中顺利完成，城市问题的有效解决依赖农村教育的支持，农村问题的处理也需要城市教育提供帮助，在这种"一体化"思维下，诸如城市教育的"拥挤"和农村教育的"稀疏"问题才能得到妥善解决。城市教育的优长已经得到了人们的普遍认可，振兴农村教育也要充分认识农村教育的特点优长，立足农村教育实际，挖掘农村教育资源，开展各项教育教学活动。在广大农村地区，大自然得天独厚的优越环境是城市教育所无法比拟

---

① 数据来自教育部官网发布的《教育统计数据》，减少数量、减幅及每天消失学校数量系作者依据原始数据计算得出。

的，淳朴的乡土风情也为学生的健康成长提供了良好的社会环境。在农村学校开展劳动教育，培养学生热爱劳动、吃苦耐劳的美德也极为便利，在农村伴随农村儿童成长的是花草树木而不是过多的作业和训练，在一定程度上更符合儿童身心发展的规律。在彰显农村教育优长的过程中，农村教育自信也应该引起人们的足够重视。历史上农村教育为我国社会主义现代化建设输出了大量精英人才，当下城镇化背景下农村教育也发挥着提升农村社区人力资本的重要作用，农村教育对社会的贡献不应该被忽视或者低估。

（二）科学合理地进行农村学校布局调整

农村学龄儿童的自然减少以及向城性流动导致农村学校布局过于分散，需要教育主管部门面对农村教育新形势做出科学合理的学校布局调整规划，在保障教育公平的前提下，通过合理的布局调整充分发挥教育资源的最大效益。布局调整既有"撤并"也需"新建"，进而优化农村学校办学条件，切实提高农村教育资源配置效益，为农村儿童提供高质量的教育，保障农村儿童接受优质教育的合法权益。对于撤并地区，要严格规范学校撤并程序和行为并做好布局调整的后期相关保障工作，将节约的教育资源用于提高农村教育教学质量，防止"挤出效应"或将教育经费挪为他用。对于新建地区，要进行实地调研考察，科学预测，精心谋划，避免教育资源的重复投入与浪费。

布局调整需要在统筹与可持续发展观念下创新实践，因地制宜，立足当下又着眼未来，既解决当前问题又保持前瞻性，适应未来一定时期学龄人口的动态变化。"统筹考虑城乡人口流动、学龄人口变化，以及当地农村地理环境及交通状况、教育条件保障能力、学生家庭经济负担等因素""合理确定县域内教学点、村小学、中心小学、初中学校布局，以及寄宿制学校和非寄宿制学校的比例"，切实处理好就近入学与合理集中寄宿的关系，在条件允许的情况下，推进寄宿制学校的标准化建设，满足学生住宿的刚性需求。在交通比较便利发达，路况及气候条件比较好的地方可以适当发展校车服务，加强校车运行的管理监督，保障学生上学安全。在条件无法满足集中住宿、无法发展校车的地区，努力办好小规模学校，满足学生就近上学的需要，实现乡镇寄宿制学校与村小教学点的优势互补。同时教育部门也可以创新管理模式，适度布局调整与学区制管理相结合，平衡学区间的教育资源，保证学区内各小规模学校对教育资源的需求，进而实现区域内教育资源的共享，共同促进农村教育水平的提升。

（三）将农村教师队伍建设摆在重要地位

加强农村教师队伍建设要重点提高农村教师岗位吸引力，提高农村教师的社会地位和职业获得感。加强教师师德师风建设，培养立德树人崇高教育理想；依法依规落实农村教师工资待遇政策，依据学校的艰苦边远程度实行差别化的补助标准，切实提高教师生活待遇；职称（职务）评聘要向农村学校倾斜，关注教师的工作业绩；建立健全教师荣誉制度，对长期在农村从教的教师颁发荣誉证书，并给予一定的物质奖励。

在农村教师培养方面，关注农村现实需求，培养"一专多能"的农村教师队伍。部分师范院校可以开设专门的农村小学教育专业，改变以往过于强调分科培养的模式，注重培养"一专多能"的师范生，注重小规模学校多学科教师的培养。对不能专门开设农村小学教育专业的师范院校，可以增设相应的农村教育课程，将农村教育课程列为必修或选修内容，以加深师范生对农村教育的深刻认识，了解农村教育的现实需求，发展适合农村的教育教学技能，为将来更好地从事农村教育打下良好基础。在教师培训方面，在增加农村教师外出培训机会的同时，充分挖掘本校农村小规模学校优秀教师的教学经验，学校可以组织校内或跨校的优秀教师经验分享、跨年级教研、师徒结对等多种多样的活动来提高培训的有效性、适切性。通过"送教下乡""专家进校指导"等培训形式，进入农村学校，尤其是农村小规模学校现场，解决教师教学过程中遇到的实际困惑。值得注意的是，学校也应加强教师法律法规方面的培训，使教师能够在法律范围内规范自己的教学行为，依法保障自己的合法权益。

第四节　义务教育城镇化的发展战略选择

在城与乡、教育内部与外部的二元思维以及由此形成的制度环境中，教育城镇化的异化现象广泛存在，并对教育城镇化与城镇化健康发展产生了不同程度的影响。为促使异化的教育城镇化向理想的教育城镇化发展，必须站在"以学生方便接受优质教育为本，统筹配置城乡教育资源"的立场上，在城与乡、教育内部与外部共同努力去二元化的过程中，探索解决教育城镇化异化问题的思路，科学推进教育城镇化。

一、坚持城乡教育的特征思维

在促进教育城镇化健康发展的过程中，当前与未来较长一段时间内，在认识领域的一个重要任务就是从城乡教育的优劣思维转向城乡教育的特征思维。在优劣思维框架下，人们首先认为城镇教育是优质教育，农村教育是劣质教育，也就顺理成章地产生了城镇教育与农村教育的标签化和对农村教育的污名化认识。这种思维除了把发展城乡教育与推进教育城镇化的过程沦为努力扩大城镇教育规模缩小农村教育规模的过程外，也容易让农村教育主体建立起哭穷思维，即一提到发展农村教育，就是农村教育需要城镇的帮助，需要他人给予人财物支持；也容易让城镇与城镇教育主体建立起怜悯思维，城镇与城镇教育主体一提到农村教育，就是要帮助他们，要改变他们，要给予他们。城乡教育特征思维是把城镇教育与农村教育看成不同类型的教育。无论是农村与农村教育主体，还是城镇与城镇教育主体在谈到农村教育时都要承认农村教育与城镇教育是不同的，是具有不同特征的两类教育。在发展农村教育与城镇教育的过程中，首先要了解、研究与辩证地看待农村教育与城镇教育。城镇与城镇教育主体在讨论与帮助农村教育时，不是把自己在城镇教育情境中的做法与想法机械地以一种居高临下的态度传递给农村教育主体，而是用承认与欣赏的心态了解农村教育主体在农村教育情境中的想法与做法，把自己在城镇教育情境中的做法与想法与农村教育主体分享。农村教育主体要认真发现与研究农村教育的特点，充分挖掘农村教育的优势，在面对城镇教育主体时，以一种实践自信和与别人分享的态度充分说明自己的想法与做法，交流的目的不是要从城镇教育主体那里寻找答案，而是要从他们那里得到不同想法与做法的启发。

二、推进城乡教育发展一体化

从当前与未来较长一段时间看，体现新型城镇化精神的教育城镇化，体现城乡学校规模特征的教育资源分配制度要逐渐走向城乡标准一致、向农倾斜、体现城乡积极差别对待的城乡教育服务机会均等化，并最终走向城乡教育服务质量均衡化。城乡教育发展一体化可分三步走：第一步，有序实现生均教育资源占有量相同，这一目标已经基本实现。第二步，逐渐建立起基于城乡学校规模效率特征的城乡教育资源配置政策，让城乡学生在获得基本教育公共服务方面有基本相同的机会。当前与未来较长一段时间内，我们要为实现第二步的目标努力。第三步，要积极推进以城乡师资质量均衡化为核心的城乡教育服务质量均衡化，通过城乡师资二次分配与城乡教师专业发展机会的均衡配置，实现城乡教育服务质量均衡化。在条件成熟的地区或条件成熟的时候，要不失时机地推进城乡基本教育公共服务质量均等化。为实现第二步目标，在具体城乡教育资源统筹制度设计上，可从办学条件、公用经费与师资配置三方面进行。在办学条件上，在做大城镇教育、做强农村教育的总体思路下推进城乡学校标准化建设，通过充分的校舍供给，有效解决城市大班额，有效抑制县镇巨班大校，办好乡村小规模学校，让农村学生可以获得方便的入学机会。公用经费方面，要进一步完善向乡村小规模学校倾斜的政策，科学测算小规模学校公用经费需求，建立基于刚性需求（底线）的公用经费核拨政策，让公用经费"够用而不浪费"。在城乡师资配置政策上，超越停留在师生比意义上的城乡师资均衡化陷阱所导致的乡村学校"超编缺人"问题，建立基于校际教师工作量相等原则的师资配置政策，让城乡学生在获得不同类型教育服务（课程学习）机会的意义上得到相应的师资保障。

三、建立问题友好型教育城镇化治理模式

从一般意义上讲，要发展就要发现与解决制约我们发展的真实问题。进行问题友好型教育城镇化治理要把发现问题看作是解决问题的福音，是提高教育城镇化质量的福音，连问题都发现不了，天天在说没有问题还在"忙"于发展，只是把日常工作推向仪式化，推向过度宣传，这样的发展没有针对性。从这个意义上讲，问题恰恰是我们真正做事的切入点，教育城镇化推进要建立一种问题友好型教育城镇化治理模式。随着城乡教育发展，不是教育城镇化面临的问题越少问题越简单，而是教育城镇化进入深水区与关键期，教育城镇化面临的问题越来越复杂。同时，随着人们教育与社会知识的增长以及信息开放程度的增加，不同利益相关群体对待教育城镇化问题也会越来越敏感，发现问题的能力越来越强。从人们对"真发展"、对教育城镇化推进阶段以及对教育城镇关注度的要求看，教育城镇化治理主体都要形成问题友好型治理意识。

从组织治理行为本身看，一个组织成熟的重要标准是是否承认问题存在，是否能建立一个问题友好型治理模式。在教育城镇化过程中，建立问题友好型治理模式，首先要有未来意识。不能侥幸地盯着眼前的几个问题，不能认为解决了这些问题就可以一劳永逸了；不能认为教育发展水平高了，教育城镇化就没有问题了。教育城镇化治理主体要准确把脉教育城镇化存在的问题，科学预测未来教育城镇化面临的问题。其次要有开放意识。要对问题有开放的态度，不同利益群体充分表达对问题的关切、对问题的理解、对问题解决的建议。再次要有问题优先性意识。要梳理问题，通过可靠的程序与充分的专业支持确定问题的重要性与紧迫性，按重要而紧迫、重要而不紧迫、不重要而紧迫、不重要不紧迫的排序原则对问题进行先后排序。最后要有实干与风险意识。按照优先性，研究问题，寻找有效解决方案并对解决策略进行风险评估，既要勇于进行教育城镇化的实践探索，又要有效防范教育城镇化风险的意识。

第二篇

城市挑战篇

第四章

大城市义务教育资源承载机制研究

按照《国家新型城镇化规划（2014~2020年）》关于"全面放开建制镇和小城市落户限制，有序放开城区人口50万~100万人的城市落户限制，合理放开城区人口100万~300万人的大城市落户限制，合理确定城区人口300万~500万人的大城市落户条件，严格控制城区人口500万人以上的特大城市人口规模"的规定，我们把城区人口在100万人以上的城市称为大城市。由于大城市产业聚焦，对经济要素吸纳能力强，因此吸引了大量外来务工人口，从而引发所谓的"义务教育资源承载力"问题。

第一节 为什么大城市会成为一个问题

随着我国人口流动与城镇化进程的加快，大量随迁子女在城市接受义务教育，日益成为我国城镇化背景下义务教育改革与发展中的难点问题。同时，加之流动性农民工家庭逐步在流入地长期停留、城市新生代农民工子女进入上学年龄，以及国家随迁子女义务教育政策向"两纳入""两统一"方向发展，使得人口流入地尤其是大城市义务教育资源的承载能力面临不同程度的挑战。按照相关法律和政策要求，流入地政府负有向随迁子女提供义务教育公共服务的主体责任。但我国工业化、城镇化是一个长期的进程，未来随迁子女的流动规模还将不断增长，流入地义务教育资源增长和调整速度短时间内还难以充分满足其需求，教育资源数量与结构的供需矛盾在未来一段时期内将持续存在。因此，教育资源承载力这一说法被逐渐提出。作为流动人口的主要聚集区域，未来大城市义务教育改革与发展的重点之一是随迁子女的有序流动与合理分布，这也是新型城镇化背景下城市公共服务改革发展的目标。而深入思考为什么大城市义务教育资源承载力会成为一个问题，是我们研究大城市义务教育资源承载力问题的起点。

一、城市学龄人口剧增导致教育资源需求扩大

总体来看，城市学龄人口规模剧增主要是由于流动人口家庭随迁子女数量扩大和城市内部新生代农民工等流动人口婚育子女数量上升导致的，其根本诱因是城乡二元社会逐步解构，大量农村户籍劳动力向城市流动。

(一) 户籍制度逐渐放开，吸引了大量农村劳动力向城市流动

20世纪80年代初，随着我国农村家庭联产承包责任制和城市经济体制改革的实施，粮食及相关生活资料的供应日益丰富，人民基本生活和生产活动所需资料逐渐得到保障。在这种情况下，农村与城市之间二元分明的经济社会关系开始发生微妙变化。由于粮食供应逐步充实，农村开始出现剩余劳动力，加上城市劳动密集型产业对农村非熟练劳动力需求的扩大，农村劳动力向城市流动成为不可阻挡的趋势（见图4-1）。1992年我国人口迁移政策逐步放开，国家开始鼓励和引导劳动力有序流动，并以小城镇户籍制度改革为起点，逐步降低了流动人口在小城镇落户的门槛，城乡流动人口数量快速增加。近35年我国流动人口规模扩大了37倍多（见图4-1），如此庞大的流动人口不仅释放了农村剩余劳动力的人口势能，也深刻改变了我国城乡人口的结构分布。

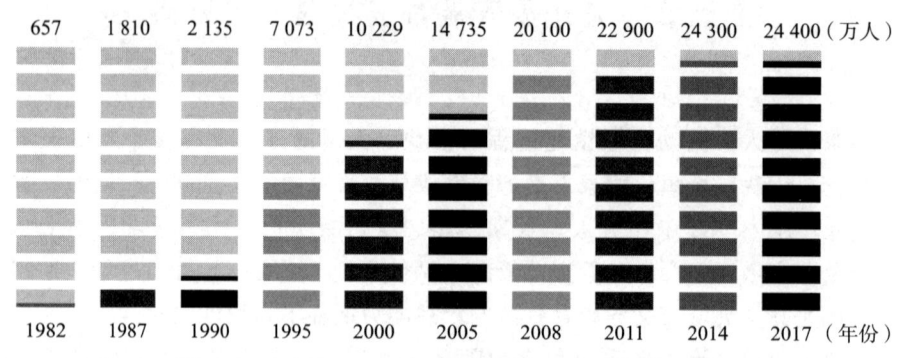

1982	1987	1990	1995	2000	2005	2008	2011	2014	2017 (年份)
657	1810	2135	7073	10229	14735	20100	22900	24300	24400 (万人)

图4-1 1982~2017年我国流动人口规模走势

资料来源：国家卫生和计划生育委员会流动人口司编：《中国流动人口发展报告》（2010~2017），中国人口出版社2010~2017年版。

（二）大规模人口流动加速了城镇化进程，更多流动人口聚集在大城市

随着我国户籍制度改革的不断推进，越来越多的农村户籍人口开始在全国范围内快速流动，城镇化发展水平快速提升，不仅迅速跨越了城镇化发展阶段的前期和中前期，更深刻影响了我国三次产业就业人员的结构分布。1998年我国城镇化率跨入30%门槛，达30.4%，进入快速发展轨道，到2020年已达63.89%，增长了一倍多。[①] 大量第一产业就业人员转换为制造业、建筑业、服务业等二三产业就业人员，三次产业结构发生了逆转，以往我国以农民、农业为主体的就业结构转变为以制造业、建筑业、服务业为主体的就业结构（见图4-2），农民工即是这一时期出现的规模最为庞大的流动就业群体。产业就业人员结构的转变不仅刻画了流动人口产业分布的层次形态，更凸显了流动人口的向城性。由于大型城市资源禀赋强于中小城市，产业结构多以制造业、服务业为主且规模庞大，加

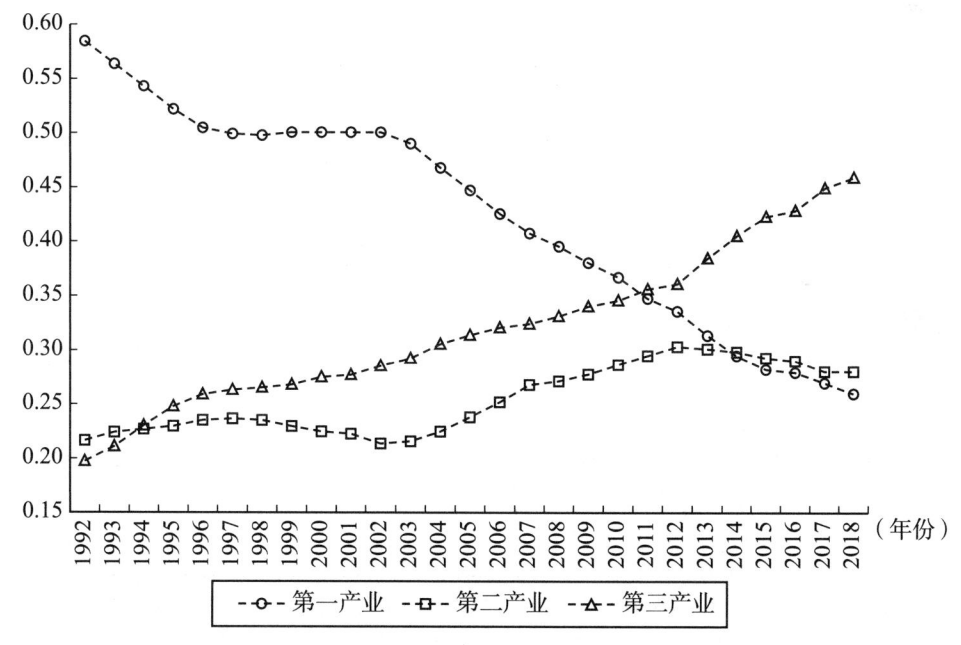

图4-2　1992~2018年我国三次产业就业人员占比走势

资料来源：中华人民共和国国家统计局编：《中国统计年鉴》（1993~2018），中国统计出版社1993~2018年版。

[①] 数据来自国家统计局编：《中国统计年鉴1999》和《中国统计年鉴2021》，中国统计出版社1999年版和2021年版，系作者依据原始人口数据计算得出的，特此说明。

之就业机会和报酬收益一般均要好于中小城市,因此流动人口更多选择在大型城市或都市圈"落脚"(见表4-1~表4-3)。"六普"数据也同样印证了这一点,约四成流动人口居住在特大城市和超大城市(500万人以上),这些城市不得不选择人口疏解策略,其落户门槛更加严苛;约17%的流动人口居住在较大城市(300万~500万人),落户限制略微放宽;约35%的流动人口居住在大城市(100万~300万人)和中等城市(50万~100万人)。①

表4-1　　　　　　我国城镇人口空间分布预测表

地区类型	2010年		2015年		2020年	
	规模(万人)	占比(%)	规模(万人)	占比(%)	规模(万人)	占比(%)
3个都市圈	16 251	24.42	18 422	24.83	20 646	25.33
18个城市群	22 019	33.08	25 388	34.22	29 054	35.65
1 000余个中小城市和小城镇	28 288	42.50	30 390	40.96	31 799	39.02

注:以2015年城镇化率54%、2020年城镇化率58%进行预测。实际上,2015年的真实城镇化率为56.1%,可见这是一个保守的预测。

资料来源:国家卫生和计划生育委员会流动人口司编:《中国流动人口发展报告2011》,中国人口出版社2011年版,第105页。

表4-2　　　　　我国城镇新增人口空间分布预测表

地区类型	2015年		2020年	
	规模(万人)	占比(%)	规模(万人)	占比(%)
3个都市圈	2 172	28.42	4 396	29.42
18个城市群	3 369	44.08	7 036	47.08
1 000余个中小城市和小城镇	2 102	27.50	3 512	23.50

注:以2015年城镇化率54%、2020年城镇化率58%进行预测。这是一个保守的预测。

资料来源:国家卫生和计划生育委员会流动人口司编:《中国流动人口发展报告2011》,中国人口出版社2011年版,第105页。

---

① 国家卫生和计划生育委员会流动人口司编:《中国流动人口发展报告2016》,中国人口出版社2016年版,第15页。

表 4-3　　　各类型城市吸纳农村流动人口数量分布　　　单位：万人

类型	2015 年累计吸纳农村迁移人口数	2020 年累计吸纳农村迁移人口数	2050 年累计吸纳农村迁移人口数
城市群	5 217	106 716	34 846
中心城市	1 544	3 159	10 315
县城城市	1 291	2 640	8 621
合计	8 052	16 470	53 783

资料来源：国家卫生和计划生育委员会流动人口司编：《中国流动人口发展报告 2010》，中国人口出版社 2010 年版，第 30 页。

（三）向城性流动农村人口携带子女随迁比例逐步上升

随着农村流动人口在流入地适应性和稳定性的不断加强，举家外出、完全脱离农业生产和农村生活环境的农业转移人口比例逐步增加。有研究显示，2011 年举家外出农业转移人口 3 279 万人，占全部外出就业农业转移人口（15 863 万人）的 20.6%。① 根据国家卫生计生委发布的动态监测数据显示，已有近九成的已婚家庭为夫妻双方一起流动。其中，学前及义务教育阶段子女随父母流动比率已达 67.1%，以完整家庭形式流动的比率占已婚家庭的 64.7%，三人户的标准家庭占比最高，达到 40.9%，其次是四人户家庭（占比 26.8%）（见表 4-4、图 4-3）。这说明流动人口的居留稳定性在不断加强，其对城市生活融入和教育需求的愿望比较强烈，这对流入地城市的直接影响则是随迁子女规模整体上升。值得一提的是，在现居住地出生的非户籍流动儿童比例也在不断上升，2010 年为 35%，2013 年已达 58%。他们虽然被称为"流动儿童"，却从未在农村生活过，生存状态与父辈完全不同。②

表 4-4　　　2012 年流动人口家庭情况动态监测数据

家庭成员平均数	夫妻共同流动占已婚家庭比率（%）	学前及义务教育阶段子女随父母流动比率（%）	学前及义务教育阶段子女在户籍地比率（%）	夫妻共同携带子女占已婚有子女流动家庭比率（%）
2.5	90.6	67.1	31.9	64.7

资料来源：国家卫生和计划生育委员会流动人口司编：《中国流动人口发展报告 2013》，中国人口出版社 2013 年版，第 179 页。

---

① 国务院发展研究中心课题组著：《中国新型城镇化：道路、模式和政策》，中国发展出版社 2014 年版，第 538 页。
② 杨东平主编：《中国流动儿童教育发展报告 2016》，社会科学出版社 2017 年版，第 5 页。

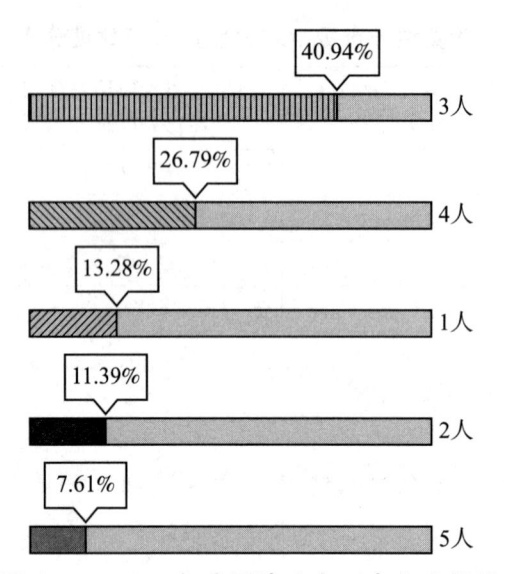

40.94% 3人
26.79% 4人
13.28% 1人
11.39% 2人
7.61%   5人

图 4-3　2015 年我国流动人口家庭户规模

资料来源：国家卫生和计划生育委员会流动人口司编：《中国流动人口发展报告 2016》，中国人口出版社 2016 年版，第 99 页。

（四）农民工为子女教育而进城维持高位，未来子女携带率将大幅提升

全国总工会在关于新生代农民工问题研究报告中认为，新生代农民工是指出生于 20 世纪 80 年代以后，年龄在 16 岁以上，在异地以非农就业为主的农业户籍人口。相比于上一代农民工，新生代农民工作为"80 后"一代流动人口具有较高的流动性。根据国家卫生和计生委对 2015 年全国流动人口的动态监测数据，在关于"是否打算在流入地居住 5 年及以上"问题上，其意愿呈现出年龄越小、长期居留意愿越低的特点（见表 4-5）。

表 4-5　2015 年我国分代际、流动范围的流动人口长期居住打算　　　　单位：%

项目		打算	不打算	没想好
流动范围	市内跨县	62.62	10.89	26.49
	省内跨市	61.71	10.85	27.44
	跨省及以上	52.57	14.63	32.80

续表

项目		打算	不打算	没想好
代际划分	"90后"	43.35	17.19	39.46
	"80后"~"90后"	59.04	11.21	29.74
	80前	61.79	12.13	26.08

资料来源：国家卫生和计划生育委员会流动人口司编：《中国流动人口发展报告2016》，中国人口出版社2016年版，第98页。

新生代农民工群体目前已全部进入育龄期，其中超过55%的人已经结婚，婚后3人家庭结构占比大，远高出其他代际农民工（见表4-6）。

表4-6　不同代际已婚农民工的15周岁以下子女数量分类　　单位：%

项目	0	1	2	3	4+	合计
新生代	14.9	70.1	14.3	0.7	0.0	100.0
31~45岁农民工	23.0	45.9	27.8	2.9	0.4	100.0
46岁及以上农民工	86.4	11.1	2.2	0.3	0.0	100.0

资料来源：国家卫生和计划生育委员会流动人口司编：《中国流动人口发展报告2011》，中国人口出版社2011年版，第131页。

想通过"农转非"获得城市户口的新生代农民工比例只有约28%，仍有近72%的人认为"城市户口没有太大作用""城市房价太高"。[①] 那些希望落户的新生代农民工虽然仍旧最重视子女教育，但相比于老一代农民工，子女教育对他们的吸引程度大为下降，相应地，他们更看重城市的社会保障福利、就业机会、城市生活环境等（见表4-7）。这体现出新生代农民工对于城市生活的多元需求，但无论怎样，子女教育仍旧是包括新生代农民工在内的农村流动人口落户的重要原因，这说明流动人口在改变子女教育现状上的愿望仍旧十分强烈。截至2020年，农民工中年龄在40岁以下（1980年后出生）的占49.4%，总量超过1.4亿人，新生代农民工已经成为流动人口的绝对主力。[②] 随着他们在流入地生活适应程度的不断加深，其子女随迁将成为主流，因此对流入地城市的义务教育需求将会大幅增加。

---

① 国家卫生和计划生育委员会流动人口司编：《中国流动人口发展报告2011》，中国人口出版社2011年版，第133页。
② 国家统计局：《2020年农民工监测调查报告》，国家统计局官网，2021年4月30日。

表4-7　　　不同代际农民工希望"农转非"的主要原因　　　单位：%

代际	新生代	31~45岁的农民工	46岁及以上的农民工	合计
城市居民社会保障福利	17.8	19.0	35.5	19.3
子女教育升学	40.7	56.9	24.5	46.9
城市居民保障性住房	3.8	3.2	4.6	3.6
就业机会	15.8	8.3	10.8	12.2
城市生活居住环境	14.9	9.8	19.4	12.9
城市文化环境	6.5	1.9	4.5	4.4
其他	0.5	0.9	0.7	0.7

资料来源：国家卫生和计划生育委员会流动人口司编：《中国流动人口发展报告2011》，中国人口出版社2011年版，第134页。

二、属地化管理改革滞后，地方教育资源供给压力凸显

随着流动人口规模不断扩大，东部经济发达省份随迁子女数量迅速增加，越来越多的农民工希望随迁子女能获得在当地上公办学校和参加中高考的机会。然而，由于我国户籍制度改革的滞后，属地化的义务教育管理体制仍基于户籍人口数配置教育资源，导致形成属地化管理藩篱，在面对大量随迁子女教育需求时往往供给不足。

（一）东部地区经济发达省市随迁子女规模最高

随着城镇化进程的加速推进，随迁子女规模不断扩大（见图4-4、图4-5）。从2000年到2015年，0~17岁农村户籍流动儿童数量增长了72.9%，对流入地城市从学前段到高中段教育均提出了新的需求。其中，义务教育段随迁子女规模最大，从2009年的997万人增加到2020年的1429.73万人，扩大了1.43倍。虽然中间人数有些许下降，但总体规模依旧庞大。随迁子女总量的省域分布十年来没有大的变化，个别省份有所增长。东部地区经济发达省市是随迁子女的主要流入地，在2005~2018年的十多年间，排在前四位的随迁子女大省都是广东、浙江、江苏、福建。其中，广东省由194.7万人猛增到438.9万人，增幅125%，是当之无愧的随迁子女第一大省；排在第十位的北京市随迁子女规模增幅也达到42.1%。

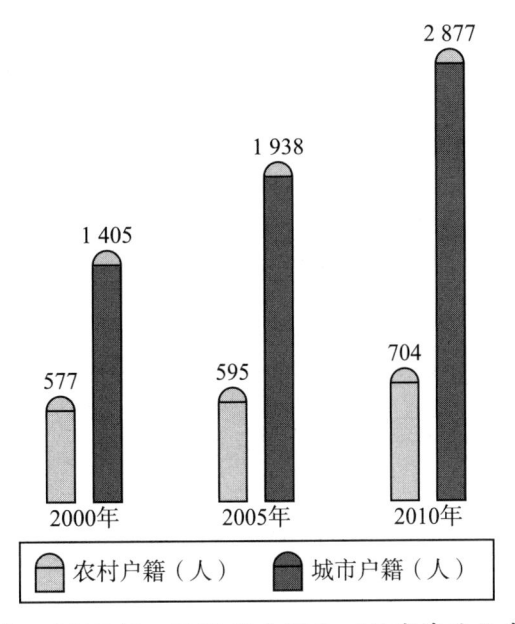

图 4-4 2000 年、2005 年、2010 年全国 0~17 岁流动儿童数量变化趋势

资料来源：杨东平主编：《中国流动儿童教育发展报告 2016》，社会科学出版社 2017 年版，第 3 页。

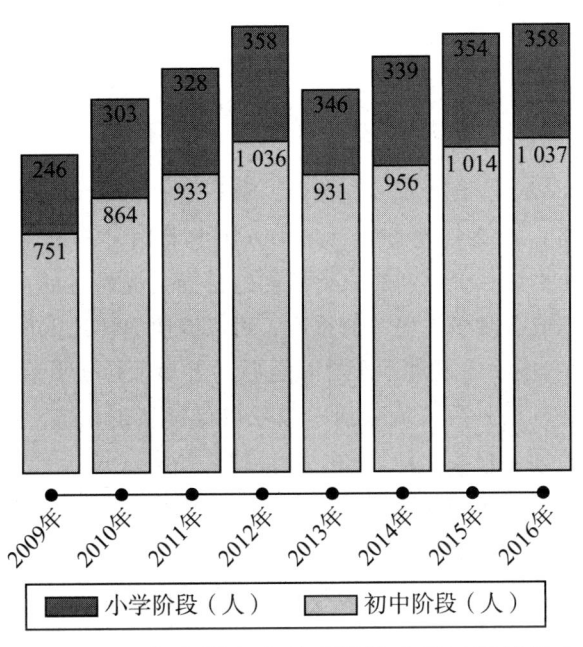

图 4-5 2009~2018 年全国义务教育阶段农民工随迁子女规模变化

资料来源：教育部：《全国教育事业发展统计公报 2009~2018》。

根据国家卫生计生委的监测数据显示,2015 年中部地区流出流动儿童占 37.07%、西部地区占 34.65%、东部地区占 23.82%;而东部地区流入流动儿童占 46.87%、西部地区占 31.11%、中部地区占 18.07%(见表 4-8)。如果仅考察省际流动儿童,则流入东部地区的现象更为明显,且比例在逐年提高:2011 年为 56.03%、2012 年为 61.87%、2013 年为 62.13%、2014 年为 62.16%、2015 年为 65.04%。① 可见,东部地区经济发达省市对流动人口子女吸引力最强。

表 4-8　　　　　2015 年我国全部流动儿童流动范围　　　　单位:%

流出地/流入地	东部地区	中部地区	西部地区	东北地区	合计
东部地区	20.24	1.29	1.92	0.36	23.82
中部地区	16.28	15.72	4.71	0.36	37.07
西部地区	9.20	0.99	24.28	0.17	34.65
东北地区	1.14	0.06	0.19	3.06	4.45
合计	46.87	18.07	31.11	3.96	100

资料来源:国家卫生和计划生育委员会流动人口司编:《中国流动人口发展报告 2016》,中国人口出版社 2016 年版,第 106 页。

(二)属地化管理改革滞后,城市原有教育资源配置模式面临挑战

受户籍制度和城市教育管理体制限制,随迁子女在城市接受义务教育走过了一条不平坦的道路。1992 年颁布的《中华人民共和国义务教育法实施细则》第 14 条规定:"适龄儿童、少年到非户籍所在地接受义务教育的,经户籍所在地的县级教育主管部门或者乡级人民政府批准,可以按照居住地人民政府的有关规定申请借读。"这是我国户籍制度逐渐放开之后,流动人口子女在城市接受教育必须经过的管理流程,也是后来流入地学校收取借读费的由来。1996 年原国家教委颁布的《城镇流动人口中适龄儿童、少年就学办法(试行)》是国家就流动儿童教育问题颁布的第一个政策文件②,文件首次强调城镇流动人口中适龄儿童、少年就学,应以流入地全日制中小学借读为主,社会和个人可以举办专门招收流动儿童的学校或教学班、组。该政策虽然首次提出以流入地公办校为主,但没

---

① 国家卫生和计划生育委员会流动人口司编:《中国流动人口发展报告 2016》,中国人口出版社 2016 年版,第 106 页。

② 杨东平主编:《中国流动儿童教育发展报告 2016》,社会科学出版社 2017 年版,第 6 页。

有具体细化，使得后续大量民工子弟学校开始出现。2001 年颁布了《国务院关于基础教育改革与发展的决定》，提出"以流入地区政府管理为主，以全日制公办中小学为主，依法保障流动儿童少年接受义务教育的权利"，"两为主"政策由此正式提出。虽然国家对随迁子女义务教育工作予以了重视，但在具体的事权分配上将担子下放给了地方政府，"两为主"究竟达到什么程度算是"主"也没有明确说明。最重要的是，中央政府也没有提同省级政府之间的经费责任划分，这就为后续流动人口教育管理矛盾埋下了伏笔。

2008 年中央财政开始以奖励的形式有限承担随迁子女的教育经费责任。年均奖励性补助资金相对于地方政府投入虽然不多，但却是中央财政担负随迁子女教育经费的开始。2010 年《国家中长期教育改革和发展规划纲要（2010~2020 年）》提出了"建成覆盖城乡的基本公共教育服务体系，逐步实现基本公共教育服务均等化"，并再次强调了继续坚持"两为主"政策。2014 年中共中央、国务院颁布了《国家新型城镇化规划（2014~2020 年）》，明确要求"将农民工随迁子女义务教育纳入各级政府的教育发展规划和财政保障范畴，并保障农民工随迁子女以公办校为主接受义务教育"。这是我国随迁子女教育工作由"两为主"向"两纳入"转变的标志，也是随迁子女教育改革与发展向前迈出的一大步。2016 年 1 月《居住证暂行条例》正式实施，标志着我国人口户籍制度开始发生深刻改变，并对随迁子女教育工作产生了深远影响，由此，我国随迁子女教育工作正式进入了以居住证为依据的改革发展阶段。

纵观近 20 年来流动人口子女接受义务教育的政策演变，可以看出国家对于随迁子女受教育问题非常重视，出台了多项教育政策，保障随迁子女在流入地平等的受教育权利。多年来，全国随迁子女在公办学校就学比例一直保持在 80% 以上。但是，全国仍有接近 20% 的随迁子女没有进入公办学校就读，而且 80% 的公办学校就读比例是全国平均数，在不同城市间的就读压力并不相同。图 4-6 中排名前三的随迁子女流入大省就很难达到 80%，尤其是广东省。为什么人口流入大省在解决随迁子女教育问题时不尽如人意呢？根本原因在于人口户籍管理制度和教育管理体制的双重制约造成了流入地城市长久以来的属地化管理藩篱没有被打破。城市教育规划与布局是以城市户籍人口基数为依据的，没有将农民工群体考虑在内。在以往，无论是城市中小学布局调整、教育人头经费划拨，还是教育用地规划预留、入学率和巩固率统计等，都没有按照城市常住人口计算，使得原有的教育资源配置无法应对大规模流动学龄人口需求，形成了供需矛盾。

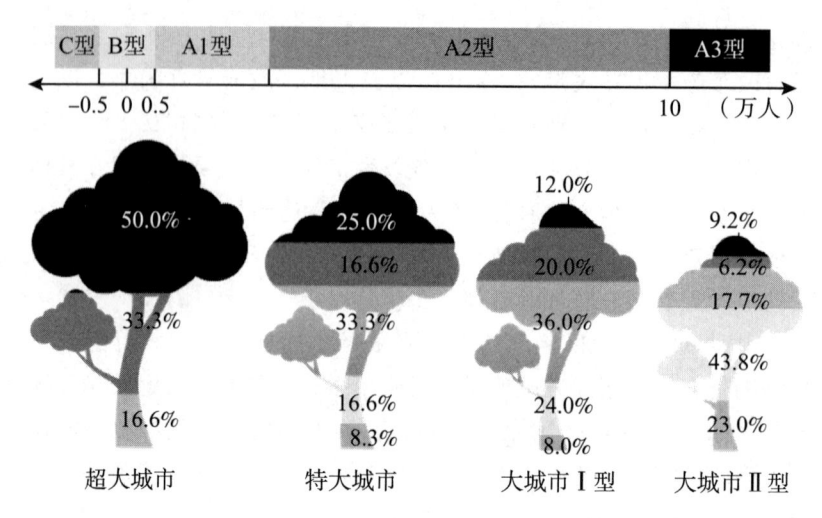

图 4-6 173 座各型大城市市辖区人口净流入量情况图

由于我国义务教育供给机制是以公办学校为主体，使得义务教育供给方非常单一，加之义务教育管理权限在地方政府，由此流入地城市属地化管理藩篱得以形成，不同省份、城市、学校间义务教育资源供给也因本地财政力量和政策偏好的不同而有明显差异，这使得以往单一的教育资源供需关系出现断裂，形成了不同类型和层次的人口家庭与不同层次的教育资源之间的断裂式供需关系。以流动人口为例，如果说第一代农民工只求子女能在城市上学的话，那么新一代农民工则希望能和城里人一样，获得就读相对较好公办学校的机会。无奈的是，农民工新的更高质量的教育诉求却受到了身份和户籍状态的限制。只有父母的户籍、就业、房产、缴纳社保等一应条件满足流入地城市设定的标准时，随迁子女才可能在流入地城市公办学校就读。因此，当多数流动人口家庭无法满足上述标准要求时，这种教育资源供需矛盾所造成的"撕裂感"就更加强烈，无形中也使得流入地城市的教育资源承载力问题进一步爆发。

（三）为什么大城市面临义务教育资源承载力矛盾？

2015 年 1 月，教育部在京召开新型城镇化背景下全国义务教育形势研判会，就义务教育改革发展面临的挑战取得了一些共识，其中包括大量农业转移人口向城镇集中，城镇教育资源承载力有限，大班大校现象突出，城市学校建设面临老城区建设用地资源紧张等问题。[①] 通过共识，我们看到城镇教育资源承载力有限作为一种

---

① 荣雷：《新型城镇化背景下全国义务教育形势研判会会议纪要》，载于《基础教育参考》2015 年第 5 期，第 8~9 页。

挑战是城镇教育资源与学龄人口间的一种供需矛盾，这种矛盾本身不仅是一种客观存在，更为重要的是提出了一个可以探讨的学术概念——城市教育资源承载力。

什么是教育资源承载力？为什么大城市存在教育资源承载压力？针对以上问题学者们从不同角度提出了各自的观点。一方面，有学者认为大城市教育资源承载力是一个伪命题，是一种借口。他们认为在城乡二元体制下，城市尤其是流动人口集聚的大城市，没有很好地解决自身发展过程中公共服务均等化问题，而是将历史遗留问题变成一种排斥机制，对流动人口进行筛选，把不符合自身需要的人口和要素排除在外。另一方面，也有学者认为城市教育资源承载力是客观存在的，这种教育资源承载力要满足最小因子限制原理和部分补偿效应原理。在特定区域内，如果不改变教育资源的配置方式，教育资源就存在最大承载能力的限制。[①] 而实际上，城市教育资源承载力有限作为一种现实挑战，是城镇化下城市教育发展与改革过程中的一种客观矛盾，更是一种基于事实的价值认识。

1. 各类型大城市随迁子女净流入趋势

我们以 2012~2018 年《中国城市统计年鉴》中 298 座地级及以上城市数据为基础，进行市辖区人口数据测算，以此观察各型城市的人口流动态势。市辖区是城市的核心组成部分和区域发展中心，城市化一般处于较高水平且人口密度大、流动人口相对集中。因此，以市辖区人口数据进行分析可以较为客观地代表城市主城区+近郊区的人口分布态势。通过对比六年来 298 座城市市辖区年平均人口数与市辖区人口自然增长率，得出相应的市辖区人口增加数与人口自然增长数，将两者之差视为当年的人口净增加数，最后通过六年的人口净增加数平均值计算出该城市市辖区的年均人口净增加规模。

在此基础上，我们将 298 座城市年均人口净增加规模作一个基本分类。第一类是人口净流入型城市，我们将其编为 A 型城市。这类城市的特点是人口净流入量至少大于 0.5 万人，共计 90 座。第二类是基本稳定型城市，我们将其编为 B 型城市。这类城市的特点是人口净流动量处于正负 0.5 万人之间，共计 148 座。第三类是人口净流出型城市，我们将其编为 C 型城市。这类城市的特点是人口净流出量至少大于 0.5 万人，共计 60 座（见表 4-9）。

表 4-9　　我国地级及以上城市市辖区人口净流动量分布表　　单位：座

项目	A 型城市（市辖区人口净流入量＞0.5 万人）	B 型城市（-0.5 万人＜市辖区人口流动量＜0.5 万人）	C 型城市（市辖区人口净流出量＞0.5 万人）
城市数量	90	148	60

---

① 刘善槐：《我国城镇义务教育学校布局调整研究》，载于《教育研究》2015 年第 11 期，第 103~110 页。

A 型城市是本研究关注的重点。所以，我们以 A 型城市为样本，根据人口流动规模再进一步分类。将 0.5 万人 < 净流入人口 < 3 万人的城市划为 A1 型城市群，这类城市的特点是人口净流入压力较小，共计 44 座。将 3 万人 < 净流入人口 < 10 万人的城市划为 A2 型城市群，这类城市的特点是人口净流入压力开始显现，最多有 10 万人的人口净流入量，相对于城市人口增幅来说比较明显，共计 24 座。将净流入人口 > 10 万人的城市划为 A3 型城市群，这类城市的特点是人口净流入压力很明显，最多有十万乃至几十万的人口净流入量，相对于城市人口增幅来说非常突出，共计 22 座（见表 4 – 10）。

表 4 – 10　　A 型城市市辖区人口净流动量分布表　　单位：座

项目	A1 型城市（0.5 万人 < 市辖区人口流入量 < 3 万人）	A2 型城市（3 万人 < 市辖区人口流入量 < 10 万人）	A3 型城市（市辖区人口净流入量 > 10 万人）
城市数量	44	24	22

根据 2014 年发布的《国务院关于调整城市规模划分标准的通知》，以城区常住人口数量为标准，将全国城市划分为五类七档。城区常住人口 50 万人以下的城市为小城市，其中 20 万人以上 50 万人以下的城市为Ⅰ型小城市，20 万人以下的城市为Ⅱ型小城市；城区常住人口 50 万人以上 100 万人以下的城市为中等城市；城区常住人口 100 万人以上 500 万人以下的城市为大城市，其中 300 万人以上 500 万人以下的城市为Ⅰ型大城市，100 万人以上 300 万人以下的城市为Ⅱ型大城市；城区常住人口 500 万人以上 1 000 万人以下的城市为特大城市；城区常住人口 1 000 万人以上的城市为超大城市。我们以上述三大类四型城市为基准，结合前文城市人口净流动划分标准将 298 座地级及以上城市进一步筛选为 173 座大城市（见表 4 – 11、图 4 – 7）。

表 4 – 11　　173 座各型大城市市辖区人口净流入量情况表　　单位：%

城市类型	超大城市	特大城市	大城市Ⅰ型	大城市Ⅱ型
C 型 < –0.5 万人		8.3	8.0	23.0
–0.5 万人 < B 型 < 0.5 万人		16.6	24.0	43.8
0.5 万人 < A1 型 < 3 万人	16.6	33.3	36.0	17.7
3 万人 < A2 型 < 10 万人	33.3	16.6	20.0	6.2
10 万人 < A3 型	50.0	25.0	12.0	9.2

```
  1.9169
            1.5879
   1.2933
                     0.6505
 超大城市  特大城市  大城市Ⅰ型  大城市Ⅱ型
```

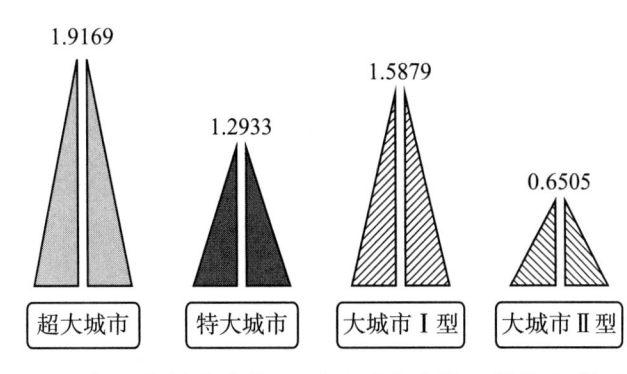

图 4-7　各型大城市市辖区随迁子女净流入规模指数对比图

由此可见，（1）超大城市群中 A3 与 A2 型城市占比超过 80%，这说明超大城市群是以人口净流入规模比较突出的城市为主，对流动人口具有很强的吸引力。（2）特大城市群中 A 型城市占比为 75%，其中 A3、A2 型城市占比为 41.6%。这说明相比于超大城市，特大城市人口净流入规模虽有所降低，但仍具有相当程度的吸引力。（3）大城市群分为两类，一类是大城市Ⅰ型中 A 型城市占比为 68%，其中以 A1 型城市为主，占比 36%，B 型城市占比 24%，这说明大城市Ⅰ型主要以人口小幅增长和稳定型为主，对流动人口吸引力较弱。另一类是大城市Ⅱ型中 B 型城市占比 43.8%、A 型城市占比 33.1%、C 型城市占比 23%，这说明大城市Ⅱ型主要以稳定型为主，还存在一定规模人口流失型城市，对流动人口吸引力较弱，还兼有人口净流出现象。综上所述，在人口净流入方面呈现出超大城市＞特大城市＞大城市Ⅰ型＞大城市Ⅱ型态势，这说明人口净流入态势随城市规模的扩大而显著，其中超大、特大城市突出。

同时，据《中国流动人口发展报告》数据显示，流动人口家庭中携带子女一同流动的比例已达 62.3%，[1] 而且呈学前流动儿童（3~5 岁）和 15 岁及以上流动儿童比例高、义务教育阶段流动儿童比例略低特征。[2] 但这是总体趋势，各型大城市随迁子女的流动态势之间也不尽相同。有研究显示，农民工子女携带率在不同类型城市大致呈偏正态分布，其中超大城市 26.32%、特大城市 31.43%、大城市Ⅰ型 51.39%、大城市Ⅱ型 42.86%。[3] 我们假设上述携带率即为各型大城市流动人口子女携带率，将此携带率分别带入表 4-10 各型大城市人口净流入数

---

[1] 国家卫生和计划生育委员会流动人口司编：《中国流动人口发展报告 2012》，中国人口出版社 2012 年版，第 196 页。

[2] 国家卫生健康委员会编：《中国流动人口发展报告 2018》，中国人口出版社 2018 年版，第 135~136 页。

[3] 邬志辉、李静美：《农民工随迁子女在城市接受义务教育的现实困境与政策选择》，载于《教育研究》2016 年第 9 期，第 19~31 页。

据进行估算,其中 A 型、B 型、C 型城市划分标准各取中位数,通过最终指数的高低来估算各型大城市随迁子女规模的差异程度。如超大城市群指数 = 10 × 0.263 × 0.5 + 6.5 × 0.263 × 0.333 + 1.75 × 0.263 × 0.166 = 1.9169(见图 4 - 7)。

可以看出,超大城市随迁子女净流入规模指数明显高于其他城市类型,虽然这些城市一般存在严格的人口规模管控和就学升学门槛,但也因为存在同样规模庞大的流动人口基数,所以随迁子女净流入规模指数也较高。相比之下,Ⅰ型大城市则不同,由于其人口规模管控程度与就学升学门槛低于超大、特大城市,所以在已有人口净流入规模情况下,其最高的随迁子女携带率提升了整体的净流入规模指数。除此之外,特大城市随迁子女净流入规模指数次之,因其并不突出的随迁子女携带率使得整体指数低于大城市Ⅰ型;Ⅱ型大城市排序垫底,虽然其随迁子女携带率较高,但人口净流动规模趋于稳定甚至还有流出趋势,所以整体指数最低。随着我国"二孩政策"全面放开、农业转移人口市民化政策加快以及随迁子女"两统一"政策的推进,在可预见的未来,上述各型大城市义务教育资源将面临更多的潜在需求挑战,其义务教育资源承载力与教育公平问题也将更为突出。

2. 为什么大城市普遍存在义务教育资源承载力问题?

(1) 大城市更具某些发展要素特性。

相比于中小城市,大城市和都市圈由于拥有雄厚的资源禀赋而具有更强的规模经济效应和劳动者、企业的专业化效应,更多的薪酬福利和就业机会,以及更为合理的劳动力分工与消费外部性,① 因而在一定区域范围内更易吸引人口流与资源流。具体来说,从我国城乡发展历史角度看,某一区域中大型城市往往是人口与资源高度聚集的地方,同时往往也可能是这一区域的政治、经济、文化、产业、服务中心。区域功能的集中使之加强了大城市的资源禀赋和平台条件,从而更进一步地成为其继续扩充规模、吸引人口与资源的诱因,而这些诱发式的循环变化往往也不是人为管控能够制止的,义务教育就是其中一种重要的表现形式。大城市有更好的劳动者和企业的专业化效应及更多的薪酬福利和就业机会。劳动者和企业的专业化意味着更为细化的劳动分工,更细化的分工意味着更多样性的就业结构及可能更多的就业机会,而更丰富的就业结构和机会能吸引到更多的流动人口。所以在这样一种良性的就业结构迭代式发展过程中,不同类型、不同层级的劳动人口被新的机会吸引过来,进而在流入地稳定和适应之后可能将家庭也搬迁过来。大城市具有更好的消费外部性。对高技能劳动者

---

① 梁文泉、陆铭:《城市人力资本的分化:探索不同技能劳动者的互补和空间集聚》,载于《经济社会体制比较》2015 年第 3 期,第 185 ~ 197 页。

而言，收入水平的提高会增加其他如医疗、法律、教育、家庭消费等服务需求。由于外部性及分享匹配机制的影响，服务型消费增加，导致服务业供给增加，而服务业的就业量一般相对其他行业来说也是最能吸引流动人口与劳动人口的，服务业的就业量也会因此大幅增加。因而人口众多、产业发达的大城市，它的餐饮、家政、教育、快递运输、电子商务、超市等生活必需的服务业需求更旺盛、就业人口更多。据估计，城市中每增加1个高技能岗位，就会增加5个消费型服务业岗位，其中2个是医疗、艺术、法律等高技能劳动力岗位，3个是餐饮、收银员等技能劳动力岗位。① 与前述原因相同，更多的流动人口会带来更多的随迁子女。

（2）"碎片化"趋势对大城市义务教育发展的影响。

所谓城市教育资源承载力有限，是城市经济社会结构转型中教育资源的配置和调整不能充分满足广大人民群众的需求。如今我国社会结构中表现出的发展态势，已不同于围绕利益得失和价值认同形成两种或几种力量的分化态势，而更多表现为复杂多样化的态势，这种多样化也可称为"碎片化"。② 这种"碎片化"的态势有一个深刻的内涵特征，即各种社会问题尽管在现象上表现为利益关系矛盾，但这些矛盾聚集的焦点在深层次上反映了价值认识的差异和冲突。③

首先，随着城乡二元向城乡一体化社会转变，其流动人口流与资源流的变化影响深远。同时，在大城市社会资源供给侧结构性改革和增长方式转变过程中，改革的压力也使很多地方出现了发展瓶颈。就大城市而言，逐渐增多的资源、环境、人口和经济条件约束，也为其可持续发展带来了诸多不利影响。其次，社会利益格局深刻调整。社会结构变革下的利益格局调整可谓是多层面的，既有空间层面的城乡格局、区域格局，也有社会层面的阶层格局、人口格局，更有不同利益交织混杂的博弈格局、竞争格局等。因此，当前社会利益格局的变化是非线性的、系统性的多要素综合影响。在这一过程中，人与社会之间各自利益的有效协调将是重点。最后，思想观念的深刻变化。在社会结构转型中，人们在生活方式、经济基础、阶层归属、价值观念和利益诉求等方面的不同，使得人们的思想观念产生了明显差异，进而出现了多样化的发展趋势，而这种趋势也使得社会成员之间关于问题共识的难度在加大。

城市教育资源承载力问题其实是在以上背景下的一类矛盾。问题的表征与本

---

① 梁文泉、陆铭：《城市人力资本的分化：探索不同技能劳动者的互补和空间集聚》，载于《经济社会体制比较》2015年第3期，第193页。
② 李培林著：《社会改革与社会治理》，社会科学文献出版社2014年版，第85页。
③ 李培林著：《社会改革与社会治理》，社会科学文献出版社2014年版，第86页。

质反映的是一种深刻变化,即我国社会结构转型中"碎片化"态势的出现,在城市场域内产生了公共产品和公共服务的供给不足。这种供给不足的背后,其实是政府、市场和社会三者在利益诉求与协调方面的矛盾,而城市教育资源承载力有限,就是这种矛盾在教育领域内的一种具体体现。

(3) 大城市内部治理因子诱发承载力问题。

首先,政绩考核制度。在以主要领导提名、组织部门考察和党委讨论为主的行政任命机制下,政绩考核既是一种贯彻领导工作意志的手段,也是考察下层行政干部和工作人员完成具体工作的指标。在政绩考核机制大范围普及和深入的过程中,一些不够科学合理的考核指标带来了诸多负面效应。其中,以强调经济发展尤其是经济总量和增长指标为主的政绩考核倾向,[①] 使得各地政府非常重视本地区 GDP 增长和经济总量规模,而对人的全面发展与福利系统的改善重视不足。因此,在以往的城市规划中,所有大城市都发展大型工商业,发展能源产业,吸引大型项目,进而不可避免地造成了城市自然环境恶化、基础设施重载、大量流动人口和低附加值产业集聚等后果。所以,不合理的政绩考核加重了大城市的经济发展职能,相对弱化了公共服务职能,人为地抑制了城市公共服务系统的全面发展,使城市基本公共服务的资源供给跟不上大量常住人口的需求增长。

其次,财税体制改革滞后。财税体制方面的原因主要包括两点:一是地方政府财权与事权不匹配,二是税制结构决定地方财政更倚重经济发展。

第一,我们通过数据对比可以发现(见图 4-8、图 4-9):①近年来全国财政收入和地方财政收入在实现翻番增长的同时,地方财政收入首次超过了中央财政收入,在 2015 年占比达到了 54.5%。国家在财力调整方面做了大量改善性工作,突出了地方财政收入的主体性。②央地两级财政支出水平间的差距明显拉大,由 2008 年的中央本级支出 21.4%、地方财政支出 78.6%,扩大到 2015 年的中央本级支出 14.5%、地方财政支出 85.5%,地方财政承担的事权比例进一步扩大。③中央财政收入性增长、地方财政支出性增长。一方面,中央财政收入增速快于支出,属于收入性增长;另一方面,地方财政支出增速明显快于收入,属于支出性增长。由此可见,地方财政在财力与事权不匹配方面的程度在加深,这无疑不利于激励地方财政进一步向公共服务倾斜,使得城市加大教育资源供给的动力不足。

[①] 林家彬、王大伟等著:《城市病:中国城市病的制度性根源与对策研究》,中国发展出版社 2012 年版,第 65 页。

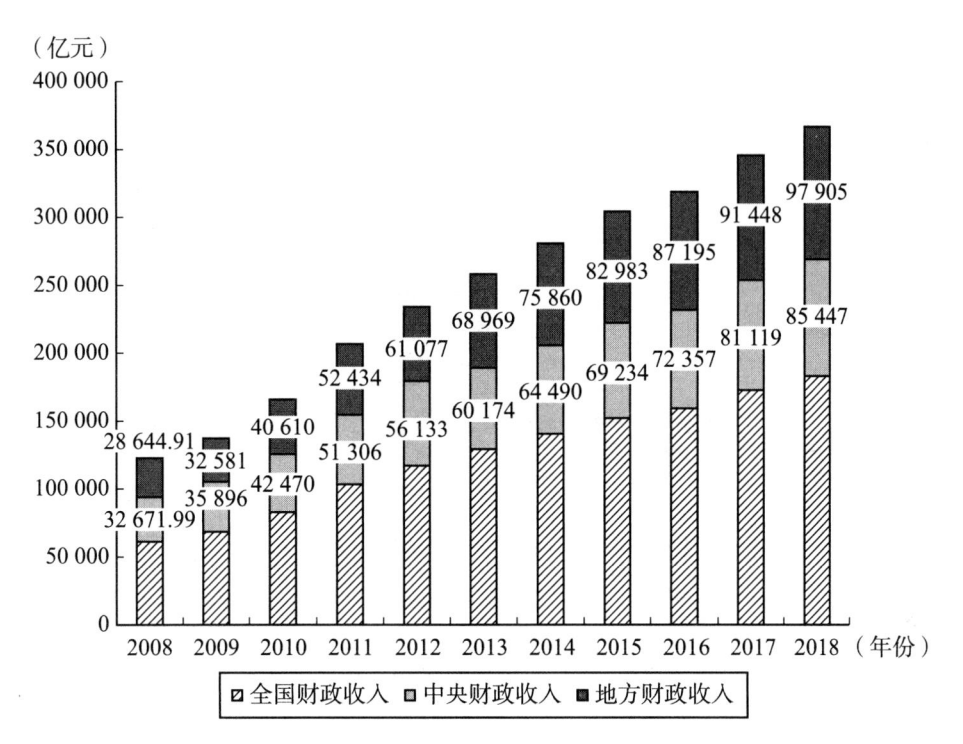

图 4-8 2008~2018 年全国财政收入（分中央、地方）走势

资料来源：国库司：《财政收支情况》（2008~2018 年），http：//gks.mof.gov.cn，2018 年 7 月 17 日。

第二，税制结构决定地方财政更倚重经济发展。在我国，税收收入是财政收入的主要来源，而从税种的分类来看，企业缴纳性税收与土地类税收占到了绝大部分（见表 4-12）。以 2018 年为例，这几项税收总额达 113 501 亿元，占全部税收收入的 72.6%，占全部财政收入的 62%。与企业缴纳性税收及土地类税收相比，由居民产生的税收收入占比很低，这说明我国税收收入的主体部分是企业营利性税收及土地类税收，而财政收入主要依靠的就是各类大型企业和制造类产业。值得注意的是，这些大型企业和产业在创造大量就业机会的同时，流动人口与劳动力也会被吸引过来。但各地政府在提高政绩和扩大税源的冲动下，往往偏重城市经济增长而对大量常住人口的公共服务需求重视不足，导致城市"只要人手、不要人口"的结果。地方税收结构使政府存在增加税收、扩大产业、提高收入的冲动，在大量引进产业项目和劳动人口的同时对基本公共服务的及时跟进重视不足。

（亿元）

```
500 000
450 000                                                                          188 198
400 000                                                                173 471
350 000                                                      160 437
300 000                                            150 219
250 000                                  129 092
200 000                        119 272
150 000              106 947
         49 052.72   92 416
100 000  60 594   73 602
         15 280  15 973  16 514  18 765  20 472  22 570  25 549  27 404  29 859  32 708
 50 000  13 374.31
      0
       2008  2009  2010  2011  2012  2013  2014  2015  2016  2017  2018（年份）
```

□ 全国财政支出　▨ 中央财政支出　■ 地方财政支出

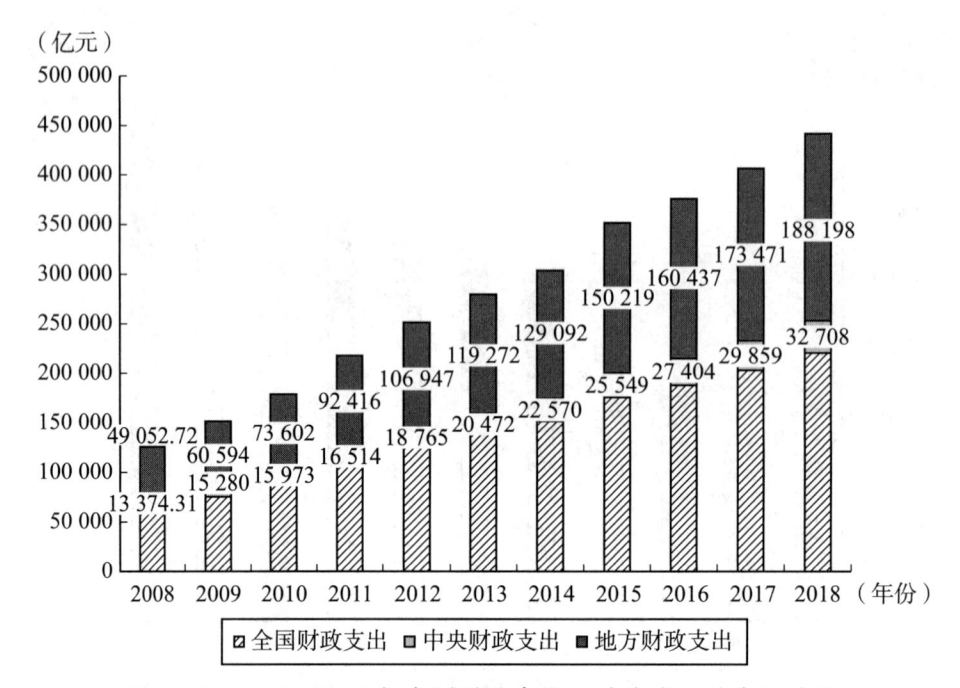

图 4-9　2008~2018 年全国财政支出（分中央、地方）走势

资料来源：国库司：《财政收支情况》（2008~2018 年），http：//gks.mof.gov.cn，2018 年 7 月 17 日。

表 4-12　　　　　　　　2018 年我国税收项目收入排序表　　　　　　　　单位：亿元

项目	收入	项目	收入
国内增值税	61 529	个人所得税	13 872
企业所得税	35 323	土地契税	5 730
城市维护建设税	4 840	土地增值税	5 642
出口退税	15 913	城镇土地使用税	2 388
进口货物增值税消费税	16 879	房产税	2 889
国内消费税	10 632	车辆购置税	3 453

资料来源：国库司：《2018 年财政收支情况》，http：//gks.mof.gov.cn，2018 年 7 月 17 日。

再次，城市空间规划的制约影响。在我国众多的土地规划中，城乡规划和城市土地利用规划与城市发展最为密切，两者同属于国民经济和社会发展规划，但在实际制定和执行过程中存在不足，往往会影响到城市土地规划的合理性与科学性，其中最明显的问题是城市存在扩大规模的冲动。目前，各地方国民经济和社会发展规划是由同级人民政府制定并由同级人大批准实施的，因此，地方政府存在尽量把相关指标做大，然后再以此为依据制定符合地方政府意愿的城乡规划和土地利用规划的冲动。① 在这种冲动下，城市的土地空间规划在很大程度上为政府的发展期望让位，为"城市经营"的产业发展和功能集聚让位，造成了空间约束下的城市公共服务功能减少或缺失。

同时，以往的城市规划还存在决策过程"短平快"、公众参与机制不完善和规划时效拖延等问题。在城市规划过程中，"一把手"领导决策权重过大，在规划制定和实施过程中随意更改、调整规划布局的现象时有发生，不仅严重影响了规划的合理性、科学性，也为后续城市空间可持续发展添置了障碍。公众参与机制不完善也导致公众利益需求在规划中无法得到有效表达。规划时效拖延导致规划不如变化快，根据我国《城乡规划法》，各省市自治区政府所在地城市和相关确定城市的总体规划最后要经国务院报批，而这些城市往往都是人口流、资源流大量汇集的省会和经济发达的大城市，在经过长久的规划审批之后城市的现实情况往往又发生了变化，导致规划的时效性和科学性大打折扣。因此，一些不合理、不科学、没有公众参与和有效制约的城市规划，会直接影响教育资源在城市空间区域内的充足配置和合理布局，而这些都会导致城市教育资源承载压力的出现。

最后，相关原因关联分析。在对城市内部相关原因进行分析之后，我们可以用一种关联思维将众多成因要素连接起来，进而分析为什么这种发展方式导致了大城市内部人口集聚下的资源供需矛盾。对此，缪尔达尔（Karl Gunnar Myrdal）的循环累积因果理论不失为一种适合的理论参考。缪尔达尔认为，在一个动态的社会过程中，社会经济各因素之间存在着循环累积的因果关系，某一社会经济因素的变化，会引起另一社会经济因素的变化，而后一因素的变化，反过来又加强了前一因素的变化，从而形成累积性的循环发展趋势。② 借鉴循环累积因果理论，我们对大城市教育资源承载力背后的成因关联建立了一个循环累积因果理论解释模型（见图4-10），以期能为大城市义务教育资源承载力何以有限提供一种具有合理性、关联性的理论解释。

---

① 林家彬、王大伟等著：《城市病：中国城市病的制度性根源与对策研究》，中国发展出版社2012年版，第71页。
② 谢晓波：《区域经济理论十大流派及其评价》，载于《山东经济战略研究》2004年第Z1期，第60~62页。

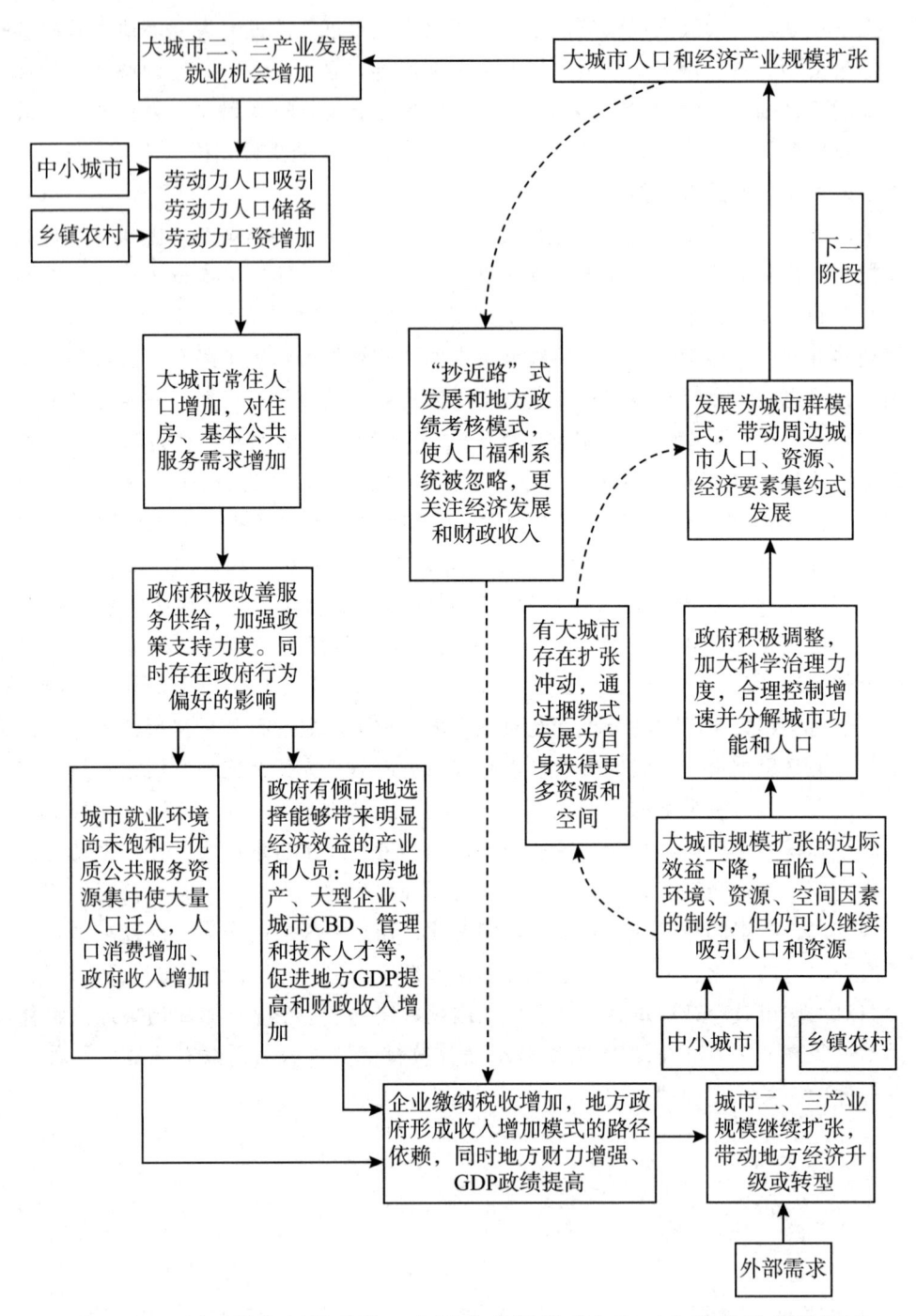

图 4-10 循环累积因果理论下大城市发展模式与人口集聚矛盾分析模型

第二节　怎样判断大城市义务教育资源承载力是否超标

判断大城市义务教育资源承载力是否超标的前提是要有相应的理论支撑及具体的评价指标。而评价指标体系的理论说明是思考和分析大城市义务教育资源承载力问题的前提，具体的评价指标则是在其基础上的分析工具。因此，对一座大城市的义务教育资源承载力状况作一般性的评价分析，两者的思考与运用缺一不可。

一、大城市义务教育资源承载力评价指标的理论观照

（一）指标体系构建的预设前提

从新型城镇化发展趋势看，个别城市或城市内个别区域的义务教育资源承载力有限是客观事实，并将在未来一段时间内持续存在。同时，随着城市区域内学龄人口与义务教育资源在不同学段、时段、空间内的此消彼长，这种嵌入式的供需矛盾也需要综合统筹予以协同应对。大城市义务教育资源承载力评价指标是涉及多要素的综合指标，我们在理性指标架构的基础上，通过对现实问题的观察与分析提出建设性或批判性的指标内容。

总体上看，大城市义务教育资源承载力评价指标可分为静态指标与动态指标两种类型。静态指标主要围绕直观现状与客观存在进行观察与分析，如教育资源的供需现状、反映程度的数据现状、短时间内的承载容量等，这种指标形态的优点是易于大规模获得数据、快速呈现出承载能力的现实状态；缺点是对过程中的问题成因缺少较为深入的刻画分析。动态指标主要围绕研究对象的潜在变化与发展趋势进行观察与分析，如教育资源的安排与管理、资源供需中的运行机制、长时间内的潜在承载压力预测等，这种指标形态的优点是可以较为深入地将核心问题的发展与变化呈现出来，以利于对问题进行批判性分析和化解；缺点是不易于收集到大量数据，尤其是随着分析层面的提升，每一个承载分析单位内部过程管理的特殊性就变得模糊，因此也不能较完整地呈现出问题的基本现状。

我们主要以静态指标构建为主，同时加以适当的动态指标分析。而指标体系的预设前提则是假定每个被调研单位基本满足了国家对义务教育资源配置的标准与要求，如课程开齐程度、各类课程课时与师生配比程度、硬件资源的最低配置

标准等。在此基础上，结合实际调研情况，进行静态指标＋动态指标的结合分析。

（二）指标体系构建的价值定位

指标体系的价值定位要受被测量事物本身的影响，而任何指标体系的设计与研制也都具有特定的价值取向，教育指标体系的价值定位是这一设计活动意识取向的根本体现。相比于其他教育指标，大城市义务教育资源承载力指标的设计，在价值定位上应有两点表现：一是"可持续发展"理念；二是"有质量承载"理念。

首先，可持续发展理念。可持续发展，可以说是众多承载力研究中共同的价值理念。无论是自然资源巨系统还是人类社会巨系统，可持续发展观都揭示了"发展、协调、可持续"的发展理念和系统本质，这一点对于大城市义务教育资源承载力来说同样具有重要的启示意义。可持续发展强调整体性和综合性。整体性体现在关于教育资源系统各种因果关联的具体分析之中，不仅要考虑教育资源系统维持和发展的各种内部因素，还要考虑承认各个外部影响因素。综合性代表着系统发展的各要素之间相互作用的组合，这种组合是各种关系之间的"总矢量"，既要考虑支撑力，也要考虑承载压力；既要考虑吸引力，也要考虑排斥力；既要考虑发展潜力，也要考虑制约条件。正是基于可持续发展理念，大城市义务教育资源承载力指标的设计也要以发展、协调、可持续为出发点，对限制性条件影响下的人口和教育资源间供需关系的分析与理解注入新的认识。

其次，有质量承载理念。关注质量是提升和改善教育资源承载力的现实需要，也是提升和改善教育资源承载力的重要手段，更是教育资源公平配置的根本保障和重要价值内涵所在。大城市义务教育资源承载力指标的设计应注重"扛得起"和"跟得上"两个价值内涵。一方面，"扛得起"是指承载主体要担负起最低标准的承载压力，这是质量内涵的本质要求。要扛起的是一种以坚持"两为主"为基本原则，同时针对超大、特大城市通过以购买学位等方式保证有学上的"全纳入"教育期望和教育状态。另一方面，"跟得上"是指教育资源供给能力的增长和调整速度要达到最低标准，这是质量内涵的应然要求。具有质量观的大城市义务教育资源承载力指标设计，不仅是义务教育改革与发展过程中应有的维度视角，还是在人的城镇化这一大背景下对教育发展的深层次关注。

（三）指标体系构建的基本原则

指标与指标体系有所不同，指标具有单一性、片面性等特点，而指标体系是从众多指标中合理选取部分指标组成的，它反映不同的关注焦点，有一定的内部结构，具有全面性、系统性、科学性等特点。① 因此，指标体系的设计本身就是一种系统性、综合性的科研活动。从教育指标的分类来看，我们认为大城市义务教育资源承载力指标体系基本属于教育督导指标一类。它的功能是监控教育事业的基本运行，其观察与分析的对象基本属于过去与现在式的实然状态，指标侧重点在于过程反馈。因此，其指标设计所依据的原则如下。

1. 目的性原则

可以说，在指标体系中每一项指标都应有其独特的地位和作用，即在整个指标体系框架中单一指标所能反映的现象或其性质、特征。因此，每一个具体指标的设计范围、口径范围、实际目的、指标内涵等都应仔细考虑，并将该指标所呈现的结果与指标体系的核心问题相关联，进而为得出整体性结论作出贡献。在对大城市义务教育资源承载力进行指标设计时，由于可以直接参考的教育指标非常少，这就需要在目的性原则下，将其他教育指标体系中的与核心研究内容不相关的部分参考指标要素剔除，选取出能够影响大城市义务教育资源承载力的关键因素，并将其设计成可以应用的教育指标。只有这样，构建出的教育指标体系才能具有代表性与科学性。

2. 科学性原则

科学性原则主要体现在指标体系及其具体指标的建立和选取上。一方面，大城市义务教育资源承载力指标体系应建立在一定的理论基础之上，即在众多相关理论的概念内涵与逻辑结构中，提取有益于大城市义务教育资源承载力分析和思考的要素成分，形成自己独特的理论框架和分析模式。另一方面，每一个具体指标的选取和设计也应经过指标参照、专家咨询、小组讨论等环节，保证每一个指标都有相应的科学依据，并在未来的实践活动中可行且有效。另外，无论是指标体系本身抑或是相应的具体指标，都要体现大城市义务教育资源承载力的系统性、条件约束的差异性等特点以及可持续发展、有质量承载的价值取向，以确保最终的指标体系能够完整、科学且具有可行性。

3. 系统层次性原则

大城市义务教育资源承载力指标体系包含多种维度的要素，其本身就是一个多层次、多结构、多要素的复杂系统。因此，在指标体系架构的过程中，不仅要注重指标体系的层次性，还要注重指标体系的系统性。所谓层次性，即根据系统的内在逻辑结构分出层次，使指标体系结构清楚，避免指标之间意义相近或者重复。② 所谓系统性，即是指标体系本身通过相应理论的逻辑结构所呈现出的整体

---

① 袁桂林等著：《中国农村教育发展指标研究》，经济科学出版社 2009 年版，第 221 页。
② 李岩：《中国城乡教育公平度综合评价研究》，东北大学硕士学位论文 2011 年，第 67 页。

系统性①，包括指标体系所针对指向的问题、子系统具体指标间的相互联系与结构等都是这种系统性的体现。

4. 可操作性原则

设计大城市义务教育资源承载力指标体系涉及多要素、多结构，因此既要以相应的理论分析为基础，又要考虑到具体指标的实际可操作性、数据的可获得性、计算方法和工具的适用性等因素②，否则再好的指标体系也终归是空中楼阁。目前，关于我国城市义务教育资源类的教育指标并不多，关于承载能力问题的分析更是处于初级阶段，相关的教育统计数据和信息还比较缺乏。因此，在此背景下如何获得可信的数据信息，形成简便适用的测算方法就显得非常重要，也使得可操作性成为指标体系研究中的重要制约因素。所以，在比较和运用其他教育类指标体系的同时，审慎考虑整个大城市义务教育资源指标体系和具体指标的可操作性，也是一个重要的原则。

二、大城市义务教育资源承载力的评价指标体系

（一）指标体系的研究定位

研究定位不仅是指标体系构建的重心所在，也是对研究问题的指向性回答，即指标体系究竟研究什么？是在哪一个层面上对研究问题的回应？总体来看，所谓大城市义务教育资源承载力，即是在不降低区域义务教育水平和不损害义务教育资源的前提下，在保证大城市义务教育资源的合理分布与均衡协调下，义务教育学段的人力、物力和财力资源对义务教育学龄人口最大数量的支撑、承受能力或限制、约束程度。在此背景下，大城市义务教育资源承载力的主要问题是接受义务教育的部分学龄人口学段和区域分布不均衡且不稳定；义务教育资源尤其是公办学校配置和学位供给，短时间内还难以充分满足需求；义务教育资源在数量和结构层面上的供需矛盾依然较大。由此引申出的研究外延主要体现在三个层面：一是义务教育资源的供给能力与所在区域背景状况的联系问题；二是义务教育内部具体资源要素的承载状况问题；三是义务教育资源在数量和结构层面上的供需矛盾问题。

所以，在上述基础上的大城市义务教育资源承载力研究其实是一个系统性、

---

① 袁桂林等著：《中国农村教育发展指标研究》，经济科学出版社 2009 年版，第 222 页。
② 袁桂林等著：《中国农村教育发展指标研究》，经济科学出版社 2009 年版，第 223 页。

结构性的过程,相应的指标体系设计与思考也应是一个系统化的结构体。从教育层次角度看,相比于学前教育、高中教育、高等教育等阶段,义务教育资源承载力是对义务教育阶段教育资源供需矛盾的分析。从空间结构角度看,可以分为城市局部区域、城市整体区域、相同类型城市群的义务教育资源承载力。在这些层次中,大城市义务教育资源承载力其实表现为一个嵌套式结构问题,每一层区域结构的分析都不是一种孤立的存在,而是其中的承载力个性化问题嵌套在整体区域性的环境之中,并与整体环境相互作用、相互影响。例如在分析城市局部区域义务教育资源承载力时,其嵌套结构式的个性化问题就是学校的教育资源承载力状况;在分析城市整体区域义务教育资源承载力时,其嵌套结构式的个性化问题就是城市各区域的教育资源承载力状况。

(二) 指标体系的主要内容

大城市义务教育资源承载力问题的本质还是教育资源在一定时空条件下的供需矛盾问题,而供需矛盾本身就是一种层次性问题的集合,因此评价和分析大城市义务教育资源承载力也需从层次性角度出发。一方面,大城市义务教育资源承载力状况在不同地区的表现形态有所不同,单从宏观视角观察往往会忽视问题的细节,容易让问题的突出矛盾特征被稀释在大范围的视野观察下。另一方面,对城市局部区域义务教育资源供需状况分析也是大城市义务教育资源承载力问题分析的基本单位。如果单对某所学校分析则太过具体,不具有代表性;如果以城市整体区域为样本进行分析又太过笼统,需要的数据和材料既多又复杂。因此,基于以上两点考虑,本研究以宏观、中观、微观三个层面为主,采用递进式方式,对大城市义务教育资源承载力的一般性状况进行综合评价(见表4-13)。

表4-13　　　　　大城市义务教育资源承载力指标体系

指标层面	具体指标
市级层面	公办学校数(所)/班级总数(个)
	民办学校数(所)/班级总数(个)
	本市户籍学生数(万人)
	非本市户籍学生数(万人)
	公共财政预算义务教育经费(万元)/公共财政支出(万元)
	未来三年内教育预留用地(亩)

续表

指标层面	具体指标
区级层面	公办学校数（所）/班级总数（个）
	民办学校数（所）/班级总数（个）
	本市户籍学生数（万人）
	非本市户籍学生数（万人）
	公共财政预算义务教育经费（万元）/公共财政支出（万元）
	生均公共预算教育事业费（元）
	未来三年内新、改、扩建学校用地（平方米）
	常住人口数（万人）/户籍人口数（万人）
	千人座位数（座）
学校层面	本地户籍学生数（人）/非本地户籍学生数（人）
	班级数（个）/每年级班级数（个）
	每个班级规模（人）
	专任教师数（人）/新增教师数（人）
	生均用地面积（平方米）/生均建筑面积（平方米）（中心/非中心城区）
	体育活动场地达标率（%）

1. 宏观层面

这一层面的指标核心是从一般性视角来评价一座大城市总体是否超载，其核心关注是在城市层面当年公办校的学位提供数与学生数量间的供需关系。同时，以近几年公办学校及其班级数量的增减程度为前提，考察大城市对教育资源改善的努力程度，以此判定其承载力存在的真伪。因此，这一层面主要涉及六大指标：公办学校数/班级总数反映的是公办教育资源的总体规模，通过标准班个数乘以学校数可以看出总体上公办学校能够提供的学位数量。民办学校数/班级总数反映的是民办教育资源的总体规模，通过标准班个数乘以学校数可以看出总体上民办教育能够提供的学位数量，同时也可与公办教育相对比，观察在教育资源中不同类型学校的结构关系。本市户籍学生数反映的是本地学龄人口规模，也是原有教育资源配置的人口依据。非本市户籍学生数反映的是非本地学龄人口规模即随迁子女规模，是"两为主""两纳入"政策下教育资源配置的人口依据。公共财政预算义务教育经费/公共财政支出，反映的是当地政府针对义务教育的经费投入力度和当地财政总体可支出规模，一方面通过义务教育经费可以看出历年城市对义务教育财政资源的投入力度和变化，另一方面通过义务教育经费与当地公共财政支出的比例可以看出当地的财政压力状况。未来三年内教育预留用地反映的是城市义务教育土地空间的投入情况，将之与城市规划建设用地相比可以看出城市义务教育资源配置的空间压力状况。以上指标皆是从静态角度对城市义务教育资源承载力状况进行的一般性分析。

2. 中观层面

这一层面的指标核心是对城市内各行政区范围内的一般性评价，用以考察某区教育资源是否超载。其核心关注是在区级层面当年公办校学位提供数与学生数量间的供需关系，以及区域内学校数量的增减和学校类型的结构布局。同时，以公办学校近几年班级数量的增减程度为前提，考察区级政府对教育资源改善的努力程度，以此判定区级教育承载力问题的真伪。因此，这一层面主要涉及以下指标：公办学校数/班级总数、民办学校数/班级总数、本市户籍学生数、非本市户籍学生数、公共财政预算义务教育经费/公共财政支出等。此外，还有生均公共预算教育事业费，反映的是中央、地方各级财政或上级主管部门在预算年度内安排并划拨到学校或单位、列入《政府收支分类支出科目》第205类"教育支出"科目中的教育经费拨款。由于我国义务教育管理体制是以县为主，落实到大城市就是以区为主，因此这项指标基本反映了一名学生的财政投入成本，是计算教育财政投入的基本单位。未来三年内新、改、扩建学校用地反映的是区级义务教育土地空间投入情况，将其与本区规划建设用地相比可以看出区级土地空间内义务教育资源配置的空间压力状况。常住人口数/户籍人口数反映的是区级空间内人口分布的数量与结构状况，一方面便于看出哪些区域主要承载着流动人口压力，另一方面是该区域根据常住人口配置教育资源的依据。千人座位数反映的是城市配置公共服务设施的规划依据，也是不同区域安排学位配置和生均占地、建筑面积的标准。

3. 微观层面

这一层面的指标核心是关于某区内部个别学校的一般性评价，用以考察某一学校的教育资源是否超载。其核心关注是在学校层面当年的学位数与学生数量间的供需关系，次要关注是校额、班额、班级数量的增减和必要教育资源的生均拥有量情况，以判定不同学校间的承载力现状与差异。这一层面主要涉及六大指标：本地户籍学生数/非本地户籍学生数反映的是本校学龄人口的规模与结构，也是计算学校、班级规模与生均教育资源是否超标的依据。班级数/每年级班级数反映的是学校班级规模及每年的班级规模，用以观察不同年级间的学生规模压力状况。专任教师数/新增教师数反映的是学校教师规模及更新情况。生均用地面积/生均建筑面积（中心/非中心城区）反映的是城市针对不同城区公共服务设施的用地标准，这既是当地中小学办学标准的依据，也是学校生均空间环境的底线配置标准。体育活动场地达标率反映的是学校运动场地的达标情况，参照本省、本市相关学校教室、场地建设标准，可以看出学校硬件设施的承载力状况。

（三）指标体系的评价方法

针对上述指标体系的具体评价方式，我们采用的是评价前提—核心关注—次要关注的递进式评价逻辑。首先，判断评价前提是否符合，如果前提条件是错误的，那么所谓承载力即不存在，如观察近五年甚至更长一段时期某城市或区域内公办学校数量的变化，如果呈现减少趋势即说明当地政府基本不存在主观努力程度，所谓教育资源承载压力也就不存在。其次，判断某一层面指标的核心关注问题，如果核心关注问题出现明显的过载现象即可判定该一层面的承载压力存在，并可根据实际情况给压力程度定级。最后，判断某一层面指标的次要关注问题，如果次要关注问题出现明显过载而核心关注尚没出现过载，则说明承载压力程度尚存在短期内改善的空间，需要对个别领域进行专项整改；如果两者都明显过载，则说明承载压力程度已超出短期改善的范围外，必须有针对性地进行中长期承载力提升政策的制定或研究其他具体解决办法。具体评价方法如下：

1. 市级层面

评价前提是近五年该市公办学校数和班级总数有没有明显减少趋势，如有明显减少则说明当地不存在教育资源承载压力，如果提出教育资源承载压力就是为阻挡随迁子女就学的借口。其次，该级层面核心关注当年公办校的学位数与学生数量间的供需关系。根据住房和城乡建设部 2002 年版《城市普通中小学校校舍建设标准的通知》，并结合教育部对班级规模的上限控制，一所普通小学的规模上限是 30 个班、每班 45 人，共计 1 350 人；一所普通初中的规模上限是 30 个班、每班 50 人，共计 1 500 人。我们假设城市当地每所公办校都是标准规模上限，即小学 1 350 人、初中 1 500 人，乘以各学段公办校数量得到当地各学段公办学校当年所能提供的学位数。我们将各学段的在校生数（含随迁子女）与各学段的学位数相对比：

在校生数大于学位数 10% 以内的属于基本无承载压力，就全市范围来说基本可以满足学生的就学需求，标记为绿色。

在校生数大于学位数 10% ~ 30% 的属于有轻微承载压力，就全市范围来说不能很好地满足学生的就学需求，但基于"两为主""两纳入""两统一"要求应继续坚持以优化现有教育资源为主，进行市域内的教育资源均衡配置，并适当扩充校额、班额，标记为黄色。

在校生数大于学位数 30% ~ 50% 的属于有较大承载压力，就全市范围来说现有教育资源已不可能满足学生的就学需求，但基于"两为主""两纳入"要求应继续坚持以优化现有教育资源和扩充教育资源为主,力争未来几年内通过新建、改扩建的方式扩充公办学校数量,缓解教育资源压力,标记为橙色。

在校生数大于学位数 50% 的属于有极大承载压力,就全市范围来说现有教育资源已不可能满足学生的就学需求,应在优化现有教育资源的基础上,扩充教育资源,加大扶持民办教育力量及采取公平的积分入学等方式,保障随迁子女在流入地正常上学的权利。但这种情况缓解的主要方向应在民办教育力量的改善和加强方面,通过购买民办学校学位、加强随迁子女教育经费投入、扩大积分入学的覆盖面等方式保障随迁子女在流入地有学可上,标记为红色。

最后,是关注义务教育经费和教育预留用地的承载压力状况。在义务教育经费方面,从近几年来全国教育经费执行情况来看,各省市公共财政教育支出占公共财政支出比例大多维持在 15% 左右,这是全国范围内普遍的最低标准。其次是各省都有各自的公共财政预算义务教育经费占公共财政支出的比例,这是各省范围内的普遍标准。大城市作为省域内经济发达、资源集中的行政区域,义务教育经费支出占比不能低于以上两个标准。在此基础上,可根据自身实际情况划分承载压力状况,如超出省域标准的 30% 是黄色压力、超出 30%~50% 是橙色压力、超出 50% 以上是红色压力。教育预留用地方面,可根据城市实际情况分析预留用地可兴建多大规模的学校,并相应计算新建、改扩建学校之后可提供多少学位。能在未来 2~3 年时间内解决所需学位的是黄色压力状况;能解决 70% 学位的是橙色压力状况;只能解决 50% 甚至更少的是红色压力状况。

2. 区级层面

首先,评价前提是近五年该区域公办学校数和班级总数有没有明显减少趋势,如有明显减少则说明当地不存在教育资源承载压力,或是提出的教育资源承载压力是为阻挡随迁子女就学的借口。其次,该级层面核心关注当年公办校的学位数与学生数间的供需关系。评价方式可与市级层面相同,划分出黄色、橙色和红色压力等级状态,以此在市域范围内观察哪一区承载压力明显。最后,次要关注是教育经费支出、教育预留用地、区域人口规模等指标。其中公共财政教育支出占公共财政支出比例和教育预留用地等指标评价方法与市级层面相同。其余指标都是辅助相应计算和评价使用,如生均公共预算教育事业费可用于计算一个随迁子女的教育成本,最后加总求和可以看出这笔费用占当地公共财政预算义务教育经费和公共财政支出的比例,并根据占比程度确定自身的压力状况。由于各市在此项指标上的数值标准不同,以及各自的经济消费水平、支出结构和财政规模的不同,此项指标作为次要关注仅供各级政府及教育主管部门自己测算。

常住人口数/户籍人口数和千人座位数也是背景性辅助指标,人口规模不仅决定了该区域公共服务设施配置标准,也是不同区域对流动人口子女规模判定的重要依据。一般而言，非户籍人口占到当地总人口30%～40%比例的，是出现明显的教育资源承载力的信号，需要当地积极应对并加大统筹力度；如果这一比例占到50%甚至更高，说明流动人口规模等于或超过户籍人口规模，会出现典型的人口倒挂现象，如广州、东莞、深圳等超大特大城市，说明当地教育资源承载压力已十分明显，已有公办教育资源应对起来十分困难。因此，监测流动人口及随迁子女规模，有利于不同区级单位及时应对与调整。

3. 学校层面

首先，评价前提是近五年该校班级总数有没有减少趋势，如有明显减少则说明当地不存在教育资源承载压力，或是提出的教育资源承载压力是为阻挡随迁子女就学的借口。其次，该级层面核心关注在学校层面当年的学位数与学生数间的供需关系。目前，随着我国随迁子女大规模向城性流动趋势不减，未来一段时间内大城市必须付出足够的努力才能将随迁子女全部纳入。因此我们可以考虑在原有校额、班额的规定标准下，适当允许调整幅度，以利于更多公办学校提供学位，事实上一些大城市优质公办学校一直在打这方面的擦边球，其浮动评价标准如下：

国家原有的中小上限规模即小学30班、每班45人，共计1 350人；初中30班、每班50人，共计1 500人，我们可以将之视为一种理想的满员状态、一种最基本的承载压力底线，标记黄色压力状况。

如果学生再多必须尽量满足学位需求的话，可以允许学校每个再多一个标准班，达到小学36班、共计1 620人；初中36班、共计1 800人。这样一所小学就可多出270个学位、一所初中就可多出300个学位，这对缓解压力也是十分可观的，同时也利于相对节省新建和改扩建学校的巨大支出，可以视为一种有弹性的压力底线，标记橙色压力状况。

如果某些区域的学生规模几年之内也无法疏散，甚至可以考虑适当扩充班额。即初中段不变，小学段上限可为50人/班，这样36班规模共计1 800人。目前，县域大班额调整的上限大多是55人/班，但城市不能如此放任，建议扩至50人/班，但这也是最后的底线，如果学生再多则必须拆分学校或削减班级。目前，有些大城市以45人/班为理由拒绝提供学位，更有甚者以小班化教学和高标准的教育现代化为理由，拒绝增加学位接受随迁子女。对此，我们认为不应鼓励以小班化为理由拒绝随迁子女入学。因为从现在一直到2020年前后，我国教育城镇化速度一般会快于人口城镇化速度，公共服务均等化应是未来大城市改革的重点，因此现阶段在大城市承载压力较大的情况下不宜过度宣传小班化教学，而应更多地为教育公平政策服务。

最后，专任教师数/新增教师数、生均用地面积/生均建筑面积（中心/非中心城区）、体育活动场地达标率等都是辅助性指标。专任教师数便于测算教师规模和师生比，新增教师数便于测算新增教师数量和相应投入。生均用地面积/生均建筑面积（中心/非中心城区）指标值可参照各市公共服务设施配置标准，并结合学校实际进行评价。体育活动场地达标率以及一些学校重要功能室配置率等指标都是城市学校重要的空间资源指标，可结合当地中小学办学标准和建筑标准等规定自行评定。上述指标的评定可依据当地政府和教育主管部门对学校硬件设置标准进行测算，如有明显缺失则说明相应资源出现不足，会影响到学校整体承载能力而需要及时补充。以此标准数值也可测算转换为成本投入，便于在更高层面对教育资源的相应计算。

4. 未来层面

以上指标评测是基于静态层面的承载力评估，从未来规划的角度来看，我们还需要进行教育资源承载力评估，并在此基础上从一般角度观察未来需付出多大努力。因此，围绕各层级指标的核心关注及人口要素背景，我们着重以一定区域内学位数与学生数间的供需关系为基础，预测相应人力、物力与财力资源的投入规模。其中主要包含两部分，一是人口规模的预测与分布，二是新增配置学校的资源压力状况。

人口规模的预测与分布。首先，要预测一地城市学龄人口的总体趋势，尤其是人口净流入型大城市，其未来一定时间内学龄人口增长趋势是怎样的？这里可包含户籍学龄人口及随迁子女规模的增长以及全面"二孩"后当地常住人口新生儿对学龄人口的影响等。其次，预测城市内流动人口如农民工群体的居留稳定性、子女携带程度以及在城市内的空间分布。通过预测观察出城市内流动人口的居留程度是否存在波动，即在城市打工多少年的流动人口会选择在城市长期居住，同时观察他们的子女携带率。一般来说，稳定的流动人口携带子女的可能性比较大，预测将有多少学龄人口可能会随迁进城或在城市内出生。还要观察流动人口的地域分布，看看哪些区域将是流动人口的主要聚集区域，由于国家逐步实行以居住证为依据就近接受义务教育的制度，因此流动学龄人口的空间分布对于教育资源的配置十分重要。

新增配置学校的资源压力状况。首先，我们先以当地城市近五年的在校生规模平均增长率为依据，推测未来几年内每年可能的在校生规模。其次，获取当地公办学校近五年的班级总数平均增长率，以此为依据预测未来几年内每年可能的班级总数，然后基于标准班额计算每年能够提供的学位数。再次，获得当年户籍学龄人口数和随迁子女数并加总。以预测在校生总数减去公办学校学位数来观察承载压力状况，并依据市级层面的评价标准进行等级划分。最后，通过测算一个学生基本的年均培养成本，乘以当地随迁子女的总体规模便可得出可能投入的总体成本,并将这部分成本除以当地公共财政预算义务教育经费总额,通过占比程度的高低来观察财政投入的承载压力情况。以在校生数与公办学位数的差额为基础,可按一般标准预测需要配置多少名教师、需要建多少所学校以及需要多少教育用地。以新增教师数估测人力资源的预计配置;以新建学校数估测土地资源的预计配置,并结合当地现有可规划建设用地情况观察土地资源的承载压力;以新增教师工资、新建学校费用及土地置换费用等估测财力资源的额外压力。

第三节 一座特大城市的典型案例分析

本书选取东莞市作为个案调研城市。东莞市地处珠江三角洲腹地,毗邻广州市和深圳市,是广东省的第三大城市,全国4个不设市辖区的地级市之一。2018年全市常住人口数839.2万人,其中户籍人口数231.6万人,占比27.6%;非户籍人口数607.6万人,占比72.4%,是非常典型的人口净流入型城市。[①] 按照国务院2014年颁布的《关于调整城市规模划分标准的通知》标准,东莞市属于特大城市。由于地理位置优越、制造业服务业聚集,东莞市社会经济发达程度较高(见表4-14)。

表4-14 东莞市2012~2018年经济发展状况及产业分布

项目	2012年	2015年	2018年
国内生产总值(亿元)	5 010.14	6 275.06	8 278.59
国内生产总值比上年增长(%)	6.1	8.0	7.4
第一产业增加值(亿元)	19.19	20.50	25.04
第一产业增加值比上一年增长(%)	1.2	-0.4	7.4
第二产业增加值(亿元)	2 351.78	2 902.98 (46.3%)*	4 027.21
第二产业增加值比上一年增长(%)	5.6	6.2	6.9
第三产业增加值(亿元)	2 639.17	3 351.59 (53.4%)*	4 226.34
第三产业增加值比上一年增长(%)	6.7	10.0	7.9

---

① 东莞市统计局:《东莞市2018年国民经济和社会发展统计公报》,2019年4月8日。

续表

项目	2012 年	2015 年	2018 年
三大产业比例	0.4：46.9：52.7	0.3：46.3：53.4	0.3：48.6：51.1
人均地区生产总值（元）	60 556	75 616	98 939
人均地区生产总值增长率（%）	5.7	8.4	6.6

注：*括号中的%代表占 GDP 的比重。
资料来源：《2012～2018 年东莞市国民经济和社会发展统计公报》。

东莞市制造业实力雄厚，产业体系齐全，是全球最大的制造业基地之一，号称"广东四小虎"之首和"世界工厂"。在这些产业大量集聚的背后，东莞市吸引了来自全国各地的大量流动人口，其中以从事中低端制造业、服务业的劳动人口为主。相比于北京、上海等一线超大城市或其他地区特大城市，东莞市对流动人口来说相对更具有吸引力，主要体现在就业门槛相对较低、当地买房与租房相对便宜、当地对民办教育的包容与支持更好等方面，这一切为随迁子女在当地接受义务教育营造了相对容易和成本较低的环境，大量随迁子女的进入也对东莞市义务教育资源供给带来很大挑战，使得当地民办教育的学生数量和学校规模比重很大，占到了"半壁江山"，民办教育规模甚至居全国之首。虽然其他类型大城市义务教育发展的问题多种多样，但东莞市在义务教育学龄人口、公办民办学校比例、教育资源的供需与属性关系等方面更具有典型性。

一、市级层面的宏观分析

（一）东莞市义务教育资源基本供需状况

2015 年调研时了解到，东莞市义务教育阶段在校生共有 92.79 万人，其中非户籍在校生即随迁子女数共计 75.65 万人，占义务教育阶段在校生总量的 81.51%，是本地户籍学生总量的 4 倍多，这个比率超过了广州和深圳，更远超上海和北京，是典型的"学龄人口倒挂城市"。其中，在公办校就读的义务教育段随迁子女总量为 17.56 万人，占在公办校就读在校生总量的 53.8%，占东莞市全体在校生总量的 18.9%，这一比例远低于教育部公布的全国随迁子女在城市就读公办校 80% 左右的总体比例。同时，大量随迁子女聚集，使公办校与民办校之间的生均基本教育资源拥有量也相差巨大（见表 4-15）。

表 4-15　　东莞市义务教育段学校教育资源分布状况

项目	小学公办校	小学民办校	初中公办校	初中民办校
学校数（所）	206	121	52*	146*
在校生数（人）	239 092	480 171	86 801	121 876
非户籍学生数（人）	137 450	469 534	38 166	111 334
招生数（人）	44 024**	96 176**	29 281	47 312
校均规模（人）	1 160	3 968	1 973	616
班级数（班）	5 116	9 550	1 882	2 384
班均规模（人）	46	50	46	51
专任教师数（人）	12 688	17 593	6 410	5 904
师生比	18.8∶1	27.3∶1	13.5∶1	20.6∶1
校舍面积（平方米）	3 196 636	1 327 403	2 745 162	3 514 926
生均校舍面积（平方米）	13.4	2.76	31.6	28.8
占地面积（平方米）	5 950 372	2 094 387	4 273 189	5 932 341
生均占地面积（平方米）	24.9	4.36	49.2	48.6
计算机数（台）	45 316	16 921	25 834	37 669
每台计算机服务学生数（人）	5.3	28.4	3.4	3.2
教学仪器设备值（万元）	75 035	30 522	44 184	69 658
生均教学仪器设备值（元）	3 138	635	5 090	5 715

注：* 为普通中学数—高级中学数；** 为一年级在校生数；学校数中包含完全中学 6 所、初级中学 53 所、十二年一贯制 13 所、九年一贯制 126 所。

首先，小学段公办校与民办校相应生均指标差异巨大。除班均规模外，其余指标值相差悬殊，其中校均规模相差 2 倍、生均校舍面积相差 5 倍、生均占地面积相差 5 倍、生均教学仪器设备值相差 4 倍。这说明，东莞市在现有条件下容纳外来随迁子女的主要措施是透支民办学校的教育资源，造成东莞市小学段公办校与民办校之间生均教育资源的巨大差距。目前来看，这也是东莞市义务教育问题无奈的解决方式，因为在短期内要满足占比 81.5% 的随迁子女的教育需求，投资建设新的公办校也不是一种现实可行的方法。

其次，初中段公办校与民办校相应指标差异不明显。除班均规模和师生比外，其余指标差异并不明显，其中民办初中的校均规模和生均教学仪器设备值还要好于公办初中。其中可能的原因包括初中段学龄人口回流到流出地、辍学、民办校数量较多等，但总体来看，初中段的差异性和压力要明显小于小学段。

最后，非户籍学生（即随迁子女）在公办校就读比例很低。小学段随迁子女公办校就读率为 19.1%,初中段随迁子女公办校就读率为 18.3%(见表 4-16)。

表 4-16　　　东莞市 2012~2015 年在校生人数一览表　　　单位:人

项目			2012 年	2013 年	2014 年	2015 年
义务教育在校生	总数		800 185	860 382	893 864	927 940
	户籍学生		191 070	180 049	176 165	171 456
	非户籍学生		609 115	680 333	717 699	756 484
非户籍在校学生	在公办学校就读	总数	142 064	154 524	163 378	175 616
		小学	114 902	121 713	127 326	137 450
		初中	27 162	32 811	36 052	38 166
	在民办学校就读	总数	467 051	525 809	554 321	580 868
		小学	380 863	427 756	449 315	469 534
		初中	86 188	98 053	105 006	111 334

由表 4-16 可知,近四年来,东莞市户籍学生数呈明显下降趋势,而非户籍学生数却在明显上升。结合调研了解到,在东莞市人口计划生育、积分入户等政策的综合影响下,户籍人口数量在下降,因而户籍学生数量也随之下降。由于城市义务教育资源配置是以户籍人口数量为基准的,因此就目前的公办义务教育资源来看,其承载的户籍学龄人口压力总体上在下降。但不可否认的是,由于城市空间规划及城市功能分布的历史性原因,仍存在个别区域人口高度聚集状态下教育资源紧张的状况,就课题组了解到的情况看,这类区域多为东莞市中心经济发达街道和镇区。所以,在学龄人口此消彼长的情况下,大量随迁子女对东莞市义务教育资源尤其是中心城区公办教育资源形成了明显的需求压力。可以看到,在民办小学段就读的人数大致是公办小学段的 4 倍,在民办初中段就读的人数大致是公办初中段的 3 倍。由此可见,小学段(尤其是民办校)就读规模压力要大于初中段。

(二)公办教育资源承载能力有限

据了解,东莞市近四年义务教育段随迁子女以每年至少 3 万~4 万人的速度快速增长,因此其对教育资源的需求增量也是快速增长的(见表 4-17)。

表4-17　　　东莞市2012~2015年小学段和
　　　　　　　初中段在校生数对比表　　　　　单位：人

年份	小学段		初中段	
	公办校在校生数	在校随迁子女数	公办校在校生数	在校随迁子女数
2012	212 142	495 765	92 292	113 350
2013	218 546	549 469	90 740	130 864
2014	226 181	576 641	88 422	141 058
2015	239 092	606 984	86 801	170 808

无论是小学段还是初中段，公办校在校生规模总体平稳。与之相反，义务教育段随迁子女数呈快速增加趋势，其中小学段四年来增长了20%，初中段四年来增长了50%。从教育部对随迁子女义务教育"两为主"的政策角度出发，如果把公办校在校生数的增长看作学位供给，把随迁子女在校生数的增长看作学位需求的话，那么东莞市近年来公办义务教育资源的供给增长速度远低于随迁子女义务教育需求的增长速度，其中初中段的学位供给还呈下降趋势。

不难看出，目前城市公共服务资源仍以户籍人口为基础进行配置，义务教育段学位供给是随着户籍人口数量的变化而变化的，户籍学生数量下降的趋势也与此一致。据调研获知，虽然目前东莞市义务教育阶段公办学校共有252所，可提供的公办学位共计32万个，但对应的随迁子女人数则为75.6万人，远超出公办教育资源所能承载的能力。同时，2015年东莞市通过积分制入读公办学校的随迁子女数（含优惠政策群体）达30 180人，虽然比2014年增长了16%，但与随迁子女总体数量相比仍非常有限。

（三）地方财政承载能力有限

东莞市的义务教育财政经费投入尤其是随迁子女市民化待遇保障方面的投入经过了一个逐步增长的过程。从2009年春季起，东莞市取消了义务教育阶段公办校就读的随迁子女借读费，所有入读义务教育阶段公办校的随迁子女实行免费教育，2015年市镇两级财政在解决随迁子女就读公办校上的经费支出约为27.94亿元。同时，从2013年开始东莞市对在义务教育民办学校就读的随迁子女进行了公用经费和教科书补助，2015年补贴标准已提高至小学每生每年1 270元、初中每生每年2 155元，其间共拨付经费8.4亿元。在向民办校购买学位方面，东莞市经过3年探索期已于2016年6月出台了《东莞市政府购买义务教育民办学位暂行办法》，规定的定价标准为小学每生每年5 000元（含义务教育财政补助），初中每生每年 6 000 元（含义务教育财政补助）。

　　东莞市财政在随迁子女就学问题上还存在明显压力。自实施市镇两级办学以来，一方面东莞市教育支出占比大，市镇财政压力大。如果切实贯彻国家提出的义务教育"两为主"政策，全市义务阶段共有 92.8 万名中小学生，按东莞市中小学培养成本小学每生每年 14 235.08 元（包含教师工资、基建、经费支出、投入专项等，下同）、初中每生每年 21 939.67 元标准测算，合计教育支出占市财政经常性收入的约 31.7%，如此庞大的支出，东莞市财政难以承担。另一方面中央与省财政转移支付乏力，金额较少。据统计，2013~2015 年中央和省对东莞市分别补助了 36 972 万元、47 463 万元、61 820 万元，平均每年补助 48 752 万元，而三年东莞市教育投入分别达到 1 030 303 万元、1 058 009 万元、1 152 124 万元，中央和省补助分别仅占东莞市这三年教育投入的 3.59%、4.49%、5.37%，① 显然，中央和省级财政给予的教育补助比例偏低，金额较少。

　　同时，东莞市在改扩建学校方面的财力投入压力巨大。2014 年东莞市义务教育段民办校在校生总数 579 261 人，其中小学段 461 088 人、初中段 118 173 人。如果按教育部、建设部 2002 年颁布的《城市普通中小学校校舍建设标准的通知》的标准，完全小学最大规模 30 个班、每班 45 人共计 1 350 人；初级中学最大规模 30 个班、每班 50 人共计 1 500 人计算，小学段应再配置公办校 342 所、初中段应再配置公办校 79 所，共计需建设 421 所公办学校。再按照了解到的一所学校建设费用约 1.5 亿~2 亿元（不包括征用土地、拆迁费用）进行计算，最少还需准备 631.5 亿元资金，而东莞市 2014 年市财政可支配财力才 760.8 亿元，这笔资金无疑是一笔天价费用。

（四）教育用地资源有限

　　根据上述新扩建学校数据，我们按县一级小学标准建设占地 30 亩计算，如果把民办校在校生规模全部转移到新建公办校中来，还需 12 630 亩土地，而这是东莞市无法提供的。同时，东莞市教育局也认为现有城市国土规划当中对教育用地的规划属于画饼充饥，即往往在规划中划了一块教育用地，但实际上是民居区。因此，从政府规划意义上说，未来教育用地可以包含在城市规划之中，但拆迁、赔偿、建设过程往往是一个成本非常高昂的望不到头的过程。所以，城市中

---

① 罗军文：《关于东莞市 2014 年预算执行情况和 2015 年预算草案的报告——2015 年 1 月 28 日在东莞市第十五届人民代表大会第五次会议上》，东莞市十五届人大五次会议文件，2015 年；罗军文：《关于东莞市 2013 年预算执行情况和 2014 年预算草案的报告——2014 年 1 月 7 日在东莞市第十五届人民代表大会第四次会议上》，东莞市十五届人大四次会议文件，2014 年。

心区土地是限制教育资源扩容的主要因素。另外,东莞市不同区域内土地资源供给和审批途径都不一样,据了解当地教育用地一般通过三种途径获得:一是这块区域以前在做空间规划时就预留的土地,没有开发使用时即可以新建学校,这样的土地一般都在城市的近郊或远郊区。二是需要政府通过置换的方式,将土地使用权置换过来,这种用地一般会涉及农村社区的集体用地,需要当地社区居民集体表决同意。还有一种就是像南城区这样的东莞市中心区用地,需要报国务院审核,这个过程由区到市、由市到省、由省到国务院,一年报批一两次,往往手续繁琐,时间也很长。

综上所述,市级层面公办小学共206所,按标准规模计算共能提供278 100个学位(206×1 350),但东莞市2015年小学段学生共606 984名,超出公办学位供给数量118%,属于红色超载状态。公办初中共52所,按标准规模计算共能提供78 000个学位(52×1 500),但东莞市2015年初中段学生共149 500名,超出公办学位供给数量91.6%,属于红色超载状态。即便小学段学校规模扩大到36班,能提供333 720个学位,学生需求规模仍将超出81.8%,属于红色超载状态;小学段班级规模扩大到50人/班,能提供370 800个学位(206×1 800),学生需求规模仍将超出63.7%,属于红色超载状态。而初中段学校规模扩到36班,能提供93 600个学位(52×1 800),学生需求规模仍将超出59.7%,属于红色超载状态。由此可见,东莞市义务教育资源承载力属于红色超载的极差状态,一方面公办教育资源补充面临杯水车薪的尴尬,另一方面市级政府在财政支持和土地资源上面临很大制约。所以,针对随迁子女规模庞大的特大城市,未来应在原有基础上由国家和省级政府大力加强对民办教育的扶持、规范和管理,使民办学校持续壮大、走上健康的可持续发展之路,进而成为提升东莞市乃至整个广东省义务教育资源承载力的有效路径。

二、区级层面的中观分析

由表4-18可以看出,东莞市32个区镇每个区域承载力的一般状况。我们首先获得各区镇小学和初中的公办学校数,按标准化学校规模小学1 350人、初中1 500人计算,获得各区镇公办学校在标准化规模极限下所能提供的学位数。其次,我们获得包含随迁子女数的小学与初中在校生数,这是每个区镇的义务教育学龄人口规模。最后,用(在校生数-供给学位数)/供给学位数表示对学位需求的超载率。

表4-18　　东莞市2015年各区镇义务教育段学生结构情况

区镇	常住人口数（万人）	可支配财政收入（亿元）	小学在校生数（人）	小学随迁子女数（人）	初中在校生数（人）	初中随迁子女数（人）	小学段学位需求超载率（%）	初中段学位需求超载率（%）
南城	30.25	17.16	28 062	20 318	8 444	4 729	160	463
东城	49.51	20.90	42 018	34 599	11 183	7 854	211	273
厚街	43.79	30.47	36 177	31 300	8 475	6 071	106	183
虎门	63.93	22.80	44 039	37 271	12 039	9 196	92	168
长安	66.23	22.02	47 505	44 598	7 594	6 043	340	406
常平	39.05	14.23	36 836	32 266	9 200	6 779	148	207
塘厦	48.73	18.01	35 032	31 038	8 657	7 141	332	477
凤岗	31.86	18.46	32 618	30 931	7 589	7 058	303	406
万江	24.83	7.31	26 479	22 535	6 035	4 390	118	101
高埗	21.75	6.36	12 753	10 935	3 177	2 490	89	112
莞城	16.74	7.34	13 263	3 834	0	0	23	0
石碣	24.77	6.97	22 382	19 958	6 312	5 364	314	110
望牛墩	8.59	5.07	6 272	4 214	3 508	1 231	16	134
道滘	14.17	6.88	11 383	8 840	4 411	2 971	41	194
企石	12.3	4.76	11 360	8 942	3 393	2 357	110	126
横沥	20.57	8.00	18 874	16 793	4 143	3 244	599	176
桥头	16.54	6.73	15 721	13 204	4 800	3 719	94	220
谢岗	9.82	4.40	7 663	6 465	2 366	1 974	89	58
东坑	13.71	6.29	15 632	14 199	4 374	3 855	286	192
樟木头	13.49	7.80	15 356	13 436	3 517	2 913	469	134
中堂	14.05	6.96	16 647	13 361	6 365	4 498	76	112
大朗	31.39	9.55	35 941	31 473	9 033	7 133	105	502
黄江	23.45	12.60	16 942	14 893	3 308	2 462	151	121
清溪	31.59	11.86	23 495	21 453	6 150	5 290	335	310
大岭山	28.12	10.59	20 798	18 299	5 612	4 512	120	274
寮步	41.97	13.01	31 706	27 522	8 780	6 418	161	193
茶山	15.73	7.26	19 879	17 519	6 479	5 552	391	332
石龙	14.33	7.25	11 393	8 372	4 146	2 202	111	38

续表

区镇	常住人口数（万人）	可支配财政收入（亿元）	小学在校生数（人）	小学随迁子女数（人）	初中在校生数（人）	初中随迁子女数（人）	小学段学位需求超载率（%）	初中段学位需求超载率（%）
石排	16.09	5.39	15 716	13 286	3 678	2 623	191	145
沙田	17.94	10.74	12 820	10 228	3 977	3 245	217	165
洪梅	5.83	3.74	1 985	1 082	780	422	-51	-48
麻涌	12.09	9.06	6 783	4 075	2 141	902	-28	43

由图 4-11 和图 4-12 可以看出，除极少数区镇承载力处于橙色或黄色状态外，绝大多数区镇都处于极高的红色状态，如小学段最高高出 600%、初中段最高高出 500%。这说明仅靠当地现有公办学校资源是远远不够的，即使学校规模扩充再大也不可能满足学龄人口的教育需求。因此，只有大力扩充民办教育力量，同时加大公办学校建设力度，才能满足庞大随迁子女的教育需求。

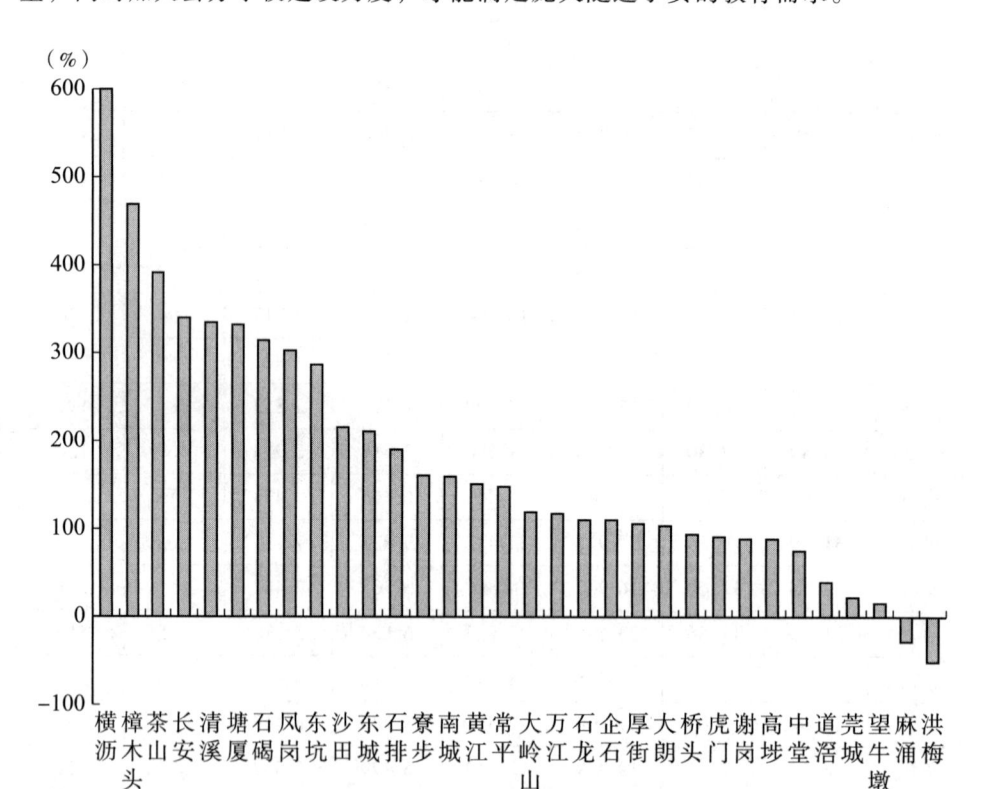

图 4-11 东莞市 2015 年小学段学位需求超载率

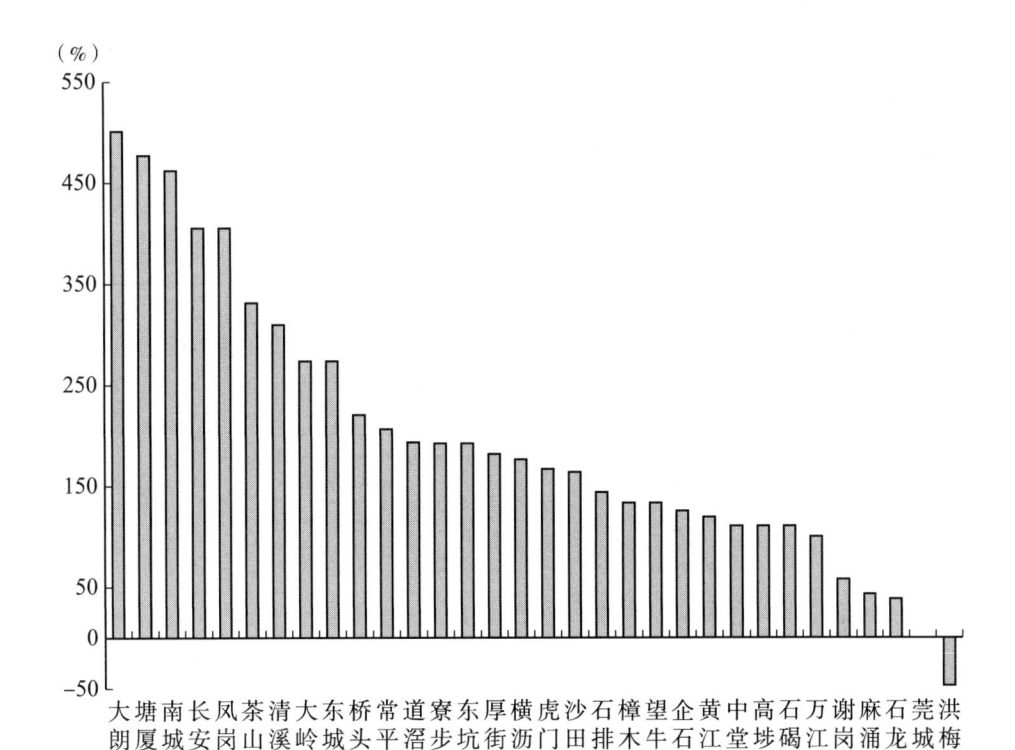

图 4-12　东莞市 2015 年初中段学位需求超载率

由表 4-19 可以看出各区镇义务教育段财政、学校、教师压力情况。通过课题组实地调研获知，东莞市小学段生均预算内教育事业费为 9 435 元、初中段生均预算内教育事业费为 12 313 元。教育事业费是中央、地方各级财政或上级主管部门在预算年度内安排并划拨到学校或单位，列入《政府收支分类支出科目》第 205 类"教育支出"科目中的教育经费拨款，是基本的财政预算内生均教育成本。我们用小学段和初中段生均预算内教育事业费分别乘以各学段下的在校生数，得到各学段所有学生可能投入的财政预算教育成本，并将两者之和除以各个区镇当年可支配财政收入，其比值代表各区镇义务教育阶段基本财政负担。可以看到，人多数区镇财政负担都在 25%～35% 之间，而东莞市 2014 年预算内教育经费占财政支出比例才 25%。这说明大多数区镇如果将全部随迁子女都纳入也是一种不小的财政负担，其中还不包括新增学校的土地拆迁费用、建设费用、设备配置费用、新增教师和管理人员费用等，如果全部计入对各区镇来说将是一笔天价投入。从需新增学校数和新增教师数来看，小学段的需求压力要明显高于初中段，而且经济相对发达中心区镇需要得更多。据调研得知，在当地按新建一所学校用地 30 亩计算，要解决全部新建学校需要土地 15 870 亩，这是东莞市目前所不能提供的。按一名教师人均年工资 100 000 元计算,解决所有新增教师工资费用需 40.1 亿元,尚且不说这笔庞大资金从哪里出,单是这些新增教师的编制都是难以解决的棘手问题。

表 4-19　　　东莞市 2015 年各区镇义务教育段财政、学校、教师压力情况

项目	常住人口数（万人）	可支配财政收入（亿元）	义务教育段财政负担（%）	小学段还需公办学校数（所）	初中段还需公办学校数（所）	小学段还需教师数（人）	初中段还需教师数（人）
南城	30.25	17.16	21.5	15	3	1 069	350
东城	49.51	20.90	25.6	26	5	1 821	582
厚街	43.79	30.47	14.6	23	4	1 647	450
虎门	63.93	22.80	24.7	28	6	1 962	681
长安	66.23	22.02	24.6	33	4	2 347	448
常平	39.05	14.23	32.4	24	5	1 698	502
塘厦	48.73	18.01	24.3	23	5	1 634	529
凤岗	31.86	18.46	21.7	23	5	1 628	523
万江	24.83	7.31	44.3	17	3	1 186	325
高埗	21.75	6.36	25.1	8	2	576	184
莞城	16.74	7.34	17.0	3	0	202	0
石碣	24.77	6.97	41.4	15	4	1 050	397
望牛墩	8.59	5.07	20.2	3	1	222	91
道滘	14.17	6.88	23.5	7	2	465	220
企石	12.30	4.76	31.3	7	2	471	175
横沥	20.57	8.00	28.6	12	2	884	240
桥头	16.54	6.73	30.8	10	2	695	275
谢岗	9.82	4.40	23.1	5	1	340	146
东坑	13.71	6.29	32.0	11	3	747	286
樟木头	13.49	7.80	24.1	10	2	707	216
中堂	14.05	6.96	33.8	10	3	703	333
大朗	31.39	9.55	47.2	23	5	1 656	528
黄江	23.45	12.60	15.9	11	2	784	182
清溪	31.59	11.86	25.1	16	4	1 129	392

续表

项目	常住人口数（万人）	可支配财政收入（亿元）	义务教育段财政负担（%）	小学段还需公办学校数（所）	初中段还需公办学校数（所）	小学段还需教师数（人）	初中段还需教师数（人）
大岭山	28.12	10.59	25.1	14	3	963	334
寮步	41.97	13.01	31.3	20	4	1 449	475
茶山	15.73	7.26	36.8	13	4	922	411
石龙	14.33	7.25	21.9	6	1	441	163
石排	16.09	5.39	35.9	10	2	699	194
沙田	17.94	10.74	15.8	8	2	538	240
洪梅	5.83	3.74	7.6	1	0	57	31
麻涌	12.09	9.06	10.0	3	1	214	67

三、应对大城市义务教育资源承载力不足的机制建议

随着我国经济进入新常态及新型城镇化进程不断加快，在社会转型过程中面对产业结构调整及人民群众多样化教育需求的增长，必然要加大人力资本投资、加快提升劳动者素质以实现人口红利向人才红利转变，并最终形成惠及全民、覆盖终身的教育服务体系，这是我国未来数十年教育发展所面临的新需求与新挑战。因此，我们应尽可能让每一个公民相对公平地获得提升人力资本的机会与资源，而在此方面教育改革发展必须先行。

首先应坚持一个原则与一条底线。一个原则是城市教育资源供需协调原则，即教育资源供给与布局规划要在数量上、结构上与学龄人口的规模变化相协调，实现供需平衡。一条底线是城市不能排斥随迁子女在流入地正常上学，即使是基于城市人口规模管控而制定的"门槛政策"，也不能损害随迁子女入学的相对公平。为此，应加强大城市义务教育资源的供给与配置。流入地城市政府在随迁子女义务教育"两纳入"政策指导下，应积极转变两个思维，即由随迁子女教育负担压力思维向提供公共服务责任思维，由与上级或流出地政府利益博弈思维向激励相容思维的转变。同时，针对有严格人口规模管控的超大、特大城市，必须结合城市人口管控与义务教育资源实际情况，出台合理科学的人口规模控制—教育服务供给联动管控协调的综合治理机制，不能单一地限制流动人口与就业类型或单一地限制随迁子女进城上学。

其次应加强教育资源供给侧改革以实现教育人口与教育资源的"空间均衡"。

目前城市教育资源承载力不足主要表现为财政资金不足、教育用地有限和教师编制短缺。[①] 因此，既要在省份间、城乡间争取实现"空间均衡"，以缓和学龄人口大规模向大城市流动的趋势；也要在城市内部中心城区与近远郊区实现"空间均衡"，以消除大城市个别区域优质教育资源过度集中、存在教育资源承载压力的现象，从而在规模与结构调整上整体提升教育资源供给的效率与质量，全面有效解决随迁子女的义务教育问题。同时，加大省级统筹，建立各级政府分担的教育财政机制，建议确定中央政府承担跨省随迁子女教育经费的比例应不低于50%。[②] 及时监测超大、特大城市及省会大城市随迁子女流动与学校数量的动态变化情况，在此基础上，根据城市空间发展规划、经济社会发展状况、人口规模控制目标和义务教育资源承载能力状况等，科学合理制定随迁子女入学的具体办法，尝试以积分入学方式获得公办学校学位。对外来随迁子女规模较大的城市或随迁子女特别集中的城市区域，要大力加强对民办学校的政策支持和财税补偿力度，推进随迁子女民办校的标准化建设和科学管理，使之成为能够有效化解城市公办教育资源不足、提升城市教育资源承载能力的补充力量。要加强国土、城乡规划和教育部门的协同，避免土地利用总体规划和城乡规划之间的冲突；充分利用"城乡建设用地增减挂钩试点"的政策机遇，建立教育用地优先供给机制；短期来看，可对现有教育用地进行潜力挖掘，如实行教育用地优化整合和土地有偿置换。要统筹区域内教师资源配置，优化师资格局；改革教师选用机制、破解编制限制瓶颈。既要在省份间、城乡间争取实现"空间均衡"，以缓和学龄人口大规模向大城市流动的趋势；也要在城市内部中心城区与郊区实现"空间均衡"，以消除大城市内部分区域优质教育资源过度集中造成的区域性教育资源承载压力。要科学合理地制定随迁子女在当地升学的政策标准，切实保障他们的受教育权利。

---

① 李静美、邬志辉：《当前城镇义务教育学校大班额的问题及其治理》，载于《教育发展研究》2017年第8期，第56~61页。

② 杨东平主编：《中国流动儿童教育发展报告2016》，社会科学文献出版社2017年版，第17页。

第五章

城市义务教育供给侧结构性改革发展机制研究

城镇化是我国当前社会发展的重大时代背景。对于城市义务教育发展而言，城镇化的最大影响在于大量适龄随迁子女进入城市从而导致城市义务教育资源供给不足。因此，需要通过推动义务教育供给侧结构性改革来增加城市现有义务教育资源的供给数量、改善城市义务教育资源的供给效率，从而满足不断增长的随迁子女义务教育就学需求。围绕这一核心问题，本书以东莞市、青岛市和成都市为个案，以半结构式访谈作为主要研究方法，通过对这三个城市的实地调查，力图对当前城镇化背景下城市义务教育供给侧结构性改革进行全面客观的分析。

从整体上看，研究发现城市义务教育供给侧结构性改革的内容主要包括数量结构性改革与质量结构性改革两个方面。数量结构性改革包括基于义务教育资源数量供给的时间结构和空间结构改革，质量结构性改革则包含基于义务教育资源质量供给的均衡结构与多元结构改革。从改革推进来看，主要包括法律冲突、制度矛盾、利益困境与政府绩效四大障碍。在这些障碍背后，其本质问题是义务教育的公共性与我国现行公共资源属地化管理体制之间的矛盾。从义务教育资源的构成要素上看，研究发现城市义务教育资源供给不足实质上反映了包括教育用地、教师资源以及教育经费在内的三大基本要素的供给不足。从教育用地供给上看，面临包括土地利用规划与审批制度、教育用地的利益分配、教育用地规划执行三大问题，可以结合包括"一把手"工程、联席会议制度等措施进行解决。从教师资源供给上看，主要面临以编制为主的教师人事体制问题，可以结合教师岗位外包、教师聘用制以及"两自一包"等创新模式加以解决。从教育经费供给上看，主要面临基于户籍的属地化管理体制问题，可以通过创新教育融资方式解决短期内的资金供给困境，建立相应的教育经费分担与统筹制度解决长期性的经费供给机制问题。

第一节 研究设计

据 2020 年国民经济和社会发展统计公报显示，2020 年我国常住人口城镇化率超过 60%。[①] 按照世界一般国家的发展经验，当前我国仍处在城镇化迅速发展时期。我国作为一个拥有 14 亿人口的大国，城镇化的推进在历史上是绝无仅有的，其所引发的结构性变革更是对我国经济社会发展产生了剧烈影响。据 2020 年全国农民工监测调查报告数据显示，2020 年我国农民工总量为 28 560 万人，其中外出农民工[②]的数量高达 16 959 万人。[③]《中国流动人口报告 2018》认为，我国流动人口规模呈现快速增长后缓慢调整、平均年龄明显增加、受教育水平持续提升、少数民族人口流动参与持续增加、新生代流动人口成为主体、老年流动人口规模快速增加、流动儿童规模快速增长等特征。[④] 在此之上，形成了当前城市人口过密、乡村人口过疏以及城乡人口持续流动三大人口格局，构成了我国经济社会发展不可忽视的现实。城镇化带来的人口流动对事关我国发展大计与百姓日常生活的教育发展带来了极大的挑战。

同时，随着我国以往累积的人口红利逐步褪尽，改革已成为决定我国经济社会能否继续维持健康良好发展态势的关键。自从党的十八大以来，通过改革开放发展红利已成为各项工作的重中之重。2015 年 11 月 10 日，习近平同志提出的"供给侧结构性改革"是长久以来关于改革论述的最新核心阐释。供给侧结构性改革的提出最初起源于经济领域，也最早实践于经济领域。在中国经济结构性分化日趋明显的背景之下，唯有进一步改善供给侧环境、优化供给侧机制与制度，方可大力促进市场要素流动，从而摆脱以往过于依赖宏观、粗放、庞大且低效经济的格局，推动微观经济主体多样化与充满活力，进一步增强社会主义市场经济

---

① 国家统计局：《2020 年国民经济和社会发展统计公报》，2021 年 2 月 28 日。
② 外出农民工指的是在户籍所在乡镇地域外从业的农民工。
③ 国家统计局：《2020 年全国农民工监测调查报告》，http://www.stats.gov.cn/，2021 年 4 月 30 日。
④ 国家卫生健康委员会编：《中国流动人口发展报告 2018》，中国人口出版社 2018 年版，第 3~8 页。

的发展驱动力。随着供给侧结构性改革在经济领域大刀阔斧地推进,这种深层次的以政府为主体的结构性调整同样也对社会其他领域的发展产生了影响。其中,对于教育领域供给侧结构性改革也引发了各界人士的大量探讨,成为近年来两会期间教育领域的热点话题,人大代表们关注与讨论达成的核心共识是,在人口红利逐步降低的背景下,人口质量的提升对于国家与社会的稳定发展具有长久的重大意义,其中教育改革则是改善人口质量的重要途径。

总体而言,城镇化背景下义务教育供给侧结构性改革是当前我国经济社会发展必然走向的一步。对于教育而言,城镇化的核心在于人口的大量流动,而义务教育作为我国法定的带有强制性的教育阶段,则明确了政府对于整体国民的义务教育职责,因而如何在城镇化背景下保质保量地满足全体国民的教育需求是当前义务教育供给侧结构性改革的核心。对该问题的研究既是对以往城镇化背景之下教育发展研究的深化,也是对当前随迁子女在城市接受义务教育的实践探索。

一、研究问题

城镇化背景之下,大量随迁子女进驻城市已成为当前不可忽视的事实。长久以来,随迁子女在城市入学不断受到各种类型"门槛"的限制,同时城市义务教育阶段学校也因为随迁子女的大量涌现出了较为严重的"大班额"现象,究其根本原因就在于城市义务教育资源的有限供给及其衍生出的相关问题。在此基础之上,本书将核心问题聚焦在如何通过城市义务教育供给侧结构性改革来解决当前城市义务教育资源供给不足的问题。围绕这个核心问题,共有三个问题需要进一步回答:

第一,城市义务教育资源到底呈现出怎样的供给不足样态,即问题的现状与内容;

第二,什么因素导致了当前的供给不足,即问题的原因与机理;

第三,如何通过义务教育供给侧结构性改革来解决这些问题,即解决问题的方法与对策。

从研究问题的实质来看,城市义务教育资源供给的核心问题就是学位数量,而学位数量的多寡又取决于教育用地、教师资源、教育经费等要素的供给。因此,对义务教育资源供给不足的研究实际上就是对教育用地、教师资源与教育经费三个基本资源要素的调查研究。同时,义务教育供给侧结构性改革所对应的也正是这三个资源供给背后所涉及的体制、制度与机制问题。本书研究将通过三个具有代表意义的案例城市来展开调查研究,具体问题逻辑如下(见图5-1)。

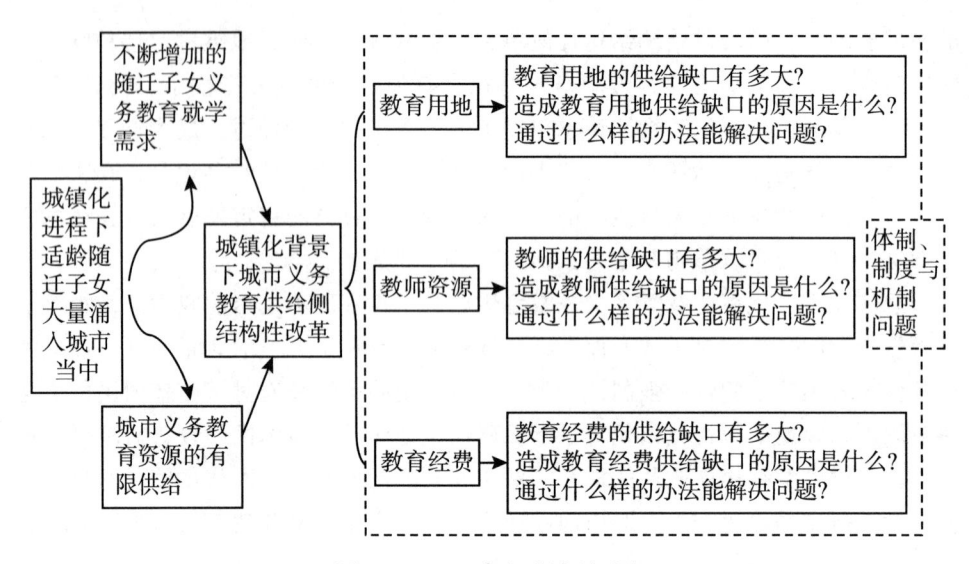

图 5-1 研究问题框架图

第一，教育用地供给问题：城镇化背景下三个案例城市义务教育阶段学校建设用地供给缺口有多大？是什么因素导致了当前教育用地缺口的出现？通过什么样的办法能够破解学校建设用地供给的阻碍从而解决问题？

第二，教师资源供给问题：城镇化背景下三个案例城市义务教育阶段教师供给缺口有多大？是什么因素导致了当前教师供给缺口的出现？通过什么样的办法能够破解教师供给的阻碍从而解决问题？

第三，教育经费供给问题：城镇化背景下三个案例城市义务教育阶段教育经费缺口有多大？是什么因素导致了当前教育经费供给缺口的出现？通过什么样的办法能够破解教育经费供给的阻碍从而解决问题？

二、核心概念

（一）义务教育资源

义务教育资源，顾名思义，即义务教育阶段的教育资源。义务教育阶段实质上只是在教育资源概念前限定了时间段，因而教育资源是本概念的核心。韩宗礼将教育资源界定为社会为进行各种教育所提供的财力、人力、物力条件。[①] 在顾

---

① 韩宗礼：《试论教育资源的效率》，载于《河北大学学报（哲学社会科学版）》1982 年第 4 期，第 60~70 页。

明远主编的《教育大辞典》中将教育资源解释为"教育经济条件",即教育过程中所占有、使用和消耗的人力、物力和财力资源,其中人力资源包括教育者人力资源和受教育者人力资源等,物力资源是指学校中的固定资产、材料和低值易消耗物品等,财力资源是指人力、物力的货币形式,包括人员消耗部分和公用消费部分。① 靳希斌认为,教育资源是指一个国家或地区根据教育事业发展的需要,投入教育领域中的人力、物力和财力的总和,或者说是指用于教育、训练后备劳动力和专门人才以及提高现有劳动力智力水平的人力和物力的货币表现。② 王嵘认为教育资源是具有教育意义或能够保证教育实践进行的各种条件,包括人、财、物等物质因素,以及保证这些因素发挥作用的政策、制度、物质环境、人文环境等条件。③

从上述界定来看,学界对于教育资源概念的共识主要包括教育资源的用途和基础资源构成要素两个方面,即教育资源的目的在于发展教育事业,同时教育资源有三种基础资源要素,包括人力资源、物力资源和财力资源。综合上述定义,本研究认为义务教育资源是义务教育阶段多主体为发展某地区义务教育事业投入的资源要素总称,包括人力资源、物力资源与财力资源等,且主要以货币作为衡量方式,但也可依据研究需要灵活采用其他衡量方式。另外,需要说明的是,本书研究中义务教育资源实质上指的是义务教育的学位资源,即可提供学位数量的多少。义务教育学位资源是义务教育阶段人力资源、物力资源与财力资源的集成现实表现形式。同时,以学位资源为核心,本书把义务教育资源的三种最基本要素划分为教育用地、教师资源和教育经费。

(二)供给侧结构性改革

供给侧结构性改革的概念最初源于经济领域。2015年11月10日习近平在中央财经领导小组会议上首次提出了"供给侧结构性改革"概念。在2016年1月18日省部级主要领导干部学习贯彻十八届五中全会精神专题研讨班上习近平对供给侧结构性改革进行了较为具体的阐述:供给侧结构性改革,重点是解放和发展社会生产力,用改革的办法推进结构调整,减少无效和低端供给,扩大有效和中高端供给,增强供给结构对需求变化的适应性和灵活性,提高全要素生产率;供给侧结构性改革的根本,是使我国供给能力更好满足广大人民日益增长、不断升级和个性化的物质文化和生态环境需要,从而实现社会主义生产

---

① 顾明远著:《教育大辞典》,上海教育出版社1997年版,第799页。
② 靳希斌著:《教育经济学》,人民教育出版社2009年版,第205页。
③ 王嵘:《贫困地区教育资源的开发利用》,载于《教育研究》2001年第9期,第39~44页。

目的。①

　　就供给侧结构性改革概念本身而言，首先要建立在"供给"与"需求"这两个元概念的解释之上，而"结构性改革"则是指一种系统性的变化，这三者在不同领域具有不同的含义。供给，英文词源为 supply，在《牛津字典》(*Oxford Learner's Dictionaries*) 中 supply② 作为名词有三种解释，即可以提供或获取并进行使用的东西、一些被一群人（如军队、探险队）所需要的东西（如食物、药品和燃料）和提供东西的行为；作为动词其解释为：为一些人或事物提供一些他们所需的东西，特指提供大量的东西。③ 需求，英文词源为 demand，在《牛津字典》(*Oxford Learner's Dictionaries*) 中 demand④ 作为名词有两种解释，即某人需要的东西和消费者对他们想去购买或使用商品或服务的需求或渴望；作为动词也有两种解释，即十分坚定地去要求某物和为了使某事物成功完成去要求某物。⑤ 从二者的基本解释来看，首先，供给和需求都含有名词与动词两种形态，在名词解释下，二者既可指为达成某种目的或行为的物品，也可指一种行为；而在动词解释下，二者皆指达成某种目的的行为过程。其次，从供给的词源来看，供给与需求在逻辑关系上应该是先有需求再有供给，供给服务于不同的需求目的。

　　综上所述，所谓供给侧结构性改革是指对由于当下市场中的现有产品无法满足各类消费主体需求而对产品供给端进行系统性改革从而更好地满足需求的变化过程。就本书而言，主要指由于城镇化进程的不断加快，当前城市现有义务教育产品供给已经无法满足现有常住城市居民的数量与质量需求而需要对以政府为主体的义务教育产品供给端进行系统性变革，从而更好地满足义务教育需求的变化过程。

三、研究方法

　　科学且适切的研究方法与实践过程能够较为全面地为研究主题服务，同时也

---

① 习近平：《在省部级主要领导干部学习贯彻党的十八届五中全会精神专题研讨班上的讲话》，载于《人民日报》2016年5月10日第2版。

② supply 在《牛津字典》(*Oxford Learner's Dictionaries*) 中作为名词的解释为：an amount of something that is provided or available to be used; the things such as food, medicines, fuel, etc. that are needed by a group of people, for example an army or expedition; the act of supplying something; 作为动词的解释为：to provide somebody/something with something that they need or want, especially in large quantities.

③ Oxford Learner's Dictionaries. http://www.oxfordlearnersdictionaries.com, 2016年12月16日。

④ demand 在《牛津字典》(*Oxford Learner's Dictionaries*) 中作为名词的解释为：a very firm request for something; something that somebody needs; the desire or need of customers for goods or services which they want to buy or use; 作为动词的解释为：to ask for something very firmly; to need something in order to be done successfully.

⑤ Oxford Learner's Dictionaries, http://www.oxfordlearnersdictionaries.com, 2016年12月16日。

是研究成果被学界接纳与交流的前提。钟宜兴认为，研究方法应是一个、一组或是成套解决问题的手段，具体而言主要指研究资料的收集或处理方法。① 本书主要是一种基于现实问题的研究，因此将遵循实证主义传统，即所有的研究结论都基于现实客观证据的推断。在具体研究过程中，研究主要采用了案例研究法，选取东莞、青岛与成都三个城市作为案例。通过实地调研，在访谈相关人员以及收集相关政策文本的基础上进行分析并得出相关结论。

（一）具体方法

本书大致包括供需矛盾现状分析、对地方政府资源供给经验进行调查、对案例经验进行分析与总结等几个阶段。据此，本书在案例主体之上主要运用了文献研究法和调查研究法。

文献研究法，顾名思义，即对研究主题文献资料的研究，具体而言主要是通过搜寻相关文献资料并进行分析、比较与总结的过程。本书文献资料主要包括政策文本、统计资料以及学术研究成果等。政策文本主要包括国家层面的供给侧结构性改革文件、基于供给三要素的地方政策文本。统计资料主要包括义务教育阶段相关的统计资料，如学校数、学生数、教师数等。学术研究成果主要包括已有国内外相关研究文献。文献分析主要是二次分析。二次分析法是指对相关文献进行再分析，通过对文献的选取与重新组合进而达成对论证观点的支撑，比如通过对案例城市义务教育阶段随迁子女入读公办、民办校人数的对比与计算就能说明当前公办校的供给压力等。

调查研究法是社会科学研究中较为常见的方法，主要指依据一定的研究目的与研究问题，通过与被研究对象交谈、发放问卷以及观察记录等途径获取相关事实资料并加以分析的方法。本书主要运用调查研究方法中的访谈法，辅之以观察法。在调查过程中，研究者围绕义务教育供给侧结构性改革这一关键问题，结合之前准备好的访谈提纲，与案例城市各行政部门展开半结构式访谈。此外，研究者还进入部分学校进行观察，同时访谈教师、校长等，力求在每个分支问题上利用三角验证法保障获取信息的可靠性，以确保研究的信效度。在完成调查之后，研究者会在当天整理完成包括访谈对话内容、观察描述内容以及研究者自身思考内容在内的三份文本资料，以便保障调查资料最大限度地保存完整，为之后的研究分析保留可回溯的证据。

---

① 钟宜兴著：《比较教育的发展与认同》，复文图书出版社2004年版，第238页。

(二) 案例与调研说明

研究主要选取了三个案例城市作为研究对象,分别是东莞市、青岛市和成都市。三个案例城市的选择是基于目的性抽样的结果。

1. 案例城市简介①

东莞市位于广东省珠三角地区,属于广东省省辖市,毗邻广州与深圳。全市陆地面积为 2 460.1 平方千米,下辖 32 个镇街。2018 年东莞全市常住人口为 839.22 万人,其中户籍人口 231.59 万人,城镇常住人口为 763.86 万人,常住人口城镇化率为 91.02%。

青岛市位于山东省东部,是我国计划单列市和副省级城市之一。全市总面积为 11 282 平方千米,下辖 7 个市辖区和代管 3 个县级市。2017 年青岛市全市常住人口为 929.05 万人,城镇常住人口为 674.21 万人,常住人口城镇化率达到 72.57%。

成都市是四川省省会,位于四川省中部,副省级城市,同时也是国家中心城市。全市总面积为 12 121 平方千米,下辖 11 个区 5 个县级市 4 个县。2018 年全市常住人口为 1 633 万人,城镇常住人口为 1 194.05 万人,常住人口城镇化率达 73.12%。

2. 案例城市随迁子女数量

三个案例城市在义务教育阶段都有大量随迁子女,且均高于全国一般水平(见表 5-1)。

表 5-1　　2018 年全国及案例城市义务教育在校生人数情况　　单位:万人

地区	小学			初中		
	总数(万人)	随迁子女数(万人)	占比(%)	总数(万人)	随迁子女数(万人)	占比(%)
全国	10 339.25	1 433.88	13.87	4 652.59	518.54	11.15
东莞	80.93	60.70	84.39	20.88	14.95	71.60
青岛	53.65	16.5(小+初)	—	23.87		
成都	78.43	19.38	24.71	34.96	6.29	18.00

注:全国数据来源基于教育部规划司《中国教育事业发展统计简况 2018》,三个案例城市的数据为 2015 年,主要由当地教育局提供,为方便计算,数据皆采取四舍五入的做法进行处理。表中进城务工人员随迁子女,是指户籍登记在外省(区、市)、本省外县(区)的乡村,随务工父母到输入地的城区、镇区(同住)并接受义务教育的适龄儿童少年。

---

① 数据均来自调研时三市官网公布的数据。

从全国层面来看，2018 年全国义务教育阶段的随迁子女数量为 1 952.4 万人，占全国义务教育阶段学生数的 13.02%，占全国城镇区域义务教育阶段学生总数①的 16.72%。其中，小学阶段的随迁子女数量为 1 433.88 万人，占全国小学学生总数的 13.87%、占全国城镇区域小学学生总数的 18.69%；初中阶段的随迁子女数量为 518.54 万人，占全国初中学生总数的 11.15%、占全国城镇区域初中学生总数的 12.95%。②

从三个案例城市来看，2015 年东莞市义务教育阶段随迁子女总数为 75.65 万人，占全市义务教育阶段学生总数的 81.51%，其中，小学阶段的随迁子女数量为 60.70 万人，占全市小学学生总数的 84.39%；初中阶段的随迁子女数量为 14.95 万人，占全市初中学生总数的 71.60%。青岛市和成都市的义务教育阶段随迁子女数量相较于东莞要少一些。2015 年青岛市义务教育阶段随迁子女总数为 16.50 万人，占青岛全市义务教育阶段学生数量的 21.28%；成都市义务教育阶段随迁子女总数为 25.67 万人，占成都全市义务教育阶段学生数量的 22.64%。

虽然从全市统计层面上来说，青岛和成都的随迁子女总量较少，但是由于青岛市和成都市下辖的外围区县外来人口相对较少，所以经过平均处理的全市总数据将中心城区的数据"拉"了下来。东莞市比较特殊是因为其辖域范围较小（全市面积为 2 465 平方千米）、产业发达而密集且仅有市与镇街二级建制。事实上，除去外围地域辽阔的区县，青岛市和成都市的市中心区域随迁子女数量也较为庞大。例如，青岛市黄岛区（东区）③ 2016 年义务教育阶段随迁子女总数为 26 867 人，占该区义务教育阶段学生总数的 40.98%，其中，小学阶段随迁子女总数为 21 885 人，占比为 44.77%，初中阶段随迁子女总数为 4 982 人，占比为 29.90%。又如，位于成都市二圈层的新都区 2016 年义务教育随迁子女总数为 45 057 人，占该区义务教育阶段学生总数的 53.67%。④ 所以青岛市与成都市的随迁子女数量呈现出以市中心为需求峰值向周围逐步递减扩散的特点。

---

① 依据教育部全国教育事业统计公报上对于随迁子女的界定，主要是指在城区与镇区范围内的非本地户籍学龄人口，因此这里在计算上进行了一个范围的缩小，以合理说明当前的压力。根据《中国教育事业发展统计简况 2018》显示，2018 年全国城镇区域内小学阶段总学生数为 7 672.84 万人（其中城区为 3 722.16 万人，镇区为 3 950.69 万人），初中阶段总学生数为 4 004.18 万人（其中城区为 1 691.88 万人，镇区为 2 312.30 万人）。

② 教育部发展规划司：《中国教育事业发展统计简况 2018》，2019 年 2 月，第 67、75 页。

③ 2012 年，青岛市进行区划调整，将原来靠近市中心的黄岛区与市内外围的胶南市进行合并，成立了新的黄岛区；2014 年，青岛市又成立西海岸经济新区，包括黄岛区全域。2017 年 10 月，即墨撤市改区。在走访的过程中发现，黄岛区在教育事务的运转上还未实现完整合并统一，管理与统计仍将黄岛分为东区与西区，东区即靠近市中心的原经济开发区区域，西区则是原胶南区域。

④ 以上数据来自课题组在青岛和成都调研时两地提供的数据。

(三) 调研流程

2016年9月和12月，研究者先后分三次分别前往东莞市、青岛市、成都市进行调研。每个城市大约花费4~5个工作日的时间，采取上午在教育局座谈（参加座谈的人员分别来自基础教育、计划财务、民办学校管理以及规划建设等部门）、下午到学校访谈（访谈对象包括校长、副校长等学校管理人员）的形式进行，以便全面了解问题并广泛收集资料。具体时间流程为：

9月20日~23日，前往广东省东莞市展开调研，上午分别与东莞市教育局、南城街道、万江街道以及道滘镇宣传教育办进行了主题座谈；下午分别走访了南城区中心小学、南开实验学校、万江小享小学、万江第二中学、道滘镇实验小学、道滘中学等学校。

12月12日~16日，前往山东省青岛市展开调研，上午分别与青岛市教育局、市北区、黄岛区、即墨市以及莱西市等各区市教育局进行了主题座谈，下午分别走访了市北区超银中学、启元学校、黄岛区海王路小学、为民学校、即墨市第二十八中学、莱西市望城街道中心学校、望城兴华学校。

12月19日~23日，前往四川省成都市展开调研，上午分别与成都市教育局、天府新区社会事业局教育科、武侯区、青羊区、新都区以及大邑县等区县教育局进行了主题座谈，下午走访了天府新区第五小学、武侯区四川大学附属中学西区学校、行知实验小学、青羊区实验中学、新都区大丰学校、大邑县苏家镇学校。

第二节 城镇化、义务教育与供给侧结构性改革

一个新事物的出现总是会引起莫大的讨论与争议，并在讨论与争议中明晰新事物的发展沿革与实质内涵。无论是作为一种新的实践方向，还是作为一种新的理论概念，城镇化背景之下城市义务教育供给侧结构性改革同样需要经历这样的讨论与争议过程。因此，在展现具体调查内容与研究成果之前，有必要对城镇化背景下城市义务教育供给侧结构性改革先做一个完整且系统的论述。

一、改革原因与现状

为什么要在城镇化进程中推进城市义务教育供给侧结构性改革？一般而言，

要改革必然是因为现状跟不上形势,出现了难以解决的问题和矛盾。对目前我们国家的义务教育发展而言,城镇化恐怕就是难以跟上的形势。作为人口流动动力机制的城镇化,动摇了以往城乡二元格局下的计划人口分布格局,就像一个不断流动的旋涡一样,不断将乡村的人口吸纳并推向城市。2018年,我国(仅大陆地区)总人口139 538万人,其中城镇常住人口83 137万人,常住人口城镇化率为59.58%,户籍人口城镇化率为43.37%。① 常住人口城镇化率与户籍人口城镇化率相差约16.21个百分点,这意味着全国包括随迁子女在内的将近2.26亿人虽生活在城镇当中却没有城镇户籍,一直在城乡之间不断流动。

实际上,由城镇化导致的这种巨大人口流动对整个国家的义务教育生态形成了三个层次的变动压力,从而对长久以来我国基于城乡二元制度的义务教育资源供给系统产生了巨大的影响。第一层次是人口由乡入城产生的需求主体扩张压力。城镇化导致了大量随迁子女进驻到城市,扩大了城市义务教育资源的需求主体数量,进而产生了大强度的资源数量供给压力。第二层次是城市内部基于教育质量多元需求的供给压力。义务教育需求主体数量在不断增加,需求主体内部也随之开始分化,从而在教育质量上逐步向多元需求发展,最终形成了基于不同质量需求的供给压力。第三层次是乡村内部基于教育发展底线的固守压力。城镇化促使乡村成为人口输出的主体,如何在适龄学生不断减少的情况下进行义务教育资源的供给调整同样也形成了一种压力。这三种压力对当前义务教育供给系统提出了新的挑战。

面对这种新的挑战与形势,当前义务教育资源供给显然没有及时跟上形势的发展。从本书关注的城市来看,因为义务教育资源需求旺盛而引起的供给不足已然成为当下城市义务教育发展的最大问题。从实践层面上看,这种供给不足主要表现为两个方面,一是限制义务教育资源的供给,即提高了入学门槛;二是降低义务教育资源的供给标准,即出现大班额问题。具体说来,现在全国各地的主要大城市或多或少都对随迁子女入学设置了一定的门槛,多以积分或提供相关证件的形式确立门槛的边界。义务教育资源越稀有的城市设置的门槛越高,同时门槛设置主要采取了为当地服务时间的长短以及防止教育移民这两种价值导向。从调查的三个案例城市来看,其入学门槛同全国其他城市情况较为相似,东莞市义务教育资源供给压力最大因而其门槛也最高,成都市次之,青岛市的门槛则是最低的(见表5-2)。

---

① 国家统计局:《2018年国民经济和社会发展统计公报》,2019年2月28日。

表5-2　　东莞市、青岛市和成都市随迁子女入学门槛情况

城市	类型	内容
东莞	积分入学	在莞服务年限、居住年限、参保年限（包括社会养老保险、社会医疗保险、失业保险、工伤保险以及生育保险）、接受教育年限以及纳税情况（包括个人所得税、个体工商户纳税、企业纳税、房屋契税等），另有加分项（包括文化程度、职业技术资格认证、居所、科技发明、技能竞赛、参加社会服务、计划生育等）
成都	提供证件	居民身份证、成都市居住证、户口簿、劳动合同或工商营业执照、至少12个月的社会保险缴纳证明以及连续居住满一年的证明
青岛	提供证件	父母双方至少一方有劳动合同或工商营业执照、居住证、房屋产权证或房屋租赁证明、户口簿、原学校学籍档案

注：上表资料由案例城市教育局提供，分别为东莞市教育局提供的《2016年东莞市义务教育阶段进城务工人员随迁子女积分制入学积分方案》、成都市教育局提供的《关于做好2017年进城务工人员随迁子女接受义务教育工作的指导意见》、青岛市教育局提供的《青岛市教育局外来务工就业人员子女接受中小学教育管理办法》。

当城市义务教育资源供给能力不足时，除了设置入学门槛外，部分地方政府也选择通过降低义务教育资源的供给标准从而扩大学位数量的方法来增加供给，但却导致了大班额或者超规模学校[①]的出现。从三个案例城市来看，东莞市呈现出的是一种接近于全域大班额的状态，而青岛市和成都市则呈现出中心区与个别校大班额显著的状态。根据广东省教育厅印发的《广东省义务教育标准化学校标准》中第五条规定，"城市小学班额不超过45人，初中班额不超过50人"。[②] 但从东莞全市来看，公办小学的平均班额为46.73人，民办小学的平均班额为50.28人，都超过了45人的地方标准，其中民办小学超出标准较多。从市内走访来看，公办小学中南城街道（51.03人）、道滘镇（50.13人）与东城街道（48.34人）班额均超出标准并高于全市平均水平；民办小学中东城街道（51.27人）、万江街道（50.02人）与南城街道（48.33人）班额也超出标准较多。从初中看，东莞全市公办初中平均班额为46.12人，低于地方规定的班额标准，而民办初中班额为51.12人，略微高于标准。从市内走访来看，仅万江街道民办初中（52.85人）和道滘镇民办初中（53.06人）超出标准，其余公办和民办初中都低于标准（见表5-3中班级数与学生数有原始数据，班额是依据原始数据计

---

① 所谓超规模学校是指虽然一部分学校在班额上没有超过相应的办学标准，但因班级数量的增多稀释了统计数据而导致的学校规模的超标，其主要方式是通过占用教师办公室或者学校功能教室等实现的。
② 广东省教育厅：《关于印发〈广东省义务教育标准化学校标准〉的通知》，2013年8月19日。

算得出的）。总体来看，东莞市义务教育资源供给最为紧张的在于小学阶段，公办小学教育资源稀缺也导致了民办小学教育资源的供给紧张。

表 5-3　　2015 年东莞市义务教育阶段班级与学生数情况

地区	班级数				学生数			
	小学		初中		小学		初中	
	公办	民办	公办	民办	公办	民办	公办	民办
东莞市	5 116	9 550	1 882	2 384	239 092	480 171	86 801	121 876
东城街道	305	532	100	135	14 744	27 274	4 608	6 575
南城街道	262	304	84	102	13 370	14 692	3 677	4 767
万江街道	197	346	59	65	9 172	17 307	2 600	3 435
道滘镇	119	119	57	33	5 965	5 418	2 660	1 751

资料来源：由东莞市教育局相关部门提供。

从全市统计数据看，成都市和青岛市都符合省定标准（《山东省普通初级中学基本办学条件标准》《山东省普通小学基本办学条件标准》以及《四川省义务教育办学条件学校基本标准》三份文件对于班额的规定是一致的，即小学班额不超过 45 人，初中班额不超过 50 人），而从下辖区划看，则呈现出个别中心城区超过标准、中心城区内部部分地区超出标准以及个别学校超出标准等三个特点。首先，个别中心城区超过规定标准。比如成都市小学，武侯区公办小学班额为 45.85 人、新都区公办小学班额为 46.39 人，均高于规定标准；成都市初中，天府新区民办初中班额（52.08 人）超过标准。其次，中心城区内部分化从而使部分地区超出规定标准。比如青岛市黄岛区，西区的初中和小学都低于规定标准，而东区公办小学的平均班额为 50.65 人，明显高于规定标准；再比如成都市青羊区，大班额现象主要集中在青羊区内部的三环。最后，个别学校超出班额。这种学校主要是区域内的优质校，也有部分是产业调整或拆、撤、并房屋等区内所在的学校。比如，青岛市黄岛区（东区）2016 年总共有 43 所公办小学，其中超出标准的学校有 19 所，班额大于 55 人的共有 11 所，其中班额最大值为 59.39 人，而这些学校都处在区域内的产业集中地区；青岛市莱西市，班额较大的主要集中在位于中心地段内的一些市直属学校（市直属初中 4 所、小学 5 所），其中市直属初中有 3 所超出标准，最大班额为 56.32 人，市直属小学 5 所全部超出标准，最大班额为 60.81 人。

总体而言，城镇化作为当前我国社会发展的重要时代背景，对于城市义务教育而言形成了大量适龄随迁子女进驻的新形势。但是，由于现有城市义务教育资源供给不足，导致入学门槛高与大班额两大现象出现，抑制了大量随迁子女的义务教育需求。因而，要通过推动城市义务教育供给侧结构性改革，有效扩大义务教育资源供给，满足随迁子女平等的义务教育诉求。

二、改革边界与内容

城镇化背景下城市义务教育供给侧结构性改革的实质是什么？这个问题涉及城市义务教育供给侧结构性改革的研究边界与实质内容。

首先，供给侧结构性改革最早源自经济领域，显然需要通过与经济领域供给侧结构性改革的比较来确定城市义务教育供给侧结构性改革的研究边界。经济领域的供给侧结构性改革最初是由习近平总书记提出的，其目的在于通过改革破除制约我国当前经济发展的瓶颈问题以保障经济的健康发展。经济供给侧结构性改革涉及的主要内容包括调整完善人口政策、推进土地制度改革、加快金融体制改革、实施创新驱动战略、深化简政放权改革以及构建社会服务体系六项内容，所要完成的目标包括化产能、降成本、去库存、补短板和去杠杆五项。[①] 城镇化背景下城市义务教育供给侧结构性改革同经济供给侧结构性改革相比主要有以下五个方面的不同：

第一，产品性质不同。一般而言，经济领域所面对的产品是具有一般劳动价值的消费品，按照市场规律流通且可自由选择。更进一步说，经济供给侧结构性改革所面对的产品是我国经济结构中由于部分产业产能过剩导致的低附加值、低劳动价值的产品，如钢铁等，以及由于部分产业产能不足导致的高附加值产品的阙如，因此这是一个结构性的矛盾。但是，教育领域中的产品实际上是一种服务，并不是具有物质载体的客观产品。换言之，义务教育供给侧结构性改革所面对的产品是一种以服务为内容的公共产品，具有免费、强制且遵循就近入学原则的特征。

第二，供需主体不同。经济供给侧结构性改革的需求主体是全体有消费能力的个人或群体。供给主体则是某一产业和企业的产品直接制造者。义务教育供给侧结构性改革的需求主体则较为多元，既包括了个人基于自身发展对于义务教育内容的需求，也包括国家基于社会发展对于义务教育功能的需求。供给主体则是政府，即政府委托学校向国民提供义务教育。

第三，改革主体不同。经济供给侧结构性改革的主体是产品的直接提供者，即企业或产业，政府通过相关政策杠杆引导产业升级、需求更替，从而实现经济

---

① 国家行政学院经济学教研部著：《中国供给侧结构性改革》，人民出版社2016年版，第1~2页。

发展的良性循环；而义务教育供给侧结构性改革的主体是政府，政府既是改革的责任主体，同时也是改革过程中资源供给的主体。因此改革的关键在于如何通过政府自身的体制或制度变化来促成义务教育资源供给的扩大或供给效率的提升。

第四，核心内容不同。经济供给侧结构性改革的核心内容是通过各种方式对原有产业结构进行调整，去除富余的产能与库存，是一种存量改革，而当前城市义务教育供给侧结构性改革面临的焦点问题则是"产能"不足，无论是数量还是质量供给都不能够满足大众对于义务教育的需求，因而是一种增量改革。通俗地说，经济供给侧结构性改革立足的现状是产能有了，但是产能过剩而无法消解，需求萎靡，所以要调整产能结构、促进创新转型。义务教育供给侧结构性改革则是需求旺盛，产品都卖没了还不够，是产品线的产能调整与释放跟不上需求的变化节奏，所以需要系统性地、结构性地进行调整。

第五，价值追求不同。经济供给侧结构性改革的前提是社会主义市场经济体制，所以无论怎么改革，其最终价值还是要回归到"效率"二字上来。经济的本质在于市场，而市场永远在追求效率。但是，义务教育供给侧结构性改革则不尽相同，义务教育作为一种公共服务，政府作为供给主体在注重资源效率的同时更要关心公平。尤其"义务"二字本质上就隐含着公平的内涵，既然是法律要求之义务，必然是人人平等而受之。实际上，近些年来义务教育的发展重心已经逐步由强调效率走向了注重公平，而城市义务教育供给侧结构性改革在价值追求上也必然如此。

当然，二者也存有相似之处。一方面两者都关注政府的改革。在推动经济供给侧结构性改革上，政府的角色是引导者，而在义务教育供给侧结构性改革上，政府的角色是主导者。虽然政府在两个领域内所承担的角色不同，但作为主要推动者，其作用自然不言而喻。另一方面两者都关注市场机制所带来的效用。自改革开放以来，市场机制的运用在政府各项改革中都起到了关键作用。经济供给侧结构性改革自然是不言自明，而在义务教育供给侧结构性改革上，市场机制无论对于义务教育资源自身数量的供给与质量的改进，还是对于义务教育资源供给过程效率的提升都有着极大的作用。

其次，城镇化背景下城市义务教育供给侧结构性改革的核心内容是什么？同以往随迁子女就学政策研究有何差异？各位读者可能会疑惑，当前城市义务教育资源的供给困境不就是因为城镇化导致随迁子女大量进驻所引发的吗？那么所谓的城市义务教育供给侧结构性改革同以往的随迁子女教育问题研究有什么区别呢？

相较于以往随迁子女就学问题研究，城市义务教育供给侧结构性改革不仅仅是一个新概念或者提出一个新视角，更多的是将以往相关研究由政策文本、现状阐述等层面转向实践层面。目前随迁子女就学相关问题的研究大致可以被划归为三类，即现状调查类、政策分析类和对策探讨类。这些研究都或多或少地点出了随迁子女在城市接受义务教育面临的问题。但实际上，对于流入地政府而言，随迁子女就学归根结底就是两个问题——愿不愿意接收和有没有能力接收的问题。以往的研究多数集中于分析"愿不愿意接收"这个问题上，通过政策分析、现状调查等方式展现流入地政府的实际接收情况，并分析背后的原因。这些研究可以称为随迁子女就学问题的前端研究，而城市义务教育供给侧结构性改革要面对的是后端问题，即有没有能力接收或者说如何提高接收能力的问题。

实质上，近年来社会各界与地方政府对"两为主"政策已经形成了共识性认同，各地的政策文本都有较为明显的体现，即都强调流入地政府以及公办中小学对随迁子女的责任与义务。但是，在实践层面，城市有没有那么多义务教育资源去支撑随迁子女的就学需求呢？这就得另说了。说得通俗一些，目前短时间内城市义务教育资源的蛋糕就这么大，人多了每个人吃的量就得少，要么就区隔开来，先吃饱自己人再留给外地人，即属地户籍优先。这么做也是合法的，因为《中华人民共和国义务教育法》（2015修订版）第十二条写得非常清楚"地方各级人民政府应当保障适龄儿童、少年在户籍所在地就近入学"。要么降低每个人的食量标准，"挤一挤"，每个人都少分一点，要么就做大蛋糕。当然，最好的结果是把义务教育资源这块蛋糕做大，不仅自己人能"打个饱嗝"，外地人也能匀上一口。因此，同以往随迁子女研究相比，城市义务教育供给侧结构性改革要关注的就是怎么做大蛋糕、怎么扩张资源来支撑随迁子女不断增加的义务教育需求，即后端怎么落实的问题，这里包括教育用地、教师资源和教育经费缺口还有多大？怎么增加？会有什么样的困境？等等。因此，更进一步来说，城镇化背景下城市义务教育供给侧结构性改革研究不仅是为以往随迁子女就学问题提供了一个新视角，更重要的是要突破研究范畴，尝试性地破解土地、人事、资金等管理体制与机制问题。

总体而言，城市义务教育供给侧结构性改革的实质内涵就是在公平价值前提下追寻如何通过义务教育供给侧结构性改革去扩大义务教育资源供给，满足不断增加的随迁子女义务教育就学需求。具体说来，这实质内涵当中包括了两个结构性改革，即数量结构性改革和质量结构性改革。数量是基石，无论现实当中有多少困难阻碍，上到中央下到地方都有责任让所有国民有机会公平地接受义务教育，这既是源自包括义务教育法在内的诸多法规的要求，同时也是社会不断发展的需求。故如何满足义务教育资源数量上的需求是义务教育资源供给侧结构性改革当中首先需要考虑的问题。在数量结构性改革当中又包含了两个结构性内容，即空间结构和时间结构。空间结构指的是一定时间内义务教育资源在区域空间的数量分布结构。义务教育资源的需求主体是人，所以当人不断在不同空间聚集变化时，义务教育资源供给必然会随人的空间流动而变化，即空间结构的核心在于人的流动性。时间结构指的则是在一定空间内义务教育资源由历史到当下的数量分布结构。在同一空间内，随着时间的变化，人口数量也会产生相应的变化，譬如城市居住空间的立体化和高层化发展趋势就使得历史上满足相对平面化和低层化居住格局的学校空间布局不适应了。而义务教育资源供给必须随着人在不同时期内人口数量的变化而变化，即时间结构的核心在于人的聚集性。这两个基于数量的结构内容可以城市为例说明。随着时间的变迁，当人在不断从郊区向中心区聚集时，作为中心区原有的义务教育资源必然不能够满足新增加人的需求，必须要随着人口的增长而增加，否则就会导致供给与需求的时间、空间不对位，最终促使需求难以满足，甚至有可能导致供给的资源被闲置浪费现象的出现。

质量是核心，义务教育的本质价值在于公平，而公平不仅仅是机会（即数量）的公平，同时也是质量的公平。质量结构性改革当中同样也包含了两个内容，质量均衡结构与质量多元结构。质量均衡结构指的是义务教育阶段不同性质、不同类型的学校在质量上达到均衡。具体说来，就是对于义务教育阶段包括焦点学校、薄弱学校、公办学校以及民办学校等在内的多种学校之间达到基于质量的均衡发展，从而满足国民对于义务教育的一般性质量需求，促使包括择校在内的相关问题得到解决。质量多元结构指的是在一般质量均衡之上，义务教育阶段不同性质、不同阶段的学校能形成多元特色的竞争格局，从而能够最大限度地满足国民对于义务教育的特殊性质量需求，促使包括低龄留学等在内的相关问题得到解决。事实上，基于需求侧而言，不同的需求主体存在不同的质量需求，"各取所需"是未来义务教育质量的发展趋势。因而，义务教育供给侧结构性改革应该在质量结构上既做到满足基于均衡的一般性质量需求，同时又要做到满足基于选择的特殊性质量需求，只有这样才能真正解决质量供给的结构矛盾问题。

三、改革障碍与问题

那么，要推进城市义务教育供给侧结构性改革会面临哪些障碍？这些障碍背后的实质问题又是什么呢？从现实层面看，城市义务教育资源供给不足集中表现为义务教育阶段学位数量的不足。学位数量不足的背后实际上是支撑学位数量形成的三种资源要素——教育用地、教师资源、教育经费等供给的不足。因此，要推进城市义务教育供给侧结构性改革必然要触及这三种资源要素的供给体制。这背后将会触及四种类型的改革障碍，包括法律①缺失、制度矛盾、利益困境与政府绩效。这四种类型的改革障碍渗透在三种资源要素的供给环节中，从而阻碍或延迟了资源要素的供给，最终导致城市义务教育资源的供给不足。

第一，法律缺失。法律与改革经常处于一种紧张状态，即改革总是要突破传统的框框束缚，有时甚至是突破法律的束缚；然而缺少法律保障的改革又经常会面临阻滞的风险。因此，完善相关法律体系、弥补部分法律缺失既是城市义务教育供给侧结构性改革面临的首要障碍，也是其需要完成的任务。法律缺失主要表现在两个方面：一是基于随迁子女受教育权的相关法律保障的缺失，二是基于义务教育资源供给的相关法律保障的缺失。首先，从与城市义务教育供给侧结构性改革直接相关的随迁子女群体来看，目前有两部拥有最高解释效力的上位法与其受教育权相关，一部是《宪法》，其中第四十六条规定"中华人民共和国公民有受教育的权利与义务"，另一部则是《中华人民共和国义务教育法》，其中第十二条规定"父母或者其他法定监护人在非户籍所在地工作或者居住的适龄儿童、少年，在其父母或者其他法定监护人工作或者居住地接受义务教育的，当地人民政府应当为其提供平等接受义务教育的条件"。这两部上位法虽然在一定程度上支撑了随迁子女的受教育权利，但是在本质上并没有写明侵权主体应当承担的相应法律责任，以及当相关主体的权利被损害时所能采取的相关救济措施。换言之，实际上当随迁子女在流入地未能平等地接受义务教育时，他们不能通过相关法律以自下而上的方式在实质上捍卫自己的权利，只能逐步等待政府自上而下的政策保障。因此，需要通过完善相关法律条文，结合"自上而下"与"自下而上"两种方式来促使政府有所作为、高效作为。其次，在义务教育资源供给方面同样也存在着一些法律缺失。其一，义务教育资源供给的责任主体与责任内容缺失。尽管当前在政策层面对于包括教育用地、教师、资金等义务教育资源供给都有明确的标准，但多数政策都未能明确相应的责任主体与责任内容，换言之，即使出现了未能及时供给义务教育资源的情况，也没有相关部门或人员出来承担相应的法律责任。其二，义务资源供给的监察督导法律缺失。目前已有的关于义务教育资源供给的教育督导法规体系多数都停留在教育系统内部，但是支撑义务教育资源形成的基本资源要素，比如土地、编制、资金等都不是通过教育系统内部的督导能够解决的，因此如何在这种以义务教育资源供给为主体的跨部门行为督导法规缺失的情况下，去推动城市义务教育供给侧结构性改革则成为当前改革的一大障碍。

第二，制度矛盾。制度矛盾是城市义务教育供给侧结构性改革要面临的另一

---

① 这里的法律是一个大法律的概念，包括法律、法规与政策等。

项改革障碍。所谓制度矛盾是指现有的义务教育资源供给制度难以满足或滞后于当前城镇化推进下的城市发展需要从而引发的矛盾,其中包括教育用地供给制度矛盾、教师资源供给制度矛盾、教育经费供给制度矛盾等。实质上,义务教育资源供给制度所引发的矛盾仅仅是我国公共资源供给制度的一个缩影,与我国整体社会变迁有着莫大的关系。具体来说,1978 年改革开放以后,我国在经济体制上由计划经济逐步走向了社会主义市场经济,经济体制上的市场化变革逐步消弭了以往以"单位制""城乡二元户籍制度"为依托的人口分布格局。这意味着人口的流动逐步脱离了以政治思维为核心的计划体制束缚,逐步走向了以经济理性思维为核心的市场体制。但从包括义务教育资源在内的整个公共资源的供给设计来看,依然是以计划制度为主,即所有"人、财、物"的供给都以户籍人口为主要参考依据,这就导致了人的市场化流动与包括义务教育资源在内的整个公共资源计划供给之间的矛盾。从义务教育资源供给的具体构成要素来看,这种矛盾体现在了包括高度集权的土地规划与审批制度、以编制为主的教师人事制度以及属地化的财税体制当中。

第三,利益冲突。改革在某种程度上可以理解为是一种利益的再分配,显然城市义务教育供给侧结构性改革也需要面对利益冲突这样的问题。这种利益冲突主要体现在对构成义务教育资源的三个基本资源要素的分配上。跨出义务教育这个小圈子,从整个城市或者区域发展的角度来看,土地、编制、资金等资源要素在数量上总是有限的。那么,如果义务教育要发展,要切掉这块资源"蛋糕"当中的一部分,必然要与其他领域内的发展需求产生利益冲突。比如建设中小学需要土地,建设工厂发展经济同样需要土地;公办中小学招聘教师需要事业编制,而其他文化、科研、体育等部门也需要事业编制;资金则更是不言而喻了。事实上,这种利益冲突有时不仅体现在不同发展领域的资源需求上,同时也可能体现在不同政府部门之间的直观利益上,而义务教育作为一种具有公共属性的事业,相较于其他领域,显然在短期收益上处于城市资源分配话语的弱势地位。因而,当前这种因发展义务教育而与其他领域产生利益冲突的现实同样也是摆在城市义务教育供给侧结构性改革面前的一大障碍。

第四,政府绩效。对于我国义务教育发展而言,无论从法律规定的义务教育主体管理责任上,还是从现有义务教育资源的发展现状上看,政府显然是责任与施行的主体。比如从法律上看,《中华人民共和国义务教育法》第七条写道"义务教育实行国务院领导,省、自治区、直辖市人民政府统筹规划实施,县级人民政府为主管理的体制"。从义务教育的发展现状上看,根据教育部的统计数据,2018 年全国公立初中有 46 485 所,占全国普通初中总数的 89.44%;全国公立小学有 155 613 所，占全国小学总数的 96.17%。① 因此，可以认定的是城市义务教育供给侧结构性改革必然是一种政府主导与主体合一的自发性改革，而其中就会面临政府绩效问题。政府绩效主要指的是政府制度改革与资源释放所能解决问题的程度，换句话说，就是怎么用最低的成本（包括制度成本、经济成本、资源成本）去解决最多的问题。政府绩效包括政府内部绩效和外部绩效。政府内部绩效是指政府制定相关改革政策的合理性和科学性，同时也包括制定改革措施过程中政府内部行政部门之间的合作效率；政府外部绩效是指政府落实相关改革措施的实际效果，即执行效率。从某种程度上说，政府绩效的高低直接决定着政府自发性改革成效的大小。对于城市义务教育供给侧结构性改革而言，义务教育资源供给不仅需要上级政府的支持，同样也需要同级政府不同部门之间的合作，而这意味着改革将会面临纵向层级审批与横向部门合作两大障碍。

  总体而言，城镇化作为时代发展的大趋势确实对整个义务教育发展带来了很大的挑战。从城市一侧看，表面上是伴随学龄人口的巨量流动而来的"爆发性"义务教育资源需求对现有城市义务教育资源供给提出的挑战，但实际上这种挑战反映的并不仅仅是义务教育或者整个大教育领域的管理体制问题，而是当前市场思维方式下的人口流动与原有计划体制下的公共资源供给制度不相适所引发的问题，也可理解为是整个高流动性社会与属地化管理体制下的公共产品供给问题。正如学者周建明所言，"中国长期以来按照属地化管理体制，规定地方政府负有对户籍人口提供公共产品的事权责任，而中央政府因此依据地方政府的管辖区域、户籍人口和经济状况等来配置财政资金、建设用地指标、行政编制等公共资源。但是进入高流动性社会后，人对公共产品的需求也由户籍地转移到居住地。对此中央政府对事权进行了重新划分，由流入地政府负责提供相应的公共产品，但并未考虑对公共资源配置的方式做相应的调整"。② 具体到义务教育，则是义务教育的公共性与义务教育资源供给的属地化形成了矛盾，具体表现为：一方面城市义务教育资源是基于属地管理、户籍优先原则进行的有限数量供给，抑制了对随迁子女群体就学需求的满足；另一方面"两为主"政策之下，流入地政府明确了对随迁子女的义务教育管理责任，但现有资源形成的义务教育公共资源供给仍按属地化管理体制运行，因此在资源供给效率上难以跟上适龄学生的增长速度。这实际上也是城镇化背景下城市义务教育供给侧结构性改革所面临的本质问题。

---

  ① 教育部发展规划司：《2018 年教育统计数据—全国基本情况》，http://www.moe.gov.cn，2019 年 8 月 8 日。
  ② 周建明：《高流动社会与属地化管理体制下的公共产品供给》，载于《学术月刊》2014 年第 2 期，第 86～92 页。

2013年，习近平在第十二届全国人民代表大会上提到，当前我国改革已经进入攻坚期和深水区。对于城市义务教育发展而言，当下以随迁子女就学问题为代表的相关问题已经远远超出了教育领域本身，反映的是整个公共产品供给体制的问题，触动的利益也不再局限于教育，而这正是城市义务教育领域改革进入深水区的集中体现。因而，需要用系统思维去分析当前城市义务教育发展问题，并以结构性改革取代以往的片面化改革，从而走出攻坚期与深水区，促进城市义务教育的整体性发展。

第三节 城市义务教育用地机制改革

教育用地是提供义务教育服务的三个基本资源要素之一，也是城镇化背景下城市义务教育供给侧结构性改革所要解决的第一个供给难题。对城市来说，城镇化意味着大量适龄儿童青少年的进驻，意味着义务教育学位数量需求的急速增加。那么在"两为主"政策之下，地方政府和公立学校需要承担包括随迁子女在内的外来适龄儿童青少年的教育，这意味着如果地方原有学位数量没能满足新需求，那么就要改建、扩建或新建大量学校，因此不得不增加教育用地。那么在教育用地资源要素上，到底要关注哪些问题呢？首先，外来青少年儿童给地方教育用地供给带来多大压力？换句话说，教育用地的缺口到底是多少？说清楚压力之后，接下来需要解释的便是为什么压力会积累在这里？按道理，政府作为一个完整的行政生态系统，必然会有一个畅通的机制去应对这样的需求与问题，现在出现的供求压力必然是原来的供给机制出了问题，那么就需要去查明在供给机制上到底哪里出了问题、原因是什么？最后，面对这些问题有什么破解之道？从走访的城市来看，他们都有一些应对之法，从政策价值和学理依据上看，这些地方创新实践又有什么启示性意义？所有这些问题都是本节着力回答的。

一、城市义务教育用地供给现状分析

"娃娃要上学，怎么就没地？"在成都走访的时候，当地一位乡亲曾经问过研究者这么一个问题。当时，研究者几度语塞，也没说出个所以然来。到底现在城市里中小学建设用地的缺口有多大？首先需要介绍一下我们国家现在的土地制度和教育用地管理制度。

（一）土地从哪来？

目前，我国土地管理的根本大法是《中华人民共和国土地管理法》，地方相关的政策、法规、条例等都需以此法为根本依据。我国土地大致可以按用途和所有权划分，通俗的解释就是这地是拿来做什么的？谁的地？

从土地用途来看，按照当前《土地利用现状分类》的相关规定，土地按照利用现状可分为三大类：农用地、建设用地和未利用地。义务教育阶段的学校建设用地属于建设用地下的"公共管理与公共服务用地"中的"科教用地"。

从所有权来看，可分为国家所有土地和集体所有土地。按照《中华人民共和国土地管理法》（2004修订版）的规定：城市市区的土地属于国家所有，农村和城市郊区的土地，除由法律规定属于国家所有的以外[①]，属于农民集体所有；宅基地和自留地、自留山，属于农民集体所有。同时土地管理法当中也明确写明了国家所有土地的所有权由国务院代为国家行使，因此国家所有土地的使用权在政府，而集体所有土地的使用权在村集体。就此来看，我国在土地所有权上是国家和集体两条腿走路，因此在教育用地的供给上也必然出现了两种方式，即政府内部供给、政府与村集体协商供给。

首先，城市市区内的土地所有权的主体在政府，因此城市市区教育用地的供给主体也是政府，具体而言，是教育部门、城市规划部门以及城市土地管理部门在内的相关部门。各个省市在相关土地和城市规划当中都会按照相应人口数量和发展需求在建设用地下的公共管理与公共服务用地中，对教育用地的数量和使用进行相应规划。在实际操作层面，走访的三个城市当中，政府主要有五种土地来源方式：

第一种是储备用地。储备用地主要是原先在城市规划当中，根据人口增长的预测所预留下来的用于建设中小学的科教用地。

第二种是置换用地。置换用地主要是国有土地的内部用途置换与空间置换。比如当前城市中心区学龄儿童密集，义务教育需求大，有的政府通过产业布局调整的方式，包括淘汰落后工厂或迁移工厂到其他地区，将空出来的用地通过土地用途置换转变为中小学建设用地。也有的政府选择将一些市中心区的高中外迁到土地资源充裕且人口相对舒缓的地区，然后将原有的高中土地转给初中使用，初

[①] 在《中华人民共和国土地管理法实施条例》中对国有土地做了更为详细的解释，包括以下六类土地：城市市区的土地；农村和城市郊区中已经依法没收、征收、征购为国有的土地；国家依法征收的土地；依法不属于集体所有的林地、草地、荒地、滩涂及其他土地；农村集体经济组织全部成员转为城镇居民的，原属于其成员集体所有的土地；因国家组织移民、自然灾害等原因，农民成建制地集体迁移后不再使用的原属于迁移农民集体所有的土地。

中土地转给小学使用，通过土地空间置换来扩充教育用地的供给。

第三种是回购用地。回购用地主要是政府回购已经拍卖出去的用地，包括尚未建设的用地以及一些长期闲置的商业房或写字楼用地等，并将回购的土地用于中小学建设。

第四种是协议征地。协议征地主要是按照征用教育用地的费用标准，以价格补偿的方式协议征用集体用地，并将其用作学校建设用地。

第五种是行政划地。行政划地主要是通过变更或扩大城市中心区和行政区域范围，将原中心区周边的集体土地纳入新的行政区划当中，升格为市中心区，从而将集体土地的所有权性质转为国有土地，最终实行城市土地资源总量的增加，并用于教育用地的扩充。

其次，城市郊区和农村的土地使用权主体在村集体，因此该地区的教育用地供给主体是村集体。换言之，在集体所有土地上建设学校，其土地就需要村集体授权。如果地方政府要在集体所有性质的土地上建设公立小学或初中，那么就会涉及土地所有权性质的变更，如同之前提到的协议征地、行政划地等，必须先将集体所有土地变更为国有土地之后才能进行公办学校的建设。如果私人或其他团体要建设民办学校，则土地所有权性质不变，变更的只是土地用途。从走访的案例城市来看，集体用地用于民办学校办学的主要途径有两种：一种是民办教育集团利用郊区或村中闲置的校舍办学，这类闲置校舍一般都是以往地方政府撤并学校后留下的。民办教育集团通过与村集体签订协议，以交付租金的方式获取校舍以及校舍下土地一定年限的使用权进行办学；另一种则是租用村集体用地，然后由民办教育集团自己新建校舍办学。比如东莞市万江中南学校就是通过 50 年合约，以协议方式定期缴纳土地租金租用村集体用地新建学校，校舍在使用 50 年后归村集体所有。

（二）缺口有多大？

城市内部义务教育阶段初中与小学的用地缺口有多大？目前对于这个数字的计算，还没有一种绝对指标能够解释。因为学校建设用地需求的计算，并不是说某个地区多出来多少学生，就可以马上根据新增数量进行建校土地的匹配计算，即便达到一定规模，各地政府除了建校之外，也会通过向民办学校购买教育服务来化解一部分建校压力，所以并不存在精确值的计算。但是，这并不意味着这种供给压力不可知，还有两种可以解释的计算方式。对于教育用地供给，现实中有两种类型，一种是全域式需求，这种需求以东莞为典型代表，主要是整个城市的各个区域都聚集了大量随迁子女，因而对义务教育的资源需求呈现出一种全域式的分布；另一种则是极点式需求，这种需求在青岛和成都的部分区域有所体现，主要是随迁子女大量聚集在城市的部分区域,他们对义务教育资源的需求呈现出一种极点式的分布。因此,我们按全域式和极点式两种类型分别计算"两为主"①②③ 政策下随迁子女入读公办学校的教育用地需求与化解"大班额"的教育用地需求。

1. 全域式城市教育用地缺口

全域式需求主要以东莞市为代表,所以这里主要以东莞市数据为参考进行教育用地供给缺口的计算。在东莞市调查时,教育局提供了一份数据能很直观地显示近三年东莞市随迁子女的增长状况(见表5-4),据此可以大致计算出东莞市的教育用地供给压力。

表5-4　　　东莞市2013~2015年义务教育在校生人数情况　　　单位:人

年份	义务教育在校生			非户籍随迁子女人数					
				在公办学校就读			在民办学校就读		
	总数	户籍学生	非户籍学生	总数	小学	初中	总数	小学	初中
2013	860 382	180 049	680 333	154 524	121 713	32 811	525 809	427 756	98 053
2014	893 864	176 165	717 699	163 378	127 326	36 052	554 321	449 315	105 006
2015	927 940	171 456	756 484	175 616	137 450	38 166	580 868	469 534	111 334

资料来源:由东莞市教育局提供。

由表5-4可以发现,从2013年到2015年,东莞市义务教育在校生总数呈现不断增长的趋势,这点尤其体现在非户籍随迁子女学生数量的增长上。从总量上看,义务教育阶段非户籍随迁子女从2013年的680 333人增长到2015年的756 484人,增加了11.19%;在公办学校就读的非户籍随迁子女数量从2013

---

① 需要特别探讨一下"两为主"的程度问题。目前,在各类政策与学术研究中,并未对"以流入地为主,以公办学校为主"的程度进行界定,即到底接受多大比例的随迁子女能够算作"为主"。在本研究中,为了方便呈现出当前城市义务教育资源的供给压力,将"两为主"的比例理解为全部(100%)由流入地政府管理以及全部入读公办学校。理由有两个:一是在2015年3月1日国务院新闻发布会上,教育部副部长刘利民表示,下一步将进一步扩大城镇义务教育容量,将随迁子女义务教育全纳入。二是义务教育具有强迫、免费以及普及三种特性。政府若要强迫学生入学,则政府必须单独承担起举办公办学校的责任,使得每一个适龄儿童至少都有入读公办学校的机会。当然适龄儿童可以选择民办学校,但那是他们自愿选择的结果。就作为供给方的政府而言,不能因为有民办学校就不考虑给予适龄儿童入读公办学校的机会,因此对流入地而言,随迁子女义务教育的全纳入是很有必要的一种资源计算与规划思考角度。

② 杨明:《进城务工人员随迁子女义务教育财政:资助供求失衡以及平衡化策略》,载于《教育与经济》2014年第6期,第10~16页。

③ 张璐:《随迁子女将全纳入城镇义务教育》,载于《北京晨报》2015年3月1日第2版。

年的 154 524 人增加到 2015 年的 175 616 人，增加了 13.65%；在民办学校就读的非户籍随迁子女数量从 2013 年的 525 809 人增加到 2015 年的 580 868 人，增加了 10.47%。

2015 年东莞市义务教育阶段公办学校有 252 所，能够提供的公办学位数量为 325 839 个（小学为 239 092 个，初中为 86 801 个），其中 150 223 个学位为本地户籍学生所占有，非本地户籍随迁子女占去剩余的 175 616 个学位。义务教育阶段民办学校有 253 所，能够提供的民办学位数量为 602 047 个（小学为 480 171 个，初中为 121 876 个），其中 21 179 个学位为本地户籍学生所占有，非本地户籍随迁子女则占去剩余的 580 868 个学位。如果依据国家颁布的"两为主"政策，则意味着东莞市目前公办学位数量的缺口将达到 580 868 个，其中公办小学缺口 469 534 个，公办初中缺口 111 334 个。当然这其中必然也含有一些非本地户籍但家庭经济条件良好，追求高质量民办教育的随迁子女，这部分人口现在暂无具体统计数据，但依据东莞市目前的经济发展与人口构成情况，其比重非常微小，基本可以忽略不计。

如果按照"两为主"政策要求，目前东莞市公办小学学位缺口为 469 534 个，公办初中学位缺口为 111 334 个。依据广东省教育厅印发的《广东省义务教育标准化学校标准》规定，即学校生均用地面积，小学（含九年制学校小学阶段）不低于 18 平方米，初中（含九年制学校中学阶段）不低于 23 平方米，市中心城区小学不低于 9.4 平方米，初中不低于 10.1 平方米，即使按市中心城区这一最低标准来计算，那么公办小学的教育用地缺口为 4 413 619.6 平方米（6 620 亩①），公办初中的教育用地缺口为 1 124 473.4 平方米（1 687 亩），二者合计缺口达到 8 307 亩。

如果按照化解"大班额"的政策要求，目前东莞市公办小学的平均班额为 46.73 人，民办小学的平均班额为 50.28 人，公办初中的平均班额为 46.12 人，民办初中的平均班额为 51.12 人。根据小学班额 45 人，初中班额 50 人的标准，那么公办小学超出标准班额 1.73 人，民办小学超出标准班额 5.28 人，民办初中超出标准班额 1.12 人②，分别乘以相应的班级数量（2015 年东莞公办小学班级数为 5 116 个，民办小学班级数为 9 550 个，民办初中班级数为 2 384 个），即可得出缺口学位数。通过计算，结果为小学学位缺口数约为 102 809 个，初中学位

---

① 以 1 亩 = 666.67 平方米（下同）的方式进行换算得出，此处的亩为市制亩。

② 这里可能有的读者会比较好奇，明明公办初中班额低于标准，那么是不是民办初中超出的部分可以由公办初中进行接纳，那么不就满足标准了吗？众位有所不知，在统计数据上是可以这么体现的，但在实际情况中，因为在市域内学校空间分布是分散的，所以学校之间的学生移动是受到空间制约。比如市中心的学校大班额，郊区的学校小班化，两者之间基本很难进行调整，最多只能用相关政策杠杆去分流。故，这里的计算，不考虑相互弥补的状况。

缺口数约为2 670个。按照最低标准，即"市中心"标准来算，公办小学教育用地缺口为966 404.6平方米（1 450亩），公办初中教育用地缺口为26 967平方米（40亩），合计共1 490亩。需要注意的是，这里计算的仅仅是总量，如果再考虑空间分布等因素，教育用地缺口数量可能还会增加。

根据《东莞市城市总体规划（2000～2015年）》中公布的数据，至2015年东莞市公共设施规划用地①为1 000.74公顷（15 011.1亩②），其中教育科研设计的规划用地为128.46公顷（1 926.9亩）。因而，如果按照"两为主"政策的严格要求落实，那么义务教育用地的缺口（8 307亩）是远远超过东莞市能够提供的公办教育土地资源的，即便考虑到各种因素等，将义务教育用地需求减半，即4 153.5亩，也远远超过整体教育规划用地的1 926.9亩。如果按照化解大班额的要求来看，虽然义务教育用地缺口（1 490亩）低于规划供给数量（占其总量的77.33%），但实际上因为教育科研用地不仅仅包括义务教育，还包括高中、学前等阶段的学校建设用地，更包括其他科研用地需求，因此其供给压力同样巨大。从现实已有空间分布上看，东莞市教育局的相关人员也曾在访谈中直言，包括莞城街道、东城街道与南城街道在内的东莞中心区内土地资源已处在饱和边缘，很难再新建大量的小学或初中以满足随迁子女的教育需求。

2. 极点式城市教育用地缺口

"极点式"城市主要是指教育资源供给矛盾以点状方式分布在城市之中，就城市整体区域而言，一般集中在中心城区，同时在中心城区内部主要集中在老城区。在青岛与成都调研的过程中，走访的青岛市市北区、黄岛区、莱西市以及成都市武侯区、新都区都存在这种情况，即区域内部供给压力空间分化明显，但在各区域统计数字上基本未明显超出相关标准。下面，研究者将选取青岛市黄岛区与成都市新都区作为案例做一个数字计算和情况说明。

2015年，青岛市黄岛区有小学88所，初中34所，九年一贯制学校2所。义务教育阶段在校生134 317人，其中随迁子女33 516人，占总在校生数的25%。黄岛区义务教育阶段仅有一所民办初中③，从某种程度上说，该区已严格落实了"两为主"政策，随迁子女基本都纳入了公办学校入读，所以这里不再计算"两为主"政策落实下的教育用地供给缺口，主要计算化解"大班额"时教育用地供给的缺口情况。

青岛市小学平均班额为44.42人，总体上符合国家标准，但细算之下，黄岛

---

① 根据《东莞市城市总体规划（2000～2015年）》的内容，公共设施用地包括行政办公用地、商业金融用地、文化娱乐用地、体育用地、医疗卫生用地、教育科研设计用地，以及其他公共设施用地。
② 以1公顷=15亩（下同）的方式进行换算得出，此处的亩为市制亩。
③ 该民办初中为位于黄岛西区的明天外国语实验学校，目前仅有七年级，共4个班，97人。

东区的小学班额为 50.65 人，明显高于国家规定的上限标准，实际上是被黄岛西区的小学班额 39.14 人拉低了。从黄岛区教育局提供的资料来看，2015 年黄岛东区有小学 42 所，在校生为 48 880 人，其中随迁子女 21 885 人，占总数的 44.77%。按照山东省规定的小学班额不超过 45 人的标准，黄岛东区小学班额超出标准 5.65 人，如果乘以班级数（小学阶段班级数为 965 个），就意味着还需提供 5 452 个学位。那么按照《山东省普通小学基本办学条件标准》中的最低标准①（生均建设用地面积 19.97 平方米）来看，则在小学学校建设用地上还要提供 108 876.44 平方米（约为 163 亩）。这 163 亩的供给缺口实际上只考虑到了班额标准。根据黄岛区教育局提供的自用计算资料，在考虑到学校规模、功能室、体育设施等相关办学条件的情况下，目前黄岛东区小学超出办学规模的学生数为 12 105 人，按照省定最低生均用地标准计算，还需要为小学新增学校建设用地 241 736.85 平方米（约 363 亩）；初中超出办学规模的学生人数为 914 人，按照省定最低生均用地标准计算②，还需要为初中新增学校建设用地 20 126.28 平方米（约 30 亩），二者合计需要 393 亩地。

上面算出的 163 亩或 393 亩地，都只是为了缓解当前情况的即时缺口，也就是说这是在目前学龄人口静止不增状态下计算的结果。实际上，作为我国第九个国家级新区的黄岛区（西海岸经济开发区），随着产业不断聚集，人口不断进驻，其教育用地的增量需求也是极其庞大的。从目前适龄儿童的增长上看，黄岛东区小学从 2014 到 2016 年平均增加学生数为 2 943 人，其中近三年随迁子女学生数平均增长了 2014 人，占到总数的 68.43%；初中近三年平均增加学生数为 322 人，其中随迁子女部分为 300 人，占到总数的 93.18%。在相应的用地规划上，到 2020 年整个黄岛区要新建小学 113 所，共占地 335.66 公顷（5 034.9 亩），其中新征地面积达到 259.87 公顷（3 898.05 亩），占总体用地面积的 77.42%。③ 具体来看，黄岛区城区 2014～2016 年需要新建小学 27 所（含 1 所九年一贯制学校）、初中 13 所（含 1 所九年一贯制学校）；2017～2020 年规划新建小学 41 所（含 1 所九年一贯制学校）、新建初中 24 所（含 1 所九年一贯制学校）。④ 无论是

---

① 《山东省普通小学基本办学条件标准》中将普通小学校园规划建设用地面积划分为 5 种规模类型，分别为：12 班 540 人，生均占地面积 26.01 平方米；18 班 810 人，生均占地面积 23.48 平方米；21 班 1 080 人，生均占地面积 23.03 平方米；30 班 1 620 人，生均占地面积 21.46 平方米；36 班 1 620 人，生均占地面积 19.97 平方米。

② 《山东省普通初级中学基本办学条件标准》中将普通初级中学规划建设用地面积划分为 4 种规模类型，分别为：18 班 900 人，生均占地面积 24.32 平方米；24 班 1 200 人，生均占地面积 24.38 平方米；30 班 1 500 人，生均占地面积 23.53 平方米；36 班 1 800 人，生均占地面积 22.02 平方米。

③ 青岛市教育局：《青岛市教育设施布局专项规划（2014～2020 年）》，2014 年 12 月 23 日。

④ 青岛市黄岛区教育体育局：《青岛市黄岛区教育设施布局专项规划（2014～2020 年）》，青岛市教育局提供。

当前静态计算下急需解决的教育用地缺口，还是动态发展下需要长远保障的教育用地规划额度，都显示出当前黄岛东区教育用地供给的巨大压力。

2015年，成都市新都区义务教育阶段共有学校64所（含民办14所），其中小学共28所（含民办2所）、初中共21所（含民办初中和完全中学2所）、九年一贯制学校共15所（含民办10所），在读学生数共计84 003人。新都区位于成都市的第二圈层，其义务教育学位需求主要来自两个方面：一是随着经济的不断发展以及产业结构的重新布局调整，成都市第一圈层的生活成本不断上升以及劳动密集型产业的外移，导致部分原居住于第一圈层的居民与外来务工者开始向第二圈层转移。访谈中了解到，成都市第一圈层房价达到万元以上，而新都区房价仅在6 000元左右；二是随着城镇化的不断推进，原居住于第三圈层的乡村地区居民以及非成都市户籍的外来务工者也逐步转移至第二圈层。

这两面不断增加的需求压力既体现在新都区接收非新都户籍学生的绝对数量上，也体现在新都区的班额数值上。从表5-5可以看出，过去四年在新都区就读的义务教育阶段非本地户籍学生数量由2013年的34 981人增加到了2016年的45 057人，增加了28.80%，平均每年增加3 359人，同时非新都籍学生数占在读学生总数的比例也从2013年的44.33%逐步提升到了2015年的47.07%。从平均班额看，2014年新都区公办小学的平均班额为46.39人（全市平均值为37.96人）、民办小学的平均班额为44.12人（全市平均值为41.12人）、公办初中的平均班额为45.38人（全市平均值为40.72人）、民办初中的平均班额为43.21人（全市平均值为44.44人）。在某种程度上，这些数值之间的差距已经可以充分体现出新都区作为成都市义务教育资源供给压力的极点存在。

表5-5　成都市新都区2013~2016年义务教育阶段学生构成情况

项目	2013年	2014年	2015年	2016年
在读学生数（人）	78 914	83 947	约88 000	—
非新都籍学生数（人）	34 981	38 595	41 425	45 057
符合入读条件外来学生数（人）	6 416	6 607	3 267	4 681
购买学位数（个）	2 788	4 179	4 741	5 369

注：在读学生数据来源于新都区统计局网站上公布的年度统计公报，其中2015年公布的数据为约等数据，故表格标注为约88 000人。另外三个指标数据，则来源于新都市教育局提供的相关文件。

从新都区内部空间聚集情况看，其教育用地供给压力呈现出"南紧北松"的样态。在新都区13个镇（街道）中，大丰街道、新都街道、斑竹园镇学位尤为紧张，另外龙桥镇、三河街道以及新繁镇则由于新增人口较多，也存在一定压力。2014年，这6个镇义务教育阶段共有公办学位54 045个，而学位缺口高达14 178个，主要集中在小学阶段。① 目前，这部分缺口主要由区域内民办学校和部分公办学校超额承担。在新都区实地走访过程中发现，实际情况与资料上的描述相互印证。比如位于大丰街道的大丰小学就十分典型。在访谈过程中，大丰小学的教师介绍到，这几年大丰街道由原本仅有5万人的小区迅速变成有20多万人聚集的大区，从2013年到2016年，大丰小学人数以平均每年200人的速度增加，2016年共有3 800多名在校生，其中本地学生占到20%左右，新买房落户的学生占到30%，随迁子女占到50%左右。学校班级数量也随之不断增加，由原来建校时的30个班，增加到2008年地震修楼后的42个班，再到2015改扩建后的48个班。尽管不断扩建增加班级数，但依旧跟不上学龄儿童的增加速度，各年级的班额都超过了省定的45人标准，部分年级班额接近60人。

就2014年的情况来看，为了落实"两为主"政策同时保障办学符合相应标准，新都区需要马上解决的公办小学学位缺口数为14 178个。按照《四川省义务教育学校办学条件基本标准（试行）》中的完全小学最低生均占地标准，即生均14平方米②，那么2014年整体教育用地缺额为198 492平方米（约298亩），仅仅4年的时间，就已经完全超过了2010年新都区现有的小学总占地面积167 621平方米（约251亩）。除了静态的教育用地需求外，随着城镇化进程的不断推进，新都区适龄学生也处在不断增加的状态（见表5-5），每年学生增加数量大致在5 000名，从实地访谈中了解到这种增长的趋势在未来几年依然会维持下去。根据新都区规划文件，2016~2020年要新增义务教育阶段学校建设用地714亩（其中2016年272亩，2017年119亩，2018年122亩，2019年141亩，2020年60亩）。③

尽管两种类型、三个案例的教育用地供给压力计算结果不能以一种完全精确的方式进行呈现，但是相关差额数值在一定程度上也体现出了当前城市义务教育用地供给的困境。"全域式"教育用地需求在很多以外来人口占主导的城市十分普遍，而"极点式"教育用地需求则是很多大型或特大型城市或多或少都面临的情况。那么，面对这种需求，为什么我们的教育用地供给系统没有及时跟进从而导致了巨大教育用地缺额的出现？是什么因素阻碍了教育用地的正常供给？是不是教育用地供给系统本身就存有一些问题？

---

①③ 《新都区教育局城建攻坚十年（2016~2025）重大项目规划》，成都市新都区教育局提供。
② 《四川省义务教育学校办学条件基本标准（试行）》中按照不同规模对大城市中心城区完全小学的建设用地制定了相关标准，具体包括：12个班，生均用地面积为21平方米；18个班，生均用地面积为16平方米；24个班，生均用地面积为14平方米；30个班，生均用地面积为16平方米。

二、城市义务教育用地供给困境致因分析

为什么城市会有这样的教育用地供给缺口呢?或者说为什么政府教育用地供给没有及时跟上需求变化呢?实际上,通过对整个教育用地供给系统以及运作情况的调查,研究者发现构成这种困境的因素离不开三个关键词:制度、利益与执行。

(一) 教育用地供给的制度困境

教育用地供给制度,无非就是分配和审批两件事。分配意味教育用地的数量和空间位置,审批则意味教育用地使用权的实质确认。其中分配靠规划,审批靠行政。规划就包括城市规划、土地利用规划等,比如《东莞市城市规划(2016~2030年)》《青岛市城市规划(2011~2020年)》等。这些规划按照不同时期的人口数量预测相应比例的学龄人口数量,以此来确定教育用地的多少,同时规划经过国务院审批之后,其中各项指标是不能随意修改的,一轮规划的适用期限基本在15年左右①,当然也有一些计划单列市等特殊城市是10年。那么15年的人口总量预测能够准确吗?人口增长的空间分布预测能够准确吗?答案是不能。以东莞市的城市规划为例,预测2015年东莞市的城镇人口(包括暂住人口)是320万人②,而东莞市2015年统计公报显示,实际城镇人口为733.13万人,两者相差400多万人,这些人相应的义务教育用地需求怎么办?

当然,土地利用规划并不是完全固定的方案,是可以向上级汇报进行修改的,但关键是修改的速度跟得上需求变化的速度吗?而且修改教育发展用地需求能够被批准吗?

首先,由于我国现有的土地审批制度,导致包括教育用地在内的城市规划修改跟不上实际需求的变化速度。我国包括教育用地在内的土地利用总体规划实行分级审批制度,确切地说是二级审批制度。二级审批主体分别是国务院与省(自治区、直辖市)政府。其中,国务院审批的范围包括省(自治区、直辖市)的土地总体规划;省(自治区、直辖市)政府所在市、人口超过100万人以上的城市。③ 此外,其他城市的土地规划则由省(自治区、直辖市)政府

---

① 《中华人民共和国土地管理法实施条例》第九条写到"土地利用的总体规划期限一般为15年"。
② 数据来源于东莞市政府提供的《东莞市城市总体规划(2000~2015年)》。
③ 按照相关法规,省(自治区、直辖市)政府所在市、人口超过100万人以上的城市总体规划在上报国务院审定之前,在程序上仍需先经过省、自治区人民政府审查同意。

批准。① 2017 年，我国人口超过 100 万人的城市有 272 个②。也就是说，这 272 个城市如果要修改土地规划，在程序上首先要将修改后的土地利用规划提交给各自所在省、自治区人民政府审查，在审查同意后，上交到国务院"排队"获得审定后才能进行下一步操作。特别需要指出的是，国务院土地审批工作并不是全年无休，每年只会在特定的 1~2 个工作日期接收地方上报的修订规划，整个周期下来至少需要一年半以上。这还只是地方政府完成内部协调之后的外部程序时间。实际上就地方政府内部而言，关于教育用地的规划与使用要经过的流程相当繁琐与耗时。教育用地至少涉及 6 个主要部门的程序运作（教育局、发展和改革局、国土资源局、规划局、环保局、街道办），其中的耗时估计需要 3 个月以上。内部运作 3 个月，外部申请一年半，这说明从明晰教育用地的缺额需求到完成教育用地的实质供给需要将近两年的时间。

其次，教育需求用地修改是很难被批准的。根据相关规定，修改土地利用规划的情形主要包括：由于不可抗力因素出现或国家重大政策发生变化需要对规划进行调整；规划到期，重新修订；经国务院或省、自治区、直辖市人民政府批准的能源、交通、水利等基础设施建设用地需求同规划不一致。③ 这上述三种情形中都没有与教育用地直接相关的表述，存有可能的途径只有两种：一是教育用地需求与规划成为国家重大政策，也就是所谓的开绿灯、开专线；二是等待土地规划到期，重新修订，即所谓的土地修编。从目前情况来看，第一种途径实现的可能性属于"可遇不可求"的状态，教育用地在一般土地用途划分上属于建设用地下公共服务用地的科教用地，单列的困难程度可想而知。第二种途径实现的代价是时间成本，等上 15 年就有可能调整。我们在走访成都市与教育部门规划人员座谈时得知，目前成都就处在接近新一轮修编的时期。一谈到土地修编，规划人员显得干劲十足，颇有点"掰着手指头，等着过大年"的气势。

总体来看，因为目前的土地利用规划与审批制度导致各个城市的教育用地是"测不准、改得慢、修不上"，最终政府在教育用地供给上只能跟不上教育需求的发展节奏。一方面，这背后凸显的是人口流动与土地资源计划供给的矛盾。具体说来，教育用地问题反映的是资源供给的空间矛盾。同其他两个资源要素（教师与资金）不同，土地的最大特性在于有限性和空间性，即土地总量是不可能增加的，也是没有办法按照人为意愿去移动的，从来都只有人移动到不同的土地上，

---

① 国务院法制办公室著：《中华人民共和国土地管理法注解与配套（第三版）》，中国法制出版社 2016 年版，第 24~28 页。

② 国家统计局城市社会经济调查司编：《中国城市统计年鉴 2018》，中国统计出版社 2019 年版，第 14~19 页。

③ 国务院法制办公室著：《中华人民共和国土地管理法注解与配套（第三版）》，中国法制出版社 2016 年版，第 31 页。

而未有过土地随人移动的现象。在确立社会主义市场经济体制之前，我们国家实行的是计划经济体制，人的流动是计划而固定的。确切地说，人的流动总是伴有一定身份的限制，无论是所谓的户籍人还是单位人，在空间上都在牵制着人。但是，实行社会主义市场经济以后，城乡户籍制度逐渐消融，以往各种各样的单位也在逐步改革迈向市场，计划体制的束缚在减弱，人的思维也逐步转向以经济理性为主的市场化思维。这种转化的过程使得人的流动在空间上呈现出城乡之间、东西部之间不断巨量涌动变迁的状态，然而依附于空间之上的土地资源及其管理体制没有跟上市场化的步伐，层层审批与指标限制阻碍了土地作为一种资源要素的流动①，从而导致教育用地供给缺口的出现。另一方面，这种高度集权的土地管理体制最早源于 1998 年全国人大对于 1986 年颁布的《土地管理法》的第二次修订，其中第四条明确写道"国家实行土地用途管制制度"，其后在相关细则中又逐步补充，包括 15 年的土地利用规划等具体的审批制度设计。中央设计这套制度的最大初衷在于舆论认为我国早期城镇化是以土地财政为核心动力，因而随着城镇化进程的加快，大量耕地被转为城市建设用地，危及了国家安全。② 这里暂且不论这套说法对与不对，关键是最初对于耕地与建设用地的数量管制，演变成了对城市包括教育用地在内的整体土地用途的严格管制，最终对义务教育资源的供给产生了影响。那么，我们能不能顺着李克强总理提出的"简政放权"思路，推进现行土地管理制度的"放管服"改革呢？这里就涉及了第二个困境，即关于教育用地供给的利益困境。换句话说，我们怎样控制土地用于"建学校"等公共目的，而不是用于"盖房子""建厂子"等盈利目的呢？

（二）教育用地供给的利益困境

教育用地的利益困境包括两个方面：一是基于土地管制的中央和地方的利益冲突，二是基于土地收益的教育用地与其他用地的利益冲突。

首先，为什么土地规划与审批程序会如此严格？国务院要审批全国至少 272 个城市的土地规划？因为中央和地方政府行为驱动机制不同，即利益着眼点不同，所以会存在中央与地方土地使用利益博弈。中央政府考虑的是国家整体利益及土地的总体规划。所谓整体与长期利益包括对农用地、建设用地与非利用地的总量调控。但是地方政府考虑的是地方经济社会发展，地方父母官有所谓的政绩追逐，即在一定时间和条件约束下，尽可能用尽所有方法与资源，提升自己的政

---

① 这里所指的资源要素流动，并不是指土地的空间流动。资源要素的流动将土地抽象为了一种资源概念单位，在不同区域范围内可增减调控，并不是现实生活当中物理属性意义上的土地本身。

② 周其仁著：《城乡中国》，中信出版社 2016 年版，第 52~55 页。

绩,所以地方考虑的是局部与短期利益。这两类利益的冲突必然导致地方对中央限制的部分回避,中央上收地方土地审批权限以严格推行中央意志。2003年中央出台了土地从紧宏观调控政策,但是部分地方政府不管中央的要求,继续我行我素大搞违规土地建设,为此2004年中央政府不得不在拥有土地审批权的国土资源部门实行土地垂直管理体制。① 因此,由于中央与地方的利益对冲,导致土地审批权限上移,这其中必然影响到教育用地的使用。

其次,教育用地为什么会与其他用地产生利益冲突?在解释这个问题之前,我们可以先看一个数字。根据财政部发布的2018年财政收支情况,全国土地使用权出让收入(即老百姓口中的政府卖地收入)达6.5亿元。1999~2016年,全国的土地收入总额已经突破31万亿元;其中2015年,土地出让收入占地方财政收入的39.22%,2014年的比重为56.6%,2013年的比重为59.8%。② 这些统计数据很直白地说明了土地所带来的利益。对于地方政府的父母官而言,将土地用来做什么,在某种程度上更多地取决于其任期内土地所能带来收益的大小。在以经济建设指标为地方政绩主要考核标准的制度下,用土地建设中小学能带来什么?地方GDP增长还是地方财政收入增加?相较于建设工厂、盖商品房,将土地用于教育用途显然是短期收益最小的,不仅如此,甚至还会给地方财政带来巨大的支出压力。比如,在成都某区走访调研时得知,当地政府征一亩地需要支出经费高达200万元,而新建一所公办小学的成本在5 000万元以上,二者相加便可知投入教育用地的经费压力。退一步说,即便因为教育用地供给增加,义务教育阶段教育质量获得提升,培养了不少造福一方的人才,也很难以显性的方式成为地方父母官的重要政绩。所以,相较于其他用地,受限于短期利益的视野局限,地方在教育用地供给意愿上先天不足,缺乏动力。

(三)教育用地供给的执行困境

执行困境主要是不同部门对土地用途的规划冲突以及规划实质落实困难。规划冲突主要指教育用地供给规划所涉及的不同部门对规划内容存在冲突。比如在青岛市黄岛区教育局座谈时,相关负责同志认为当前在涉及教育用地规划时不同部门之间意见是不统一的,规划局的城市规划、国土资源局的土地利用规划、环保局的生态环境规划以及人民防空办公室的相关规划等经常在内容上相互冲突。基建处的人员举例说道,"之前我们一些土地在城市规划中是划为教育用地的,

---

① 周天勇著:《中国行政体制改革30年》,格致出版社、上海人民出版社2008年版,第227页。
② 谭红朝:《2016年全国卖地收入超3.7万亿,1999年至今已累计31万亿》,http://finance.ifeng.com,2017年1月25日。

但在国土部门的土地利用规划中却变成了一般农田、林地、绿化用地。这可能有历史的原因，就是城市规划和国土局的土地利用规划没有合并统一，所以造成了虽然有地，但是在实际操作过程中却不符合要求，只能等待土地修编的时候进行调整"。

规划实质落实困难主要指教育用地规划在实质落地时遇到的一些操作性问题，包括规划点土地被其他人或组织占用、规划范围跨区域等。比如，在成都市青羊区座谈时，相关负责同志就提到该区有两个规划点位都出现了被小产权房占用的情况。其中一个点位，周边学位十分紧张。按照规划属于2016年马上就要建设的学校点位，规划用地大约30亩，但是其中有10亩被农村的小产权房占用。目前只有两种解决方案，一是教育局向规划局与市里相关部门申请调整规划，重新划分土地用于建设学校；二是教育局在20亩土地上先期开始建设，分担周边学校的学位压力，然后等待规划局与国土部门拆除小产权房后再将10亩被占用的土地收回交付学校之后开启学校的二期建设工程。当然，这两种方案都在实质上导致了教育用地供给周期的延长。在座谈会上，另一名同志提到，他们区教育局按照规划预计于2015年12月在某地开工新建一所学校，在所有手续都齐全、实地预备开始新建的时候才发现，规划上的土地实际囊括了临近温江区的10亩地，最后没有办法整个学校只能在原有基础上扣除温江区的10亩地进行建设，最终导致学校规模降低。

三、城市义务教育用地的供给机制探讨

如何破解城市教育用地供给困境？一些学者曾对此有过零散的研究与讨论。比如黄建辉认为可以加快教育用地专项规划编制、建立健全教育用地规划保障机制、完善城市中小学布局结构调整。① 李捷等认为应按标准足额预留教育建设用地，并按照布局规划要求核定用地位置和界线，同时实行教育用地储备制度等。② 目前来看，这些研究多是在应然层面上的讨论，针对的主要是一些教育用地供给的浅层执行问题，还未能针对整个教育用地管理体制乃至整个土地管理体制当中涉及的制度与利益等深层问题提出相应的解决措施。

同样是面对教育用地的供给困境问题，研究者走访青岛时发现，山东省不仅针对执行难问题推行了多项政策去扩大教育用地资源供给。比如城镇新建中小学

---

① 黄建辉：《城市中小学教育用地问题探析》，载于《教学与管理》2014年第1期，第17~18页。
② 李捷、苏磊、张新海：《中部地区城镇中小学建设：问题、经验与对策——以河南省为例》，载于《教育探索》2016年第7期，第40~44页。

土地指标，由省市县三级统筹解决，土地规划结余指标优先供应教育；新增适龄儿童学位必须与新建住房统筹解决；利用现有学校存量房产和建设用地兴办中小学教育设施，鼓励高中外迁办学，对闲置学校用地摸底调查，利用工矿废地、闲置教育用地复耕，腾出建设用地指标满足教育需求；推动教育设施配套建设"三同步"制度（同步规划设计，同步建设验收，同步交付使用）等①，还从顶层制度设计层面推出了两项创新机制，即"一把手工程"与"联席会议制度"，破解一些深层次上的体制难题，从而保障了政策执行效果，这在以往研究中是较为少见的。

（一）教育用地"一把手工程"

2015年9月6日山东省为了彻底解决长久以来积攒的大班额问题，颁发了一份关键文件《关于解决城镇普通中小学大班额问题有关事宜的通知》，对各地顶层设计大班额问题破解之道起到了关键性的作用。文件明确要求"要在2017年解决大班额问题，且实行目标责任制，省、市、县（市、区）政府逐级签订责任书，市、县（市、区）主要领导对解决学校大班额问题负总责；各级政府将解决大班额问题纳入推进新型城镇化工作考核内容，并作为评价各级政府教育工作的重要指标"②。简简单单的几句话，实际上破解了教育用地供给困境当中的几个要害。

首先，运用"目标责任制"与"责任书"这两项工具让教育用地和大班额问题有了"抓手"。有了责任制，出了问题谁该担责任，现在一目了然。实际上权责统一明确是解决一切问题的首要机制，同时也是提升政府绩效的一个敲门砖。从行政体系来看，省、市、县（市、区）行政一把手签订责任书，逐级分担责任，使得各级政府在推进问题解决时有了自上而下的原动力。根据相关部门提供的材料显示，青岛市各区政府主要负责人都与市政府签订了责任书，而青岛市政府也与山东省政府签订了责任书。责任书当中包括了目标任务、政策措施与确认责任主体三部分内容。比如青岛莱西市就承诺在2015~2017年要新建学校4所、改扩建学校5所、新增学位10 730个、新增校舍面积198 599平方米等。这些目标都以项目清单的方式呈现，并实行销号管理，即完成一个项目划去一个目标，完成不了目标，相关主要领导直接负责。

其次，大班额解决情况成为地方政府政绩考核的重要内容，规避了教育用地

---

① 魏海政：《抓住三要素，山东省将用两年时间解决大班额》，载于《人民教育》2016年第12期，第32~36页。
② 山东省人民政府办公厅：《关于解决城镇普通中小学大班额问题有关事宜的通知》，2015年9月7日。

的利益困境。当前，在以经济发展为核心的地方政府政绩考核体系中，教育用地由于自身所带来的收益较低难以成为地方政府土地供给的重点。但是这份文件将解决大班额问题（包括教育用地问题）当成地方政府这两年内政绩考核的重要内容。这使得教育用地供给在收益上有了政治利益附加值，从而加强了地方政府积极作为的行为动机。按照山东省政府的部署规划，分别将于2016年1月、7月、12月和2017年5月、11月对包括教育用地落实情况在内的各项问题进行督查，而青岛市政府则会相应提前一个月对各区情况进行督查。在教育用地上，涉及的被督察部门则包括了国土资源部门、规划部门、教育部门、城乡建设部门等。

（二）教育用地"联席会议制度"

山东省政府《关于解决城镇普通中小学大班额问题有关事宜的通知》还提到要"建立部门联席会议制度，及时研究学校建设规划、用地等问题"①。在具体操作中，主要由设在市区教育部门的联席会议办公室组织，联席会议办公室内的事务性人员由教育局相关职员兼任，且工作任务完成后联席会议与联席会议办公室自行撤销。在青岛市级层面的联席会议上，会议总召集人为青岛市副市长，召集人包括青岛市教育局局长和市政府副秘书长，成员包括发展改革委员会、财政局、国土局、规划局以及各区的部门"一把手"。实际上，联席会议就是教育部门根据目前情况提出需求，然后由总召集人协调其他部门相应地对需求进行回应的一个过程。在某种程度上，联席会议机制能够破解执行困境当中最重要的部门信息不对等问题。通过联席会议，不同部门之间都能够及时获取相关信息，从而做到对有关问题的及时沟通与准确回应，避免了在执行过程中出现信息错误或来回反复沟通等状况。

这两项机制乍看简单，其实回头一想，其中蕴含着不少道理。我国现行行政体系由纵向的层级结构与横向的部门结构组成。纵向结构表现为行政组织的层级化，是按等级原则对行政权限和职责进行垂直划分；横向结构表现为行政组织的部门化，是按管理目标、管理对象的内容和性质，对行政权限和职责进行横向划分。② 这两项机制正是抓住了我国行政体系的结构特征，在对现行各项制度不做变更的情况下，分别从纵向和横向压缩了制度的运行空间与成本，既提高了政府运作绩效，促使教育用地供给效率提升，同时也降低了解决问题的制度成本。其中，"一把手"工程是内核，代表着纵向权责体系的明晰。在我国目前的政治体

---

① 山东省人民政府办公厅：《关于解决城镇普通中小学大班额问题有关事宜的通知》，2015年9月7日。

② 周天勇著：《中国行政体制改革30年》，格致出版社、上海人民出版社2008年版，第224页。

制下,政府高层级管理者自上而下的重视是推进制度变革不可或缺的重要动力。联席会议是手段,代表着横向政府部门间协调机制的建构。由政府相关主管作为总召集人的联席会议最大程度地扩散了部门之间的相关信息,这一方面有效降低了各部门执行的协调成本,另一方面也有效降低了决策部门的信息成本。通俗来说,以前是各管各的事,谁也不知道别人家的规矩?现在是有大家长领着,啥事儿都"敞开大门说亮话",这下你知道我要啥,我知道你想啥,有了难处大家一起解决。有了这两种机制,教育的事就不再只是教育局的事,变成了整个政府的事,而土地供给这种涉及多种制度、多个部门规则与利益的问题,自然就有了出路。同时,尽管这两项机制植根于山东省的本土经验,但其背后反映的价值理念以及运用到的机制工具实际上体现了20世纪90年代以来在世界各国流行的以戴维·奥斯本(David Osborne)为首的改革政府理论当中关于塑造企业家政府的发展趋势。比如在这两项机制中使用的包括设立目标内容与年限、明确权责主体、注重监督考核等在内的相关工具,就体现了改革政府理论当中强调政府应该注重目标与效果,制定一些必要的准则,不再局限于过细的束缚与限制,从而有效地提升了政府的绩效等精神。①②

总体而言,这两项机制结合具体执行措施确实可以在实践层面上打破教育用地供给过程当中的利益与执行两大困境,对于解决当前城市教育用地供给困境起到一定效果。但需要注意的是,这两项机制在本质上还未涉及教育用地供给困境中最为核心的制度困境,只是通过类似于专事专办的机制运作,加速了部门合作和执行的效率。要知道,并不是所有的事情都可以"专事专办"的。

教育用地供给困境从根本上说是由现行土地利用规划与审批制度导致了城市教育用地"测不准、改得慢、修不上",其背后反映的是人口流动与土地计划供给矛盾以及中央对于土地的高度集权管制问题。因此,从对策上看,要想克服这些矛盾,首先,要对全国土地资源进行确查。在调整权力结构之前,最重要的是让中央政府对全国的土地资源利用状况有真实的了解,只有这样才能让其放心放权。在早期,土地的普查由于技术的原因难以实现,但是当下随着卫星遥感等新技术手段的出现,这种土地普查已经能够实现,甚至能够实时普查。其次,要在权力结构上进行调整。中央政府要下放部分土地规划与审批权力,将原本由国务院审批的范围(省、自治区、直辖市;省、自治区政府所在市,人口超过100万人以上的城市)部分下放给省级政府,即将不包括直辖市、省会城市在内的超过

---

① [美]戴维·奥斯本、特德·盖布勒著:《改革政府:企业家精神如何改革着公共部门》,周敦仁等译,上海译文出版社2006年版,第96~118页。
② [美]戴维·奥斯本、彼得·普拉斯特里克著:《再造政府:政府改革的五项战略》,谭功荣,刘霞译,中国人民大学出版社2014年版,第111~125页。

100万人口的城市土地利用规划与审批权交给相应的省、自治区政府。促使包括国务院在内的中央政府角色由直接管理者转向监督者,从而加快土地管理的行政效率。在权力结构调整之后,可以相应地缩短当前15年的土地规划年限,使各地能够更灵活地依据地方特点进行规划调整。当然,也要同步完善相应的土地规划与审批立法,加强中央政府对省级政府土地规划与审批行为的监管,确保土地资源的合理有效使用。最后,要改善教育用地规划制度。将以往以户籍人口为主要计算指标的属地化土地资源分配制度转向以常住人口为主要计算指标的动态化土地资源分配制度,同时利用中小学学籍管理系统,对城市发展当中的随迁子女数量进行客观把握与合理预测,并将随迁子女的就学需求纳入教育用地的规划当中。

第四节 城市义务教育教师配置机制

在城镇化背景下,大量适龄儿童进入城市就学。在"两为主"政策下,快速增加的义务教育就学需求不仅让城市教育土地面临供给困境,也让城市公办教师供给形成了巨大的压力。但是,由于我国特殊的编制体系与编制管制政策,公办教师编制数量并不能因所在地区学生数量的变化而变化,导致公办学校教师数量增长受到限制。面对这种缺编制、缺教师的情况,各地政府也积极采取了相应措施。本部分首先要计算教师的供给缺口,看一看目前城镇化对于义务教育阶段教师供给到底产生了多大压力;其次对教师供给的核心问题——编制做一些梳理和讨论;最后从实践层面对三个案例城市在教师供给上的实践创新进行比较分析,以期为教师资源供给提供机制方案。

一、城市义务教育教师供给困境分析

每当在教育局座谈时,相较于土地与资金问题,教育局的同志总是对教师问题格外关注,尤其是教师缺口问题。当前城市教师供给压力确实不小,除了城镇化的原因外,全面二孩政策是另一个影响因素。许多校长担心育龄女教师怀孕,因为学生数量在不断增加而教师数量却在不断减少。这一增一减间,自然是人不敷出、压力倍增。那么,当前城市义务教育阶段到底缺不缺教师?缺成什么样?同教育用地供给缺口计算相似,本部分将把三个案例城市划分为两种类型(全域式与极点式),通过对调研数据(包括一般情况下的教师数据和"两为主"政策

下的随迁子女数据）的计算来呈现城市义务教育教师供给的缺口情况。

（一）全域式城市教师供给缺口

从 2015 年东莞全市与部分地区中小学师生数量统计情况看（见表 5-6），主要的教师缺口在民办小学与初中上。根据《广东省义务教育标准化学校督导评估方法（试行）》中提出的"城市小学师生比应达到 1∶20.6，城市初中师生比应达到 1∶15.3"的标准（这里的师生比是指教职工与学生的比例）①，以及《广东省义务教育标准化学校标准》中提出的"公办学校专任教师占教职员编制的比例原则上初级中学不低于 88%，小学不低于 92%"的规定，②可以得出师生比的标准分别为小学 1∶23.4、初中 1∶16.6。③ 2015 年东莞全市公办小学与初中的师生比分别为 1∶18.8 与 1∶13.5，明显符合标准；东莞全市民办小学与初中的师生比分别为 1∶27.3 与 1∶20.6，超出标准较多。在民办小学中，万江（1∶28.5）与东城（1∶27.2）的师生比超标最严重；在民办初中中，道滘镇（1∶27.4）与万江（1∶21.3）的师生比超标最多。民办学校超标的主要原因在于东莞市义务教育阶段公办教育资源有限，同时东莞市对随迁子女实行了限制性入学政策，从而导致随迁子女大量入读民办学校，民办学校教师缺口严重。如果按照广东省的标准计算现状数据与标准数据之间的差额，可以发现如果在全市层面上达到标准，还需要雇佣民办小学教师大约 2 927 名，约占现有民办小学教师总量的 16.64%；还需雇佣民办初中教师大约 1 438 名，约占现有民办初中教师总量的 24.36%（见表 5-6）。

表 5-6　　2015 年东莞市全市与部分地区中小学学生与教师数量情况

项目			东莞市	东城	南城	万江	道滘镇
学生数（人）	小学	公办	239 092	14 744	13 370	9 172	5 965
		民办	480 171	27 274	14 692	17 307	5 418
	初中	公办	86 801	4 608	3 677	2 600	2 660
		民办	121 876	6 575	4 767	3 435	1 751

---

①　广东省人民政府教育督导室：《广东省义务教育标准化学校督导评估方案》，2014 年 7 月 14 日。
②　广东省教育厅：《广东省义务教育标准化学校标准》，2013 年 8 月 19 日。
③　2014 年 11 月 13 日中央编办、教育部、财政部联合下发了《关于统一城乡中小学教职工编制标准的通知》规定：县镇、农村中小学教职工编制标准统一到城市标准，即高中教职工与学生比为 1∶12.5、初中为 1∶13.5、小学为 1∶19。由于广东省出台的两个文件均在该通知发布之前，所以中小学教职工编制标准低于国家现行标准。

续表

项目			东莞市	东城	南城	万江	道滘镇
专任教师数（人）	小学	公办	12 688	720	688	471	305
		民办	17 593	1 003	654	607	237
	初中	公办	6 410	343	265	224	176
		民办	5 904	322	280	161	64
师生比	小学	公办	1∶18.8	1∶20.5	1∶19.4	1∶19.5	1∶19.6
		民办	1∶27.3	1∶27.2	1∶22.5	1∶28.5	1∶22.9
	初中	公办	1∶13.5	1∶13.4	1∶13.9	1∶11.6	1∶15.1
		民办	1∶20.6	1∶20.4	1∶17.0	1∶21.3	1∶27.4

注：表中数据的学生数和教师数分别来源于东莞市教育局网站上公布的数据以及东莞市教育局提供的数据，师生比数据则是依据两个数据计算得出。按照相关文件的师生比统计标准，表格当中的数据保留小数点后一位。

如果落实"两为主"政策，按照广东省的师资配备标准，可以算出公办教师的供给缺口。按照之前的计算，目前东莞全市公办小学学位缺口为 469 534 个，公办初中学位缺口为 111 334 个，同时按照小学 1∶23.4、初中 1∶16.6 的专任教师配备标准，可以得出公办小学专任教师缺口约为 20 066 名，是现有公办小学专任教师总量的 1.58 倍；公办初中专任教师缺口为 6 707 名，是现有公办初中专任教师总量的 1.05 倍。无论是基于现状数据算出的民办教师数量缺口，还是根据"两为主"政策要求算出的公办教师数量缺口，还都仅仅是依据师生比标准算出的绝对数量供给缺口。实质上，在日常教育教学过程中，师资配备还应考虑课程等因素。总体而言，这些数据在一定程度上体现了东莞市目前的教师供给压力。

（二）"极点式"城市教师供给缺口

相较于东莞市，成都与青岛则是部分区域教师供给存在较大压力。根据《关于印发〈成都市中小学教职工编制管理办法（试行）〉的通知》以及《关于调整中小学教职工编制有关事项的通知》的规定：中小学教师职工编制配备标准为小学 1∶19、初中 1∶13.5；专任教师数不低于学校总编制数的 90％。因此，可以得出目前成都市专任教师的师生比标准为小学 1∶21.1、初中 1∶15。依据表 5-7 可以看出，2014 年成都市公办小学师生比（1∶18.3）、民办小学师生比（1∶19.9）、民办初中师生比（1∶14.9）与公办初中师生比（1∶11.9）都符合标准。但从实地走访来看，新都区民办小学师生比（1∶21.7）、民办初中师生比（1∶15.1）与武侯区民办初中师生比（1∶17）都超出了标准。事实上，这两个区域在内部也存在着教师供给的空间分化。如果按落实"两为主"政策要求来计算，以新都区为例，2014年新都区南部六个镇街中存在着14 178个公办小学学位缺口，按标准应配备公办小学专任教师672名，占到现有公办小学专任教师总量的30.8%。

表5-7　　　　2014年成都市全市与部分地区中小学
学生与教师数量情况

项目			成都市	天府新区	武侯区	青羊区	新都区
学生数（人）	小学	公办	645 231	22 663	48 376	40 165	45 358
		民办	100 458	0	18 353	2 041	12 750
	初中	公办	292 214	10 870	15 916	16 825	18 969
		民办	79 193	3 229	10 348	1 547	6 870
专任教师数（人）	小学	公办	35 263	1 265	2 419	1 993	2 182
		民办	50 57	0	895	118	589
	初中	公办	24 526	973	1 061	1 260	1 347
		民办	5 317	196	608	114	456
师生比	小学	公办	18.3	17.9	20.0	20.2	20.8
		民办	19.9	0	20.5	17.3	21.7
	初中	公办	11.9	11.2	15.0	13.4	14.1
		民办	14.9	16.5	17.0	13.6	15.1

注：表中的学生数和教师数来源于成都市教育局提供的相关文件，师生比数据则是自行计算得出。

青岛市的教师供给缺口压力在学段上主要以小学为主，在区域上主要集中在黄岛区、即墨市与胶州市这三个极点上，尤其以黄岛区的供给缺口最大。根据青岛市近两年的教育规划（见表5-8）可以看到，青岛全市预计在2015～2017年新增义务教育阶段学位181 619个（其中小学129 415个，初中52 204个），相应增加教职工10 769名（其中小学6 895名，初中3 874名）。从区域来看，黄岛区教师供给压力最大（需新增教职工4 164名），即墨市次之（需新增教职工1 292名），胶州市则位居第三（需新增教职工987名），三者合计6 443名，占全市教职工总量的59.83%。以黄岛区为例，需新增小学教职工2 595名，占全市新增小学教职工总量的37.64%，占黄岛区2015年小学教职工总数（共6 018名）的43.12%；需新增初中教职工1 569名，占全市新增初中教职工总量的40.50%。从黄岛区内部看，新增教职工主要弥补的是黄岛东区的供给缺口。前文曾经说明过目前青岛市随迁子女的入学门槛情况，即青岛市由于随迁子女入学基本没有太大的限制，已基本由当地公办学校接收入学，基本落实了"两为主"政策，此处不再进行计算。

表5-8 2015~2017年青岛市新增学位与教职工数量统计

项目	新增学位（个）			新增教职工（人）		
	小学	初中	合计	小学	初中	合计
青岛市	129 415	52 204	181 619	6 895	3 874	10 769
市南区	2 240	480	2 720	142	37	179
市北区	3 240	8 100	11 340	277	602	879
李沧区	9 450	900	10 350	499	67	566
崂山区	4 590	1 200	5 790	237	96	333
黄岛区	47 115	20 250	67 365	2 595	1 569	4 164
城阳区	12 870	5 374	18 244	569	295	864
即墨市	20 970	2 400	23 370	1 113	179	1 292
胶州市	12 575	5 100	17 675	610	377	987
平度市	8 595	4 600	13 195	452	340	792
莱西市	5 130	3 200	8 330	196	237	433
高新区	2 640	600	3 240	205	75	280

注：表中数据根据青岛市教育局提供的《青岛市2015~2017年解决城镇普通中小学大班额问题规划明细表》中的数据整理得出。另外，新增学位与新增教职工数量均指公办学校，不包括民办学校。

总体而言，无论是东莞这种全域式城市教师供给缺口，还是成都或青岛这种"极点式"城市教师供给缺口，都体现出了在当前城镇化背景下城市义务教育教师资源的压力情况。那么，这种压力要怎么去解决呢？能不能解决？目前来看，在我国目前的义务教育办学管理体制中，教师供给主要以公办教师为主，因而教师供给的核心问题在于公办教师的编制问题。尽管当前很多地方政府都在实践向民办教育购买服务等创新举措，在一定程度上将教师供给的压力分担给了民办教育，但这毕竟只是杯水车薪，要真正解决全局性问题终究还是要回到政府管理的公办学校教师配置上，即教师编制问题上。

二、城市义务教育教师供给困境致因分析

城市教师资源供给压力的关键在于教师编制问题。那么，当前城市义务教育

学校教师编制供给的现实困境是什么？是哪些因素限制了当前城市义务教育学校教师编制的供给？编制究竟意味着什么？为什么中国有编制一说而国外没有？当前义务教育学校教师编制困境的根源是什么？未来的发展走向又是什么？如何解决当前义务教育学校教师编制困境？

（一）增不了也调不了的编制

在走访过程中，听见最多的便是城市教育工作人员对于教师编制的抱怨。因为城里的学生增加了，而教师的编制却没有增加，所以没有足够的教师给孩子上课。这些情况自然会导致教师指标不能够满足上级的考核标准。为什么教师编制不能增加？细究起来主要源于两大现实困境：一是政策困境，即国家的编制总量控制政策导致教师编制数量供给不足；二是制度困境，即在某种意义上由于编制的空间性与终身性造成的教师编制区域调配困难。

政策困境主要指的是当前政府对于包括公办教师在内的财政供养人员只减不增政策。2013年3月17日，李克强总理在十二届全国人大一次会议的中外记者会上首次提到了本届政府任内财政供养人员只减不增的要求。① 同年11月1日在地方政府职能转变和机构改革工作电视电话会议上，李克强总理再次强调了要确保地方政府机构财政供养人员只减不增。② 所谓财政供养人员通常是指由财政来支付个人收入以及办公费用的人员（不含优抚人员），从狭义上看包括供职于党委、人大、政府等公共机构的党政干部，供职于教育、科研、卫生等领域的各类事业单位人员，以及党政群机关与事业单位的离退休人员，广义的财政供养人员除了上述三类外还包括军队。③ 对整体财政供养人口的限制，自然导致了对义务教育阶段教师数量增长的限制。

那么，这种限制是合理的吗？从统计数据看，目前我国财政供养人口数量十分庞大，对各级财政产生了极大的压力。在总量上，1999~2009年，我国财政供养人口从3 986万人增加到了5 393万人④，十年间增长了35.3%。除绝对数量增长外，十年间，我国财政供养规模也呈现不断上升的趋势，其中财政供养率⑤由1999年的31.6扩张到2009年的23.5，即由平均每31.6人供养1人扩张为每23.5人供养1人。从教育上看，2018年我国小学阶段师生比为1∶16.97，

---

① 李克强：《本届政府财政供养的人员只减不增》，http：//www.scopsr.gov.cn，2013年7月25日。
② 李克强：《确保地方政府机构财政供养人员只减不增》，http：//www.scopsr.gov.cn，2013年11月1日。
③ 程文浩、卢大鹏：《中国财政供养的规模及影响变量——基于十年机构改革的经验》，载于《中国社会科学》2010年第2期，第84~102、222页。
④ 熊剑锋：《中国财政供养规模调查》，凤凰周刊，2013年10月。
⑤ 财政供养率是指一个国家或地区的总人口与其政府财政供养人员的数量之比。

初中阶段为 1∶12.79①，都明显低于当前国家制定的小学（1∶19）与初中（1∶13.5）的师资配备标准。相比之下，一方面是财政人口规模在不断扩大从而对各级财政形成了较大的压力，另一方面是当前我国义务教育阶段教师总量表面上并没有超过标准甚至还有富余。因此，对于教师编制的限制似乎也显得有理有据，所以增加教师编制的要求在财政供养人口总量控制背景之下便显得异常难以实现。

既然从数量上看教师是富余的，那么城里缺教师，为什么不从教师富余的地方调过去呢？这里就涉及教师编制的第二个现实困境——制度困境了。制度困境指的是包括教师编制在内的事业单位编制管理制度所带来的困境。从总体上看（不包括部分编制改革地区），编制是和事业单位机构绑定在一起的。一般来说，经过编制部门核定编制之后，它一直是属于某个事业单位的，不会因为人员的变动而变动。换言之，在目前的人事制度下编制是具有空间性的，或者说是不具有流动性的。对于单位中的具体个人来说，一旦被分配了编制，除非编制拥有者自身放弃编制或触及某些底线条款，否则是无法被裁撤或二度调整的，即编制具有终身性。对于编制管理部门而言，编制的空间性与终身性并不在其考虑范围之内，无论是中央编制部门还是包括省市在内的地方编制部门，对于编制的计算都是以总量为依据的，并不考虑编制总量内部的空间结构和岗位结构等内容。但是，对于地方政府或相关业务管理部门而言，事业编制的空间性与终身性导致了作为一种人力资源管理方式的编制难以随着当前公共服务需要的变动而进行空间意义上的调整。通俗说来，编制成了萝卜坑，萝卜能换但是坑不能动。

从义务教育阶段教师编制管理体制看，目前绝大多数中小学教师还是学校的教师，并不是政府的教师，按照现行教师编制和岗位管理制度，教师岗位是核给学校的，即使调动一名教师也要申报一次用编进人计划，占一个指标，办一个手续。②换句话说，教师的编制是作为一个事业单位机构——学校之下的编制，并不是属于地方政府或某个部门的。因此，从制度上讲，即便面临城镇化背景之下"城镇教育拥挤化"和"乡村学校稀疏化"并存的"教育布局两极化"问题③，地方政府也不能通过调整不同区域内的中小学教师编制来实现教师需求的数量平衡。简而言之，事业编制的空间性和终身性在某种程度上限制了编制从富余地区调整到稀缺地区的可能性。

---

① 教育部：《2018 年全国教育事业发展统计公报》，2019 年 7 月 24 日。
② 张婷、魏海政：《跳出编制的"框"——山东省教师队伍建设调查》，载于《中国教育报》2017 年 2 月 20 日第 1 版。
③ 姜超、邬志辉：《教师编制银行——城镇化背景下义务教育教师编制配置的新机制》，载于《基础教育》2015 年第 6 期，第 33~38 页。

总体而言，财政供养人口只减不增政策与当前教师资源总量富余的现实限制了部分面临教师供给困境的区域单独增加中小学教师编制的可能性，同时事业编制的空间性与终身性也限制了政府从不同地区调整与均衡中小学教师编制数的可能性。对于教师缺编地区而言，编制是既增不了也调不了，最终导致当前城市中小学教师的供给困境。本质上，编制制度是我国以往计划经济体制的一部分。作为事业单位人力资源供给模式的编制制度同样源自计划体制，即以编控人，从而达到按计划发展的意图。但是"计划往往赶不上变化"，这种计划体制之下的编制体系将人限制在以单位为主体的空间之下，导致资源难以随着人口流动而改变。这样的问题是无解的吗？面对计划体制对于人力资源的束缚，在社会主义市场经济体制确立之后，我们国家有过轰轰烈烈的"国企改革"，成功地通过市场杠杆撬动了计划体制的束缚，同时提高了人力资源的供给效率，最终使人能够随着社会的变化而改变。那么教师编制应该走向何方呢？

（二）事业编制的来龙去脉

作为一种人事制度的事业编制，实际上是我国的一种特色制度，编制本身也是一个植根于本土的概念，在其他国家的语言中很难找到一个词汇与其准确地对应。那么，事业编制是如何发展出来的呢？这种具有中国特色的人事制度，实际上最早是在民主革命时期解放区与人民军队干部制度基础上建立和发展起来的，它的特点是无论党政机关工作人员还是学校医生、医院大夫、剧团演员等都统称为"国家干部"，都用统一的方式进行管理。[①] 新中国成立前，这种高度集中的人员管理制度很好地适应了当时的战备需求，尽管在当时并没有提出真正意义上的事业编制概念，但是这种管理制度为后期的事业编制体制奠定了基础。新中国成立后，政府与社会的运行体制开始仿照苏联模式，将从事社会服务和科研工作的部门设立为"事业单位"，主要包括学校、科研、文化和医疗机构，在人事薪酬制度上与从事行政管理的政府机构相同。[②] 这一时期，由于处在新中国成立初期，社会发展早已荒废良久，百业待兴，所以所谓的事业单位也多以改造或接受国民党政权时期的医院、学校等机构为主，并多交由地方相关部门直接管理。直到 1955 年，对国民党政府时期的机构收编工作基本完成，同时随着国民经济的恢复和大规模经济建设的需要，国家开始有计划地新办一批事业单位，并在同年举行的国务院编制工资管理委员会第一次会议的纪要中明确提出了"管行政编

---

① 周天勇著：《中国行政体制改革 30 年》，格致出版社、上海人民出版社 2008 年版，第 141 页。
② 朱恒鹏、周彦：《为什么要取消事业编制》，引自吴敬琏主编：《比较》2016 年第 5 辑，中信出版社 2016 年版，第 108～123 页。

制,也管事业编制"的说法,这是新中国历史上第一次正式提出"事业编制"的概念。① 此后,事业编制正式成为我国事业单位体系的基本元素。

从事业编制的早期发展历程看,首先它是作为一种计划工具存在的,即编制具有工具属性。在我国社会早期发展阶段,各项社会事业尚处于发展初期,且政府对于国有各项资源与事业发展都要进行计划,所以在人力资源的控制上自然会以事业编制作为一种管理工具。一方面可以将事业编制作为财政计算工具,以事业单位具有的编制数量作为财政拨款的依据,另一方面可将事业编制作为对事业规模进行控制的工具,通过对编制数量的控制达到对各项事业发展规模的控制。实际上在改革开放之前,作为推动社会发展工具的编制很好地应对了当时国内外的发展形势。当时国内各类资源匮乏、社会各项事业发展停滞,同时国际冲突不断、缺乏稳定的社会经济发展环境,因此包括事业编制在内的编制体系如同编织了一张方格网一般,将人财物等资源固定在每一个方格之中,好似在洪流之中以细网"兜住"了处在不断飘摇之中的国家。方格之喻也就是前文所提的编制空间性。需要注意的是,早期的事业编制是编制、岗位与人三合一的体系,事业编制就是事业单位中的岗位,同时也是岗位之上的人,所以基本上是编制不动,人也不能动,编制不取消,人就可以一直在事业单位系统内工作下去。这种制度设计与安排一方面锁死了事业单位中各类人才的流动性,另一方面使得依附在编制之上的岗位与人逐步演变为一种终身性的工作存在,为之后编制逐步由工具转向身份的变迁埋下了伏笔。显然,这两种制度影响不利于改革开放之后的社会主义市场经济体制要求,原因便在于市场经济强调的是经济杠杆驱动下的资源要素自由流动,但是人力资源的流动却因编制的禁锢而受到限制,经济杠杆的效用也因编制的终身性设置而大打折扣。

实际上,自改革开放之后,随着我国社会主义市场经济体制的逐步确立与发展,以编制作为人事管理制度的单位制已经开始逐步溶解,首当其冲的便是之前与事业编制体系类似的国有企业人事制度。国有企业改革后,我国人力资源配置与供给效率不断提升,社会主义市场经济体制也步入更为深层次的发展阶段。在这一阶段,要想深化社会主义市场经济必然要触碰到以事业单位为主体的公共服务领域的人事制度,其中就包括义务教育阶段教师人事制度。其实,每一项制度变迁都是与当时的社会发展需要密不可分的。相较于早期事业编制的制度背景,改革开放至今对于包括教育在内的公共服务而言,最大的变化在于两点:第一,人口数量的迅速增长提升了对公共服务需求的数量供给压力;第二,大规模的人

---

① 韦之:《事业单位机构编制管理的历史沿革》,载于《经济研究参考》1992年第Z6期,第55~59页。

口跨区域流动提升了对公共服务需求的空间均衡压力。这两点压力一方面不断迫使整个事业编制体系不断扩张以应对不断增加的公共服务需求，另一方面不断迫使整个事业编制制度进行变革以适应公共服务供给的空间变化。正是在这种背景下，近些年来我国政府对于事业编制改革出台了各项政策文件，同时以高校和公立医院作为改革试点，不断推进事业编制改革。

通过对事业编制改革与发展来龙去脉的梳理，我们要进一步追问编制到底是什么？其实，自从确立包括事业编制在内的编制体系以来，事业编制已经不断地从一种计划工具演变为一种利益身份。[①] 事业编制的工具属性已经随着政府行政体制改革的推进而不断被弱化，事业单位的财政预算与发展规模不再仅仅以编制作为计算工具，而是转向其业务数量的多寡。但是事业编制作为一种利益结合体的身份属性却不断得到加强，尽管早期阶段编制本身就是源于"国家干部"这一概念。这个身份的背后实际上就是一种不同利益的组合体，包括"只上不下，只进不出"的工作终身性所带来的稳定心理预期以及同工不同酬背后所暗含的工资待遇差异。既然事业编制已经不适应当前的发展需要，那么未来该怎么办？是取消事业编制还是不断改良事业编制？对于义务教育阶段的教师群体来说，编制又该何去何从？

（三）敢问路在何方？

教师编制到底应该怎么办？怎么才能让教师资源的供给跟上义务教育需求变化的步伐？答案可能有三种：一是对教师编制制度进行全面改革，取消中小学编制，走向教师资源供给的市场化，即由外部市场供给教师资源，如同过去的国企改革一般。二是推行教育公务员制度，走向教师资源供给的计划化，即由政府内部供给教师。三是采取改良方法不断完善当前的编制制度，打破编制的空间性、终身性，剔除编制背后的身份意义，让编制重新成为促进当前公共服务发展的一种工具。其实，这三种思路都曾引起过一些学者的讨论，可谓是既有改革派也有改良派。我们认为，且不论大的事业编制体系，仅就义务教育阶段的教师编制来说，我们赞成改良编制而不是全面取消编制并将其推向市场或者将教师完全纳入公务员体系当中。

为什么是改良而不是取消编制？首先，义务教育具有公共属性，是经济社会发展所需要的一种基本事业，因此同国企改革不同，政府对于义务教育的发展具有主体责任，不可能放任其进入市场，随波逐流。对于国企而言，政府可能关注

[①] 朱恒鹏、周彦：《为什么要取消事业编制》，引自吴敬琏主编：《比较》2016年第5辑，中信出版社2016年版，第108~123页。

的只有一个核心命题即创造利润,而对于义务教育而言,义务教育是底线,是需要国家强力保障的基本公共服务,它除了有公平与质量等价值内涵之外,还有意识形态输出等功能。从这个意义上说,教师编制在某种程度上体现了国家对于义务教育发展的主体管理意识与责任。其次,如果取消了教师编制,最有可能出现的局面就是教师流动性的增强,极有可能导致区域间教师资源水平差异的拉大。编制在某种程度上虽然束缚了教师流动,但也在一定程度上留住了教师。对于那些经济贫困、义务教育发展水平较低的地区,很多时候是因为教师编制的存在才留住了一些教师。如果放开编制限制,教师群体必然向待遇较高的地区流动,从而导致教师资源水平在不同区域之间的分化。最后,编制作为一种福利待遇的结合体,在某种程度上能够提升教师的职业吸引力。有学者研究发现,以人均GDP作为介入影响因素与世界一般国家比较,我国中小学教师工资已经处在较低的水平上。[1] 如果取消编制,那么就有可能导致中小学教师的职业吸引力下降、教师队伍整体质量下滑,并最终影响我国义务教育事业的发展。

推行教育公务员制度的可操作性程度较低。教师纳入公务员体系在某种程度上确实能够打破编制的空间性,即政府能够以行政命令的手段对教师在不同区域内进行调度,并且能够有效提升教师的职业吸引力。但是,纳入公务员体系对于当前基于教师编制所造成的财政供养问题以及"只进不出"的终身性问题都没有办法解决,甚至有加重问题严重性的可能。换句话说,义务教育阶段的教师供给问题并不会因为教师纳入公务员体系而获得解决,甚至在某种程度上还会引出更多的管理问题。

既然不能取消编制,也不能将教师纳入公务员体系当中,那么从理论上应该怎么改良现有的编制体系呢?当前教师编制的最大问题是"增不了"与"调不了"。"增不了"是死结,一方面是因为当前包括教师在内的财政供养人口确实过于庞大,给各级政府带来了极大的财政支出压力,另一方面是因为中小学教师总量也确实是足够的,因而应该把焦点放在编制的区域调整上来。这些年来,学界对于编制在不同空间内的调整做了一些研究。比如对于县域内的编制调整,有学者总结了"县管校聘"经验,将以往附着于学校的编制集中统一到县级教师管理中心等部门中,然后根据整个县的义务教育发展需求进行统筹调度。这种做法目前已经在部分地区进行了试点,比如成都市青羊区就成立了教师人才服务中心,将全区4 105名教职工的人事关系全部纳入、统一管理,弱化了学校对教育人才流动的限制,教职工的身份关系由"单位人"转变为"系统人"。在此基础

---

[1] 杜晓利:《我国中小学教师工资水平的比较分析与若干建议》,载于《中国教育学刊》2015年第4期,第27~31、74页。

上，也有学者从省域层面对教师编制调整开展了研究，提出了"编制银行"的概念，通过推动"缺编地区、超编地区、存入编制、借贷编制、编制利息、编制本金"六个基本要素所构成的教师编制银行运作，使编制能够在省域层面上进行调整。① 这些相关研究与讨论都在一定程度上抓住了编制空间性与终身性的特点，将编制、岗位与人三种元素进行了分离，从而使编制在区域内流动成为可能。

三、城市义务教育教师供给机制探讨

从理论上讨论完编制的未来走向之后，再来看看实践领域都采取了什么办法去解决当前的教师供给困境。虽然三个案例城市都或多或少地面临着中小学教师编制数量难以满足需求的窘境，但是当地教育行政部门并没有坐以待毙，而是积极采取各种创新措施，在不触及现有中小学人事制度的大前提下去解决问题。这些由实际需求倒逼的改革很多时候要比理论上的探讨更意义非凡。三个案例城市都在一定范围内尝试了一些新的教师人事制度并形成了各具特色的模式，分别是东莞市的教师岗位外包模式、青岛市的教师聘用模式以及成都市的两自一包模式。

（一）教师岗位外包模式

东莞市的教师岗位外包模式最早是由万江街道开始实践的，目前市内的其他区域也开始尝试这种模式。在与万江街道宣传教育办公室负责同志座谈时了解到，这种模式在广州和深圳也有过尝试，时间上要早于东莞。在东莞市内，万江街道的尝试最初构思于2016年3月，同年7月在获得上级教育部门批准之后正式实施。教师岗位外包模式是什么呢？所谓的岗位外包就是教育部门通过政府购买服务的方式向社会中具有劳务派遣资质的企业进行岗位服务购买，这种岗位服务购买的资金来源于财政性经费，同时采用"招标与投标"的市场化竞争方式来选取派遣劳务企业。

在经过上级部门审核同意之后，2016年8月2日万江街道宣传教育办公室作为"采购人"委托广东采联采购招标有限公司作为"采购代理机构"对"东莞市万江街道公办学校采购专业教师派遣服务项目"进行公开招标采购。从公开招标文件中可以看到，采购的内容为"专业教师派遣服务"，承标企业数量为3家，教师岗位的招标价格为每个岗位每年66 000元，总共向3家供应商共计购买59

---

① 姜超、邬志辉：《教师编制银行——城镇化背景下义务教育教师编制配置的新机制》，载于《基础教育》2015年第6期，第33—38页。

个为期三年的长期性岗位及若干个短期性岗位（具体分配和要求可见表5-9）。派遣教师的福利待遇皆由中标企业承担，但涉及标准由万江街道宣传教育办公室决定。具体而言，教师的工资福利待遇构成包括月工资底薪及绩效浮动津贴（不少于3 600元/岗位/月）与五险一金。中标企业承担派遣教师人员在病重或因公致伤、残、死亡时发生的全部费用，解决派遣到采购人工作之教师的一切劳动纠纷。8月23日，在招标公司的操作下，共有东莞市恒胜劳务派遣有限公司、东莞市高地人才资源开发有限公司、东莞市超群实业投资有限公司等三家公司中标，中标价格分别为每个岗位每年65 635.2元、65 522.20元、63 727.2元。

表5-9　　东莞市万江街道教师派遣服务项目岗位需求情况

岗位	数量	岗位要求
小学语文教师	28名	1. 原则上为全日制本科学历（具备教学经验或特别优秀者，学历可适当放宽；但该部分的人员数量不超过每个中标人分配所得总岗位数量的10%，且该部分人员的资质证明需经采购人的审核并由采购人确认是否聘用）。 2. 毕业于师范院校或师范类培养方向的相关专业（特别优秀者可考虑毕业于非师范院校或非师范类培养方向的相关专业）。 3. 教师人员应具有教师资格证。 4. 身体健康，具有《健康证》或体检证明，性格开朗、活泼、外向、积极。 5. 个人品行良好，具有团队合作精神。富有爱心，遵纪守法，形象好气质佳。 6. 接受服务学校的考勤管理，并根据需要和安排加班。
小学数学教师	19名	
小学英语教师	5名	
小学体育教师	4名	
小学美术教师	2名	
小学音乐教师	1名	
临时性各科教师	若干名	

注：上述资料来源于广东采联采购招标有限公司制作的采购公开招标文件，项目名称为《东莞市万江街道公办学校采购专业教师派遣服务项目》，项目编号为CLPSP16DG00ZC64。

万江街道为什么要采取这样一种模式呢？

首先，这种模式源于万江街道的教师供给困境。在座谈中了解到，万江街道共有九所公办小学，学校之间的教师资源极不平衡。包括万江中心小学、万江实验小学、万江第一小学在内的三所大校一直存有较大的师资缺口，而一些小学校却一直超编，从总体来看全区的中小学编制数量已经超过现有标准，所以全区已经近6年没有招过新教师了。按照以往的做法，万江街道就是通过教师交流方式把超编教师安排到三所大校当中。但是2016年除了符合相关入学要求的随迁子女数量增多之外，"二孩"政策放开成为另一个重要影响因素，全区共有34名女教师怀孕，基本上每所学校都有怀孕的教师，所以只能把原来调出来的教师还回去，这样就出现了大约 59 个长期性岗位与若干个短期性岗位的教师缺口。

其次，教师岗位外包模式迎合了当下政府购买服务的新公共服务发展趋势。从决策层面来说，面临大约 60 个岗位的教师缺口，应该怎么办？万江街道宣传教育办公室内部曾有过关于解决策略的方案讨论。讨论的焦点就在于是选择政府招用临时聘用教师①（简称"临聘教师"）还是通过教师岗位外包这种政府购买服务的方式去解决这个缺口。当时，在讨论解决方案的时候，万江街道委要求宣传教育办公室写一份分析报告，对比两种方案的优劣并提出决定意向。最终，宣传教育办公室决定采用教师岗位外包的模式去补充这 60 个教师岗位缺口，这有点类似于购买社工服务的模式。选择这种模式的原因是它能在各种限制性条件下，最大限度地降低这 60 个岗位的流动性，较为稳定地为学校提供教学服务。具体说来，假设万江街道选择招用临聘教师，一方面师资一直处在流动状态，不能有效地保障教育质量，同时也不利于学校管理，容易引发一些家长的不满。主要是这些教师多数都是处在待业阶段的大学生，对课堂教法学法都不熟悉，按照东莞市规定录用临聘教师只能签约一年，花费半年时间培养，刚适应了工作岗位就得离开，实在不符合教师成长规律和学校用人规律。另一方面即使招用了数额足够的临聘教师，在一年的录用期中还可能造成新的教师缺口，因为临聘教师以女性教师为主。根据万江街道的招聘经验，90% 以上的小学临聘教师只能招到女性教师，录用期间有可能出现怀孕生育等情况。按照劳动法的规定，用人单位（即学校）要给女教师产假，同时在哺乳期或怀孕期，用人单位不可以辞退女性教师。因为女性教师的生育需求会造成新的岗位缺口。假设应聘这 60 个岗位的女教师当中有 10 位在录用期间怀孕，那么学校就要再招录 10 个临聘教师去填补这个缺口，这无疑给学校管理带来了新的压力。

教师岗位外包模式在某种程度上规避了这两种风险：一是教育部门或学校与教师之间的劳动法律纠纷风险，二是教师岗位二度供给风险。一方面，教育部门或学校与劳务派遣企业签订用工合同，而不是直接与派遣教师个人签订用工合同，因此并不会受到《中华人民共和国劳动合同法》（以下简称《劳动合同法》）第十四条关于"在连续订立二次固定期限劳动合同，用人单位自用工之日起满一年不与劳动者订立书面劳动合同的，视为用人单位与劳动者已订立无固定期限劳动合同"等条款的约束。换言之，在某种程度上教育部门能够通过这种方式聘用一些教师来解决当前爆发性的教师缺口，却不用担心未来因为无固定期限劳动合同关系受到继续聘用这些教师的合同束缚。另一方面，由于劳务派遣企业是中介

---

① 临时聘用教师和代课教师是两个不同的概念。二者的共性在于都没有教师编制，都是非正式的教职工；二者的差别在于合同期的长短。广东省目前已经全面取消了代课教师，只允许学校补充每年一签的临聘教师，且临聘教师必须流动，不可与学校进行连续签约。

服务商，不会因为派遣教师在聘用任期内的生育问题而影响到学校的运转。一旦派遣教师因为生育等原因产生休假需求时，劳务派遣企业可以依据相关法规给予受雇教师假期，但按照教育部门与企业的协议，企业需要调配新的教师对岗位进行补充，避免了学校教师二次供给风险。由于派遣教师的一切管理责任都在劳务派遣公司，也减轻了学校在各类突发情况下的教师管理责任。

其实，教师岗位外包模式作为政府购买社会服务在教育领域的尝试是有一定积极意义的。这种模式不仅能够及时补充教师，还能规避用人法律纠纷与教师二次供给风险，更重要的，这是一次市场化人事管理模式在教育领域的尝试，它能够以灵活的市场方式去解决目前城镇化背景下教师资源空间分布不均问题，还能很好地避免原有教师编制空间性与终身性所带来的问题。

当然，作为一种新尝试必然也会存在一些问题。目前来看，问题主要有二：一是教师岗位外包实质上是一种劳务派遣，因此会受到劳动合同法与劳务派遣相关规定的约束；二是尽管教师岗位外包模式解决了教师补充问题，但在解决流动性上依然难有作为。法律上的约束主要有两点：第一，按照劳动合同法第六十三条的规定，被派遣劳动者享有与用工单位劳动者同工同酬的权利，如何保障这个权利存在一定的操作性问题。比如如何界定同工同酬，不同主体包括派遣教师本人、学校、教育部门、劳务派遣公司等必然会有不同的看法，由概念延伸到实际利益分配必然会有较大争议。从实际招标文件来看，万江街道每个岗位每个月不少于 3 600 元的工资标准要低于在编教师的基本待遇。第二，劳动合同法第六十六条规定，劳动合同用工是我国企业的基本用工形式，劳务派遣用工是补充形式，只能在临时性、辅助性或者替代性工作岗位上实施。基于法律限制，在规模上教师岗位外包模式只能作为一种补充机制出现，对现有以事业编制为代表的教师人事体制难以产生较大的影响。至于流动性问题，主要由于这是一种市场化机制，在待遇薪资不具有特别比较优势的情况下，派遣教师作为经济理性人在不同行业之间流动是一种正常现象。从现有资料中还未看到针对流动性问题的解决措施，毕竟教师行业与其他行业相比更需要人员的稳定性，无论是对教材课程的了解还是对学生家长的交流沟通来说，教师队伍的稳定性都有着极为重要的意义。

（二）教师聘用制模式

青岛市教师聘用制模式全面推行于 2015 年，在此之前曾在青岛市下辖的莱西市等地区试点过。所谓教师聘用制，是指地方教育部门运用地方财政资金自主招聘非核定编制的中小学教师。此处的教师聘用制与一般教育政策文本中所提的教师岗位聘任制并不是一回事。教师岗位聘任制一般指在编教师参与竞聘高级、中级或初级岗位的制度，是一种在编教师群体的内部晋升制度，而教师聘用制度则是招聘教师的制度。事实上，教师聘用制度设立的依据来源于国务院2014年7月1日颁布施行的《事业单位人事管理条例》，其中规定"从条例实施起，事业单位新聘用工作人员，按照相关程序向社会公开招聘，同时需签订聘用合同"①。这份条例作为包括教育在内的所有事业单位人事管理规则，为青岛市教师聘用制模式的形成奠定了基础。

结合国务院《事业单位人事管理条例》和《青岛市中小学聘用制教师管理办法（试行）的通知》两份文件以及实地走访，大致能够看到教师聘用制模式的运行流程和基本内容。

首先，从制度运行来看，2015年青岛全市新增教师计划3 055名，其中聘用制教师计划2 919名，占全市新增教师计划总量的95.55%。从各区来看，平度市、莱西市与高新区在该年度没有任何编制计划数，新增教师全部采用聘用制（见表5-10）。

表5-10　　　2015年青岛市中小学新增教师计划数量情况　　　单位：名

地区	聘用制计划数	用编计划数	地区	聘用制计划数	用编计划数
青岛市	2 919	136	城阳区	269	1
市南区	61	20	即墨市	343	14
市北区	180	11	胶州市	370	47
李沧区	250	17	平度市	253	0
崂山区	156	7	莱西市	182	0
黄岛区	820	19	高新区	35	0

注：表中数据由青岛市教育局及相关部门提供。

其次，从制度运行流程上看，整个聘用流程包括四个步骤，即公布招聘信息、报名与资格审核、笔试与面试、签约录用。以青岛莱西市为例，2016年3月30日，莱西市教育体育局联合人力资源和社会保障局向社会公布了《2016年莱西市公开招聘聘用制教师简章》。简章中写明了2016年莱西市需要招聘220名聘用制教师以及招聘的范围与基本条件。在简章公布之后，进入报名与资格审核阶段，莱西市于同年4月8日开放了网络报名渠道，同时也组织招聘单位对报名人员进行资格审查。之后进入笔试与面试考核阶段，按照笔试与面试成绩各占50%的权重进行成绩排名。最终按照岗位数量需求进行择优录用。从制度内容来看，教师聘用制模式的核心特点在于聘用教师没有事业编制，但其福利待遇等支

---

① 国务院：《事业单位人事管理条例》，2014年4月25日。

出依然来自地方公共财政收入。在青岛实地走访中了解到，聘用制教师和在编教师的管理是一致的，其岗位数量设置依然是地方教育部门与人社部门之间协调的结果。在待遇福利上，聘用制教师和在编教师也基本是一致的，唯一的差别在于聘用教师实行的是城镇企业职工社会保险制度，而在编教师实行的是事业单位职工保险制度。除此之外，聘用制教师需要与相关部门以每三年为期限签订聘用合同。

青岛市为什么要选择教师聘用制模式呢？

首先，同东莞市一样，青岛也面临着教师供给困境。在与青岛市各区教育部门座谈中了解到，青岛市教师供给困境主要包括教师编制数量不足与教师编制核定滞后。目前，青岛市实行的是事业单位总量与人员总量双重等量控制政策，即要建一所新学校就要撤并一所旧学校、要进一名新教师就要退出一名教师。同时，全市教育系统已超编近2万人，但是近年来由于随迁子女数量增加导致教师需求增长以及"二孩"政策放开导致部分女教师离岗生育，促使各区普遍存在教师缺岗情况，比如市北区缺岗1 000多人。省里和市里在中小学教师编制上也出台了一些措施，尽可能地保障中小学教师编制增长，比如对一些特殊类型的学校增加5%的机动编制①，临时借用其他事业单位编制等②。但是这些措施依然满足不了青岛市对教师数量的需求。为了化解青岛市大班额问题，至2017年需要新增加中小学教师10 769名。在已超编近2万人的情况下，再增加1万多个教师编制显然是不太现实的。从教师编制核定程序来看，编制需求上报与最后编制使用批准中间大约有半年的时间差，而这半年正好覆盖了9月的开学季，所以导致新增学生数难以被计入到教师编制计算数当中。简言之，即便新增加了教师编制，也可能滞后于真实的教师需求。

其次，迎合了事业单位人事改革的现实政策背景。近年来，无论是学术界还是实践界对事业单位人事改革都有诸多看法与争议，其中核心问题便是编制。在教师聘用制改革之前，已有不少高校、公立医院展开了事业编制改革，取消编制已成当前事业单位改革的一大趋势。在国务院《事业单位人事管理条例》等相关

---

① 该项政策来源于山东省政府办公厅发布的《关于进一步加强中小学教师队伍建设有关问题的意见》，其中规定：承担示范、实验、双语教学任务的中小学，举办民族教学班或有寄宿学生的中小学，安排教师脱产进修、现代化教学设备达到一定规模的中小学，承担教学点管理任务的乡镇中心小学，以及育龄女教师较多的中小学，可按不超过教职工总量5%的比例增加教师编制。

② 该项政策主要指山东省在全省建立了中小学教师临时周转编制专户。《中国教育报》在2017年2月20日第1版要闻中曾介绍道：山东提出在全省各市县编制总量内，利用精简压缩和事业单位改革回收的编制，建立中小学教师临时周转编制专户，专门调剂给那些已经满编、超编，但依然需要补充专任教师的区县。临时专户编制不计入中小学编制总量，由机构编制部门单独管理。待中小学教师自然减员后，使用临时专户编制补充的专任教师再改为占用中小学编制，临时专户编制相应减少。

基本操作法规确定之后,青岛市教师聘用制顺势迎合了改革,必然在政策推行层面更加容易受到各方的支持。这种支持本质上是一种部门之间的权力转移与回归。以往对于教师的管理,教育部门并没有完整的管理权力,每所学校的教师编制与岗位设置与管理都受到编办、人社部门的限制,甚至教师在不同学校之间的调动都要向编办与人社部门申报以获取审核同意。教师聘用制则完全打破了以往的教师管理模式,尽管聘用教师的岗位在总量上依然要同财政、人社等部门协调整合,但在教师管理权限上则实现了教育部门的完全自主。聘用制教师没有了编制的束缚,便从传统的"学校人""单位人"转变成了"教育系统人",为教师资源在教育系统内部的流动扫清了体制障碍。

怎么看待和评价青岛市的教师聘用制模式呢?

首先,从实际运行来看,教师聘用制模式很好地缓解了青岛市的教师供给困境。在不改变义务教育阶段公办教师人事制度的前提下,教师聘用制模式作为一种增量改革模式以较低的制度成本换取了较大的改革收益。不仅在短时间内扩充了教师数量,还避免了以往教师人事制度的弊端,盘活了教育系统内部的教师资源,为下一步教育资源在不同区域之间的均衡配置埋下了制度伏笔。同时作为一种过渡模式,教师聘用制模式为地方政府灵活应对教师数量不足问题留下了操作空间。从访谈中了解到,尽管聘用制教师没有编制,但是实际上在核定聘用教师岗位数量时,编办与人社部门也计划预留出了等量的编制空间,为将来教师入编留下了操作可能,因而很好地规避了珠三角地区曾经发生过的教师长期聘用无法入编而引发的争议事件[①]。其次,从制度设计来看,三年一聘用的机制设计从制度上化解了以往编制教师"能进不能出"的终身性问题,为之后的教师退出机制设计奠定了基础。同时,作为系统人的教师不再捆绑于岗位之上,如果将来出现教师数量过剩的情况,也便于事业单位系统将作为一种人力资源的教师进行岗位调整,避免了人事管理难题的出现。

尽管教师聘用制模式运行时间不长(从2015年正式推行),还未能从实践领域反映出一些具有典型意义的制度问题,但是从已有的制度设计内容和当下的实际运行情况来看,教师聘用制模式依然存在两个风险。

第一,带编教师与聘用教师的双轨运行问题。从走访中了解到,尽管在待遇层面聘用教师与带编教师已经十分接近,但在学校日常教育教学活动中,依然有很多聘用制教师感觉自己是"二等公民",相较于带编教师时常会受到一些不公平对待。这促使部分聘用制教师不断寻求获取编制,无论是获取教师事业编制,还是考取行政编制,最终导致教师队伍在稳定性上有一定的折损。

---

① 张小玲:《临聘教师工作逾十年被解聘》,载于《南方都市报》2015年9月8日第5版。

第二，聘用制教师的人事问题。具体说来，在什么情况下能解聘教师还存有一些法规上的模糊点。与聘用制教师直接相关的人事法规有两部，一是由国务院颁布的《事业单位人事管理条例》，二是《中华人民共和国劳动合同法》。从具体内容看，按照劳动合同法第九十六条的解释，实行聘用制的事业单位人员应按照相关管理条例执行，未有明确规定的则按照劳动合同法执行，所以一般而言事业单位人事条例在针对事业单位人员的人事问题上解释效力要高于劳动合同法。基于这两个条例的内容，其中的问题包括两个方面：首先，聘用制教师应该按照哪一部法规管理存在模糊点，即事业单位的非编制人员管理应该遵循管理条例还是劳动合同法？其次，如果按照劳动合同法第十四条的解释，聘用制教师与用人单位如同签订无固定期限劳动合同，则存在三种情况：劳动者在该用人单位连续工作满十年的；劳动者在该用人单位连续工作满十年且距法定退休年龄不足十年的；连续订立二次固定期限劳动合同的。但在事业管理条例当中仅写明了第二种情况可获得签订至退休的聘用合同，对另外两种情况未做任何说明。这其中便存有一些模糊点，一方面在事业单位管理条例对其他两种一般条例未作出特殊说明的情况下，是否按照劳动合同法执行？另一方面假设其他两种情况并不适用于事业单位人员签订无固定期限劳动合同，那么是否意味着包括聘用制教师在内的事业单位聘用人员的一般劳动权益折损？

（三）"两自一包"模式

成都市"两自一包"模式的最早实践是武侯区四川大学附属中学西区学校（以下简称"西区学校"）。这是一所成立于2014年8月的年轻学校，现共有初中三个年级29个班共1 155名学生，教师111人，其中区内在编教师6人，校聘无编教师105人。自西区学校实践"两自一包"模式以来，就不断受到相关部门与媒体的关注，包括教育部、《中国教育报》在内的多家单位都曾到这所学校调研和采访。同教师岗位外包模式与教师聘用制模式相一致，"两自一包"模式也是对公办学校扩充无编制教师的路径探索。目前来看，这种模式已得到成都市教育部门的认可与大力支持，并逐步向包括天府新区在内的多个市辖区推广。

那么，什么是"两自一包"呢？简而言之，"两自一包"指的是管理自主、教师自聘、经费包干。通过访谈了解到，"两自一包"实质上就是将原属于教育部门的部分管理权力、人事部门的教师人事招聘权力与财政部门的经费使用权力都下放给了公办学校，让公办学校成为一所权力与责任对等的学校。在真正意义上，实现公办学校对教师招聘与管理的全面自主。具体来说，三种权力的下放能够促使公办学校实现三种转变：第一是学校的经费拨付由原本的按教师编制、办公经费等多项目计算拨付转变为按照学生数量进行包干、成本计算的总量打包拨付；第二是教师管理实现了由原本公办学校的教师编制管理向岗位管理的转变；第三是教师工资结构由原先的"基本工资+绩效工资+津贴补贴"向"基本工资+校龄工资+岗位工资+奖励工资"转变。

从教师招聘与管理操作过程来看，每年5~7月西区学校会根据目前学校的发展情况拟定招聘计划，报武侯区教育局获审核同意后开展自主招聘。整个自主招聘过程由校长牵头、多部门参与完成。按照"报名与资格审查、笔试、面试（含试讲）、体检、岗位聘用、签订劳动合同"六个程序进行。教师聘任实行"长短合同制"和"退出机制"相结合的运行制度。所谓长短合同制，就是对于品质良好、教学能力出众的教师签订3~5年的长期合同，对于品质良好但教学能力有待改善的教师每年签订一次合同。所谓退出机制，则是在教师退出上实行"一票否决制"和"约谈帮扶机制"。一票否决制主要是指对于违反国家法律法规以及出现师德问题、重大教学事故给学校造成重大影响的教师，实行"一票否决"，直接解除合同。约谈帮扶机制主要是指对于一些敬业精神差、教学效果差和学生满意度不高的教师，实行约谈提醒、帮扶整改和依法辞退等三步整改退出机制。具体来说，先由学校一线教学负责人约谈当事教师，指出其问题所在并给予帮扶，令其定期整改。一个月后，如果成效不大，则由学校中层领导人再对当事教师进行约谈，对其进行帮助并督促其进行定期整改。再过一个月，如果还是没有改变，则由校长与其约谈，明确告知当事教师不能胜任当前岗位工作，需按程序终止合同。

为什么成都市要选择"两自一包"的制度设计呢？

首先，与东莞市、青岛市相类似，成都市在教师供给上同样遇到了事业单位人员编制限制的问题。以武侯区为例，自2009年以来武侯区中小学教职工编制数目就基本没有调整过，原因是编制总量已超过限制数量。但是武侯区每年义务教育阶段随迁子女数量都在不断增长，导致目前整体教师缺口达到300多人。比如2014年武侯区小学新生总数是9 940人，其中随迁子女达4 925人，占新生总数的49.55%，而全区小学毕业生只有6 871人，这意味着该年全区能提供的小学学位为6 871个，所以该年小学学位缺口达到3 069个，按照1∶19的师生比计算，全区小学教师缺口162名。学生数量在增加，但是教师数量因为编制的限制没有办法增长，学校自然就开始逼迫包括武侯区教育局在内的武侯区政府采取办法去解决这个问题，这也是推动"两自一包"模式形成的现实动力，即所谓现实倒逼改革。

其次，"两自一包"模式迎合了现代学校制度改革浪潮。在走访当中了解到，其实西区学校2014年建立之初并没有想进行"两自一包"模式探索，而是作为一所普通公办初中按常规模式运行与管理。后来，随着国家简政放权在公共服务领域的深化与推进，武侯区政府以及教育部门也迎着这股改革东风，设想在教育领域通过权力的结构性调整来推进现代学校制度建设，在真正意义上实现公立学校管理的"管办评分离"，从而完成对教育现代化的底层建构。从教师层面来说，相对于传统编制体系中的教师，现代学校制度中的教师必然是一种流动的教师、充满竞争性的教师。当政府将人事权力与财政权力真正下放到学校的时候，才能真正激发出学校作为一个微观教育场域的活力，才能真正让学校掌控自身的发展路径，实现教师数量、质量供给与需求的精准对接。在这个时间点上，西区学校作为一所刚建立的新学校，在没有任何改革包袱的情况下，自然而然地成了这种改革模式的试点学校。

那么，如何认识和评价成都市的"两自一包"模式呢？

首先，"两自一包"作为一种应对教师供给困境的模式，在很大程度上解决了教师编制供给不足的问题。通过经费包干与教师自主招聘、自主管理打破了以往公立教师供给的编制限制，即简化了从经费到编制再到教师的传统教师资源供给路径，形成了由教育经费直接对应教师供给的机制，促使教师资源在数量上能够更加精准、快速地应对教育需求。其次，"两自一包"模式重构了公立学校内外部的权力结构，有效促进了教师供给的质量提升。"两自一包"模式涉及将教师的包括聘用与解聘在内的管理权力和工资分配权力下放给学校，使得学校能够利用这些工具让教师与学校形成激励相容，即能够有效地通过权力杠杆激励教师追随学校设定的目标，在质量层面完成教育供给与教育需求的精准对位。

"两自一包"作为一种新模式仍处在探索阶段，依然存在一些问题。第一，"两自一包"作为一种放权让利式改革，在制度环境没有产生变革的前提下，当改革红利消散之时，如何保障改革效果不因让利消失而逐步衰退则成为一个大问题。其实，"两自一包"模式同以往的国企改革有一定类似之处，国有企业在走向现代企业制度的改革发展历程中也同样走过放权让利的自主管理、经费包干之路，[①] 即通过对试点地区或组织提供特殊的支持性条件，从而达到超出一般模式的改革效果，但是随着试点范围扩大，红利逐步在市场中降低，改革效果也往往大打折扣，甚至出现更多的问题。在走访中得知，当前"两自一包"试点学校教师的实际工资要高于公办学校的同类在编教师，比如天府新区一些试点学校的教师工资要比区内同类公办教师高出1.5倍。目前这种高工资对于成都教师就业市场当中的待业大学生、代课教师甚至周边县市的低工资在编教师

---

① 林毅夫、蔡昉、李周著：《充分信息与国有企业改革》，格致出版社、上海人民出版社2014年版，第48页。

来说都具有极高的诱惑力，因此才让当前的试点学校感受到自己处在买方市场、可不断遴选优秀的教师，让当前包括教育部门在内的政府误以为这种模式广受教师群体的接受与认可。可是一旦试点扩大，地方财政还能够持续支撑这种高位红利的释放吗？如果不能，当校聘教师红利与在编教师待遇在市场上达到一个新的平衡点的时候，"两自一包"学校的教师供给会不会存在新的流动性问题呢？值得观察。

第二，"两自一包"学校在教师招聘、管理上有可能出现的一些人事纠纷问题。"两自一包"模式试点校的属性依然是公办学校，换言之依然是事业单位，因此在人员聘用上应该遵守国务院颁布的《事业单位人事管理条例》与《中华人民共和国劳动合同法》。这里便出现了和教师聘用制模式一样的问题，即"两自一包"模式下的非在编校聘教师管理应该遵循《事业单位人事管理条例》还是《中华人民共和国劳动合同法》？如果按照单位属性，则应该遵循管理条例。基于管理条例，该模式下的教师聘用、管理制度与条例仍有冲突。首先该模式中的教师聘用长短合同制与《事业单位人事管理条例》中的聘用合同规定不符。长短合同制分为3~5年合同与1年一聘合同两种，但条例当中规定事业单位与工作人员订立的聘用合同，期限一般不低于3年[①]。其次该模式中的教师退出机制操作程序也与《事业单位人事管理条例》中的程序规定不符。"两自一包"模式退出机制设立的是约谈提醒、帮扶整改与依法辞退共三步两个月的操作流程与时间，但是按照条例当中的规定程序，则是年度考核、调整岗位、解聘共三步两年的操作流程与时间，显然二者存在差异。最后，退一步来说，如果该模式不按照《事业单位人事管理条例》当中的聘用与管理规定，而是按照《中华人民共和国劳动合同法》当中的内容规定，则会遇到签订两次定期合同之后的无固定期限劳动合同问题，从而出现当前教师长短期合同机制与退出机制失效等问题。

任何一种改革都是大胆的尝试，无论改革成功与否，改革总在不断推进着实践的发展。对这三种模式而言，其意义或许并不在于成效有多大，重要的是面对当前教师编制供给困境，三种模式让大家看到了各地的探索勇气与解决问题的方向与可能。总体而言，这三种模式有两大相同之处。第一，面临的问题都是一致的，即都要解决没有编制情况下公办教师的供给问题。第二，推动问题解决的主体是相同的，即都是由地方政府主导并采用地方财政经费支持的改革模式。当然，这三种模式也存在两大不同之处：第一，三者实践规模大小不一，其中以教师聘用制模式规模最大、"两自一包"模式次之、教师岗位外包模式最小。规模的大小和三地的教师编制供给压力有关。虽然东莞市面临最大量的随迁子

---

① 国务院：《事业单位人事管理条例》，2014年4月25日。

女群体，但是东莞市随迁子女入学门槛也是最为严苛的，因此反而让东莞市对教师编制的供给有着最大的调控空间，促使其短时期内面临着较小的改革压力。青岛市则近乎全面开放随迁子女入读公办中小学，尽管随迁子女群体较东莞小，但短时期内的教师编制供给压力反而最大，因此其教师供给改革力度最大，是一种覆盖全市域的改革。成都市无论是随迁子女入学门槛限制程度，还是短时期内的教师供给压力程度都正好处在二者之间，因而采取的改革模式也正好处在二者之间。第二，从目前的改革成效与成本来看，三种模式各有侧重与不同。教师聘用制模式在解决教师数量供给问题上成效最高，聘用制教师群体由于待遇与带编教师接近，因此其整体流动性较低。对比来看，该模式的经济成本排在三种模式的中间，同时由于该模式在教师人事上仍存在一定纠纷，因此推行该模式的制度成本也排在三种模式的中间。"两自一包"模式在教师数量与质量供给上也有较好的成果，但数量供给成果来源于较高的政府投入，即"两自一包"模式教师待遇要高于同类在编教师，对比之下其经济成本最高，在可持续性上存在一些问题，同时其质量供给成果来源于重构公立学校的内外部权力结构，由于同教师聘用模式一样有可能存在人事纠纷，因此制度成本也最高。教师岗位外包模式则对解决短期内教师数量供给不足有较好的效果，并且通过劳务中介规避了各类人事问题，因此制度成本最低；同时通过"竞标"机制也最大限度地降低了政府投入，因此其经济成本是最低的。但是，由于劳务派遣的制度约束与低经济投入导致教师的流动性最高，因而在教师的质量供给上成效最低。

实际上，面对城市义务教育教师编制供给困境，应该结合这三种模式的特点，根据不同区域的特点加以选择。在解决教师编制供给数量问题上，教师聘用制模式最为适合具有大规模、长期稳定教师需求的情况，而教师岗位外包模式则适合有小规模、短期突发教师需求的情况；在解决教师质量供给方面，"两自一包"模式则具有最大的启示意义，特别是相关制度改革、权力结构重组以及各类杠杆工具的运用等经验都值得借鉴。

第五节　城市义务教育经费保障机制

社会上常说："能用钱解决的事，往往是最容易的事。"这句话乍听起来简单，但其背后却蕴含着几分道理。对于城市义务教育发展而言，政府有了足够的钱，就可以买地、建校、招老师，仿佛之前遇到的所有难题都可以迎刃而解。可是要是没钱呢？城市究竟是否有解决新增义务教育学龄人口的教育经费呢？在经费上遇到了怎样的压力呢？本部分首先对教育经费供给缺口进行计算，以呈现当前城市义务教育经费供给的压力状况；其次对教育经费供给问题进行分析，通过对教育经费供给主体的讨论来说明教育经费问题背后的本质；最后结合相关理论与三个案例城市的实践经验，对解决教育经费供给困境的机制进行讨论与分析。

一、城市义务教育经费供给困境分析

差钱还是不差钱？是研究者在走访三个案例城市教育部门时，经常会问到的一个问题。随迁子女要上学，城市里没有足够的学位，那么按常理政府就得建学校、招老师。这些都对城市义务教育经费供给形成了压力。这种经费供给压力到底有多大？一般可以有两种计算方式：一是以生均成本为直接计算方式，通过将生均成本与相应学生数量相乘便可得出经费供给缺口；二是以项目成本为间接计算方式，通过相关项目经费支出来得出经费缺口，比如政府购买学位的支出情况、新建学校的投入情况等。这里依然将三个案例城市分为全域式和极点式两种类型进行分析。

（一）全域式城市教育经费供给缺口

从东莞市来看，可以通过生均成本、政府购买学位两种计算方式来体现教育经费的供给缺口情况。在教育用地方面，我们曾经计算过东莞市存在两种类型的学位缺口：如果按"两为主"政策要求，东莞市义务教育阶段公办学校的学位缺口量为580 868个，其中公办小学学位缺口为469 534个，公办初中学位缺口为111 334个。如果按照化解"大班额"政策要求，东莞市义务教育阶段学校的学位缺口量为105 479个，其中小学学位缺口约为102 809个，初中学位缺口约为2 670个。

以生均成本为依据，从东莞市教育部门提供的材料可知：2015年东莞市义务教育阶段生均培养成本为小学每生每年14 235.08元，初中每生每年21 939.67元。① 如果学位缺口全由政府解决，即不考虑引入社会资金或购买学位的情况，

---

① 生均教育成本等于教育投入总量除以学生总数。需要说明的是，这里的教育成本总量包括基建费用。大家可能会有疑惑，基建费用不是一次性投入吗？算到当年的学生支出上合适吗？在访谈中我也提到了这个问题，教育局财务人员解释道："对于小区域而言，基建费用等巨大支出，可能会对当年教育经费总量产生影响，但是从全市范围来看，每年的基建费用是比较稳定的，对于教育经费总量变化影响不大，因此可以直接算入其中。"

相应地，落实"两为主"政策的教育经费供给缺口为 91.27 亿元，其中小学约为 66.84 亿元，初中约为 24.43 亿元；解决"大班额"问题的教育经费供给缺口为 15.22 亿元，其中小学约为 14.63 亿元，初中约为 0.59 亿元。根据东莞市 2016 年公布的财政投入数据显示，2015 年东莞市级教育总投入为 58.61 亿元。[①] 因此，如果按照落实"两为主"政策的要求，教育经费供给缺口是现有市级教育总投入的 1.56 倍；如果按照解决"大班额"政策要求，教育经费供给缺口占到市级教育总投入的 25.97%。

以政府购买学位为依据，从东莞市教育部门提供的材料可知：2015 年东莞市购买民办学位的价格标准为小学每生每年 5 000 元，初中则为每生每年 6 000 元。因而，如果以政府购买学位方式解决"两为主"政策下出现的学位缺口，那么东莞市小学教育经费缺口约为 23 亿元，初中约为 6.68 亿元，合计为 29.68 亿元，占 2015 年市级教育总投入的 50.64%。同样地，如果也以这种方式解决"大班额"问题下的学位缺口，那么东莞市小学教育经费缺口约为 5.14 亿元，初中约为 0.16 亿元，合计为 5.30 亿元，占 2015 年市级教育总投入的 9.04%。虽然以政府购买学位方式计算教育经费缺口是设想式的，但实际上，东莞市很多承担向政府提供学位的民办小学已经出现超负荷运转的情况，显然这只能是一种过渡性的解决办法，不可能全面用政府购买民办学校学位的方式去解决学位不足问题。

（二）极点式城市教育经费供给缺口

青岛市与成都市的教育经费总体供给压力较小。一方面是因为随迁子女数量没有东莞市多。2015 年，东莞市义务教育阶段随迁子女数量达到 60.7 万人，成都市为 19.38 万人，青岛市则为 16.50 万人。另一方面是因为青岛市与成都市在地方财政能力上要远强于东莞市。2015 年成都市一般公共预算可支配收入为 2 082.6 亿元[②]，青岛市为 1 341.7 亿元[③]，东莞市只有 709.5 亿元。对青岛市与成都市而言，教育经费供给压力主要集中在市内部分随迁子女聚集的区域。

从青岛内部看，黄岛区是随迁子女最为集中的地区。在黄岛区内部，随迁子女主要聚集在东区小学。根据黄岛区教育局提供的自用计算资料显示，截至 2016 年秋季，东区小学超出办学规模的学生数为 12 105 人。黄岛区义务教育阶段仅

---

① 东莞市教育局：《关于东莞市 2015 年预算执行情况与 2016 年预算草案报告》，不包含各镇街的投入数据。
② 成都市财政局：《成都年鉴 2016 卷：财政部分》，2016 年 4 月 27 日。
③ 青岛市财政局：《关于青岛市 2015 年预算执行情况和 2016 年预算草案的报告及附表》，2016 年 2 月 26 日。

有一所民办初中,因此,政府通过购买民办学校学位的方式化解这一万多人显然是不可能的,必须通过新建与改扩建学校来解决。我们在访谈中了解到,黄岛区新建小学推行的是样板校工程,即所有新建学校都是按照同一套设计图纸(每所小学都是36个班级、每个班级40个人、建设投资6 100万元①)进行建设的。照此算来,如果要满足这12 105人的就学需求,黄岛东区至少需要新建8所小学。如果按每所小学建设成本6 100万元计算,那么在基础建设费用上需要新增投资4.88亿元。实际上,整个黄岛区在义务教育阶段学校建设上的投资远不止这些。根据《青岛市教育设施布局专项规划(2014~2020年)》显示,为了缓解全区随迁子女义务教育就学压力,黄岛区在2014年到2016年间共投资40.63亿元改扩建与新建学校,其中投资22.67亿元改扩建与新建45所小学,17.96亿元改扩建与新建24所初中。除了建校支出,聘用教师也要支出一大笔经费。按照黄岛区2015~2017年的规划,全区要新增教师4 164名,其中小学教师2 595名,初中教师1 569名,如果按每名教师每月工资5 000元计算,可想而知这必然也是一笔不小的投入。相比之下,黄岛区2014年与2015年公共财政教育支出分别为30.12亿元、37.12亿元,对于巨大的教育经费需求来说,显然财政有些心有余而力不足。

从成都内部看,新都区是随迁子女较为集中的地区。截至2015年,新都区义务教育阶段共接收非新都籍学生41 425人,占全区学生总数的47%。为了解决不断增加的随迁子女就学需求,从2010年到2015年,新都区政府向民办学校累计购买了14 691个学位,投入购买学位的经费累计达到3 511.36万元(见表5-11)。但是,即使投入如此高经费购买民办学位,新都区自2014年以来仍然出现了大量学位缺口,其中主要集中在小学,缺口数量为14 178个。如果继续以政府向民办学校购买学位的方式解决这部分缺口的话,按照每个学位每年2 500元标准粗略计算,大致还需要投入3 544.50万元。如果选择以新建学校方式解决的话,按每所学校1 000人、建校资金6 000万元来粗略计算,大致需要新建14所小学,合计8.4亿元。同时,按照成都市小学师生比1:19标准配备教师,还需要给一万多名学生配备近750名教师,以平均月工资4 000元标准计算的话,政府每个月还需投入300多万元。当然还有生均公用经费等投入,这里不再一一细算。2015年新都区义务教育投入仅约为6亿元②,与需求相比依然显得捉襟见肘。

---

① 黄岛区教育体育局:《2015年黄岛区基础设施和社会公益项目固定资产投资计划》。
② 成都市新都区:《2015年新都区一般公共预算支出决算明细表》。

表 5-11　　　　　新都区 2010～2015 年购买学位情况

项目	2010 年	2011 年	2012 年	2013 年	2014 年	2015 年	合计
学位（个）	444	997	1 542	2 788	4 179	4 741	14 691
费用（万元）	88.80	199.40	308.40	651.00	1 125.92	1 137.84	3 511.36

资料来源：新都区教育局提供的相关统计文件。

总体而言，无论是政府自己新建学校、招聘教师还是购买学位，都需要投入大量经费，这种投入对三个案例城市教育的财政支出都形成了巨大的压力。如果完全由流入地城市承担显然也是不现实的。这自然会令人想到这样一个问题，到底谁应该为随迁子女的教育经费负责呢？

二、城市义务教育经费供给困境致因分析

关于随迁子女教育经费的承担主体，实际上自 1996 年原国家教育委员会出台第一个关于随迁子女政策以来就一直处于不断变化与发展之中。有学者将政策演进历程划分为三个时期：萌芽期、发展期和逐步完善期。[①] 最早关于随迁子女的教育经费政策是 1996 年由原国家教育委员会颁布的《城镇流动人口中适龄儿童、少年就学办法（试行）》，其中规定：流入地政府要为流动儿童提供接受义务教育的机会；流入地当中的企事业组织、社会团体、其他社会组织及公民个人，可以自筹经费举办接收流动儿童的学校或教学班、组；流入地学校或教学班、组则可以向流动儿童的父母或监护人收取一定的费用。[②] 从这份文件可以看到，早期政策中关于随迁子女教育经费的责任主体包括流入地政府、民间学校举办者与监护人三者。其中对于民间学校举办者与监护人都提出了明确的经费承担内容，但是对于政府仅仅是模糊性地强调了要提供一定的入学机会，未对实质性的经费保障责任作出规定。之后，1998 年由原国家教育委员会颁布的《流动儿童少年就学暂行办法》与 2001 年国务院颁布的《关于基础教育改革与发展的决定》都只强调了流入地政府的管理责任，同样未对相应的经费保障责任作出说明。

直到 2003 年教育部、财政部等六部门联合制定的《关于进一步做好进城务工就业农民子女义务教育工作的意见》中才首次对流入地政府随迁子女教育经费

---

① 黄金：《进城农民工随迁子女义务教育经费保障研究》，西南大学 2012 年硕士学位论文，第 11～15 页。
② 国家教育委员会：《城镇流动人口中适龄儿童、少年就学办法（试行）》，1996 年 4 月 2 日。

保障责任作出规定，提出流入地政府财政部门要对接收进城务工就业农民子女较多的学校给予补助；城市教育费附加中要安排一部分经费，用于进城务工就业农民子女义务教育工作。① 2006 年国务院颁布《关于解决农民工问题的若干意见》进一步细化了流入地政府的经费责任，规定流入地政府要将农民工子女义务教育列入教育经费预算，以全日制公办中小学为主接收农民工子女入学，并按照实际在校人数拨付学校公用经费；城市公办学校对农民工子女接受义务教育要与当地学生在收费、管理等方面同等对待，不得加收借读费及其他任何费用。② 这两份文件深化和明晰了流入地政府的经费承担责任，比如建立经费保障机制、列入财政预算等，弱化了以往监护人的经费责任，但是未对中央政府和地方各级政府的经费责任作出说明，导致流入地政府由于财政能力有限难以真正在实践层面承担起对随迁子女的主体管理与接纳责任。

2008 年国务院颁布《关于做好免除城市义务教育阶段学生学杂费工作的通知》首次对中央政府的经费责任作了规定，虽然只是"对进城务工农民工随迁子女接受义务教育问题解决较好的省份给予适当奖励"，但是已具有突破性意义。同时明确地方各级政府"对符合当地政府规定接收条件的进城务工人员随迁子女，要按照相对就近入学的原则统筹安排在公办学校就读，免除学杂费，不收借读费""要按照预算内生均公用经费标准和实际接收人数，对接收进城务工人员随迁子女的公办学校足额拨付教育经费"。③ 2015 年末国务院颁布《关于进一步完善城乡义务教育经费保障机制的通知》进一步加强了中央政府在随迁子女经费保障上的作用，提出建立城乡统一、重在农村的义务教育经费保障机制，统一城乡义务教育"两免一补"政策，统一城乡义务教育学校生均公用经费基准定额以及中央与地方政府的分担比例，实现"两免一补"和生均公用经费基准定额资金随学生流动可携带。④ 这两份文件在强调地方政府责任的基础上进一步深化了中央政府责任，经费保障程度也由"奖补地方"发展到了"中央与地方政府按比例分担"。

从随迁子女教育经费政策演变可以看到，经费责任主体由最开始的流入地政府、民间学校举办者与监护人三者并存逐步转向强调流入地政府为主，最后走向中央和地方政府共同分担。这种自下而上的经费投入责任主体变迁一方面反映了随迁子女教育经费问题逐步受到了各级政府的重视，另一方面说明流入地政府确

---

① 教育部、中央编办、公安部、发展改革委、财政部、劳动保障部：《关于进一步做好进城务工就业农民子女义务教育工作的意见》，2003 年 10 月 8 日。
② 国务院：《关于解决农民工问题的若干意见》，2006 年 1 月 31 日。
③ 国务院：《关于做好免除城市义务教育阶段学生学杂费工作的通知》，2008 年 8 月 15 日。
④ 国务院：《关于进一步完善城乡义务教育经费保障机制的通知》，2015 年 11 月 25 日。

实在经费保障上存在一定困难，需要中央与其他各级政府帮助。

其实，当我们回过头重新审视随迁子女教育经费困境时可以发现，其实质反映的是义务教育公共性与属地化管理体制之间的矛盾，而经费承担主体逐步由流入地政府转向中央与地方各级政府分担也是为了克服这一矛盾。本质上，义务教育是国家法律规定的具有强制性、免费性及普及性的公共产品。《宪法》提出国家要普及初等义务教育，《中华人民共和国义务教育法》规定义务教育是国家统一实施的所有适龄儿童、少年必须接受的教育，是国家必须予以保障的公益性事业。强制性、免费性和普及性构成了义务教育公共性的内涵。按理说来，公共性是国家对于义务教育发展的整体要求，所以中央和地方各级政府都有一定的责任去保障这种要求。但是，从现实看，无论是义务教育事业的管理还是义务教育产品的提供，其主体都在以县级政府为主的地方政府身上，即形成所谓的属地化管理。属地化管理有两个内涵：一是地方化管理，二是户籍化管理。所谓地方化管理指的是义务教育产品的管理与提供主要由地方政府负责，而所谓的户籍化管理指的是地方政府要优先为户籍人口提供义务教育服务。

按照《中华人民共和国义务教育法》的规定，义务教育实行县级人民政府为主的管理体制，即县域地区的适龄儿童主要由户籍所在地的县级政府提供义务教育服务，城市地区则由户籍所在地的区（或市）政府提供相应服务。表面上看，这种管理体制的形成源于法律的规定，但实际上从属地化管理体制的内涵来看，其形成有着更加深刻的原因。

首先，地方化管理体制是自1994年我国财政实行分税制改革以来，中央与地方财权与事权划分的结果。1993年国务院颁布了《关于实行分税制财政管理体制的决定》，对我国财政体制进行重大调整，推动全国统一实行了分税制体制，其核心就是按照中央和地方政府的事权划分，合理确定各级财政的支出范围。[①] 这一改革的突出特点是财权层层向上集中，事权却层层下压。[②] 义务教育事业则被划入了地方事权中，由地方财政负责。

其次，户籍化管理体制是源自计划经济时代留下的户籍制度，即将公共服务与户籍进行捆绑，并通过户籍登记方式严格限制人口的自由流动。该制度最早源于1955年国务院发布的《关于建立经常户口登记制度指示》，形成于1958年全国人民代表大会颁布的《中华人民共和国户口登记条例》。

其实，按照世界一般国家的发展经验，这种属地化管理体制当中的地方化管理是合理的，即多数国家都形成了由地方财政负责义务教育产品提供的管理体

---

① 杨志勇、杨之刚著：《中国财政制度改革30年》，格致出版社、上海人民出版社2008年版，第82～84页。
② 周天勇著：《中国行政体制改革30年》，格致出版社、上海人民出版社2008年版，第205页。

制。不合理的地方在于属地化管理体制中的户籍化管理，即义务教育产品要优先满足区域内的户籍人口，而这在世界其他国家是未出现过的。一般意义上，这种基于户籍的属地化管理体制直接导致了随迁子女在非户籍所在地的就学需求难以被保障，继而与义务教育的公共性形成矛盾。在随迁子女教育经费问题上，这种体制还形成了两种争议：一是流入地政府与流出地政府之间的争议；二是流入地政府与横向相邻政府之间的争议。①

从第一种争议来看，原本按照义务教育户籍属地管理原则，随迁子女的教育经费应当由户籍所在的流出地政府承担，但是随迁子女并没有在户籍所在地上学，因此就会造成流出地政府财权与事权的不对等。多数情况下，流出地政府是根据本辖区内实际学生数量进行教育经费拨付的。对流入地政府而言，农民工在流入地城市工作，增加了城市税收，为城市发展作出了贡献，理应享有一定的公共服务。因而，其子女在城市接受义务教育也确属合情合理之事。但是，如果完全由流入地政府承担显然也存在不公平之处，一方面从教育经费本身看，流入地政府确实没有足够的经费，且随迁子女流动性强、管理难度大，很有可能造成投入资金的浪费；另一方面从流入地收益看，受户籍因素影响，随迁子女未必能够稳定居住在流入地并为城市发展贡献力量。因此，流入地和流出地政府在随迁子女教育经费分担责任上都存在相应的逃避理由。

从第二种争议来看，即便当前各项政策都在强调流入地政府的经费保障责任，但是由于属地管理体制，流入地政府之间也会存在经费投入上的利益博弈。比如，如果某一流入地城市加大了对随迁子女的教育经费投入、降低了入学门槛，而周边邻近城市没有增加甚至减少了经费投入、提高了入学门槛，就会导致周边城市随迁子女流入到增加经费投入和降低入学门槛的城市中，从而形成"洼地效应"。这种"教育洼地"现象在浙江瑞安市、江苏苏南地区都曾经出现过。这使得教育经费投入越多的地区承担的经费供给压力越大，教育经费投入越少的地区反而压力越小，最终形成"劣币驱逐良币"的现象，从而促使流入地政府在整体上降低教育经费。

总体而言，从国家视角看，义务教育是全民事业，其公共性在任何地域都理应获得强力保障。但是从地方视角看，义务教育是地方财政下的属地管理，理应户籍优先。随迁子女正好处在夹缝之间，即对于流入地而言他们是国民而非户籍地市民。这种尴尬与矛盾的身份促成了城市教育经费供给困境的出现。那么，到底应该由谁来买单呢？我们首先能肯定的是：基于义务教育公共性特点，随迁子

---

① 杨明：《进城务工人员随迁子女义务教育财政：资助供求失衡以及平衡化策略》，载于《教育与经济》2014年第6期，第10~16页。

女教育经费一定是由政府买单。至于到底由哪级政府买单,按照现在的政策走向来看,应该是形成流入地各级政府为主、中央与流出地政府为辅的经费负担体制。

三、城市义务教育经费供给机制探讨

对于流入地政府而言,随迁子女教育经费保障已然成为了一个大问题。其实,近些年来,对于这个问题的解决,学者们也陆续有过一些研究。主流的观点认为应建立省、市为主的经费体制,并按随迁子女的不同来源,建立相应的经费分担机制。比如,有学者认为应构建"以市为主、各级政府分担"的经费保障机制,省级政府对省内流动的随迁子女进行保障,中央政府对跨省流动的随迁子女进行保障。[1][2][3] 还有学者将随迁子女划分为四种类型:跨省流动到非直辖市的随迁子女;跨省流动到直辖市的随迁子女;在省内跨市和区县流动的随迁子女;在直辖市内跨区县流动的随迁子女。并根据不同类型划分教育经费承担主体及相应比重。[4] 还有学者针对属地化管理所引发的经费问题,提出要促进不同层级和相邻政府义务教育财政职责分担的均衡化,包括县级政府和县级以上政府、流入地政府和流出地政府之间、流入地政府与横向相邻政府之间的义务教育财政投入均衡。[5] 这些研究都很好地在理论层面对相应问题进行了解答,其背后基本遵循了两种解决问题的逻辑:一是将地方政府财政压力以逐级分担方式上移,通过上级政府更加殷实的财力来化解一部分压力;二是以均衡投入来解决因属地化管理所造成的政府之间教育经费的差异。

事实上,随迁子女教育经费供给困境的解决可以经费构成为突破口来分析。随迁子女教育经费大致可分成三个部分:日常公用经费、教师人员经费和学校建设经费。关于日常公用经费的供给,中央政府已经出台了相关政策,以中央和地方政府按比例分担方式落实生均公用经费基准定额所需资金且经费可携带,具体

---

[1] 范先佐、彭湃:《农民工子女义务教育经费保障机制构想》,载于《中国教育学刊》2009 年第 3 期,第 11~13、25 页。

[2] 刘俊贵、王鑫鑫:《农民工随迁子女义务教育经费保障问题及对策研究》,载于《教育研究》2013 年第 9 期,第 72~77 页。

[3] 杨林、张敬聃:《农民工随迁子女教育公平的财政实现机制探析》,载于《学术交流》2012 年第 6 期,第 80~83 页。

[4] 袁连生:《农民工子女义务教育经费负担政策的理论、实践与改革》,载于《教育与经济》2010 年第 1 期,第 8~13 页。

[5] 杨明:《进城务工人员随迁子女义务教育财政:资助供求失衡以及平衡化策略》,载于《教育与经济》2014 年第 6 期,第 10~16 页。

比例是西部地区及中部地区中的部分区域（即中部按照西部大开发政策实施的县市区）为8∶2，中部地区中的剩余区域为6∶4，东部地区为5∶5。① 因此，对于流入地政府而言，经费的供给压力在一定程度上得到了缓解。但是，从走访的三个案例城市来看，这项政策还未开始正式运转。在政策文本中还是可以窥视出一些操作层面上的问题，比如流动经费是拨付到地方教育局还是学校？是以学期划拨还是以学年划拨？如果在学期内，随迁子女出现了地区或学校的流动，经费如何处理？等等，这些都值得我们继续关注。

关于教师人员经费和学校基础建设经费的供给，目前尚没有相关政策，主要还是由流入地政府承担。解决这部分经费思路上应该有两个步骤：一是通过创新机制先解决短期经费问题，二是从制度上解决长期性经费问题。因为，对很多城市来说，随迁子女教育经费问题并不是一个新问题，而是一个累积性问题。所以，流入地政府首先面对的是如何在短时间内筹措到足够的经费去解决以往累计的经费缺口。在这方面，青岛市黄岛区有一定经验，面对新建学校所需的经费支出，他们采用两种方式加以解决：一是教育部门委托企业进行融资，二是释放政策红利吸引民间资本。

第一种委托企业融资。教育部门委托企业融资主要是黄岛区教育体育局委托西海岸教育发展投资集团的融资。2015年以来，黄岛区因随迁子女数量增加面临极大的经费供给压力，尤其在学校建设支出上。为此，黄岛区政府尝试与区属国有企业青岛西海岸职业教育有限公司合作组建了青岛西海岸教育发展投资集团有限公司（以下简称集团），并开始探索一种以国资引导、民资参与的教育金融服务模式。具体操作流程是教育体育局与集团签订15年的服务协议，协议中写明教育体育局以支付代建费与年利息的形式，购买集团的融资以及建校服务。在合约到期的最后一年，教育体育局通过支付本金的方式，还清融资款项并同时收回由集团代建的学校。据介绍，2015年黄岛区以这种方式试点建设了4所学校，所需经费及招标、代工等建校所需事务全部交给集团负责。集团在2015年与2016年先后与兴业银行、国家开发银行合作并专门成立了一个教育基金，通过交付一定比例的利率获取运作经费。实际上，这种方式是在财政能力有限的情况下，政府委托国有企业向商业银行贷款并由企业完成建校等活动，政府交付一定利息，若干年后财政有足够支付能力时交付本金并收回学校。

第二种吸引民间资本。释放政策红利吸引民间资本主要是黄岛区政府通过落实建设用地与税费两项优惠政策吸引民间资本新建学校。此类学校包括独立举办、合资举办、合作举办、公建民营、民办公助、混合所有制等多种形式。民间

---

① 国务院：《关于进一步完善城乡义务教育经费保障机制的通知》，2015年11月25日。

资本的参与形式包括参股出资、跟进投资、直接投资等。① 一方面，区国土部门每年安排用地指标优先确保这类学校的建设用地，同时在费用、手续上出台了一系列支持政策。此类学校的教育用地仅为 15 万~20 万元一亩，远低于区域一般建设用地价格。另一方面，政府支持这类已建成学校通过土地置换或整合改造闲置存量土地和房屋资源等方式二度扩大办学规模。在税费政策上，此类学校在用水、用电、供暖等方面享有与公办学校相同的优惠待遇。

为什么黄岛区政府不选择通过发行地方债券或向商业银行借贷方式融资呢？原因可能有三个：第一，黄岛区政府自身已经承担了较大的债务规模。近年来，黄岛区作为青岛市的国家级新区，整个区都处在投资与建设当中。根据黄岛区财政预算执行报告显示，截至 2015 年末，黄岛区政府性债务余额为 119.6 亿元。按照青岛市政府债务考核风险预警指标计算，黄岛区的负债率达到了 31%，虽然仍处在有效管控状态，但也远高于 2015 年我国地方政府的负债率 23.6%。②③ 因此，通过委托企业融资能有效地降低短期内的政府债务压力，同时也为政府的债务调控留下了操作空间。第二，顺应了当前政府借助社会资本发展公共服务的趋势，即所谓的 PPP 模式。PPP 模式（Public – Private Partnership）是指政府与私营部门建立合作伙伴关系，其实质是政府根据社会对公共产品的需求，以付费形式提出相关项目，选择私人部门作为合作伙伴，并由私人部门承担项目的运作。④⑤ 近几年，很多地方政府都运用这种模式来解决公共领域的投入问题，一方面既能缓解政府的财政压力，转移风险，另一方面也能提升社会资源的利用效率，创造经济效益。第三，这种方式有助于转变政府角色并有效提升行政效率。在以往的学校建设过程中，政府既是资金提供方，又是学校建设方之一（黄岛区学校建设由区建筑工务局全面负责），相当于是服务的直接提供者。但是，在这两种方式当中，政府的角色都由服务提供者转向了政策制定者，相关服务都转交给社会企业承担。这种由"划桨"向"掌舵"的角色转变符合了政府公共管理发展的大趋势，即将公共事务参与主体的角色进行分离，促使行动者明确自己的行动范围与自主权限，帮助政府管理者集中精力指导与决策，从而有效提升政府

---

① 青岛西海岸新区管委办公室：《关于鼓励民间资本进入教育领域扶持民办教育改革发展的意见》，2016 年 10 月 25 日。
② 黄岛区：《关于黄岛区 2015 年财政预算执行情况和 2016 年财政预算（草案）的报告》。
③ 梁发芾：《是认真对待地方债扩张风险的时候了》，载于《中国经营报》2016 年 2 月 1 日第 50 版。
④ 原青林、单中惠：《基础教育公私合作伙伴关系模式：问题与启示》，载于《教育研究》2009 年第 9 期，第 92~97 页。
⑤ 唐祥来：《PPP 模式与教育投融资体制改革》，载于《比较教育研究》2005 年第 2 期，第 61~64、60 页。

的行政效率。①

　　从第二个步骤来看，当前无论是理论层面还是实践层面，大家对于长期性经费问题所形成的共识是建立一种更加合理的教育经费分担与统筹制度。其中，经费分担制度是指将流入地政府的经费压力部分上移给财力更加雄厚的市级政府，从而化解一部分压力；经费统筹制度是指由省级政府统筹协调流入地政府与横向相邻政府之间的经费支出，从而避免"教育洼地"现象的出现。东莞市在经费分担制度建设上有一定的经验。从2007年开始，东莞市面对随迁子女的不断增长，突破了以往市、镇、村三级义务教育办学管理体制，建立了市、镇②二级义务教育办学管理体制。市级财政负担90%的初中办学经费，镇街财政负担10%的初中办学经费和全部小学的办学经费。相较于义务教育法规定的以县为主的义务教育办学管理体制，东莞市的二级办学管理体制显然有了一定的突破与创新。东莞市通过市级财政扶持，很好地缓解了镇街义务教育经费的支出压力。至于经费统筹制度，目前还未见到相关的实践，有学者建议可以在流入地政府和横向相邻政府之间建立协作关系，成立专门领导协调小组加以解决。③

---

　　① ［美］戴维·奥斯本、特德·盖布勒著：《改革政府：企业家精神如何改革着公共部门》，周敦仁等译，上海译文出版社2006年版，第9~20页。
　　② 东莞是地级市，直管镇街，镇街与区（县）同级。
　　③ 杨明：《进城务工人员随迁子女义务教育财政：资助供求失衡以及平衡化策略》，载于《教育与经济》2014年第6期，第10~16页。

本章附录

某中学工程手续办理流程明细

序号	办理事项	承办单位	需要提供的资料	办理结果	工作日
1	项目建议书拟制	某工程咨询院	项目建议书申请	项目建议书	
2	项目建议书批复	发展和改革局（发改局）	1. 会议纪要； 2. 项目建议书	发改局批复文	10
3	可行性研究报告批复	发展和改革局（发改局）	可行性研究报告	发改局批复文	5
4	初步设计与概算批复	发展和改革局（发改局）	初步设计与概算	发改局批复文	
5	单位编制审批 1 ——单位编制批复	机构编制委员会办公室（编办）	1. 会议纪要； 2. 申请报告（一式3份）； 3. 相关依据材料（复印件1份）。如申请设立学校，须申报相关业务管理部门的资格认定材料	人社局批复文	
6	单位编制审批 2 ——法人登记	人事局	1. 事业单位法人设立（备案）登记申请书； 2. 事业单位法定代表人登记申请表； 3. 事业单位章程草案； 4. 审批机关批准设立的文件； 5. 拟任法定代表人现任行政职务任职文件； 6. 拟任法定代表人的居民身份证复印件； 7. 具有法定资格的验资机构出具的验资证明； 8. 住所证明； 9. 事业单位印章的印迹、基本账户号的备案文件； 10. 提交举办单位的法人资格证明； 11. 登记管理机关要求提交的其他相关文件	法人资格证书	

续表

序号	办理事项	承办单位	需要提供的资料	办理结果	工作日
7	单位编制审批3——办理组织机构代码证	技术监督局	1. 事业单位登记证； 2. 刻好公章； 3. 法人的身份证复印件	机构代码证	
8	单位编制审批4——公章刻制	公安局	1. 市编制委员会文件； 2. 市政府批文； 3. 上级主管单位的有关文件； 4. 事业单位法人证书； 5. 刻制印章申请报告（上级主管部门出具或加具意见）	公章	
9	地块说明	国土资源局资源处	1. 会议纪要； 2. 发改局批复文		3
10	土地预审	行政服务中心——国土窗口	1. 会议纪要； 2. 发改局批复文	土地预审批复文	4
11	确定学校校址红线图	规划局	1. 会议纪要； 2. 发改局批文； 3. 土地预审批复文	选址意见书	
12	地上附着物补偿评估	国土资源局补偿处	（协助街道办事处进行）		21
13	环评报告批复	环保局	1. 会议纪要； 2. 可行性研究报告及发改局批复文	环评报告批复	21
14	建设用地规划	规划局	环评报告批复	用地规划许可证	4

续表

序号	办理事项	承办单位	需要提供的资料	办理结果	工作日
15	校区方案设计招标设计单位招标	行政服务中心	1. 发改局批复文； 2. 建设用地规划许可证； 3. 建设工程规划许可证（选址意见书）； 4. 土地使用证明文件； 5. 施工图抗震审查证； 6. 市政基础设施配套费收缴证明	校区总平面图、校区鸟瞰图、单体建筑物效果图	22
16	施工图纸设计招标	行政服务中心			22
17	地址勘察招标	行政服务中心—城建窗口	地质勘察招标书	勘察合同备案	22
18	地上附着物清单及补偿	街道办			9
19	平面图规划方案审批	教育局、规划局、市规划委员会	校区总平面图、校区鸟瞰图；单体建筑物效果图		11
20	办理征地手续	国土资源局	1. 土地登记申请表、营业执照原件、复印件（盖章）； 2. 法人身份证原件、复印件（盖章）； 3. 地籍调查表、宗地图及宗地界址坐标（村、水集镇）； 4. 耕地占用税、契税（带着税单、转地税局窗口核税。其中地税局窗口明细表返回国土局地籍处）； 5. 其他证明材料 注：以上材料必须全齐后20日内才能发证，以提供齐最后一项材料时间为准，否则不予发证	土地证	

续表

序号	办理事项	承办单位	需要提供的资料	办理结果	工作日
21	地质勘察	地质勘察院		地质报告	5
22	施工图纸设计	设计院		施工图纸	20
23	施工图纸审查	城乡建设局—审图中心	施工图纸		9
24	消防图纸审核	公安消防大队	施工图纸		
25	避雷图纸审核	气象局	施工图纸		
26	编制工程控制价	教育局	联系有资质单位编制工程控制价	初定工程控制价	15
27	招标控制价审核	审计局	对工程控制价进行审计	确定招标控制价	13
28	开工报建	教育局	开工申请表		8
29	校区用电铺建	供电公司	校区规划方案，校区红线图		
30	施工招投标	行政服务中心		签订合同	20
31	监理招投标	监察局		签订合同	
32	审核开工手续	行政服务中心	1. 建设工程规划许可证（包括附件）； 2. 建设工程开工审查表； 3. 建设工程施工许可证； 4. 规划部门签发的建筑红线验线通知书； 5. 在省建设行政主管部门审查批准的设计图纸及设计文件； 6. 经建设行政主管部门审查批准的设计图纸及设计文件； 7. 建筑工程施工纪要； 8. 图纸会审纪要； 9. 施工承包合同（副本）；	开工通知书	4

续表

序号	办理事项	承办单位	需要提供的资料	办理结果	工作日
32	审核开工手续	行政服务中心	10. 水准点、坐标点等原始资料； 11. 工程地质勘察报告； 12. 建设单位驻工地代表授权书； 13. 建设单位与相关部门签订的协议书	开工通知书	4
33	工程建设施工	教育局			8个月
34	校区用水管道施工	自来水公司	校区红线图		43
35	校区供暖管道施工	热力公司	校区红线图		23
36	拟定内设配备方案及招标文件	教育局、行政服务中心			20
37	内设配备招标	教育局、行政服务中心			23
38	工程初验及正式验收	城乡建设局、人防办等			40
39	内设配备发货	中标公司			57
40	内设装备	教育局中标公司			
41	工程决算审计	审计局		决算报告	

注：该表格由案例城市当中的某教育局提供，出于信息保护，表格当中涉及特定地域或单位的内容都进行了匿名化处理。

第六章

大城市义务教育不平等治理机制研究

当前，城镇化发展促使大量人口进入城市，从而导致城市原有的社会结构与社会生态发生改变。城市的旧居民按原有的习惯维持着城市长期形成的利益生态与分配规则，塑造着城市长久以来的社会基因与形态，然而外来务工人员及其随迁子女的到来冲击着城市社会既有的格局，并谋求着自身的生存利益。在某种程度上，这种社会格局重塑的过程就是新旧居民之间利益博弈与再分配的过程。在这一过程中，城市新旧居民之间并非完全对等，原有城市利益格局在容纳新势力的过程中存在一定的筛选与排斥。占优势的社会阶层对城市格局的重塑必然有着更强的影响力，比如他们对城市义务教育资源的空间占有、城市升学的身份筛选、对城乡文化的高低价值判断等。这些现象反映了当前社会变迁过程对整个城市义务教育生态的剧烈影响，同时也让我们看到了所谓的不平等。出于对义务教育本身公平价值的坚守与追寻，我们需要研究并尝试解决这些问题。

第一节 大城市义务教育入学空间不平等及其治理机制

近十多年来，随迁子女义务教育入学问题已成为当前我国社会发展中的一个重要问题。尽管2001年国务院已经出台"两为主"政策保障随迁子女在城市入学并取得了一定成效，但从现实来看，大城市随迁子女在义务教育学校入学问题上依然存在着较为严重的不平等现象。城市义务教育发展的空间视角能让我们更加深刻地理解这种不平等现象背后的运作机制与现实表现,并寻找更好的治理机制。

一、城市发展中的教育空间

在一定意义上,城市可以被理解为一个空间。城市发展离不开城市空间的发展,同样也离不开人的发展。对于城市社会,必然离不开作为一种社会功能之教育的存在;对于教育活动,在人类历史上较早地就在城市空间出现。城镇化不仅塑造着城市空间,还影响着教育的空间布局。那么,我们该如何理解城市中的教育空间呢?

在早期社会科学研究中,人们更多地将空间定义为一种物质存在,即为人类活动提供一定的物质载体,方便人们去实践自己的活动。如果空间仅仅被当作一种客观物质,与人类的社会活动并没有直接的联系,那么在包括教育在内的整个社会科学范畴当中,空间显然就不具有研究的意义。长久以来,教育研究者们更多关注的是教育实践活动本身,空间只是作为教育实践活动发生的背景性条件与因素,具有标识教育活动的功能,但并不作为研究内容被单独关注。随着人们对空间理解与解释的突破性进展,空间背后的社会性因素开始暴露在公众视野当中,并促使人们逐步认识到空间本身的形成受到了人的意志、人的社会实践活动的影响。这一突破直接推动了以空间为主题的学术研究的兴起,促成了城市社会学、人文地理学等学科的创新与发展。其中,以法国学者亨利·列斐伏尔(Henri Lefebvre)的空间社会性分析最具代表性,他指出:"空间里到处弥漫着社会关系,它不仅被社会关系支持,也生产社会关系和被生产关系所生产。"①

空间研究的兴起使人们开始关注城市空间的形成与城市居民社会活动之间的关系。作为城市社会中一项重要活动——教育,自然成了研究者关注的主题。有学者通过对国外教育地理学的研究分析发现,早期的教育空间研究主要借助地理学的视角和工具解决教育的空间问题,包括教育规划、教育土地利用、学校选择以及与居住地相关的教育机会和结果差异等;20世纪90年代以来,教育地理研究注重从社会空间的角度来解析教育,关注教育与社会、经济、政治和文化等的内在联系,并建立起相关的研究体系。② 从中我们可以看到,对于教育空间的研究逐步从早期教育资源空间规划转向了教育资源空间分配及其背后的社会因素。

---

① 严从根、孙芳:《教育空间生产的资本化及其正义思考》,载于《教育发展研究》2017年第3期,第69~74页。
② 杨颖、孙亚玲、孙俊:《国外教育地理研究回顾与借鉴》,载于《世界地理研究》2016年第4期,第144~155页。

这一发展脉络与空间研究的发展趋势是大致一致的。

我们认为，城市教育空间问题本质上是教育与城市社会发展的关系问题。教育空间的形塑过程反映了社会制度与规范的发展，而社会制度与规范的发展本质上又反映了权力与利益在不同群体之间的博弈。以义务教育为例，我国义务教育发展的空间意义来源于两个方面：一是就近入学的主体需求。基于义务教育参与主体的特性，人们普遍希望自己的孩子能够在自身居住区附近就学；二是就近入学的法规要求。《中华人民共和国义务教育法》规定：地方各级人民政府应当保障适龄儿童、少年在户籍所在地学校就近入学。多数地方政府都划定了义务教育学区、生源来源等标准。这促使城市义务教育发展与城市空间产生了联系。我们同时发现，义务教育资源的数量和质量在城市空间内的分布是极不均衡的，这背后体现了城市居民能够获得公共教育利益的程度差异。显然，优势阶层能够运用自身所掌握的权力、文化与经济资源去获得更大的教育空间利益，并借此维护自身的阶层利益、巩固自身的阶层地位。相比之下，以外来务工人员及其子女为主体的城市弱势群体在与优势阶层的利益竞争中显然处于被动的位置，从而导致义务教育空间不平等现象的出现。

人们可能困惑：为什么要在城市教育空间追求义务教育平等呢？原因有四：

第一，源自义务教育的本质要求。义务教育是一种推进社会发展的公共事业，是一种公共利益。无论是公共事业还是公共利益，义务教育的公共性是毋庸置疑的。那么，何为公共？公共其实就是全体国民都能平等共有、共享的意思。因此，追求城市义务教育入学空间平等显然是对义务教育本质内涵的彰显。

第二，源自义务教育的法律要求。2006年修订的《中华人民共和国义务教育法》第十二条明确规定：父母或者其他法定监护人在非户籍所在地工作或者居住的适龄儿童、少年，在其父母或者其他法定监护人工作或者居住地接受义务教育的，当地人民政府应当为其提供平等接受义务教育的条件。因此，追求城市义务教育入学空间平等既是在捍卫义务教育法，也是在捍卫国民的基本权利。

第三，源自经济发展的人力要求。按照世界经济发展的一般规律，我国正处在跨越"中等收入陷阱"的关键时期。根据发达国家的经验，跨越"中等收入陷阱"的一个关键因素就是提高国民受教育年限。[①] 那么，追求城市义务教育入学空间平等显然有助于改善国民整体受教育状况，尤其对于提升城市弱势群体的受教育年限有正向意义。

第四，源自社会稳定的和谐需求。追求平等就是在缓解社会矛盾与冲突。城

---

① 张勇、王慧炯、古明明：《发展教育是跨越"中等收入陷阱"的关键——通过发展教育和转型来规避"中等收入陷阱"》，载于《教育与经济》2012年第2期，第30~34页。

市外来务工人员及其子女显然已经成为城市居民群体中不可忽视的重要组成部分。如果政府继续漠视外来群体的公共利益诉求，缺乏对弱势群体的教育关怀，就很有可能引发群体之间的剧烈冲突，进而导致社会动荡。

二、城市义务教育入学空间不平等的现实样态

现实中，大城市义务教育空间不平等主要反映为入学机会的空间供给与需求之间的不平等，核心包括两个方面：一是基于数量的空间供给与需求的不平等，二是基于质量的空间供给与需求的不平等。

（一）基于义务教育资源数量的空间不平等

1. 大城市中心区义务教育资源供给不足

大城市中心区义务教育资源供给不足主要是指在大城市中心区（或者老城区）出现了学位数量有限供给与学龄人口数量无限增加的空间错位现象，进而导致有限的义务教育资源难以满足不断增长的学龄人口的义务教育就学需求。义务教育资源供给不足必然引发学位资源竞争。在"僧多粥少"的情况下，优势阶层则会运用自己手中掌握的资源去维护自身的阶层利益，即通过建立各种筛选门槛来排挤弱势阶层，拒绝其获取学位资源。在此之下，很多区域内随迁子女的义务教育权益难以真正得到保障。此外，学位供给与需求的空间错位也容易导致城市学生搬运问题。随迁子女没有办法就近入学，必然要选择校车或者家长接送的方式到距离较远的学校上学。这一方面增加了随迁子女的上学成本，另一方面对随迁子女的学习心理产生消极影响。当然，还会对城市交通产生负面影响。

事实上，随着城市的发展，城市中心区的建筑开始不断向高层化发展。建筑高层化导致城市中心区在单位土地面积内的建筑面积不断增多。建筑面积增加意味着可供居住的空间增多，进而导致城市中心区人口密度增加。人口密度增加必然伴随着学龄人口的增加。换言之，学位数量需求也随之开始增加。但是，中心区学校所能提供的学位数量一般是恒定的。因为一方面学校建筑受限于特定的建筑标准，只能保持在低层化状态，不可能像商业楼一样不断往高层化发展；另一方面中心城区土地一般都处于满额使用状态，基本没有额外的可用于教育的储备用地。换言之，政府没有办法在城市中心区新建学校去扩充学位。那么，是不是可以通过土地置换或土地回购等方式扩充中心区的教育建设用地呢？这种方法在理论上是可能的。但就现实来看，一方面大城市中心区能够进行土地置换的资源较少，多是已经高度开发的土地，当然不排除老城区整体拆迁等特殊情况；另一方面大城市中心区土地价值非常昂贵，即便能够进行土地置换或者土地回购，政

府所要支持的成本将非常高。在许多地方政府债台高筑的情况下，这些方法显然难以真正实践。

有些读者可能会质疑：学校的建设标准不应当是与居住人口的数量相匹配的吗？如果学校的容量没有办法覆盖这么多的居住人口，那么商业住宅楼的新建可以获得审批吗？正常而言，建设一个新小区是需要按照一定的规划人口规模对包括学校在内的公共设施进行所谓的配套建设的。但是，对于中心城区而言，这里有一个时间差的问题，即早期城市的自然发展与后期城市的再度规划之间的矛盾。一般而言，城市的形成来源于人口的自然聚集。人口自然聚集的过程一般都发生在以老城区为代表的城市中心区域。中心区域成为城市发展的先天基础，自然与后天形成的规划体系存在一定的矛盾。此外，参与商业住宅选址及新建的部门主要是国土、环保、消防、水利、园林、地震等涉及土地使用、楼房基本设施与安全等问题的管理部门，教育部门一般较少参与。这些部门显然并不会注意到新建楼房后居民子女入学等问题。[①] 我们看到的居住人口与学校的匹配标准，更多的是教育部门用于规划学校建设的标准，而不是土地或规划部门用于审批楼房的标准。在现实中，学校的布点与规划往往要滞后于楼盘的新建与人口的聚集。很多地区的居民甚至是在已经迁入新住宅、孩子没有办法就近入学的情况下，才开始要求教育部门新建学校或者寻找附近学位较为宽松的学校来满足自身孩子的就学需求。

2. 大城市郊区义务教育资源供给不足

近年来，许多大城市都在进行大规模的旧城改造，从而促使中心区人口大规模地向郊区疏解。同时，随着城市化进程的不断加快，大量外来常住人口聚居在城郊接合部和远郊区。据第六次全国人口普查数据，上海市的郊区常住人口为1 673.7万人，占全市总人口的72.7%，其中郊区外来常住人口为806.3万人，占全市外来常住人口的91.3%，郊区义务教育阶段学生总数达92.2万人，占全市的比例高达77.5%；北京市的郊区常住人口789.6万人，占全市总人口的40.3%，其中郊区外来常住人口270.8万人，占全市外来常住人口的38.4%，郊区义务教育阶段学生总数达42.2万人，占全市的比例已达到41.2%。[②] 此外，全国直辖市、副省级城市和计划单列市的近郊区化率[③]分别处在48%～100%之间，教育的近郊化率[④]也在52%～100%之间（见表6-1）。

---

① 在一些大规模小区、新开发小区建设规划中，政府部门会配套建设学校。但在一些发展成熟区域，在进行低层楼房转高层楼房建设时，学校规划问题则经常会被忽略。
② 国家统计局城市社会经济调查司：《中国城市统计年鉴（2012）》，中国统计出版社2013年版。
③ 近郊化率指的是城市主城区和近郊区人口之和占全市总人口的比例。
④ 教育近郊化率则是城市主城区和近郊区中小学的在校生人数之和占全市中小学总在校生人数的比例。

表6-1　2017年直辖市、副省级城市和计划单列市的近郊区化程度

城市	年末户籍总人口（万人）				普通中学*在校生数（万人）		小学在校生数（万人）		中小学在校生数（万人）		教育近郊化率（%）
	全市	市辖区	远郊区	近郊区化率（%）	全市	市辖区	全市	市辖区	全市	远郊区	
北京	1 361	1 361	0	100	43	43	88	88	131	0	100
上海	1 453	1 453	0	100	57	57	78	78	135	0	100
天津	1 407	1 407	0	100	43	43	65	65	108	0	100
重庆	3 391	2 450	941	72	159	111	210	151	369	107	71
哈尔滨	959	551	408	57	38	25	41	24	79	30	62
长春	754*	436*	318*	58*	30	18	39	24	69	27	61
沈阳	736	589	147	80	27	22	38	32	65	11	83
大连	595	399	196	67	22	17	31	24	53	12	77
济南	638	479	159	75	31	23	45	35	76	18	76
青岛	783*	373*	410*	48*	37	23	55	39	92	30	67
西安	894	760	134	85	42	36	67	60	109	13	88
成都	1 417	793	624	56	58	35*	94	53*	152	88	58
武汉	844	844	0	100	32	32	53	53	85	0	100
南京	672	672	0	100	23	23	39	39	62	0	100
杭州	745	607	138	81	34	29	56	50	90	11	88
宁波	594	287	307	48	29	15	48	25	77	37	52
厦门	226	226	0	100	16	16	31	31	47	0	100
广州	884	884	0	100	51	51	100	100	151	0	100
深圳	410	410	0	100	42	42	96	96	138	0	100

注：①这里的普通中学指"经过县及以上教育部门批准，以招收小学毕业生为主实施中学教学计划的学校数，包括初中中学和完全中学"；②因2017年数据缺失，*号为2016年数据。

资料来源：国家统计局城市社会经济调查司编：《中国城市统计年鉴2018》，中国统计出版社2019年版，第13~19、272~278页。

随着学龄人口在较短时间内向近郊区的空间聚集和国家单独二孩政策的陆续实施，使郊区原本就比较薄弱的教育布局、教育设施面临巨大的压力和挑战，特别是大型居住社区和新城区公建配套学校覆盖不到的乡镇，由于适龄学生数激

增，导致班额大幅膨胀，入学矛盾突出，急需补充义务教育资源。相对于中心城区，一方面郊区土地资源较为丰富，有利于城市空间拓展；另一方面郊区财政能力较为薄弱，不利于公共服务建设。我们对学校布局调整的研究发现，学校对于特定社会空间来说具有重要的价值与意义，是一个地方是否适宜居住的主要标志和象征。城乡学龄人口大量导入大城市郊区，对郊区学校布局和资源承载能力提出了严峻的挑战。

据国家发展和改革委员会国土开发与地区经济研究所申兵女士以宁波为例的测算，如果农民工子女同本地户籍学生一样完全在公办学校接受义务教育，则生均教育成本为 47 531 元。① 为了满足新增郊区人口对义务教育的需求，城市政府需要征土地、建学校、雇教师、配设备、投资金等。对郊区来说，土地资源虽然丰富，但这些土地不完全是国有用地，因此征用土地就涉及拆迁、补偿、安置等一系列敏感的政策议题，再加上历史遗留问题、外来人口不稳定等复杂因素，因此并不是有了钱就可以解决征地问题。即使征下了土地、建成了学校，仍需花费大量资金维持学校日常运转，比如给教师发工资（教师工资往往是运转经费中份额最大、支出最稳定的部分）、教师培训费、仪器设备费、师生活动费等，资金压力非常大。以上海市为例，"十二五"期间全市规划的教育配套建设项目共计 1 042 个，需增加用地面积约 1 597.56 万平方米、建筑面积约 1 142.61 万平方米、投资估算约 457.04 亿元（不含征地、动拆迁、教育设备等费用）。其中，郊区项目 906 个，占全部项目的 86.9%，郊区建筑面积 1 004.98 万平方米，占总建筑面积的 88.0%，郊区增加用地面积 1 476.07 万平方米，占总用地面积的 92.4%，郊区预计投资 402 亿元，占总投资估算的 88.0%。② 对像上海这样的大城市来说，郊区的地理空间是有限的，如果学龄人口无限制地涌入，人口和土地之间、优质教育需求与资源承载能力之间的矛盾将会异常突出。

（二）基于义务教育资源质量的空间不平等

基于义务教育入学的空间不平等不仅体现在义务教育资源数量的空间分布上，还体现在大城市不同区域之间或同一区域内部的学校质量差异上。义务教育学校间质量存在明显的等级序列，而这一等级序列也体现在生源构成上。随迁子女作为城市中的弱势群体，往往只能在质量较差的学校就读。尽管近些年各地都已通过相关措施加大了城市义务教育学校间的质量均衡，但是这一问题并没有得

---

① 申兵：《"十二五"时期农民工市民化成本测算及其分担机制构建——以跨省农民工集中流入地区宁波市为案例》，载于《城市发展研究》2012 年第 1 期，第 86~92 页。
② 数据为课题组在上海调研时获得的数据。

到完全治理,甚至以更加隐性的方式在不断强化。具体而言,主要体现在两个方面:

第一,大城市城区学校间的质量差距。我国大城市义务教育学校之间存在明显的质量差距,这种差距要体现在学校经费、教师质量与生源素质三个方面。不同质量程度的学校形成了相应的发展路径与话语权,对不同阶层的生源产生排斥与接纳行为,最终形成所谓的阶层筛选与聚集。比如,聚集在大城市中心区的优质学校有着更强的主导权。一方面他们能够通过设定门槛来对学生进行质量筛选,这种筛选实质上是对学生家庭资本(包括文化资本、经济资本等)的筛选。另一方面他们能够依托"就近入学"政策,通过学区高昂的房价进行筛选。学者哈巍、余韧哲通过北京市义务教育综合改革的自然实验,对学区房现象进行了深入的分析,发现学校质量与所在学区的房价有着明显的正相关关系,即当学校质量获得提升时,所在学区内的房价会得到相应的提升。[1][2] 陈友华、房长春利用"南京市社会分层与教育分流"调查资料分析发现:家庭社会经济地位越高,其子女入读好初中的可能性就越大。[3] 李春玲通过对中国社会科学院社会学研究所"中国社会结构变迁研究"课题组 6 193 份采用多阶层分层随机抽样方法获取的数据的分析,认为 1978 年以后,教育体制向着精英化和市场化方向发展,使家庭背景因素(社会资本、文化资本、经济资本和政治资本)及其他一些制度性因素(户籍制度和单位制)对个人教育获得的影响逐渐增强。[4] 这些研究都证实了家庭资本与学生所获得教育机会质量之间的关系,在某种程度上明确了随迁子女可能遭遇的不平等。

大城市城区义务教育学校质量差异构成了随迁子女入学不平等的现实基础。那么,为什么大城市城区义务教育学校会出现质量差异呢?大城市校与校之间的质量差异最初源于重点校政策。新中国成立初期,我国百业待兴,高素质人才缺乏严重阻碍了社会发展。在效率优先的前提下,有关部门与领导意图通过以重点校带一般校的方式来提升高素质人才的培养效率。这一思路最初贯彻于高等教育,随后下移至基础教育。1962 年教育部颁发《关于有重点地办好一批全日制

---

[1] 该研究解决了以往研究中的学校质量内生性的问题(比如社会经济地位较高的家庭通常选择房价较高的社区居住,而他们的孩子本身天资较好,造就了学区内的优质生源,此时高房价就不是优质学校资本化的结果),证实了学校质量和房价直接的正向关系。

[2] 哈巍、余韧哲:《学校改革,价值几何——基于北京市义务教育综合改革的"学区房"溢价估计》,载于《北京大学教育评论》2017 年第 3 期,第 134~151 页。

[3] 陈友华、方长春:《社会分层与教育分流——一项对义务教育阶段"划区就近入学"等制度安排公平性的实证研究》,载于《江苏社会科学》2007 年第 1 期,第 229~235 页。

[4] 李春玲:《社会政治变迁与教育机会不平等——家庭背景及制度因素对教育获得的影响(1940~2001)》,载于《中国社会科学》2003 年第 3 期,第 86~98、207 页。

中、小学校的通知》①规定，各地选定一批重点中小学，这些学校的数量、规模与高一级学校的招生保持适当比例。此后，我国进入"文革"时期，重点校政策被看作是"修正主义教育路线"的产物，是"为复辟资本主义准备一批用起来得心应手的精神贵族"，是"资本家开学店的翻版和'发展'"②，因而被全面停止。直至1977年，邓小平复出后再次强调重点校体系的必要性，认为"在国家财力有限的条件下，为了快出人才、早出人才，必须重点投入"，并支持全面恢复重点学校建设。③之后，教育部分别于1978年和1980年颁发了《关于办好一批重点中小学的试行方案》与《关于分期分批办好重点中学的决定》，使重点学校制度得以恢复和重新发展。

在此之后的一段时间内，重点校成了我国教育体系中的核心。随着重点校制度负面效应的逐步显现，有关部门开始出台政策治理，比如强调义务教育阶段必须就近入学以治理为追逐重点学校的择校问题④。但是，重点校制度并未被真正改革而是演化成了所谓的"示范学校"制度。1995年，国家教委颁布了《国家教育委员会关于评估验收1 000所左右示范性普通高级中学的通知》。在一些地区，这种延续重点学校制度思路的示范学校制度至今仍成为优质学校与薄弱学校差异的主要标志之一。2006年修订的《中华人民共和国义务教育法》规定，县级以上人民政府及其教育行政部门应当促进学校均衡发展，缩小学校之间办学条件的差距，不得将学校分为重点学校和非重点学校，学校不得分设重点班和非重点班。新义务教育法的通过，标志着我国重点学校制度在法律意义上的终结。

通过以上梳理可以看出，重点校制度经历了一个从早期"干部子弟学校"到"重点学校"再到"示范学校"的发展历程。可以认为，早期"效率优先"的教育发展政策成为大城市城区学校质量空间差异的重要原因。当然，从社会发生机制上看，学校质量差异也是阶层差异的需要。无论在哪个时代，优势阶层都要维护自身的利益，而教育作为一种正式的阶层与身份生产渠道，在阶层再生产上发

---

① 事实上，重点校政策出现之前，我国就已存在一批存在明显发展差异与规划的学校，其中以干部子女学校最具代表性。1952年，政务院颁布了所谓的《干部子女小学暂行实施办法》开始了干部子女学校的发展历程。与普通学校相比，干部子女学校在各项投入上有明显的优势，甚至一度形成了所谓的贵族学校文化（杨东平：《中国教育公平的理想与现实》，北京大学出版社2006年版），最终招致民众不满，并于1955年全面取消。

② 师延红：《打倒修正主义教育路线的总后台》，载于《人民日报》1967年7月18日第2版。

③ 谭晓玲、王爱云：《新中国成立后中共重点学校政策的演变》，载于《党史研究与教学》2016年第6期，第58~64页。

④ 1986年原国家教委下发《关于在普及初中的地方改革初中招生办法的通知》，首次规定积极而稳妥地取消初中招生考试，并按学籍管理，规定凡准予毕业的小学生就近直接升入初中学习。1986年，我国颁布了《中华人民共和国义务教育法》，规定地方各级人民政府应当合理设置小学、初级中等学校，使儿童、少年就近入学。

挥着难以替代的重要作用。换言之，只有让学校质量产生差异，才能让优势阶层完成阶层利益的巩固与再生产。这实质上也解释了我国在义务教育均衡发展推行多年并取得一定成果的情况下，家长依然热衷于择校的原因。

阶层再生产是对随迁子女无法上优质学校的一种更加深层的解释。在实践层面，城市居住空间由单位化转向市场化，与义务教育"学区入学"政策一直共同构成了阶层再生产的操作基础。在计划经济时期，城市居民的生活空间完全依赖于单位空间。这种空间的依赖性体现在两个方面：一是居住空间依赖于单位，即城市居民的住房主要由单位提供和分配；二是公共服务依赖于单位，即包括义务教育在内的公共服务主要以单位福利的方式分配给职工。居住空间与义务教育服务空间的固化使得以往的城市居民生活半径受到限制，自然难以产生包括择校为具体表现形式的阶层再生产行为。之后，随着我国社会主义市场经济体制的逐步确立，以国企为主体的单位制改革逐步消弭了这种空间依赖性。城市居民住宅逐步走向了货币交易的商业化和市场化，不再以单位福利的形式捆绑在固定的空间当中。同时，包括义务教育在内的公共服务则由单位提供转变为政府提供。① 政府基于义务教育就近入学的法律要求制定了所谓的学区入学政策，从而将服务空间由以服务个体的单一化转向了服务群体的模块化。这种模块化转变将义务教育服务与居民生活区域形成了捆绑，最终形成了城市由住宅到学区再到学校的义务教育获取路径。

第二，大城市郊区学校间的质量差距。大城市不仅面临着城区义务教育的重点校与薄弱校之间质量不均衡现象，还面临着城区和郊区义务教育学校之间的失衡现象，当然，郊区内部不同学校之间的质量差距也非常大。

随着社会主义市场经济体制的逐步建立和城区人口的日益多元化，受中心城区可拓展空间和地租级差的限制，城市精英阶层和中产阶层开始向郊区转移。在商品房制度和现代交通工具驱使下，他们期望选择环境优美、空气清新、楼盘高档的郊区居住，由于郊区优越区位和高档小区资源的有限性和竞争性，社会群体间的经济收入分化甚至"极化"（Polarization）逐渐演化为在空间上的居住区隔。而以进城务工人员、城市下岗职工为代表的低收入阶层受经济条件的限制，要么选择居住条件比较落后的旧城区，要么选择价格相对低廉的近郊区甚至远郊区，或者干脆选择城乡接合部的廉价房或棚户区，形成所谓的"贫民窟"。再者，郊区原住民在失去原有土地后只能居住在原住地附近的单位小区或自家房屋，有的还靠出租自家房屋谋生。大城市郊区正在出现因房地产价格差异形成的居住空间区隔，从而使郊区变成了一个"分化""碎化"和"区隔化"的社会空间。由于

---

① 目前仍有一些学校属于单位的附属福利，比如一些大学的附属中学、附属小学等。

不同阶层之间的消费能力、欣赏趣味、子女期望各不相同,因而导致对附近可及的公共教育资源的追求欲望与行动能力的差别。

这种郊区居民的阶层差别不仅体现在居住空间的区隔上,同时也体现在郊区学校的构成差异上。从郊区学校看,由于郊区化动力机制的多元化,导致郊区出现了三种不同类型的学校,包括优质名牌学校、普通郊区学校、打工子弟学校(或可称为棚户学校)。① 郊区优质名牌学校的形成动力主要有三个:一是受高校扩招带来的生源压力的影响,许多大学都在郊区建立了大学园区,相应地,一些大学附属学校在大学园区附近或办分校或学校迁址,形成了一所或几所名校;二是受城市中心区高额地价的限制,房地产开发商的经营重心开始向郊区转移,为满足业主需要,开发商在小区附近或者办高品质的私立学校,或者通过资金运作把城市中心区最有影响力的名牌学校迁至小区,或者动员名校在小区办分校;三是一些重要的企事业单位迁址郊区后,或者通过从外地引入名校资源联合办学,或者以名校办分校的形式办学。普通郊区学校大都是在城市尚未扩张时期建成的学校。随着城市化由集中向扩散的发展,远郊农村也被划入城区,农村学校摇身一变成为郊区学校。打工子弟学校或棚户学校就是适应农民工子女的就学需要建立的,虽然学校办学不规范、教学条件差、教师水平低,但却是农民工子女能被接收且能去得起的学校。这三种类型的学校在学校质量、生源质量等方面都有着明显的差异,进而形成了具有各自显著特征的空间区隔现象。

2013年末召开的中央城镇化工作会议提出"要以人为本,推进以人为核心的城镇化,提高城镇人口素质和居民生活质量,把促进有能力在城镇稳定就业和生活的常住人口有序实现市民化作为首要任务"。从本质上说,城镇化的过程就是农民转变为市民的过程,进城务工人员市民化的过程实质上又是公共服务和社会权利均等化的过程。在推进城镇化发展过程中,如何将"准城镇化人口"转变为城市市民身份,使农民工及其随迁子女能获得与城市居民一样的教育待遇,使城区和郊区两个学龄人口群体都能获得公平而有质量的教育机会和教育资源,本身就是一个重大的教育课题。大城市的郊区化发展,富人从城区向郊区的搬迁、弱势群体在郊区的聚集不仅让郊区的居住空间区隔为不同的阶层,而且让嵌入在社区里的学校分化为不同的层次。优质居住空间配置的市场竞争机制和公共住房分配政策的社会排斥机制,导致了郊区空间权益分配上的不平等和空间教育格局上的"碎片化"。空间作为社会关系生产的容器,也复制了不同群体在郊区获取教育资源方面的差异。然而,郊区的底层社会同样有追求优质教育资源的强烈愿

---

① 邬志辉:《城乡教育一体化:问题形态与制度突破》,载于《教育研究》2012年第8期,第19~24页。

望,对增加郊区优质义务教育资源的呼声日益高涨。如果郊区学校之间的不均衡状况不能得到控制和缓解,在人口城镇化政策和社会公平正义理念的推动下,极有可能助推"社会极化"和阶层区隔,更严重的还有可能导致"城市的分裂"和社会的不稳定。郊区教育的不均衡不只是硬件上的,更为重要的是软件上的,如师资水平、教育观念、课程理解、学校管理、教育方式、实践智慧等,而软件的改善不可能一蹴而就,需要城市政府统筹规划设计、有序推进实施,确保城郊义务教育一体化发展。

总体而言,城市入学空间不平等本质上反映了义务教育资源的空间限定与人口市场化流动之间的矛盾。长期以来义务教育资源受限于学区入学政策、定向服务政策(各类附属学校、企事业单位学校等),成为了某一空间内的特定资源。在以往以城乡二元户籍制度、单位制等计划管理体制的束缚下,义务教育资源与人口的空间限定是统一且和谐的。但是这种局面随着我国社会主义市场经济的改革而出现了巨大的变化。经济市场化改革促使城镇化快速发展,也促成了人口的大规模流动。这种人口流动有两类,一是以经济产业发展为代表的劳动力流动,比如由落后地区到发达地区的流动(我国中西部到东部、乡村到城市的劳动力流动);二是以城市内部住房市场化为代表的居民阶层聚集与分化的横向空间流动,比如城市中心区与郊区之间的人口流动。但是大城市义务教育资源数量与质量的空间分布没有很好地随着人口的变化出现适应性的变动,进而出现了巨大矛盾,导致包括随迁子女在内的城市弱势群体"要不没学校上,要不上不了好学校"等不平等现象的出现。

三、城市义务教育入学空间不平等治理机制探讨

解决大城市义务教育入学空间不平等问题,关键在均衡城市不同空间内义务教育资源的数量与质量。因而,在治理机制上,我们应该针对两种空间差异的不同特性分类治理。

(一)大城市义务教育资源数量空间不平等的治理机制

大城市义务教育资源数量空间不平等的实质在于数量供给不足。城市中心区的供给不足是因为住宅高层化发展与原有学校低层化存在之间的矛盾,城市郊区的供给不足是因为大量城市内部以及城市外部迁移人口与原有有限的学校资源之间的矛盾。正是由于数量供给的缺乏,才导致随迁子女面临在有限资源竞争下的入学机会不平等问题。要想破解这一难题,可以有两种思路:

第一,分流学龄人口疏解大城市中心区入学矛盾。大城市中心区的入学不平

等主要是"存量"问题，核心在于城市中心区的使用空间已趋饱满，难以继续扩张。空间有限意味着难以通过增加学校数量来化解资源短缺矛盾，因而只有分流学龄人口才能减轻空间压力。学龄人口的分流存在两种情况，一是基于教育外部因素的人口分流，它受到经济、政策或环境等因素的影响。比如，居民基于个人生活需要的迁居，居民基于城市规划的迁居等。这种方式显然要耗费巨大的成本，涉及因素较多且教育本身因素影响较小，在此不作详论。二是基于教育因素的人口分流，它是针对不同群体的教育需求，精准创造教育供给从而达到空间疏散的效果。在过去，城市也存在学生分流的情况，只不过这种分流是以设置所谓的筛选条件（以各类积分政策为代表）进行强制性驱离为特征的，逼迫部分弱势学生另觅去处，是一种以堵代疏的分流。现在的教育分流是一种以精准对接需求和供给为基础的、以疏散为主的分流。这种分流能够更好地满足各个层面主体的教育需求，有助于化解矛盾。

那么，如何做到疏散式的精准教育分流呢？首先要对教育需求主体进行分类分析，找出容易分流的学生人群。我们用教育成本[①]支出意愿以及对学校教育质量的需求作为划分标准[②]，大致将学龄人口划分为四类（见图6-1）。

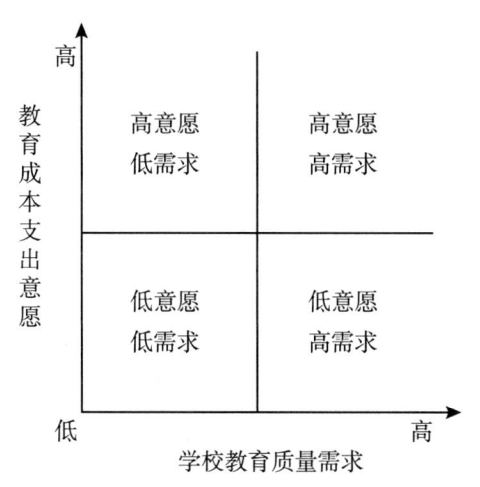

图6-1 教育需求主体划分示意图

[①] 教育成本主要指家长愿意为子女教育支付的费用，除了正常的基本教育花费外，还包括入读私立、民办优质校的花费，日常接送孩子上下学的交通费用等。

[②] 为什么选择这两个指标作为划分标准呢？选择教育成本支出意愿是因为学生分流意味着有一部分学生会没有办法就近上学，而要去别的学校上学。换句话说，家庭要承担多余的成本。通过教育成本支出意愿的分类，可以大致分出哪类学生愿意承担这样的成本。对于学校教育质量的分类，主要是看学校质量与不同背景学生之间的需求对应情况。

第一类和第二类是教育成本支持意愿低的居民。其中，对教育质量需求不高的居民主要以大城市当中的进城务工人员为主。一方面外来人口自身经济能力有限，没有办法支撑高额的子女教育成本支出，另一方面相较于原本家乡的教育条件，城市的设备条件显然更为优越，因此对教育质量的需求会维持在一个较为基本的水平上。对教育质量需要较高的居民主要以中心区或老城区的原住居民为代表。原住居民的整体收入水平较为一般，多在中心区以从事服务业为生，比如开小超市、小饭馆等。他们多希望自己的孩子能够就近入学，以节约自身的生活开支，同时希望自己的孩子能够在更高质量的学校就读。

第三类和第四类都是教育成本支出意愿较高的居民。他们一般是城市当中的优势阶层，拥有较高的经济收入，对子女教育成本的支出有一定的支撑能力。区别在于，一部分居民更加关注孩子的学校教育质量，希望孩子享有更好的学校教育。另一部分居民尽管也希望孩子能够上更好的学校，但对孩子所在学校的教育现状较为满足，相较之下，没有强烈的追逐高质量学校的动机与行为。

通过以上分类，我们发现比较容易分流的显然是具有高教育成本支出意愿、高学校质量需求的那类学生。这类学生家庭经济实力较强、社会地位较高，对孩子所在学区的学校质量不满足，愿意支付较高费用去换取更高质量的教育。对于这部分家长，政府可以通过鼓励支持民办教育发展进行分流。比如，政府可以鼓励在城市中心区外建立高水平有特色的民办学校、名校分校甚至国际学校来满足。一方面，家长对于高质量教育的需求得到了满足，有远距离上学的动机；另一方面，分流出来的学位让给其他学生，从而缓解就学的不平等。①

为什么要通过鼓励发展高水平有特色民办学校而不是通过公办优质学校进行分流呢？这不就是变相鼓励择校吗？事实上，分流的本质在于创造多元的供给结构以满足不同的教育需求，打破以往集中供给的空间结构，缓解焦点供给压力。对公办校而言，供给目标在于满足基本教育需求，本质上是底线平等的教育。如果通过优质公办教育资源分流学生显然有违公办教育的本质与初衷。用优质公办教育资源分流的居民，内部包括有高成本支出意愿和低成本支出意愿两类，而真正能够实现分流的必然是有高成本支持意愿的居民，他们是城市中的优势阶层。换言之，用优质公办教育资源分流这部分居民容易恶化入学空间不平等。因此，选择发展高水平有特色民办学校分流城市中心区优势阶层学生，更容易为随迁子

---

① 需要谨防的是，以往很多城市政府也采取过以扶持民办教育来分流学生的做法，但实际上分流出去的不是具有高成本承受能力的优势家庭学生，反而是一些弱势学生。问题的关键在于分流过程中是否实现了需求和供给的精准对接。为防止这类问题出现，需要政府进行深入调查，获得全面信息，然后再进行相关政策与机制设计。

女腾出学位,显然是一种最优选择,① 它保持了公办教育的公益性,同时也满足了优势阶段对于高质量教育的需求,能有效化解有限资源竞争的不平等问题。

不可否认,这种分流就是一种择校行为,但择的是民办学校而非公办学校。家长择校的本质是为孩子寻求最优教育资源,这本没错,但问题是公办教育强调的是平等性、群体收益的最大化,这与家长通过择校来谋求个人教育收益最大化的行为是相互排斥的。显然,当家长选择民办教育时,平等性的问题就不存在了,自然也没有什么理由去批判。

第二,统筹制定学校建设规划解决大城市郊区入学不平等矛盾。随着城市边界的不断扩张,大城市的郊区开发已经成为城市发展当中一项重要的工程。很多城市政府会按照主体功能区思想,将郊区规划设计为经济开发区、大型居住区、生态旅游区、郊区大学城、未来科技园等不同的功能区域。但是不论怎样设计,郊区规划必须实现工作和生活、产业要素集聚、生态环境保护和公共服务设施的统一与整合。美国社会学家科拉伦斯·佩里(Clarence Perry)在1929年提出的"邻里单元"(Neighborhood Unit)理论就认为,邻里单位就是"一个组织家庭生活的社区计划",这个计划不仅包括居民住房,还包括周边的环境以及相应的公共设施,这些设施至少要包括一所小学、零售商店和娱乐设施等。② 因而,相较于城市中心区,大城市郊区的问题更多是一种增量问题,即要解决的是如何合理规划与开发郊区的空间资源去满足不断增加的义务教育就学需求。

城市政府应当统筹制定城区和郊区义务教育布局和学校标准化建设规划,积极鼓励并主动征求郊区利益相关者的意见和建议,让包括外来务工人员在内的新城市居民能够切身参与到郊区规划当中,防止以往只注重政府本身以及大企业意见为主的现象出现。同时,通过政策设计激发房地产开发商在开发房地产时统筹考虑基础教育学校布局。学校的好坏是一个地区是否适宜居住的标志,一所好学校往往可以让房地产升值,而一所差学校也可以使房地产贬值。对于可以通过市场手段开发的住宅小区,应充分发挥市场在资源配置中的决定性作用,政府通过强制规定小区配套学校建设标准,规范小区公办学校建设与办学行为。对于政府投资建设的廉租房、经济适用房或社会保障性住房,应发挥政府在公共教育资源配置中的主导性作用,实行按常住人口为基数配置义务教育资源的政策,在投入

---

① 以往,一些地方政府用公办教育为民办教育输血的做法来扶持民办教育,这种做法并没有真正实现将优势阶层学生分流出去的目的,反而促使很多中产阶级以下孩子入读民办学校。因为公办教育教育资源优渥,最易吸引优势阶层,通过公办教育输血提升的民办教育质量对于中产阶级以下群体更为敏感。因而,在教育"半市场化"机制运作下,容易出现阶层供需错位的现象。

② Clarence Arthur Perry. *The Neighborhood Unit*: *A Scheme of Arrangement for the Family-life Community*, Published as Monograph 1 in Vol. 7 of Regional Plan of New York Regional Survey of New York and its Environs, 1929, pp. 2 – 140.

上向财政比较困难的近郊区和远郊区倾斜,保障城郊统一的办学标准并不断促进郊区间校际的均衡发展。

在资金筹措上,城市政府应该改革当前单一的义务教育办学模式,采用更加灵活的方式,引入社会资本,缓解投入压力。义务教育学校的投入大致可以分为两个部分,分别是学校的基础建设投入和学校的日常管理投入。在学校的基础建设投入上,浙江省嘉兴市尝试了所谓的 BOT 模式,新建了嘉兴南湖国际实验学校、嘉兴高级中学等项目。BOT 模式是英文单词组合 "Build - Operate - Transfer" 的缩写,是一种基础设施的筹资、建设和经营模式,最早由西方国家首创,其主要含义是:私营机构参与政府主导的公共设施项目建设,并与政府机构形成一种伙伴关系,在互惠互利的基础上分配该项目的资源风险和利益的融资方式。① 在具体操作中,该模式主要是政府与私营企业规划建设早期达成学校的特许权协议,引入私营企业的资金补充学校的基础建设费用,学校的性质为"国有民办"。在完成一定年限的协议运营时间后,企业将学校全部转交给政府,学校性质也从"国有民办"转为了"国有国办"。在学校日常管理投入上,广东省深圳市尝试了所谓的"明德"模式。明德模式主要是深圳市福田区教育局与腾讯教育基金联合兴办深圳明德学校时所开创的办学模式。该模式主要是指地方政府通过引入社会基金,建立公立学校并委托基金会进行管理的办学模式。在经费拨付上,政府保障最基本的学校建设与运转费用,其余增量费用支出全部由基金会进行调节与管理。这种模式有效增加了学校的日常运作经费总量,同时并没有增加政府的教育支出,能够更加有效地促进义务教育资源的总量增加。目前,深圳市福田区已全面推行这种模式,并成立了类似的"红岭公益教育基金会"。②

(二) 大城市义务教育资源质量空间不平等的治理机制

大城市义务教育资源质量空间差异并不是一个新问题,本质上反映的是学校质量空间差异与居住地空间错位之间的矛盾,由此导致的择校、阶层空间区隔问题等已引起社会各界的广泛关注。地方政府常常通过学区划分、禁止择校、电脑派位与就近入学等政策来解决此类问题。但是,对于优势阶层而言,这些政策所形成的门槛并不能真正影响其对优质教育资源的追逐,反而成为他们凸显阶层差异的标识。政策高门槛的最终结果是将居民对于优质教育资源的追逐转向了房地

---

① 黄佳平:《教育产业领域中借鉴、运用 BOT 模式的实践与思考》,载于《国家教育行政学院学报》2005 年第 3 期,第 40~44 页。

② 卜凡:《"理事会 + 基金会":深圳福田探索办学第三条路》,载于《21 世纪经济报道》2015 年 6 月 19 日第 6 版。

产市场。有学者认为，房地产的价格机制使教育质量被"资本化"，如果房地产价格不反映教育质量，就可能切断教育质量与地方政府税收之间的关系。① 要解决这些衍生性问题，就必然要回到城市义务教育资源质量空间均衡这个老问题上来，即思考如何能让义务教育学校质量在大城市的不同空间形成均衡。针对这个问题，可以从三个方面着手：

首先，要厘清义务教育质量空间均衡的内容。一般来说，构成义务教育质量的内容主要体现为三个方面：学校投入（包括硬件建设等）、教师质量与学生质量。城市政府应着重解决学校投入与师资质量均衡问题。就学校投入而言，目前已经核定了义务教育学校建设标准与生均经费标准，政府只需按标准执行即可，不存在较大的困难。当然，一些地区会存在资金筹措困难，但可以通过前文所述机制加以解决。相比之下，教师质量的空间均衡更具挑战性。一方面要促进教师存量均衡，另一方面要推动教师增量均衡。从教师存量看，要推动不同质量教师空间均衡分布有两种办法：一是通过学区制、集团化、教师交流、名师工作室等机制直接推动教师质量空间分布的均衡。但是，这种操作方式成本高，特别是强制性的教师交流机制并不能真正促进校际教师质量均衡，反而还会引发一些优质教师的抵抗与不满。二是通过组织教师全员培训、帮扶提升等方式间接改善薄弱学校的教师质量，逐步实现教师质量均衡。这种方式成本低，但是见效慢且需要时间较长。从教师增量看，教育主管部门可根据不同学校的需求，以积极差别对待方式一次配置优秀新聘教师，逐步缩短强弱校之间的教师差距。

其次，要破除教师质量均衡的体制机制障碍。在城市特别是副省级以上城市，义务教育阶段学校由于存在多重办学主体，譬如部属中小学、省属中小学、市属中小学、区属中小学等，虽然这些学校同时坐落在同一城市空间，但却执行着不同的编制、经费等管理体制，管理主体层级高的学校往往不受市级教育行政部门约束，从而导致在教师招聘、教师流动、教师培训等方面的统筹困难。以部属大学的附属学校为例，这些学校往往是当地的优质学校，但又不属于地方教育行政部门的管理范围，因此只能采取协同合作的方式，如成立名师工作室、建立优质学校联盟等柔性扩增优质教师资源。还可以采用基金会模式，扩大薄弱学校办学自主权，设立薄弱学校优秀教师特设岗位，提高引进人才的薪资待遇，从而均衡区域学校质量。从长远看，应建立大城市不同层次学校协同管理新机制，在协商基础上实现市域内所有学校在生源招录、教师招聘和经费投入上的总体协调

---

① 陆铭、蒋仕卿：《反思教育产业化的反思：有效利用教育资源的理论与政策》，载于《世界经济》2007年第5期，第44~51页。

与统一。

在一些城市，存在着优质示范学校与民工子弟学校、公办校与民办校、有资质和无资质学校二元并存的教育结构格局。为了促进城市义务教育一体化发展，要提升城市义务教育统筹级别，突破行政区划限制，不断创新优质教育资源辐射和帮扶弱势学校发展的新机制。第一，可实施义务教育薄弱学校（包括民工子弟学校）委托管理，探索教育行政部门购买专业化服务新方式，委托城区优质学校或教育中介机构代替政府管理和发展相对薄弱的郊区学校，为其植入先进的办学理念和学校文化，不断提升薄弱学校的办学质量与水平。第二，可实行义务教育学校的学区化管理，按优质学校与薄弱学校按比例组合、捆绑式考核评价的方式，组建片区教育发展联盟或教育发展共同体，在片区内推进教师区片流动、教研跨校联动、管理校际互动、课程交叉走动、学生集体运动等，不断推进学区内学校的特色化发展、可持续发展和协同性发展。第三，可实施大型居住社区和郊区新城公建配套学校的移植性办学，选择城区优质名牌学校接办公建配套学校，通过输入城区高质量、有特色、百姓认、口碑好的学校的教学团队与管理团队的先进教改经验，高起点举办郊区新建学校。第四，可探索重点高中招生名额分配到校制度，鼓励学校自主办学和改革创新的积极性，实行学校发展性的进步度增值评价，并把学校进步程度作为对学校进行二次资源配置和重点高中招生名额分配的依据，用制度阻止学生家长的择校行为。第五，城市政府应该要建立与城市居民的信息沟通机制。学校质量是一种信号，在居民择校决策上起着重要作用。事实上，教育行政部门、学校与居民在学校质量上所掌握的信息是不对称的。如果教育行政部门建立了学校质量信号体系，就可以不断提升原来薄弱学校的影响力，从而引导社会公众理智地选择学校。

第二节 大城市义务教育升学身份不平等及其治理机制

大城市随迁子女不仅面临入学空间的不平等，还面临升学身份的不平等。随迁子女在城市的就学矛盾虽然存在，但与过去相比已经得到根本性解决，但升学矛盾却依然尖锐，城市新旧居民子女之间的升学利益对抗与冲突引发出身份的不平等问题。那么，升学身份不平等主要体现在哪些方面呢？为什么会存在升学身份不平等？又该如何治理呢？

一、随迁子女异地升学不平等的现实境遇

(一) 随迁子女异地中考难

义务教育后,随迁子女还将面临异地中考难题。2013年全国随迁子女初中毕业人数为92万人,占全国普通初中毕业生的比重为5.89%,到2018年全国随迁子女初中毕业人数达127万人,占全国普通初中毕业生的比重为9.29%,五年间增长了38.16%。其中,外省迁入随迁子女数从2013年的32万人上升至2018年的49万人,五年增长了51.93%;本省外县迁入随迁子女数量从2013年的60万人上升到2018年的79万人,增长率为30.81%。由此可见,外省迁入随迁子女增长迅猛(见表6-2)。

表6-2　　　　2013~2018年全国随迁子女升学情况

项目	类别	普通初中毕业生数（人）	普通高中招生数（人）	普通高中升学率①（%）
2018年	全国	13 677 686	7 927 063	57.96
	随迁子女	1 271 327	461 984	36.34
	外省迁入	486 537	156 540	32.17
	本省外县迁入	784 790	305 444	38.92
2017年	全国	13 974 699	8 000 548	57.25
	随迁子女	1 250 706	428 102	34.23
	外省迁入	470 119	143 123	30.44
	本省外县迁入	780 587	284 979	36.51
2016年	全国	14 238 679	8 029 206	56.39
	随迁子女	1 215 919	399 808	32.88
	外省迁入	451 736	125 782	27.84
	本省外县迁入	764 183	274 026	35.86

---

① 普通高中升学率＝普通高中招生数÷普通初中毕业生数。

续表

项目	类别	普通初中毕业生数（人）	普通高中招生数（人）	普通高中升学率（%）
2015年	全国	14 175 941	7 966 066	56.19
	随迁子女	1 106 491	349 247	31.56
	外省迁入	407 769	103 188	25.31
	本省外县迁入	698 722	246 059	35.22
2014年	全国	14 135 127	7 965 960	56.36
	随迁子女	976 267	300 152	30.74
	外省迁入	345 568	84 139	24.35
	本省外县迁入	630 699	216 013	34.25
2013年	全国	15 615 452	8 226 961	52.68
	随迁子女	920 214	255 498	27.77
	外省迁入	320 245	69 331	21.65
	本省外县迁入	599 969	186 167	31.03

注：来源于教育部网站数据的整理。

随着随迁子女初中毕业人数的增多，其升入普通高中的比例也在增加。2013年全国初中毕业生普通高中升学率为52.68%，到2018年增至57.96%，五年增长了5.28个百分点，而随迁子女普通高中升学率则由2013年的27.77%增加至2018年的36.34%，五年增长了8.57个百分点，高于全国平均水平，由此可以看出各地政府的努力程度。尽管如此，2018年两者的普通高中升学率依然相差21.62个百分点。不仅如此，虽然同为随迁子女，2018年外省迁入随迁子女的普通高中升学率要比本省外县迁入者低6.75个百分点（见表6-2）。

近年来，随迁子女义务教育后的升学需求在不断增长，但他们在异地的升学过程却遭遇到不平等对待。那么，随迁子女遭遇了哪些不平等呢？

在我国，中考属于市级教育部门的管理权限。因而，全国各大城市异地中考的报名规则差异较大，异地中考的政策门槛也各异。我们选取了六个城市对其中考报名政策进行分析，其中京津冀城市群当中有北京和天津；长江三角洲城市群中有上海和杭州；珠江三角洲城市群中有广州和深圳（见表6-3）。它们是我国东部三大城市群当中的极点城市，都拥有大量的外来人口。

表 6-3　　　　　　我国部分城市 2017 年异地中考政策

城市	一般性规定
北京	**报考普通高中：** 1. 有区人力资源和社会保障局知青管理部门开具"原北京下乡知青子女身份证明"的考生； 2. 有区教委开具"台胞子女就读批准书"的考生； 3. 有博士后管委会办公室开具介绍信和"博士后研究人员进站批准函"（有效期至 2017 年 3 月 31 日）的人员子女证明的考生； 4. 有人民解放军相关政治部门开具证明的随军子女考生；有"北京市工作居住证"（有效期至 2017 年 3 月 31 日）的人员子女考生； 5. 有街道办事处或乡镇人民政府开具的父母一方为北京市正式常住户籍证明的考生； 6. 有中建二局第一建筑工程有限公司开具的"中建二局第一建筑工程有限公司职工子女身份证明"的非农业户籍考生。 补充：有首钢矿业公司开具的职工子女证明的河北省户籍考生可以报名并报考从石景山区招生的普通高中和首钢高级技工学校；有中国化学工程第六建设公司北京分公司开具的"化六建北京分公司子女身份证明"的非本市户籍的考生可以报考通州区普通高中及其他规定可以报考的学校。 **报考中等职业学校：** 自 2013 年起，凡进城务工人员持有有效北京市居住证明，有合法稳定的住所，合法稳定职业已满 3 年，在京连续缴纳社会保险已满 3 年，其随迁子女具有本市学籍且已在京连续就读初中 3 年学习年限的，可以参加北京市中等职业学校的考试录取
天津	无本市户籍但在本市就读并具有本市学籍的考生，可以填报五年制高职院校和各类中职学校志愿，不得填报普通高中学校志愿
上海	**报考普通高中：** 1. 考生父母一方持有效期内《上海市居住证》且积分达到标准分值，同时考生本人为持有效期内《上海市临时居住证》的应届初三学生或 18 周岁以下本市往届初中毕业生，可在学籍学校或考生父母持有的《上海市居住证》上登记地址所在区县报名。 2. 考生父母一方及本人持有效期内《上海市海外人才居住证》，且考生为本市应届初三学生或 18 周岁以下本市往届初中毕业生，可在学籍学校所在区县报名。 3. 考生父母一方为本市户籍，且考生为持有效期内《上海市居住证》满 3 年的本市应届初三学生或 18 周岁以下本市往届初中毕业生（往届生须取得 2016 年本市中招报名资格），可在学籍学校所在区县报名。2018 年起按本条报名的学生需持有效期内《上海市居住证》连续满 3 年。 4. 考生父母一方为在沪高校、科研机构博士后流动站（工作站）人员，考生为应届初三学生或 18 周岁以下本市往届初中毕业生，可在学籍学校或设站单位所在区县报名。

续表

城市	一般性规定
上海	5. 考生父母一方为经市政府合作交流办审核登记的地级市以上（含地级市）政府驻沪办事机构有关工作人员，考生为本市应届初三学生或18周岁以下本市往届初中毕业生，可在学籍学校所在区县报名。 6. 考生属在沪台胞，香港、澳门特别行政区永久居民身份，且为本市应届初三学生或18周岁以下本市往届初中毕业生，可在学籍学校所在区县报名。 7. 考生属经市政府侨办认定华侨身份，且为本市应届初三学生或18周岁以下本市往届初中毕业生，可在学籍学校所在区县报名。 8. 考生持本市公安机关填发的《中华人民共和国外国人永久居留证》，且为本市应届初三学生或18周岁以下本市往届初中毕业生，可在学籍学校所在区县报考。 补充：考生属大屯、梅山、鲁矿后方基地（以下简称"后方基地"）职工子女，且为后方基地应届初三学生或后方基地初中毕业的18周岁以下的往届初中毕业生，可在相应的后方基地报考。考生属经市教委锁定名单的部分冶金单位职工子女，且为本市应届初三学生的，可在指定区县报考。考生持有效签证的外国护照并合法居留的，如继续在本市高中阶段学校升学就读，可在学籍学校所在区县报考。持外国护照的考生须参加本市初中毕业统一学业考试，参照考试成绩，由报名所在区县教育局根据相关政策统筹安排入学。 **报考中等职业学校：** 非本市户籍部分应届初中毕业生可参加本市部分全日制普通中等职业学校自主招收进城务工人员随迁子女的招生考试，需满足以下条件：考生父母一方持有效期内《上海市居住证》；或者考生父母一方持有《就业失业登记证》的灵活就业人员，从首次登记日起至2017年5月12日须连续3年在街道社区事务受理中心办妥灵活就业登记，且持有《上海市临时居住证》，从首次发证日起至2017年5月12日有效期满3年。考生在本市全日制初中学校连续就读3年的应届初三学生。考生本人持有公安部门颁发的有效身份证或户口簿原件及《上海市临时居住证》
杭州	**报考普通高中：** 1. 杭州市区户籍的应、往届初中毕业生； 2. 浙江省内非杭州市区户籍的市区初中学校应、往届毕业生； 3. 港澳台籍、外国籍的市区初中学校应、往届毕业生； 4. 初一年级开学时就在市区初中学校学习，并具有市区初中阶段连续3年学习经历和学籍且其父母双方或一方（或法定监护人）在市区有合法稳定职业、合法稳定住所（含租赁）并按照国家规定在近3年内至少参加1年社会保险的外省籍应届毕业生，以及符合市区当年报考条件的往届毕业生； 5. 符合市委市政府《关于杭州市高层次人才、创新创业人才及团队引进培养工作的若干意见》规定引进的高层次人才、创新创业人才子女，持有《杭州市特聘专家证书》、属地为杭州的《浙江省海外高层次人才居住证》或属地为杭州市区的《浙江省引进人才居住证》的引进人才子女

续表

城市	一般性规定
广州	具有我市初中阶段3年完整学籍的非本市户籍的应届毕业生，其父亲或母亲在我市具有合法稳定职业、合法稳定住所连续3年以上并持有《广东省居住证》，按国家规定在我市参加社会保险（含基本养老保险和基本医疗保险）累计3年以上的（附件2，简称"符合公办普通高中报考条件的借读生"），可报考12所省、市属普通高中和学籍所在区的区属公办普通高中，及在我市招生的民办普通高中、中职学校。其中三镇的可报考番禺和南沙两区的区属公办普通高中，番禺区的还可报考三镇的公办普通高中。公办普通高中招收此类非政策性照顾借读生不超过学校所在批次招生计划的8%。 不符合上述两类条件的其他借读生，可报考在我市招生的民办普通高中和中职学校。
深圳	随迁子女在我市就读初中，并同时符合以下条件的，可以在我市报名参加中考，报考相应的公办普高、民办普高和中职学校： 父亲或母亲在我市具有合法稳定职业；父亲或母亲在我市具有合法稳定住所；父亲或母亲持有有效的《深圳经济特区居住证》；父亲或母亲在我市缴纳基本养老保险及基本医疗保险，且至少其中一个险种累计缴费满3年，社保累计年限计算截至2017年8月31日；随迁子女在我市具有3年完整初中学籍。 不符合上述条件但具有我市初中学籍的随迁子女，可以在我市参加中职学校自主招生，也可以在我市参加中考，但仅限于参加民办普高自主招生或中职学校注册入学

注：上述政策内容主要整理于相关城市教育局网站上公布的信息。

从以上规定我们可以看到，六个城市都在有序地开放随迁子女异地中考。但是，他们都对随迁子女设置了限制性的资格条件，且开放程度存在明显差异。从资格限制上看，这些条件主要包括了随迁子女的学籍和就学年限；进城务工人员的职业、住所、社会保险、户籍、居住证和积分等。从开放的程度上看，这些城市大致可以分为三类：

第一类：仅开放中等职业学校，如北京、上海与天津。这三个城市的随迁子女基本不可能参加当地的普通高中升学考试。其中，天津直接规定了没有本市户籍的随迁子女只能参加五年高职院校以及中等职业学校的招生考试。北京与上海则制定了非常严格的异地中考身份限定，包括人才身份限制（比如博士后证明、海外人才证明等）、工作身份限制（比如某公司职员子女、某机构工作人员子女等）、户籍身份限制（包括港澳台同胞子女、华侨子女等）。一般进城务工人员显然很难获得这些身份。在报考中等职业学校方面，北京与上海也做了一些限制，比如随迁子女需要有连续3年的学籍、随迁子女父母需要提供连续3年的居住证明等。

第二类：部分开放普通高中、全面开放中等职业学校，如广州与深圳。相比于第一类，第二类城市在普通高中报考条件上更加宽松，主要限制了公办普通高中报考。制定的门槛包括3年学籍、3年居住证明、3年社会保险缴纳证明以及居住证等四项条件。随迁子女报考民办普通高中以及中等职业学校没有受到任何的限制。

第三类：全面或接近全面开放普通高中，如杭州。这类城市对随迁子女参加普通高中考试不设限制或设置了比较容易达到的条件，如3年学籍证明、1年社会保险缴纳证明。

（二）随迁子女异地高考更难

随迁子女完成普通中学学业后，便面临着异地高考的挑战。自2012年8月30日国务院办公厅转发教育部、国家发展和改革委员会、人力资源和社会保障部以及公安部《关于做好进城务工人员随迁子女接受义务教育后在当地参加升学考试工作意见》的通知颁布之后，2013年河北等共12个省市组织了4 440名随迁子女在当地参加高考。① 2014年福建等28个省市组织了5.6万考生进行异地高考。② 2016年有近12万名随迁子女在居住地参加高考。③ 尽管从数量上看，参与异地高考的随迁子女数量在不断增加，但是从政策上看，随迁子女异地高考依然受到一些身份条件的制约（见表6-4）。各省市异地高考方案根据准入条件的不同大致可分为以下三类。

表6-4　2014年我国各省、直辖市、自治区异地高考准入条件表

省份	对随迁子女的要求					对进城务工人员的要求				
	对学籍、就学年限的规定				其他	在职业、住所、社保方面的年限要求			其他	
	3年以下高中学籍	3年高中学籍	中考加3年高中学籍	6年学籍	户籍	3年以下	3年及以上	6年	户籍	居住证	积分
北京		√						√		√	

---

① 张婷：《全国超八成随迁子女就读公办校》，载于《中国教育报》2014年2月21日第1版。
② 张春铭：《全国5.6万考生异地高考》，载于《中国教育报》2014年6月4日第1版。
③ 徐绍史：《国务院关于今年以来国民经济和社会发展计划执行情况的报告》，载于《中国经济导报》2016年9月6日第A02版。

续表

省份	对随迁子女的要求					对进城务工人员的要求					
	对学籍、就学年限的规定				其他	在职业、住所、社保方面的年限要求			其他		
	3年以下高中学籍	3年高中学籍	中考加3年高中学籍	6年学籍	户籍	3年以下	3年及以上	6年	户籍	居住证	积分
上海			√							√	√
广东				√			√			√	√
天津	√						√				
重庆		√				√					
黑龙江		√				√					
吉林		√					√				
辽宁		√				√					
江苏		√				√					
山东		√									
安徽		√									
河北	√									√	
河南	√					√					
湖北		√				√					
湖南		√				√				√	
江西	√										
陕西		√					√				
山西		√				√					
四川		√				√					
青海		√			√						
海南				√			√				
贵州				√			√			√	
浙江			√								
福建		√									
甘肃		√				√					
云南		√			√				√	√	
内蒙古	√				√	√					

续表

省份	对随迁子女的要求					对进城务工人员的要求					
	对学籍、就学年限的规定				其他	在职业、住所、社保方面的年限要求			其他		
	3年以下高中学籍	3年高中学籍	中考加3年高中学籍	6年学籍	户籍	3年以下	3年及以上	6年	户籍	居住证	积分
宁夏				√				√			
新疆		√							√		
广西				√			√				
西藏											

注：因西藏还未出台异地高考方案，所以没有相关准入条件信息。

1. 以上海为代表的高准入条件地区的方案

北京、上海、广东三个省市是我国流动人口集中的地区，进城务工人员随迁子女数量是其他省市不可比拟的。因此，这三个省市异地高考政策的推行存在较大难度。

北京出台的异地高考方案是过渡性的，虽然规定了随迁子女在北京参加中等和高等职业学校考试录取以及借考的相关门槛，但没有涉及随迁子女在北京参加普通高考的问题，没有从根本上打开随迁子女在北京市参加异地高考的大门。天津和北京一样，符合条件的随迁子女只能在天津参加中等职业学校招生考试、春季高考和高职院校自主招生。而上海和广东则相对有所放松，将积分入户和居住证结合起来作为随迁子女参加异地高考的限制条件。下面以上海市为例，分析普通进城务工人员随迁子女要达到什么条件才能在上海参加异地高考。

2012年12月30日上海市政府出台《进城务工人员随迁子女接受义务教育后在沪参加升学考试工作方案》，规定上海市从2014年开始实施以《上海市居住证管理办法》为依据有梯度地为进城务工人员随迁子女提供接受义务教育后的公共教育服务。方案中的准入条件是：进城务工人员符合上海市进城务工人员管理制度规定的基本要求并达到一定积分的，其子女可在本市参加高中阶段学校招生考试，接受高中阶段教育；其子女在本市参加高中阶段学校招生考试并完成高中阶段完整学习经历后，可在本市参加普通高等学校招生考试。换言之，如果进城务工人员持有上海市居住证且达到了标准分值，那么随迁子女只要在上海市参加中考并完成完整的高中阶段学习，就可以在上海市报名参加异地高考。

与北京相比,上海市异地高考方案打开了随迁子女在当地参加普通高等学校招生考试的大门,但是其门槛与《上海市居住证管理办法》完全一致。那么,《上海市居住证管理办法》及《上海市居住证积分管理试行办法》是如何设定上海市异地高考门槛的呢？2013年5月28日上海市政府颁布《上海市居住证管理办法》及《上海市居住证申办实施细则》。同年6月13日又颁布了《上海市居住证积分管理试行办法》(因是试行办法,有效期至2015年6月30日)及《上海市居住证积分管理试行办法实施细则》。

《上海市居住证管理办法》规定：积分制度是通过设置积分指标体系,对在上海市合法稳定居住和合法稳定就业的持证人进行积分,将其个人情况和实际贡献转化为相应分值。随着持证人在本市居住年限、工作年限、缴纳社会保险年限的增加和学历、职称等的提升,其分值相应累积。积分达到标准分值的,可以享受相应的公共服务待遇。申请办理《居住证》的,应当符合下列条件：(一)在本市合法稳定居住；(二)在本市合法稳定就业,参加本市职工社会保险满6个月；或者因投靠具有本市户籍亲属、就读、进修等需要在本市居住6个月以上。由上可知,在上海市申请办理居住证还是比较容易的,只要在职业、住所、参加社会保险三个方面满足6个月就行。同时,《上海市居住证管理办法》还规定了居住证持证人的相关待遇：可以享受上海市子女教育、社会保险、证照办理、住房、基本公共卫生、计划生育、资格评定考试和鉴定、参加评选等公共服务体系。而积分达到标准分值的持证人,在子女教育和社会保险方面可以享受更高的待遇：其同住子女可以按照上海市有关规定,在上海市参加高中阶段学校招生考试、普通高等学校招生考试；其配偶和同住子女可以按照上海市有关规定参加本市社会保险,享受相关待遇。与《上海市居住证管理办法》相配套的《上海市居住证积分管理试行办法》(以下简称《积分办法》)对如何获得与管理积分作出了全方位的规定,但是因为篇幅有限,这里只摘录其中部分内容(见表6-5)。

表6-5　　　　《上海市居住证积分管理试行办法》部分内容

条目	摘要
第二条 (适用对象)	在本市工作、居住,持有《上海市居住证》,并参加本市职工社会保险的境内来沪人员,适用本办法
第五条 (积分指标体系)	《居住证》积分指标体系由基础指标、加分指标、减分指标和一票否决指标组成

续表

条目	摘要
第六条 （基础指标及分值）	基础指标包含年龄、教育背景、专业技术职称和技能等级、在本市工作及缴纳职工社会保险年限等。 （一）年龄：年龄指标最高分值30分。本项具体积分标准为：持证人年龄在56~60周岁，积5分；年龄每减少1岁，积分增加2分。 （二）教育背景：教育背景指标最高分值110分，持证人按照国家教育行政主管部门规定取得的被国家认可的国内外学历学位，可获得积分。本项具体积分标准如下： 1. 持证人取得大专（高职）学历，积50分。 2. 持证人取得大学本科学历，积60分。 3. 持证人取得大学本科学历和学士学位，积90分。 4. 持证人取得硕士研究生学历学位，积100分。 5. 持证人取得博士研究生学历学位，积110分。 （四）在本市工作及缴纳职工社会保险年限：持证人在本市工作并按照国家和本市相关规定按月缴纳职工社会保险费，每满1年积3分
第七条 （加分指标及分值）	加分指标包括紧缺急需专业、投资纳税或带动本地就业、缴纳职工社会保险费基数、特定的公共服务领域、远郊重点区域、全日制应届毕业生、表彰奖励、配偶为本市户籍人员等指标。 （四）特定的公共服务领域：持证人在本市特定的公共服务领域就业，每满1年积4分，满5年后开始计入总积分。 （五）远郊重点区域：持证人在本市重点发展的远郊区域工作并居住，每满1年积2分，满5年后开始计入总积分，最高分值20分。 （六）全日制应届毕业生：持证人为全日制应届高校大学毕业生，积10分
第十二条 （总积分标准分值）	《居住证》总积分标准分值为120分

据此可知，通过基础指标和加分指标，在上海市长期工作的外来人员通过积分累积可以获得上海市居住证及积分标准值，同时通过减分指标和一票否决指标可以一定程度上防止高考移民等违法现象出现。那么根据《积分办法》，不同层次的进城务工人员如何获得标准积分值120分呢？

从《积分办法》可以看出，上海市对新近就业的大学毕业生要求比较宽松。通过计算发现，如果一名应届本科毕业生在上海市工作半年以上，有合法稳定住所和职业，再加上半年的社会保险，就可以申请上海市居住证，同时可以适用《积分办法》。这样，他可以在年龄上拿到最高积分30分（根据《积分办法》，只要年龄在43岁以下,就可以获得年龄指标的最高积分30分),获得本科学历和学士学位就有90分,全日制应届高校大学毕业生,积10分。这样一来,应届本科生很容易就能获得130分。应届本科生之所以能够这么容易获得标准积分,是因为他们不涉及异地高考问题,相反,会为上海吸引更多优秀人才。

但对外来农民工来说要获得这些分值就没那么容易了,因为《积分办法》中适用于他们的基础指标和加分指标都很少。假如一名43岁且没有教育背景的普通进城农民工在上海工作,他能得到年龄指标的最高积分30分。如果他按月缴纳职工社会保险费,可以每满1年积3分。然后是加分指标,在特定公共服务领域就业,每满1年积4分,满5年后开始计入总积分;在本市重点发展的远郊区域工作并居住,每满1年积2分,满5年后开始计入总积分,最高分值20分。假如他在特定公共服务领域就业,且在上海市重点发展的远郊区域工作并居住满5年的话,就可以得到30分的加分(特定公共服务领域就业分$4 \times 5 = 20$分,加上远郊区域工作并居住分$2 \times 5 = 10$分),再加上30分的年龄积分和15分的社会保险积分,共计只有75分的总分。除了上述加分指标,再没有别的得分项目适用于普通农民工了。

那么,普通进城农民工要通过几年的累计积分才能得到标准分值120分呢?即年龄分+社会保险分+特定公共服务领域就业分+远郊区域工作并居住分≥120(分),也即是$30 + 3 \times N + 4 \times N + 20 \geqslant 120$,$N \approx 13$(年)。换句话说,一名靠体力挣钱的农民工,只有在上海市连续工作13年并按时缴纳社会保险费,才能得到120分的标准分值,才有资格让自己的子女在上海市参加高考。同时,如果他没有按时并连续缴纳社会保险,或者如果他不能同时满足在特定公共服务领域就业且在重点发展的远郊区域工作并居住的话,则需要花比13年更长的时间才能让自己的随迁子女在上海市参加异地高考。甚至,如果违反了上海市计划生育政策的话,就会被一票否决。

当然,对那些拥有高学历,拥有专业技术,拥有稳定的高收入职业的外来务工人员来说,要在上海市获得标准积分值,还是比较容易的。只要外来务工人员获得了标准积分值,那么他们的随迁子女只要在上海市参加中考并拥有完整的3年高中学籍,就可以在上海市参加异地高考了。

2. 以云南为代表的中准入条件地区的方案

所谓中准入条件,指准入条件既不像北京、上海、广东那样严苛,也不像江西、山东、福建等省市那么宽松,在全国属于居中水平。这些地区多是少数民族聚居省市,比如云南、海南、贵州、甘肃、宁夏、内蒙古、广西、新疆等。这8个省份的异地高考方案都对随迁子女及父母的户籍有要求,或者要求随迁子女在本省拥有6年的学籍和完整的就读经历,有的省份甚至还对不同院校设置了不同的报考要求,比如云南省 2012 年 12 月 31 日颁布的《随迁子女接受义务教育后在云南参加升学考试工作实施意见》(从 2013 年开始实行,以下简称《实施意见》)中对随迁子女在云南省参加异地高考的报名条件做了梯度分类(见表 6-6)。

表 6-6　随迁子女在云南省参加异地高考的报名条件分类

分类	内容
可在云南省无障碍参加高考及录取	一是考生户籍和父(母)亲的户籍都在云南,本人具有在云南高中 3 年学籍且就读时间满 3 年。 二是考生户籍在云南,本人具有在云南初中、高中 6 年学籍,考生父(母)亲户籍不在云南但在云南具有 6 年合法稳定职业、合法稳定住所(含租赁)和社保缴费记录
可在云南省报考省属院校	考生本人户籍转入云南满 3 年,在云南高中连续就学时间已满 3 年并具有相应学籍,且考生父(母)亲在云南具有 3 年合法稳定职业、合法稳定住所(含租赁)并具备《云南省居住证》和社保缴费记录
可在云南省报考第三批本科院校或专科院校	在云南就读但户籍未迁入云南的随迁子女

从《实施意见》可以看出,随迁子女要在云南省无障碍地报名高考,条件相当严苛,要么考生和父(母)亲的户籍都迁至云南,且考生本人在云南有 3 年高中学籍并读满 3 年;要么考生户籍在云南,且在云南拥有初高中 6 年学籍,再加上父(母)亲在职业、住所、社会保险方面满足 6 年要求,否则就不能没有阻碍地在云南报名参加高考。之所以以云南为代表的 8 个省区要用户籍、连续 6 年学籍等较高准入条件来限制随迁子女报名异地高考,是因为这些省份是少数民族聚居地区,而我国高考分省定额录取制度对少数民族聚居地区有照顾政策,导致这些地区成为高考移民的主要流入地,所以他们在解决随迁子女异地高考问题的同时,还要防止高考移民。

3. 以江西为代表的低准入条件地区的方案

除了以北京、上海为代表的高准入条件地区及以云南为代表的中准入条件地区,剩下的省份在设置准入条件时都只是在学籍及父母职业、住所、社保方面作出了相应的规定,包括江西、山东、河北、河南、福建、安徽、湖南、重庆、黑龙江、辽宁、吉林、浙江、江苏、四川、陕西、湖北、山西等。因为这些省份既不是人口流入大省,也不是"高考洼地",相反,更多的还是人口流出大省或者是"高考高地"。就算他们设置低门槛,到这些省份报名异地高考的随迁子女数量也很少，不会对他们的高考招生和录取工作带来多大的麻烦。

以江西为代表的省份设置的异地高考准入条件最多要求考生拥有3年高中学籍并连续就读，父母在职业、住所、社会保险方面满足3年要求，例如吉林；或者只对父母职业、住所进行要求，连社会保险都不要求（笔者通过对吉林省的访谈发现，社会保险是一项非常重要的限制条件），例如黑龙江、重庆、山西、河南、湖北、四川、江苏、辽宁、河北等；有的省份对父母都不做限制，只要求考生在流入地拥有3年或以下学籍就可以报考，例如江西、安徽。江西省作为中国教育大省和经济比较落后的省份，准入条件是最低的，只要随迁子女具有"一年以上学习经历并取得学籍"，就可以在江西报名参加高考，享受与当地考生同等录取政策，比高考大省山东的准入条件还低。山东省规定随迁子女要有3年完整的高中学习经历，才能在山东报名高考。

综上所述，无论是异地中考还是异地高考，我们都能看到随迁子女在流入地受到各种各样的条件限制，甚至是针对随迁子女量身定制的。通过这些政策门槛，我们能明显感受到这种基于身份的不平等，仿佛在城市社会中，接受教育也要将城市居民划分为三六九等。在这种层级体系下，随迁子女成为城市社会的最底层，也遭受着最不公平的待遇。那么，为什么会有这样的身份不平等现象呢？

二、随迁子女异地升学不平等的致因分析

异地升学机会不平等问题，本质上是资源分配不公正问题，即有限的城市教育资源难以满足所有城市居民的基本需求。不可否认的是，政府的政策门槛制定也面临信息不对称和路径依赖的问题。

（一）基于城市有限教育资源的利益博弈

城市是很多流动人口的目标地，但是无论城市多大，其资源承载力和容纳能力都是有限的。2018年北京市常住人口为2 154.2万人，其中外来常住人口为764.6万人，占35.5%。2017年上海市常住人口为2 418.33万人，其中外来常住人口为972.68万人，占40.2%。2018年广州市常住人口为1 490.44万人，其中外来常住人口为526.75万人，占35.3%。① 由此可见，特大城市的教育资源供给压力。在有限资源条件下，为了展开竞争将不可避免，由此造就了随迁子女异地升学制度变迁。换言之，制度变迁的最根本动力是利益驱动，布罗姆利（Daniel W. Bromley）认为，"当经济和社会条件发生变化时，现存的制度结构就

---

① 以上数据均来自三市发布的当年《国民经济和社会发展统计公报》。

会变得不相适宜。为对新的条件作出反应，社会成员就会尽力修正制度安排。"① 其中"社会成员"就是指制度变迁中的行为主体和利益相关者。所谓利益相关者，是对具体的行为及结果有着共同兴趣，且这些行为和结果会对其产生影响的人或组织。②

从随迁子女异地升学制度我们可以看到其中存在着多方利益相关者：一是进城务工人员及随迁子女与流入地原有居民及子女；二是流入地与流出地地方政府（省级政府）；三是考试移民群体与隐性存在的进城务工人员及随迁子女（之所以说隐性存在，是因为这部分群体现在还不是流动人口，但是随着异地高考政策的放开，他们可能从本地户籍人口变成流动人口，从留守儿童变成随迁子女）；四是政府的教育部门与其他相关部门。这四对利益相关者之间处在一种博弈的状态，谁的利益大、谁强势，谁就有可能影响异地升学政策的走向（见图6-2）。

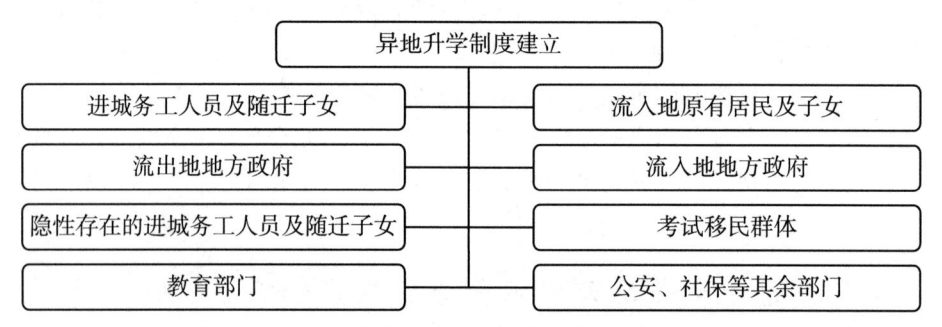

图6-2 异地高考制度建立过程中的利益相关者

因此，这四对利益相关者的利益是地方政府在制定异地高考方案时必须考虑的：既要考虑随迁子女的异地升学需求，又要保障本地考生的利益不受侵犯，追求一种"相对公平"的教育状态，以免本地考生认为异地升学政策是用一种新的不公平代替了旧的不公平；既要考虑流入地政府与流出地政府之间责任与义务的履行，又要考虑利益与权利的维持。我国教育经费是按"人头"划分的，中高考属于地方教育管理事务，当流出地考生到流入地后，其教育经费和录取名额能不能也随之划拨到流入地？如果不能，则会对流入地政府产生很大的压力；既要预防和制止考试移民，又要预测可能引发的新人口流动。因为制度供给是一种公共服务，"搭便车"现象在所难免。"改变一种正式的制度安排会碰到外部效应和

---

① [美] 布罗姆利著：《经济利益与经济制度》，陈郁、郭宇峰、汪春译，上海三联书店2012年版，第128页。
② Thomas Welsh, Nobel F. McGinn. *Decentralization of Education: Why, When, What and How?* UNESCO, 1999, P. 76.

'搭便车'问题……因为制度安排不能获得专利。"① 异地升学制度建立的根本目的是解决随迁子女的升学问题,但无论对进城务工人员的条件限制还是对随迁子女的学籍约束,都不能阻止部分"搭便车"人员也从中获利;既要考虑教育部门的利益,又要考虑公安、社保等其他部门的利益。因为异地升学制度的建立不只涉及教育部门,很多事项和利益都与其他部门相关,比如进城务工人员是否缴纳足够年限的社会保险,需要社保部门认定;户籍是否用于限制异地升学,需要公安部门参与;等等。所以,地方政府在制定异地升学方案时,哪方面的利益都不能忽略。不过,任何一个政策的出台和制度的变迁,都要伴随相关利益主体之间的博弈,因此,政策制定的过程其实也是追求各方利益协调和认同"相对公平"的过程。

(二) 基于政策运作的路径依赖与信息不对称

路径依赖(Path Dependence)理论最先出现在自然科学领域,生物学家古尔德(Stephen Jay Gould)在研究生物进化路径的运行机制时,指出路径的非最优性质,从而明确提出了"路径依赖"概念;之后保罗·大卫(Paul David)最先在1985年将路径依赖理论用于经济研究;W. 巴兰·阿瑟(W. Brian Arthur)将其进一步发展,形成了技术演进中路径依赖的系统思想;后来,诺思(Douglass C. North)再将其拓展到社会制度变迁领域,从而建立起了制度变迁中的路径依赖理论。

路径依赖描述的是过去的选择对现在和未来的强大影响。所谓路径依赖,是指在制度变迁中存在着报酬递增和自我强化的机制,这种机制使制度变迁一旦走上某一条路径,它的既定方向会在以后的发展中得到自我强化,类似于物理学中的"惯性"。② 路径依赖可能存在两种相反的方向:一种是根据报酬递增效果,相关制度安排共同作用,制度变迁沿着已有路径不断优化并进入良性循环;第二种是由于初始制度效率很低,甚至阻碍社会发展,制度变迁沿着已有路径进入恶性循环,使无绩效制度得以长期维持。因此,对制度的初始选择尤其重要,如果初始制度选择不够准确,将会对低绩效制度产生持续依赖并形成恶性循环。由此可见,初始制度选择以及路径依赖作用对制度变迁有极强的制约性。调查发现,各省市区在制定异地升学考试方案时存在对原有政策的路径依赖现象。比如,吉林省异地高考准入条件的设置就是在已有防止高考移民政策上作出的改动。吉林

---

① [美] R. 科斯、A. 阿尔钦、D. C. 诺思著:《财产权利与制度变迁——产权学派与新制度学派译文集》,刘守英译,上海三联书店1992年版,第391页。
② 官根苗:《新制度主义视野下的学校制度变迁》,安徽师范大学2006年硕士学位论文,第10页。

省异地高考制度建立过程中，根据之前防止高考移民政策规定进城务工人员要参加 3 年社会保险，这一条件限制了很多随迁子女报名参加异地高考。这种路径依赖可能在短时间内减少政府的决策成本，但从长期看，显然没有办法从根源上解决新问题，甚至还会滋生出一些新的危害。

政府在随迁子女异地升学政策上还面临着信息不对称问题。信息不对称是指交易中的各方拥有不同的信息。在社会政治经济等活动中，一些成员拥有其他成员无法拥有的信息，由此造成信息的不对称。在异地升学制度建立过程中，地方政府、进城务工人员及随迁子女、本地居民及子女了解到的信息程度是不一样的。地方政府在制定异地升学政策时，需要对当地进城务工人员及其随迁子女的历年数据进行分析，看占本地考生的比例有多大，同时还要对未来作出预测，假如实施了异地升学政策，会不会导致大规模的人口流动。但是现实是复杂的，流动人口的变动也是无常的，并且他们流动的频率及缘由是没有数据可以统计的。假如某省今年有 10 万名外来人口，而去年外来人口数是 9 万多人，表面看来这个省外来人口数的变化是比较稳定的，但是怎么判断今年的外来人口群体是不是去年那些人呢？他们主要从事什么职业呢？是长期流动到该省固定地方工作，还是不断变换地方呢？这些都难以统计。地方政府不能了解进城务工人员及其随迁子女的数量和流动状况，同时，与异地升学息息相关的家长及其子女对政府所掌握和公布的信息也处于未知的状态。除了少部分家长及其子女，比如起草异地高考民间方案的部分非京户籍家长，和那些拥有足够金钱与地位且子女急于赶赴高考战场的家长，更多的家长及其子女并不知道如何主动获取权利和信息，只是被动地接受政策，然后按照政策行事。这些因素都导致了当前随迁子女异地升学的不平等现象。

三、随迁子女异地升学不平等的治理机制

我国经济学家樊纲曾经论述过体制的"不协调成本"并提出了"平行推进"的理论框架。"所谓平行推进，就是在各个领域内同时进行着部分的改革，尽可能地相互协调、相互促进，而不是相互阻碍。"① 异地升学制度改革也会面临体制不协调，因为任何一项制度变革都是不能单独完成的，不能"独善其身"，而必须与多个相关制度配套改革。所以，异地高考制度治理不能只改革中高考制度，与其配套的户籍制度、分省定额录取制度、相关管理制度和法律体系等也要

---

① 樊纲、胡永泰：《"循序渐进"还是"平行推进"？——论体制转轨最优路径的理论与政策》，载于《经济研究》2005 年第 1 期，第 4~14 页。

同时进行改革。

（一）改革异地升学准入制度，协调相关群体的利益诉求

从各地异地升学方案来看，在准入条件方面，多数省市除了对随迁子女的学籍和就读年限作了规定外，还对随迁子女父母的户籍、职业、住所和社保等也作了规定。应当说，为异地升学设置一定的门槛是合理的，但是门槛的高低不应由父母的条件来决定，不能因为身份的原因而剥夺了孩子公平接受教育的权利。受教育权是每个公民受宪法保护的权利。《宪法》第四十六条明确规定，我国公民有受教育的权利和义务。《教育法》第九条第二款也规定了公民不分民族、种族、性别、职业、财产状况、宗教信仰等，都依法享有平等的受教育机会。这些法律明确提出了公民的受教育权不受外在条件限制，因此，将家长的职业、住所和社保作为学生报名异地升学的前提条件是不合理和不平等的，而将学生的学籍和就读年限作为准入条件是合理且可行的。因为学生在一个地方连续就读3年或者6年甚至更高年限，可以帮助政府区别随迁子女与考试移民群体。那么要如何改革这种制度呢？

事实上，经历多年发展，我国教育逐步走向大众化、教育经费来源多元化，再加上教育管理由中央集权向地方分权发展，使得多元教育主体要求介入教育管理和决策。制度变迁的本质是在不同主体之间重新分配权利归属。异地升学制度在某种程度上就是教育利益协调的结果。这种结果依托于我国长久以来的户籍制度。换言之，异地升学制度改革本质上就是再度协调我国社会公民间的利益，同时也是对户籍制度的一次修正。因此，异地升学改革首先要打破部分原有的教育利益分配格局，使部分主体成为新的利益获得者，而既得利益者需要拿出部分利益。所以在协调利益群体的诉求时，要对利益受损者进行补偿，例如增加随迁子女集中地区的招生名额、照顾少数民族等教育落后地区等政策。同时，异地升学改革还要注重户籍制度配套改革，要让教育脱离户籍的限制，从根本上来说，要使户籍制度从一种"行政许可"转变为"公民身份"确认，消除户籍制度的附属功能，剥离附着于户籍制度之上的社会资源配置功能，尤其是要打破城乡二元体制下城镇居民与农村居民在教育、医疗及就业等各方面的权利差异。[①] 这样有助于打破城乡二元格局，使全国居民不分城乡差异地享有公共服务。

---

① 李明星：《制度变迁理论视野下的异地高考制度变革研究》，华中师范大学2013年硕士学位论文，第34~35页。

目前来看，户籍制度对人口迁移的限制功能相对减弱了，但附属功能却有增强的趋势，尤其是在高考报名录取中的限制作用。王文录认为，要使人口迁移流动不再受户籍制度的限制，要达到两个条件：一是城市化水平达到70%以上，实际生活在农村的人口不足20%。这种情况下，户籍制度对人口迁移的限制已经不存在实际意义，限制功能将自动消亡。二是农村人口享有与城市人口同样的社会保障水平。① 其实城乡户籍差异最大的不同就表现在社会保障水平上，如果社会保障水平不存在差异，户籍制度差异也将不明显了。但是这两个条件都不是短期内能实现的，我国经济水平要发展到如此程度，估计要到21世纪中叶。② 因此，要改变户籍制度在教育领域的附属功能，单靠社会的自然发展是很难实现的，除非改革户籍制度或者消除户籍制度在教育领域的附属功能。

当然，由于我国户籍制度从20世纪50年代产生以来就奠定了城乡差异以及众多附属功能附着于身的基础，与众多资源分配和社会管理功能纠缠在一起，所以要改革户籍制度不是一朝一夕的。但是这种改革趋势已经开始逐步融入社会发展当中。2014年3月16日中央政府出台《国家新型城镇化规划（2014～2020）》，第三篇明确指出要"统筹推进户籍制度改革和基本公共服务均等化"。同年，中央政府发布《国务院关于进一步推进户籍制度改革的意见》也在不断推进此项制度的改革。一些省份（如黑龙江、河南）或地区已经开始了户籍制度改革，取消了农业户口与非农业户口之间的区别，实行了居住证制度。③ 2016年1月1日国家正式开始施行《居住证暂行条例》，规定县级以上人民政府及其有关部门应当为居住证持有人提供义务教育服务。④

（二）加强对异地升学政策的评估与监督，同时注意防范考试移民

自2010年以来，中央政府陆续出台的随迁子女异地升学政策（见表6-7）可分为三个时期：一是2010～2012年随迁子女升学政策浮现期。这一时期开始强调升学问题的解决并提出要制定随迁子女升学办法。二是2012～2015年随迁子女就学政策地方实践期。这一时期教育部出台《关于做好进城务工人员随迁子女接受义务教育后在当地参加升学考试工作意见》（以下简称《升学考试意见》），随迁子女升学问题第一次在中央层级上获得系统性解释，提出随迁子女升学考试资格的获取以进城务工人员的职业、住所、社保年限以及随迁子女就

---

①② 段成荣、王文录、王太元：《户籍制度50年》，载于《人口研究》2008年第1期，第43～50页。

③ 杨菊华：《中国流动人口的社会融入研究》，载于《中国社会科学》2015年第2期，第61～79页。

④ 国务院：《居住证暂行条例》，2015年12月12日。

学年限为依据，并要求地方政府拿出具体实施办法。对于符合当地参加升学考试条件的随迁子女净流入量较大的省份，教育部和发展改革委适当增加高校招生计划供给，以保证当地高考录取比例不因符合条件随迁子女参加当地高考而受到影响。对于不符合规定的随迁子女要回流至户籍所在地参与高考或在当地借考。三是2016年至今随迁子女就学政策以居住证为主要依据期。2015年12月国务院颁布《居住证暂行条例》提出随迁子女可持居住证享受县级以上人民政府提供的基本公共服务便利，之后的政策强调要以公办学校为主安排随迁子女就学，对于公办学校学位不足的可以通过政府购买服务方式安排在民办学校就读。

表6-7　　　　中央政府出台的随迁子女异地升学政策情况

年份	部分政策内容
2010	国务院办公厅《关于开展国家教育体制改革试点的通知》提出"探索流动人口子女在流入地平等接受义务教育和参加升学考试的办法"。 教育部颁布《国家中长期教育改革和发展规划纲要（2010－2020年）》提出"研究制定进城务工人员随迁子女接受义务教育后在当地参加升学考试的办法"
2011	国务院发布《国家人口发展"十二五"规划》要求"研究制定进城务工人员随迁子女接受义务教育后在当地参加升学考试的办法"
2012	国务院《国家基本公共服务体系"十二五"规划》与教育部《教育部2012年工作要点》提出"研究制定接受义务教育后在当地参加升学考试的办法"。 国务院办公厅转发教育部等部门制定的《关于做好进城务工人员随迁子女接受义务教育后在当地参加升学考试工作意见的通知》，其中提出"对符合在当地参加升学考试条件的随迁子女净流入数量较大的省份，教育部、发展改革委采取适当增加高校招生计划等措施，保障当地高考录取比例不因符合条件的随迁子女参加当地高考而受到影响。对不符合在流入地参加升学考试条件的随迁子女，流出地和流入地要积极配合，做好政策衔接，保障考生能够回流出地参加升学考试；经流出地和流入地协商，有条件的流入地可提供借考服务"
2013	教育部在《关于2013年深化教育领域综合改革的意见》中要求"督促各地落实进城务工人员随迁子女接受义务教育后在当地参加升学考试的方案"。 教育部在《关于做好2013年高中阶段教育招生工作的通知》中要求"要进一步完善进城务工人员随迁子女在当地接受高中阶段教育的政策措施，保障符合规定条件的进城务工人员随迁子女公平接受高中阶段教育"

续表

年份	部分政策内容
2014	国务院发布《国家新型城镇化规划（2014~2020年）》提出"逐步完善农民工随迁子女在流入地接受中等职业教育免学费和普惠性学前教育的政策，推动各地建立健全农民工随迁子女接受义务教育后在流入地参加升学考试的实施办法"。 国务院发布《关于进一步推进户籍制度改革的意见》提出"逐步完善并落实随迁子女在流入地接受中等职业教育免学费和普惠性学前教育的政策以及接受义务教育后参加升学考试的实施办法"。 国务院发布《关于进一步做好为农民工服务工作的意见》要求"各地要进一步完善和落实好符合条件的农民工随迁子女接受义务教育后在输入地参加中考、高考的政策"。 教育部在《关于进一步做好小学升入初中免试就近入学工作的实施意见》中要求"妥善解决外来务工人员随迁子女小升初问题。省级教育行政部门要依法制定随迁子女初中入学的政策措施，县级教育行政部门要做好实施工作"
2015	教育部在《教育部2015年工作要点》中要求"完善随迁子女在当地接受义务教育后在当地参加升学考试的政策"。 教育部在《关于做好2015年高中阶段学校招生工作的通知》中提出"各地要根据本地区实际进一步明确和完善进城务工人员随迁子女报考条件、招生录取和家庭经济困难资助等相关政策，为符合当地规定条件的进城务工人员随迁子女提供公平的受教育机会"。 国务院出台《居住证暂行条例》规定"县级以上人民政府应当建立健全为居住证持有人提供义务教育等基本公共服务和便利的机制并纳入国民经济和社会发展规划"
2016	教育部办公厅《关于做好2016年城市义务教育招生入学工作的通知》强调要"方便随迁子女入学。各省（区、市）教育行政部门要按照国务院《居住证暂行条例》要求，研究建立以居住证为主要依据的随迁子女入学政策，切实简化优化随迁子女入学流程和证明要求，提供便民服务"。 国务院《关于统筹推进县域内城乡义务教育一体化改革发展的若干意见》提出要"适应户籍制度改革要求，建立以居住证为主要依据的随迁子女入学政策，切实简化优化随迁子女入学流程和证明要求，提供便民服务，依法保障随迁子女平等接受义务教育……要坚持以公办学校为主安排随迁子女就学，对于公办学校学位不足的可以通过政府购买服务方式安排在普惠性民办学校就读……特大城市和随迁子女特别集中的地方，可根据实际制定随迁子女入学的具体办法"。 教育部《关于进一步推进高中阶段学校考试招生制度改革的指导意见》要求要"进一步落实和完善进城务工人员随迁子女在当地参加高中阶段学校考试招生的政策措施"

续表

年份	部分政策内容
2017	教育部办公厅《关于做好2017年义务教育招生入学工作的通知》强调"要继续坚持以流入地政府为主、以公办学校为主,将随迁子女义务教育纳入城镇发展规划和财政保障范围,加快建立以居住证为主要依据的随迁子女入学政策,切实简化随迁子女入学流程和证明要求,做好随迁子女平等接受义务教育工作"。 教育部、国家发展改革委、财政部、人力资源社会保障部在《高中阶段教育普及攻坚计划(2017~2020年)》中提出要"进一步落实和完善进城务工人员随迁子女在当地参加高中阶段学校考试招生的政策措施"。
2018	教育部办公厅《关于做好2018年普通中小学招生入学工作的通知》强调"各省(区、市)要统筹义务教育和普通高中、公办和民办中小学、户籍学龄人口和随迁子女、重点大城市和市县招生入学工作,整体谋划制订本地普通中小学招生入学办法"。 中共中央、国务院印发的《乡村振兴战略规划(2018~2022年)》提出"通过多种方式增加学位供给,保障农民工随迁子女以流入地公办学校为主接受义务教育,以普惠性幼儿园为主接受学前教育"
2019	中共中央、国务院印发的《中国教育现代化2035》提出"推进随迁子女入学待遇同城化,有序扩大城镇学位供给。完善流动人口子女异地升学考试制度"。"各地要加快建立以居住证为主要依据的义务教育随迁子女入学政策,切实简化入学流程和证明要求,合理确定入学条件,确保符合条件的应入尽入,不得随意提高入学门槛。进一步落实和完善随迁子女接受义务教育后在当地参加升学考试的政策措施"。 中共中央办公厅、国务院办公厅印发《加快推进教育现代化实施方案(2018~2022年)》强调"将进城务工人员随迁子女义务教育纳入城镇发展规划"。 教育部办公厅《关于做好2019年普通中小学招生入学工作的通知》要求"健全以居住证为主要依据的随迁子女义务教育入学政策,落实随迁子女接受义务教育后在流入地参加中考政策。实行随迁子女积分制入学的地方,要合理设置积分条件,确保符合国家《居住证暂行条例》基本要求的随迁子女能够应入尽入。流入地公办义务教育学校要对符合条件的随迁子女开放,避免将随迁子女集中在少数学校。要坚持以公办学校为主安排随迁子女就学,对于公办学校学位不足的可以通过政府购买服务方式安排在民办学校就读。随迁子女回户籍所在地学校就读的,当地教育行政部门应依法予以统筹安排。转入学校应在全国中小学生学籍管理信息系统中转接学生学籍,转入、转出学校和双方学校学籍主管部门应当分别在10个工作日内完成学生学籍转接"

注:上述政策内容主要整理于国务院与教育部网站上公布的信息。

中央的政策在总体框架上划定了当前随迁子女异地升学的基本操作规范,但在各地具体政策制定和执行上,仍需一定的监督与评估才能真正保证政策的效果。很多地方政府在异地升学方案出台前经过了前期摸底准备,但是这些准备只是基于掌握到的事实所作的预测,异地升学政策到底能满足多少随迁子女的升学需求并不一目了然。在现实情况中,甚至会出现由于流入地和流出地在政策上的衔接问题导致部分随迁子女群体在流入地和流出地都不能报名考试的现象。此类问题显然需要中央政府对各地的异地升学政策实施效果进行评估并且建立沟通机制,以期达到更好的政策效果。当然,在政策评估的同时,政策监督也不可或缺,需要司法审查机关、行政执法机关和社会公众的共同参与和努力,以保证随迁子女的公平权益。

从具体操作层面看,当前异地升学还面临防止考试移民的问题挑战。当然,可以运用全国中小学学籍信息管理系统进行预防,它打破了政府之间的信息不对称,教育部门可以通过调阅学生的学籍变动情况,从而对考试移民现象进行预防和有效打击。

(三) 加快高中阶段的学校建设,完善高考录取制度

从资源供给角度看,城市高中资源的数量以及各省之间高等教育录取率的差异构成了随迁子女升学不平等问题的约束条件基础。那么,加快高中阶段学校建设、完善高考录取制度是解决当前问题的根本方向。

从高中教育阶段来看,加快高中阶段学校建设应该成为地方政府的重要教育工作之一,尤其是随迁子女异地升学矛盾较为尖锐的大城市。2017 年 3 月 24 日,教育部等四部委公布的《高中阶段教育普及攻坚计划（2017～2020 年）》提出,到 2020 年全国普及高中阶段教育,适应初中毕业生接受良好高中阶段教育的需求,并将进城务工人员随迁子女列为攻坚的重点群体之一,改进招生管理办法,进一步落实和完善进城务工人员随迁子女在当地参加高中阶段学校考试招生的政策措施。①

从高等教育阶段来看,我国高考实行的是分省定额录取制度,并基于各省的生源数量、教育发展水平及毕业生就业情况等来进行招生计划安排,具有弥补少数民族等教育弱势群体的作用,因此要改革这项制度则较为复杂。

何绍生认为可以打破目前"分省考试,集中录取"的高考模式,实行按"省份报考人数"来投放招生指标的改革方案。② 这种方法简单易操作,但是仅

---

① 教育部、国家发展改革委、财政部、人力资源社会保障部:《高中阶段教育普及攻坚计划（2017～2020 年）》,2017 年 3 月 24 日。

② 何绍生:《进城务工人员随迁子女异地高考问题研究》,西南大学 2013 年硕士学位论文,第 46～47 页。

仅以报考人数作为招生计划的依据，而不考虑别的因素，显然是用另一种不公平代替了现在的不公平。陈立鹏提出了两种改革录取政策的思路：一是采取以省为单位，全国按统一比例分配招生名额的办法，各高校以各省实际报考人数为依据分配招生名额。如此，各省的录取比率是相同的，各省间的考生流动不会对高考录取产生影响。二是可为随迁子女设立独立的录取单元，放权给各省市，由各省市因地制宜地确定录取办法、录取名额和录取率，由中央审核监督，全面权衡，调整人口流入地和流出地的录取比例，维持考试公平与区域公平的相对均衡，切实保障随迁子女公平考试、公平录取。① 第一种方案与何绍生的方法比较类似。第二种方法单独为随迁子女设立录取单元有一定道理，但是实际操作很困难，因为要单设录取名额，这些名额不可能都由教育部直接增加，还是要从之前各省的录取名额中剥离出来，这样一来，就涉及各省市的录取比例和名额的变化，所以说操作性不强。

　　研究者认为，不变动目前各省市的录取比例，也不变动分省定额录取政策对少数民族的照顾以及其他因素，在此基础上根据各省市每年报考人数的多寡来划分招生名额。比如吉林省考生有 16 万人，录取比例是 85%，假如实行异地高考政策后，其考生数量变成 15 万人了，那只要保持录取比例 85%，录取名额自然也就减少了。减少的吉林省录取名额自然就可以划拨给考生数量增加的省市，以维持全国总体水平上的录取比例和名额。

第三节　大城市义务教育融入文化不平等及其治理机制

　　除了入学和升学的不平等问题外，随迁子女还面临基于融入的文化不平等问题。城镇化的进程不断促使大量随迁子女进入城市学校就读，同时也导致随迁子女不断融入城市原有居民子女的生活当中。有学者认为，这个过程实际上是通过共享历史和经验，相互获得对方的记忆、情感、态度，最终整合到一个共同文化生活当中的过程。② 那么，随迁子女在融入城市过程当中到底面临着什么样的问题呢？我们又该如何理解这些问题、解决这些问题呢？

---

① 陈立鹏、郭晶：《我国现行异地高考政策分析》，载于《国家教育行政学院学报》2013 年第 4 期，第 30~34 页。
② 杨菊华：《从隔离、选择融入到融合：流动人口社会融入问题的理论思考》，载于《人口研究》2009 年第 1 期，第 17~29 页。

一、义务教育阶段随迁子女大城市融入的现实样态

事实上，随迁子女融入城市的过程就是与城市生活形成越来越多共性意识的再度社会化过程。在某种程度上，再度社会化显然会让随迁子女在城乡文化之间形成一种对抗，甚至逼迫他们在城乡之间二度"站位"选择，并重新建立一种价值观与世界观。这种文化对抗的根源在于我国社会长期以来形成的基于户籍的城乡二元制度，以及在这种制度之下造成城乡社会经济发展差异。换言之，当前的随迁子女所面临的文化不平等是源于早先存在的制度不平等。也有学者将这种制度不平等理解为一种权力关系的不平等。①

从内容角度看，城市文化与乡村文化只是基于不同文化内容特征的划分单位，是一种基于客观现实的理性描述，并无所谓的平等或不平等之分。所谓的文化不平等在某种程度上更多的是一种人为价值划分产生的后果，即认为以工业文明为核心的城市文化是先进的，而以农耕文明为核心的乡村文化是落后的。先进的文明必然要取代落后的文明，成为社会未来发展的全部。因而，携带着乡村文化印记的随迁子女必然要接受来自城市文化的洗礼，并成为城市文化的附庸和追随者。有学者就认为："农民工子女进入城市接受教育的过程，其实是作为弱势方的农业文明介入作为强势方的工业文明，并产生碰撞、妥协、交融、适应的互动过程。由于农民工子女无论在意识形态上还是在实际生活中所处的天然'他者'地位，他们参与城市化的过程实质上是接受城市社会'文化改造'的过程，呈现出'主动介入、被动接纳'的矛盾特征。"②

这种基于文化内容差异的人为价值意识不平等会渗透在随迁子女融入城市生活的方方面面，而基于这种价值意识之下的文化对抗显然会伴随着整个随迁子女融入城市的过程，直到他们真正融合到城市文化当中。在融入过程当中，随迁子女主体意识的内外对抗显然会产生一些问题，概括来说可归纳为两个方面：一是自我身份认同障碍；二是社会关系建立障碍。

（一）自我身份认同障碍

自20世纪90年代以来，随迁子女的自我身份认同问题就开始受到一些学者

---

① 戎庭伟：《农民工随迁子女在校融入问题及其对策——基于福柯的"权力分析"视角》，载于《教育发展研究》2014年第6期，第11~17页。

② 汪长明：《从"他者"到"群我"：农民工随迁子女学校融入问题研究》，载于《国家行政学院学报》2013年第3期，第88~92页。

的关注。近年来，这类问题的研究也随着随迁子女群体的扩大而受到越来越多的关注。一些研究通过实证调查发现"大多数随迁子女对于所在城市依然具有陌生感，缺乏自己已经融入其中的认同，在他们的心中，自己依然是农村人和外地人"[1]。事实上，无论是外地人与本地人，还是城市人与农村人，这些符号对随迁子女而言在某种程度上可以被理解为是一种身份，同时也可以理解为是一种角色。身份可以看作是长期角色扮演之下所形成的基于自我或他人的固化认知。以往的研究更多将这种符号看作是随迁子女对自我身份的描述，且这种理解多从制度视角出发，以城乡二元制度之下的城乡居民身份分裂作为随迁子女自我身份认同障碍的解释。这确实是合理的而且是根源性的，但这更多的是一种由外到内的解释。从内到外看，城乡文化场域下各类角色之间的差异，与之所形成的角色冲突是随迁子女自我身份认同障碍形成的重要致因。

就角色理论而言，个体与社会互动的过程实质上是个体扮演角色与他人交互的过程。[2] 在随迁子女融入城市的过程中，随迁子女从乡村文化转入城市文化，从乡村人角色转变为城市人角色，从外地人角色转变为本地人角色。这一转变过程必然导致一定的角色冲突。角色冲突是指一个人在扮演一个角色或同时扮演许多不同的有时甚至是相互矛盾的角色时，角色内部或角色之间往往会发生矛盾、对立、抵触和冲突的现象。[3] 引发角色冲突的原因常常是原有文化场域下所形成的角色习惯与新文化场域中所产生的新角色期望之间出现矛盾。有研究通过对某城乡接合部公办小学的田野调查发现，随迁子女在城市学校学习过程中存在着城市角色与乡村角色的区分。比如，学生在"体罚是否正确"的问题上存在文化差异，有的学生就认为"体罚在老家是普遍的"，还有的学生认为"城市里的爸爸是不打孩子的"。[4] 这些差异实质上渗透在随迁子女在城市生活的角色期望中，并与原有的乡村文化中生成的角色期望产生对抗。在学校时，随迁子女会按照城市文化下的角色期望生活，比如说普通话等，而回到家中，随迁子女在更强的乡村文化影响下，则会有意识地回归到原有的乡村文化的角色期望中，比如说家乡话等。在不断转变的过程中，随迁子女就会产生自我身份认同障碍，不知道自己究竟应该属于哪种文化角色，按照什么样的角色期望去生活，最终促使随迁子女

---

[1] 史柏年：《城市边缘人——进城农民工家庭及其子女问题研究》，社会科学文献出版社2015年版，第26页。
[2] 奚从清：《角色论——个人与社会的互动》，浙江大学出版社2010年版，第19~38页。
[3] 奚从清：《角色论——个人与社会的互动》，浙江大学出版社2010年版，第129~130页。
[4] 张光陆：《学校教育融合视角下外来务工人员随迁子女的身份认同——基于交际人种志的研究》，载于《教育发展研究》2017年第12期，第78~84页。

在心理上出现自信心不足、自我评价偏低、自卑、自闭、压抑等心理问题。①

(二) 社会关系建立障碍

除了自我身份认同障碍外,随迁子女在融入城市过程中还会面临社会关系建立障碍。在文化不平等背景下,随迁子女与城市原住民之间的文化差异显然让其难以真正迁入到所在学校或社区的关系网络中。随迁子女往往更愿意与自己具有相同文化背景的同学"抱团"相处,以寻求社交安全感。但是,这种以文化区隔为特征的社会互动过程显然会对随迁子女的社会关系发展产生不良影响,甚至导致其始终被隔离在城市主流群体之外。

首先,这种障碍体现在随迁子女的学校生活中。比如,有研究者发现随迁子女在学校面临两种关系障碍:一是冲突型同学关系,主要表现为随迁子女自我孤立、自我贬斥、自我封闭,不愿融合城市同学,难以融入集体;二是敏感型师生关系,主要是教师对随迁子女期望值不高,同时随迁子女对教师是否存在区别对待非常敏感。② 还有研究者通过调查发现,随迁子女在与同学相处时常有冲突,难以融合;与教师能够良好相处,但有距离感。③

其次,这种障碍体现在随迁子女的社区生活中。大量研究已经证明,农民工群体主要依赖亲戚、朋友、老乡等先赋性社会关系实现乡城迁移,最终在城市里形成乡土网络错综交织的外地人社区,比如北京市出现的"浙江村""河南村"等。④ 进城务工人员的群体区隔往往会延伸至随迁子女的社区生活中。随迁子女身边只有与自己背景相同的朋友,导致他们没有机会和本地同学建立联系、进行交流。另有研究发现,即使在城中村,城里人(社区居民)和农民工混居在一起,他们之间仍然是"两张皮",生活在两个不同的世界里,鲜有往来。⑤ 这些实际上给随迁子女的社会关系发展带来了消极的影响。

---

① 徐丽敏:《城市公办学校中农民工随迁子女教育融入的问题与对策》,载于《教育理论与实践》2009 年第 26 期,第 6~8 页。
② 汪长明:《从"他者"到"群我":农民工随迁子女学校融入问题研究》,载于《国家行政学院学报》2013 年第 3 期,第 88~92 页。
③ 程仙平:《城乡文化差异与城市农民工子女学校融入问题探析》,载于《教育理论与实践》2011 年第 12 期,第 7~9 页。
④ [美]张鹏著:《城市里的陌生人——中国流动人口的空间、权力与社会网络的重构》,袁长庚译,江苏人民出版社 2014 年版,第 51~74 页。
⑤ 石长慧:《融入取向与社会定位的紧张——对北京市流动少年社会融合的研究》,载于《社会学评论》2013 年第 5 期,第 70~80 页。

二、义务教育阶段随迁子女大城市融入困境的致因分析

根据随迁子女融入文化不平等问题的特点，我们可将原因概括为外生性和内生性两个方面。[①] 外生性原因主要指随迁子女融入问题来源于当前的政策与制度设计。当前大城市教育政策对随迁子女具有明显的排斥性或筛选性。这些政策营造出一种随迁子女与本地居民之间不平等的氛围，让随迁子女感受到了来自城市的歧视。在中观层面，学校与社区的空间区隔也在潜移默化当中加强了这种文化不平等意识，比如特定随迁子女学校与特定招生班级等。这些外生性机制或明或暗地向随迁子女传递着城市对乡土文化的抵抗与疏离。内生性原因主要指随迁子女与城市原有居民之间的文化差异，这种差异是构成文化不平等问题的基础。

（一）城乡二元结构下的教育差异

我国长期形成的城乡社会发展差异不仅体现在经济上，还体现在教育上。教育差异在随迁子女融入城市教育的过程中体现较为明显，具体表现为教育质量与学科知识的差异。

从教育质量上看，随迁子女在乡村享受的教育与城市学生享受的教育存在明显的质量差异，导致随迁子女在综合学习能力上整体弱于城市居民子女。一方面，乡村教育一直是我国教育体系的薄弱环节，整体质量较低。近些年政府在乡村学校硬件建设上实施了农村学校建设标准化工程，在乡村教师质量提升上实施了教师交流轮岗和乡村教师支持等政策，虽然这些旨在改善乡村教育质量的政策确实取得了一定的效果，但依然无法弥补长期以来形成的城乡教育发展鸿沟。城市教育在某种程度上依然具有无可比拟的领先优势。另一方面，随迁子女父母长期在外打工，家庭教育缺失导致随迁子女在学习习惯、自我学习意识上都与城市居民子女存在较大差距。一部分随迁子女在进入城市之前基本处于留守乡村的状态，多由爷爷、奶奶或外公、外婆代为照顾。已有研究证实，隔代抚养很容易导致随迁子女养成不良的学习习惯，包括学习动机低、具有厌学情绪等。[②]

从学科知识上看，城市学校与乡村学校在教学内容编排、课程实施、教材使用等方面存在明显的差异。在教材使用上，我国通行的版本多达十几种，包括人教版、北师大版、苏教版等，各地在教材使用上各有侧重。这显然会对随迁子女

[①] 徐丹：《义务教育阶段随迁子女公办学校融入问题研究》，华东师范大学 2016 年硕士学位论文，第 10~12 页。

[②] 任润：《隔代抚养对农村留守儿童行为习惯的影响研究》，中南大学 2013 年硕士学位论文，第 37 页。

的学校融入和衔接产生较大的阻力。① 在课程实施上，一些乡村学校由于缺乏英语、计算机、音乐等特定学科教师，导致其学习基础要比城市居民子女薄弱。"虽然课程表上都设置了音乐课、美术课、体育课等，但老师们都身兼多门课程的重任，所以大部分课程形同虚设，有些老师为了抓自己的重点学科，往往占用音体美这些'副科'课程的时间。农民工流动儿童学习基础相对城市儿童而言普遍薄弱，有的贫困农村小学甚至没有开设英语课程。对于衔接不上的教学内容，转学儿童会感觉困难，特别是理科，它们的知识内容环环相扣，如果没有基础，就会出现断链，后面的内容几乎无法继续下去。"② 除此之外，包括学制差异等其他因素也会在一定程度上导致随迁子女融入城市教育过程中面临学科知识差异所造成的困境，进而对其学习兴趣、自信产生消极影响。

（二）城乡二元结构下的生活差异

城乡生活上的差异是构成文化不平等的另一基础，它以更加隐蔽的方式出现，包括生活语言和认知经验两个方面的差异。

从生活语言上看，大多数随迁子女在融入城市过程中面临三种语言选择：家乡话、本地话与普通话。语言可以被理解为是一种传递信息的工具，但在不同的场域中，语言除了具有工具属性外，还具有一定的文化意义。对于随迁子女而言，家乡话往往代表的是自己原有的乡村文化，本地话代表着流入地的城市文化，而普通话则代表着超越这二者之上的一种更加普遍性的文化，也可认为是一种新城市居民文化。在城市，这些文化并非平等地存在着，而是基于对不同文化的高低价值判断形成了生活语言的不平等。比如，有研究发现在随迁子女看来家乡话代表着有"瑕疵"的外地人身份，这种身份会给他们带来诸多不便，所以他们都不愿意开口说家乡话。③ 还有研究认为农民工随迁子女进入学校后，虽然也讲普通话，但家乡口音较为明显，在与城市同学的交往中，有时会因为带有家乡口音而被嘲笑，使得随迁子女不敢也不愿与城市同学交流。④

从认知经验上看，乡村生活与城市生活所产生的经验具有明显的差异。虽

---

① 教育部自 2017 年开始已经逐步推进国家教材编制的统一，这显然会极大解决当前由于教材差异导致的随迁子女融入问题。[教育部：《教育部办公厅关于 2017 年义务教育道德与法治、语文（二、八年级）有关教学用书事项的补充通知》，2017 年 7 月 5 日。]
② 胡恒钊、文丽娟：《城镇化进程中农民工流动子女教育的断链与衔接》，载于《学术论坛》2015 年第 6 期，第 120～123 页。
③ 张光陆：《学校教育融合视角下外来务工人员随迁子女的身份认同——基于交际人种志的研究》，载于《教育发展研究》2017 年第 12 期，第 78～84 页。
④ 黄兆信：《农民工随迁子女融合教育：互动与融合》，载于《教育研究》2014 年第 10 期，第 35～40 页。

然随着科技的进步,尤其是互联网技术的推广,城乡之间的生活差异已经大大缩小,但是对于一些较少接触互联网技术的随迁子女而言,他们仍然对城市生活知之甚少。随迁子女在未进入城市之前,常年生活在乡村当中,贴近自然的生活环境、生活方式更接近农耕文明。比如,很多随迁子女对自然世界中的动植物有着丰富的体验与感知,对农耕文化信手拈来。相比之下,城市居民子女显然主要受到以工业文明为核心的现代城市生活方式的影响。比如,城市居民子女对于包括电脑与手机在内的智能设备以及游戏有着更加深入的认知。这些差异会在随迁子女融入城市的过程中产生碰撞。当随迁子女进入城市时,城市的高楼大厦、炫彩霓虹无时无刻不在向他们宣告着城市文化的先进与繁华,而便利的生活方式、隐匿在教育内容中的城市化取向①也在向他们暗示着乡村文化的落后与愚昧。显然,交织在随迁子女融入城市过程中的认知经验的碰撞会以城市文化为核心的认知经验的胜出而告终,在某种程度上这让随迁子女感受到了一种文化的自卑。

三、义务教育阶段随迁子女大城市融入的治理机制

针对外生性因素,前文在入学与升学政策上已作分析。针对内生性因素,可以采取一些机制加以解决。

(一) 缩小城乡社会发展差距,促进城乡文化平等交流

随迁子女在融入城市过程中面临的文化不平等本质上是城乡文化差异问题。在某种程度上,这类问题与社会融入中的移民文化问题具有共性,但随迁子女所面临的文化差异根源在于城乡社会发展程度的差异。从长期来看,解决随迁子女文化融入问题根本上要回归到平衡城乡社会发展差距上,而非关注城乡文化内容本身。如果城乡社会经济发展水平能够趋于一致,那么城乡文化不平等问题自然会逐渐消除。当然,城乡发展差距涉及社会的方方面面,并不是一朝一夕能够解决的。从短期来看,政府应该帮助城市居民树立城乡文化平等意识。例如,通过文化作品(包括电影、电视剧等)宣扬乡村社会的优秀文化品质,让国民摆脱乡村文化愚昧落后的偏见,以更加全面平等的态度看待不同文化之间的差异。又如,通过大力推广互联网技术来增进城乡文化之间的互认。在很多时候,文化会以信息或符号的形式出现,而互联网作为一种不受时空约束的信息沟通平台,显

---

① 对于随迁子女而言,现行教材或考试中出现的一些内容其实并不在他们原先所拥有的认知经验当中。比如,一些考试中对"共享单车"的讨论。

然有助于城乡文化流动,从而降低因社会发展差距而导致的信息认知差异,这一点对于随迁子女尤其重要。如果随迁子女进入城市生活之前就能通过互联网了解城市生活的全貌,就会减少很多城乡文化冲突,拓展文化的包容性,消除城乡文化不平等带来的消极影响。

(二)建立随迁子女融入评价和督导机制,推进学校与社区融入

评价与督导机制的建立,一方面有助于学校或社区明确随迁子女融入的侧重点,另一方面有助于提升随迁子女融入的工作质量。首先,加强对城市学校随迁子女融入工作的评价与督导。督导内容可包括学校为弥补随迁子女教育质量和知识基础差距而采取的措施,测量随迁子女心理发展状况及学校干预效果等。其次,加强对城市社区随迁子女生活融入工作的评价与督导。督导内容包括社区居民委员会等组织帮助随迁子女融入城市的措施和经验,支持志愿者团体、社工机构等社会组织帮助随迁子女同城市社会建立联系的情况,以此加强他们对城市文化的归属感。

(三)实施融合主题活动或课程,推进随迁子女家校合作

学校设计或开展一些以融合为主题的课程或活动,有助于随迁子女融入城市生活。融合课程的优势是其有效性、规范性和整体性。[①] 同时,学校还应通过家校合作促进随迁子女融入城市生活。

首先,学校应开展团体活动,增加随迁子女和城市同学、教师接触与交流的机会,增进对彼此的了解。学校还可以设计一些以城乡文化交流为主题的课程,比如在校本课程中增加对乡村历史与文化的介绍等。事实上,融合教育应该是多元文化敞开、接纳和认同的教育,是城乡两类不同群体相互了解、欣赏并取长补短的教育。[②] 在这些课程中,随迁子女与城市学生、教师能够在交流中提升自身的文化包容性,也更容易树立城乡文化平等意识。其次,要注重在活动中树立城乡文化平等意识。教师是学校融合教育的核心,也是随迁子女校园生活的重要领路人。教师的价值倾向对随迁子女融入城市文化有很大的影响。因而,教师既要积极发挥自身的主导作用,同时又要激发随迁子女的自主意识,帮助他们建立正确的文化观念。如果随迁子女在活动中出现文化自卑意识,教师应

[①] 蔡春驰:《融合教育课程:内涵、缘由及策略》,载于《教育发展研究》2012年第12期,第79~82页。

[②] 湛卫清:《农民工随迁子女融合教育的困惑与对策》,载于《教育发展研究》2008年第10期,第58~61页。

及时通过对乡村文化价值的正向解读,来增强随迁子女对家乡文化的自豪感。最后,学校融合的关键在于师生之间、生生之间、家长之间的有效接纳和彼此认同。① 学校和教师要主动与家长沟通,及时将一些重要信息反馈给随迁子女家长。学校可通过家校合作方式营造舒适的文化适应环境,帮助随迁子女实现城市文化适应的"软着陆"。

---

① 湛卫清:《融合教育:农民工随迁子女教育的新策略》,载于《人民教育》2009年第11期,第6~8页。

第七章

农民工子女城市义务教育就学机制研究

随着我国新型城镇化战略的不断推进，城镇常住人口数量持续增加，2018年，我国常住人口城镇化率为59.58%，[①] 农民工数量达2.88亿人。[②] 其中，全国义务教育阶段进城务工人员随迁子女（以下简称"随迁子女"）达1 424.04万人，占全国义务教育阶段在校生总数的9.49%。[③] 我国政府十分重视农民工随迁子女在城镇公平接受义务教育问题，教育政策先后经历了从"两为主"（以公办学校为主，以流入地政府为主）到"两纳入"（纳入城镇发展规划，纳入财政保障范围），再到"两统一"（统一以居住证为主要依据为随迁子女提供义务教育服务，统一随学生流动携带"两免一补"资金和生均公用经费基准定额资金）的演进，农民工随迁子女在城镇就学升学状况得到了极大改善。在我国的城镇化体系中，大中小城市在接收农民工子女时所面临的压力是什么样的？农民工携带子女进城的总体态势如何？他们在城市接受义务教育面临怎样的困境？针对以上教育难题，课题组于2014年9月~2015年3月分别对广州、东莞、深圳、苏州等典型地区和涉及东中西部27个省份200多个地级市进行了调研。调研所在地人口规模覆盖了从Ⅱ型小城市到超大城市的所有五类七档城市类型。在典型地区调研中，采取随迁子女携带问卷回家的方式对农民工进行调查，选取公办小学、公办初中、民办小学、民办初中和打工子弟学校各1所并对随迁子女进行整群抽

---

① 国家统计局：《中华人民共和国2018年国民经济和社会发展统计公报》，2019年2月28日。
② 国家统计局：《2018年农民工监测调查报告》，http://www.stats.gov.cn/，2019年4月29日。
③ 教育部：《2018年全国教育事业发展统计公报》，http://www.moe.gov.cn/，2019年7月24日。

样，共获取有效问卷 2 876 份。在全国范围调研中，招募志愿者利用寒假返乡之际，对家乡农民和回家过年的农民工进行调查，回收农民有效问卷 1 456 份，农民工有效问卷 1 906 份。典型地区和全国范围调研共计回收农民工有效问卷 4 782 份，6 471 个农民工子女信息（其中，全国范围调研获取 2 000 个农民工子女信息）。由于典型地区调研和全国范围调研的抽样方法不一样，为了保证分析的科学性，关于农民工和农民工子女数据有些仅使用了全国范围调研数据，具体会在表格下方用注释说明。数据统计分析主要采用 Excel 2007 和 SPSS 19.0。根据国家宏观数据和自主调研数据，本章拟做出总体趋势的分析和判断，并尝试提出就学机制的改进建议。

第一节 农民工携带子女进城的总体态势

受城乡二元教育结构和不完整城镇化的影响，农民进城务工先后经历了单身出行到举家搬迁的历史性转变。尽管这一转变是趋势性的，但对某一具体家庭来说却并不一定与总体趋势相一致。那么，农民工进城携带子女的总体趋势是什么样的呢？

一、农民工子女随迁率低，但呈不断增长态势

据教育部统计，2018 年，全国义务教育阶段在校生中有随迁子女 1 424.04 万人，留守儿童 1 474.41 万人，农民工子女随迁率①达 49.13%，留守率为 50.87%。近年来农民工子女随迁率一直呈不断增长态势，农民工子女有接近一半随迁。据《全国农民工监测调查报告》显示，2009 年全国有农民工 2.30 亿人，到 2018 年增加到 2.88 亿人，九年间增长了 5 858 万人，增长幅度为 25.49%。但是，同期农民工随迁子女数量却由 997.11 万人增加到 1 424.04 万人，九年增加了 426.93 万人，增长幅度达 42.82%，比农民工增长幅度高出 17.32 个百分点。农民工子女随迁率由 2009 年的 30.95% 增长到 2018 年的 49.13%，九年递增 18.18 个百分点，年均增长 2.02 个百分点，比常住人口城镇

---

① 义务教育阶段农民工子女随迁率，即义务教育阶段随迁子女数占义务教育阶段农民工子女数的比例。计算公式为：随迁率 = 某学段随迁子女数 ÷ (某学段随迁子女数 + 留守儿童数) × 100%；相应地，留守率 = 某学段留守子女数 ÷ (某学段随迁子女数 + 留守儿童数) × 100%。

化率（2009年为48.34%，2018年达到59.58%，九年增长了11.24个百分点，年均增长1.25个百分点）还高出6.94个百分点。随迁子女占义务教育阶段在校生总数的比例也由2009年的6.43%提高到2018年的9.50%，几乎占到义务教育阶段在校生总数的1/10。同期，义务教育阶段农村留守儿童数量减少了749.83万人，减幅达33.71%，但是2018年义务教育阶段农村留守儿童的绝对数量依然有1 474.41万人，仍占义务教育阶段在校生总数的9.83%（见表7-1）。

从学段上看，小学阶段农民工子女的随迁比例一直高于初中阶段，但这种差距正在逐年缩小。2009年，小学阶段农民工子女随迁比例为34.38%，初中阶段只有23.74%，两者相差10.64个百分点；到2018年，小学阶段农民工子女随迁比例增长到51.21%，9年增长16.83个百分点，初中阶段增长到44.12%，9年增长20.38个百分点，两者之间的差距已经缩小到只有7.09个百分点。初中阶段农民工随迁子女数量由2009年的246.34万人增加到2018年的375.65万人，增长幅度高达52.49%，比小学阶段的增长幅度39.64%高出12.85个百分点，是农民工增长幅度的2.06倍。由此可以看出，放宽农民工随迁子女在流入地参加中考限制所产生的积极影响。尽管如此，初中阶段农民工子女的随迁率依然是较低的，小学随迁子女占小学在校生总数的比例为10.14%，初中只有8.07%，初中阶段农民工子女的留守率高达55.88%，小学阶段的留守率也高达48.79%（见表7-1）。

农民工子女随迁率处于较低水平是进城务工的"收入吸引力"与子女教育的"制度排斥力"综合作用的结果。调查显示，有69.09%的农民工和62.83%有外出务工意愿的农民认为，自己外出打工是因为"城市工作机会多，能挣更多的钱"；而选择"老家教育质量差，带子女进城是为了接受更好的教育"的农民工只有28.48%（排在第二位），农民只有14.14%（排在第四位），均居于相对次要的地位。这说明，无论是想外出务工的农民还是已经进城的农民工，经济因素都是第一驱动力。农民工进城之所以把子女带在身边，第一位的目的是"让子女接受更好的教育"，调查的个案百分比达66.21%。但农民工在城市遇到的最大困难恰恰也是"子女教育问题"，调查的个案百分比为59.64%，有36.87%和21.53%的农民工表示，当"无法在流入地参加升学考试"或"无法达到流入地公办学校就学要求"时，他们不得不将子女送回老家。可以预见，随着以人为核心的城镇化、农业转移人口市民化政策的不断推进和以居住证为主要依据的随迁子女入学政策的全面落实，会有越来越多的农民工携带子女进城读书，城镇教育无疑将面临越来越大的潜在就学和升学压力（见图7-1）。

表7-1 2009~2018年我国农民工及其子女就学情况

项目	2009年	2010年	2011年	2012年	2013年	2014年	2015年	2016年	2017年	2018年
农民工数量（万人）	22 978	24 223	25 278	26 261	26 894	27 395	27 747	28 171	28 652	28 836
农民工子女数量（万人）	3 221.35	3 438.68	3 461.29	3 664.94	3 403.92	3 370.15	3 386.33	3 121.06	2 957.19	2 898.45
小学阶段农民工子女数（万人）	2 183.74	2 326.08	2 369.55	2 553.42	2 371.33	2 365.12	2 397.22	2 226.78	2 106.66	2 047.08
初中阶段农民工子女数（万人）	1 037.61	1 112.60	1 091.74	1 111.52	1 032.59	1 005.03	989.11	894.28	850.53	851.37
随迁子女数（万人）	997.11	1 167.17	1 260.97	1 393.87	1 277.17	1 294.73	1 367.10	1 394.77	1 406.63	1 424.04
小学阶段随迁子女数（万人）	750.77	864.30	932.74	1 035.54	930.85	955.59	1 013.56	1 036.71	1 042.18	1 048.39
初中阶段随迁子女数（万人）	246.34	302.87	328.23	358.33	346.31	339.14	353.54	358.06	364.45	375.65
留守儿童数（万人）	2 224.24	2 271.51	2 200.32	2 271.07	2 126.75	2 075.42	2 019.23	1 726.29	1 550.56	1 474.41
小学阶段留守儿童数（万人）	1 432.97	1 461.78	1 436.81	1 517.88	1 440.48	1 409.53	1 383.66	1 190.07	1 064.48	998.69
初中阶段留守儿童数（万人）	791.27	809.73	763.51	753.19	686.28	665.89	635.57	536.22	486.08	475.72
常住人口城镇化率（%）	48.34	49.95	51.27	52.57	53.73	54.77	56.10	57.35	58.52	59.58
农民工子女随迁率（%）	30.95	33.94	36.43	38.03	37.52	38.42	40.37	44.69	47.57	49.13
小学阶段随迁率（%）	34.38	37.16	39.36	40.56	39.25	40.40	42.28	46.56	49.47	51.21

续表

项目	2009年	2010年	2011年	2012年	2013年	2014年	2015年	2016年	2017年	2018年
初中阶段随迁率（%）	23.74	27.22	30.06	32.24	33.54	33.74	35.74	40.04	42.85	44.12
农民工子女留守率（%）	69.05	66.06	63.57	61.97	62.48	61.58	59.63	55.31	52.43	50.87
小学阶段留守率（%）	65.62	62.84	60.64	59.44	60.75	59.60	57.72	53.44	50.53	48.79
初中阶段留守率（%）	76.26	72.78	69.94	67.76	66.46	66.26	64.26	59.96	57.15	55.88
义务教育阶段在校生（万人）	15 512.41	15 220.03	14 993.17	14 458.96	13 800.67	13 835.70	14 004.13	14 242.38	14 535.76	14 991.84
小学阶段在校生（万人）	10 071.47	9 940.70	9 926.37	9 695.90	9 360.55	9 451.07	9 692.18	9 913.01	10 093.70	10 339.25
初中阶段在校生（万人）	5 440.94	5 279.33	5 066.80	4 763.06	4 440.12	4 384.63	4 311.95	4 329.37	4 442.06	4 652.59
随迁子女占在校生比例（%）	6.43	7.67	8.41	9.64	9.25	9.36	9.76	9.79	9.68	9.50
小学阶段随迁子女占比（%）	7.45	8.69	9.40	10.68	9.94	10.11	10.46	10.46	10.33	10.14
初中阶段随迁子女占比（%）	4.53	5.74	6.48	7.52	7.80	7.73	8.20	8.27	8.20	8.07

资料来源：根据 2009~2018 年《全国农民工监测调查报告》以及教育部 2010~2018 年《全国教育事业发展统计公报》中的数据整理计算。

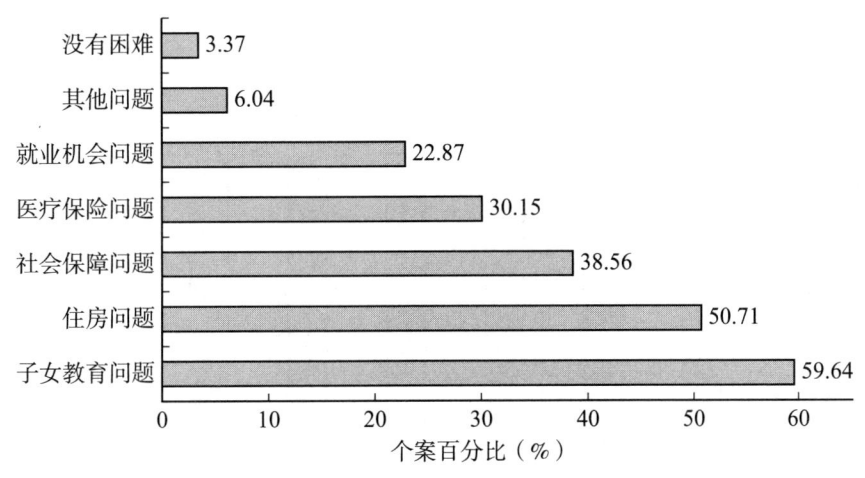

```
没有困难    3.37
其他问题    6.04
就业机会问题  22.87
医疗保险问题  30.15
社会保障问题  38.56
住房问题    50.71
子女教育问题  59.64
         0  10  20  30  40  50  60
              个案百分比（%）
```

图 7-1　农民工在城市遇到的最大困难

二、特大以上城市农民工子女携带率低，大中小城市携带率高

2014 年发布的《国务院关于调整城市规模划分标准的通知》以城区常住人口数量为标准，将全国城市划分为五类七档，即人口在 50 万人以下的小城市（其中，20 万人以上 50 万人以下的为 I 型小城市，20 万人以下的为 II 型小城市）、人口在 50 万人以上 100 万人以下的中等城市、人口在 100 万人以上 500 万人以下的大城市（其中，300 万人以上 500 万人以下的为 I 型大城市，100 万人以上 300 万人以下的为 II 型大城市）、人口在 500 万人以上 1 000 万人以下的特大城市、人口在 1 000 万人以上的超大城市。一般来说，农民工携带子女进城的情况大致可以分为三类：一是将子女全部携带进城；二是让子女全部留守乡村；三是部分子女携带进城，部分子女留在家乡。调查显示，在全体农民工中，将子女全部携带进城的占 43.08%，让子女全部留守在乡村的占 54.99%，有 1.93% 是部分携带部分留守。农民工子女携带率①在不同类型城市大致呈偏正态分布：特大和超大城市农民工子女携带率最低，分别只有 31.43% 和 26.32%；II 型小城市也比较低，只有 32%；携带率较高的是 II 型大城市、中等城市和 I 型小城市，分别为 42.86%、42.37% 和 41.84%，均接近总体平均水平；最高的是 I 型大城市，高达 51.39%（见图 7-2）。

---

① 农民工子女携带率是指把义务教育阶段子女全部携带进城的农民工数量占农民工总数量的比例。

图 7-2 不同类型城市的农民工子女携带率

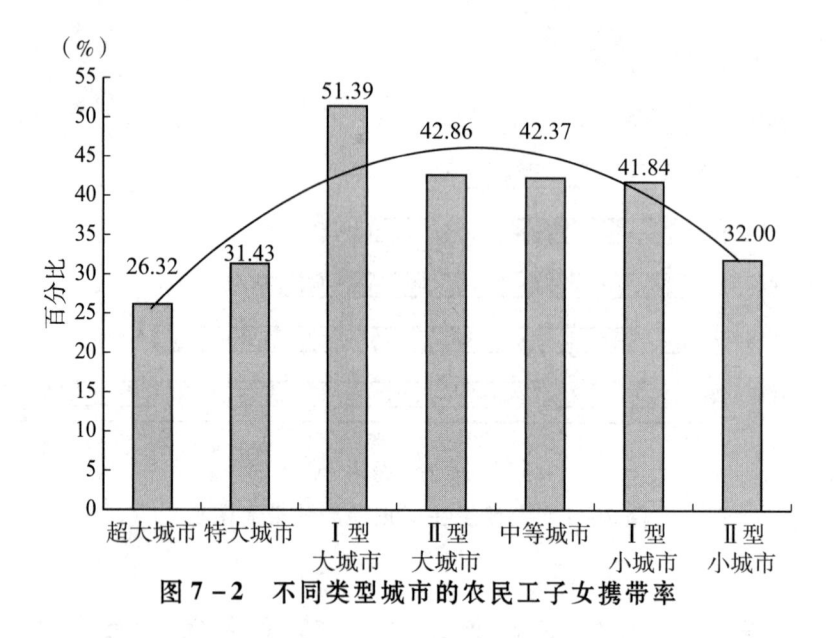

不同类型城市的农民工子女携带率不相同,是制度性因素与非制度性因素共同作用的结果。尽管《国务院关于进一步推进户籍制度改革的意见》提出"全面实施居住证制度",但在《居住证暂行条例》①正式发布之前,各类城市实施的是差别化的落户政策。Ⅱ型小城市属于国家"全面放开落户限制"的类型,本来可以吸引更多的农民工携带子女进城,但由于Ⅱ型小城市人口总量不足 20 万人,吸引的基本是"本地农民工",由于离家乡不远,出于节省开支、减少麻烦等非制度性因素的考虑而没有把子女带在身边。与Ⅱ型小城市相比,Ⅰ型大城市、Ⅱ型大城市、中等城市和Ⅰ型小城市不论在产业集聚、就业机会,还是工资收入、教育质量上都处于较高水平,同时城市落户限制条件又处于"有序放开""合理放开"和"合理确定"的范围内,随迁子女就学升学门槛和生活成本又没有特大和超大城市那么高,作为理性的农民工,Ⅰ型大城市无疑是他们同时实现子女教育利益和家庭经济收益的最佳选项,Ⅱ型大城市、中等城市和Ⅰ型小城市成为其携带子女的次优选择。

特大城市和超大城市农民工子女携带率低的影响因素是复杂的,譬如生活成本较高、教育资源紧缺、人口总量控制等。《国家新型城镇化规划(2014~2020年)》提出要"严格控制城区人口 500 万人以上的特大城市人口规模";《国务院关于统筹推进县域内城乡义务教育一体化改革发展的若干意见》强调"特大城市

---

① 《居住证暂行条例》发布,并于 2016 年 1 月 1 日起施行。条例突出了居住证的赋权功能,突出了政府要为居住证持有人提供义务教育等基本公共服务和便利,并鼓励各地不断创造条件逐步扩大公共服务和便利的范围,提高服务标准。

和随迁子女特别集中的地方,可根据实际制定随迁子女入学的具体办法"。因此,在许多特大和超大城市都存在复杂繁多的随迁子女就学升学门槛,这是农民工子女携带率较低的制度性原因。调查中,分别有 47.22% 和 28.17% 的农民工表示,如果"公立学校放开入学证件要求"或在流入地"可以参加升学考试",他们就会带子女进城读书。可见,教育洼地效应还是比较明显的。当然,非制度性因素也在影响着农民工携带子女进城读书的决策。调查中,分别有 33.41% 和 20.11% 的农民工表示,如果"经济条件允许"或"只要子女愿意",就会带子女进城读书。这说明,农民工是否携带子女进城是制度性因素与非制度性因素共同作用的结果。

三、第三产业农民工子女携带率高,第二产业携带率低

据《2018 年农民工监测调查报告》显示,农民工在第一产业从业的比重为 0.4%,在第二产业(包括制造业、建筑业等)从业的比重为 49.1%,在第三产业从业(包括批发和零售业,交通运输、仓储和邮政业,住宿和餐饮业,居民服务、修理和其他服务业等)的比重为 50.5%。① 在不同产业就业的农民工在携带子女进城方面存在差异。调查发现,在第二产业从业的农民工子女全部随迁的比例只有 29.36%,低于平均水平 13.72 个百分点,全部留守的比例高达 68.99%。其中,加工制造业全部随迁的比例略高,达 40.8%;建筑业最低,只有 23%。在第三产业从业的农民工携带子女进城的比例高达 53.38%,高出平均水平 10.3 个百分点,更是高出第二产业 24.02 个百分点。其中,批发/零售业最高,子女随迁的比例达 70.08%;文化教育业(主要是办打工子弟学校、在小剧场演出等)次之,子女随迁的比例为 60%;住宿/餐饮业也超过一半,子女随迁的比例是 51.27%;即使家政服务业和从事保安/物业管理的农民工,子女随迁的比例也分别有 45.45% 和 45.28%;最低的是交通运输业,子女随迁的比例只有 38.98%,但依然高出第二产业平均水平 9.62 个百分点(见表 7-2)。

表 7-2　　不同行业农民工的从业比例与携带子女进城情况

行业	从业比例		携带子女情况					
			子女都随迁		既有留守也有随迁		子女都留守	
	频数	百分比	频数	百分比	频数	百分比	频数	百分比
第二产业	499	45.57	143	29.36	8	1.64	336	68.99

---

① 国家统计局:《2018 年农民工监测调查报告》,http://www.stats.gov.cn/,2019 年 4 月 29 日。

续表

行业	从业比例		携带子女情况					
			子女都随迁		既有留守也有随迁		子女都留守	
	频数	百分比	频数	百分比	频数	百分比	频数	百分比
加工制造业	177	16.16	71	40.80	5	2.87	98	56.32
建筑业	322	29.41	72	23.00	3	0.96	238	76.04
第三产业	527	48.13	276	53.38	10	1.93	231	44.68
批发/零售业	129	11.78	89	70.08	2	1.57	36	28.35
交通运输业	59	5.39	23	38.98	1	1.69	35	59.32
住宿/餐饮业	202	18.45	101	51.27	4	2.03	92	46.70
家政服务业	69	6.30	30	45.45	2	3.03	34	51.52
保安/物业管理	53	4.84	24	45.28	0	0.00	29	54.72
文化教育	15	1.37	9	60.00	1	6.67	5	33.33
其他	69	6.30	37	56.92	2	3.08	26	40.00

注：从业比例中，$N=1\,095$，有效百分比 $=99.55\%$，缺失值 $=5$；携带子女情况中，$N=1\,069$，有效百分比 $=97.18\%$，缺失值 $=31$。此处仅使用了全国范围的调研数据，其中"其他"是问卷中的一个选项，这里可能包括从事第一产业的，但也不确定，因为第二产业和第三产业中还有许多类别没有在选项中列出。根据《全国农民工监测调查报告》公布的数据，我们估计在"其他"行业中大部分应该属于第二产业，譬如采矿业、水的生产和供应业等。

对于特大和超大城市来说，由于面临巨大的外来人口压力，想方设法由中心城区向郊区和远郊区、由本市向外市疏散和转移人口成为战略性选择。一直以来，有一种观点认为，特大以上城市向外转移农民工、缓解农民工子女就学升学压力的最佳办法就是产业转移，如果能把特大以上城市的第二产业向外转移，就可以引导农民工及其子女同步向外流动，从而实现大中小城市经济社会文化教育协调发展。产业集聚能够带来人口聚集，但产业转移是不是一定会带来农民工及其子女的转移流动呢？我们的答案是，通过产业（特别是第二产业）转移来带动农民工（特别是农民工子女）流动是非常困难的。假设农民工从业比例最高的第二产业从大城市向外部迁移，农民工也跟随着同步向外迁移，但大城市的随迁子女也不会因此而同比例地减少，因为虽然第二产业的农民工从业比例高达45.57%，但携带子女进城的比例是最低的，只有29.36%。而子女携带比例较高的第三产业，除了交通运输业以外都是较难转移的，住宿餐饮、家政服务、物业管理、文化教育、批发零售等行业正是人口密集的大城市所需要的，而且这些行业多是自谋自雇职业，就像理发、废旧回收等职业一样，他们与城市居民的生活息息相关，只要城市居民存在，他们就会存在，不会因为企业的搬迁而流动。由于在第三产业从业的农民工比例较少（如批发/零售业只有 11.78%、住宿/餐饮业只有 18.45%）而子女随迁比例较高（如批发/零售业有 70.08%、住宿/餐饮业有 51.27%），在第二产业从业的农民工比例较高（如建筑业有 29.41%、加工制造业有 16.16%）而子女随迁比例相对较低（如建筑业有 23%、加工制造业有 40.8%），从而形成了一个农民工从业行业与子女随迁比例之间的"剪刀差"。

大城市的行业转移一定是选择性的。一般来说，在东南沿海大城市，由于加工制造业的人力成本日益增高，因此向外转移的动力强劲。但在城市更新扩建过程中，建筑业在短期内是较难转移的，而住宿餐饮、家政服务、物业管理等行业的存在是与一定数量的生活人口而不仅仅是工作人口高度相关的。除非大城市实施全部生活人口和二三产业的结构性整体迁移，否则，在短期内实现农民工及其子女的整体性转移是不太可能的。通过产业转移来引导农民工流动进而减轻农民工子女在城市就学压力的想法，在现实中不一定能达到期望的效果，农民工是否流动、流向哪里、是否携带子女，是一个与农民工个体、家庭、工作状况、流入地接纳制度等因素密切相关的复杂性问题。期望通过单一办法（如产业转移、制度排斥等）把农民工子女赶出大城市以缓解教育压力的做法基本上是徒劳的，已经在城市坚持下来的农民工及其子女大都不怕这些城市"赶人"的做法，真正怕的是那些还没有携带子女进城的农民工。所以，以居住证制度为基础，全面推进城镇义务教育等基本公共服务向常住人口的全覆盖才是正途。

第二节 农民工随迁子女在城市就学的现实困境

以人为本的城镇化，首先应体现为农民工子女跟随父母一起，实现家庭成员的整体性流动而非劳动力的个体化迁移；其次应体现为包括义务教育在内的基本公共服务的全纳性覆盖而非选择性接纳。调查表明，在全部农民工随迁子女中，有 17.71% 未读书，15.92% 就读幼儿园，54.74% 处于义务教育阶段（37.75% 就读小学，16.99% 就读初中），有 11.63% 就读于高中阶段。尽管各级政府在解决农民工随迁子女在流入地就学升学问题上作了大量努力，使绝大多数随迁子女都能有学可上，但从农民工视角来观察，他们的子女在流入地就学面临诸多困难，概括来说主要表现在就读公办学校、教育花费、升学考试、学习适应四个方面。其中，农民工感觉到的最大困难是就读公办学校，个案百分比高达 49.80%。其次是教育花费，个案百分比达 47.04%。处在第三位的是升学考试，初中升高中最难，个案百分比为 34.72%；小学升初中次难，个案百分比为 25.69%；幼儿园升小学再次之，个案百分比为 14.60%。排在最后一位的是学习适应，个案百分比为 22.64%（见图 7-3）。

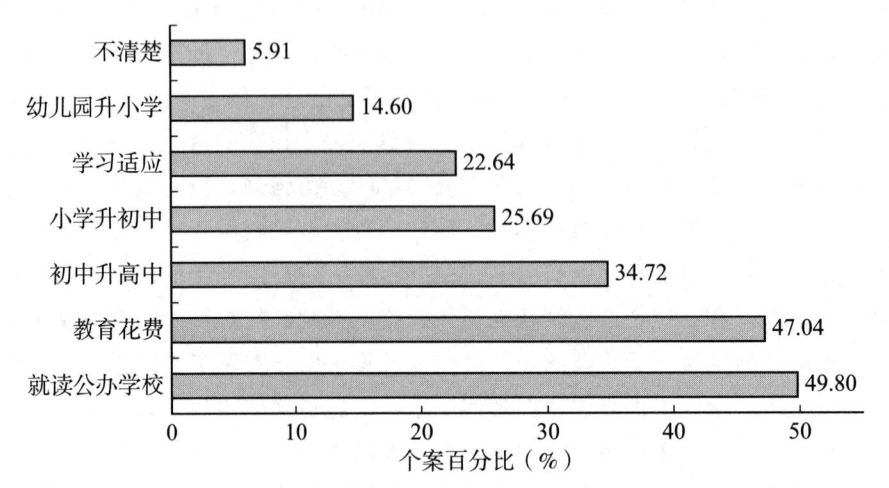

困难类型	个案百分比（%）
不清楚	5.91
幼儿园升小学	14.60
学习适应	22.64
小学升初中	25.69
初中升高中	34.72
教育花费	47.04
就读公办学校	49.80

图 7-3　农民工子女进城读书面临的主要困难

一、入读公校难，入学门槛繁多且难办

根据课题组对全国的抽样调查显示，义务教育阶段有 73.83% 的农民工随迁子女就读于公办学校，有 17.45% 就读于民办学校，还有 8.72% 就读于打工子弟学校。①据此推算，2018 年，全国约有 372.67 万名义务教育阶段农民工随迁子女未能入读公办学校。从幼儿园到高中，农民工随迁子女在公办学校读书的比例不断增加，即高中教育阶段随迁子女就读公办校的比例（79.37%）高于初中教育阶段（77.66%），初中教育阶段高于小学教育阶段（72.06%），小学教育阶段又高于学前教育阶段（23.81%）（见表 7-3）。

表 7-3　不同学段农民工随迁子女入读不同类型学校情况

项目	公办学校		民办学校		打工子弟校	
	频数	百分比	频数	百分比	频数	百分比
幼儿园	20	23.81	59	70.24	5	5.95
义务教育段	220	73.83	52	17.45	26	8.72

---

① 打工子弟学校也属于民办学校，但由于这类学校无论在师资水平还是办学条件上都比一般的民办学校差，因此单独列出分析。

续表

项目	公办学校		民办学校		打工子弟校	
	频数	百分比	频数	百分比	频数	百分比
小学	147	72.06	37	18.14	20	9.80
初中	73	77.66	15	15.96	6	6.38
高中	50	79.37	8	12.70	5	7.94

注：不同学段农民工随迁子女入读不同类型学校：$N = 445$，有效百分比 $= 96.74\%$，缺失值 $= 15$；此处仅使用了全国范围的调研数据。

对于上述现象，我们的解释是：随迁子女在某一学段初次就学时，流入地教育主管部门一般都会要求在上一学段有连续就读的经历或学籍，学段越高，随迁子女经过的"筛选"越多，最后能在流入地继续就读的，基本上都是符合流入地公办学校就学升学条件的，不符合条件的学生或进入民办学校学习或返回家乡学校学习或直接弃学迈入社会。值得注意的是，8.72%的义务教育阶段学生（其中，小学达9.80%，初中有6.38%）所就读的打工子弟学校的办学质量是严重参差不齐的，有的已经达到地方政府规定的办学资质并获得了地方政府资助、纳入民办学校管理（以下简称"纳民学校"），有的则在政府取缔的重压下四处流动辗转，无论师资水平还是办学条件都难以肩负国家规定的义务教育重任。

随迁子女入读公办学校难主要表现为流入地教育主管部门对随迁子女在城市就学的系列证件材料要求上。作为入学条件，各地所要求的证件材料一般包括身份证、户口簿、居住证/暂住证、租房合同/房产证、劳动合同/务工证明、连续缴纳社会保险证明、计生证等，这里既有对进城务工人员身份的证明要求，也有对其居住、工作、收入乃至生育状况的证据考察。农民工各类证件材料的拥有情况，在很大程度上决定着子女能否在城市享有公办学校的入学机会。我们调查的农民工除身份证、户口簿外拥有的其他证件及办理难度情况显示，84.72%的农民工拥有居住证/暂住证，这是拥有量最高的证件；其次是租房合同/房产证、劳动合同/务工证明，个案百分比分别为62.10%和58.84%；拥有连续缴纳社保证明和计生证的农民工较少，分别为44.11%和43.89%。调查发现，在4 206个农民工有效样本中，同时拥有五类证件的只占17.45%。所以，如果将这几类证件同时作为农民工随迁子女入读公办学校的门槛，可以想象将有太多农民工随迁子女被挡在公办学校之外，使其难以平等地享有接受公办义务教育的机会（见表7-4）。

表7-4　　　　　　　农民工拥有证件和办理难度情况

具体证件材料		居住证/暂住证	租房合同/房产证	劳动合同/务工证明	连续缴纳社保证明	计划生育证
拥有证件情况	频次	3 565	2 613	2 476	1 856	1 847
	个案百分比	84.72	62.10	58.84	44.11	43.89
办理证件的难易程度	第一难度	370	767	216	360	144
	第二难度	296	213	318	394	257
	第三难度	180	196	379	280	283
	第四难度	205	157	282	230	313
	第五难度	295	206	268	213	324
	总数	1 346	1 539	1 463	1 477	1 321
	赋值总分	4 279	5 795	4 321	4 889	3 547
	平均分值	3.18	3.77	2.95	3.31	2.69

注：拥有证件情况：$N=4\,208$，有效百分比 $=88.00\%$，缺失值 $=574$；由于题目为多选题，故个案百分比之和大于100%；在对五类证件办理难度的排序中，第一办理难度赋值5分，第二办理难度赋值4分，依此类推，直到第五办理难度赋值1分，然后再综合计算每类证件的难易程度得分，得分越高，表示越难办理。

相比证件材料数量，证件材料办理的难易程度对随迁子女入读公办学校的影响更大。租房合同/房产证是最难办理的，平均难度分为3.77，因为农民工在城市买房目前还不太现实，而办理租房合同意味着房屋出租者要缴税，这个税基本上也要由农民工自己来承担，实际上办租房合同等于让农民工在租房上花费更多；其次是连续缴纳社保证明、居住证/暂住证，平均难度分分别为3.31和3.18。由于农民工不是本地户籍，有的也不在企事业单位工作，所以，他们认为买社保对自己的意义不大，没有必要每年多花那几百元甚至上千元；劳动合同/务工证明、计划生育证是相对容易办理的证件，平均难度分分别为2.95和2.69。尽管计划生育证明是最容易办理的，但由于一些农民工家庭违反了计划生育政策，故难以拿到计划生育证。总体来看，租房合同和连续缴纳社保证明挡住了许多农民工，使随迁子女难以实现在流入地公办学校读书的梦想。

二、教育花费高，占家庭年收入比重大

城市的生活成本远远高于农村，教育成本也同样如此。尽管国家实施了免费义务教育政策，但城市课外补习（private tutoring，国际上亦称"影子教育"，即

shadow education)的花费却是相当可观的。以广州市为例,家庭每学年课外补习支出在2万~5万元的占67.16%,5万元以上的占21.90%,2万元以下的仅占10.94%。① 对于无法进入公办学校的农民工家庭来说,还要支付额外的学费。调查发现,义务教育阶段平均每个随迁子女每学年的教育总花费②为9 593.34元,占家庭年收入的14.59%。其中,初中阶段随迁子女的教育花费为10 751.60元,占家庭年收入的16.96%;小学阶段的教育花费为9 047.88元,占家庭年收入的13.53%;随迁初中生每年要比随迁小学生多花1 703.72元。数据还显示,义务教育阶段随迁子女就读公办学校的教育花费是最低的,平均每学年为8 625.06元/生,占家庭年收入的12.94%;而就读民办学校和打工子弟学校的教育花费相对较高,分别为11 500.00元和11 159.13元,平均占到家庭年收入的17.61%和19.41%,平均每学年要比在公办学校就读者高出2 500元以上。农民工的平均月收入只有3 721元,即使收入最高的交通运输、仓储和邮政业每月平均收入也只有4 345元,③ 如此高的教育花费对农民工产生了不小的经济压力(见表7-5)。

表7-5　　　　　　　不同学段随迁子女教育花费情况

分类	样本数	学年平均花费(元)	家庭平均年收入(元)	学年花费占比(%)
幼儿园	75	14 196.00	63 614.67	22.32
义务教育段	253	9 593.34	65 755.26	14.59
小学	172	9 047.88	66 859.88	13.53
初中	81	10 751.60	63 409.63	16.96
公办学校	177	8 625.06	66 636.05	12.94
民办学校	47	11 500.00	65 308.51	17.61
打工子弟校	23	11 159.13	57 478.26	19.41
高中	58	17 895.52	54 741.38	32.69

注:不同学段随迁子女教育花费:N = 386,有效百分比 = 100%;义务教育段不同类型学校随迁子女教育花费:N = 247,有效百分比 = 97.63%,缺失值 = 6。

义务教育是整个教育层级的一环,上承学前教育,下接高中教育。学前教育

---

① 刘辉:《发达城市影子教育的发展:调查与反思——以广州市为例》,载于《当代教育科学》2014年第21期,第43~46、54页。
② 义务教育阶段农民工随迁子女的教育总花费主要包括:学费(民办学校和打工子弟学校会收取一定程度的学费,国家对在民办学校接受义务教育的学生按照中央确定的生均公用经费基准定额标准给予免除杂费补助。对于公办学校来说,免费主要指免除学杂费、免费提供教科书,对家庭经济困难寄宿生补助生活费,统称"两免一补")、课外补习费、文化用品费、学校伙食费、上学交通费及其他教育支出等。
③ 国家统计局:《2018年农民工监测调查报告》,http://www.stats.gov.cn/,2019年4月29日。

和高中教育的花费对农民工随迁子女完成义务教育有重要影响，毕竟金钱可以买到更高质量的学前教育，而学前教育的质量又会对后续的义务教育学习产生影响；同样，义务教育的学习成绩又会对高中教育学费的收取产生影响。这是一个连锁反应。农民工随迁子女年均学前教育总花费是 14 196 元/生，高出义务教育 4 602.66 元，占家庭年收入的 22.32%；农民工随迁子女高中阶段年均教育总花费为 17 895.52 元/生，占家庭年收入的近 1/3。总体而言，持续的教育经费压力是农民工面临的重大挑战。

三、参加中考难，升入普通高中机会少

随着农民工随迁子女完成义务教育，在流入地参加升学考试问题日益凸显。尽管《国务院办公厅转发教育部等部门关于做好进城务工人员随迁子女接受义务教育后在当地参加升学考试工作意见的通知》（以下简称《通知》）要求全国各地出台随迁子女参加异地中考和高考的政策方案，以保障随迁子女的升学机会，但很多地区设置了比较严苛的条件。从异地中考来看，职业高中对随迁子女基本全部放开，但随迁子女参加初中毕业升普通高中的考试还面临很多困难。从全国范围看，2018 年初中毕业生升入普通高中的平均升学率为 57.96%，而随迁子女的平均升学率仅为 36.34%，低出全国平均水平 21.62 个百分点。与本省外县迁入的随迁子女相比，外省迁入的随迁子女在初中毕业升入普通高中的考试上也遭到不公平对待。全国数据显示，外省迁入随迁子女的初中毕业升入普通高中的平均升学率为 32.17%，而本省外县迁入的平均升学率达 38.92%，低了 6.75 个百分点，比全国平均升学率低了近 25.79 个百分点。有 36.87% 的农民工表示，当孩子无法在流入地参加升学考试时只能送他们回老家。一方面，中考限制使部分农民工子女随迁行为出现回流和倒退，留守问题重新上演；另一方面，由于流入地和流出地教育内容不对接进而引发新的学习矛盾与问题，农民工随迁子女成了不健全教育制度的代价承受者（见表 7-6）。

表 7-6　　　　　　2018 年全国随迁子女普通高中升学率情况

项目	初中毕业生数（人）	普通高中招生数（人）	普高升学率（%）
随迁子女	1 271 327	461 984	36.34
外省迁入	486 537	156 540	32.17
本省外县迁入	784 790	305 444	38.92
全国	13 677 686	7 927 063	57.96

资料来源：教育部：《2018 年教育统计数据：全国基本情况》。普通高中升学率由数据计算得出。

中考是各省考生的重大利益，在百姓心目中的重要性不亚于高考。虽然《通知》提出了"统筹考虑进城务工人员随迁子女升学考试需求和人口流入地教育资源承载能力等现实可能"的积极稳妥推进随迁子女升学考试政策，甚至提出了通过"适当增加高校招生计划等措施"来保障当地高考录取比例不因符合条件的随迁子女参加当地高考而受到影响的"加法"解决思路，但基本针对的都是高考，对农民工随迁子女能否在流入地参加中考没有明确的政策规定。因此，各省都根据所谓的"实际情况"制定了系列入读普通高中的限制条件，譬如在本市初中就读的本省籍在册学生，在本市初中有连续3年完整的学习经历或学籍，父母在本市有合法稳定住所、合法稳定职业，近3年内有至少1年以上的社会保险证明，中考成绩比本地户籍学生高出 40~80 分，等等。如果以上条件达不到，做得好的地区允许农民工随迁子女在当地读职业高中或技工学校，做得差的地区就只有回原籍读高中这一条路可走。这些地方性限制背后的政策逻辑是什么，是普通高中教育资源承载力不足还是保护当地考生利益的歧视性做法，为什么不能采取公平的择优录取政策，这些均有待通过深入研究来回答。

四、学习适应难，极易形成"弱势累积"效应

农民工的工作具有极大的不稳定性，几乎每年春节过后都会有相当比例的农民工变换工作地点、工作种类甚至居住场所，这种变动性对随迁子女来说意味着转学。学术界已经证明，转学会对学生的学习成绩及人际关系产生负面影响。[①] 从家乡学校转入城市学校、在多个流入地学校间多次转换，势必会对随迁子女的学习适应和城市融入产生不利影响。我们在某市一所打工子弟学校调研时发现，该校有在校生 3 012 人，但每学年都有 1 200 多名随迁子女流出或流入，学生流动率接近40%。由于农民工子女在流入地所能进入的学校是有限制的，因此，转入校和转出校无论在师资队伍、办学条件、课程安排还是在校园文化、教育质量、社区环境上均有较大差异，随迁子女经常要面临适应和融入的挑战。学习本是一个循序渐进的认知、情感与动作的过程，频繁转学会打破学生学习的连续性，进而形成"弱势累积"效应。

农民工子女转学形成的"弱势累积"效应主要表现在"纵向"和"横向"两个方面。从纵向弱势累积上看，一方面，某学科前期知识习得的不连续、不扎实、不稳固对后续知识学习所产生的消极影响，如学习跟不上、厌倦学习、学习

---

① 李跃雪、邬志辉：《美国关于转学经历对学生影响的研究综述》，载于《比较教育研究》2015 年第 7 期，第 85~90 页。

自卑等。反过来,学习自卑行为又会进一步影响将来的学习;另一方面,原来的学习习惯会对现在乃至将来的学习质量产生影响,而频繁转学恰恰不利于学生良好学习习惯的养成。从横向弱势累积上看,某门课程薄弱又会影响到现在乃至将来其他相关课程知识的学习。因为每一门新课程的学习都是以原有相关课程知识为基础的,譬如物理学要以数学等相关知识为基础,如果数学学不好,就会影响到物理学的学习。这种"弱势累积"效应既影响了随迁子女接受教育的效果和学习质量,也影响了公办学校接收随迁子女的意愿。在访谈中,校长们谈到,如果哪所学校接收了较多的随迁子女,那么,这所学校就会面临变成薄弱学校的风险。所以,从主观意愿来说,他们都不太愿意接收随迁子女。

第三节 农民工随迁子女在城市就学的机制选择

随着我国以人为本新型城镇化建设和户籍制度改革的不断推进,对随迁子女教育的关注应从机会公平向质量公平、从入学公平向升学公平、从义务教育阶段向非义务教育阶段拓展,打破城市内部的二元教育结构,让随迁子女同本地户籍学生一样,在城市接受平等而有质量、完整且贯通的学校教育,实现农民工随迁子女教育的市民化。流入地政府应担负起随迁子女教育的主体责任,为居住证持有人口子女提供全覆盖的基本教育公共服务。

一、建立城市学位预报预警系统,引导农民工有序携带子女流动

为保障农民工随迁子女平等接受义务教育,我国提出了"两为主""两纳入"的政策要求,即以流入地政府管理为主、以全日制公办中小学为主,同时将常住人口全部纳入区域教育发展规划、全部纳入财政保障范围,明确了流入地政府解决随迁子女义务教育问题的主体责任。2015年12月国务院颁布《居住证暂行条例》规定,公民离开常住户口所在地到其他城市居住半年以上,符合有合法稳定就业、合法稳定住所、连续就读条件之一的,即可以申领居住证,并享有包括义务教育在内的六大基本公共服务和七项便利。2016年8月《国务院关于实施支持农业转移人口市民化若干财政政策的通知》进一步加强了中央和省级财政部门的转移支付力度,确保了"两免一补"资金和生均公用经费基准定额资金随学生流动的可携带。这些利好政策无疑会进一步激发农民工携带子女进城的欲

望，给城市教育资源承载力进一步带来严峻挑战。面对压力和挑战，流入地政府应积极作为，主动为农民工随迁子女提供义务教育服务，促进城市内部不同群体之间义务教育的平等共享。

解决农民工随迁子女就学矛盾的最大难题是信息不对称。国家应建立大中小城市学校学位提供及本地和流动学龄人口数量变动的动态信息预报和预警平台，每年4～6月和10～12月定期发布不同城市、城市内部不同区域的公办和民办学校数、不同类型学校所能提供的学段学位数、本地户籍学龄人口数及空间分布、学龄段随迁子女数及空间分布、计划新建学校数及空间分布等信息。信息公开，一方面，可以展现流入地教育资源承载力水平及政府教育努力程度，有利于加强社会监督，增进社会理解，实现教育和谐发展；另一方面，可以引导农民工理性决策是否携带子女进城，有助于避免农民工盲目携带子女流动，避免出现"教育洼地"窘境，切实保障随迁子女入学机会。当然，如果城市学校能够接纳随迁子女数小于实际数时，流入地可以通过积分入学政策对随迁子女进行筛选，但如果城市学校能够接纳随迁子女数大于实际数时，可能存在两种情况：一是城市教育吸引力不足够大，不会带来新的随迁子女涌入；二是城市教育有较大吸引力，因为人人都觉得有机会，从而引发"携带拥挤"问题。对于后者，流入地政府可以尝试"网上排队+积分入学"等办法统筹解决。

二、扩大城市公办学校学位供给，缓解流入地政府教育财政压力

由于城市就业机会和工资回报不同，对农民工的吸引力也不一样。经济发展水平越高的大城市，对农民工的吸引力也越大；他们获得居住证的条件越充分，就越有可能携带子女进城。总体上说，至少在未来15年内城市的绝对人口数依然会处于增长态势。因此，流入地政府必须综合考虑户籍制度改革、生育政策调整、学龄人口流动对城市教育资源承载力的挑战，科学预测和研判学龄人口数量的变化趋势，积极稳妥地扩大城市教育资源，切实保障随迁子女在流入地平等接受义务教育。扩大城市学校学位供给涉及城市学校的空间布局与资源配置。

第一，从空间布局上看，城市中心区、郊区和远郊区的人口密度是不同的。中心城区的土地价格高，虽然都有学校布点，但是传统的学校布点都是按六层楼左右的住房密度配套建设的，随着中心城区住宅改造向立体化、高层化发展，而学校建设有一定标准，不能同步实现高层化，普遍存在生源增加和学校建设不同步的现象。因此，应该按照城市中心区高层立体居住的新特点，在旧城改造过程中，按照新的人口预期增加学校布点，对新建住宅小区要按标准加强配套学校建

设，并对现有住宅小区学校配套情况进行追查问责，凡只建房、不建校并导致入学紧张的，除依法追究责任外，还要建立教育用地归还或补偿机制。在郊区和远郊区土地使用规划中，要预留足够的学校建设用地，实行教育用地联审联批制度，新建配套学校方案应多部门共商协作并征得同级教育行政部门同意。

第二，从资源配置上看，除了征用土地外，还要雇教师、投资金（包括建学校、配设备、保运转等）。一是在教师问题上，伴随着随迁子女的大量流入，教师匮乏矛盾日益凸显。实际上，所谓城市教师匮乏主要不是缺少数量和质量，而是缺少编制。在"财政供养人员只减不增"的宏观编制政策下，一方面，要统筹协调不同事业单位编制，把通过撤并、改企转制等方式收回的事业机构编制资源，优先用于中小学校的编制需要；另一方面，要创新教师补充模式，譬如根据学校类型多样化特点重新核定教师编制，地市级甚至省级教师编制城乡统筹，政府购买教师服务，等等，确保学有所教。譬如，北京市海淀区2016年拿出2000万元，采取"区管校用"方式聘用100名左右没有事业单位编制的中小学教师充实教师队伍，各项福利及职称评定同在编教师一样，实行无差别管理。① 二是在投入问题上，随着城镇化的不断推进和学龄人口的大量涌入，传统的"属地负责"义务教育财政体制与"人口流动"的义务教育就学格局之间产生了矛盾。2015年11月和2016年8月，国务院先后印发《关于进一步完善城乡义务教育经费保障机制的通知》和《关于实施支持农业转移人口市民化若干财政政策的通知》，提出要"创新义务教育转移支付与学生流动相适应的管理机制，实现相关教育经费可携带，增强学生就读学校的可选择性"，"实现'两免一补'资金和生均公用经费基准定额资金随学生流动可携带"。首先，建立基于全国电子学籍信息管理系统的流入地接收随迁子女数量及学段的确认机制；其次，中央政府按照"两免一补"和生均公用经费基准定额标准对生源接收省给予经费转移支付；最后，建立学生不稳定流动（如学期中流动、一学期/学年多次流动等）可携带教育经费动态微调机制。

三、政府购买民办学校教育服务，切实减轻农民工家庭教育负担

《中华人民共和国义务教育法》规定，"国家建立义务教育经费保障机制，保证义务教育制度实施"。然而，尽管国家提出了"坚持以公办学校为主安排随迁子女就学"政策，但在城市公办学校不能满足农民工随迁子女义务教育需要的

---

① 三九木：《乐见招聘无编制教师》，载于《中国教育报》2016年1月15日第002版。

情况下,"通过政府购买服务方式安排在普惠性民办学校就读"就成为新的政策选择。政府购买民办教育服务,不仅可以支持民办教育发展,促进义务教育办学形态多样化,而且可以节约政府征土地、建学校、雇教师、配设备、保运转的经费开支,减少因生源不稳定导致的公办教育资源浪费。因此,必须树立民办教育也是公益事业、规范支持民办学校也是给学生谋福利的观念。

(一) 确立购买民办学校服务的对象范围

在购买民办学校服务前,应该对民办学校的办学条件、教育质量、办学成本进行评估,通过公开招标确定购买对象。一般而言,民办学校必须是依法举办的、达到办学资质要求的,只有这样才能保证随迁子女接受义务教育的质量底线,实现国家的教育意志。同时,民办学校必须是普惠性的、非营利性的。尽管国家对民办教育实施了分类管理政策,允许营利性民办学校存在,但是《民办教育促进法》明确规定"不得设立实施义务教育的营利性民办学校",因此只有普惠性的非营利性民办学校才能避免将经费负担转移给农民工家庭。

(二) 确定购买民办学校服务的经费标准

由于义务教育是由国家保障的,因此,凡是国家给予保障的费用必须作为政府购买民办学校服务的基础构成,譬如"两免一补"资金。同时,由于义务教育实行属地化管理,不同地区义务教育的生均公用经费基准是不同的,因此,必须采取同城同标准给民办学校补贴生均公用经费。简言之,凡是中央和地方用于义务教育阶段学生的经费项目,均应作为政府购买民办学校服务的成本。

(三) 确保政府购买服务民办学校的持续发展

地方政府要实施民办学校标准化工程,组织民办学校参加专业教师培训、教育质量监测等工作,把民办学校全面纳入政府监管和服务范围,引导民办学校依法规范办学,提高办学质量。地方政府还要根据民办学校的实际办学困难,给予必要的扶持和支持。譬如广州民办教育面临的最大问题是学校用地租金过高,有的甚至面临倒闭危险;而苏州市政府由于负责给民办学校租地,则避免了这种困境。

四、改革随迁子女中考服务政策,探索随迁子女针对性补偿教育

随迁子女在当地参加中考难,根源在于普通高中教育管理体制和本地户籍学

生高考利益。由于普通高中教育实行的是以地方财政为主的属地管理体制，对于既不是属地管理范畴又不是义务教育阶段的随迁子女高中教育，在没有国家政策约束和财政支持的情况下，地方政府自然采取限制甚至拒绝的态度。因为一旦让随迁子女参加中考，就意味着3年后要参加高考，在分省定额高校招生录取制度下，随迁子女的加入无疑挤占了本地户籍考生的利益，遭到排斥也在所难免。所以，我们必须回到国家上位政策原点来思考问题。《居住证暂行条例》第十二条规定"县级以上人民政府及其有关部门应当为居住证持有人提供下列基本公共服务：（一）义务教育……（六）国家规定的其他基本公共服务"。那么，随迁子女在流入地参加升学考试算不算"国家规定的其他基本公共服务"呢？我们认为是，依据是《国家基本公共服务体系"十二五"规划》第三章关于"保证农民工随迁子女平等接受义务教育，并研究制定接受义务教育后在当地参加升学考试的办法"的规定。鉴于此，在普及高中阶段教育的背景下，应该改革传统笼统含混的随迁子女中考政策，明确实施以居住证为主要依据的随迁子女升学考试政策，保障他们的升学考试权利。

针对随迁子女因转学导致的"弱势积累"效应，接收随迁子女的学校要探索符合随迁子女学业基础和学习方式的多起点、小步子、个性化的教育模式，开展有针对性的补偿教育，地方科研立项管理部门也应多扶持这类研究项目，最终目的是让每个随迁子女不仅能有学上，而且还能学得好。

第八章

城市纳民学校发展机制研究

随着20世纪80年代中期农村人口进城户籍严控制度的解冻与城镇建设对劳动力需求的增加，大量农村剩余劳动力流入城市或经济发达地区。尤其是20世纪90年代以来，越来越多的进城务工人员从"单身外出"转向"举家迁徙"，进城务工人员随迁子女教育问题也日益凸显。但是由于城镇教育承载力有限、教育扩容周期限制或其他复杂原因，许多城镇对进城务工人员随迁子女进入公办学校就读设定了高入学门槛，拦住了许多进城务工人员随迁子女。

为满足城镇化背景下进城务工人员随迁子女的入学需求，大量打工子弟学校应运而生。但在国家政策语境中，可以提供多元选择机会的民办学校多指打工子弟学校（即专门接收进城务工人员随迁子女或处境最不利人群子女的学校），打工子弟学校与传统意义上的民办学校是有区别的。为了加强规范管理，一些地方将打工子弟学校纳入民办学校管理系列，为了跟传统民办学校相区别，一些地方政府给这类学校取了一个新名字——"纳民学校"。

第一节 城市纳民学校的产生与发展

城镇化快速推进过程中，大量农村剩余劳动力流入城市或经济发达地区，并携带了大量随迁子女。国家高度重视进城务工人员随迁子女教育问题，先后出台了"两为主""两纳入"等政策，进城务工人员随迁子女教育问题得到了极大改善。在以流入地政府管理为主，以全日制公办中小学为主，采取多种方式依法保障流动人口子女接受义务教育权利的同时，在一些经济活跃大城市和经济繁荣乡镇，由于公办教育资源紧张等多种复杂原因，还产生了大量纳民学校，成为解决进城务工人员随迁子女教育问题的重要力量。

一、为何存在

（一）现实背景

随着20世纪80年代中期农村人口进城户籍严控制度的解冻与城镇建设对劳动力需求的增加，大量农村剩余劳动力流入城市或经济发达地区。根据国家统计局《2018年国民经济和社会发展统计公报》，2018年末我国城镇常住人口增加到83 137万人，城镇化率为59.58%。尤其是20世纪90年代以来，越来越多的进城务工人员从"单身外出"转向"举家迁徙"，进城务工人员随迁子女教育问题日益凸显。教育部《2018年全国教育事业发展统计公报》显示，2018年全国义务教育阶段在校生中进城务工人员随迁子女共1 424.04万人。其中，小学1 048.39万人，初中375.65万人。

大量进城务工人员及其随迁子女的集聚，给人口流入地区带来巨大的教育扩容压力。尽管国家出台了"两为主""两纳入"等系列政策，但是由于城镇教育承载力有限、教育扩容周期限制或其他复杂原因，许多城镇对进城务工人员随迁子女进入公办学校就读设定了较高的入学门槛，致使许多随迁子女无法入读城镇公办学校。而且多数进城务工人员家庭经济条件一般，无法支撑子女到高收费民办学校就读。为满足这一群体的入学需求，在城市或经济发达地区，一些以接收进城务工人员随迁子女为主（或全部接收随迁子女）、收费标准较低且质量相对较低的民办义务教育学校应运而生。我们将这类学校统称为纳民学校。

（二）政策背景

纳民学校的主要招生对象是进城务工人员随迁子女。国家进城务工人员随迁子女教育政策先后经历了从"两为主"到"两纳入"再到"两统一"的转变，这一系列政策成为纳民学校发展的政策背景。

1. "两为主"政策

为督促地方政府妥善解决进城务工人员随迁子女入学问题，2001年国务院《关于基础教育改革和发展的决定》提出了"两为主"政策，强调要重视解决流动人口子女接受义务教育问题，以流入地政府管理为主，以全日制公办中小学为主，采取多种方式依法保障流动人口子女接受义务教育的权利。2003年国务院在《关于进一步加强农村教育工作的决定》和《关于进一步做好进城务工就业农民子女义务教育工作的意见》再次重申"两为主"政策，同时要求流入地政府负责，流出地政府积极配合，明确了流入地政府对于农民工子女的管理责任。2006年《关于解决农民工问题的若干意见》再次强调了"两为主"的政策原则，即"输入地政府要承担起农民工同住子女义务教育的责任，将农民工子女义务教育纳入当地教育发展规划，列入教育经费预算，以全日制公办中小学为主接收农民工子女入学"，流入地政府要承担农民工子女平等受教育的责任。同时，2006年修订后的《义务教育法》也提出流入地政府应为外来务工人员随迁子女"提供平等接受义务教育的条件"。2008年国务院常务会议强调要切实解决好进城务工人员随迁子女就学问题，要以流入地为主，以公办学校为主解决，对符合当地政府规定接收条件的随迁子女要统筹安排在就近的公办学校就读，免除学杂费，不收借读费。这些政策一再强调流入地政府"要为进城务工人员随迁子女提供义务教育服务"的责任。

2. "两纳入"政策

教育部2012年工作要点中提出"两纳入"政策，强调保障进城务工人员随迁子女平等接受义务教育，将常住人口全部纳入区域教育发展规划，将随迁子女全部纳入财政保障范围。研究制定进城务工人员随迁子女接受义务教育后在当地参加升学考试的办法。教育部基础教育一司2012年重点工作强调：针对进城务工人员随迁子女的"两为主"政策还不能全覆盖的问题，深化"两为主"为"两个全部纳入"，将常住人口全部纳入区域教育发展规划，将随迁子女全部纳入财政保障范围，推动将随迁子女纳入电子学籍管理系统，简化入学手续，支持规范民办随迁子女学校发展，保障随迁子女平等接受义务教育，帮助他们融入城市生活。2014年《国家新型城镇化规划（2014~2020年）》为了保障随迁子女平等享有受教育权利，再次重申"两纳入"政策，即将农民工随迁子女义务教育纳入各级政府教育发展规划和财政保障范畴，合理规划学校布局，科学核定教师编制，足额拨付教育经费，保障农民工随迁子女以公办学校为主接受义务教育。对未能在公办学校就学的，采取政府购买服务等方式，保障农民工随迁子女在普惠性民办学校接受义务教育的权利。

3. "两统一"政策

2015年《国务院关于进一步完善城乡义务教育经费保障机制的通知》中提出要建立统一的中央和地方分项目、按比例分担的城乡义务教育经费保障机制，一要统一城乡义务教育"两免一补"政策，二要统一城乡义务教育学校生均公用经费基准定额。同年，国务院出台《居住证暂行条例》要求建立以居住证为主要依据的随迁子女入学政策。2016 年国务院《关于统筹推进县域内城乡义务教育一体化改革发展的若干意见》提出要"适应户籍制度改革要求，建立以居住证为主要依据的随迁子女入学政策，切实简化优化随迁子女入学流程和证明要求，提供便民服务，依法保障随迁子女平等接受义务教育……要坚持以公办学校为主安排随迁子女就学，对于公办学校学位不足的可以通过政府购买服务方式安排在普惠性民办学校就读"。2018 年中共中央国务院印发的《乡村振兴战略规划（2018～2022 年）》提出"通过多种方式增加学位供给，保障农民工随迁子女以流入地公办学校为主接受义务教育，以普惠性幼儿园为主接受学前教育"。由此，"两统一" + "以居住证为主要依据"的随迁子女入学政策体系正式成型。

二、在哪存在

在快速城镇化背景下，大量进城务工人员随迁子女流入城镇，给不同类型城镇带来不同程度的教育扩容压力。受城镇教育资源承载力等影响，一些城镇公办学校不能完全解决进城务工人员随迁子女教育问题，纳民学校遂成为重要的补充力量。总体来看，纳民学校的存在呈现出一定的空间特征。相比于中小城市和县城，在经济活跃大城市和经济繁荣乡镇，纳民学校大量存在。

（一）经济活跃大城市

在经济活跃大城市，产业集聚程度高、就业机会多，对劳动力吸引力大，进城务工人员随迁子女数量也较多。《国家新型城镇化规划（2014～2020 年）》提出要"严格控制城区人口 500 万人以上的特大城市人口规模"。2014 年《国务院关于调整城市规模划分标准的通知》进一步将"500 万人以上特大城市"调整和细化为超大城市和特大城市，超大和特大城市均要严格控制人口规模，而超大城市的任务更加艰巨。《国务院关于统筹推进县域内城乡义务教育一体化改革发展的若干意见》指出，"特大城市和随迁子女特别集中的地方，可根据实际制定随迁子女入学的具体办法"。因此，在人口严控政策下，就业机会较多和劳动收益较高的特大和超大城市，面临学位供不应求的教育扩容压力和降低入学门槛的"洼地效应"挑战，不得不出台复杂繁多的准入门槛以抑制过量的教育需求，并漠视城市教育资源紧张的信号。高门槛使得进城务工人员随迁子女很难进入超大特大城市的公办学校，为此纳民学校得以产生。

随着超大特大城市严控人口规模政策的实施，一些大中城市的随迁子女流入压力开始变大。《国家新型城镇化规划（2014～2020 年）》提出 I 型大城市接近特大城市规模区间和"严控"的边缘,要合理确定落户条件;Ⅱ型大城市要合理放开落户限制;中等城市要有序放开落户限制。由于落户限制条件处于有序、合理放开范围,随迁子女就学升学门槛和生活成本相对较低,因而随迁子女流入压力变大。调查显示,义务教育阶段随迁子女在校率达 98.9%。其中,小学阶段随迁子女 82.2%在公办学校就读,11.6%在有政府支持的民办学校就读。初中阶段随迁子女 84.1%在公办学校就读,10%在有政府支持的民办学校就读。① 在经济活跃的大城市,公办学校入读比例会相对较低,更多的随迁子女要在政府支持的纳民学校就读。

(二) 经济繁荣乡镇

劳动力向经济活跃地区流动是普遍规律。《2018 年农民工监测调查报告》显示,在东部地区就业的农民工有 15 808 万人,占农民工总量的 54.8%。在东部地区,特别是经济活跃的京津冀、珠三角、长三角、环渤海等地区,除了大城市接纳大量外来人口外,广大乡镇由于乡镇企业、民营企业比较繁荣,也吸引了大量外来务工人员。调查显示,城市规模越大,农民工的归属感越低。在进城农民工中,38%认为自己是所居住城镇的"本地人",在已定居农民工中,认同自己所居住城镇的比例高达 79.2%。② 由于农民工对城镇认同度高,所以近年来流入量开始增大,携带子女比例增高,因此对经济繁荣乡镇的教育供给带来挑战,纳民学校也发挥了重要作用。东部经济繁荣乡镇虽然劳动力吸纳能力强,但由于乡镇企业多为个体经济或私营经济,规模不大,税收状况并不乐观,因此县级财政能力并不特别高。尽管"两统一"政策保证了"两免一补"资金和生均公用经费基准定额资金随学生流动可携带,但由于外来务工人员随迁子女流动性和生均公用经费拨付滞后性矛盾,使得地方政府并不愿意为教育移民买单。因此,在经济繁荣乡镇,无法进入公办学校就读的外来务工人员随迁子女数量众多,纳民学校有巨大的生源空间。以浙江省温岭市为例,尽管公办学校在积极接收外来务工人员随迁子女入学,但几乎每个乡镇都有专门接收随迁子女的纳民学校。

三、如何办学

20 世纪 90 年代初,纳民学校就存在了。随着国家对民工子弟学校政策的放宽,1998 年纳民学校达到办学高潮。2002 年第九届全国人大常委会第 31 次会议通过了《中华人民共和国民办教育促进法》(以下简称"民办教育促进法"),对

---

①② 国家统计局:《2018 年农民工监测调查报告》,http://www.stats.gov.cn/,2019 年 4 月 29 日。

民办学校的设立、组织与活动、教师与受教育者、学校资产与财务管理、管理与监督、扶持与奖励等给予明确规定。2003年《关于进一步做好进城务工就业农民子女义务教育工作的意见》加强了对以接收进城务工就业农民子女为主的社会力量所办学校的扶持和管理。2016年第十二届全国人大常委会第24次会议通过《关于修改〈中华人民共和国民办教育促进法〉的决定》修正方案，在国家法律、系列政策和地方规定的指导下，纳民学校在学校注册、办学和管理方面形成了相对稳定的运营模式。

（一）学校注册与审批

随着国家对民办教育管理的日趋完善，各地教育行政部门制定了相应的民办学校审批标准和管理规范。纳民学校的设立需严格遵照地方教育行政部门的审批标准。一般而言，纳民学校注册需具有独立的校舍，满足一定的面积要求；举办者向当地镇政府（街道办事处）提意见、提交相关材料，报县市相关部门依法审批许可后方可完成注册。调查发现，纳民学校多位于外来务工人员居住比较集中的郊区或城乡接合部，一般通过租借当地被撤并村小、村委会、闲置厂房等场所改扩建成符合注册要求的学校校舍。

纳民学校的办学者主要有两类：一类是原民办教师或公办学校的离职、退休教师，有一定的学校教学或管理经验，通常直接担任学校的校长。另一类是投资者，他们出资办学，同时聘请有一定管理经验的教师进行学校的日常管理。不仅如此，纳民学校的办学者具有一定的地域性。例如，根据一项关于北京民工子弟学校的调查数据，北京市纳民学校的办学者主要来自河南信阳与河北张家口地区，占全部办学者的82%。根据我们在浙江省的调研发现，浙江纳民学校的办学者多为安徽人。

（二）生源来源与招生

由于公办义务教育全面免费，无论是本地家长还是进城务工人员往往会优先选择进入公办学校就读。流入地政府在接收本地学生后，如果公办学校有空余学位，会首先接收满足条件的进城务工人员随迁子女就读。当公办学校服务供给能力不足时，一般会购买纳民学校的教育服务。因此，纳民学校的生源往往是学校附近未能成功进入公办学校的进城务工人员随迁子女。当然，少数有特殊情况或需要特殊服务的本地适龄儿童，也会选择进入纳民学校就读。

同公办学校一样，纳民学校的招生条件和招生规模有一定的规范和限制。纳民学校在招生方面需严格执行区域教育行政部门要求，根据现有办学条件核定招生数，在招生计划内严格按照条件招生录取。不同地区对进城务工人员随迁子女就学设置了不同的入学条件，尤其是对进入公办学校就读设置了较高的入学门槛，而且经济越发达、人口流入压力越大的地区，入学条件越多、门槛越高；相比之下，纳民学校对生源的要求较低，主要强调入学年龄、居住证/暂住证、父母在流入地有合法稳定住所和合法稳定就业证明、户籍所在地无监护条件证明等，而且在具体招生过程中会根据生源进行调整，灵活性较强。就生源特点来看，由于纳民学校生源主要是进城务工人员随迁子女，因此生源来源广，多来自全国不同地区、不同民族，学生之间在生活习惯、语言文化等方面存在较大差异；同时，受工作性质和特点的影响，进城务工人员流动性大，随迁子女也经常因父母工作的变动而流动，因此纳民学校生源流动频繁。这些对学校教育教学、学生管理等都有一定的不良影响。

（三）教师招聘与管理

纳民学校根据学校规模和实际教学需求，自主制定教师招聘计划，直接面向社会公开招聘符合条件的教师。除了传统的招聘手段，为增加教师招聘的选择机会和选择空间，纳民学校往往会直接到师范学校进行宣讲，面向应届师范毕业生进行校园直招。但由于缺乏稳定性与高薪酬吸引力，纳民学校所能招聘到的教师多数是刚毕业的大学生，也有部分是公办学校的离退休教师和农村学校的外流教师；当学校教师紧缺时，一些纳民学校还会招聘顶岗实习的高校学生担任代课教师。这些教师呈现年轻化、外地化特点，学历层次较低、教学经验不足。不仅如此，由于纳民学校生源素质起点低、学习习惯差，班级学生差异大，家长配合度不高，教师的课堂教学和管理难度较大；而且为吸引生源，许多纳民学校提供校车或寄宿服务，更是加重了教师的工作负担。加之纳民学校教师岗位缺乏稳定性和高薪酬吸引力，使得纳民学校的教师流动性很大。

由于纳民学校的管理者往往有一定的公办学校工作经历，因而在学校的日常管理中会沿用或模仿公办学校的管理模式。首先，为提高教师的教学水平，纳民学校会组织教师集体备课和教研，积极支持和鼓励教师参加地方教育行政部门组织的教师培训。其次，纳民学校有严格的教师考核规定，考核结果与教师的工资待遇等密切挂钩。值得注意的是，纳民学校的教师激励更具灵活性，在调动教师工作积极性方面有一定优势。由于纳民学校外地教师、年轻教师居多，学校往往会为教师提供食宿，一些不具备住宿条件的学校则为教师提供相应的补助。

（四）学校管理和监督

为规范纳民学校运营、提高教育质量，各地教育行政部门对纳民学校实行严格的管理规范和督导审核制度。首先，将纳民学校纳入地区教育行政部门的日常管理中，由相应部门（如民办教育管理处、教育局基教科）对纳民学校进行管理。据了解，目前各地教育行政部门均出台了不同的民办学校管理办法，对学校办学行为、管理、队伍建设、办学条件、内部管理和教学质量等进行规范。教育行政部门会对民办学校进行年检，许多地区甚至还针对纳民学校出台了专门的管理和督导评估办法，由教育局和教育督导室等对纳民学校的办学管理、队伍建设、办学条件、校产及财务管理、内部管理、教学质量、招生工作等进行督导评估，对办学条件差、招生规模超标、教师配备不达标、安全隐患多的纳民学校进行清理整治，直至取消办学资格。

第二节　城市纳民学校的发展困境

生源素质决定着教育质量，教师也是影响教育质量的重要因素，而资源持有数量是开展教育教学活动的基础。纳民学校无论在生源、师资还是教育资源获得方面都面临发展困境。

一、生源：素质起点低且稳定性差

学校不是教育的开始，进城务工人员随迁子女在就学前便受到家庭的长期影响，家庭文化资本等会影响他们的学业表现。大多数进城务工人员由于教育观念、学识水平与时间限制等无力关注和辅导孩子的学习，家庭经济能力也限制他们为孩子营造良好的家庭学习环境和购置必要的学习工具，从而对随迁子女表现出诸多不利。同时，家庭社会资本的匮乏使他们常常被排斥在城市优质幼儿园之外，只能进办学条件较差、质量较低但收费相对低廉的民办幼儿园，有的甚至都不能进正规幼儿园学习，影响了他们的入学准备。优质家庭教育和学前教育的双重缺失导致纳民学校生源素质起点低，成为限制纳民学校质量提升的现实困境之一。

进城务工人员随迁子女经常因父母工作变动而流动，常在纳民学校插班、转学、无规划离校，纳民学校的正常教学秩序经常面临挑战。频繁的流动使得随迁子女要不断适应新学校和新环境。不同的教师风格、不一样的教材和不一致的教学进程，影响着随迁子女，特别是适应能力较差或基础较薄弱随迁子女的学习。如何对知识基础与能力水平参差不齐的学生进行有效教学也是对纳民学校的挑战。受生源不稳定性的影响，学校很难准确预测学生数量，在编班、聘任教师、教学设备添置等方面都需要随机应变，甚至有时连学校的生存都具有不确定性，学校很难制定长期发展规划、探索学校特色发展、推进教育教学改革，显然这对学校高质量持续发展是不利的。

二、师资：选拔标准低且流动性大

我们的调查显示，有40%的人选择教师职业首先是因为教师职业具有稳定性，其次才是职业声望、工资待遇等考虑。传统上，公办学校可以满足求职者追求稳定的要求，优质民办学校可以满足求职者对高薪的追求。但是纳民学校既缺乏稳定吸引力也缺乏薪酬吸引力，很难吸引到优秀师资，只能从次要教师劳动力市场以低标准选择教学人员，因此教师素质的竞争力难以与公办学校、优质民办学校相比。纳民学校教师多呈现外地化、年轻化特点，如浙江温岭某纳民小学，32名专任教师中仅1人为本地人，除校长外其余均是年轻教师，教师平均年龄仅有24岁。同时，由高校实习生担任代课教师的现象较多，多数教师学历层次较低、教学经验不足，难以在教学中获得成功体验。

纳民学校教师流动性也很大。一方面，一些教师在纳民学校只是为了暂时性就业，一旦有更适合的工作便会离开，这些处于观望状态的教师一般不会全身心投入教学与管理。另一方面，纳民学校一些相对优秀的教师多数在备考公办校教师，纳民学校仅是获取更佳工作的跳板。备考编制教师在一定程度上会分散他们的教学精力，影响他们的教学效果。而且，一旦有教师流失，势必会造成学校教学和管理的衔接不畅，为了应急补充教师也不得不再次降低录用标准。

三、资源：来源不稳定且持有量少

纳民学校没有公办学校那样稳定的资源配置优势，也没有优质民办学校那样的资源充裕优势。2012年国家财政性教育经费支出占GDP的比例首次超过4%，国家对公办学校的办学投入稳步增长。公办学校逐渐走出资源紧缺困境，相比之下，纳民学校资源困境则进一步凸显。随着2007年我国农村义务教育免学杂费、2008年城市义务教育免学杂费，公办学校实现义务教育免费的全覆盖，纳民学校家长不得不面临花钱买低质教育服务的心理折磨。

与优质民办学校相比，纳民学校存在比较劣势。优质民办学校投入高，可以直接转化为先进的甚至奢侈的办学条件。尽管有研究证明当学校办学条件达到一定水平后对学生的学习质量并无显著影响，但奢侈办学条件的象征意义远大于实质意义。与之相比,纳民学校缺乏起码的办学条件,常给人一种"不正规"的感觉。而且,优质民办学校可以高薪聘请名师,短期成就学校名声。相比之下,纳民学校没有招聘名师的实力,即使暂时在纳民学校的较优秀教师也感觉没有理由再待下去。

第三节 城市纳民学校的发展空间

当承认纳民学校是义务教育学校的一种类型时,促进纳民学校发展就成为一个不可回避的问题。能否有持续稳定的生源是纳民学校发展的前提。在生源得到保障后,宏观政策是否允许纳民学校存在是第二位的问题。即使社会有需求、政策有空间,地方政府的态度也决定着纳民学校的未来发展。

一、生源前提:进城务工人员随迁子女大量存在

近年来,进城务工人员子女随迁率逐年上升,随迁子女数量不断增加。据《农民工监测调查报告》显示,2009年全国有农民工22 978万人,到2018年增加到28 836万人,增加了25.49%。但是,同期进城务工人员随迁子女数量却由997.11万人增加到1 424.04万人,增加了42.82%,比农民工增幅高出17.32个百分点。2009年进城务工人员子女随迁率为30.95%,到2018年增加到49.13%,增加了18.18个百分点,年均增长2.02个百分点。2018年全国常住人口城镇化率59.58%,按照"诺瑟姆曲线",我国正处于城镇化加速发展期(acceleration stage),未来仍会有大量进城务工人员随迁子女向经济发达城市聚集,为纳民学校提供较为充足的生源。

随着"两为主"政策的实施,义务教育阶段随迁子女在流入地稳定上学将取得重大进展。2014年,28个省份实现了随迁子女在流入地参加高考,"异地高考"政策破冰。2019年《教育部关于做好2019年普通高校招生工作的通知》中提出"落实随迁子女在流入地参加高考政策……确保符合条件的进城务工人员及其他非户籍就业人员随迁子女都能在当地参加高考",政策实施不断深化。随着随迁子女在流入地义务教育后入学与考试门槛的不断降低乃至最终撤除,纳民学校将拥有更加充足与稳定的生源空间。

二、政策背景：非营利性民办校同公办校同等待遇

长期以来，民办教育政策一直纠结于"营利性"与"非营利性"问题。20世纪90年代中期，国家对民办教育的营利动机进行禁止性约束。1996年《中华人民共和国教育法》第二十五条指出，"任何组织和个人不得以营利为目的举办学校及其他教育机构"。进入21世纪，尽管仍然强调民办教育的公益性，但却允许其在合理范围内营利。2002年《中华人民共和国民办教育促进法》在第三条强调"民办教育事业属于公益性事业"，第五十一条指出民办学校"出资人可以从办学结余中取得合理回报"。虽然"合理"这一概念尚缺乏操作性，但却承认了民办学校的"合理"营利。2016年第十二届全国人大常委会第24次会议通过《关于修改〈中华人民共和国民办教育促进法〉的决定》（以下简称《决定》）强调"民办学校的举办者可以自主选择设立非营利性或者营利性民办学校。但是，不得设立实施义务教育的营利性民办学校"。非营利性民办学校举办者出资举办民办学校不能从办学活动中取得收益，办学的结余必须全部用于继续办学，这为低成本运作的纳民学校提供了发展的政策空间。不仅如此，《决定》还规定"县级以上各级人民政府可以采取购买服务、助学贷款、奖助学金和出租、转让闲置的国有资产等措施对民办学校予以扶持；对非营利性民办学校还可以采取政府补贴、基金奖励、捐资激励等扶持措施"，而且"非营利性民办学校享受与公办学校同等的税收优惠政策""新建、扩建非营利性民办学校，人民政府应当按照与公办学校同等原则，以划拨等方式给予用地优惠"。

三、地方政府心态：需要纳民学校作压力调节器

在"两为主""两纳入"政策压力下，地方政府面临随迁子女涌入与公办资源承载压力的挑战。如果随迁子女无法进入公办学校，即使政府购买民办教育服务，随迁子女依然上不起高价优质民办学校，纳民学校收费较低，绝大多数农民工家庭都可以负担。纳民学校办学灵活，可以在一定程度上规避随迁子女数量波动给地方政府带来的财政压力与公共投入风险。这些优势使纳民学校成为地方政府不得不倚重的一种重要办学力量。经济发达地区整体教育质量也有一定的比较优势，会吸引农民工及其随迁子女由教育质量低的地区向教育质量高的地区流动。由于纳民学校教育质量相对较低，会对具有教育移民动机的人产生质量排斥效应。因此，纳民学校质量低且收费低的特点无疑成为流入地政府解决随迁子女入学问题的压力调节器。

第四节 城市纳民学校存在的合理性省察

作为人口流入地区义务教育体系的重要组成部分，纳民学校在解决随迁子女教育问题上发挥着重要作用。尽管如此，义务教育阶段纳民学校的民办、低质性质依然挑战着义务教育的本质、影响着教育公平，其存在的合理性值得反思和省察。

一、纳民学校挑战着义务教育的本质

平等接受义务教育是每个适龄儿童的基本权利。义务教育具有免费性（公益性）、强制性（义务性）和普遍性，这是世界普遍认可的通则。首先，义务教育的公益性即免费性，不收学费和杂费。《义务教育法》第二条规定"国家实行九年义务教育制度。义务教育是国家统一实施的所有适龄儿童、少年必须接受的教育，是国家必须予以保障的公益性事业。实施义务教育，不收学费、杂费"。早在1986年我国首次颁布《义务教育法》时就提出国家对接受义务教育的学生免收学费，但当时由于政府投入不足，接受义务教育的家庭还要缴纳一定的杂费。经过20多年的努力，2007年我国农村义务教育率先"两免一补"，2008年实现城乡义务教育免学杂费全覆盖。其次，义务教育的强制性即义务性，是由国家强制力保证推行和实施的。《义务教育法》规定"义务教育是国家统一实施的所有适龄儿童、少年必须接受的教育"，各级人民政府及其有关部门、父母或者其他法定监护人，依法实施义务教育的学校社会组织和个人必须履行保障适龄儿童、少年接受义务教育的义务。再次，义务教育的普遍性即所有适龄儿童和少年都要入学接受规定年限的义务教育。《义务教育法》规定："凡具有中华人民共和国国籍的适龄儿童、少年，不分性别、民族、种族、家庭财产状况、宗教信仰等，依法享有平等接受义务教育的权利，并履行接受义务教育的义务。"

平等接受义务教育是随迁子女的基本权利。然而，受流入地教育资源承载力影响，许多随迁子女无法平等进入公办学校接受义务教育，只能进入办学质量低且收费的纳民学校。一方面，一些大城市尤其是超大特大城市，为控制城市规模设置了纷繁复杂的入学条件，不断提高随迁子女入读公办学校的门槛，使得随迁子女在流入地上学面临诸多困难和障碍，无法平等接受公办义务教育，2018年约有14.84万名随迁子女未在校接受义务教育，[①] 违背了义务教育的普遍性和强制性原则。另一方面，公办义务教育已经实现全面免费，但纳民学校还要收取一定的学费，无法进入公办学校的随迁子女只能花钱购买义务教育服务，违背了义务教育免费性原则。而且，相比于公办学校，纳民学校普遍教育质量不高。

二、纳民学校满足了不同城镇功能需求

在经济活跃大城市和经济繁荣乡镇，均有纳民学校存在。但是，不同类型城镇发展纳民学校的动机是不同的。在大城市，纳民学校是一种有效的过渡和屏蔽。因为大城市产业集聚程度高、就业机会多，对劳动力吸引力大，因而随迁子女流入压力也较大；尤其是户籍处于"有序放开""合理放开"范围的大城市，就学升学门槛和生活成本较特大和超大城市相对较低，随迁子女流入压力更大。不仅如此，这些大城市的教育质量通常也比较高，会加剧流动人口及其子女由低教育质量地区向高教育质量地区流动，进而加剧了大城市的教育扩容压力。而纳民学校在一定程度上可以有效缓解大城市的教育扩容压力。一方面，纳民学校可以接收无法进入公办学校的随迁子女入学，保证他们在流入地有学上，缓解流入地政府的教育压力，为全面解决随迁子女教育问题提供缓冲和过渡。另一方面，纳民学校质量相对较低，对教育移民有排斥效应，可有效帮助大城市政府屏蔽部分教育扩容压力。

与大城市相比，经济繁荣乡镇教育扩容的空间压力不大，但是财政压力和师资压力等较为突出。经济繁荣乡镇以劳动密集型产业为主，民营企业规模小且分散，地方税收能力一般，但随迁子女又大量聚集，有限的财力和无限的随迁子女教育矛盾使得地方政府面临巨大的财政压力。不仅如此，经济繁荣乡镇产业结构单一，一旦出现产业结构调整和升级，对劳动力结构需求的变化将带来随迁子女的大幅波动。例如，浙江省2013~2015年开展旧住宅区、旧厂区、城中村改造和拆除违法建筑（简称"三改一拆"）三年行动，由于一些企业被改造或拆迁，劳动力就业机会急剧缩减，外来务工人员及其随迁子女数量出现断崖式下降。对于随迁子女数量波动，公办学校没有优势应对，而纳民学校具有较大的办学灵活性，可以在一定程度上规避随迁子女数量波动带来的地方财政压力与公共投入风险。

[①] 据《2018年全国教育事业发展统计公报》数据，全国义务教育阶段在校生中进城务工人员随迁子女共1 424.04万人，而《2018年农民工监测调查报告》显示，义务教育阶段随迁儿童在校率为98.9%。经测算，2018年随迁子女中约14.84万人未能在城市接受义务教育。

三、纳民学校不利于教育公平

教育是一项基本人权,并且有助于实现其他各项人权。平等接受义务教育是每个适龄儿童的基本权利,但受城镇教育资源承载力和教育扩容能力的影响,许多随迁子女无法进入公办学校就读,在纳民学校就读还要缴纳一定学费,加上住宿、餐饮、交通等费用,加重了进城务工人员的经济负担,引发新的不公平。目前各地对纳民学校实行规范监管,严格控制纳民学校收费,保障了随迁子女的受教育权利。但是,由于纳民学校没有公办学校的资源配置优势,也没有优质民办学校的资源充裕优势,发展面临许多困境。纳民学校的校舍多是由被撤并村小、废弃厂房等改造而成,校舍破旧、教学设施欠缺,办学条件较差。同时,纳民学校教师岗位缺乏吸引力,教师素质相对较低、缺乏教学经验,流动性大。随迁子女只能读纳民学校导致城镇教育分层化,严重影响了公平而有质量价值目标的实现。

第五节 城市纳民学校的发展机制探讨

保障随迁子女平等接受义务教育、共享优质教育机会是《义务教育法》的价值诉求。一方面,要不断提高公办学校教育质量、促进义务教育均衡发展;另一方面要加大对纳民学校扶持力度、提升纳民学校发展能力。纳民学校发展能力指纳民学校利用已有资源或获得必需资源,有效组织学校教育教学,提高学校教育教学质量的能力。提升纳民学校发展能力需要区域民办学校管理部门建构动力机制,在此基础上,探索提升校长办学能力、提高教师岗位吸引力、加强特色课程建设和调动家长参与积极性等发展能力建设措施,对于实在无法达到办学底线要求的纳民学校应予以取缔。

一、建立纳民学校能力发展动力机制

纳民学校的创办来自民间投资,既然是投资就必须求得营利回报。但是,营利不等于营利性,如果办学没有盈余,那么纳民学校的持续发展就失去了经济基础,有盈余不等于投资者要参与收益分配,而是要转化为学校发展的持续投资。实际上,纳民学校的营利空间很小,不足以支持学校加强自身能力建设。因此,

在进一步加强对纳民学校评估督导的基础上，创新纳民学校发展能力提升动力机制，使发展能力建设与适度营利内在统一起来。

那么，如何设计这一机制呢？在纳民学校收费制度上，要最大限度地体现市场调节原则，使学校收费层级与发展能力指标相匹配。物价局根据学校办学成本与最小营利限额设定最低收费标准，根据进城务工人员合理支付能力设定最高收费标准。教育局牵头研究制定衡量纳民学校发展能力的指标和等级标准，纳民学校的教育质量不应以简单评价学生分数为唯一标准，还要评价办学能力、课程建设、师资建设等；不仅要注重终结性评价，还要重视过程性评价。最终由物价局与教育局根据发展能力等级研究确定纳民学校的收费等级。例如，浙江温岭对纳民学校实行学年等级评估，并将评估结果作为价格主管部门核定等级收费标准的依据，真正落实"优质优价、质价相符"原则。纳民学校收费实行"基准+浮动"的收费办法。地方政府还可以采取政府购买学位的方式支持纳民学校发展能力建设。譬如，深圳市2015年按每班补助10万元标准，向全市民办中小学发放设施设备补助。2018年按民办学校与公立学校享受基本相同补贴待遇原则，深圳市向21万名符合就读条件的民办义务教育学校学生发放学位补贴。

二、完善纳民学校治理机制

无论是纳民学校的投资者直接担任校长，还是委托他人担任校长，都需要提升校长办学能力。为保证校长达到专业标准，地方教育行政部门应建立纳民学校校长资质审核制度，加强对纳民学校校长的培训，持续提升校长专业水平。在校长达到一定专业水平的情况下，不断完善纳民学校的治理机制。纳民学校应建立董事会和监事会，在学校重大事务决策上，董事会应听取多元利益相关者意见，保障各利益相关者合法权益；在学校重大事项执行上，要充分尊重校长的专业权力，校长应全权负责学校日常教学与管理工作，充分调动教师、家长和社区各利益主体的积极性，提升治理民主化水平。

三、建立纳民学校教师岗位吸引机制

关注纳民学校教师的专业发展和体面生活，提高纳民学校教师岗位吸引力。如果纳民学校教师没有达到底线的专业发展水平，那么对随迁子女来说是不公平的；如果教师达到规定的专业发展水平却没有获得与公办学校教师同等的工资待遇、没有过上体面生活，那么对教师来说也是不公平的。

纳民学校要为教师提供更多发展机会。纳民学校可以通过培训、校本教研与交流学习三种方式提高教师专业水平。地方教育行政部门应给纳民学校教师提供与公办学校教师同等的培训机会，并设置有针对性的培训内容。譬如，深圳市在全国首创由财政支持民办学校专任教师全员免费培训制度。纳民学校要调动教师参与校本研修的积极性，同时地方教育行政部门应安排优秀教师支持指导纳民学校教师的校本教研，并通过结对帮扶的形式加强一对一指导，提供条件并鼓励纳民学校教师到优质学校观摩学习。譬如，2014年深圳市印发《深圳市民办中小学教师继续教育实施办法》对民办中小学专任教师、班主任、中层管理人员、校长等免费进行培训，光明新区试点公办和民办学校教师定期进行交流。

纳民学校教师的工资待遇不应低于公办学校教师。教师工资是教师体面生活的经济支柱。地方教育部门应建立制度保障纳民学校教师的最低待遇标准。对于因办学资金限制无法达到标准的，地方教育行政部门应给予一定的补贴，保证纳民学校教师享受应有的福利待遇。例如，2012年出台的《深圳市民办中小学教师长期从教津贴实施办法（试行）》规定，在民办中小学连续从教三年以上的，"从第四年开始发放从教津贴，发放标准为：满三年每人每月300元，以后每满一年每人每月增加100元，每人每月至1 000元止，不再增加"。

四、完善纳民学校特色课程建设机制

纳民学校的生源对象主要是随迁子女，吃苦耐劳、质朴坚毅是学生们的优势，挖掘学生动手能力强、身体素质好的特点，充分利用他们追求进步的心理，设置相应的实践活动课程，培养他们的自信心。在教学上，纳民学校尤其是小学阶段要注重零起点教学，注意培养学生的主动学习意识，让学生养成良好的学习与生活习惯。

深度开展家校合作，加强学校适应与社会融入教育。学校适应与融入教育主要是帮助学生全面了解学校生活，全面适应学校；帮助学生和家长了解流入地历史、地理、文化及风土人情等，增强对流入地的归属感，更好地融入社会。引导家长与学校进行深度家校合作，让家长不仅关注学生的学习表现，还要关注孩子身心的全面成长，学会一定的指导方法。

五、建立纳民学校家长参与教育机制

平等接受义务教育是随迁子女的基本权利，保障随迁子女接受义务教育是社会、学校和家长的共同义务。要加强宣传教育，提高家长的权利意识，在孩子受教育权无法得到保障时，要学会与学校和政府沟通，维护子女的受教育权利。同时，家长也要积极履行保障子女接受义务教育的义务，积极按流入地学校要求参与家校合作、参与学生教育工作。首先，纳民学校要考虑家长的工作性质和特点灵活安排家校合作的形式和时间，为家长参与家校合作创造条件。教师要积极利用现代通信手段与家长保持联系，及时沟通孩子的学习生活动态，对家长给予必要的家庭教育指导，引导家长正确地与孩子沟通交流，提高家长的教育能力和教育意识。

六、建立纳民学校不合格退出机制

在多方努力下，如果纳民学校仍然达不到合格标准，应该按相关标准和程序退出。地方政府要严格制定标准，纳民学校要严格执行标准。对违反食品安全、校舍安全规定等行为应该坚持零容忍。例如，上海市对有效期内的纳民学校发生重大事故、严重违法违规行为的实行"一票否决"。要加强对纳民学校的监控，使举办者不抽逃资金，办学经费能专款专用；能建立校舍安全、饮食安全和传染病监控机制。这两项"基本要求"有一项不合格者直接取消申报办学绩效评估资格。广州市对纳民学校实行年检，年检结论将作为学校评优评先、资助奖励、招生计划安排和行政处罚等的重要依据。对于违法者，不仅要承受市场后果，还要承担法律后果。

纳民学校主要是为随迁子女服务的。为了保证纳民学校在区域内有序竞争、不超出学校承载力，必须给纳民学校划分招生区域，设置招生规模上限，必须审定纳民学校的办学层次和招生条件。浙江温岭市教育局对纳民学校提出"四严格"，即严格控制招生规模、严格招生区域范围、严格招生办学层次、严格招生条件，并对违反者提出四条处罚措施，如对情节严重又态度恶劣、整改不力且清退不成的纳民学校，学校年检将直接定为不合格、取消招生资格；对屡整屡犯、执意无视市教育局监管的，依法予以吊销办学许可证。

第三篇

县域挑战篇

第九章

县城义务教育学校大班额化解机制研究

按《城市普通中小学校舍建设标准》的规定，小学标准建设班额为45人，初中标准建设班额为50人。一般地，小学班额超过45人、初中班额超过50人即为超班额，小学和初中班额超过56人则为大班额、超过66人则为超大班额。随着城镇化进程的加快，农村学龄人口不断向城镇流动，导致城镇教育资源配置跟不上城镇化发展步伐，出现大班额问题。班额的大小直接关系着个体法定受教育权的获得感、社会教育公平的实现感和国家人力资本水平的提升度。当前，义务教育阶段大班额是我国教育公共治理的重点和难点，其中县镇义务教育阶段大班额是难中之难。2016年国务院发布《关于统筹推进县域内城乡义务教育一体化改革发展的若干意见》提出"实施消除大班额计划……到2018年基本消除66人以上超大班额，到2020年基本消除56人以上大班额"。据教育部发布的数据显示，2018年全国普通小学共有班级275.39万个，其中大班额17.87万个，占总班数的6.49%；全国初中共有班级100.10万个，其中大班额8.63万个，占总班数的8.62%。我们调查发现，个别地区还存在小学最大班额超过130人的情况。伴随城镇化战略的深入推进、户籍制度改革的贯彻实施、"二孩"政策的全面放开、随迁子女就学升学政策的日益完善，县镇义务教育资源承载力持续面临严峻挑战，化解县镇大班额问题已经刻不容缓。

第一节 县城义务教育学校大班额的形成机制

县镇义务教育阶段大班额是县镇义务教育需求与供给矛盾的必然结果。一方面,随着城镇化的推进,大量流动人口及其子女涌入县镇,导致义务教育需求旺盛。另一方面,受县镇财政能力、对人口流动势态判断能力和教育布局规划滞后性等因素的影响,县镇义务教育资源供给落后于需求的增长。在县镇学位需求旺盛而供给不足的结构矛盾下,大班额问题不可避免地产生了。那么,为什么大量学龄人口向县镇聚集呢?真的是城镇化大潮带动了学龄人口向县镇流动吗?未来县镇学龄人口的发展趋势又是什么样的呢?

一、为什么乡村学龄人口向县城聚集?

(一)城镇化的力量

随着城镇化进程的推进和全面"二孩"政策的实施,使县镇学龄人口出现急剧增长的趋势。这种增长部分原因来自县镇人口的自然增长,但更多的原因来自乡村学龄人口向县镇的迁移。在城乡人口流动限制逐步消除的背景下,儿童能否流动到城镇自己并不具有决定权,在很大程度上,他们是被动的"随迁子女"。2009年人类发展报告《跨越障碍:人员流动与发展》强调:"追求高福祉是驱使人员流动的一个关键因素""无论是国内(移民)还是国际移民,许多(人)通过流动获得了更高的收入、更好的卫生服务和教育机会,同时也为孩子提供了更好的发展前景"。① 在城乡就业经济回报存在巨大差距的情况下,农村富余劳动力向城镇流动的选择是理性的,同样是否携带子女也是经过理性计算的。相比于大城市,农民工对县镇有更高的归属感。调查显示,38%的进城农民工认为自己是所居住城镇的"本地人",79.2%的定居农民工认为自己是所居住城镇的"本地人"。② 对县镇认同感的提高有助于农民工作出携带子女一同进城的决策,加剧了农村学龄人口向县镇的聚集。

与此同时,国家积极有序推进农业转移人口市民化,稳步推进县镇包括义务教育在内的基本公共服务向居住证持有者和县镇常住人口的全覆盖。在解决进城务工人员随迁子女在流入地就学升学问题上,国家政策经历了从"两为主"(以公办学校为主,以流入地政府为主)到"两纳入"(纳入城镇发展规划,纳入财政保障范围)再到"两统一"(统一以居住证为主要依据为随迁子女提供义务教育服务,统一按基准定额随学生流动携带"两免一补"资金和生均公用经费)。

---

① 联合国开发计划署编:《2009年人类发展报告——跨越障碍:人员流动与发展》,刘民权、王素霞、夏君译,中国财政经济出版社2009年版,第9、2页。
② 国家统计局:《2018年农民工监测调查报告》,http://www.stats.gov.cn/,2019年4月29日。

随迁子女在流入地就学升学政策的深入推进为农民工大量携带子女进县镇提供了制度保障，助推了农村学龄人口向县镇聚集的趋势。

与学龄人口不断向县镇聚集趋势相对应的是，县城教育资源配置（如中小学新建、扩建、改建）的速度远远跟不上学龄人口向县镇聚集的速度，导致县镇学校数量不足、学位数量有限、教师人数短缺，部分地区甚至还出现了拆掉功能教室装学生的现象，在既缺教室又缺教师的条件下，扩充班额成为了大部分学校解决供需矛盾的基本策略。2015年12月课题组在云南省砚山县某镇调查时发现，由于区位经济优势，该镇聚集了大量外来人口。以第二小学为例，在全校1 358名学生中外来务工人员随迁子女占61.2%。虽然该校综合办学条件不错，甚至有闲置教室，但由于缺少教师，平均班额也是60多人，出现了"有教室无教师，无奈大班额"的现象。同年，课题组在湖北省大悟县调研时发现，县城小学大班额现象非常突出，平均班额达到90多人，最大班额达110多人。

按人口拉动型大班额的形成逻辑，在校生城镇化率应和常住人口城镇化率具有一定程度的一致性。然而，2018年我国义务教育阶段在校学生城镇化率为77.89%（其中小学在校生城镇化率为74.21%，初中在校生城镇化率为86.06%），高出常住人口城镇化率（59.58%）18.31个百分点。① 这说明，除了城镇化因素外，县镇学校大班额现象还有其他形成机制。那么其他形成机制还有什么呢？

（二）质量差距的力量

伴随"两基"目标的全面实现和人们经济收入水平的普遍提高，老百姓对子女的教育期望从"有学上"转变为"上好学"。当城乡之间或县城内的不同学校之间存在教育质量差距时，农村家长便会把孩子送到县城学校读书，县城家长也会不择手段地为子女择校，从而导致县城学校或县城优质学校的大班额现象的发生，即"质量差距型大班额"。它是人民群众对优质教育资源诉求与教育质量差距矛盾的集中体现，主要包括两种情形：

（1）城乡间学校教育质量差距拉动下的大班额。调查发现，在农村义务教育阶段学生进城读书的动因中，30.1%因质量差距，27.7%因学校撤并，42.2%因进城打工。也就是说，在城乡教育发展不均衡情况下，家长用"以足投票"的方式"进城择校"。近年来县城较为宽松的随迁子女就学升学政策，尤其是《居住证暂行条例》和《国务院关于统筹推进县域内城乡义务教育一体化改革发展的若干意见》建立的以居住证为主要依据的随迁子女入学制度，为"进城择校"提供了合理性，在一定程度上加剧了农村学生家长的"政策投机"行为，即为了让

---

① 笔者根据相关资料整理。

孩子接受良好教育而进城务工或者买/租房，甚至开具相关假证明，抑或让孩子投靠亲友。平等的随迁子女就学政策掩盖了教育洼地效应，为农村孩子摘掉了"择校"的帽子，以随迁子女的名义"名正言顺"地进城读书，直接导致县城学校大班额现象。这种形式的大班额在中西部县城学校比较典型，在城乡教育发展不均衡且县城随迁子女教育就学政策较宽松的情况下，此种形式的大班额可能还会愈发严重。

（2）县城内校际教育质量差距拉动下的大班额。新中国成立不久，我国便实行重点学校制度，将有限的资源向少数学校倾斜，尽管20世纪90年代教育部已明文规定不再设重点学校，但学校发展的历史惯性作用，县城内学校间的"马太效应"没有得到根本改变，校际间差距依然比较大。学生家长通过"择校""择班"等方式聚集到教育资源相对好的学校，使得优质学校班额迅速膨胀。这种形式的大班额伴随"多校划片"招生办法的推行，可能会有所缓解甚至减少。

质量差距型大班额在教育发展不均衡地区比较典型，它与城乡二元教育体制、重点学校制度等紧密相关，具有一定的历史原因。尽管中西部地区城镇化率低于东部地区，但大班额现象却比东部地区严重，如果说东部地区大班额的五项原则机制是人口拉动的话，那么中西部地区大班额的形成则更多是由质量差距造成的。

（三）布局调整的力量

农村学校布局调整也是导致县城大班额的重要因素之一。进入21世纪，农村教育实行"以县为主"管理体制，县级政府不仅有权对辖区中小学进行布局调整，而且又通过布局调整来减轻财政压力、提高资源利用效率的动力。随着城镇化进程的快速推进，农村生源总量减少，传统的"村办小学""乡办初中""县办高中"的农村教育结构形态面临挑战。在此背景下，2001年《国务院关于基础教育改革与发展的决定》提出要"因地制宜调整农村义务教育学校布局。按照小学就近入学、初中相对集中、优化教育资源配置的原则，合理规划和调整学校布局"。一些地方政府并没有领会"因地制宜"的精神实质，而是走上了快速大规模撤并农村学校的布局调整之路，结果导致农村学生上学距离变远，交通与住宿成本增加。学生因无学校就近可上，只能被迫进县镇上学。一些家长基于理性思考觉得，反正家门口已经没有学校，与其到镇里上学还不如直接到教育质量更好的县城上学，这种情况在县城周边更为普遍。

根据教育部公布的统计数据①，2000年我国有乡村小学44.03万所，到2018

---

① 《中国教育统计年鉴》2000~2010年采用的是"县镇"和"农村"的统计口径，2011年及之后开始采用"镇区"和"乡村"的统计口径。

年只有 9.06 万所，18 年共减少 34.97 万所，减幅达 79.42%；2000 年有乡村小学在校生 8 503.71 万人，到 2018 年只剩 2 666.41 万人，18 年间共减少 5 837.30 万人，减幅达 68.64%。2000 年我国有镇区小学在校生 2 692.89 万人，到 2018 年增加到 3 950.68 万人，18 年增加了 1 257.79 万人，增幅达 46.71%。同期，全国 0~14 岁人口数由 2000 年的 29 012 万人减少到 2018 年的 23 523 万人，18 年共减少 5 489 万人，减幅为 18.92%。可以看出，乡村小学在校学生数减幅高出 0~14 岁人口减幅 49.72 个百分点，说明大部分乡村小学生源流失。而镇区小学在校学生数不减反增，印证了乡村小学生进县镇上学的事实。从初中看，2000 年我国有乡村初中 4.11 万所，2018 年减少到 1.48 万所，18 年共减少了 2.63 万所，减幅达 63.98%。乡村初中在校学生数由 2000 年的 3 428.47 万人减少至 2018 年的 648.41 万人，减少了 2 780.06 万人，减幅为 81.09%；相对应地，镇区初中在校学生数由 2000 年的 1 704.54 万人增加至 2018 年的 2 312.30 万人，增加了 607.75 万人，增幅为 35.65%。乡村初中在校学生数减幅高出 0~14 岁人口减幅 62.17 个百分点，而同时镇区初中在校学生数却显著增加，说明农村学校布局调整对初中生的影响要远大于小学生。

特别要指出的是，在镇区学生不断增加的背景下，镇区学校却在不断减少，更加剧了镇区大班额问题。2000 年镇区有小学 8.12 万所，到 2018 年仅剩 4.34 万所，18 年共减少 3.78 万所，减幅达 46.54%。尽管镇区初中数有所增加，由 2000 年的 1.87 万所增加至 2018 年的 1.89 万所，18 年共增加 222 所，增幅仅有 1.19%，远小于镇区初中在校学生数的增幅（35.65%）。[①]

（四）旧城重建的力量

"旧城重建"亦称"城市再建"，虽然主要发生在城市，但一些人口大县和发达县城也面临同样的问题。在有些地区，县镇学校大班额并非普遍现象，而是焦点区域（如老城区）的特有现象。在中心城区，原有的学校规模、建筑面积、教育设施等都是按低楼层居住人口设计的。随着城市中心再建或老城区改造，居民住房向商品化和高层化发展，居住人口也随之迅速增长，学区内义务教育学龄人口成倍增长。为了保证镇区学校的容纳力，在城市重建的同时必须配套新建或改扩建学校。然而，由于老城区面临土地约束，教育预留用地不足，学生人口密度又大等现实问题，所以新建学校非常困难。改扩建学校只有两种路径，一是增加"广度"，二是提升"高度"。由于原有学校的占地面积是固定的，通过增加楼群密度来扩大建筑面积所能释放的空间也是有限的，加高学校楼层虽然便捷，

---

① 作者依据教育部官网发布的《教育统计数据》计算得出。

但却不符合《城市普通中小学校舍建设标准》第16条的规定,即"小学的普通教室宜在四层以下,不宜超过四层;中学的普通教室宜在五层以下,不宜超过五层"。因此,县城学校学位供给与学位需求之间的矛盾也较难通过改扩建来缓解,大班额问题由此产生。然而,虽然县城近郊或远郊学位相对充足,但由于居住人口和学龄人口相对较少,学校空间布局与学龄人口分布不匹配,产生了学龄人口集聚与教育资源分散的矛盾。

当前,国家实行建设用地总量控制和强度管控,正在开展优化建设用地结构,加大存量建设用地挖潜力度,构建节约集约用地新机制,拓展建设用地新空间,争创国土资源节约集约示范省和模范县(市)创建活动。其中,对中心城区的用地规模控制得更为严格,土地利用要以调整、改造、挖潜为主,推进旧城区改造升级。对于部分城市或县城来说,旧城改造就成为增加建设用地有效供给的一种方式。旧城区建设用地的纵深挖掘,意味着地区建筑面积的扩大,随之而来的是商业楼和居住楼的扩张,再加上新一轮经济发展的集聚效应,必然吸附大量常住人口和学龄人口,对原有的教育资源供给形成冲击。

二、为什么县城义务教育学校学位供给乏力?

(一)人口预测滞后

县城缺乏对学龄人口的流量和空间分布的监控预测和预警机制,导致教育设施布局规划不合理。学龄人口监控预测有两大直接作用:一是据此确定新建学校的学位弹性和空间调整标准,合理规划学校布局;二是鉴于无限制的学龄人口流动将会使县城地区教育陷入瘫痪,通过实时监控预测系统,依据流入人口变化趋势来动态调整入学政策,科学引导就近入学,进而减缓学校容纳压力。县城原有的学校布局和学位供给是基于户籍人口的,因为当时城乡分割、人口分布相对稳定。城镇化快速发展,城乡之间、城城之间人口开始大规模流动,基于户籍人口的学位供给模式必然造成学位供给的紧张,而以常住人口为基础的新的学位供给模式首先就要求核准常住人口和新的学龄人口。因此,首先,我们需要知道当年该县城义务教育阶段不同学段、年级和不同区位可以提供的学位数量,这是存量;其次,需要根据历年常住人口总量特征、结构特征和空间分布特征及其与学龄人口的关系,以及县城经济社会发展的新趋势等因素,建立模型科学预测学龄人口和学位需求的基本特征,以此来确定增量。科学合理的人口监控预测机制,除了考虑到总量的问题,还必须考虑到人口空间分布的特征问题,因为人口并不是均匀分布在县城内,而很可能集聚在某一特定区域内。这也是某些县城义务教育学位总量供给达标，但大班额仍然局部性存在的重要原因。但很显然，目前多数地区的学龄人口预测存在不够科学和精确的问题，学校建设布局规划受到直接影响，供给还是无法与需求形成匹配，尤其是随着"二孩"政策等新的国家政策的出台，新的学龄人口增长因素正在形成。

（二）教育投入瓶颈

部分县教育投入能力不足或存在卸责现象。土地、资金和教师是构成教育资源供给和承载力的关键因素，但不同地区面临着不同困境，直接导致学校建设推进缓慢。在财力薄弱地区，地方政府无法承担为接收随迁子女新建学校、配备教师等带来的额外财政负担。以笔者调研的青岛市下辖县级市莱西市为例，青岛市虽然整体经济发展较好，但经济发展的均衡程度仍然有进一步提升空间，尤其是远离青岛市区的莱西市和平度市财政压力较大。2015年莱西市财政总收入为51.02亿元，比2014年增长3.9%，全年财政总支出为72.26亿元，比上年增长15.0%。但同年青岛全市财政总收入是2 713.7亿元，莱西市财政收入仅占全市财政总收入的1.9%。即使在财政赤字和教育支出达到公共财政支出23%的情况下，莱西市仍然没有足够的财力执行青岛市"不足300人按300人拨付"的生均公用经费标准，只能按实际人头数拨付，更不用谈全面解决大班额需要的建设资金的巨大财政压力了。① 在财力富裕地区，城区土地的饱和又令地方政府难以有效推进学校建设、扩大学位供给；"财政供养人口只减不增"的事业编制也限制着教师数量的增加。所以相当部分城市，中小学新建、改扩建学校的速度未能跟上经济社会发展和人口流动的步伐，导致学校数量不足，教师、教室、教学基本用具等均短缺。

与此同时，部分地区对随迁子女义务教育投入动力不足，存在教育卸责问题。如政府的教育设施建设用地供给意愿仍然不足。《土地管理法》《城市房地产管理法》和国土资源部通过的《划拨用地目录》规定"学校教学、办公、实验、科研及校内文化体育设施"建设所需要的土地采用划拨的方式无偿提供。但是，在土地城镇化的背景下，各地大搞"土地财政"，土地已然成为部分政府最为重要的财政来源，将土地出让给开发商显然是对GDP的一大贡献；而同时，国家又通过《土地利用总体规划》《城市总体规划》和《村庄和集镇规划》严控建设用地，使得土地供给更加紧张。如此便两相矛盾，在以"卖地"来增加财政收入的"政绩"指引下，教育用地的足量供给更加艰难，甚至出现被纳入学校建设规划的土地中途被占用进行房地产开发的现象。因而有必要通过法律、行政手

---

① 《2015年莱西市国民经济和社会发展统计公报》和《2016青岛统计年鉴》。

段规范建设用地供给，利用好"城乡建设用地增减挂钩"政策为教育设施建设合理增加土地。在调研中我们还发现土地资源获取时间周期长，难以应对不断增加的学位需求。在土地资源比较紧张的地区，一所学校从规划、审批到正式开始新建的最长周期可以达到3年左右的时间。再次，由于我国土地利用总体规划和城乡规划的职能分别分属于国土部门和城乡规划部门，政府部门之间往往因为协调不够，导致规划不统一。在地方实践中，出现了城市总体规划中规划的学校位置在土地利用规划中却是农田、林地等，因规划用途之间的矛盾导致无法新建学校。

（三）非法利益驱动

学校违规招生也是造成大班额的一个重要原因，而违规招生源于利益驱动。它是教育中经济利益与育人价值之间的博弈，最后经济利益占据上风而产生的乱象。利益驱动型大班额的背后存在着政府和学校某种形式的"共谋"。一些学校盲目追求"规模利益"，不惜违背教育规律和法律法规，在教室和教师未变的情况下，扩大招生规模，接受、默认甚至主动寻求"大班额"及其背后的利益。而教育行政部门的默许、不作为的态度，更是滋长了不良办学风气的蔓延，同时还出现了很多"条子生""人情生"。这种利益驱动主要表现在四个方面：第一，可以收取或变相收取择校费、赞助费等；第二，改建、扩建、新建学校可以为不公正地占用国家财政拨款提供机会；① 第三，在生均拨款机制下，学生数越多，获得财政拨款越多；第四，学校的趋利行为，会加剧家长择校，抬高学校周边的房地产价格，进而增加地方财政收入。② 由于人和组织的趋利性，利益驱动型大班额的存在虽然具有一定普遍性，但在教育发展不均衡的地区可能更为明显；另外，它的严重程度可能还与地方监管程度有关。在当前人口空间流动频繁和优质教育资源诉求强烈的社会背景下，人口拉动型和质量差距型的大班额更容易引发重视，而利益驱动型的大班额往往被忽视或掩盖，这对于大班额的治理非常不利。

第二节 县城义务教育学校大班额治理的理论基础

据笔者2015年末对全国东中西12省12县的调查发现，县镇小学规模超过

---

① 张新平：《巨型学校的成因、问题及治理》，载于《教育发展研究》2007年第1A期，第5~11页。
② 姚继军、陈婷婷：《超大规模学校的问题分析与改革出路》，载于《人民教育》2014年第4期，第33~36页。

1 600 人的达 35.0%，最大规模达到 8 215 人；县镇初中规模超过 1 800 人的达 40.6%，最大规模达到 6 250 人；县镇小学平均班额超过 45 人的学校达 65.0%，最大班额达到 95 人；县镇初中平均班额超过 50 人的学校达 38.7%，最大班额达到 121 人。学校规模和班级班额的扩大使生均用地面积不断减小，17% 的学校生均教室面积不足 1 平方米，51% 的学校生均教室面积不足 1.5 平方米，44.4% 的小学生均校园用地面积不达标，35.7% 的初中生均校园用地面积不达标。另有针对河南某市的县城小学大班额调查数据显示，2015 年该市下辖 7 县县城小学的最大班额达到 131 人，几乎是国家标准班额的 3 倍；平均班额为 74 人，也达到了国家标准班额的 1.64 倍，其中两县的平均班额均超过 90 人（国家标准班额的 2 倍）。但是，即使大班额现象突出，为什么就一定要控制班额呢？班额大究竟对学生的学校学习、生活产生了哪些影响呢？对此，我们仍然没有对此作出解释，而这却是我们本章研究的逻辑起点。为此，有必要从社会学、经济学、管理学、教育学以及法学等学科视角来深入探讨控制班级规模的合理性。

一、管理学的视角

（一）行为科学理论

不同于古典管理理论，现代管理理论充分体现了人的主体地位。乔治·埃尔顿·梅奥（George Elton Meyao）通过霍桑实验提出了人际关系学说，认为人是社会人，影响人的劳动积极性的因素除了物质利益之外，还有社会心理的因素，每一个人都有不同的特点。在此基础上，目的在于有效地调动人的积极性、推动人类努力实现组织目标的行为科学管理理论逐渐建立，它主要研究个人与个人、个人与群体及群体与群体的关系，目的在于创造一个良好的工作环境，使人的主动性得到充分发挥。[①]

行为科学理论同样适用于教学活动。在教学活动中，班级作为一个组织，学生和教师是这个组织的成员，学生具有个性化的特点，影响学生学业表现的除了课程设置、教师教学方法等常规与学业直接相关的因素之外，班级环境、学生和教师主体的情感体验以及师生互动等心理、社会因素也具有重要意义，而班级规模时刻影响着这些因素的作用发生。扎霍里克（John Zahorik）等在美国威斯康星州 SAGE 计划研究结果的基础上提出了班级规模作用机制模式，

---

① 郭咸纲：《西方管理思想史》，经济管理出版社 2007 年版，第 163 页。

认为在小班提供的环境条件下，教师有更多的教学时间和较少的学生与课堂的纪律问题，更加了解学生，知道学生的学习需要和兴趣，教师教学的热情更高，满意于自己的教育教学活动。① 芬恩（Jeremy D. Finn）从学生投入受班级规模影响的角度解释了控制班级规模的必要性，他认为班级规模的缩小有助于学生形成集体归属感，有助于鼓励学生参与教学活动，对于教学目标和行动会更加团结。学生会感觉到在较小的班级规模中，他们彼此相互帮助与支持，相处融洽，形成良好的班级氛围。②

（二）管理幅度理论

管理幅度理论认为，组织的最高主管因受到时间和精力的限制，需委托一定数量的人分担其管理工作，委托的结果是减少了他必须直接从事的业务工作量，同时增加了他协调受托人之间关系的工作量，因此任何主管能够更直接有效地指挥和监督的下属数量总是有限的。在不断委托的过程中形成了管理层次，组织规模一定的情况下，管理层次和幅度存在反比关系，由此形成了扁平和锥形两种组织结构形态。两种形态各有利弊，过多的管理层次干扰信息沟通的效果，过大的管理幅度又增加了管理者的负担进而降低管理效率，事实上，这两种情况都不利于组织效率的提升，因此，控制组织规模就显得非常必要。

在班级管理中，班主任、班干部和普通同学形成了管理层级，更大的班级规模势必要求将班级分为更多小组或者每个小组有更多的同学，布拉奇福德（Peter Blatchford）等对于班内"分组"（Grouping）进行了定义，认为"分组"是教师对学生的学习活动进行调整的课堂环境。班内的小组规模和数量会对教师用于学生的任务时间、教师对学生学习的个别帮助、班级管理与控制、教师压力与补偿性努力以及学生的不专注行为、同伴关系、学生与教师主动交流等方面产生影响③，大班对于班内分组教学的顺利进行提出了难题，比如要避免大组的弊端，又会有多组的不利情形；当要避免多组的不利时，又不得不面对大组的弊端。

---

① John Zahorik, Alex Molnar, Karen Ehrle, et al. Evaluating the SAGE Program：A Pilot Program in Targeted Pupil – Teacher Reduction in Wisconsin. *Educational Evaluation and Policy Analysis*, Vol. 21, No. 2, 1999, pp. 165 – 127.

② Jeremy D. Finn, Gina M. Pannozzo, Charles M. Achilles. The "why's" of Class Size：Student Behavior in Small Classes. *Review of Educational Research*, Vol. 73, No. 3, 2003, pp. 321 – 368.

③ Peter Blatchford, Ed Baines, Peter Kutnick, et al. Classroom Contexts：Connections between Class Size and within Class Grouping. *British Journal of Educational Psychology*, Vol. 71, No. 1, 2001, pp. 283 – 302.

二、教育学的视角

(一) 班级规模理论

从教学论的角度看,班级规模的大小对教育目标的确定、教学方法的选择、师生互动的形态、教学评价的内容等方面有着复杂的影响。现代教学论强调以学生为中心,在教学方法上,现代教学方法着眼于学生个性的全面发展,注重关于自主探究、合作学习等学生学习方法的研究,强调学生的主体地位。在教学评价上,注重学生个性发展和纵向评价,强调教学评价的民主性和激励性,尊重学生的人格。注重形成性评价对学生发展作用。小班化教学无疑更适应现代教学论的要求,无论是学生个性的培养还是对学生的形成性评价都需要教师在每位学生身上付出更多的精力,而在教师精力总体有限的情况下,过大的班级规模必然会影响到教学过程和评价的质量,进而影响到每一名学生培养的质量。

(二) 注意广度理论

现代心理学理论研究成果表明,一个人正常的注意广度为 7 ± 2,也就是说,当注意对象的数量超过 9 个以后,人们往往难以清楚地把握,这就要求班级规模不能过大。当班级规模过大时,教师与每位学生之间的平均交往就少,进而影响教学质量。教育心理学家引入了"教育观照度"的概念来表示以班级为授课单位的条件下,教师对每个学生关心与照顾的程度。教育观照度的内涵非常丰富,主要包含小班化教学中对学生空间关照、个体关照、情绪关照、知识关照、思维关照、人格关照等。

教师对学生的关照度 =(周上课时数 × 上课单位时间 ÷ 班级编制标准)÷ 60

这个参数表明,在教师对每一个学生公平对待的情况下,每个学生应该得到教师何种程度的关心和照顾。关照度指数越大,表明教师对每个学生的关心与照顾越多,师生个别交往的机会与时间越多,每个学生的发展可能会越好,提高教育关照度有助于实现教育机会的真正平等。当其他因素不变,而班级规模扩大的时候,教育关照度降低,不利于教师对全班的课堂控制,同时,也影响教师对学生的态度,影响教学气氛。显然,小班化教学的教育关照度大于大班制教学。

三、经济学的视角

教育规模经济的理论主要来自经济学中的规模经济理论。规模经济理论

（Economics of Scale Theory）是经济学的最基本理论之一，起初运用于工商企业中以期提高生产效率。其代表人物马歇尔（Alfred Marshall）在《经济学原理》一书中指出："大规模生产的利益在工业上表现得最为清楚……大工厂的优势在于：专业机械的使用与改良、采购与销售、专门技术和企业经营管理工作的进一步划分。"① 此外，马克思在《资本论》第一卷中也详细分析了社会劳动生产力的发展必须以大规模的生产与协作为前提的主张。规模经济反映的是生产要素的集中程度同经济效益之间的关系，其优越性在于：长期平均总成本会随着产量的增加而下降。但这并不意味着生产规模越大越好，因为规模经济追求的是能获取最佳经济效益的生产规模。一旦企业生产规模扩大到超过一定的规模，边际效益就会逐渐下降，甚至跌破趋向零，乃至变成负值，引发规模不经济现象。因此，即使在经济学领域，也并不意味着规模越大越经济，组织存在"最佳规模"。

除了规模经济理论本身存在的倒"U"型发展趋势之外，将经济学的理论延伸到教育领域中也会产生新的问题，例如，教育作为一种培养人的事业存在周期长、影响因素多的特点，其中蕴藏的隐蔽性、长期性的成本及效益如何定义和测量？与此同时，教育活动中人的主体性使得教育问题更加复杂，是否存在一个确定的数字可以说明班级规模为多少时更有效益？具体来说，大班额在一定程度上确实有利于教育资源的充分利用和适当使用，并使单位学生培养成本降低，产生教育规模经济效果。但规模扩大是有限度的，如果班级规模持续扩大，一味追求单位学生成本降低，使资源使用率超过100%，产生各种规模过大的缺陷，必将损害教育功能。此时，单位学生成本即使减少也不能叫作教育的规模经济。更现实的问题是，以经济思维指导教育事业的逻辑在执行过程中出现了偏离。以"效率"为导向的政策执行在现实中普遍存在，扩大班额有时是资源总量不足的无奈之举，有时是压缩教育投入的故意之行，以节约资金为目的的扩大班额行为远远脱离了提高教育质量的"效益"目标。

四、社会学的视角

班级规模是影响教育过程公平的重要因素之一，教育公平理论是社会学进行班级规模研究的内在动力。关于教育公平的内涵，学界众说纷纭，但是在一个观点上国内外研究者存在着和谐统一，即从宏观层次上依照教育公平的实现过程划分，教育公平由教育起点公平、教育过程公平和教育结果公平三个环节构成。其中主要涉及受教育期间公平条件和公平待遇的教育过程公平受到了多

---

① ［英］马歇尔著：《经济学原理》，章洞易缩译，南海出版公司2007年版，第140~141页。

方面的关注。王善迈教授将过程公平界定为公共教育资源配置公平，认为其是教育公平的条件和保证。① 在对教育过程公平的评价中，刘成玉、蔡定昆两位学者认为可从硬件和软件两个方面来评价。硬件方面的公平指标，包括生均教育投资、生均校舍面积、生均实验器材价值、学校"三通"（通水、通电、通邮）率、电化教育教室比例；软件方面包括生师比、教师职称和学历结构、课程结构、学生素质教育等。② 从对教育过程公平的评价指标来看，其与班级规模存在着密不可分的联系。课堂的教学资源（有形资源、无形资源）在一定程度上是固定不变的，班额人数越多，每名学生分得的教学资源就相应的越少。有些学生成绩落后是因为教师对学习效率不同的学生以相同的时间教授相同的教学内容。假如教师对每名学生都给予相对充裕的时间进行教学，那么，每名学生就有可能很好地完成学业。与此同时，在规模较大的班级里，学生的异质性更高，在教师的精力有限的情况下，那些本来就对学习不够感兴趣的学生就会逃离教师的视野之外，教育教学活动参与感较差，成为所谓的"边缘人"，部分学生会以各种异化的方式表达出来，如上课怪叫、扰乱课堂秩序等行为，而另外一些学生虽不会影响教师教学，但却默默无闻地作出消极的应对，表现为课堂活动的退缩。而在较小的班级规模中，诸如此类的现象就会很少甚至不会发生。叶庆娜通过对国外学校规模影响的研究发现：与大规模学校相比，小规模学校学生的学业成绩和社会经济地位之间的关系相当弱。换言之，小规模学校学生成绩的分布独立于他们的社会经济地位，小规模学校更有助于教育公平的实现。③ 另外，研究表明，缩小班级规模对社会经济地位较低的学生具有更为显著的影响④，即缩小班级规模有利于照顾不利群体，这也体现了一定的公平原则。

五、法学的视角

"受教育权"虽然是宪法由近代向现代演变的历史大背景下产生的新型公民权利，但已是国际人权法文件确认和保障的一项非常重要的人权。在我国，接受

---

① 王善迈：《教育公平的分析框架和评价指标》，载于《北京师范大学学报（社会科学版）》2009年第3期，第93~97页。

② 刘成玉、蔡定昆：《教育公平：内涵、标准与实现路径》，载于《教育与经济》2009年第3期，第10~14页。

③ 叶庆娜：《学校规模对教育公平、成本效益的影响——国外学校规模影响研究综述及启示》，载于《教育与经济》2016年第3期，第71页。

④ 卢海弘：《班级规模变小，学生成绩更好？——美国对缩小班级规模与学生成绩之关系的理论与实验研究述评》，载于《比较教育研究》2001年第10期，第36页。

教育是权利和义务的统一，《宪法》《教育法》和《义务教育法》都规定我国公民有受教育的权利和义务。"受教育权"首先是一种权利，接受教育的义务履行也是以权利的享有为前提的，因此其权利属性是第一位。"受教育权"同"法律关系"都由主体、客体和内容三要素构成。与"受教育权"相关的法律条文都指明了我国"受教育权"的权利主体是全体公民，并不以阶层、种族、信仰等特征来加以区分对待。而权利客体是指"受教育权"所指向的对象，即教育。从教育活动进行的场域划分，可分为家庭教育、学校教育和社会教育，此处所述主要针对学校教育而言。权利内容是解释"受教育权"最关键的部分。从内涵来看，法律文本规定"受教育权"为"受教育的权利"，公民有上学接受教育的权利，且国家有义务为公民接受教育提供保障。如《居住证暂行条例》的出台就是政府履行保障职责的体现。从外延看，常用的观点是依据受教育权的实现过程将受教育权分为"受教育机会权""受教育条件权"和"获取受教育结果权"。[①] 同时，受教育权也有三种存在形态，即应有受教育权利、法定受教育权利和实有受教育权利。从法定权利到应有权利，再到实有权利是权利实现的基本路径。学校的硬件资源和软件资源都是有限的，因此大班额的存在直接影响的是学生平等的受教育条件权和获取受教育结果权。治理好县城大班额问题，让无论是本地户籍学生还是外来学生都能更好地、更有效地、平等地利用学校教育资源，让每一位学生的个性得到充分的尊重与发展，也让学校教育质量得到大幅提升，进而完成法定受教育权到实有受教育权的飞跃。

不仅如此，大班额对学生的生命健康权利也日渐构成威胁。生命健康权意味着我们享有生命安全、生理机能、心理健康不受非法侵犯的权利，它是公民也是学生一项最基本的权利，是享有其他权利包括受教育权的基础。大班额现象严重，这一现状除了影响到教育教学质量和学生个人能力发展，也直接影响到了学生的生命健康权。第一，教室空间有限，学生过于密集，人均享有空间面积小，空气不易流通，导致学生长期处于缺氧状态，上课疲劳嗜睡，一旦发生疾病易交叉感染，同时也容易产生压抑烦躁的情绪，对学生的生理机能和心理健康都形成了直接损伤。第二，"大班额"的座位安排通常较为密集，一部分学生离黑板要么太远，要么太近，严重影响学生的视力与听力。第三，大班额的情形下，学校整体规模也异常庞大，校园内学生过多，在集体活动或上下学时极易因人员密集、秩序混乱而发生安全事故，甚至有可能剥夺学生的生命。

---

① 龚向和：《受教育权论》，中国人民公安大学出版社 2004 年版，第 36~59 页。

第三节 县城义务教育学校大班额的化解机制

从量的角度看,已有关于大班额治理的研究成果颇为丰硕,但为何大班额现象仍然此起彼伏,"长治"非"久安"?本章第一部分通过文献梳理对大班额治理的现有策略进行了剖析,第二部分对青岛市统筹治理大班额的实践进行了介绍,以期为其他地区的大班额治理开拓思路。

一、县城义务教育学校大班额化解的政策机制

通过以"大班额"并含"问题""大班额"并含"解决策略"分别为主题在"中国知网(CNKI)"检索精确匹配文献,并对检索结果进行筛选和整理,发现就"大班额问题原因及其解决"这一内容,已有实证研究从宏观和微观两个角度入手。宏观视角以教育资源均衡配置、政府行政介入管理等为切入点阐述大班额问题,通过增加优质教育资源的总量以及对其进行合理配置,以平衡基础教育领域的供求关系,进而达到消除大班额的目的;微观视角以课程教学、班级管理等为切入点探究大班额问题,通过探索新的教学方式和管理技术,以提高教学质量和效率,进而达到缓解大班额带来的班级教学和管理困难这一目的。本书主要涉及的是宏观领域,因此本部分探讨的主要是学界从宏观视角切入的相关研究成果。关于城镇大班额成因,已有研究有如下共识:城镇大班额问题是教育资源供求问题,是由人民群众对教育资源需求增加与教育资源短缺之间的矛盾引起的,应当增加教育资源总量尤其是优质资源以及对其合理配置,平衡基础教育领域供求关系,进而治理大班额问题。

(一)增加教育资源数量,扩大供给

在供给方面,首先是教育资源总量不足的问题直接造成了大班额现象的日益严重。针对教育资源总量不足的问题,张国林认为加大对教育的资源投入是解决大班额问题的根本保证,一方面,政府有关部门应抓好现有城镇学校的扩容建设,另一方面,在新学校选址和布局时要经过充分论证,严格评估新学校的容量及其所在学区教育需求的变化状况等因素。[①] 刘慎松、范波认为应从财政方面入

[①] 张国林:《城镇学校大班额现象探析》,载于《辽宁师范大学学报(社会科学版)》2013年第2期,第228~231页。

手,提出要加快已动工学校和改扩建学校的建设步伐,尽快缓解城区"大班额"状况。① 翟雪辰等认为应重视学校建设,加强统筹规划。一方面,在生源密集地区扩建、增建学校,以缓解大班额压力。另一方面,完善新建住宅区教育配套设施制定并完善相关规划、建设、验收、惩处等办法措施,积极鼓励、支持和引导住宅区开发商按规定配建学校,并建立财政、师资方面的保障措施。② 刘希娅提出要多管齐下,明确责任,建立城镇新增学校的修建机制。在城镇地区新建与经济社会发展相适应数量的学校,缓解当前入学供需矛盾带来的社会隐患及关联性问题。③ 此外,黄建辉认为要健全城区义务教育用地优先保障机制,以推进落实新建学校的规划。他指出要编制和完善义务教育用地专项规划,切实将义务教育学校用地规划纳入城镇建设总体规划和土地利用总体规划。④

同时,在支持民办教育方面,刘希娅指出要积极支持民办教育,鼓励社会参与,为基础教育提供多元的、充足的选择资源。⑤ 陈油华、曾水兵认为要积极扶持民办教育,提升民办教育质量,吸引生源,分担城区公办教育资源供不应求的压力。⑥

(二)优化学校规划布局,以需定供

优质教育资源布局不合理问题,包含优质教育资源集中分布于中心城区而不是城市边缘、分布于城市而非农村两部分。为此,学者在对撤点并校的反思和新建学校的规划布局等方面提出了具体举措。贺芬指出,教育主管部门需会同人口管理部门,适时追踪和科学预测适龄入学儿童的数据变化,做好城乡学校布局规划。⑦ 黄建辉认为,需根据新城区建设规划和人口分布实际情况,重新科学规划城区义务教育学校布局。一方面,可按照"散、小、精"布局原则,在人口密集区增设标准化中小学;另一方面,加大城区住宅小区配套幼儿园建设,拓展学前教育资源,严禁学前教育挤占义务教育学校办学资源。⑧ 刘霞指出,合理调整规

---

① 刘慎松、范菠:《促进教育均衡发展化解"大班额"难题》,载于《中国财政》2014 年第 10 期,第 57~58 页。
② 翟雪辰、汪露露、巨琛琛:《西北地区大班额问题的成因与对策探析》,载于《基础教育研究》2014 年第 13 期,第 7~9 页。
③⑤ 刘希娅:《破解大班额真的没有办法吗》,载于《人民教育》2015 年第 7 期,第 6~7 页。
④⑧ 黄建辉:《城区义务教育学校大班额问题成因及其化解》,载于《教学与管理》2014 年第 31 期,第 9~10 页。
⑥ 陈油华、曾水兵:《城镇化背景下城区义务教育师资困境与出路——基于江西省 N(市辖)区的调查分析》,载于《教育探索》2016 年第 2 期,第 19~22 页。
⑦ 贺芬:《中小学"大班额"现象分析》,载于《教育评论》2012 年第 2 期,第 45~47 页。

划城乡学校布局，切忌盲目撤点并校。在适应城镇化发展的前提下，要结合地方实际情况进行撤并，城市学校布局上，科学预测城镇人口增加趋势，合理规划城镇学校的布局和建设，对于外来务工人员随迁子女教育问题，政府和学校也应妥善照顾，保证教育资源的均衡利用。① 马佳宏等指出要从当地实际出发，综合考虑当地国民经济和社会发展以及自然地理条件、历史沿革、民族特点等因素，合理确定学校的布局、数量和规模。要从城乡区别上科学合理地做好学校的布局规划。② 刘永新认为，需按照推进新型城镇化发展要求，依据人口结构、学龄人口变化趋势、计生政策调整等，统筹考虑现在教育资源状况、地理环境、交通条件、中小学服务半径、建设标准和教学保障能力等因素，调整完善城镇普通中小学学校布局建设规划。③

（三）义务教育均衡发展，平衡需求

在扶持弱校促进义务教育均衡发展方面，学者多用均衡教育资源配置来进行表述，在具体举措上集中于财政资金投入和师资力量的倾斜，并有学者鲜明指出了城乡教育发展不均衡问题，重点指向农村义务教育薄弱的问题。曹灿辉指出要从整体上提高基础教育的办学水平，加强薄弱学校改造，推动教育均衡发展。④ 多位学者指出希望通过增加财政和师资这两类的教育投入来均衡教育资源的配置。翟雪辰等提出要扶持薄弱学校，促进教育均衡。将办学资源适度向薄弱学校倾斜，提高薄弱学校师资质量，缩小校际差异。⑤ 刘慎松、范菠提出"大班额"问题实质上是教学质量的隐忧。财政应着眼于促进教育均衡发展，把农村、城乡接合部等薄弱学校作为投入重点，在经费和教师资源方面给予大力扶持。⑥ 熊丙奇认为要治理大班额问题必须推进义务教育均衡，缩小地区间和学校间的办学质量差异。⑦ 刘永新指出要对薄弱学校实行财政、教师等教育资源倾斜政策，提高

---

① 刘霞：《义务教育阶段城镇学校大班额现象探究》，载于《科教文汇（上旬刊）》2014 年第 11 期，第 31~32 页。
② 马佳宏、熊虎、孟骁枭：《义务教育学校"大班额"的危害、成因与对策——基于广西的分析与思考》，载于《广西师范大学学报（哲学社会科学版）》2016 年第 4 期，第 1~8 页。
③ 刘永新：《实现教育均衡发展解决城镇学校大班额问题》，载于《中国财政》2016 年第 20 期，第 79 页。
④ 曹灿辉：《城区学校遭遇"大班额"之痛》，载于《中国教育报》2010 年 6 月 23 日第 8 版。
⑤ 翟雪辰、汪露露、巨琛琛：《西北地区大班额问题的成因与对策探析》，载于《基础教育研究》2014 年第 13 期，第 7~9 页。
⑥ 刘慎松、范菠：《促进教育均衡发展化解"大班额"难题》，载于《中国财政》2014 年第 10 期，第 57~58 页。
⑦ 熊丙奇：《治理大班额要做好均衡文章》，载于《发明与创新（大科技）》2016 年第 6 期，第 28~29 页。

其自身造血功能。① 马佳宏等认为，不断推进城乡义务教育的均衡发展，一是要加大经费投入从而推进学校建设；二是要增加教师编制并且做到合理配置；三是要改善薄弱学校条件，扩大优质教育资源。② 需要说明的是，多位学者在提出扶持薄弱学校时，特别指出城乡教育的差距。黄建辉认为要按照城乡教育一体化发展战略要求，加快推进农村义务教育学校标准化建设，支持农村小规模学校建设，鼓励农村探索小班化教学，提高农村学校办学效益及教学质量，促使区域内义务教育阶段学校均衡发展。③ 刘霞指出要统筹城乡义务教育发展，建立城乡一体化的义务教育资源配置机制，统筹考虑教育机会公平、资源配置效率，确保我国义务教育均衡发展。④ 黄麟雅认为对发展较缓慢的农村学校或城乡接合部学校，首先应该增加投入，改善办学条件，搞好优势学校与薄弱学校的结对帮扶工作、农村教师各类待遇的倾斜政策制定工作。⑤ 许汀认为推进城乡教育均衡发展是解决大班额问题的源头。⑥

除了通过提高投入扶持弱校、增加优质资源的数量来缓解质量差距型的大班额问题之外，如何使现有教育资源更好地发挥应有的作用也是学者们探索的问题。其一，扩大现有优质教育资源的覆盖范围。首先，可以优化利用现代化教育手段。刘霞指出要利用教育信息化的方式扩大优质教育资源的覆盖面，确保教育均衡发展，能从源头上避免为追求优质教育资源而导致的城镇学校大班额问题的出现。⑦ 其次，以资源流动的方式实现优质共享。刘爽、郎放提出要构建系统的制度体系，将教师由单位人变为职业人，让优质教育资源真正流动起来，在尽量减少政府财政负担的情况下扩大优质教育资源的覆盖面。范围可及的优良教学设备、仪器、网络、图书等资源应该建立开放机制，积极搭建共享平台，做到人尽其才、物尽其用。⑧ 黄建辉提出要完善城区义务教育学校师资补充和流动的长效机制。进一步改革传统教师编制管理机制，积极探索"编随人走"的动态化教师

---

① 刘永新：《实现教育均衡发展解决城镇学校大班额问题》，载于《中国财政》2016年第20期，第79页。
② 马佳宏、熊虎、孟骁枭：《义务教育学校"大班额"的危害、成因与对策——基于广西的分析与思考》，载于《广西师范大学学报（哲学社会科学版）》2016年第4期，第1～8页。
③ 黄建辉：《城区义务教育学校大班额问题成因及其化解》，载于《教学与管理》2014年第31期，第9～10页。
④⑦ 刘霞：《义务教育阶段城镇学校大班额现象探究》，载于《科教文汇（上旬刊）》2014年第11期，第31～32页。
⑤ 黄麟雅：《义务教育阶段城区学校大班额现象探究》，载于《亚太教育》2015年第30期，第170页。
⑥ 许汀：《消除大班额，推进教育均衡发展》，载于《亚太教育》2016年第30期，第189页。
⑧ 刘爽、郎放：《大班额之弊及其应对策略》，载于《现代教育科学》2013年第10期，第115～116页。

管理模式，扩大教育部门教师人事管理权限，保障教师队伍能随着生源变化、学校布局调整和编制余缺等情况得到及时而有针对性的调整。① 最后，可以发挥优质学校的辐射带动作用。翟雪辰等认为应该结合实际情况，选择性地推广"名校建分校"或"并校"模式，发挥优质学校的辐射带动作用，以此扩大优质教育资源的覆盖范围，使更多的适龄学生享受优质教育资源。② 其二，通过优化教育管理提高资源使用和分配效率。贺芬从宏观的视角出发，提出要加快我国政治体制改革，促进社会民主法治建设，使教育法律制度真正得到落实，形成"依法治教"的浓厚氛围。根据政务公开的要求，有关政府教育经费的拨付、使用情况，以及学校招生范围、生源状况等要接受社会大众的质询和监督。③

(四) 行政管控择校行为，就近入学

目前的治理策略除了以均衡发展引导学生就近入学缓解大班额外，还要通过行政手段管控择校行为以及通过和谐社会建设或舆论宣传等削弱择校的动因。其一，通过招生和学籍管理管控择校行为。曹灿辉指出，大班额问题的解决需要继续规范办学行为，严格学籍管理。要继续坚持义务教育阶段学校划片就近免试入学的原则，严格学籍管理，严把转学关。④ 张国林认为教育供求矛盾根本上源于我国的现实国情和行政制度，需要通过政府层面的宏观统筹予以解决。具体来看，要进一步加大对并校的投入力度，结合当地实际情况采取灵活的并校政策，对于人口流动所引发的教育供需矛盾，在可能的条件下政府可通过宏观统筹转移适龄儿童至周边地区入学，并通过财政补贴的形式解决相关学区的教育经费问题。⑤ 刘爽、郎放认为应该监管结合，从严治理。要加强政府统筹力度，各部门形成合力、学籍管理系统要发挥联网效力，严格控制生源异地异常流动，防止学区入侵。另外应禁止各种对义务教育阶段学校进行示范校、几级几类校等标签化的鉴定性选评工作，防止人为因素进一步拉大校际差距。⑥ 黄建辉提出要规范城区义务教育学校办学行为。教育部门应集中力量、合理利用学校布局调整后的富

---

① 黄建辉：《城区义务教育学校大班额问题成因及其化解》，载于《教学与管理》2014年第31期，第9~10页。
② 翟雪辰、汪露露、巨琛琛：《西北地区大班额问题的成因与对策探析》，载于《基础教育研究》2014年第13期，第7~9页。
③ 贺芬：《中小学"大班额"现象分析》，载于《教育评论》2012年第2期，第45~47页。
④ 曹灿辉：《城区学校遭遇"大班额"之痛》，载于《中国教育报》2010年6月23日第8版。
⑤ 张国林：《城镇学校大班额现象探析》，载于《辽宁师范大学学报（社会科学版）》2013年第2期，第228~231页。
⑥ 刘爽、郎放：《大班额之弊及其应对策略》，载于《现代教育科学》2013年第10期，第115~116页。

余校舍，加快新建、改建和扩建一批优质公办幼儿园，同时要加强义务教育学校办学行为管理，严格落实《义务教育法》的有关规定要求，规范学籍管理，严禁城区义务教育学校乱招生和开设学前班，加强对义务教育资源的监控和管理，防止义务教育学校资源的侵占、浪费和流失。① 翟雪辰认为应该规范招生行为，完善学籍管理。招生公开化、透明化，各省市在条件允许的情况下应为全市学生统一建立电子学籍档案。② 刘霞认为应规范学校办学行为，严格学籍管理制度。学校应坚决贯彻教育法律条款，坚持义务教育阶段学校就近免试入学原则，减少和杜绝择校现象。③ 马佳宏等指出要切实加强义务教育学校的招生及学籍管理。坚持义务教育阶段学校就近免试入学原则，规范学生入学、转学等的管理，防止随意招生、转学和插班等人为造成班级规模增大现象的出现是十分必要的。④ 其二，通过宣传和配套改革消除家长的择校动因。贺芬立足宏观视野，将班额控制放在社会发展的整体环境中，实施各种配套改革，为教育发展提供良好的社会基础，从"择校"的动因源头减少大班额现象。与此同时，他强调，良好的社会环境为教育发展提供良好的土壤，社会大众传播媒介引领着社会对教育的看法，因此需要加强民主法治建设，提升大众传播媒介的教育素养。⑤ 张国林认为，改变错误的教育观念，走出班级规模与教育效益的关系误区是当前我国各级教育工作者应首先解决的认识问题。⑥ 许汀指出大班额问题的解决可以通过大力宣传"大班额"的不良影响，营造全社会共同关心、支持、参与化解大班额问题的良好氛围。⑦

此外，还有学者提出了其他解决大班额问题的措施。潘颖、李梅认为可以分年级制定班级规模标准，为不同年级制定不同的班额标准，低年级的班额应该控制到 25 人以内。区分处理不同原因的班额超标问题。如果是由于农村经济条件薄弱造成的大班额现象，应该从加强教育投资角度处理。如果是城市优质学校为

---

① 黄建辉：《城区义务教育学校大班额问题成因及其化解》，载于《教学与管理》2014 年第 31 期，第 9~10 页。
② 翟雪辰、汪露露、巨琛琛：《西北地区大班额问题的成因与对策探析》，载于《基础教育研究》2014 年第 13 期，第 7~9 页。
③ 刘霞：《义务教育阶段城镇学校大班额现象探究》，载于《科教文汇（上旬刊）》2014 年第 11 期，第 31~32 页。
④ 马佳宏、熊虎、孟骁枭：《义务教育学校"大班额"的危害、成因与对策——基于广西的分析与思考》，载于《广西师范大学学报（哲学社会科学版）》2016 年第 4 期，第 1~8 页。
⑤ 贺芬：《我国中小学"大班额"现象的破解策略》，载于《教学与管理》2012 年第 4 期，第 28~30 页。
⑥ 张国林：《城镇学校大班额现象探析》，载于《辽宁师范大学学报（社会科学版）》2013 年第 2 期，第 228~231 页。
⑦ 许汀：《消除大班额，推进教育均衡发展》，载于《亚太教育》2016 年第 30 期，第 189 页。

追求经济利益最大化而造成的大班额现象,应该强令其调整班额或增加每班级的班主任数量。①

(五) 结论

尽管已有研究在大班额问题上给出了相当多的解决措施,在理论研究的数量上和质量上都实现了一定的积累。但大班额治理在实践中仍然面临多重困境,亟待破解。其一,已有研究多为零散叙述,缺乏系统构架。多数研究在一些具体的方面提出了自己的见解,但是多数文章提到的治理策略缺乏问题导向下的具有全局性和整体性的统筹谋划,治理措施分散,"治标不治本",治理效果并不明显。大班额的化解,涉及教育、土地、编制、财政、人事、金融、城乡建设等多项事务,单从其中一方入手都无法彻底解决问题,必须多方入手,同时重点突破,实现资源整合。其二,已有研究多为建构宏大蓝图的理论思辨型,缺乏应用性,少有经验总结与提升,无法支撑实践。实际上,针对大班额的相当比例的研究都是逻辑演绎的结果,而非逻辑归纳的成果。前者的弊端在于忽略了现实问题的特殊条件制约,无法对现实制约因素进行有力回应。如多数研究都提到在学龄人口的巨大压力下,要增加财政投入,大量新建改扩建学校。但是现实是部分地区财政情况捉襟见肘,如何增加财政投入?部分地区中心城区土地饱和,新增学校的土地如何解决?"财政供养人员只减不增",教师补充如何实现?因而,以大班额的地方治理实践智慧为素材进行归纳提升,再反作用于各地大班额治理,显得尤为必要。其三,已有研究的研究对象基本都是"城镇大班额",鲜有研究是专门针对"县城大班额",少数几篇关于县城大班额的研究成果,其中的对策建议也未针对"县城"这一特殊地域、特殊条件做出相对应的解释。其四,从文献中,我们可以看到城镇大班额过度依赖于政府尤其是教育行政部门一方之力,治理主体单一化,缺少协同整合机制,"多元共治"尚未形成。首先,任一政府部门或各层级政府的权力和能力都是有限的,现实是因协同治理机制的缺位,教育部门不仅要承担做好教育的责任,更要承担如建设学校、筹集资金等本属于规划部门、财政部门、编制部门等部门的任务。其次,市场和其他社会力量的参与度不足,部分地区盲目以管理、公益等借口拒绝企业等社会力量进入义务教育领域,阻碍民办教育发展的观念仍然存在。其五,任何公共事务的治理都是一个动态的过程,从确定研究课题到组织研究,到决策、评估,再到执行、评估,完整的程序设置是治理成功的保障,目前的大班额治理对于"程序"的重视程度不足。

---

① 潘颖、李梅:《班级规模与学生发展的问题研究》,载于《东北师大学报(哲学社会科学版)》2006年第6期,第159~163页。

二、青岛市义务教育学校大班额治理的机制创新

自 2014 年以来,青岛市为了解决县城大班额问题,也为了解决市区大班额问题,实行全市各区(包括县级市)"一盘棋"考虑,由市一级政府对大班额治理进行高位统筹,并建立政府职能部门协同治理机制。与此同时,强化对相关区(市)政府及部门的督导考核,将解决大班额问题纳入推进新型城镇化工作考核内容,并作为评价各级政府教育工作的重要指标,建立工作台账,实行第三方评估,公开接受社会监督。在高位统筹和考评督导的保障下,面对城镇义务教育资源供给不足、需求旺盛的情形,青岛市以"增加供给、平衡需求和空间疏通"为逻辑起点,通过化解学校建设的教师、资金、土地"三大难"问题,落实关于公建配套的法律、政策要求和购买民办校服务、扶持民办校发展来改善学位供给,通过发展城乡、城区教育均衡平衡学位需求,通过规范招生和招生责任共担机制疏通学位需求,全力化解困扰多年的大班额难题。其中,解决学校建设过程中面临的教师、资金和土地问题和关注区域内教育均衡发展是重难点。

(一)市域统筹,构建分工协同治理机制

1. 签订目标责任书

2015 年 10 月 20 日,经市政府同意,青岛市教育局向各区(市)政府、市政府相关部门和市直有关单位印发了《解决城镇普通中小学大班额问题责任分工》(以下简称《分工》)。《分工》明确了与解决城镇普通中小学大班额问题相关的五大事项,分别是调整完善学校建设规划、保障学校建设用地、足额均衡配置师资、加大财政金融投入力度和加强组织领导,并且将每一项责任具体落实到相关部门(具体事项责任分工如表 9-1 所示)。市各相关部门、各区(市)政府与市政府签订解决大班额问题的责任书,明确各区(市)政府主要领导而非教育局领导对各行政区域内大班额问题的解决负总责,并对 2015~2017 年各区(市)建设学校数(包括新建和改扩建)、新增学位数、新增班级数、新增校舍面积、增加教职工和班级达标率作出了明确规定。同时,根据青岛市政府与省政府签订的《解决城镇普通中小学大班额问题目标责任书》,青岛市政府要对全市大班额问题的解决负总责。由此青岛市建立起了市政府统筹,各相关市政府职能部门和区(市)政府分工负责的化解大班额的责任机制。2016 年,青岛市政府对各区(市)累计完成的学校建设任务量、教职工聘任任务量、学位新增任务量与总任务量的比值进行了考核。

表 9-1　　　　　青岛市化解大班额政府责任分工一览表

事项	具体事项责任	负责部门
调整完善学校建设规划	编制专项工作方案	市教育局、市编委办、市财政局、市人社局、市城乡建设委、市国土局、市规划局、市金融工作办、各区市政府
调整完善学校建设规划	创新学校办学模式	市教育局、市编委办、市财政局、市人社局、各区市政府
调整完善学校建设规划	确保教育设施配套	市教育局、市财政局、市城乡建设委、市国土局、市城管局、各区市政府
调整完善学校建设规划	落实教育设施"三同步"	市教育局、市城乡建设委、市规划局、各区市政府
保障学校建设用地	统筹安排学校建设用地	市城乡建设委、市国土局、市规划局、各区市政府
保障学校建设用地	充分挖掘教育用地资源	市教育局、市城乡建设委、市国土局、市规划局、各区市政府
足额均衡配置师资	及时调整教师编制	市编委办、市教育局、市财政局、市人社局、各区市政府
足额均衡配置师资	完善教师补充机制	市编委办、市教育局、市财政局、市人社局、各区市政府
足额均衡配置师资	优化师资配置	市编委办、市教育局、市财政局、市人社局、各区市政府
加大财政金融投入力度	保障财政投入	市财政局、各区市政府
加大财政金融投入力度	强化金融扶持	市金融工作办、各区市政府
加强组织领导	落实政府主体责任	市编委办、市发改委、市教育局、市财政局、市人社局、市城乡建设委、市国土局、市金融工作办、各区市政府
加强组织领导	强化学校招生管理	市教育局、各区市政府
加强组织领导	加强监督检查	市教育局、各区市政府

2. 建立联席会议制度

秉持着"让教育口可以真正做教育"的理念，针对大班额问题的化解涉及财政、城乡建设、国土、规划、编制等多项业务，而这些业务分别由政府不同部门负责这一情况，为加强相关工作的组织和协调，青岛市建立了解决城镇普通中小学大班额问题部门联席会议制度。市大班额联席会议由市委常务、政府分管教育工作的副市长作为总召集人，市政府副秘书长和市教育局局长为召集人，与解决大班额相关的市发改委、财政局、人社局、城乡建设委、国土局、规划局、金融工作办、编委办以及所有区（市）主要领导任成员，实行部门联动。联席会议办公室设在市教育局，负责联席会议日常工作。相对应地，在各区（市）层面上，也都建立了以政府分管教育的副市长为首的区一级的解决城镇普通中小学大班额问题的联席会议制度。至此，加上各相关市政府职能部门和区（市）政府分工负责化解大班额的责任机制，青岛市正式建立起了市政府统筹、各相关市政府职能部门和区（市）政府协同分工化解大班额的工作机制。其效果也是较为明显的，对于建校需要解决的土地问题、教师编制问题还有资金问题的化解起到了不可代替的作用，而这些问题是各地普遍面临的"老大难"问题。在对各区（市）教育局的访谈中，相关负责人均认为在联席会议制度建立之后，涉及大班额问题解决的各项工作推动要容易很多。

3. 创新评析

统筹治理并不排斥治理主体在公共事务治理中的分工负责，相反它要求实现以分工为基础的协同。在这一点上，统筹治理与"目标管理"思想是不谋而合的，要求对组织的整体目标进行分解、转换，形成具有层级性的权责利清晰的目标体系，同时"每个成员所作的贡献各不相同，但是，他们都必须为着一个共同的目标作贡献……产生出一种整体的业绩——没有隔阂，没有冲突，没有不必要的努力的重复投入"①。传统科层制虽然也强调管理活动的专业化分工，却明显忽略了对目标的整合。随着社会经济发展，在韦伯提出的官僚科层制的影响下，政府内部对于公共治理包括教育治理分工的专业化程度不断加深，弊端也随之逐渐显现：学位供给相关的部门之间信息沟通缺乏，信息成本上升；部门职责因过细的分工分化，部门立场、目标出现差异化。而大班额现象的治理是复杂的，涉及诸多部门的职责范围，各部门间治理权力因此形成了交叉地带，如此往往会出现两个极端：部门冲突，如政府不同部门基于不同立场产生的政策冲突，或者是形成"三不管地带"。另外，政府部门的权力和能力是有限的，现实是部分地区教育行政部门不仅要承担做好教育的责任，更要承担如建设学校、筹集资金等本属于规划部门、财政部门、编制部门等部门的责任。即使教育部门尽职尽责，也无法以单部门的力量去解决。

因而，必须破除机制壁垒，实现层级政府间、职能部门间的分工协同治理。首先，要改变教育行政部门或某一层级政府"单枪匹马"的现状，形成科学合理

---

① ［美］彼得·德鲁克著：《管理实践》，毛忠明等译，译文出版社1999年版，第137页。

的责任分工,改善因分工模糊造成的职责懈怠。在层级政府层面,市政府在确定本市解决大班额的总目标后,通过逐级签订目标责任书,实现目标在层级政府间的逐层分解;在职能部门层面,各层级政府将各自总目标分解到下属各个职能部门,并对被匹配的责权进行科学界定和精准划分。其次,建立跨部门协同机制,解决部门立场、目标和利益的差异性问题。一是以协同收益共享和协同成本共担的方式提高职能部门的协同意愿。协同治理大班额的成效与政绩是参与部门的共同成果,应当由所有参与协调治理的部门共同享有,以此激发职能部门参与的动力与积极性。同理,协同治理的成本也应当实现分摊,乃至直接作为专项资金纳入财政预算,减轻职能部门的资金负担。这也是青岛市协同治理机制构建应当予以进一步改进之处。二是建立跨部门业务协同机制。青岛市解决城镇普通中小学大班额问题部门联席会议制度的建立,实现了层级政府间,主要是政府跨部门的协同治理;以协作和整合为手段和目标,化解了部门之间的治理冲突,避免了政府部门的卸责。这种统筹性、整体性思维,也是对科层制的调适,在目标整合之下既有分工又有协同合作,最终实现了权责清晰之下的多元共治。这种工作机制,是青岛市在化解大班额问题上取得硕果的关键因子,对于关乎学校建设的土地、教师和资金"三大难"问题化解起到了不可替代的作用,但需要注意的是各地在借鉴实施时必须避免这种联席会议制度流于形式。

(二)规划先行,改善供给

1. 科学规划,合理布局

(1)城镇:科学预测、完善规划。

青岛市在增加学位供给、达成学位供需匹配上坚持规划先行。在城市内学校规划和建设上,青岛市以预留充分、建设有序为基本原则。根据城市总体规划、产业布局调整和新型城镇化建设需要,综合考虑计生政策变化和外来人口大量迁入带来的人口增量,对青岛市 2014~2020 年受教育人口规模、分布特征进行研究。在对城市人口流动总趋势和当前义务教育资源承载力现状的科学研判基础上,考虑城市的人口和学校空间布局,根据义务教育资源缺口及分布特征,合理预测教育设施需求规模,统筹规划教育设施发展空间;同时以学龄人口增长预测和居住社区建设计划为基础,确定教育设施分阶段建设。

具体而言,青岛市以教育设施布局建设标准(城镇每 1 万~2 万人口区域设 1 所 18~30 个班小学,每 2 万~4 万人口区域设 1 所 18~30 个班初中)为依据,结合青岛市城市总体规划和控制性详细规划,采用低、高两个指标对 2014~2020 年教育设施需求情况进行预测。低指标以《青岛市城市总体规划(2011~2020 年)》确定的 2020 年城市常住人口为依据,测算义务教育设施基本需求;高指标以当前已批复或基本编制完成的城市各片区控制性详细规划确定的居住人口容量为依据，测算 2020 年各级各类教育设施最大需求量，为城市长远发展预留教育设施空间资源。为科学把握受教育人口增长和分布状况，以 2013 年全市受教育人口（3~18 岁）为基数，综合考虑受教育人口自然增长、净迁入受教育人口数量以及计生政策变化影响的人口增量等因素，对青岛市 2014~2020 年受教育人口进行分年度、分学段、分区域预测，根据测算出的学龄人口规模和分布状况，预测各年度全市各级各类教育设施最低存量需求，供各区（市）结合实际进行比对、校核，作为教育设施分期规划建设的依据之一。

按照低指标测算，到 2020 年全市共需新增小学学位 24 万个、初中学位 12 万个，需新建小学 250 所（以每所 24 个班计）、初中 130 所（以每所 24 个班计）。按照高指标测算，到 2020 年全市共需新增小学学位 41 万个、初中学位 20 万个，需新建小学 450 所、初中 210 所。其中，教育设施规划布局主要参照需求预测高指标，为城市长远发展预留教育发展空间；近期建设规划结合各区（市）人口分布和居住社区开发建设计划，参考低指标制定实施计划。2014 年，青岛市统筹教育部门年度建设计划、城乡规划部门年度实施计划、国土部门年度土地开发计划、发改部门年度投资计划及财政部门年度财政预算，制定了《青岛市教育设施布局专项规划（2014~2020 年）》。到 2020 年，全市现状保留小学 530 所、九年一贯制学校 9 所，涉及小学班数共 9 806 个；规划建设小学 494 所（含新建 294 所，原址改扩建 174 所，迁建 25 所，原有教育设施置换 1 所），涉及 15 395 个班；规划建设九年一贯制学校 28 所，涉及小学班数 952 个。现状保留初中（含九年一贯制）153 所，涉及 4 872 个班；规划建设初中（含九年一贯制）234 所（含新建 172 所，原址改扩建 47 所，迁建 14 所，原有教育设施置换 1 所），涉及 7 552 个班。其中，近期建设规划，2014~2016 年全市规划建设小学 163 所，初中 61 所，九年一贯制学校 10 所。① 随后，根据青岛市实际情况，又对近期规划进行了修改，确定 2015~2017 年，全市改扩建小学 68 所，初中 21 所，九年一贯制学校 2 所；全市新建小学 84 所，初中 25 所，九年一贯制学校 10 所。②

（2）农村：立足实际，规范布局。

农村学校布局，立足农村实际，坚持规模办学与方便入学相结合，学校设置与区域内人口规模相匹配，合理规划农村教育设施布局，解决农村学校服务半径

---

① 青岛市教育局：《青岛市教育局关于印发〈青岛市教育设施布局专项规划（2014~2020 年）〉的通知》，2015 年 1 月 8 日。
② 《青岛市解决城镇普通中小学大班额问题工作方案和学校建设规划》，http：//www.sdedu.gov.cn/，2017 年 2 月 26 日。

过大、学生无学可上的问题；同时坚持教育设施规划城乡一体化、办学条件标准城乡一体化、教育资源配置城乡一体化，改善薄弱学校办学条件，提高农村教育设施配置水平，改进农村学生上得不好的问题。具体而言，农村中小学布局根据乡镇、街道（农村社区）总体规划，结合人口密度、学生来源、地形地貌、交通、环境等综合条件确定，以小学就近入学、中学相对集中为原则，确定小学服务半径原则上不超过2 000米。农村小学按照服务半径规划设置，初中按每5万人口以上区域设1~2所和每5万人口以下区域设1所的标准进行规范布局。

为此，青岛市严格规范农村学校撤并程序和行为，坚决制止盲目撤并和强行撤并，避免引发群众不满和学生辍学，建立了农村义务教育学校布局规划调整社会稳定风险评估和听证制度。风险评估要求从学生全面发展、学生家长需求、基本办学条件和促进教育公平等多方面对学校撤并的可行性进行论证，从政策和制度保障等方面进行合法性论证，从布局规划调整过程中可能面临的矛盾与解决对策（如加强校车配备，扩大校车服务范围）等方面进行可控性论证，最终明确学校撤并的风险大小。同时，严格履行撤并方案的制定、论证、公示、报批等程序，并通过举行听证会等多种有效途径，广泛听取学生家长、学校师生、村委和乡镇政府的意见。

2. 资源整合，增加学位

（1）加大公办学校建设。

着眼于国家义务教育发展的大计，青岛市在长期策略上仍然坚持的是以科学规划为前提，大力新建、改扩建公办学校，发展有品质的公办教育。土地、资金和教师是构成义务教育资源承载力的关键因素。在财力薄弱地区，地方政府无法承担为接收随迁子女新建学校、配备教师等带来的财政负担；在财力富裕地区，城区的土地的饱和又令地方政府难以有效推进学校建设、扩大学位供给；再加上"财政供养人口只减不增"的事业编制限制，增加公办教师数量也成为一大困难。但是，青岛对于以上禁锢学校建设和发展的三大问题，做出了机制创新，改善了教育部门的被动性，化解了这一障碍。

建校资金难？一方面，青岛市政府设立了市一级专项资金，统筹安排。对于财力薄弱的区（市），市财政加大转移支付力度，降低区（市）一级政府的教育财政压力。从2015年开始，利用三年时间投入3亿元以上，启动第二轮教育"精准扶贫"工程，集中解决城镇普通中小学大班额问题和"全面改薄"等问题，重点支持财政能力不足的平度市、莱西市解决城区义务教育大班额问题发生的校舍建设费用，对其他区市则采取以奖代补的方式给予适当奖励。此外，青岛市为配合推进普通中小学的小班化教育改革，市政府办公厅于2014年转发了市教育局《关于推进青岛市普通中小学小班化教育的实施意见》，将公办中小学实施小班化教育的班级生均公用经费标准平均提高到非小班化的1.5倍,其中,义务教育阶段学校提高到1.2倍,并根据政府财政情况逐渐提高标准。另外,从2014年春季开始,对当年新批准设立的小班化教育试点学校,市或区(市)财政部门按照每个班一次性补贴专项补助经费3万元。另一方面,各区(市)积极创新,探索融资建校新模式。2015年,黄岛区探索以政府购买服务方式融资支持中小学新、迁、改、扩建项目。其基本模式是以黄岛区教体局作为采购主体,以2012年成立的地方政府融资平台——区属国有企业青岛西海岸职教集团有限公司作为承接主体,二者签订购买服务合同;再由该国有公司与银行等金融机构合作,以其合法享有的应收款项(即与政府签订的购买服务合同项下享有的全部权益和收益)做质押担保进行学校项目的融资及后续建设;政府再向承接主体即该国有公司分期支付进行采购,其中政府购买服务支出纳入年度财政预算。2015年,该公司与兴业银行科教文卫基金合作设立30亿元科教文卫发展基金,专项用于科教文卫项目建设,期限15年,已通过该基金承担了临港九年一贯制学校等10个教育项目的建设任务,目前4个项目已竣工。2016年,公司又与国开行达成中长期贷款协议。这种方式在法律允许的框架内,有效解决了短期内政府无法筹集到新建学校的总量资金,又无法进行贷款的问题,加快了学校建设进程。

教育用地难?针对学校建设长久以来就存在的教育用地难问题,青岛市采用成立联席会议制度的方式,由政府职能部门牵头,政府主要领导干部统筹,实现跨部门之间的有效协调。教育用地难,主要体现在教育用地获取难和与教育用地相关规划的冲突。一方面,依据《中华人民共和国土地管理法》《中华人民共和国城市房地产管理法》,以及2001年国土资源部通过的《划拨用地目录》,对于"学校教学、办公、实验、科研及校内文化体育设施"建设所需要的土地,法律规定采用划拨的方式无偿提供。另一方面,城镇化的发展,尤其是当下部分地方政府忽视"人"的因素,大力推动土地城镇化,做"土地财政",土地已然成为部分政府最为重要的财政来源。而同时,国家又通过《土地利用总体规划》和《城市总体规划》《村庄和集镇规划》严控建设用地,城市开发所需土地不足,这也是"城乡建设用地增减挂钩试点"政策出台的原因所在。也就是说,在以"卖地"来增加财政收入、扩张城市的"政绩"冲动下,给无偿划拨的教育用地的有效供给增加了难度。而青岛市联席会议制度为土地问题的解决提供了非常快捷有效的方式,确保了教育设施用地优先供给。在会议上,教育行政部门可以提出新建、改扩建学校的需求,由城乡规划部门规划、国土资源部门提供土地;在建设过程中,一旦发生规划冲突的情况,也可在联席会议上提出,经过相关部门协调之后,切实需要的,土地相关部门按照规定的权限和程序对土地规划进行相应修改,或者等待新一轮土地修编之后再建设。另外,在此基础上,青岛市采取了土地有偿置换和对土地进行优化利用的方式解决土地不足的问题，并出台旧城、旧村、旧厂改造中教育设施布局优化前置管理办法，优先保障教育设施用地。结合旧城改造、新区建设和区域用地功能调整，利用部分市属高中学校外迁，将高中教学楼转为初中教学楼，初中教学楼转为小学教学楼的方式扩充学位数，并达成土地置换，原高中学校则在土地丰富地区建设更大办学规模的校区，以此缓解学位紧张。对学校现有布局优化整合，如在条件允许的情况下建设楼顶运动场地等，并适当拆除旧楼进行改建、扩建。

教师供给难？针对增加学位供给所需教师问题，青岛市主要采用了两种方式：改革教师选用机制、实施聘用制改革和加强"县管校聘"、统筹区域内教师资源配置。教师是学校发展的核心因素，因此必须保证教师数量和质量。随着学生规模、新建学校的增加和试行小班化教学的改革，青岛市对于教师的需求逐年增加。尽管财力较强的青岛市不存在教育资金不足的问题，但受限于"财政供养人口只减不增"政策的要求，教师编制明显与需求不相匹配，师资短缺问题日益突显。如何招聘到足够的老师成为化解大班额问题的一道坎，青岛市从三方面入手化解了这一矛盾。第一，在青岛市全市教育超编接近2万人的情况下，从2015年开始实施"县管校聘"的教师管理改革，将全市公办中小学所有在编在岗教职工（含聘用制教师）全部纳入，建立区域内中小学教职工编制"总量控制，动态调整"机制。在这一原则下，一方面是禁止"有编不补"，另一方面是随着学校生源变化和教育教学改革需要的变化，编制部门会同财政、教育部门定期核定教职工编制，进行动态性调整。第二，落实山东省政府要求建立临时周转编制专户的政策要求。各区（市）在本地事业编制总量内，将利用撤并、改企转制等方式收回的事业机构编制资源，建立临时周转编制专户，该编制不计入中小学编制总额，实行编制部门单独管理。对超编满编的中小学确需补充专任教师的，使用专户编制予以补充，待该教师自然减员后，利用专户编制补充的教师改为占用中小学编制，相应核减专户编制。第三，2015年青岛市人社、编制、财政、教育四部门联合出台了《青岛市中小学聘用制教师管理办法（试行）》，进行教师人事制度改革，实行教师聘用制。其基本的理念是按照合同管理和岗位聘用的要求招聘聘用制教师，对聘用制教师与在编教师实行统一的人事管理制度和同工同酬，在职称评定、岗位晋升等方面实行同一标准，工资发放标准和支付渠道等参照事业单位在编教师执行，实行财政供养。二者之间的主要区别有三点：聘用制教师制度，在理论上其淘汰机制相对灵活，学校一般三年签一次合同；编制教师属于"系统人"，可以在区域内调动，而聘用制教师属于"学校人"；聘用制教师实行城镇企业职工社会保险制度，一般不享受相应的职业年金待遇。从2016年开始，青岛市对新招聘教师一律采用聘用制，由学校与教师签订合同。在调研中，对聘用制身份的教师进行了深入采访，总体上他们对该项制度较为满意。2016年8月青岛市教育局就解决城镇普通中小学大班额问题新增教师摸底情况显示：2015年全市新增中小学教师共3 035人，其中聘用制教师2 899人，编制教师136人；2016年，全市全部采用聘用制方式招聘中小学教师，共招聘2 671人。目前，青岛市中小学教师人员由三部分构成：事业编制教师、聘用制教师和临聘教师。

（2）落实公建配套政策。

为扩大学位供给，满足日益增长的学位需求，青岛市除落实政府主体责任加大新建、改扩建学校力度，还从落实企业责任出发，从法律刚性要求和政策激励两方面确保房地产开发商做好配套公共服务设施建设工作。一方面，2010年，经青岛市人大常委会和山东省人大常委会通过的《青岛市中小学校规划建设和校舍场地管理办法》第14条第2款规定"规划主管部门在核发中小学校建设用地规划许可证、建设工程规划许可证前，应当征求教育行政部门的意见"。其第15条第1款又规定"新区建设和旧城区改建中，按照规划配套建设的初中、小学，应当与建设项目同步设计、同步建设、同步交付使用"。由此建立了配套教育设施建设的"三同步"原则和教育部门前置审核制度。2012年，青岛市政府再次印发《关于促进教育事业优先发展的意见》，要求与教育设施配套建设相关负责部门"国土资源房管、规划、城乡建设等部门在规划方案制定、供地、初步验收和移交验收前，要征求当地教育行政部门意见"，建设单位应当在工程竣工验收合格后三个月内将配套建设的中小学（幼儿园）和有关建设资料全部移交给教育部门，并且对不按时交付的开发单位，由城乡建设委等部门列入联合制裁名单。2016年通过的《青岛市城市房地产开发经营管理条例》也再次强调了"开发建设方案应当载明开发期数、开发进度以及配套基础设施和公共服务设施的建设进度、交付使用时间等内容"。另一方面，青岛市还在逐步建立教育设施配套建设激励机制，设置房地产开发学校配套的最小规模标准。旧城更新改造中，对于学位需求达到最小学校配置规模的，要求开发商严格按照配建标准明确配建学校规模、用地及开发强度；对于学位需求未达到最低标准的，鼓励开发商按最低标准配套，对多配部分给予补偿或奖励；对于学位需求远低于最低标准的，开发商缴纳教育设施配套费或提供部分用地由政府统筹解决。

（3）扶持民办学校发展，加大购买服务力度。

随着城镇化发展带来的大量日益增加的随迁子女，以及城市建设带来的居住区、居住人口、适龄儿童，青岛市部分地区义务教育阶段学位供给压力越来越大，明显跟不上人口增长趋势，专用教室、教师办公室大量被占用，对办学品质造成了影响，而同时新建、改扩建公办学校却需要较长时间。青岛市在短期策略上，采取了扶持义务教育阶段民办学校发展、向民办学校购买服务的方式补充学位。2016年，市政府先后出台了《青岛市教育局积极支持民间资本进入教育领域促进民办教育健康发展办法》和《青岛市人民政府关于进一步完善城乡义务教育经费保障机制的通知》，在税费、财政、土地等方面给予政策支持。其中在财政上，在前期为全市义务教育阶段民办学校学生免费提供教科书、免费提供作业本的基础上，从2016年春季学期开始由政府增加资金投入1350万元，将民办学校学生免除学杂费标准统一提高到小学每生每年650元、初中每生每年850元。同时，政府增加民办学校公用经费投入724万元确保民办义务教育学校的学生和公办学校享有同样标准的生均公用经费（小学每生每年900元、初中每生每年1100元，对学生规模不足300人的学校，按300人核定公用经费）。在关于"民办学校既然是非国家机构举办、资金自理，为什么政府还要扶持民办学校发展"的问题上，调研中青岛市某区（市）教育局局长给出了这样的答案：

扶持义务教育阶段民办教育发展，有两大目的。一是为了缓解大班额问题，即使我们不向民办学校购买学位，民办学校通过在本区域内招收义务教育段适龄学生，也会起到很大的分流作用，缓解公办学校承载压力。尤其部分民办学校是寄宿制学校，更能满足随迁子女的需求。二是为了应对市场多样化需求，办有特色、有选择的高端的教育。

在青岛市大班额最为严重的黄岛区，除上述提及的政府增加经费投入的项目外，为扶持民办义务教育学校发展，还对免费招收学片内义务教育阶段中小学生入学的民办中小学根据公办中小学生均培养成本标准，对民办中小学进行年度补助。设立民办教育发展专项资金，用于向民办城乡义务教育学校购买服务、非营利性民办中小学校出资人奖励、特色品牌学校创建奖励等。该区利用民办教育资源解决学位不足的方式主要有出资购买民办学校空余学位和公建民营两种方式。针对后者，目前该区有一所九年一贯制学校，政府和青岛超银学校合作，6年合作办学；校舍由政府投入建设，小学免费招生，其财政经费和公办小学一样，教育局也负责安排一部分公办教师，但初中部按市场机制运营。

（4）创新评析。

教育设施布局规划是学校建设的前提，布局规划的科学合理与否甚至决定了大班额能够被化解的可能性。布局规划的学位总量充足与否决定了彻底解决大班额的基本可能性，而布局规划的学位分布结构科学与否决定了区域性大班额的存活。因此，青岛市的大班额治理坚持规划先行，从第一步也就是教育设施布局规划开始就力争充分贯彻供需相匹配的原则。对于城区现存大班额的化解，青岛市在综合考量了影响学龄人口变化的多项因素后，采取低、高两类指标对学龄人口和学位需求进行分学段、分区域预测，确立了义务教育学位缺口，明确了近期和远期建设任务。对于农村，则规范学校撤并各项程序，避免农村学生因撤并后无学可上进城读书对城区学位供给形成的冲击。

关于政府以购买服务方式融资建校，它实际上是政府和社会资本合作的一种新方式，从国家文件的层面可追溯至 2013 年国务院办公厅发布的《关于政府向社会力量购买服务的指导意见》，其规定"政府向社会力量购买服务的内容为适合采取市场化方式提供、社会力量能够承担的公共服务，突出公共性和公益性。教育、就业、社保、医疗卫生、住房保障、文化体育及残疾人服务等基本公共服务领域，要逐步加大政府向社会力量购买服务的力度"。2014 年，财政部又发布了《关于印发〈政府购买服务管理办法（暂行）〉的通知》，对政府购买服务的遵循原则、购买主体、承接主体、购买内容、购买方式及程序、预算及财务管理、绩效和监督管理作出了进一步规定。但直到 2015 年《国务院关于进一步做好城镇棚户区和城乡危房改造及配套基础设施建设有关工作的意见》的出台，在"创新融资体制机制"中才提出发挥金融的支持作用，规定承接棚改任务及纳入各地区配套建设计划的项目实施主体，可依据政府购买棚改服务协议进行市场化融资，银行业金融机构据此对符合条件的实施主体发放贷款。至此，"政府购买服务融资"的概念开始出现。在中小学的建设上，青岛市黄岛区正是在全国率先采用了这一融资新机制进行探索。实践证明，正是这一创新举措缓解了暂时的财政压力，加快了学校建设进程，有效降低了黄岛区的学位供给压力，为化解大班额难题提供了有力支撑。而其成功的关键在于多元主体公私合作的方式实现了采购主体（政府）、承接主体（青岛西海岸职教集团有限公司）和借款人（银行等金融机构）利益共享的"三赢"局面。承接主体西海岸职教集团有限公司作为负担新区教育项目的投融资建设工作的区属国有企业，具有丰富的学校建设经验，不追求暴利，因此政府监管成本低，且能够分摊到较长的年份进行分期支出，降低了大规模集中建设学校的建设资金压力；且在采购费用纳入财政预算的情况下，采购主体如期支付债务的能力也很强，承接主体能够按时收回成本；借款人即银行因承接主体的债权担保，也能很好地保证其还款来源，获得本金和利息。与传统的 PPP 模式相比，政府信用在承接主体的融资过程中起到了较大作用，因而银行等金融机构接受度高，融资速度快；购买服务融资流程简单，操作快捷，运作周期短；政府购买服务融资可以规避 PPP 模式财政支出 10% 的约束限制，不适用于大规模集中建设中小学的项目。同时，风险把控就显得非常重要，必要时应当对政府财政可承受能力进行评估。

关于中小学教师聘用制改革，它是在应对、化解城镇大班额问题的背景下应运而生的，因此它的首要目的是补充中小学教师，解决大班额带来的师资不足的问题。作为一项教师的人事制度改革，实现中小学教师聘用制是落实《教师法》

第17条"学校和其他教育机构应当逐步实行教师聘任制"的要求,其现实意义在于打破传统的事业单位用人制度形成的"铁饭碗"的局面,引入竞争机制,提高社会人力资源利用效率。但显然,青岛市在大班额背景下实行的这项改革主要是开拓一种教师的补充渠道。面对大班额背景下教师数量不足与财政控编(即"财政供养人口只减不增"的政策)矛盾,财政能力强大的青岛市选择了聘用制改革,以聘用制方式补充教师。教师聘用制下的教师在待遇上同在编教师是一致的,仅仅没有职业年金,完全由政府出资,而其不占用事业编制,以聘用合同(聘期一般为3年)的方式入职。这种聘用方式既避开了财政对于编制的控制,又满足了解决大班额对教师数量的巨大需求。那么,既然作为一种教师补充渠道,其关键就在于如何让其对教师有足够的吸引力。从调研的具体情况来看,青岛目前主要从两个方面入手,分别是待遇和工作稳定性。在待遇上,基本原则是同工同酬,除没有国家规定中的"编制"身份外,青岛市对聘用制教师与在编教师实行统一的人事管理,在职称评定、岗位晋升、专业发展等方面实行同一标准,工资发放标准参照事业单位在编教师执行,支付渠道不变,仍然实行财政供养。在稳定性上,我们走访了相关试点学校发现,为了稳定教师队伍和避免因解聘产生的社会矛盾,目前各个学校对于教师,只要其不突破底线原则——重大师德过错,一般极少解聘聘用制教师;那么这也或多或少降低了聘用制改革对于打破"铁饭碗"的意义。实际上,在以聘用制补充教师的同时,教育部门还承认了聘用教师能够慢慢转为正式编制教师的可能。

关于教育用地供给问题,联席会议制度和政府领导人统管在其中扮演的角色是举足轻重的,这两项创新让真正的协同治理成为可能。关于协同治理机制,前文已有叙述,在此不再赘述。虽然相比以往,教育土地供给更为容易,但实际上部分地区的教育土地供给仍然存在阻滞因素。调研中,我们发现由于城市土地资源的紧张,一所学校的建设从最初的规划、审批到正式开始新建耗时较长,有的甚至需要3年左右的时间。由于我国土地利用总体规划和城乡规划分属于不同行政主管部门(国土部门和城乡规划部门),二者之间常常发生不统一的现象,城市总体规划的学校,其位置却处于土地利用规划当中规划的农田、林地等,即使土地得到划拨也可能因规划用途之间的矛盾无法新建学校。而这是青岛市下一步在教育用地供给上需要改进的。

关于扶持民办学校发展和向民办学校购买服务,对于后者,我们比较容易理解,其实质是为弥补公办资源匮乏的政府购买服务。但对于前者,既然义务教育阶段民办学校是"利用非国家财政性经费",为何还要扶持其发展呢,尤其是对其进行财政资助?吴华对此进行了总结,认为当前学界关于政府利用公共财政支持民办教育发展有五种不同理由:一是民办教育对于国家财政的贡献,2010年小学和初中民办教育对预算内财政经费的贡献为 446.23 亿元；二是受教育权利平等性要求公共资源分配的平等；三是民办教育具有正外部性，使社会受益；四是民办教育在提供义务教育服务这项公共产品上的效率；五是利用公共财政资助民办教育来保持教育制度创新和整个国家的教育竞争力。① 其实对于这个问题，从该政策之于不同主体的损益情况的视角来看能够帮助我们厘清其必要性。首先，对于义务教育服务的需求者——个人（义务教育段适龄学生或者其监护人）来说，义务教育段民办教育发展为适龄学生的受教育权实现提供了一种可能性和多样选择。在城镇公办义务教育资源承载力严重不足的情况下，民办教育的出现使超出公办教育承载力范围的随迁子女"有学可上"，受教育机会权得以实现；同时，追求特色教育的民办学校发展也起到了满足不同群体的多样化教育需求的作用。显而易见，民办教育的发展就是一个"帕累托改进"的过程，各个主体的受教育权没有被损害，反而得到了更好的实现。其次，对于义务教育服务的提供者——政府来说，义务教育段民办教育的发展实际上分担了公共财政的负担，若没有民办学校对部分学生的分流作用，政府则需要建设更多的学校增加学位供给，也就意味着大量的土地、教师、校舍建设等各项支出；而且，民办学校提供的义务教育服务也弥补了政府提供的教育公共服务的单一性。再次，从义务教育段民办教育对于整个社会发展的角度来衡量，民办教育促进了教育公平和教育创新，推动了国家教育事业的改革发展。这也是教育公共服务适度市场化的结果，提高了服务供给的效率，更能适应需求变化，以竞争推动教育创新和教育质量提升。如果采用理性主义模型进行分析，相较于政府对义务教育段民办教育"置之不理"甚至限制其发展的做法，扶持民办教育发展是符合理性主义要求的，达到了社会效益最大化。当然，此处的"社会效益"不只是经济价值，也包括实施该政策带来的社会、政治价值。② 单看政府扶持义务教育段民办教育对于化解大班额的作用，关键在于分流，发挥了事半功倍的效果。一方面，政府以较小的成本扶持民办教育发展，学生进入民办学校学习，直接起到了分流学生的作用，如若不然，政府建设公办学校的成本将远远超出对民办教育的财政扶持成本；二是民办教育以其不同特色满足教育需求多样化，其结果也是直接吸引大批学生，一定程度上降低了公办学校的学位压力。

（三）提升均衡，平衡需求

校际、城市内部区域间的不均衡引发了学生对优质教育的追求，进而催生了

---

① 吴华、胡威：《公共财政为什么要资助民办教育》，载于《北京大学教育评论》2012 年第 2 期，第 44~46 页。
② ［美］托马斯·R. 戴伊著：《理解公共政策》，谢明译，中国人民大学出版社 2011 年版，第 14 页。

择校问题，进一步导致了部分区域的大班额问题。可以说，大班额问题的产生和发展与义务教育资源分布不均衡存在着直接关系，义务教育均衡发展成为了大班额问题解决的现实要求。因此青岛市除了推进城乡教育"硬件"资源均衡之外，还从"软件"入手。

第一，青岛市期望通过办学模式的改革，让优质学校的教育资源得到充分利用，使薄弱学校的教育资源得到有效补充；让优质学校的品牌效应得到充分发挥，使薄弱学校的办学水平得到有效提升，最终实现优质教育的均衡化、普惠化。全面推广名校办分校、委托管理、集团化办学、高校或科研院校辐射中小学、学区制管理等办学模式改革，采取名校+新校、强校+弱校、城区学校+农村学校、中小学+高校、民办学校+公办学校等合作形式，推动校际间优质课程、教师资源和管理模式共享。

以莱西市望城学区管理为代表的学区制改革，通过对学区规划、行政管理、教学管理、财务管理和组织保障等方面的组织和规划，建立了较为完善的学区制管理制度体系。通过设立学区，实施"行政统一管理、教师统一调配、教学统一安排、考核统一标准、资源统一使用"的"五统一"管理模式，建立起完整的学区制管理体制和运行机制，使学区内学校在教育理念、学校文化、德育工作、教学管理、教育教研、发展规划、师资力量、教育资源、初中小学衔接等方面协作探索、共建共享、交流合作，实现优质教育资源的扩张和薄弱学校的发展，不断缩小校际间的办学差距，推进全街道教育优质均衡一体化发展。望城学区实行教育党总支统一领导下的学区管理体制，设立学区管理中心和学区管理部，学区下设发展规划部、资源统筹部和教育教学部三个部门，分别负责学区的整体规划、发展考核、人员调配和组织协调工作，教育教学工作，资金统筹、设施整合及资源优化等工作。在最为特色的教学管理方面，望城学区规定学区内教育教学实行统一管理，达到课程计划统一、教学进度统一、集体备课统一、质量检测统一、校本培训统一等"五个统一"，通过学区的统一管理，发挥学区内优质学科、优秀教师的带动作用，帮助薄弱学科发展提高，达到教育资源的全面均衡。具体包括：实施学区教育教学联动管理机制，实施学区管理中心办公例会制度，成立学区学科中心组，建立和完善学区调研监测制度；实施教师援助，通过提升教师素质的"支教结对子"制度，建立学科教学带头人制度，实行学区内教学公开制度，进而推动教师整体水平提高；建立学区科研制度，努力形成"学校有课题，人人在参与"的科研局面；建立学区内物质、课程、人力等教育资源共享制度；加强信息技术交流，创建网上"共同校园"。

第二，青岛市在全国率先建立了区市义务教育均衡发展专项督导评估机制，并建立了较为系统的评估指标体系。2010年，青岛市人民政府教育督导室制定了《青岛市义务教育均衡发展督导评估指标体系(试行)》,以评估政府对义务教育资源的均衡配置情况,评估内容包括组织领导、教育投入、教育教学管理与质量、教师队伍和办学条件等。评估指标分为基本指标和差异指标。其中 A1~A5 为基本指标,是由国家、省、市法律法规和文件规定的,要求每个区、市必须达到的最低标准。A6 为差异指标,主要用于衡量区域内义务教育发展的均衡度。均衡度是运用统计学中的差异系数,对区域内义务教育资源配置差异进行判断和评估,从而确定区域内义务教育资源配置的均衡程度。

(四)空间疏通,取足补缺

城镇大班额还存在另一个层面的问题,即大班额存在的空间性,大班额问题只在城区的部分片区存在。这种空间性的大班额形成原因主要是三个方面:一是随迁子女在城市的分布不均衡;二是户籍人口及其适龄子女在城市的分布不均衡,这主要是城市再建设造成了原有教育设施与人口空间变化不适应;三是城区内部教育质量差距导致的择校因素所造成。针对造成大班额分布不均的各项因素,青岛市一方面加强招生管理、落实就近入学,另一方面注重空间疏通、取长补短。在义务教育阶段,公办学校均不得采取考试方式选拔学生,小学实行划片就近入学,初中入学在招生片区内通过电脑派位或以小学为单位整体调拨等方式进行,以制度的形式尽可能减少因择校问题带来的区域性大班额问题。目前,全市小学免试就近入学比例为 100%,初中实行电脑派位或整体调拨的比例为 98%。针对人口分布本身不均衡造成的大班额分布不均问题,青岛市以"取足补缺"为原则,建立招生责任共担机制。以莱西市 2016 年招生为例,义务教育段学校成立了 4 个招生责任共同体:香港路小学、济南路小学、国开莱西实验学校(小学部)、洙河小学为 1 个招生责任共同体,第二实验小学、月湖小学、水集中心小学、城关小学为 1 个招生责任共同体,实验小学、滨河小学为 1 个招生责任共同体,莱西四中、实验中学、国开莱西实验学校(初中部)为 1 个招生责任共同体。招生责任共同体的招生范围是共同体学校各自招生范围的总和,共同体对范围内所有学生入学实行责任共担。共同体内学校有各自招生范围,同批次招生时各学校优先招收本校招生范围内生源,若该学校学位充足,其剩余学位向共同体内其他学校同批次不能接收的生源开放。

(五)强化督导,公开接受社会监督

督导工作是青岛市政府一直以来重点关注的领域之一。《青岛市中长期教育改革和发展规划纲要(2011~2020 年)》提纲挈领地指出要加强监督检查,"围

绕纲要提出的主要目标、重点任务和政策措施，定期组织开展督导评估，全面分析检查实施效果及各项政策措施的落实情况，通过教育督导报告等形式定期公布落实情况"。在大班额问题解决方面，青岛市政府从建立健全监督机制、建立台账公开制度和引入第三方评估等方面对义务教育均衡实施情况展开了督导评估工作。

1. 完善监督，权责相符

第一，将工作台账向社会公开。2016年1月，青岛市教育局在《青岛日报》上专版刊发《青岛市、各区（市）解决城镇普通中小学大班额问题工作规划公示》，向社会公布各区市分年度解决大班额问题工作目标，建立工作台账，接受社会监督。2016年2月，青岛市教育局颁发了《青岛市教育局关于进一步完善社会参与监督评议教育工作的意见》，对监督评议的主体、对象、内容以及具体措施等方面做了内容丰富、可操作性强的规定。第二，建立月通报制度。市政府建立了解决大班额问题进展情况月通报制度，自2016年开始，每月对各区市完成投资、新增教师数等八项工作进展情况以市政府名义通报至各区市政府和市政府相关部门。第三，实施大班额专项督查。2016年6月，青岛市政府组织了5个督察组对各区市解决大班额问题开展专项督查，督查结果通报至各区市政府及主要负责人。对督查中发现的问题区市进行重点督查，督促有关区市政府采用切实措施，对2016年度解决大班额问题涉及的土地供给、学校建设等问题限期解决。第四，实行第三方评估。青岛市较早就引入了第三方评估这一教育评价方式。2015年，青岛市人民政府教育督导室曾委托第三方评价机构——中国海洋大学青岛市教育评估与质量中心开展了青岛11个区（市）实施小学、初中教育质量综合评价监测工作，这是当时国内首次地区教育质量全部委托第三方进行评价。在此基础上，于2015年颁布了《青岛市解决城镇普通中小学大班额问题工作方案和学校建设规划》，明确指出要"设立监督举报平台，接受社会监督。委托第三方对各区市中小学大班额情况进行评估，结果向社会公开"。将引入第三方进行评估的经验扩展到大班额问题的解决领域。第五，落实权责利相统一。青岛市政府在《区市政府教育工作科学发展考核办法》中，把年度教育工作目标完成情况作为评价区（市）级政府工作的重要内容予以考核。2016年已经将解决大班额问题工作目标完成情况纳入对各市区经济社会发展综合考核目标内容，与各区（市）政府签订目标责任书，由政府主要领导对大班额问题的解决负责。

2. 创新评析

治理由"人治"走向"法治"、"传统"走向"现代"的一个重要内容是对程序的尊崇和恪守。"程序"二字在国家治理中应当有三层含义：程序是行事或决策的顺序、流程、方式或手续；角色分担的程序装置，将决策或探究实质正义的职责分配给不同部门形成一种分工配合下相互牵制的格局；公众和舆论可以通过对程序运作的监督来管控实质正义的生产过程。① 首先，公共治理都是一个过程，评估是其中的重要环节，能够使决策与执行进一步优化合理。在评估工作上，要重视运用治理主体和治理对象之外的第三方的力量，在对相关信息进行准确的识别与分析基础上，对大班额化解中的行动风险、可行性和效果进行科学合理评估。行动风险和可行性的评估是关于决策科学性的评估，能够使治理主体在行动中准确把控风险和规避风险，采取有效防范措施。行动效果的评估既是关于执行力的衡量，也是对决策科学性的进一步检测。当然，科学评估的效用最终还依赖于反馈系统的畅通，及时进行信息传递。其次，大班额的主要治理主体政府职能部门通过分工协同机制在决策与执行的职责上实现了相互制约，避免了因权力过度集中带来的权利滥用和治理之殇。最后，督导与监督机制建立实现内部和外部监督相配合，对于治理现代化实现的作用也是显而易见的。在内部督导上，宜采用常规督导与专项督导相结合方式进行。青岛市以市政府和各区（市）政府教育督导办公室为主进行大班额问题的日常督导，同时每年组织政府督察组对各区（市）解决大班额问题涉及的土地供给、学校建设等问题开展专项督查，督促限期解决，将年度教育工作目标完成情况作为评价区（市）级政府工作的重要内容予以考核。在外部监督上，对于学位供给这类直接关系居民重大切身利益事项，建立了通过媒体等多渠道对工作进展及时公开通报制度。

（六）小结

青岛市之所以能在各地久攻不破的大班额问题上做出成绩，与青岛市政府、教育行政部门对教育问题的重视分不开，但关键在于青岛市政府在解决大班额问题上做出的改革创新。"推进教育改革发展，实现更高质量、更加公平、更有效率、更可持续的发展"是《国家教育事业发展"十三五"规划》的要求。教育改革发展需要以"创新、协调、开放、绿色、共享"为基本理念，其中，"创新是核心所在，协调是内在要求，绿色是必然要求，开放是品质保障，共享是目的所指"②。青岛市正是在此理念指导下，立足实际，实行充分吸纳市场和其他社会力量参与的"多元共治"，通过改革创新和开放激发了活力、解决了大班额难题、形成了具有特色的"青岛经验"，也实现了义务教育的协调发展、绿色发展和公民对于义务教育公共服务的共享。归纳来看，相对于其他地区关于大班额的

---

① 王若磊：《治理现代化须恪守程序正义》，载于《学习时报》2016年7月28日第4版。
② 田锋、庞艳梅：《以创新、协调、绿色、开放、共享的理念引领教育改革发展》，http：//learning.sohu.com/20160811/n463804214.shtml，2017年3月6日。

实践，青岛市成功的最主要因素在于市政府能够以问题意识为引领、以"统筹"的思维推动大班额问题的化解：通过联席会议制度和目标责任制建立起层级政府间、政府部门间协同治理机制，实现了机制创新下的治理主体统筹；以"增加供给、平衡需求和空间疏通"为逻辑起点和基本理念，实现了资源整合下的治理措施统筹；以强化监督评估为手段，及时监测和改进大班额化解状况，实现治理现代化理念下的治理程序统筹。

一方面，受制于马克斯·韦伯官僚科层制的影响，政府部门以实行专业分工和层级体制提升组织运行效率，但却导致了政府部门治理的碎片化。另一方面，随着政治、经济、社会等方面地向前快速发展，任何一项公共事务都极具复杂性，非单一职能的政府部门所能应对。统筹治理作为以强调治理主体的多元、治理权力的向度变化、治理过程的互动合作和治理机制的宽泛[1]为特征的治理理论的一种，在国家公共事务管理中被提出，被用于我国公共事务管理的实证分析中。教育公共治理中的统筹治理是一个"为了实现一定的教育事业发展目标，以政府为主要主体，通过各种正式和非正式的制度安排，营造行使教育权力、制定和执行公共教育政策所依赖的良好制度环境和运行机制，以实现对教育事业的有效管理、整合和协调的持续的互动过程"[2]。其基本内涵是以问题为导向，提倡通过战略规划与管理将治理参与者、治理的目标与手段进行协调整合和有机联结，构建一个各要素相互作用的有机整体，形成具有整体性和全局性的解决方案，最终达成"善治"。青岛市成功的关键之一也正在于此，各地在借鉴学习"青岛经验"时，如若对此视若不见，结果极可能是事倍功半。

---

[1] ［英］杰瑞·斯托克：《地方治理研究：范式、理论与启示》，载于《浙江大学学报（人文社会科学版）》2007年第2期，第8页。
[2] 周晔、王晓燕：《城乡教育统筹治理：概念与理论架构》，载于《教育研究》2014年第8期，第33～34页。

第十章

农村义务教育寄宿制学校发展机制研究

2012~2018 年,我国城镇化率分别为 52.57%、53.73%、54.77%、56.10%、57.35%、58.52% 和 59.58%,年均增长 1.17 个百分点。① 城镇化的快速发展使广大中国农村出现了前所未有的人口流动与结构性变革。随着农村富余劳动力的向城性流动以及农村学龄人口数量下降,县域内基础教育学校做出了适应性的布局调整。进入 21 世纪以来,随着农村学校布局调整进程加快,县城内小学数量大幅度减少,由 2001 年的 46.5 万所减少到 2020 年的 12.9 万所,20 年间减少了 72.3%。城镇化的持续推进及其带来的农村中小学校布局调整变化使得县域内教育发展面临三重挑战,即巩固发展乡村小规模学校、积极建设乡镇寄宿制学校、有效治理县域大班大校。乡村小规模学校是保障农村适龄儿童教育机会和教育权利的必要学校样态;寄宿制学校是适应农村中小学布局调整,促进集中办学成效的必需学校形式;大班大校则是快速化、大规模化的城镇化对县城基础教育带来的冲击性影响进而形成的具有功利性、现实性甚至违反教育规律的学校样态。县域内教育呈现出乡村小规模学校、乡镇寄宿制学校、县城大班大校并存的学校样态,"三足鼎立" 的基础教育格局是城镇化快速发展阶段的形态。

寄宿制学校作为农村教育发展中的重要学校样态,自 21 世纪以来有着什么样的历史性发展特点?新时期寄宿制学校学生呈现出什么样的寄宿特征?县域内出现大量寄宿制学校的根本原因是什么?对寄宿制学校应持有的合理价值判断是什么?时下寄宿制学校面临怎样的挑战以及我们应如何应对?这些问题的有效思

---

① 根据国家统计局发布的数据整理。

考既有利于我们以系统的教育思维确立"三足鼎立"学校类型发展的最优方式以及"三足"关系的最佳处理模式，也有利于我们以社会发展视角审视工业化、城镇化等社会变革给农村教育带来的挑战，社会能为农村教育发展提供的支持性政策以及农村教育对社会发展应有的限度。

第一节 农村义务教育寄宿制学校的现实特征与形成机制

寄宿制学校已经成为县域三元学校形态中非常重要的一元，初步形成了"三足鼎立"的局面。那么，为什么21世纪以来县域寄宿制学校获得如此快速的发展？

一、农村义务教育学校寄宿生的分布特征

2001年国务院颁布《关于基础教育改革与发展的决定》明确提出，"因地制宜调整农村义务教育学校布局""按照小学就近入学、初中相对集中、优化教育资源配置的原则，合理规划和调整学校布局"等。自此以后，学校布局调整成为新时期我国基础教育特别是农村基础教育的重要议题。随着农村学校布局调整的整体推进，大量乡村小规模学校被撤并，寄宿制学校的建设成为村小、教学点撤并后解决农村学龄儿童上学的重要途径。在城镇化带来的农村人口向城市转移的过程中，受到以户籍制度为代表的传统城乡社会经济二元结构等因素的影响，子女未能随父母进入城市就读，留守儿童成为中国城镇化过程中亟待关注的特殊群体。县域内农村寄宿制学校的建设和发展不仅实现了教育资源的整合利用，而且成为关注留守儿童、弥补留守儿童家庭教育缺失的重要手段。21世纪以来，县域寄宿制学校的发展呈现出怎样的新特点？各省份寄宿制学校和寄宿生人数呈现怎样的变化趋势？寄宿制学校主要集中在哪一层级？对以上问题进行梳理对于把握我国寄宿制学校的发展特点和方向具有重要意义。

（一）义务教育阶段寄宿生数量庞大，呈现阶段性变化特点，同时数量分布存在区域差异

受到第二、第三产业发展带来的城镇化快速推进及计划生育政策的人口抑制效应带来的影响，农村富余劳动力进城务工以及农村少子化现象成为我国人口发

展的重要特点。随着进入 21 世纪后农村学校布局调整大规模展开，基础教育实行"以县为主"的教育管理体制，大量农村学校调整撤并后，农村小规模学校数量急剧减少，相应的，县镇、农村寄宿制学生数量呈现快速增长的趋势。

1. 县域成为寄宿制学校主体，是中小学寄宿生主要聚集地

据统计，2016 年，我国义务教育阶段小学寄宿制学校数量为 40 867 所，城区共 1 620 所，县域共 39 247 所，城区小学寄宿制学校与县域小学寄宿制学校数量比为 1 : 24.23；2016 年我国初中寄宿制学校数量为 26 641 所，城区共 2 791 所，县域共 23 850 所，城区初中寄宿制学校与县域初中寄宿制学校数量比为 1 : 8.5。而从表 10 - 1 可以看出，自 2006 ~ 2016 年以来，县域是寄宿生群体的主要聚集地。而 2016 年我国县域义务教育阶段寄宿生总数为 26 082 064 人，占我国义务教育阶段寄宿生总数的比例约 85%。这一较高的比例与我国新增城镇人口的分布有关，2000 ~ 2010 年，我国城镇人口呈现出向超大城市、县城和镇集聚的态势。其间县城与城镇人口增长约 8 000 万人，占全国比重由 22.2% 提升至 27.6%。① 这种变化影响寄宿制学校建设和寄宿生数量的变化。

表 10 - 1　　　　2006 ~ 2016 年我国义务教育阶段寄宿生数量及区域分布情况　　　　单位：人

项目	学段	城区	镇区	乡村	合计
2006 年	小学	338 865	1 667 842	5 032 137	7 038 844
	初中	1 141 402	9 942 710	11 024 930	22 109 042
2007 年	小学	445 137	1 982 489	5 165 464	7 593 090
	初中	1 424 298	10 587 335	10 245 654	22 257 287
2008 年	小学	527 809	2 470 691	6 162 344	9 160 844
	初中	1 554 017	11 487 476	10 376 000	23 417 493
2009 年	小学	545 601	2 662 107	6 602 051	9 809 759
	初中	1 539 788	11 772 859	10 130 660	23 443 307
2010 年	小学	580 259	2 930 843	6 869 729	10 380 831
	初中	1 530 135	11 803 142	9 707 329	23 040 606
2011 年	小学	930 053	4 108 006	5 769 764	10 807 823
	初中	2 759 531	12 560 933	6 636 843	21 957 307

---

① 李晓江、郑德高：《人口城镇化特征与国家城镇体系构建》，载于《城市规划学刊》2017 年第 1 期，第 20 页。

续表

项目	学段	城区	镇区	乡村	合计
2012 年	小学	966 352	4 103 135	5 099 864	10 169 351
	初中	28 48 051	12 203 396	5 700 319	20 751 766
2013 年	小学	988 669	4 205 015	5 015 475	10 209 159
	初中	2 869 363	11 820 524	5 059 158	19 749 045
2014 年	小学	1 137 642	4 520 572	4 955 559	10 613 773
	初中	3 193 498	12 101 826	4 852 424	20 147 748
2015 年	小学	1 151 702	4 696 442	4 855 801	10 703 945
	初中	3 208 214	12 206 230	4 606 897	20 021 341
2016 年	小学	1 211 826	4 764 698	4 660 530	10 637 054
	初中	3 464 844	12 256 205	4 400 631	20 121 680

2011~2015 年，县域义务教育阶段寄宿生占我国义务教育阶段寄宿生总数的比例分别为 89%、88%、87%、86% 和 86%。虽然自 2011 年开始县域中小学寄宿生数量占比有所减少，但依然保持在 85% 以上，县域依然是中小学寄宿生寄宿的主体区域。表 10-2 中呈现出了城市与县域寄宿制学校的比例，2006~2010 年相对悬殊，虽然 2011 年、2012 年以后比例有所缩小，但是在 2016 年这一比例依然呈现出一定差距。县域成为寄宿制学校主体的具体原因，我们以为，可能与我国城镇化特点、人口流动特征以及教育资源的配置等因素密切相关。而自 2011 年县域中小学寄宿学校数量与寄宿生数量比较之前有所减少，这可能与我国跨省人口回流增多存在一定相关性，也可能与我国义务教育阶段学龄人口的城区性流动相关，所以同期城市中小学寄宿制学校数量、寄宿生人数均有所增加。

表 10-2　　　　　　2006~2016 年城区与县域内义务
教育阶段寄宿生数量比情况

项目	小学	初中
2006 年	1∶19.77	1∶18.37
2007 年	1∶16.06	1∶14.63
2008 年	1∶16.36	1∶14.07
2009 年	1∶16.98	1∶14.23
2010 年	1∶16.89	1∶14.06
2011 年	1∶10.62	1∶6.96
2012 年	1∶9.52	1∶6.29

续表

项目	小学	初中
2013 年	1∶9.33	1∶5.88
2014 年	1∶8.33	1∶5.31
2015 年	1∶8.29	1∶5.24
2016 年	1∶7.78	1∶4.81

2. 小学阶段寄宿生数量增长变化显著

由表 10-1 可见，2006~2016 年的 11 年间我国小学阶段寄宿生数量从 2006 年的 7 038 844 人增长到 2016 年的 10 637 054 人，年均增长人数为 327 110 人。其间，2006~2011 年小学寄宿生数量处于快速增长阶段，6 年内年均增长数量约达到 628 163 人。这与我们前面所提及的城镇化带来的人口流动趋势有关，也与农村学校布局调整带来的大规模"撤并"直接相关。事实上，学生寄宿率的上升与农村中小学数量的减少息息相关。据统计，自 2006~2013 年，农村义务教育阶段学校数从 40.25 万所减少到 26.23 万所，减少了 34.8%。① 在 2000~2010 年的 11 年间，通过撤点并校中国农村平均每一天就要消失 63 所小学、30 个教学点、3 所初中，几乎每过 1 个小时，就要消失 4 所农村学校。同时，农村小学生减少了 37.8%，农村初中生减少了 26.97%。这种现象目前依然存在。② 另有数据表明，1998~2011 年全国农村小学生数量 14 年间减少了 38.93%，而农村小学数量（不包括教学点）减少了 61.4%，远远超过学生数变动的幅度。而农村小学学校数和学生数变动差异的拉大正是始于 2001 年，这是农村学校撤并政策的开始。③ 大量学校的撤并带来了新的教育难题，而寄宿制学校的建立成为应对这一难题的具体化举措。或者可以说，2011 年以前农村中小学校的大量撤并使得农村寄宿制学校及寄宿生人数的快速增长成了必然的结果。另外，随着大量进城务工人员数量的增多，低龄留守儿童数量日益攀升，很多地方将留守儿童教育工作与农村寄宿制学校建设结合起来，进而促进寄宿制学校数量的增加。一些政策制定的初衷就是利用农村寄宿制学校解决农村留守儿童问题。④ 而自 2012 年以

---

① 董世华：《价值拓展：促进农村寄宿制学校内涵发展的路径选择》，载于《当代教育论坛》2015 年第 4 期，第 2 页。

② 21 世纪教育研究院：《消失中的乡村学校》，载于《社会科学报》2012 年 11 月 29 日第 003 版。

③ 丁延庆、王绍达、叶晓阳：《为什么有些地方政府撤并了更多农村学校？》，载于《教育经济评论》2016 年第 4 期，第 16 页。

④ 董世华：《农村寄宿制中小学发展的历史沿革与反思》，载于《当代教育论坛》2014 年第 1 期，第 16~18 页。

后,小学寄宿生数量变化速度放缓,与国家对于"撤点并校"等相关政策的跟进与调控相关。

3. 小学寄宿主体乡村化,初中寄宿主体城镇化

综观 2006~2016 年我国义务教育阶段寄宿生数量变化,比较乡村地区、城镇地区寄宿生数量不难发现,小学阶段的寄宿生主要集中在乡村区域。2006 年乡村区域的小学寄宿生占寄宿生总数的 71.49%。2006~2015 年,乡村小学寄宿生的比例均高于其他区域。乡村成为小学寄宿生主要聚集地与家长现实的教育选择,小学生年龄发展需要以及与寄宿制学校所要求的寄宿条件等相关。这进一步说明,乡村地区由于经济、文化、交通以及其他原因,促使乡村寄宿制学校在乡村小学撤并后承担了乡村儿童教育的主体角色。由表 10-1 可见,初中阶段寄宿生主要聚集在镇区。这与初中学校布局位置有关。撤点并校使得农村初中学校数量减少,乡村初中教育资源更为集中和稀缺,这使得县镇初中寄宿制学校的发展有了需求刺激。而广大家长在考虑自身教育消费条件和学校教育条件的情况下,将镇区初中寄宿制学校作为子女接受初中教育的相对合理的选择。可以说,这种选择反映了镇区寄宿制学校对于农村家长教育选择能力的现实契合性。

(二)寄宿制学校分布地域差异明显,中小学寄宿生多聚集在中西部区域

1. 义务教育阶段寄宿制学校多聚集在中西部地区

由于我国幅员辽阔,各地域在人口分布密度、自然地理条件、经济发展水平等方面存在区域差异,这在很大程度上使农村寄宿制学校呈现出地域性、区域性的分布差异。2016 年我国东部地区寄宿制小学 4 912 所,中部地区寄宿制小学 14 441 所,西部地区寄宿制小学 21 514 所;东部地区寄宿制初中 6 860 所,中部地区寄宿制初中 10 902 所,西部地区寄宿制初中 8 879 所。表 10-3 表明,2016 年东部地区中小学寄宿生总数为 7 654 161 人,中部地区为 10 897 416 人,而西部地区则为 12 207 157 人。与 2021 年相比,东、中、西部地区中小学寄宿生数量变化是:东部地区中小学寄宿生人数增加了 361 744 人,增长比例约为 5%;中部地区中小学寄宿生数量减少了 1 665 772 人,减少比例为 13%;西部地区中小学寄宿生数量减少了 1 372 416 人,减少比例为 10%;数据表明,城镇化带来的人口流动出现新的变化特点,使得中小学生寄宿群体发生区域性变化。但总体来看,中西部依然是我国义务教育阶段寄宿生的主要聚集区域,也是寄宿制学校广泛集中的区域。义务教育阶段寄宿学生地区分布与区域经济发展状况、城镇化带来的人口流动特点、地域内教育人群的教育现实需要等具有关联性。

表 10 - 3　　　2010～2016 年义务教育阶段寄宿生数量地域分布情况

单位：人

年份	东部		中部		西部	
	小学	初中	小学	初中	小学	初中
2010	1 613 284	5 679 133	4 074 964	8 488 224	4 692 583	8 886 990
2011	1 611 070	5 457 716	4 230 222	7 854 479	4 966 531	8 645 112
2012	1 662 175	5 438 714	3 843 566	7 164 810	4 663 610	8 148 242
2013	1 650 164	5 294 700	3 673 392	6 519 579	4 885 603	7 934 766
2014	1 838 189	5 468 971	3 949 691	6 839 515	4 825 893	7 839 262
2015	1 941 423	5 473 874	4 011 101	6 871 118	4 751 421	7 676 349
2016	2 047 599	5 606 562	3 955 805	6 941 611	4 633 650	7 573 507

注：东部地区包括北京、天津、河北、辽宁、上海、江苏、浙江、福建、山东、广东和海南 11 个省（市）；中部地区包括山西、吉林、黑龙江、安徽、江西、河南、湖北、湖南 8 个省；西部地区包括云南、贵州、四川、重庆、西藏、山西、甘肃、宁夏、青海、新疆、内蒙古和广西 12 个省级行政区。

2. 县域为寄宿生群体主要聚集区域，中小学寄宿生数量出现地域与区域性变化

2016 年，小学阶段，东部地区县域寄宿制学校占该地区寄宿制小学总数的比例约为 90.17%，中部地区县域寄宿制学校占该地区寄宿制小学总数的比例约为 95.22%，西部地区县域寄宿制小学占该地区寄宿小学总数的比例约为 97.93%；相应地，初中阶段，东、中、西部地区县域寄宿制初中占各地域寄宿制初中总数的比例分别约为 83.4%、91.5% 和 91.8%。数据表明，从地域来看，县域是中小学寄宿生的主要聚集地。义务教育阶段寄宿生寄宿比例西部地区高于中部地区，东部地区相对最低。另外，从 2014～2016 年义务教育阶段寄宿生的地域、区域分布情况（见表 10 - 4）来看，我国义务教育阶段寄宿生人数出现了地域性、区域性的变化。表现为东部城区与县域小学生寄宿数量递增，城区初中寄宿生数量递增，县域初中寄宿生存在变化起伏，2016 年较 2014 年初中寄宿生数减少了 2 200 人。中部地区城区小学寄宿生数量存在变化起伏，整体有所减少；县域小学寄宿生数量存在变化起伏，整体有所增加；城区初中寄宿生数量存在变化起伏，整体有所增加；县域初中寄宿生数量表现出持续增长。西部地区城区、县域小学寄宿生数量均有变化起伏，整体有所减少；城区初中寄宿生数量存在变化起伏，整体数量增加；县域初中寄宿生数量存在变化起伏，整体有所减少。我们以为，不同地域、不同区域呈现出的寄宿生数量的变化在一定程度上反映出地域与经济发展条件、地域与区域人口流动尤其是学龄人口流动的特征变化,但是否呈现了新的人口流动特征,则需要进一步观察、分析与研究。

表 10 - 4　　　　2014~2016 年义务教育阶段寄宿生
数量分地域、分区域分布情况　　　　　单位:人

项目		2014 年		2015 年		2016 年	
		小学	初中	小学	初中	小学	初中
东部	城区	463 441	1 380 312	505 203	1 424 154	541 414	1 520 103
	县域	1 374 748	4 088 659	1 436 220	4 049 720	1 506 185	4 086 459
中部	城区	446 356	942 797	428 155	886 574	445 951	949 325
	县域	3 503 335	5 896 718	3 582 946	5 984 544	3 509 854	5 992 286
西部	城区	227 845	870 389	218 344	897 486	224 461	995 416
	县域	4 598 048	6 968 873	4 533 077	6 778 863	4 409 189	6 578 091

(三) 寄宿制学校与寄宿生数量分布存在省际差异

1. 义务教育阶段中西部地区省份寄宿制学校多于东部地区,省际极差显著

从表 10 - 5 可见,2016 年我国义务教育阶段寄宿制学校数量存在省际差异,省内以县域寄宿为主,但省际之间存在学校数量与寄宿生数量差异显著现象。东部地区省份寄宿制学校与学生数量整体低于中、西部地区省份。义务教育阶段寄宿制学校最少的省份是天津市,总体寄宿学校数为 16 所,在云南省则为 8 793 所,极差悬殊。另外,不同地区间存在省际差异,例如,东部地区河北省、广东省中小学寄宿制学校总数分别为 2 959 所、1 946 所,远高于同一地区的其他省、市。这与地区经济发展条件、城镇化水平不同有关。而中部地区河南、湖南为中小学寄宿群体主要聚集地,中小学寄宿校总数分别为 7 214 所、5 330 所,相对少的省份例如吉林省 552 所,黑龙江省 842 所。西部地区中小学寄宿校数量较多的除了云南省,还有贵州、四川、广西等,同一地区中小学寄宿学校相对较少的省份是西藏、宁夏、青海等地。县域内义务教育阶段寄宿率较高的省份主要集中在中西部农牧业大省以及自然地理条件较为艰苦的省份,且省域内乡村中小学寄宿率高于镇区。我们认为,这不仅与各省自然地理条件不同、经济发展水平不同有关,还与学校布局调整的进度与特点、省内人口流动变化、学龄人口数量变化等因素有关。

表 10-5　2016 年全国义务教育阶段寄宿制学校数量分省以及城乡分布情况　　单位：所

项目	城区		县域内		合计	
	小学	初中	小学	初中	小学	初中
北京	30	28	55	39	85	67
天津	5	3	2	6	7	9
河北	90	114	1 584	1 171	1 674	1 285
辽宁	29	37	93	209	122	246
上海	9	23	1	3	10	26
江苏	30	180	289	693	319	873
浙江	61	211	370	569	431	780
福建	15	61	743	726	758	787
山东	64	203	351	1 243	415	1 446
广东	115	262	675	904	780	1 166
海南	35	18	276	157	311	175
山西	71	89	1 824	936	1 895	1 025
吉林	14	43	122	373	136	416
黑龙江	22	39	357	424	379	463
安徽	36	67	744	1 178	780	1 245
江西	41	59	1 488	1 233	1 529	1 292
河南	219	304	3 777	2 914	3 996	3 218
湖北	147	179	2 262	1 051	2 409	1 230
湖南	141	146	3 176	1 867	3 317	2 013
内蒙古	56	55	869	274	925	329
广西	89	135	2 296	1 329	2 285	1 464
重庆	40	104	695	531	735	635
四川	69	141	2 303	1 404	2 372	1 545
贵州	46	72	3 174	1 322	3 220	1 394
云南	57	78	7 406	1 282	7 463	1 360
西藏	6	8	753	78	759	86

续表

项目	城区		县域内		合计	
	小学	初中	小学	初中	小学	初中
陕西	66	60	1 888	782	1 954	842
甘肃	5	15	742	673	747	688
青海	4	3	415	69	419	72
宁夏	1	20	85	92	86	112
新疆	7	34	542	318	549	352

2. 近年义务教育阶段寄宿生数量呈现多元变化态势，义务教育阶段中小学寄宿生寄宿率存在省际分布差异，个别省份突出

从 2014～2016 年义务教育阶段寄宿生数来看（见表 10-6），小学阶段寄宿生数量存在上升趋势的省份有 7 个，其中显著增加的省份是河北、河南、山东、广东；存在下降趋势的省份有 15 个，其中显著下降的省份是云南、黑龙江、湖北、山西；呈现先降后升或先升后降等不规则变化的省份有 9 个，变化较为突出的省份是贵州、湖南。初中阶段寄宿生数量存在上升趋势的省份有 5 个，分别为河北、安徽、河南、广东、广西，增长显著的省份是河南；存在下降趋势的省份有 14 个，其中显著下降的省份是山西、江西、四川、陕西、甘肃；呈现先降后升或先升后降等不规则变化的省份有 12 个，其中变化较为明显的省份是江苏、湖南、贵州。

学生寄宿率作为衡量各省寄宿制学校发展规模的一个重要指标，近年来发生的变化在一定程度上反映了各省义务教育阶段寄宿制学校发展的相应态势。从 2014～2016 年各省中小学寄宿率情况来看，我国小学生寄宿率呈现普遍下降趋势，仅有河北、山东、广东、安徽和河南等五个省份略有上升。寄宿率在 5% 以内的省份有：宁夏、吉林、广东、山东、福建、浙江、江苏、上海、辽宁、天津、北京；寄宿率在 5%～10% 的省份有：新疆、甘肃、重庆、江西、安徽、黑龙江；寄宿率在 10%～20% 的省份有：河北、广西、四川、陕西、海南、山西、河南、湖北、湖南；寄宿率在 20% 以上的省份有：贵州、内蒙古、青海、云南、西藏。初中生寄宿率的变化趋势相对较为多样，北京、广东、安徽、河南、贵州、云南、西藏和新疆等 8 个省份呈现逐年上升趋势；天津、辽宁、福建、海南、黑龙江、江西、湖北、广西、四川、陕西、甘肃、青海以及宁夏等 13 个省份呈现逐年递减趋势；河北、上海、浙江、山东、山西、吉林、湖南、内蒙古和重庆 9 个省份则呈现由递减到递增或由递增到递减的不同趋势。其中，初中寄宿率在 20% 以内的省份有北京、天津、上海、辽宁、黑龙江；20%～40% 的省份

表10-6　2014～2016年分省义务教育阶段寄宿生数量与寄宿率情况

项目	2014年 寄宿生人数（人） 小学	2014年 寄宿生人数（人） 初中	2014年 寄宿率（%） 小学	2014年 寄宿率（%） 初中	2015年 寄宿生人数（人） 小学	2015年 寄宿生人数（人） 初中	2015年 寄宿率（%） 小学	2015年 寄宿率（%） 初中	2016年 寄宿生人数（人） 小学	2016年 寄宿生人数（人） 初中	2016年 寄宿率（%） 小学	2016年 寄宿率（%） 初中
北京	27 120	35 228	3.3	11.5	26 490	33 429	3.1	11.8	25 422	34 733	2.9	12.9
天津	2 868	7 050	0.5	2.6	3 100	6 723	0.5	2.6	3 417	5 088	0.5	2.0
河北	625 462	122 7731	11.1	59.8	664 020	1 282 936	11.1	54.3	712 989	1 353 606	11.5	55.6
辽宁	74 410	188 407	3.7	17.8	67 249	18 0261	3.4	17.8	63 030	170 328	3.2	17.4
上海	7 136	12 852	0.9	3.0	6 317	11 356	0.8	2.8	6 597	11 887	0.8	2.9
江苏	162 867	554 366	3.5	29.9	165 773	552 160	3.3	29.6	168 726	579 695	3.2	29.7
浙江	147 709	524 391	4.2	35.0	147 277	508 272	4.1	34.4	140 106	518 191	3.9	34.5
福建	96 359	277 058	3.5	24.6	93 935	271 909	3.3	24.0	87 233	270 895	2.9	23.5
山东	263 225	1 368 250	4.1	43.5	273 322	1 355 485	4.1	43.6	315 986	1 344 871	4.6	42.6
广东	321 358	1 127 517	3.9	29.9	378 748	1 131 646	4.4	31.8	413 130	1 180 974	4.6	34.0
海南	109 675	146 121	14.6	43.3	115 192	139 697	14.9	42.5	110 963	136 294	13.9	42.1
山西	364 554	557 886	16.2	45.8	345 706	512 671	15.2	45.5	339 350	503 559	14.9	46.1
吉林	47 359	141 717	3.7	22.8	47 995	133 221	3.8	22.4	43 648	136 557	3.5	22.6
黑龙江	111 040	168 218	7.5	18.4	93 664	155 479	6.3	17.3	70 735	140 452	4.9	15.5
安徽	189 020	689 755	4.6	35.8	221 154	733 036	5.2	38.6	233 374	759 580	5.4	39.1
江西	350 691	729 402	8.5	41.7	350 647	726 974	8.3	41.2	298 666	687 621	7.1	38.1

续表

项目	2014年				2015年				2016年			
	寄宿生人数（人）		寄宿率（%）		寄宿生人数（人）		寄宿率（%）		寄宿生人数（人）		寄宿率（%）	
	小学	初中	小学	初中	小学	初中	小学	初中	小学	初中	小学	初中
河南	1 353 664	2 470 353	14.6	61.9	1 408 558	2 525 726	15.0	62.4	1 501 295	2 644 768	15.5	63.6
湖北	590 805	709 826	18.4	51.6	567 935	685 620	16.9	50.2	539 545	693 152	16.5	49.0
湖南	941 558	1 372 358	19.9	62.2	975 442	1 398 391	20.0	62.9	929 192	1 375 922	18.5	61.1
内蒙古	316 591	265 379	24.4	39.6	303 559	250 706	23.1	39.2	291 639	242 547	21.8	39.6
广西	578 410	1 580 590	13.4	81.0	558 186	1 583 298	12.7	80.7	544 974	1 595 278	12.1	80.3
重庆	141 129	563 020	6.9	57.5	128 535	548 013	6.2	57.1	123 019	554 928	5.9	57.4
四川	692 010	1 389 319	13.0	53.8	682 601	1 318 738	12.6	53.5	684 397	1 310 322	12.5	53.5
贵州	711 806	1 218 686	20.6	58.9	786 813	1 230 211	22.7	62.1	741 655	1 177 768	21.0	62.3
云南	1 356 830	1 405 648	35.5	74.1	1 326 276	1 404 286	35.1	74.1	1 322 458	1 394 603	35.1	74.5
西藏	183 885	97 959	62.3	78.8	179 894	94 310	61.5	80.3	182 442	97 170	60.2	80.8
陕西	312 434	419 042	13.8	37.5	301 176	398 386	12.9	37.2	302 549	375 800	12.5	35.8
甘肃	169 780	373 138	9.4	38.4	141 217	321 250	7.8	35.3	121 371	304 135	6.7	34.7
青海	141 484	90 868	30.7	42.9	137 094	91 208	30.2	42.8	138 527	87 942	30.3	42.3
宁夏	18 149	106 843	3.1	38.4	16 242	101 512	2.8	37.0	14 966	100 874	2.6	36.7
新疆	203 385	328 770	10.7	36.1	189 828	334 431	9.3	36.9	165 653	332 140	7.7	37.1

有江苏、浙江、福建、广东、吉林、安徽、内蒙古、陕西、甘肃、宁夏、新疆；40%~60%的省份有河北、山东、海南、湖北、山西、江西、重庆、四川、贵州、青海；在60%以上的省份有河南、湖南、广西、云南、西藏。

  义务教育阶段寄宿生数量以及各省寄宿率的变化可能与各省学校"后撤并"时期的政策及制度调整有关，也可能与新城镇化人口流动变化有关。2015年，流动人口总量从2014年的2.53亿人下降为2.47亿人。也可能与跨省人口回流增多有关。2010~2014年，东部人口流入规模出现下降，中西部地区人口回流态势明显。① 这都可能影响到义务教育阶段寄宿生的数量变化。另外，寄宿率的高低也与各省的经济发展水平、人口密度特点、自然地理环境等相关度较高。例如，处于川藏高山峡谷地带的四川、西藏、云南以及山地、丘陵占地达90%以上的贵州等因受到各区域地理环境、气候特点、交通条件等限制，义务教育阶段出现高寄宿率情况。因此，在认识中小学寄宿制学校发展中的地方条件时，应将国家政策与地方省情、县情、民情有机结合，达到更为客观和理性的发展设计。

二、农村义务教育寄宿学校的生源特征

  农村寄宿制学校是为适应农村人口居住特点，保障农村学生受教育权利的一种办学形式，是将学校的教育功能从传统意义的教书、育人等基本功能拓展为教书、育人、生活服务等多种功能整合的办学模式。基于我国现实，凡是能为师生提供食宿及生活条件的学校，都可以称为寄宿制学校。② 《国家中长期教育改革和发展规划纲要（2010~2020年）》将"加快农村寄宿制学校建设"作为我国义务教育发展的任务，进一步从政策层面提出了农村寄宿制学校的国家建设要求。如果说农村中小学布局调整受到社会经济结构转型、农村家庭观念变迁、农村教育发展等多因素的影响与制约，那么作为农村中小学布局调整政策的具体化实践跟进，农村寄宿制学校在建设与发展过程中同样受制于上述因素的影响，而且在多种影响因素的作用下呈现出了新时期农村寄宿制学校本身以及寄宿生群体的"寄宿"特征。我们以为，认清农村寄宿制学校发展特点，把握农村寄宿生的新时期特征，对于有的放矢解决中国城镇化背景下农村寄宿制学校发展问题、助力农村学子健康成长等具有重要意义。

---

 ① 李晓江、郑德高：《人口城镇化特征与国家城镇体系构建》，载于《城市规划学刊》2017年第1期，第20页。
 ② 邱智德：《县域内义务教育阶段农村寄宿制学校标准化建设问题研究——以中部H省L县为个案》，东北师范大学2014年硕士学位论文，第3页。

（一）县域内高寄宿率态势稳固化，寄宿生源低龄化

如前所述，2006～2016年的11年间我国县域义务教育阶段寄宿制学校学生寄宿率均占全国寄宿总数的85%以上。高寄宿率的稳固态势既与我国持续推进的城镇化建设有关，也与近些年农村中小学布局调整政策的适应性调整和变化有关，也与广大农村家长教育观念的转变有关。更需要注意的是，高寄宿率与各县级教育管理部门主动推进规模化办学，统筹教育资源，节省基础教育投入等政策选择息息相关。

2012年，国务院办公厅印发了《关于规范农村义务教育学校布局调整的意见》，对农村义务教育学校布局调整提出了具体化要求，其中就有关于"农村小学1至3年级学生原则上不寄宿，就近走读上学""小学高年级学生以走读为主，确有需要的可以寄宿"等规范要求。虽然如此，受到农村中小学布局调整中各方利益博弈等现实影响，农村寄宿制学校学生低龄化现象依然普遍存在，农村寄宿制学校寄宿生的低龄化特征倾向明显。审计署2013年《1 185个县农村中小学布局调整情况专项审计调查结果》表明，有919个县的5 655所小学（占45%）还有49.41万名一至三年级低龄学生寄宿，不仅不利于其身心健康发展，还容易引发安全事故。[①] 2014年，21世纪教育研究院对贫困地区学龄儿童的发展现状进行了覆盖中西部及东北等地20个省份的88所小学的调查。调查显示，贫困县农村学校的学生数量远远低于城市学校，但是寄宿生比例远远高于城市小学。贫困县乡镇中心校及以下小学寄宿生规模远远超出省城小学。据统计，乡镇中心校86.67%的学校有低龄（小学三年级以下）寄宿生，而村小和教学点中，有1/3的学校有低龄寄宿生。经统计，所调查的贫困县寄宿制小学中有77.78%的学校有低龄寄宿生。[②] 农村寄宿制学校学生低龄化的特点向寄宿制学校的建设尤其是师资建设提出了更高的要求和挑战。2015年，一项针对陕西两县的低龄寄宿生调查研究发现，小学低龄寄宿生的学习适应、生活适应及心理适应感受水平均低于低龄非寄宿学生。[③] 寄宿制学校如何应对低龄寄宿生产生的学习与生活问题，如何促进低龄寄宿生身心健康和谐发展，这是农村寄宿制学校面临的重要教育使命之一。

---

① 中华人民共和国审计署：《1 185个县农村中小学布局调整情况专项审计调查结果》，2013年5月3日。

② 秦红宇：《贫困地区学龄儿童发展现状调查》，引自杨东平主编：《中国教育发展报告（2015）》，社会科学文献出版社2015年版，第207~220页。

③ 赵丹、于晓康：《农村小学低龄寄宿生学校适应性及影响因素研究——基于陕西省两县的实证分析》，《教育科学研究》2017年第5期，第38页。该研究中的低龄寄宿生是指1~4年级的寄宿小学生。

(二) 区域间寄宿率差异化，寄宿生源贫困化

由表 10-1、表 10-5、表 10-6 可知，全国农村义务教育阶段寄宿比例乡村区域普遍高于镇区区域；东部、中部与西部义务教育阶段寄宿生比率依次递减；经济欠发达的省份，如广西、云南、西藏等义务教育阶段的寄宿率远远高于西部地区平均寄宿率。寄宿率的区域分布差异与城镇化区域差距、农村中小学布局调整的区域差异、各地方政府经济与管理效率差异等均有相关性。但从已有的数据可以看出，经济欠发达地区农村中小学寄宿生比率较高，这也使得农村寄宿制学校呈现出寄宿生生源贫困化的特征。我国农村寄宿制学校最初是为了满足少数民族地区农牧民子女上学的需要而设立的，后逐渐成为"普九"和"两基攻坚"的重要办学形式。我国的农村寄宿制学校多分布在自然地理条件较为艰苦、交通不便的农牧区，随着学校布局调整的展开，大量农村学校遭到撤并，乡镇小学、县镇初中多成为寄宿制学校，创办农村寄宿制学校成为整合教育资源、提高教育质量的重要举措。

由于我国的农村寄宿制学校多位于经济发展较为落后的中西部省份，而寄宿制学校本身要求较高的物质、人力资源投入，这与中西部农村地区县域内较低的财政收入形成一对不可忽视的矛盾关系，县域经济无法实现对农村寄宿制学校的有效经济支持。随着农村学校布局调整的展开，边远家庭的子女为了接受高质量的教育不得不进入离家较远的寄宿学校就读，而寄宿又为本已贫困的家庭增加了额外的经济负担。根据谢治菊、刘洋 2011 年对贵州黔东南州"两山"腹地 X 县、Y 县和 Z 县的调研显示，学生寄宿不同程度地加重了家庭的经济负担。学生离家太远，回家的交通费较高。尽管通车通公路之后交通条件得到极大的改善，但交通费太高使得学生的经济负担反而加重。例如 X 县某小学，没通车前许多学生步行回家需要 5 个多小时，通车之后只要 1 个多小时，但车费平均为 8 元左右。按每周学生往返家校 2 次计算，每月学生就需车费 64 元。如果再算上每月家长到学校看望孩子及孩子突发状况（如生病、请家长、不适应学校生活等）需要在家校之间往返的次数，该小学的寄宿生每月仅交通费就要 100 元左右。这对经济贫困的农村家庭而言是一笔不小的开支。[①] 审计署 2012 年调查结果显示，在走访的 19.99 万名校内寄宿生中年人均食宿费支出 1 658 元，其中食宿费支出占其家庭年均收入的 30% 以上的有 3.36 万人[②]。我国西部地区的西藏、青海、甘

[①] 谢治菊、刘洋：《边远贫困山区农村寄宿制学校建设研究——基于贵州省黔东南州"两山"地区的实证调查》，载于《中国教育学刊》2012 年第 8 期，第 11 页。

[②] 中华人民共和国审计署：《1 185 个县农村中小学布局调整情况专项审计调查结果》，2013 年 5 月 3 日。

肃、广西、陕西、内蒙古、宁夏、云南等经济欠发达省份如何关注农村寄宿制学校中来自贫困家庭学生的学习和成长，减少家庭贫困对学生学业产生的不良影响成为探索贫困地区农村寄宿制学校建设、阻碍贫困代际传递、实现教育脱贫的重要内容。

（三）办学模式同质化，寄宿生源留守化

从我国寄宿制学校产生与发展的历史沿革来看，寄宿制学校往往满足了一些特殊地区的教育发展需要，也符合国家与社会经济、地理环境与文化条件的现实要求。21世纪以来，在农村中小学布局调整及"两基攻坚"计划的作用力下，农村寄宿制学校进一步成为缓解农村教育发展压力，解决农村儿童上学远、上学难等问题的现实选择。然而，也正因为寄宿制学校的产生与发展更广泛的意义依赖于或者说受制于诸多社会与教育条件的约束，被动建设多于主动发展，使得我国农村寄宿制学校在办学模式方面呈现出一元化的特点，即在办学理念、办学动机、办学基本思路、管理方式、组织文化甚至是运行模式等方面呈现出本质性的相似与同质化。同质化的办学运转在整体上能够最大限度地保障国家的寄宿制学校建设与发展相关政策的落实，保证政策落地的同一性。但是，由于我国地域辽阔，农村发展条件不同，各个县域产业发展与经济条件存在差异性，经济基础不同，使得实际农村寄宿制学校的建设和发展很难达到同一性的发展成效。统一化的办学政策在实际落地中很难达成同一性的办学目标。而且，从长远看，忽略办学特色的建设，往往使得更多农村寄宿制学校面临发展评估时处于非优势地位。同质化的办学模式是解决农村学生"好上学""满足眼前需要"的现实性选择，而多元、内涵式的办学模式则是解决农村学生"上学好""满足长久教育权利"的理想选择。农村区域需要什么样的寄宿制学校，农村寄宿制学校如何实现自身的可持续建设等，也应该成为农村寄宿制学校发展规划的重要考量。

如果说农村寄宿制学校在办学模式上的同质化源于寄宿制学校建设自上而下的行政推力以及"当下"教育发展视角的局限，那么，农村寄宿制学校生源的留守化则可能是源于城镇化背景下农村留守群体的发展需求以及地方政府为解决农村留守群体教育问题所作出的现实选择。为广大留守儿童建立寄宿制学校，由学校来监管和负责留守儿童的成长，这可能是很多地方关爱留守儿童教育的自然选择。一项针对5省13县30余所农村寄宿制学校的调查显示，留守儿童占寄宿学生总数的71%，占所有留守儿童（2 794人）的89.1%。也就是说，留守儿童绝

大部分都进入了寄宿制学校学习。① 除此之外，需要进一步关注的是，伴随农村人口进城务工和照料家庭的双重需要，夫妻两地分居的情况日渐增多，传统农业社会较为稳定的家庭结构面临冲击，影响家庭的不稳定因素日益增多，因此部分离异、单亲家庭留守儿童的成长需要家长、学校付出更多的时间和精力。农村寄宿制学校不仅履行着学校教育的职能，在学生寄宿生活中同样肩负了部分家庭教育的责任，学校对于留守儿童和家庭遭遇特殊变故的农村学生来说既是学习和交往的场所，又是弥补家庭情感缺失与老师、同窗进行情感交流的空间。

（四）学校覆盖半径扩大化，寄宿生源偏远化

随着我国农村学校布局调整工作的展开，大量农村中小学被撤并。学校布局调整导致的最主要的结果是农村中小学校大量减少。大规模的学校撤并带来的最直接问题就是学校的服务半径增大，学生上学距离拉长。农村中小学布局调整后，九年一贯制学校和其他小学的平均到校距离大多在5里以上，初中平均上学距离则达10.3里，上学距离最远。② 审计署组织的针对全国1 185个县的审计调查结果表明，2006~2011年，有833个（占70%）县的学校平均服务半径有所增大，其中初中、小学的服务半径增幅分别为26%、43%，平均达到8.34千米和4.23千米；特别是西部地区270个县的初中、小学服务半径增幅分别为47%、59%，平均达到14.35千米和6.09千米。重点抽查25 127所学校的1 257.63万名走读生中，有49.31万名（占4%）上学单程要徒步3千米以上，其中10.03万名要徒步5千米以上，且主要集中在山区或丘陵地区，上学路途体力消耗大，导致学习和在校活动时间相应减少。③ 众多村小和教学点的消失，意味着农民家门口的学校越来越少，而学生上学的距离则越来越远。东北师范大学农村教育研究所2008年对全国8个县77个乡镇的调查表明，经历了学校布局调整的小学生平均家校距离变远4.05千米，其中有10%的学生家校距离变近，有31.14%的学生家校距离没有发生变化，在58.86%的家校距离变远的小学生中，平均变远了9.19千米。④ 学校布局调整的直接结果是改变了过去按人口状况和行政区划状况设点办学、乡乡办初中、村村有小学、实现就近入学的格局；同时使学校服务

---

① 董世华：《我国农村寄宿制学校发展趋势及特征的实证分析——基于五省部分县（市）的调查数据》，载于《现代教育管理》2013年第3期，第25页。

② 贾勇宏、曾新：《农村中小学布局调整对教育起点公平的负面影响——基于全国9省（区）的调查》，载于《华中师范大学学报（人文社会科学版）》2012年第3期，第144~147页。

③ 中华人民共和国审计署：《1 185个县农村中小学布局调整情况专项审计调查结果》，2013年5月3日。

④ 邬志辉、史宁中：《农村学校布局调整的十年走势与政策议题》，载于《教育研究》2011年第7期，第27页。

的覆盖半径大大提高，由过去的平均 5 千米扩大到 10 余千米，最多的达到方圆 20 千米以上……从湖北山区农村的情况看，调整合并后的学校大部分都实行了寄宿制。①

农村寄宿制学校的建设虽然解决了小规模学校撤并后农村学子的读书问题，而上学路途变远、路途安全风险增加、住宿所带来的时间成本和经济成本的增加却使偏远地区贫困学生的上学之路变得更加艰难，更直接增加了贫困家庭的经济负担。虽然 2001 年《国务院关于基础教育改革与发展的决定》中明确提出了中小学布局调整的原则，但是由于地方政府所呈现出的盲目推进，将布局调整与学校撤并简单画等号，布局调整过程中利益主体民主参与机制不完善等，使得广大农村中小学生虽然有学上，但却仍然存在上学远的问题。大幅度、快速度的中小学撤并，使得农村寄宿制学校的建设不能完全适应或是合理应对撤并带来的上学需求。2012 年《国务院办公厅关于规范农村义务教育学校布局调整的意见》强调要科学制定农村义务教育学校布局规划。"县级人民政府要合理确定县域内教学点、村小学、中心小学、初中学校布局以及寄宿制学校和非寄宿制学校的比例""各地要根据不同年龄段学生的体力特征、道路条件、自然环境等因素，合理确定学校服务半径，尽量缩短学生上下学路途时间。"虽然这一政策为此后农村寄宿制学校建设、中小学布局调整指明了新的策略方向，但是在此之前农村中小学大量撤并所形成的农村学校发展势态，将在今后一段时间甚至更长时间内产生影响，在既追求教育质量又保证教育效率的前提下，实现农村学校覆盖半径的合理化，改变农村寄宿生上学偏远化局面是一项任重道远的任务。

三、农村义务教育寄宿制学校的形成机制

县域内寄宿制学校的出现和发展既有产业发展和城镇化推动的原因，也是国家与地方政策推动的结果。为何相对于城市地区县域内会出现大量的寄宿制学校？县域内寄宿制学校井喷式的出现和发展有着怎样的社会、政策、教育背景？探究县域内寄宿制学校大量出现的原因，有助于更好地探索出具有中国特色的寄宿制学校发展道路。

（一）集中办学思维主导下乡村学校的大量撤并

2001 年 5 月《国务院关于基础教育改革与发展的决定》的颁布，使得学校布局调整有了政策依据。其中"按照小学就近入学、初中相对集中、优化教育资

---

① 刘欣：《农村中小学布局调整与寄宿制学校建设》，载于《教育与经济》2006 年第 1 期，第 30 页。

源配置的原则，合理规划和调整学校布局"的规定，对各地农村学校布局调整起到了重要的指导作用。分散的村小、教学点由于学龄人口数量较少，办学条件和师资质量相对较为薄弱，成为学校布局调整的主要对象。根据范先佐、郭清扬对我国中西部地区的湖北、河南、广西、云南、陕西和内蒙古6个省（自治区）38个县市的177个乡镇中小学布局调整情况的调研显示，布局调整促进了教育资源的合理配置，提高了农村学校的规模效益，促进了区域内教育的均衡发展，提高了农村学校的教育质量。[①] 对于撤并后原有学校的学生如何就近入学这一问题，将学生集中起来新建或改扩建寄宿制学校成为地方教育行政部门的主要选择。杨卫安、邬志辉对校车和寄宿成本的分析表明，不管是从一次性购置或建造的成本，还是从运营或管理的成本来看，建造寄宿制学校都要比购置校车节约。再考虑到已有的累计投资，发展寄宿制学校无疑是合适的。[②] 由于寄宿制学校符合"地方政府负责、分级管理、以县为主"的义务教育管理体制，最大限度地整合了教育资源、节约了办学成本、实现了学校规模效益，在集中办学思维的主导下，大量乡村学校的撤并伴随着农村寄宿制学校的扩张。寄宿制学校既满足了农村分散的学龄人口就学的刚性需求，又在一定程度上解决了县级财政特别是贫困地区县级财政的教育投入问题，因此成了县域内基础教育的重要办学形式。县域内大量寄宿制学校的出现对于农村教育资源的整合，教育质量的整体改善，以及集体办学经济效益的提高均具有促进意义。当然，虽然国家调整中小学布局的初衷是撤减与合并"麻雀式"、低质量学校及教学点，但地方面对适龄入学人口不断减少、过于分散的学校布点造成的教育资源闲置与浪费问题，往往从经济利益角度进行学校撤并。[③] 这种利益博弈的结果及学校布局的主体思维特点对于农村中小学发展，包括县域大量寄宿制学校的建设与发展也会具有直接的影响。

（二）城镇化的不完整性催生了留守儿童问题

我国的城镇化具有起步晚、速度快的特点，与先发城市化国家不同的是，我国的工业化、城镇化、现代化同时推进，伴随城乡二元壁垒的客观存在，城镇化呈现出不完整性。我国城镇化中存在明显的"重物轻人"倾向，过于重视城市空间拓展，忽视人口城镇化水平的提高。自1996年以来，城镇建设用地面积从1.3

[①] 范先佐、郭清扬：《我国农村中小学布局调整的成效、问题及对策——基于中西部地区6省区的调查与分析》，载于《教育研究》2009年第1期，第31页。

[②] 杨卫安、邬志辉：《"校车"还是"寄宿"——农村学校布局调整后两者的优劣比较及选择》，载于《上海教育科研》2012年第12期，第37页。

[③] 史宁中等著：《新农村建设与城镇化推进中农村教育布局调整研究》，经济科学出版社2014年版，第423~456页。

万平方千米扩大到 5.7 万平方千米，增长了 338%；但同期城镇人口从 2.99 亿人增加到 6.22 亿人，增长了 108%，部分城镇人口仅仅实现了空间集聚和生产方式转变，没有实现生活方式转变，当前我国城镇人口中包含了 1.67 亿名社会保障水平较低的农民工，大部分农民工只是个体进城，多数家庭成员仍然居住在农村，2009 年农民工带眷系数仅为 0.22，农民工仍然大规模往返于城乡之间，没有成为完整的城镇人口。① 而中国社会科学院学部委员、人口与劳动经济研究所所长蔡昉认为，"不完整的城市化"指的是城市不能履行基本公共服务均等化、挖掘劳动力供给潜力、扩大居民消费需求、转变农业生产方式四种功能。② 进城务工人员的家庭成员城乡分离、未能享受均等的公共服务显示出现阶段城镇化的不完整性。根据《2020 年全国教育事业发展统计公报》显示，当年全国义务教育阶段在校生中进城务工人员随迁子女共 1 429.73 万人。其中，在小学就读的有 1 034.86 万人，在初中就读的有 394.88 万人。全国义务教育阶段在校生中农村留守儿童共 1 289.67 万人。其中，在小学就读的有 854.19 万人，在初中就读的有 435.48 万人。③ 尽管由于留守儿童统计口径的更改，2016 年留守儿童数量有所减少，但仍达到 900 万名以上。在农村留守儿童部际联席会议第二次全体会议上，民政部有关负责人通报了民政部、教育部、公安部对农村留守儿童摸底排查工作情况。在 902 万名农村留守儿童中，其中由（外）祖父母监护的为 805 万人，占 89.3%；无人监护的为 36 万人，占总数的 4%。一方外出务工另一方无监护能力的为 31 万人，占总数的 3.4%。④ 解决千万名留守儿童的基本教育问题事关我国经济社会发展稳定的大局，事关中华民族伟大复兴中国梦目标能否如期实现。而寄宿制学校这一集学习和生活于一体的办学形式，使学校承担了大部分留守儿童的监护责任，在一定程度上弥补了父母家庭教育的缺失，成为解决留守儿童教育问题的有效途径。事实上，从国家到地方，寄宿制学校在很大程度上成为解决农村留守儿童教育问题的重要途径。2006 年 5 月，教育部出台《关于教育系统贯彻落实〈国务院关于解决农民工问题的若干意见〉的实施意见》提出："农村劳动力输出规模大的地方人民政府，要把做好农村留守儿童教育工作与农村寄宿制学校建设结合起来，满足包括'留守儿童'在内的广大农民子女的寄宿需求。"政策制定的初衷就是利用农村寄宿制学校解决农村留守儿童问题，保障农民工子女平等接受义务教育，这种保障更多集中在寄宿制教育的儿童看护功能

---

① 相伟：《中国城镇化的难点与对策》，载于《中国投资》2012 年第 3 期，第 33~34 页。
② 蔡昉：《城市化不能"不完整"》，载于《光明日报》2013 年 1 月 22 日第 2 版。
③ 中华人民共和国教育部：《2020 年全国教育事业发展统计公报》，2021 年 8 月 27 日。
④ 王会贤：《全国共摸底排查出农村留守儿童 902 万人》，载于《公益时报》2016 年 11 月 15 日第 003 版。

方面。① 2010 年 6 月 25 日，重庆市委出台《关于做好当前民生工作的决定》中明确提出：培养照顾好 130 万名农村留守儿童，解除外出务工群众后顾之忧。新增农村寄宿制学校 400 所，建立针对留守儿童特点的培养模式，采取代理家长、亲情室、托管中心等措施，让重庆留守儿童健康茁壮成长。② 由此可见，县域内大量留守儿童的出现对农村寄宿制学校建设的规模与速度来说都是直接推力。

（三）家长复杂的教育心态及其教育选择的现实取向

1. 家长对子女教育责任的推诿，期求寄宿制学校成为"教育保姆"

"父母是孩子的第一任老师"，家长具有对未成年子女的监护责任和义务。在城镇化过程中，众多进城务工家长为了追求较高的劳动收入和经济利益，又受制于城市入学限制等因素，只能将子女滞留在农村老家由祖辈代为照看。在孩子上学之前抚养教育子女是祖辈的责任，而入学后则成为了学校的责任。学生的学习成绩、身心健康、未来发展的好坏似乎都取决于学校的管理和教师的教育。寄宿制学校的生活和学习一体化管理恰好满足了家长对于有专人教育子女的需求，学生在正常教学时间内有专任教师进行文化知识教学，课余生活则有具体的活动安排和学习辅导，学生生病时有教师陪同就医，又可享受"两免一补"的国家政策，学生出现安全问题首先问责学校，学校成为了名副其实管理学生一切的"教育保姆"。由于城乡壁垒的存在、增加家庭收入的需要、家长教育能力的缺乏、教育意识的误区等主客观因素导致家长对于子女教育责任的推诿和逃避，将子女送入寄宿制学校成为弥补学生家庭教育的最优选择。

2. 家长不希望子女输在起跑线上，将寄宿制学校变成"竞技场"

家长的教育观念往往会影响子女对于学校的选择。农村社会经济的发展与价值观念的变化使得农村家长在教育子女的基本观念上发生了相应改变。比较 20 世纪 80 年代的家长，现在的家长更关注孩子的教育，不仅仅满足于孩子"有学上"，更希望孩子接受"好"的教育。③ 从这点来说，即使农村寄宿制学校会增加农村学生的家庭负担，但是当家长们发现越来越规范和标准化的寄宿制学校在办学条件、师资队伍与教育资源方面都一定程度上优越于乡村教学点或小规模学校时，他们自然愿意选择寄宿制学校，并且让子女获得平等竞争的教育机会，增

---

① 董世华：《农村寄宿制中小学发展的历史沿革与反思》，载于《当代教育论坛》2014 年第 1 期，第 11~20 页。
② 《中共重庆市委关于做好当前民生工作的决定》，2010 年 6 月 25 日。
③ 张洪华著：《农村中小学布局调整中的利益博弈——基于苏镇个案的实地研究》，南开大学出版社 2014 年版，第 67 页。

加未来个体发展的社会竞争力。

3. 弱势留守家长"被选择"农村寄宿制学校

"如果有其他学校可上",农村学生是否选择寄宿制学校？如果留守儿童身边有拥有教育能力和管理能力的"留守家长"照管,他们是否还会选择寄宿制学校？这两个问题的答案或许都是"未必"。一份对农民工是否带子女进城的实证研究显示,农民工的经济资本、文化资本、社会资本以及在城市的适应状况对子女教育选择具有显著性影响。主要表现为上述资本越丰富,城市适应越好,越倾向将适龄子女带进城市。反之,倾向将子女留在家乡上学,成为留守儿童。① 而农村留守儿童的家长在考量经济资本、社会资本、文化资本条件时,往往会作出无奈的现实选择,那些选择寄宿制学校的家长既可能因为"撤点并校"不能就近入学,也可能是因为留守家长本身就是各项资本弱势的群体,不能提供必要的教育管理,所以"被选择"寄宿制学校的情况就发生了。

教育选择本身就对应着地位结构的分配,从一般意义上讲,个体都会理性地面对他们的教育选择,并利用他们所拥有的政治和社会资源来获取受教育的机会。② 这种理性既可能是"主动"的,也可能是"被动"的,但无疑都是现实的。

第二节 农村义务教育寄宿制学校的国际视野与价值争论

如何看待农村寄宿制学校存在的价值？如何体现农村寄宿制学校的本土特点？如何对农村寄宿制学校做出价值评判？这是本节要回答的问题。

一、比较的视野

(一)发达国家寄宿制学校的一般特征

已经实现工业化的发达国家寄宿制学校(boarding school)具有起步早、特色化、多样化等特点,众多声名远播的私立学校都实行寄宿制以保证高水平的教

---

① 许传新、张登国:《流动还是留守:家长的选择及其影响因素》,载于《中国青年研究》2010年第10期,第52~55页。
② 王利娟:《排斥与团结:社会分层机制下的教育选择》,载于《兰州学刊》2008年第3期,第93页。

育质量。寄宿制学校通常指的是典型的英国寄宿学校,世界各地的许多寄宿制学校都是以其为蓝本建设的。许多北美寄宿制学校坐落在美丽的乡村,融合了现代与古典的建筑风格。典型的寄宿制学校在操场周围的区域分布有几个独立的住宿区,学生一般需要经过批准后才能到校外。根据国家和社会背景的不同,寄宿制学校分为全日制、每周制、灵活制等不同形式。美国的寄宿制学校包括不同等级,最常见的是七年级到十二年级阶段的寄宿,其他学段也有相应的低龄寄宿制学校,如2~8岁,但政府并不鼓励低龄寄宿制学校的建设。美国和加拿大常见的寄宿制学校类型有传统型、男女同校、女校、男校、军事学校、宗教学校、学习障碍学校、专业性学校等。在生活关怀方面,学校由一些高级教学人员担任舍监、女舍监、宿舍父母或住宿顾问,这些"准父母"需要承担5~50人学生的校内和校外的监护责任。美国的寄宿制学校通常有一个居住在宿舍的居民家庭,他们被称为"宿舍父母"。在英国等发达国家每位住宿学生都有一位管家帮助管理家务,并由一位家庭教师负责辅导学习,有不同性别的工作人员为寄宿生提供所需的服务。在寄宿制学校的硬件设施方面,学校不但为学生提供卧室、餐厅、电视房、零食屋、运动装备储备间、公共休息室、电影院和剧院等功能性空间,而且教室、图书馆、实验室、音乐室、体育馆、运动场、船只、壁球场、游泳池等学习和课外活动设施也一应俱全。就餐方面,不同的学校食物质量有所不同,但大多数寄宿制学校会根据不同学生的饮食偏好提供多种菜谱供其选择。学生通常可以和朋友、队友、教师和教练一起免费用餐,餐厅也是学生和老师进行学习和交流的主要区域。一些学校除了标准午餐外,日间走读学生可以免费享用早餐和晚餐,另外一些学校则收取费用。多数寄宿制学校设有校内商店或小吃店,学生可以在规定的时间购买额外的食物和日用品。就学生管理方面而言,英国的寄宿制学校每年有3个学期,每个学期约12个星期,学期中亦会有短期假,学生可以利用短期假回家。寄宿学生通常在离家较近的地方就读,上学路途较近,学校鼓励家长参与在主场举办的体育比赛、音乐会、喜剧表演等活动。对于寄宿学生的就寝管理,学校会根据学生的不同年龄分别设置熄灯时间,就寝后不得随意走动和说话。在学校建设方面,国家对于每个学生所需的最低建筑面积、生活空间等基础设施均有明确的规定和要求,例如,英国规定容纳两名或更多学生的宿舍最小面积的计算方法是学生人数乘以4.2平方米再加1.2平方米;一个宿舍、卧室或隔间内任何两张床之间应保持至少0.9米的距离;如果学生居住在隔间内,隔间必须有一个面积至少为5.0平方米的窗户来保证房间的通风和采光;独居学生的住宿面积至少为6.0平方米。就家长选择寄宿制学校的目的而言,家长认为寄宿制学校可以扩大家庭教育的视野,寄宿制学校可以传递家长期望的文化价值观念。通过选择一所优质的寄宿制学校,父母希望子女通过与上层阶级的孩子平等相处使自己的孩子更加优秀。

(二) 中国农村寄宿制学校的本土特点

我国农村寄宿制学校设立的初衷是为了解决农村学子上学难的问题,因此首先在偏远的农牧区开始了寄宿制的办学尝试。我国的农村寄宿制学校产生于20世纪五六十年代,主要在少数民族牧区、边远山区和经济不发达地区。到20世纪80年代初到90年代末,随着农村中小学布局调整推进,农村寄宿制学校作为一种重要的办学形式逐渐推广开来。2004年以后,伴随西部"两基"攻坚计划和"中西部农村初中校舍改造工程"进入建设高潮,农村寄宿制学校作为解决农村留守儿童教育问题的主要途径,受到了社会的热切关注。[1] 第一,寄宿制学校地理位置相对偏远,县域内主要集中在乡镇和农村。农村寄宿制学校主要位于我国中西部经济发展较慢的少数民族聚居区和贫困地区。相对闭塞和落后的经济社会环境导致农村寄宿制学校从发展之初就面临不利处境。第二,寄宿制学校建设投入相对滞后,难以满足学生学习生活的需要。就"校方"而言,一是寄宿制工程建设资金缺口大。寄宿制工程项目有很大一部分分散在一些道路崎岖、交通不便、信息闭塞的地区,这些地区的经济条件比较落后。一方面,政府划拨的建设资金很多时候没有能够及时到位;另一方面,地方配套资金缺口大,加上其他方面的影响,严重地阻碍了寄宿制学校的建设和发展。再加上项目建设过程中还面临着一些不可预计因素,如原材料价格上涨、运费增加、天气影响等因素,使得工程耗资大大超过预计的投资成本。这样,原本紧张的财政投入又雪上加霜,从而影响了工程的进度。二是寄宿制学校运转经费紧张。从寄宿制学校的成本构成来看,学校布局调整之后,教育资源在原有基础上得到有效利用,会降低总体办学成本,但由于农村寄宿制学校规模在短时间内急剧扩大,寄宿制学校的各项管理工作还没有完全走上正轨,新增办学成本还没有出处,比如食堂与宿舍的工作人员成本、管理成本、运行成本等,因此,寄宿制学校食堂管理人员、宿舍管理人员和校医的聘请只能用上级拨给学校的有限的公用经费。执行"一费制"收费标准后,学校每学期向每个住宿生仅收取极有限的住宿费,而地方政府有限的投入资金又往往难以及时到位,致使不少农村寄宿制学校出现赤字,运转艰难。[2] 第三,寄宿生总体规模不断扩大,寄宿制学校逐渐成为中西部农村中小学的主体。[3] 从全国看,2021年小学寄宿生占在校生的比例为9.85%,初中寄宿生占在校生

---

[1] 董世华著:《我国农村寄宿制学校问题研究》,中国社会科学出版社2015年版,第85~89页。
[2] 王景、张学强:《当前我国农村义务教育阶段寄宿制学校发展的问题研究》,载于《教育科学》2010年第3期,第8页。
[3] 董世华著:《我国农村寄宿制学校问题研究》,中国社会科学出版社2015年版,第109页。

的比例为46.38%。西藏、内蒙古、云南、青海、湖北、河南等地的农村中小学寄宿生所占比例更大,且总体呈现逐渐增长的趋势。目前,各地区的布局调整基本格局是,初中已基本形成一乡一校,实行寄宿制,小学尤其是中心小学实行部分寄宿,农村寄宿制学校已经成为了义务教育的主体。而且,随着农村大量剩余劳动力转移到城镇,适龄儿童随父母外出务工就业而进城上学,农村生源不断减少,各地布局调整还将不断深入,学生上学远的矛盾必将进一步加剧,农村中小学实行寄宿制已经成为一种必然趋势。① 第四,寄宿制学校低龄寄宿趋势明显,寄宿生中留守儿童比例上升。各种调研都反映了一个不争的事实:农村寄宿制学校正逐步从初中阶段向小学阶段延伸,从小学高年级向低年级推进。2021年的统计数据表明,小学从一年级到六年级寄宿率不断提高,初中各年级寄宿率总体平稳,实行五四学制的初中毕业年级寄宿率较低(见图10-1)。针对学生家长外出务工的情况,湖北、江西、甘肃、广东和广西5省13个县中小学4 050份学生问卷显示,父母单方外出务工人员占1 408人,双方外出务工者占1 386人,两项合计2 794人,占调查总数的69.1%。② 我国农村寄宿制学校表现出与国外高端寄宿制学校完全不同的鲜明特征,规模大、数量多、发展迅速、社会环境相对落后、留守儿童增多,种种问题都亟须进一步探索农村寄宿制学校建设的中国模式。

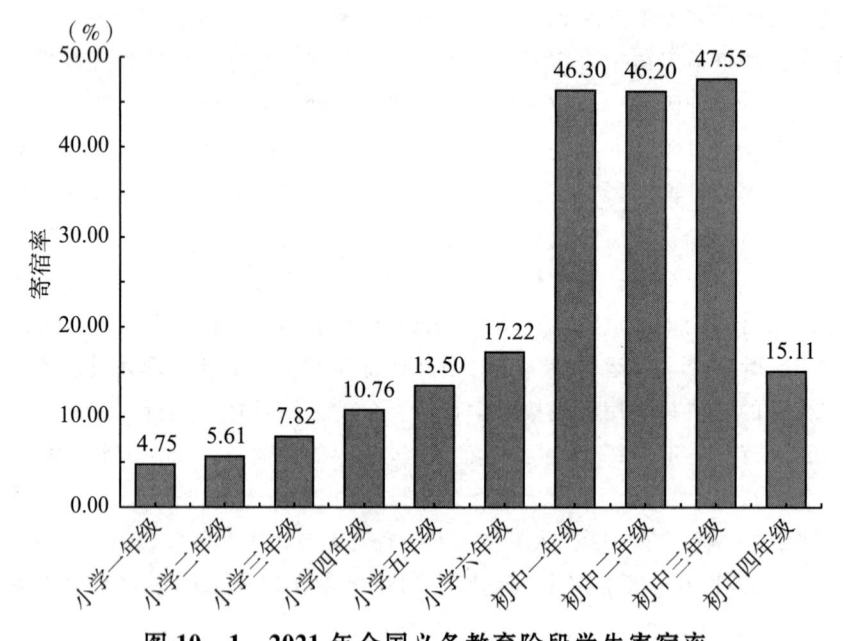

图10-1 2021年全国义务教育阶段学生寄宿率

① 董世华著:《我国农村寄宿制学校问题研究》,中国社会科学出版社2015年版,第119~121页。
② 董世华著:《我国农村寄宿制学校问题研究》,中国社会科学出版社2015年版,第136页。

二、农村寄宿制学校的价值之争

（一）支持者的观点

积极支持农村寄宿制学校并认可其存在价值的人通常认为，寄宿制学校是中国社会转型中基础教育发展过渡阶段的必然存在。农村寄宿制学校不仅解决了农村学生上学远、留守儿童流离失所、受教育权缺失等现实问题，而且节省了政府的教育成本。可以说，在诸多保障学校布局调整的实施措施中，兴办寄宿制学校成为各地政府的最佳选择，大力发展农村寄宿制学校有效地促进了学校布局调整工作的顺利实施。① 在一项针对学校布局调整后"校车"和"寄宿"两种选择的利弊比较研究中发现，在成本方面，建设寄宿制学校的一次性成本、运营与管理成本均小于购置并运营校车的成本，加之已有的学校建设投资，发展寄宿制学校无疑是合适的。安全方面，虽然学生寄宿在学校要比乘坐校车的安全隐患多一些，但是通过良好的制度设计，两者在学生安全问题上都是可以得到保障的。教育方面，寄宿制学校在促进学生成长方面有着自己的优势。例如，寄宿的学生许多事情需要亲力亲为，有利于培养学生的独立精神和自理能力；由于和同学们朝夕相处，有利于培养学生的团队精神和交往能力；寄宿制学校科学合理的作息安排有利于培养孩子良好的学习和生活习惯；在集体生活中，有利于培养孩子的自控能力；等等。并且，寄宿制还可以减少学生每天花在上学、放学路上的时间。鉴于我国城镇化具有不完整性特征，留守儿童的教育与看护成了一个很重要的问题，实行寄宿制，孩子的学习和生活有专门的老师料理，解决了家长的后顾之忧。因此，实行寄宿制更有利于学生的发展。通过以上成本、安全、教育方面的比较可以看出，不管是校车还是寄宿，都不是完美的，各自存在着利弊。但从总体来看，寄宿制学校有着更大的优势。因此，地方政府要继续把就近入学和发展寄宿制学校作为未来农村学校布局调整的主方向，不能盲目地不考虑实际地发展校车系统。② 在一些学者看来，寄宿制学校是实现山区县域义务教育均衡发展的最佳选择。原因在于寄宿制学校保证了学生的有效学习时间，提高了山区农村学校的教学质量；解决了农村留守儿童的看护和教育问题，促进了群体间的均衡发

---

① 杨成明、张棉好：《"后撤点并校时代"对我国农村基础教育发展的理性思考》，载于《当代教育论坛》2014 年第 4 期，第 9~17 页。

② 杨卫安、邬志辉：《"校车"还是"寄宿"——农村学校布局调整后两者的优劣比较及选择》，载于《上海教育科研》2012 年第 12 期，第 37~38 页。

展；缩小了城乡学生家庭教育的差距，保证了相对公平的教育起点；寄宿制学校封闭或半封闭式的管理方式，有利于营造中小学生安全成长的环境。① 而如果农村寄宿制学校在条件和教育资源方面优越于村小或是教学点，那么，农村寄宿制学校就能够为农村学生提供相对良好的教育服务。对于那些缺少完整家庭教育的学生来说，农村寄宿制学校对留守儿童家庭教育功能具有补偿作用。农村寄宿制学校通过树立留守儿童家庭教育功能补偿理念、建立留守儿童家庭教育功能补偿制度、开设留守儿童家庭教育功能补偿课程、保障留守儿童家庭教育功能的投入，可以改善农村留守儿童身心健康、提高农村留守儿童学习成绩、完善农村留守儿童个性品质、丰富农村留守儿童的生活世界。② 寄宿制学校对农村学生改善其生存境遇，养成良好的饮食习惯，通过集体生活以及课外活动中的人际交往培养其社交能力，同时对于学生综合素质的提高、现代社会文明行为品质的养成都具有积极意义。③

（二）反对者的观点

对农村寄宿制学校及其价值持有消极看法的人通常将注意的焦点放在农村寄宿制学校既有的现实问题方面。第一，农村寄宿制学校虽然节约了政府的教育成本，但是这些节省的成本可能被转嫁到农村的学生家长身上。每增加一个寄宿生，中部地区农民家庭每年就平均增加了657.3元钱的支出，西部地区农民家庭平均增加了787.8元支出，增加的部分主要是学生的住宿费和伙食费。总体来看，由于寄宿制的实施，每个寄宿生给中西部农民家庭每年至少增加了约500元钱的支出。④ 第二，农村寄宿制学校的学生在成长状态与发展结果方面存在不乐观情况。一方面，寄宿生的身体发育状况不如一般学生。2008年，西北社会经济发展研究中心和中科院农业政策研究中心组成的"农村教育行动计划"（REAP）项目组通过对陕北、关中和陕南三个地区144所学校进行为期一年的样本跟踪调查后发现，非寄宿学生的身高比世界卫生组织宣布的同龄人的平均身高低5厘米，而寄宿学生的身高比这一标准低9厘米。⑤ 2010年，中国发展研究基

---

① 董世华：《寄宿制学校：实现山区县域义务教育均衡发展的最佳选择——基于湖北、江西两省6个山区县（市）的调查数据》，载于《现代教育管理》2011年第10期，第27~30页。

② 刘诗波、郑显亮、胡宏新：《农村寄宿制学校留守儿童家庭教育功能补偿探索——以江西A县B县小学的实践为例》，载于《中国教育学刊》2014年第10期，第37~40页。

③ 董世华：《价值拓展：促进农村寄宿制学校内涵发展的路径选择》，载于《当代教育论坛》2015年第4期，第4页。

④ 成刚、莫丽娟：《中国中西部地区农村寄宿制中小学调查》，引自杨东平主编：《中国教育发展报告（2009）》，社会科学文献出版社2009年版，第200~211页。

⑤ 柯进：《这些学生的正常发育为何"迟到"》，载于《中国教育报》2009年4月5日第3版。

金会在青海、云南、广西、宁夏西部 4 省（自治区）就农村贫困学生营养状况所做的调查报告结果也显示，农村小学生身高与体重要低于同龄城市孩子。这些来自农村、农村寄宿制学校学生身体发展的数据在一定程度上成了人们消极评价寄宿制学校的"证据"。另一方面，农村寄宿制学校学生的心理发展存在一定问题。"农村教育行动计划"项目组对 2 000 名样本学生的心理测试结果显示：寄宿学生心理健康测试得分平均为 42 分，明显高于非寄宿学生的 40 分。该标准心理测试总分 90 分，得分越高说明心理健康程度越差。① 第三，农村寄宿制学校管理问题使其不能更好发挥学校教育功能。一项基于贵州黔东南州"两山"地区的调查显示，由于规划不合理、资金匮乏、教师生存环境较差、学校管理不力等原因，边远贫困山区农村寄宿制学校不仅存在软硬件方面的问题，还引发了推迟学生的入学年龄，耗费学生更多的回家时间；不同程度加重学生家庭的经济负担；办学规模越来越大，适龄儿童越来越少；寄宿生课外活动形式单一，组织松散等一些新的问题。② 另一项对江苏、湖南和北京地区的四所农村寄宿制小学进行的随机抽样调查显示，农村寄宿制学校本身在运行中乡一级管理存在断层与真空。农村小学教育在条块体制上由县乡部门负责，很多乡镇在机构设置中没有专门牵头负责教育工作的部门，农村寄宿制学校的管理只能直接由县教育部门出头，而县级教育部门往往是分头负责，多头管理。农村寄宿制学校在学生管理中存在重制度轻细节，重结果轻过程，重"管"轻"育"问题，生活教师、任课教师的配置和管理也存在问题。③ 从更为广泛的意义上来看，目前农村寄宿制小学在学生生活、安全和心理健康等方面责任重大，管理难度增加；教学内容单一、学习时间增加；存在办学设施与经费不足、教师工作负担沉重等学校外部管理体制方面等问题。④

（三）对农村寄宿制学校价值的理性定位与发展性评价

我们以为，对农村寄宿制学校的价值认知不能局限于一种观点、一种视角、一种方法，而应该用发展的观点进行更为理性的评估和判断。一方面，应该积极认可农村寄宿制学校作为社会转型、基础教育发展过程中存在的必然性与合理性，我们要看到并承认寄宿制学校对解决农村社会与农村教育问题所起到的工具

---

① 柯进：《这些学生的正常发育为何"迟到"》，载于《中国教育报》2009 年 4 月 5 日第 3 版。
② 谢治菊、刘洋：《边远贫困山区农村寄宿制学校建设研究——基于贵州省黔东南州"两山"地区的实证调查》，载于《中国教育学刊》2012 年第 8 期，第 10～12 页。
③ 叶敬忠、潘璐：《农村小学寄宿制问题及有关政策分析》，载于《中国教育学刊》2008 年第 2 期，第 1～4 页。
④ 杨今宁：《农村寄宿制小学办学存在的问题及对策》，载于《教育理论与实践》2012 年第 26 期，第 24～25 页。

性作用，但我们不能就此将农村寄宿制学校的作用仅仅定位在"问题解决"的工具性价值这一方面，除此之外，它还有自身的内在价值。农村寄宿制学校的产生和发展不仅仅是为了解决问题，更是为了实现自身的内在价值。另一方面，我们应该高度警惕农村寄宿制学校在发展过程中已经出现、可能出现的一系列现实问题，但同时需要冷静反思问题本身，而不是反对农村寄宿制学校存在、否定其发展价值。问题产生的根源及其问题的根治才是我们保护农村寄宿制学校存在的合理性、促进农村寄宿制学校及其学生良性发展的理性诉求。

寄宿制学校作为一种办学形式，与走读学校一样是学生学习文化知识、接受教育的场所，两种办学形式本无所谓优劣之分，关键在于我们怎样根据我国自然地理、经济社会等方面的特点，根据农村社会特有的历史文化，根据城镇化发展阶段来建设和发展农村寄宿制学校。发达国家的寄宿制学校建设经验能否适用于中国国情？我国农村寄宿制学校建设的目标是什么？理念是什么？发展导向去向何方？发展趋势如何？这些都需要更加深入细致的研究和思考。对于制约当前我国寄宿制学校发展的体制、机制障碍，如何破除？对于触及改革深层次的制度、利益等问题，我们该如何应对？农村寄宿制学校如何与校车制度的建立和发展相结合？如何解决留守儿童增多、学生上学成本增加、软硬件投入不足、管理难度加大等问题？以上问题既需要中央和地方政府的政策支持，又需要各地的实践智慧。新的发展时期，农村寄宿制学校的良性发展对于阻碍贫困代际传递，实现教育扶贫、教育脱贫具有十分重要的作用。建设农村寄宿制学校需树立以学生为本的发展理念，探索多种投入渠道、引入科学管理方式、推动课堂教学改革、丰富学生课余生活、建立有效的家校社合作渠道，扬长避短，发挥寄宿制学校在农村基础教育中应有的作用。

第三节　当前农村义务教育寄宿制学校发展的困境与挑战

2001 年《国务院关于基础教育改革与发展的决定》的颁布，首次从宏观层面在政策中要求建设农村寄宿制学校。自此以后，国家在农村寄宿制学校建设和发展政策方面经历了政策命题的提出、政策落实的推动和政策定位的明确等阶段[1]，对

---

[1] 戚建、叶庆娜：《关于我国农村寄宿制学校政策内容分析的探讨——以 2001 年后农村寄宿制学校政策文本为例》，载于《湖南社会科学》2013 年第 2 期，第 248 页。

农村寄宿制学校发展以保障和关照。然而，寄宿制学校作为学校布局调整的一项具体举措，其自身的建立、发展与完善受到学校布局调整政策与实践变化的影响。提高中小学校办学效率是全国范围内不同县级政府都需要考虑的共同问题，实施学校布局调整政策，可以将原来分散的教育资源集中起来，统筹分配，避免出现由于资源重复投入而造成资源浪费的现象，从而提高学校办学效益。① 布局调整既包括撤销学校、合并学校，还包括恢复学校、新建学校、扩建学校、改变学校功能、改变学制结构，更包括因学校空间和结构改变而对教育要素资源所进行的重新配置。② 也就是说，"撤点并校"只是学校布局调整的内涵之一而非全部，但是在实际实施过程中，地方政府在追求办学规模与教育效率的过程中，使"撤点并校"成为学校布局调整的唯一内涵，甚至出现了将布局调整与"撤点并校"画等号的错位局面。可以说，"撤点并校"政策的实施是过去二十多年我国基础教育领域发生的最为突出的变化之一。这一初衷良好的政策在过去已经演变成为一种非理性的盲目撤并模式，被强行简化为一种仅仅要求学校数量减少的政策。③ 农村寄宿制学校在县域内的大量兴起与农村中小学的大量撤并现实息息相关。由于存在非理性与非规划性的学校撤并，农村寄宿制学校的建立与发展在初期也存在不完善性。2012年，随着国家政策对农村中小学撤并的进一步规范，撤并速度放缓，恢复教学点、建设小规模学校等制度的规定，使得农村基础教育发展进入了"后撤点并校"时代。固然，发展总是向前的，但是发展的基础却是一点一点奠基的，发展中的问题也不是一蹴而就形成的。农村寄宿制学校时下面临着时代赋予的责任使命和建设要求，但同时也存在历史原因、现实原因导致的系列发展困境。认清农村寄宿制学校发展中的困境和挑战，对于明确农村寄宿制学校发展目标，促进其工具价值与内在价值双重价值的有效实现，都具有重要意义。

一、寄宿制学校的功能设计与实际要求不相适应

寄宿制学校与走读制学校的区别在于寄宿制学校的学生在校时间更长，不仅学生的日常学习时间在学校度过，课余生活、社会交往、特长培养也都主要依赖于学校的教学与管理。寄宿制学校不仅承担着与其他学校同样的教学任务，同时

---

① 王景：《农村中小学布局调整中寄宿制学校建设的思考》，载于《教育理论与实践》2016年第25期，第30页。
② 邬志辉：《恢复和建设是布局调整的重要内涵》，载于《中国教育报》2012年8月14日第4版。
③ 张燕：《后撤点并校时代农村寄宿制学校发展研究》，载于《教学与管理》2017年第18期，第37页。

承担了很大一部分家庭教育的职责,这对于学校硬件与软件投入的数量与质量都提出了较高要求。学生在学校全天候的学习和生活时间如何安排和分配?重点在哪里?怎样丰富学生的课余生活?学术和实践领域对以上问题的回应对于建设高水平的农村寄宿制学校至关重要。由于农村寄宿制学校发展速度快、规模较大,而各地寄宿制学校建设未能及时跟进,寄宿制学校表现出准备不充分的阶段性特征。农村寄宿制学校的教育准备条件与越来越普遍的寄宿制学校功能的拓延性需要之间存在适应性困境,这也是将影响农村寄宿制学校长远发展的挑战性议题之一。

(一)"有准备的"业余生活欠缺,生活教育系统性不强

寄宿生的在校时间可以分为三部分,即学习时间、业余生活时间和休息时间。与非寄宿制学校相比,寄宿制学校在时间分配上最大的特点是:业余生活时间增加,休息时间交由学校安排。如何科学地分配学生的时间直接关系到学生的身心发展。学习时间过长,业余生活与休息时间被压缩是目前农村寄宿制学校时间分配中存在的最大问题。保证农村学生的有效学习时间本来是寄宿制学校的优势之一,但是一味地增加学习时间就会适得其反。走读学生的业余时间除了完成家庭作业外,其余自由支配时间可以满足儿童喜欢游戏的天性,自由活动可以减轻学生的思想压力。但是,寄宿生的业余时间必须在学校度过,一般寄宿制学校都实行封闭管理,为了防止安全事故,学校一般会尽量压缩自由活动时间,采取以上课代替管理的方法,即使是业余活动时间也因缺乏丰富的活动而显得单调。由于学习时间过长而挤压业余活动时间和休息时间的现象在寄宿制学校普遍存在,这必然会影响学生的身心发展。①

(二)"教""管"矛盾明显,教师工作强度负重大

在管理方面,学生数量的剧增与寄宿规模的扩大不仅增加了教师的工作量和工作强度,也为学校管理带来了困难。教师在完成常规教学任务的同时,还要承担学生课外学习辅导和日常教养的责任,事实上还同时承担了未获法律认可的学生监护人的责任。这种情况不仅增加了教师的实际工作量和劳动强度,而且一旦发生意外,教师将被迫承担本不应由他们承担的法律责任。许多乡镇中心学校都没有配备专职校医、食堂管理员、宿舍管理员等教辅人员,各项后勤管理工作都是由专任教师兼任,从课堂教师到生活辅导,从宿舍管理到保卫人员,从食堂监管到校医护理,教师集所有后勤保障人员功能于一身,全方位兼顾,其超强度、

---

① 董世华著:《我国农村寄宿制学校问题研究》,中国社会科学出版社2015年版,第191~192页。

超负荷的工作量超乎想象。另外，由于中小学生在性格取向、价值认可及行为习惯等方面都有待于养成，可塑性很大，发展中出现的行为问题比较多，再加上学校布局调整之后，寄宿制学校的学生人数大规模增长，这些问题造成了在相对封闭的寄宿制学校环境中学生之间的矛盾冲突呈现出增长的态势。①

（三）教学创新性不足，教育合力基础薄弱

在教学方面，农村寄宿制学校表现出教学内容单一、学习时间增加等问题，挑战着农村寄宿制小学的教学管理。第一，以走读制为主体的办学方式来设计的课程方案和课程体系在农村寄宿制小学中产生了诸多不适应。寄宿制小学的学生在校时间长，需要学习的课程增多，尤其是在生活适应、社会适应、家庭适应方面更需要加强教育。而原有课程体系并没有刻意考虑这些，只是将学生从早读到晚自习这一天的时间，用于安排和走读制学校同样的学习内容，没有开发适合寄宿生的学习内容，造成了学生学习内容的大量重复和机械训练，大大降低了学生的学习效率，甚至使学生滋生了厌学情绪。第二，由于学校布局调整，农村寄宿制小学的办学规模较之原来的教学点扩大，大班额现象较以前突出，以往的小班教学和个别辅导式的帮扶优势弱化，因此，如何促进教师专业成长、提高学生的学习成绩，成为农村寄宿制小学必须直面的问题。第三，封闭办学造成家庭教育和社会教育资源的缺失。对学生的教育应该是学校教育、家庭教育和社会教育三位一体、共同作用的结果。但农村寄宿制小学管理相对封闭，虽然屏蔽掉了社会和家庭教育带来的部分负面影响，但是由于学生接触外界的机会很少，视野狭窄，由此带来了生活单调、乏味，社会实践机会和能力缺失，对社会生活的认识简单、片面等诸多问题，不利于学生的全面发展。②

二、寄宿制学校的办学定位与现实特点不一致

（一）校长领导力不足，传统办学的思维定势有待突破

目前农村中小学校长的领导力水平远远滞后于农村教育事业发展的要求，随着我国农村义务教育管理体制改革和校长负责制的实行，农村中小学校长的领导

---

① 王景、张学强：《当前我国农村义务教育阶段寄宿制学校发展的问题研究》，载于《教育科学》2010年第3期，第8~9页。
② 杨今宁：《农村寄宿制小学办学存在的问题及对策》，载于《教育理论与实践》2012年第26期，第25页。

力得到了较大幅度的提升，但仍然存在许多问题和不足制约着我国基础教育的改革与发展。① 不少农村中小学校长个人综合素质不高，管理理念落后，团队凝聚力不强，管理方式陈旧，放任型的"不作为"和"维稳"以及"搞一言堂"的专制型的农村中小学校长较为常见，传统的落后和低效的领导方式阻碍了我国农村义务教育持续、健康、稳定发展。② 另有针对10个省份的农村义务教育学校校长领导力风格的研究发现，当前中西部农村中小学校长的领导风格以交易型为主导，偏向"胡萝卜加大棒"式的管理方法，希望通过外部刺激促使教职员工做出工作成绩，其特征是强调交换，在领导者与员工之间存在一种契约式的交易。在交易中，领导给员工提供一种报酬、实物奖励、晋升机会、荣誉等，以满足下属的需要与愿望，而下属以服从领导命令与指挥、完成其所交给的任务作为回报。如果农村校长长期偏重交易型领导风格来影响教职员工，就有可能使教职员工在强大的压力与奖惩之下做出不道德或非理性的行为。③ 我们认为，农村中小学校长如果以"交易型"风格办学，那么在建立和发展学校的过程中就容易出现急功近利的思想。农村寄宿制学校的发展如果建立在这样的思想下，需要较长时间才能看见成效的多元化办学就可能被搁浅甚至人为忽略，这是需要警惕的事情。

另外，长期以来，人们对于寄宿制学校的理解就是学生除了能够在学校学习之外，也能够在学校食宿，较少关注在寄宿制学校食宿所隐含的教育意义。农村寄宿制学校在发展思路上会受限于传统意义上的中小学发展观念，即"管好学生""让学生学习""让学生没有时间淘气"等，类似这些防御性的办学思维以及传统的办学思想对于实现农村寄宿制学校的多元化发展是不利的。再加上一些农村中小学包括寄宿制学校的校长存在既有领导力不足的问题，不敢大胆解放思想，突破既有办学思维，使得同质性办校日益普遍化，在一定程度上阻抑了创新型、求异性办学模式的产生。

（二）对社会与教育改革缺乏即时灵敏的反应，主动适应课改的意识不佳

农村寄宿制学校是学校教育的重要构成部分，农村寄宿生是庞大教育对象群体中的重要组成部分。基于此，农村寄宿制学校在建设和发展过程中不仅要适应

---

① 周翠翠：《中小学校长领导力存在的问题、原因及提升途径》，载于《中小学校长》2010年第1期，第36～39页。
② 董燕：《农村中小学校长变革型领导力问题的研究》，载于《教育现代化》2017年第8期，第209页。
③ 刘利平、刘春平：《我国中西部农村中小学校长领导风格探析——基于"农村校长助力工程"新疆师范大学培训班学员的调查》，载于《天津师范大学学报（基础教育版）》2015年第2期，第16～18页。

一般意义的办学发展要求,也要关注社会变革背景下的教育教学改革。但实际上,不仅仅是农村寄宿制学校,整体农村基础教育领域对于国家的教育改革尤其是基础教育改革缺乏必要的关注。由于农村学校缺乏对改革的灵敏性,使得农村学校整体在基础教育改革的发展要求下不能及时捕捉时代信息,不能作出有利于学校发展的适应性规划和部署,进而使学校在办学理念、办学实施方案乃至办学最终成效方面处于劣势。

农村中小学校对于国家教育改革的主动性适应与积极性认可度不佳,这在一定程度上影响了教育改革在农村学校落地的成效性,进而使农村中小学生包括寄宿生们在课程改革新理念的视域下"输在起跑线"。一些教师把新课改视为上级的要求,并认为对于这类自上而下的改革,基层教师只有去适应。访谈中有教师提道:"支持也好,不支持也好,上级要我们怎么做我们就得去做,只能去适应,就算一开始有怨言,这么多年实施下来也都适应了。"在一项针对课程改革中农村教师心态的研究中发现,农村教师对于课程改革产生的消极心态一般包括"回避、抵触""被动、随大流""抵触、迁怒"。① 可见,农村教师对于基础教育课程改革所持有的整体态度并未形成积极性共识,而且一些教师所存在的消极、被动的应对很难使教育改革的精髓理念深入到农村基础教育阶段的学校中。事实上,农村中小学能否适应基础教育的变革,并在变革中避免进一步扩大与城市中小学的差距,无论对课程改革的顺利推进,还是农村教育的健康发展,乃至缩小城乡教育差距,实现教育均衡发展都是至关重要的。② 至少,对于教师形成科学的教育管理理念,以优质教育者团队建设多元化的学校发展模式是有较大益处的。

(三) 对学校特色办学的内涵理解存在误区

农村寄宿制学校整体层面的办学多元化实现需要依托于个体层面办学的特色化。但是,对于许多农村中小学校来说,什么是特色化办学尚待诠释。因为一些学校对特色办学的理解存在误区,所以目前尚未形成具有广泛意义和寄宿制学校群体性的特色办学态势。对于农村寄宿制学校来说,虽然尝试办出学校特色,但是由于对特色的理解和把握不恰切,所期待的特色办学成效也未达成。

综合来看,农村寄宿制学校在特色办学方面存在的认知与实践误区包括:第一,将特色办学理解成"校本课程",窄化了特色的外延,局限了特色的内涵。

---

① 叶秀丹:《新课程改革中农村教师的心态分析与调适》,载于《当代教育科学》2006 年第 23 期,第 43 页。
② 王嘉毅:《农村教师与农村基础教育课程改革》,载于《基础教育课程》2005 年第 5 期,第 6 ~ 10 页。

而一些寄宿制学校将校本课程又局限于音体美等第二课堂,进一步偏离了办学特色的基本内涵。第二,盲目模仿其他学校的特色,忽略了特色产生和发展的基本条件和资源基础。得到社会公众普遍认可的特色中小学不仅仅是在"形"的层面办出了特色,更是在"神"的层面具有特色的土壤和价值根基,而一些农村中小学盲目模仿,缺乏自我条件的论证,出现"画虎不成反类犬"的情况。第三,特色设计中出现了"碎片组合"现象。这是许多学校经常陷入的最大误区。诸多学校在国家政策的引领下、在教育行政部门的推动下,纷纷竖起特色学校建设的旗帜,构建起自己的理念体系——办学目标、办学愿景、培养目标、校训、校风、教风、学风等一应俱全且有精练的表述,甚至还制订了详细的行动计划,貌似有了切实可行的完整方案,假以时日便可成就"特色"。然而,稍加梳理即可发现,相应的理念完全属于碎片化组合,根本无法构成具有内在联系的逻辑体系。其共同特点是,无法体现学校的核心价值追求,没有明晰的发展主题和相关要素,没有对学校发展要素的系统性规划。实际上,真正的特色一定是体现了学校的办学价值取向的,同时一定是契合教育内涵发展要求的。办学特色是学校整体发展战略的标志,也是内在生成的系统工程。① 一所期求学生天天坐在教室学习也不关注其学习心理和生活境遇的寄宿制学校是不具备实现办学特色的理念条件的。希望一蹴而就形成特色的寄宿制学校也不会成为具有特色的学校。真正的特色扎根于学校的文化积淀、组织管理与资源储备,缺少这些,特色也就无从谈起。

三、寄宿学校的办学条件与学生特征不匹配

一般来说,社会、学校以及家长群体对于学生身心发展的结果都有较为理想的诉求,无论教育对象处于何种类型的学校之中,处于何种教育阶段,"全面发展""身心和谐发展"等是理想的教育目标。对于农村寄宿制学校学生的成长要求也具有同样的理性发展诉求。然而,从整体上来看,基础教育阶段农村寄宿制学校学生身心健康、全面地发展,需要面对来自既有现实发展条件的挑战。换言之,农村寄宿制学校学生既有身心发展条件的基本情况并不利于基础教育学生培养目标的整体实现。

(一)身体发展条件有待完善

优化农村寄宿制学校的办学条件,保障寄宿学生的学习生活条件,尤其是

---

① 李鹰:《中小学特色办学:内涵、误区与路径》,载于《山东师范大学学报(人文社会科学版)》2017年第4期,第133~136页。

为寄宿生身体发展提供基本乃至良好的条件应该成为寄宿制学校建设的首要目标。东北师范大学农村教育研究所 2012 年对我国东、中、西部 8 个省份的一些农村寄宿制学校进行调查，得出了关于农村寄宿生身体发展条件的相应数据信息。①

1. 寄宿生寄宿条件需要进一步完善

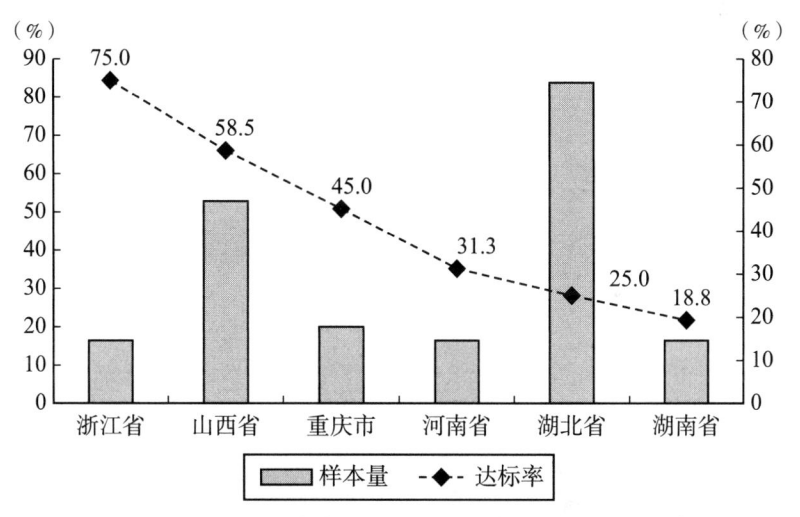

（1）农村寄宿制学校生均宿舍面积达标率低。2011 年教育部、卫生部颁布的《农村寄宿制学校生活卫生设施建设与管理规范》规定"人均居室使用面积不宜小于 3 平方米"。我们对 8 省 205 所农村寄宿制学校的生均宿舍面积进行计算发现，8 省只有 39.5% 的农村寄宿制学校生均宿舍面积达标，另外 60.5% 的农村寄宿制学校不达标。浙江省有 75% 的农村寄宿制学校生均宿舍面积达标，山西省有 58.5% 的学校达标。其余省份达标学校比例均未超过半数，河南省、湖北省、湖南省和重庆市分别有 68.7%、75.0%、81.2% 和 55.0% 的农村寄宿制学校生均宿舍面积不达标（见图 10 - 2）。

图 10 - 2　农村寄宿制学校生均宿舍面积不达标率

（2）一人一床的比例低。除了宿舍大小外，是否实现一人一床也影响学生的住宿质量。《农村寄宿制学校生活卫生设施建设与管理规范》提出"学生宿舍应保证一人一床"。但是在调查中发现，农村寄宿制学校中现实一人一床的学校比例低。在 109 所提供有效数据的农村寄宿制学校中，只有 37 所实现了一人一床，另外 72 所都没能保证一人一床，实现一人一床的学校比重仅为 34%。

---

① 邬志辉、秦玉友主编：《中国农村教育发展报告 2012》，北京师范大学出版社 2014 年版，第 382 ~ 390 页。

(3) 浴室配备少及缺乏热水供应。学生寄宿学校，需要洗漱。配备一定条件的浴室是满足基本需要的保证。在对学校浴室的调查中，我们发现农村寄宿制学校的浴室配备情况并不理想。河南省 18 所农村寄宿制学校中只有一所配备了浴室（见图 10-3）。湖北省的 119 所学校中有 78 所配备了浴室，比重为 65.5%；其中 60 所学校报告了其浴室热水供应情况，只有 9 所学校浴室提供热水。湖南省的 38 所农村寄宿制学校中仅有 17 所配备了浴室，比重为 44.7%；其中 13 所报告了其浴室热水供应情况，没有一所学校浴室提供热水。调查的甘肃省 4 所农村寄宿制学校中有 3 所配备了浴室，但这 3 个浴室都不提供热水。浙江省 22 所农村寄宿制学校中有 21 所配备了浴室，比重为 95.5%；但这 21 个学校浴室里只有 2 个提供热水，比重仅为 9.5%。重庆市 29 所农村寄宿制学校中有 15 所配备了浴室，比重为 51.7%；这 15 个浴室中只有 4 个提供热水，比重仅为 26.7%。山西省 65 所农村寄宿制学校中有 57 所配有浴室，比重为 87.7%；但是这 57 个浴室里只有 3 个提供热水，比重仅为 5.3%。从数据来看，农村寄宿制学校浴室配置率低，提供热水的浴室比重更低。当然，在调查中也发现，一些学校虽然没有浴室，但是也向学生提供热水。

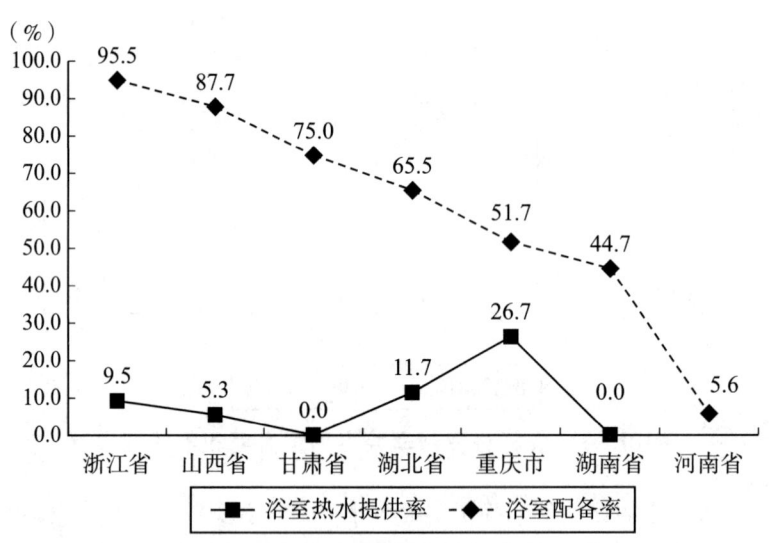

图 10-3 农村寄宿制学校浴室配备及热水供应情况

(4) 配备开水房的学校少。开水房是《农村普通中小学校建设标准》指出需要建设的生活用房之一，对于寄宿制学校来说开水房的重要性就更加突出。但是农村寄宿制学校开水房的设置情况同样不容乐观，在 295 所提供数据的农村寄宿制学校中只有 172 所设置了开水房，而且各个省份的差异较大。河南省 18 所提供数据的学校中只有 1 所设置了开水房，比例仅为 5.6%（见图 10-4）；湖南省 38 所提供数据的农村寄宿制学校中只有 8 所设置了开水房,比例仅为 21.1%;而其他省份的情况相对较好,湖北省 119 所农村寄宿制学校提供了数据,其中有 69 所设有开水房,占 58%;甘肃省 4 所农村寄宿制学校提供了数据,其中有 3 所设有开水房;浙江省有 22 所农村寄宿制学校提供了数据,其中有 17 所设有开水房,比重为 77.3%;重庆市 29 所农村寄宿制学校提供了数据,其中设有开水房的学校有 16 所,比重为 55.2%;山西省 65 所农村寄宿制学校提供了数据,其中有 58 所设有开水房,比重为 89.2%。

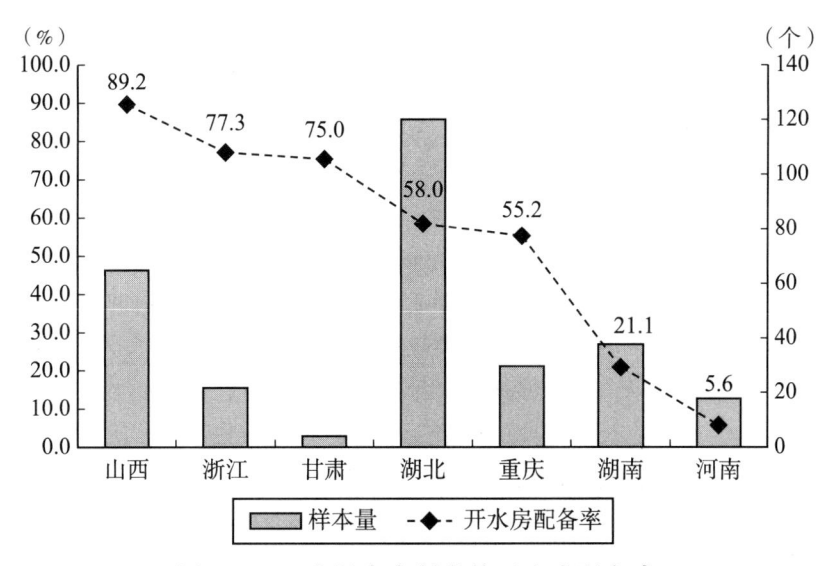

图 10-4 农村寄宿制学校开水房配备率

2. 寄宿生餐饮问题需要进一步关注

(1) 不少寄宿生每日就餐次数偏少。一日三餐是大多数人的就餐习惯,保证每日就餐次数是保障健康的需要。但调查中,我们发现不少寄宿生每日在学校进餐次数少于两次(仅一餐或者不吃)。在 3 568 名农村寄宿生中,有 243 名学生在学校每天只进餐一次(见表 10-7)。从分省份的情况来看,甘肃、湖南、江西、浙江、重庆的农村寄宿生每天就餐次数偏少的情况比较严重,这 5 个省市每天就餐次数在两餐以下的寄宿生比重分别为 26.2%、16.3%、11.3%、9.8%、11.4%。而江西省的多数农村寄宿学生每天用餐次数为两次,没有一日三餐的学生。虽然总体上多数农村寄宿生每天就餐次数在两次以上,但是不少寄宿学生每天吃饭次数不到两次,对健康的危害不言而喻,更何况是正处于成长中的儿童和青少年。

表10-7　　　农村寄宿制学生每日在校用餐次数分布　　　单位：%

项目	少于两次	两次	三次	多于三次
甘肃	26.2	68.1	0.0	5.8
河南	2.3	7.9	88.1	1.7
湖北	4.6	7.8	86.0	1.6
湖南	16.3	11.7	46.0	25.9
江西	11.3	78.7	0.0	10.0
山西	2.3	2.9	80.7	14.1
浙江	9.8	10.7	50.5	29.1
重庆	11.4	8.5	74.0	6.0
合计	8.9	16.9	64.2	10.1

（2）农村寄宿生的用餐食品有待改善。食品是营养的来源，食品搭配合理才能保障寄宿学生身体健康。但是调查发现农村寄宿生就餐食品的营养价值并没有得到有效保障。虽然学生用餐的食品种数不便于统计，但是通过考察一种单价较高的食品供应情况，基本上能够推断农村寄宿制学校的学生伙食水平。肉类食品相对价格较高，处于成长关键期的寄宿生对肉食的需求也较高，所以调查寄宿制学校食堂肉类食品的供应状况能够大致反映出学生的膳食水平。在一项对13个省29 343名农村寄宿制学校中小学生对各种食物的消费情况的研究中发现：低收入地区寄宿制学校学生近1个月基本不吃肉类、蛋类、奶制品、豆类的比例分别为38.3%、61.1%、79.9%、38.5%；中高收入地区学生近1个月基本不吃肉类、蛋类、奶制品、豆类的比例分别为21.5%、31.0%、61.4%、22.3%。[①] 可见，农村寄宿制学生的营养餐食应当得到进一步关注和改善。

另在3 257名提供数据的寄宿生中，有1 503名学生每天都能吃到肉食，占46.1%（见图10-5）；而半个月以上（16天以上，以下同）才吃到一次肉的学生却有177名，占到5.5%，从来都没有在学校食堂吃到肉的学生有214名，占6.6%。就各省的情况来看，只有湖北省有过半的寄宿生每天都能吃上肉，其提供有效数据的884名学生中有607名每天都能从学校食堂吃到肉，占68.7%。其次重庆市427名农村寄宿生中有208名每天都能吃上肉，占48.7%。河南省

---

① 张芯、马冠生、胡小琪、张倩、李艳平、檀倩影、董一凡、龚宁：《我国农村寄宿制学校学生食物消费现况》，载于《中国学校卫生》2010年第9期，第1027页。这里的收入水平按照2007年人均GDP划分，人均GDP低于14 000元的为低收入地区（宁夏、甘肃、广西、贵州、云南），人均GDP高于14 000元的为中高收入地区（黑龙江、内蒙古、河南、山西、湖北、湖南、重庆、广州）。参与调研的农村寄宿制学校学生共29 343名。其中低收入地区寄宿制学校学生3 940名，中高收入地区寄宿制学校学生25 403名。

459 名学生中有 221 名每天都能吃上肉,占 48.1%。江西省 222 名学生中有 87 名每天都能吃上肉,占 39.2%。而浙江省、湖南省、山西省和甘肃省的这一比例均只有两三成。调查的学生中,共计只有不到半数的农村寄宿学生每天能吃到肉食,一定程度上反映农村寄宿学校肉食供应的欠缺或者学生无力购买。农村寄宿学生的伙食状况还不理想,今后还需增加投入以提升农村寄宿学生营养水平。

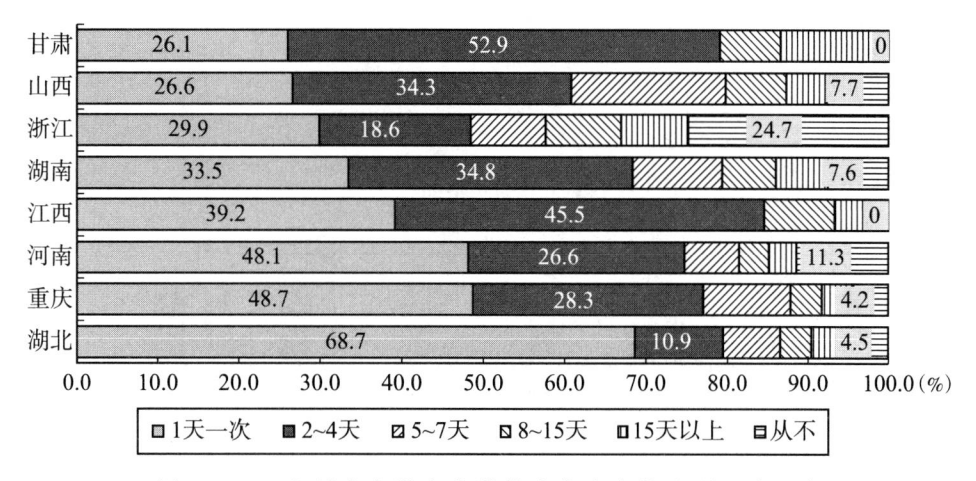

图 10-5 农村寄宿学生在学校食堂多久能吃到一次肉食

(3) 食堂标准化水平偏低。考察食堂建设情况,不能仅仅停留在有没有的层面,更要关注是不是达到一定的质量水平。根据《农村寄宿制学校生活卫生设施建设与管理规范》等政策文件的规定,我们选择考察学校食堂建设中最主要的两方面,一是原料存放间、食品加工操作间和专用食品出售场所三者配备情况,这有利于考察食堂操作的规范度;二是学校生均食堂建设面积是否达标,综合考察食堂大小相对于学生数量来说是否满足需求。

第一,食堂工作间规范化建设并不理想。按照功用建设不同的食堂专用工作间有利于改善操作环境、保证卫生安全,为食堂规范化管理提供物质基础。原料存放间、食品加工操作间和专用食品出售场所是食堂三个主要的功能间,能够保证储存、加工和销售三者的独立空间。图 10-6 显示,在来自六省份提供数据的 150 所建有食堂的营养改善计划试点学校中,除了只有 3 所学校的甘肃省外,只有国家试点的湖南省、湖北省和地方试点的重庆市有半数以上的学校食堂配齐了原料存放间、食品加工操作间和专用食品出售场所。湖南省 23 所学校中有 17 所学校的食堂配齐了这三种工作间,占 73.9%。湖北省 62 所学校中有 41 所配齐了这三种食堂工作间,占 66.1%。重庆市 13 所学校中有 10 所学校的食堂配齐了这三种工作间，占 76.9%。而山西省和浙江省的这一数据分别只有 13.3% 和 36.8%。大多数山西省的学校食堂只配备两种工作间，30 所学校中有 19 所学校的食堂只有两种工作间，占 63.3%。而浙江省 19 所学校中，除了 5 所试点学校只配备两种食堂工作间外，更是有 4 所学校食堂没有这三种工作间，两项分别占 26.3% 和 21.1%。甘肃省 3 所学校食堂中有 1 所配齐了这三种工作间，还有两所都只配备了两种工作间。

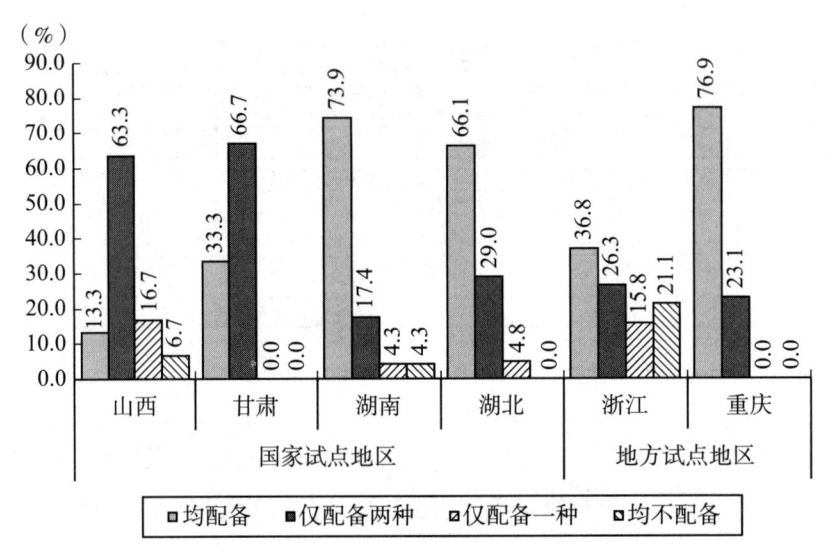

图 10-6 营养餐试点学校食堂功能间建设情况

第二，生均食堂面积达标率低。食堂的建设要满足全体学生的用餐需求，在面积上就需要达到一定的水平。生均食堂面积可以反映这一问题。根据《农村普通中小学校建设标准》，农村普通中小学以及全寄宿制中小学生均食堂面积为 1.2~1.5 平方米之间，而在数据统计中我们以最低要求的 1.2 平方米为衡量标准。总共有 202 所农村寄宿制学校提供了有效数据，其中达标学校有 104 所，达标比例为 51.1%（见图 10-7），有近一半的学校没有达到生均 1.2 平方米的标准。从分省情况看，只有浙江省和山西省达标情况相对较好，达标比例分别达到 81.3% 和 73.1%，而其他省份的达标率都不超过半数。河南省 14 所学校中只有 3 所达到标准，达标率为 21.4%；湖北省 82 所学校中只有 37 所达标，达标率为 45.1%；湖南省 16 所学校中只有 6 所达标，达标率为 37.5%；重庆市 22 所学校中只有 7 所达标，达标率为 31.8%。生均食堂面积达标率低，反映了农村寄宿制学校食堂建设的不足，食堂面积不能满足需要。

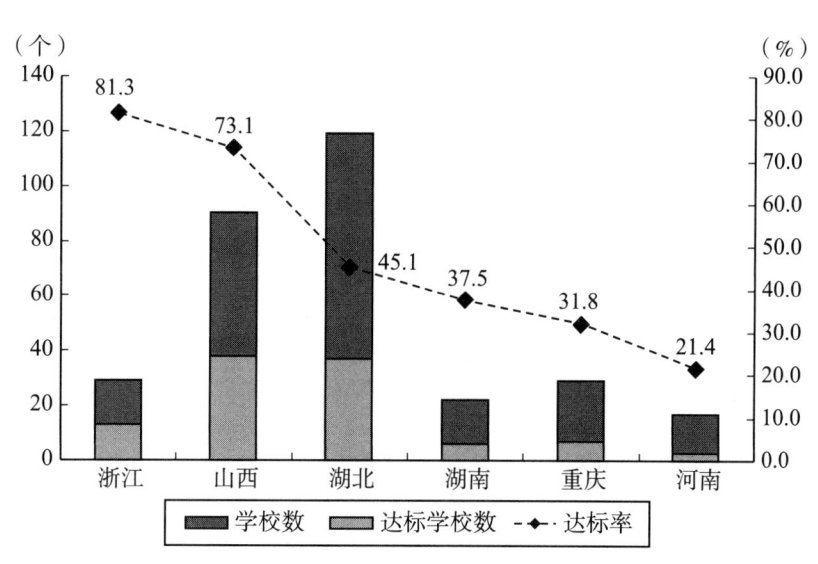

图 10-7　农村寄宿制学校生均食堂面积达标情况

（二）心理发展条件有待创设

1. 寄宿生认知发展需要进一步关注

以北京、广东、广西和宁夏（省、市、自治区）共 9 所农村寄宿制学校的初一学生作为目标研究对象的研究表明：在 9 所学校共计 738 名初一学生参加的测试里，农村寄宿制学校中学生的认知能力低于常模，特别是心算能力、空间能力、工作记忆、记忆再认和推理能力，提示应当关注农村寄宿制学校学生的认知能力发展。[①] 认知是人的发展过程中重要的心理基础，影响人的其他发展目标的实现，关注农村寄宿制学生认知发展，将学生认知发展作为学校教育教学工作的重要内容实为必要。

2. 寄宿生社会情感能力发展需要加强引导

一项针对寄宿留守儿童社会情感能力的实证研究用 2 997 份西部农村留守儿童全样本数据对寄宿与非寄宿留守儿童的社会情感能力及其子维度进行差异检验，结果发现寄宿的留守儿童的社会情感能力要显著低于非寄宿的留守儿童；同样寄宿与非寄宿留守儿童在自我情感认知、他人情感认知、自我情感管理以及社会交往技能等子维度的差异也同样显著，寄宿的留守儿童也要显著低于非寄宿的留守儿童。[②]

[①] 蔡祥焜、李瑾、魏艳丽、孙静、霍军生：《农村寄宿制学校初一学生认知能力状况》，载于《中国学校卫生》2015 年第 8 期，第 1179～1182 页。

[②] 王树涛、毛亚庆：《寄宿对留守儿童社会情感能力发展的影响：基于西部 11 省区的实证研究》，载于《教育学报》2015 年第 5 期，第 114～115 页。

另有研究发现，寄宿制学校学生的抑郁水平远高于非寄宿制学校。[①] 加强对农村寄宿制学校学生情感发展的关注和引导刻不容缓。

3. 寄宿生欺凌问题需要即时性应对

环境对人的发展具有重要影响，而人际环境的优劣更是直接影响在校学生的生活与学习质量，进而导致成长结果的差异。基于川、冀两省 138 所农村寄宿制学校 17 841 个学生样本的调查发现，我国农村寄宿制学校学生遭受校园欺凌的检出率为 16.03%。在欺凌的形式方面，学生遭受言语欺凌的检出率为 24.50%，遭受身体欺凌的检出率为 20.90%，遭受关系欺凌的检出率为 23.90%，遭受网络欺凌的检出率为 13.20%。[②] 可见，如何为寄宿制的农村学生提供良好的人际环境，引导学生之间和谐友好交往将是农村寄宿制学校工作中重要的工作议题，是一个常规却紧迫的工作任务。

四、寄宿制学校的既有保障与发展需求不呼应

（一）政策与制度的可持续跟进有待完善

从 2001 年以后的政策文本来看，针对农村寄宿制学校建设的相关政策和制度存在一定程度的"先紧后松"特征。尤其是 2007 "两基"项目结束后，对于项目地区"工程内"的农村寄宿制学校而言，必要的政策安排和长效保障制度出现了空档。[③] 使得相关政策的跟进性、预后性等功能未能有效发挥。另外，对于新时期农村寄宿制学校出现的一些特点，尤其是寄宿生的低龄化与留守化等现实特征需要采取制度层面的监管与控制。对于已经出现的现实问题进行必要的政策关注和执行监管，而对于那些可能出现的问题同样需要预警式的政策跟进与制度监管，否则不能健全农村寄宿制学校发展的外力保障，进而影响到农村寄宿制学校发展的良好态势。

---

① 肖利敏、陶芳标、陈钦：《安徽省农村寄宿制学校学生抑郁焦虑症状及其影响因素分析》，载于《中国学校卫生》2008 年第 9 期，第 785~787 页。

② 吴方文、宋映泉、黄晓婷：《校园欺凌：让农村寄宿生更"受伤"——基于 17 841 名农村寄宿制学校学生的实证研究》，载于《中小学管理》2016 年第 8 期，第 9 页。

③ 戚建、叶庆娜：《关于我国农村寄宿制学校政策内容分析的探讨——以 2001 年后农村寄宿制学校政策文本为例》，载于《湖南社会科学》2013 年第 2 期，第 250 页。

（二）农村寄宿制学校存在公用经费不充足问题

1. 寄宿制学校公用经费明显不足，经费缺口大

教育作为社会发展的重要组成部分，其发展必须以经济发展为基础。可以说，经济发展最终决定着教育的供给与需求，而教育的发展又直接取决于教育的供给与需求。① 寄宿制学校作为教育事业发展的有机构成部分，同样受制于教育投入，也因教育投入的相关变化而形成发展中的变化。由于寄宿制学校与非寄宿制学校相比，学生在校时间长，学生的课余生活同样局限在校园内。因此，在基础建设和人员配置等方面均需要更大的经费投入。2015 年《国务院关于进一步完善城乡义务教育经费保障机制的通知》提出，整合农村义务教育经费保障机制和城市义务教育奖补政策，建立统一的中央和地方分项目、按比例分担的城乡义务教育经费保障机制，其中明确规定要统一城乡义务教育"两免一补"政策、统一城乡义务教育学校生均公用经费基准定额、巩固完善农村地区义务教育学校校舍安全保障长效机制、巩固落实城乡义务教育教师工资政策。② 虽然，政策上我国已经对农村寄宿制学校的经费明确了各级政府的投入责任，而由于部分地方政府财力有限、寄宿制学校的历史欠账较多，农村寄宿制学校依然面临公用经费不充足的问题。付春苗在河南 Z 市 L 县对寄宿制学校生存发展状况的实地调研以及对 L 县寄宿制学校在最低标准办学条件下所需成本的测算，可以看出我国农村寄宿制学校发展的确面临着一系列困境，需要国家和地方政府部门进行大力的人力、物力支持。③

通过调研和成本核算发现，农村寄宿制学校的确存在公用经费不足的问题，面临较大的经费压力。当前经费拨付机制低估了农村寄宿制学校公用经费的实际需求。经费作为维系学校正常运行的基石，却由于拨付标准的不足导致寄宿制学校处于仅仅能够维持基本生存的状态，无力改善学校办学条件与开展多样化的寄宿生课外活动，更难以实现规模经济效益。

寄宿制学校的经费明显不足，且经费缺口主要集中在人员成本上。以 2015～2016 学年的核算结果为例，寄宿制小学年生均标准成本在 330.55～859.84 元，寄宿制初中年生均标准成本在 349.35～878.64 元（最大值最小值受人员使用方式的影响），与现行的 2016 年春季学期开始的寄宿生年生均经费拨付标准相比，小学差额大致为 130.55～659.84 元、初中为 149.35～678.64 元。④ 其中成本的

---

① 王善迈著：《教育投入与产出研究》，河北教育出版社 2004 年版，第 45～48 页。
② 国务院：《国务院关于进一步完善城乡义务教育经费保障机制的通知》，2015 年 11 月 25 日。
③ 付春苗：《农村寄宿制学校运行成本的调查研究——以河南省 Z 市 L 县为例》，东北师范大学 2017 年硕士学位论文，第 43～44 页。
④ 2015～2016 年的核算结果数据为课题组调研所得。

最大缺口集中在人员成本上。若全部后勤人员都拥有正式编制,由财政负责工资,且教师早晚自习辅导和校领导、教师夜间值班费均被纳入教师工作量范围,由上级财政部门发放超额工作量补助,那么寄宿制学校负担的成本就只剩下公用成本,即水电费和小型维修费,经计算这部分成本在 55.44~119.09 元。那么,现行的寄宿生年生均 200 元的经费标准是完全可以满足寄宿制学校日常运行与发展需要的。目前,寄宿制学校成本分担机制不健全,学校反而成为了承载教育成本的主体而较少拥有学校自主有效发展的空间,学校挤占公用经费去发放教师超额工作补助着实为无奈之举。

2. 随着寄宿生数量的增加,寄宿制学校生均总成本逐渐下降

通过建立寄宿生生均成本和寄宿生数量的曲线关系,发现随着寄宿规模的增大,寄宿制学校生均总成本呈现出逐渐下降的趋势,这表明随着寄宿生人数的增加,学校的资源设备得到了更加充分的利用,使得整体资源分担分散,单位寄宿生的资源成本降低。同时,这一发现也启示我们在农村地区集中建立具有一定规模的寄宿制学校能在一定程度上降低教育成本,能使教育资源得到更加理想的优化配置与充分利用,最终实现规模经济效益。

但是受样本量和数据选择的限制,寄宿制学校学生规模与生均成本的拟合度不高,由于教育投入与教育产出的关系结构错综复杂,且教育规模经济的实现受教育资源使用的充分性、教育资源使用的恰当性、教育规模扩大的有限性等因素影响,探讨寄宿制学校实现规模经济的可能性还需要考虑以上三个因素的实现情况以及为实现教育规模经济想要达到的教育产出究竟是什么指标,是单纯的寄宿生数量还是反映在寄宿生的学业表现上,或者在教育投入上需要怎样的寄宿制学校标准化建设水平,是低标准还是高标准的投入力度。

(三)亟待实现生活教师质和量方面发展的双重突破

受到人员编制、教师培训、发展理念等方面的影响和限制,农村寄宿制学校生活教师呈现出数量不足、素质不高的特点。尤其在农村寄宿生呈现寄宿低龄化、儿童留守化等特点的背景下,生活教师的数量和质量尤其关键。推进生活教师队伍的专业化建设对寄宿制学校规范管理、保障学生身心健康发展十分重要。马晓微基于东北师范大学农村教育研究所"2012 年度农村基础教育大型调研"中对中西部山西、河南、甘肃、湖北、湖南、江西、重庆 7 个省份 7 个样本县农村寄宿制学校生活教师的调研数据分析,发现农村寄宿制学校生活教师问题表现为:[1]

---

[1] 马晓微:《关于农村寄宿制学校生活教师职业化发展的研究》,东北师范大学 2014 年硕士学位论文,第 20~26 页。

1. 人员配置不足，结构不合理

按照国家规定，小学每 50 名学生、初中每百名学生需要配备 1 位生活教师。[①] 据调查，在配备了生活教师的学校，师生比例配置并未完全达到国家标准，61%的小学达标，47%的中学达标，农村寄宿制小学达标情况不乐观，中学的状况尤其严重；中部地区达标水平较低，西部地区严重不达标。各地农村寄宿制学校以兼职生活教师为主，专职生活教师急缺。根据各地区数据分布可知：虽然有近60%的农村寄宿制学校配备了生活教师，还有超过40%的学校根本没有设置生活教师，该群体的总体人数是不能满足现实需求的。在这些学校寄宿的孩子缺乏应有的生活照顾和指导，除学习之外，处于简单的日常管理状态。例如江西省的 X 县很多乡镇的中心小学没有专门的生活教师，学校让门卫每日负责这些孩子的晚间宿舍安全，并没有专门的生活指导和关心。很多偏远贫困地区的校长都表示："我们也知道这些住宿的孩子需要生活照顾，可是学校资金不够，学科老师都很紧张，更别说专门聘任生活教师了。"另外，根据调研分析，在配备了生活教师的学校中，仅有约30%为专职生活教师，剩下约70%基本都是兼职生活教师（见图 10-8），兼职生活教师岗位的都是校内员工，多数是班主任、任课教师、行政人员（校长等管理人员）或教辅人员（后勤、保卫人员等），这些人在担任专职工作之余兼任生活教师的工作，工作量之大可想而知。但是，这样不仅不能全面细致地照顾到所有寄宿孩子，还分散了教师的精力、影响了教学质量，加重了教师的工作负担。

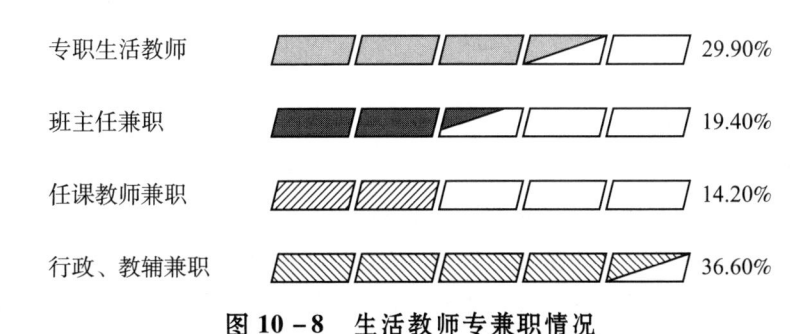

专职生活教师　29.90%
班主任兼职　19.40%
任课教师兼职　14.20%
行政、教辅兼职　36.60%

图 10-8　生活教师专兼职情况

2. 职业准入门槛低，人员录用较随意

生活教师既要弥补农村家庭的教育缺失，又要实现农村寄宿制学校的生活和育人功能，这对生活教师本身是一项挑战。因此，一位合格的生活教师要全方位发展，既要具备教育学、儿童心理学、青少年心理学等教育心理学专业知识，又

---

① 中央教育科学研究所课题组：《贫困地区农村寄宿制学校学生课余生活管理研究——基于广西壮族自治区都安县、河北省丰宁县的调研》，载于《教育研究》2008 年第 4 期，第 11 页。

要懂得一定的学科基础知识，还要掌握必要的初级医疗卫生防疫和保育知识。但从调研中得知，各农村寄宿制学校对于生活教师的选择比较随意。根据调研数据分析，专职生活教师的来源主要有两个方面：少部分转岗教师；多数为聘任人员。由于大部分农村寄宿制学校教师资源紧缺，所以聘任校外人员担任生活教师就成为主要途径。但是这些聘任人员质量参差不齐，包括代课教师、农民、退休工人、超市服务员、无业人员、待业大学生、退伍军人等。这些人员聘任有临时的，也有有一定聘任期限的（3~5年），比较随意，变动性极大。

由于国家和地方并没有对生活教师的任用水平和标准做原则性的规定，所以各个学校自行其是，进入该岗位的门槛非常低。这些生活老师中初、高中学历的比例占约80%，有的甚至只有小学文化水平，只要身体健康、会看管孩子就能胜任，他们并不完全具备相应的教育学和心理学知识以及相关保育、营养健康常识，难以弥补家庭教育的功能。王丽旭等曾就该问题进行分析：农村寄宿制学校要真正成为社会和家庭期待的角色，师资力量是关键，寄宿制学校的日常教学、素质教育及日常管理都需要高素质的教师，要达到农村寄宿制学校改善农村教育质量、弥补家庭教育缺失、推广农村中小学素质教育的目标，就必须保证有高素质和数量足够的班主任老师、任课老师和生活指导教师。[①]

3. 工资低、压力大、缺乏有效考核

激励措施短缺，工作量与薪资待遇不成正比，生活教师工作积极性不高。生活教师工作内容繁杂，工作时间偏长，管理压力大，在如此繁杂的工作内容和长时间的工作付出之后，生活教师并没有得到与付出相对应的良好待遇，很多老师并不喜欢这个职业，部分人在"应付"宿舍生活管理岗位的工作。在调查中我们得知：不管是专职的还是兼职的生活教师，总体工资水平都很低（见图10-9）。首先，兼职的生活教师群体工资约30%在1 000元以下，1 000元以上的有70%，集中于1 000~2 500元，这还是兼职生活教师的原岗位工资与兼职生活教师岗位所发工资之和。例如一位班主任兼做生活教师，职称为小教中级，那么她可能拿到的总工资则为小教中级的岗位工资（2 500元左右）加上学校专门给的兼职生活教师岗位工资（比如500元），这位老师拿到的总的工资就是3 000元。也就是说，对于兼职的生活教师的兼职报酬学校只会象征性地发一些，大约50~500元不等，但也有不少学校根本拿不出额外的资金给这些老师岗位补偿，完全是义务性质的兼职生活教师岗位，不能得到任何报酬。从劳动法和教师法的角度考虑，兼职教师的额外付出应当得到合理的回报，农村寄宿制学校应当有这部分

---

① 王丽旭、唐斌：《农村寄宿制学校师资问题探讨》，载于《中国集体经济（人力资源管理）》2008年第8期，第129~130页。

的支出或者相应补贴，但大多数寄宿制学校做得不是很到位，这使得很多专任教师群体每天超负荷运转，严重影响了他们教学和工作的积极性，削弱了寄宿制学校的教育功能。其次，对于专职生活教师而言，有超过70%的人拿着1 000元以下的工资。由于这部分工资并没有国家或者教育行政相关部门支持，这些人员也大都是临时和聘用的，学校只能从生均公用经费里挤出部分资金，使得学校的运转只能艰难维持。在对生活教师的访谈中我们更为详细地了解到，偏远地区的农村生活教师只能拿着300元一个月的工资，生活和工作条件都极为艰苦，工作积极性不高。

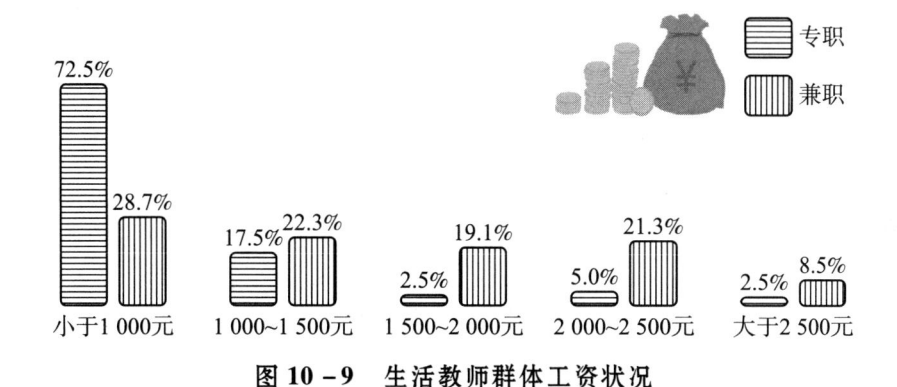

图 10 - 9 生活教师群体工资状况

另外，学校对于农村生活教师的考核基本处于空白状态，缺乏有效考核制度。首先，考核内容单调。多数学校对于生活老师的考核仅限于：安全、卫生和纪律层面，只要生活教师保证了早中晚寄宿生的安全、保证宿舍环境卫生达标、学生宿舍"无声化"管理等，学校就认可了生活教师的工作。但是，这样的考核只注重了基本层面，忽视了对生活教师职业道德、职业技能和重要职业行为的评判，也就是说，学校要更加注重生活教师是否具备良好的职业道德、是否积极主动地履行"校内家长"的职责、是否与校内教职工良好配合、是否能够反思岗位工作、是否具有创新精神等。其次，考核方式单一。很多学校对于生活教师的工作评价权基本掌握在校领导手里，主观性较强，评价不够全面和客观，倾向于对工作内容的量化，不容易发现生活教师的工作亮点。

4. 岗位培训少，发展受限制

调研中了解到，只有不到30%的人接受过相关培训，70%的生活教师从未接受过任何岗位培训；而接受过培训的这30%的老师大多数接受的是岗前培训，并没有后续的阶段性培训与发展性指导，这使得他们在工作中还是困难重重，尤其是对于一些孩子极端不良行为习惯的纠正、人际困扰以及心理健康教育等方面的问题还是不能够游刃有余地处理。职业培训的缺失，也是导致生活教师综合素养不高、职业定位模糊的重要原因。另外，培训的内容不够广泛和深入。仅限于管理层面的内容，缺乏育人层面的指导。生活教师作为农村寄宿制学校生活管理的主要执行者，不仅要照顾孩子的饮食起居和安全纪律，更要履行"校内家长"的职责，弥补家庭教育功能的缺失。尤其在如何引导寄宿生社会化发展层面，现有的培训并不能给予生活教师很好的指导，在实际操作中很多生活教师力不从心，他们对于培训的需求也是迫切的，正如调研中一位生活教师告诉我们的："住宿的孩子想家的多啊，尤其是低年级的孩子，一时半会适应不了，每周都想回家，需要对他们照顾得多一些，高年级的孩子还行，比较省心。还有就是有时候管不住一些孩子，特叛逆，学校没有给我们做过相关培训，如果有的话我们还可以学习一下别人的管理经验。"杨兆山等学者指出：生活教师要明确自己的工作职责，要了解自己的工作对象，各个年龄段的学生都有自己的特点与身心发展的关键期，对他们学业以及生活等各方面的管理和照顾，既要规范科学，又要满足学生的内在需要，教育主管部门在注重对校长以及各学科教师进行培训的同时，也要重视对寄宿学校中的特殊教师群体——生活教师的培训。[①] 生活教师属于教师职业群体当中重要的一分子，教师队伍的职业化与专业化发展已经成为世界教师发展的趋势和潮流，因此，生活教师队伍的发展也要朝着职业化方向进行，进而达到专业化水平，而培训应当在这一过程中发挥重要作用。

5. 职业定位不明确，缺乏职业认同感

生活教师在寄宿制学校中是专门负责管理孩子的寄宿生活、照顾好他们的饮食起居、保障他们的在校安全、引导他们养成良好的生活习惯和行为规范、帮助并促进寄宿生适应学校生活的服务人员和管理人员。由此我们可以明确对生活教师的职业定位：他们是农村寄宿制学校寄宿生生活的教育者、引导者和管理者。但据调查分析，不少农村寄宿制学校的生活教师对自己的职业定位并不明确，更多地认为自己是"保姆"或者"管理员"，由此导致工作内容具有片面性。生活教师的角色是多元而综合的，在寄宿生面前，他们既是家长，又是教师，不能仅仅把自己当成"保姆"来完成生活岗位的职责，要明确自身肩负着强化寄宿制学校教育功能的使命。但现实情况是，很多生活老师职业定位模糊，更不清楚自己应该指导什么以及怎样指导，由此导致"重看管，轻发展"的现象非常普遍，多数生活教师主要关注的是学生的饮食、卫生、安全，仅有为数不多的生活教师懂得花时间去了解学生的心理、解决同伴交往中遇到的问题或者怎样传承当地民族文化等，更多的老师觉得自己只要保证学生"不出事儿"就完成任务了。对于这

[①] 杨兆山、姚姿如：《农村寄宿制学校生活教师队伍建设研究》，载于《教育探索》2012年第6期，第114页。

种现象，范先佐认为，农村寄宿制学校生活指导教师的职责不仅仅是照顾孩子的饮食起居，还应树立"保教结合"意识，身体力行、言传身教，担负起对孩子的教养责任。① 因此，生活教师只有明确自身的职业定位，才能同时扮演好教育者、引导者和管理者的多重身份，进而提高自身的工作能力和综合水平。

另外，农村寄宿制学校生活教师群体的职业认同感并不高。首先，工作满意度较低。生活教师的工资待遇较低，基本工作待遇得不到应有的保障，与专任教师相比，他们的工作并不轻松，但薪资却只能糊口，尤其是在农村教师工资普遍偏低的背景下，农村寄宿制学校生活教师的工资多数是从"牙缝里挤出来"的，这样的工作状态并不能提升他们的职业认同感。另外，情感归属不高，投入意愿较低。由于很多生活教师对自己的职业定位不明确，学校也较少进行相关的职业指导和岗位培训，对于他们的岗位要求比较简单，由此导致生活教师们每天的工作机械而枯燥，工作缺乏热情和积极性，做好简单的管理工作成为多数生活教师的主动或者被动的"追求"，长此以往，很少有人会反思自己的工作和不断更新自己的工作能力，尤其像那些兼职生活教师岗位的老师们，教学任务繁重，他们几乎没有时间去仔细思考关于生活管理岗位的能力提升，更没有充沛的精力去实现创新和发展。所以说，不管是专职生活教师还是兼职的，整体成员的职业认同感亟须提高。

第四节　农村义务教育寄宿制学校的发展机制与改革策略

寄宿制学校对于推进我国城乡教育均衡发展，促进城乡教育一体化发展必不可少，然而如何促进寄宿制这一办学形式因地制宜地服务于我国广大农牧区的适龄儿童，同时承担起留守儿童、低龄寄宿儿童的教育重任，成为城镇化背景下推进农村寄宿制学校建设的突出问题。我国的寄宿制学校的兴起和发展皆具有明显的中国特色，而中国的发展不能脱离全球化时代的教育发展视域，所以如何在借鉴国外高端私立寄宿制学校办学理念、管理模式、教育方式的同时，结合我国现有的经济社会发展水平，创造出具有中国特色适应农村地区社会发展特点的寄宿制学校办学模式将成为今后推进农村寄宿制学校建设的基本方向。

---

① 范先佐著：《中国中西部地区农村中小学合理布局结构研究：基于对中西部地区 6 省区 38 个县市 177 个乡镇的调查与分析》，中国社会科学出版社 2009 年版，第 201～203 页。

一、农村寄宿制学校发展的价值引领机制

农村寄宿制学校与其他类型学校的终极目的都是为了教中育人,尤其是教育对象群体的发展。时下国际教育改革与我国基础教育改革的理念是培养学生终身发展的能力和适应社会的核心素养。因此,以人为本,建构"三育人"即教书育人、服务育人、管理育人的农村寄宿制学校发展理念体系既是农村寄宿制学校自身发展的理念需要,也是时代赋予农村寄宿制学校的理念要求。

(一)以服务育人理念帮助寄宿生建立良好的生活感受

农村寄宿制学校的"寄宿"特点使得在校生活与在校学习一样成为常态需要。而随着寄宿生年龄的低龄化、留守化等特点日益显著,在生活中学习、在学习中生活更是成为紧迫且重要的事宜。因此,建立服务育人的理念,以"假若我是孩子""假如是我的孩子"的服务心态[①],对寄宿生的成长进行必要且充分的关注和呵护。这既应该成为农村寄宿制学校的发展理念之一,也应该成为贯穿于农村寄宿制学校建设和发展之中的实践思路。加强农村寄宿制学校教育工作者服务意识的培养,监督与训练教育者队伍的服务能力,将服务思想有的放矢地落实到对寄宿生的日常学习与生活行动中,这是今后农村寄宿制学校落实工作的实践中要努力实现的实施状态。

(二)以教书育人理念为寄宿生树立"求真向善"的成长榜样

教书育人是教师的天职,也是基础教育阶段学校的基本功能和使命,其他一切拓展目标的实现也都以此为主。农村寄宿制学校因为其寄宿的性质使得教书育人功能的实现有了更为广泛的时间储备和空间基础,也由于农村寄宿制学校学生群体的特殊性,使得农村寄宿制学校教书育人工作的重要性更为凸显。我们以为,由于主客观原因而选择寄宿制学校的农村学生,在求知与道德成长方面更需要专业化的教师的指导和帮助。因此,以教书育人理念作为农村寄宿制学校发展的基本理念之一,一方面能够激发教师以身作则、以身示范的榜样教育力量;另一方面能够引导寄宿生在潜移默化中确立求真向善的自我发展定位。而求真向善的品质既是有利于学生适应社会的宝贵素养,也是考察学校教育成效的重要衡量标准。

---

① 任东升:《坚持服务育人 抓好生活管理》,载于《生活教育》2014年第22期,第106页。

(三) 以管理育人理念促进寄宿生社会化品质与行为的发展

管理育人理念建立在教育者和教育对象在学校管理所产生的积极结果认知上，管理育人取决于管理的价值取向。① 因此，对于农村寄宿制学校管理来说，"为什么管理"以及"怎样管理"是影响管理育人结果的重要因素。为了"管学生"而管理，将教师与学生之间的关系定位在相对立甚至是相排斥的层面，不符合育人的发展规律，即使达到了寄宿制学校想要达到的管理效果，那也是短期的成效。我们认为，从长远来看，通过制度化、人性化、创新化的管理方式展开对寄宿制学校中物、人、制度等内容的管理，更利于学校和学生的长远发展。而且，中小学生在建立和形成人生观、价值观的过程中，会潜移默化地因其所受到的对待方式而建立自我认知观念和社会认知观念。从这点来说，农村寄宿制学校克服以往单一的管理方式，功利性的管理目的，建立以育人为目标的管理理念和实践方式，更能促进寄宿生形成亲社会的行为品质。

二、农村寄宿制学校发展的模式创新机制

(一) 丰富农村寄宿制学校的办学治校理念

针对农村寄宿制学校学生在校时间长、学校需要履行部分家庭教育职责的特点，特别对于留守儿童而言，学校和老师即是他们最亲近和最熟悉的场所和亲人。因此，应该秉持"学校即家庭"的以人为本的教育理念，管理和发展寄宿制学校。在学校的硬件建设和投入方面，不仅需要保证建设资金的及时到位，而且在建筑质量、功能室设计、宿舍布置等方面均需体现家庭的舒适和温馨。在学校管理和师资配置方面，需要满足不同年龄阶段学生身心发展的不同需要，关注低龄学生对于学校环境的适应性、关注中高年级学生自主意识的培养。同时，应丰富学生的课外活动，实现学校与农村社区发展的互动，不定期组织学生对留守老人的关爱和帮助的实践活动，既能培养学生对于社区发展的责任意识，又能让老人感受到社会关爱。

(二) 完善农村寄宿制学校的教育教学模式

与走读制学校相比，寄宿制学校承担了学生更多的教育责任，如何将学生正

---

① 马诚云：《管理育人理论与实践的几点思考》，载于《普教研究》1996年第1期，第15页。

常学习时间的教学安排与课外活动实现有效结合，防止学生在校活动的重复单一化，促进学生身心健康发展，成为农村寄宿制学校探索适合自身发展的教育教学模式必须予以解决的重要问题。广大农村寄宿制学校按照国家标准开齐全部课程，特别是科学、美术、体育、音乐、信息教育、综合实践等师资欠缺但对于丰富学生生活、培养学生兴趣爱好十分重要的课程。合理分配学习和课余活动时间，保持寄宿生生活的完整性。在保障学生课余活动设施齐全的基础上，教师的引导和安排对于丰富寄宿生课余生活起着至关重要的作用。配备高素质的生活教师，以宿舍为单位开展活动，可以使学生娱乐活动落到实处。构建以宿舍为中心的课余活动安排机制，将课余活动与教学活动放在同一高度进行安排，才能真正保障课余活动时间。① 同时，开发符合各地实际情况的校本课程，开展读书、兴趣小组活动，组织体育竞技比赛，参与校外社会实践活动，推动学生各项素养的综合发展，创新和发展寄宿制学校的教育教学模式。

（三）创新农村寄宿制学校的生活活动模式

丰富寄宿制学校课余生活、扩展学生活动内容和形式对于发展师生核心素养，完善寄宿制学校发展内容具有十分重要的影响。中央教育科学研究所课题组的研究发现，农村寄宿制学校存在不能开展学生所期望的课余活动、寄宿学生课余活动形式单调、教师对寄宿学生课余活动开展情况评价不高、教师工作量大且待遇低、开展学生课余活动的积极性不高、寄宿学生心理慰藉凸显真空等问题，应该提高贫困地区农村寄宿制学校的生均公用经费标准，加强学生课余活动资源建设；设立农村寄宿制学校生活教师编制，保障对学生课余活动的管理；提高农村寄宿制学校教师待遇，提高教师组织学生课余活动的积极性；建立面向学生课后管理的农村寄宿制学校教师培训体系，提高学生课余活动的质量。② 学生生活活动的丰富不仅需要资金、人员、硬件设施的投入，更需要与相关课程相结合，组织类别广泛的兴趣小组，如乐队、合唱团、画社、诗社、体育等各类活动。

值得提倡的是，一些农村寄宿制学校已经尝试探索具有特色的办学模式，这对未来农村寄宿制学校更加多元化办学模式的建立将起到良好的示范带头作用。例如，教育公益组织歌路营进行的"新一千零一夜"项目、北京市西部阳光农村发展基金会的"驻校社工"项目以及各地因地制宜探索的各种管理模式。

---

① 董世华著：《我国农村寄宿制学校问题研究》，中国社会科学出版社 2015 年版，第 277~280 页。
② 中央教育科学研究所课题组：《贫困地区农村寄宿制学校学生课余生活管理研究——基于广西壮族自治区都安县、河北省丰宁县的调研》，载于《教育研究》2008 年第 4 期，第 10~12 页。

专栏一

"新一千零一夜"项目

该项目起源于歌路营在甘肃省一所偏远农村寄宿制学校的调研。2012年3月,一个异常寒冷的晚上,熄灯铃过后,同学们并没有马上安静下来入睡,他们吵吵嚷嚷了很久,生活老师一遍遍大声训斥他们:"不许说话!赶紧睡觉!"这种情况持续了大约X个小时,孩子们终于安静下来。夜更深了,我们却隐隐听到不少孩子的哭声,"因为刚开学,低年级的孩子不适应",老师有些不好意思,疲惫地向我们解释。"有的孩子想家,会哭到很晚。不少孩子还会做噩梦……"一次偶然的机会,歌路营从《朗读手册》中找到了灵感,为什么不利用每晚15分钟的睡前时间,给孩子播放一个睡前故事,丰富他们的住校生活呢?"新一千零一夜——农村寄宿留守儿童睡前故事公益项目"由此诞生!2012年底,"新一千零一夜"开始在重庆29区县试点,很快推广至数百所农村寄宿制学校。之后,歌路营与中华少年儿童慈善救助基金会、上海联劝公益基金会开展合作,共同为"新一千零一夜"项目开展宣传与募集资金等活动。"新一千零一夜"睡前故事由专业少儿出版社编辑、学校教育工作者组成故事开发小组,从数千部儿童文学经典、图书、杂志、网络、新闻等中进行选编,再由中央人民广播电台乡村之声频道、北京广播电台故事频道专业主持人、中国传媒大学播音师生和西安、安徽等各地专业播音主持人等完成录制和灌制工作。"新一千零一夜"的具体执行分为如下步骤:第一,喇叭采购与发送。歌路营统一采购标准的高质量喇叭,发送至学校,由学校负责自行安装,并连接好电脑、功放设备。第二,故事播放(含睡前故事和早起音乐)。歌路营每年发送故事和音乐至学校,由老师进行播放,睡前故事分小学和初中两种,其中小学1 001个故事,初中300个故事;2016年,歌路营对"新一千零一夜"项目进行了升级,增加了早起音乐,孩子每天可以在世界各地优美音乐的陪伴下起床;网络条件好的学校可以下载专用播放器自行播放,无网络则由歌路营寄送故事光盘进行播放。第三,教师支持。歌路营每月发送2期教育资讯给学校教师,每期8 000字并提供10节故事教学培训的视频课程,老师在线观看。第四,学校管理。歌路营每学期电话、邮件督导学校执行情况(在线播放的学校,则通过后台实时督导学校执行);每年抽查部分学校实地回访,了解学校执行情况和反馈;学校每学期提交报告反馈;歌路营不定期公示学校执行情况。"新一千零一夜"项目开展以来,深受学校老师与孩子的好评。青海一所学校的喇叭坏了,孩子们缠着老师要听故事,老师索性自己拿起故事书,为孩子们念了整整一星期!2013年4月和2014年4月,歌路营在重庆2所学校对235名孩子进行了评估,结果显示:97.1%的学生喜欢睡前故事,

79.7%的学生喜欢宿舍生活,这一比例比之前提升了56.6%;88.4%的孩子喜欢上了阅读,这一比例比之前提升了65.2%;68.5%的走读生表示听过住校生为自己讲"新一千零一夜"故事,这非常有助于同学关系的改善以及语言表达能力的提升;44%的孩子在写作中会用到睡前故事里的题材,写作能力有明显提升,创作具有负向意义或情绪作文的学生比例下降了12%。

资料来源:歌路营官方网站,http://www.growinghome.org.cn,2016年12月19日。

专栏二

"驻校社工"项目

该项目是由公益组织西部阳光农村发展基金会于2011年在甘肃省陇南市成县、礼县、康县为让寄宿孩子的成长有人陪伴发起的公益项目。主要内容是提升儿童各方面素质,提高学生学习兴趣,协助儿童心灵健康成长;帮助社工解决工作及自身心理方面的问题,提高社工的专业技巧,使社工自身获得成长;开发出标准化的社工培训体系及社工活动课程,探索及完善农村寄宿制学校驻校社工工作模式,并带动更多公益组织一起行动。2011年,项目点在甘肃陇南成县的3所学校开展;2012年,项目扩展到礼县,共计7所学校,其中成县3所、礼县4所;2013年,项目扩展到康县,共计12所学校,其中成县3所、礼县4所、康县5所。以下是项目其中一项活动的简报:

森林梦想家的城市之旅

在遥远的甘肃陇南,偶然深入的人们常常不禁把赞叹交给险峻的山川。然而在秀丽的大好河山背后,却生活着这么一群孩子:父母迫于生计,常年在外打工,他们只能和爷爷奶奶相依为命,有的寄住在亲戚家中或者寄宿在学校,与父母长期缺乏日常的交流,有些甚至排斥与父母交流,繁忙的农活与枯燥的学习构成了生活的全部,烦躁、孤独、闷闷不乐等负面情绪常常伴随在他们身边,许许多多的心理问题如影随形。

近年的调查显示,中国农村留守儿童超过6 100万名,其中大约15%的孩子一年都见不到父母,而留守儿童遭遇意外伤害的比例比非留守儿童高8%左右。在这些孩子中间,有的家长去到城市后,长期的夫妻两地分居促成了双方离异,对远在家乡的孩子无力照料或者不闻不问;有的家长受制于忙碌的体力工作,染上一身的疾病早早离世。留下孤独的孩子们独自面对大山,成了事实的孤儿,无人抚养,无人依靠。

曲径通幽处的梦想更是弥足珍贵，许多孩子眼巴巴地望着高耸的大山，想知道森林外面的模样，想知晓父母所过的生活；有的孩子对艺术、音乐等领域充满了好奇与兴趣，却限于山村小学的条件，梦想成了真真切切的梦。

为了给这群孩子的生活打开一片天空，给他们的梦想一个机会，自2012年起西部阳光基金会每年定期组织"心舞夏令营"，安排甘肃省陇南市礼县、成县、康县13所驻校社工项目学校的40余名留守儿童在北京度过一个愉悦的暑期，今年，他们如期到来了。

本次夏令营的主题为"Dreamer"，以城市探索、绘本制作及舞台剧为主的方式，在知识、运动、艺术三方面协助孩子们成长，寓意一个梦想家的成长需要健康的身体、丰富的学识和艺术的涵养。

为期20天的夏令营里，他们参观体验了中国儿童中心的老牛儿童探索博物馆、世界公园、动物园、海洋馆、长城等地，在北京大学学习了一节环保课，在人民大学上了一节由外教参与的外语课，参观汇丰银行（北京）并由汇丰银行的志愿者亲自教授了一节理财课，在这个过程中积累了成为"dreamer"的基础知识。

同时，他们走进鸟巢、水立方，在水中玩耍嬉戏。7月31日，一节别开生面的体育课更让孩子们沉醉其中，由冠军基金协助招募的专业运动员亲自当老师，教授孩子们武术、柔道、跆拳道等课程，当天17：30分2022年冬奥会申办城市揭晓，孩子们在工体的武警军营中见证了北京成功入选的历史时刻。在这些活动中体会到了运动的快乐。

另外，他们亲手绘制了一本绘本，上了有趣的烘焙课、手工课，收听了一场由耳廓音乐提供的民谣演出，并且在空余时间编排了一出儿童剧。收获了动手的快乐与艺术的美好。

8月6日，由这群来自甘肃陇南的留守儿童参演的儿童剧《仙境之桥》在东城区第一文化馆上演。本次演出由汇丰银行支持，北京市西部阳光农村发展基金会、中国少年儿童文化艺术基金、东城区文委、东城区第一文化馆联合主办。剧本改编自美国奇幻电影《仙境之桥》，一个关于友谊、冒险、失去和改变人生的少年成长故事，讲述了男女主人公杰西和莱斯利两个因赛跑比赛而结缘的好朋友，一起运用想象创造出一个特雷比西亚王国，快乐地在一起。直到一个悲剧的发生，让其中一个朋友鼓起勇气独自面对生活的故事。孩子们认真的演出打动了在场的许多观众，也希望通过这个故事让孩子们对待生活的不幸时能够鼓起勇气。

希望通过本次活动能在孩子们的内心种下一颗梦想的种子，在童年收获更多的快乐。未来，无论他们是顺利进入高一级学府还是进城务工，对城市、对梦想,他们都不再陌生,20天,锻造了未来可能改变自己生活的勇气和能力;也希望借此机会能倡导更多社会人士对留守儿童的关注与关爱。

资料来源:西部阳光农村发展基金会网站,http://www.westsa.org,2015年8月21日。

三、农村寄宿制学校发展的标准建设机制

(一)加强农村寄宿制学校底线标准建设,保障寄宿制学校的发展基线水平

所谓底线,意指事物发展的最低限度和要求;标准,意指衡量事物的准则;农村寄宿制学校的底线标准,意指农村寄宿制学校建设的最低限度、最低要求和最低达到水平。目前我国尚未有单独的农村寄宿制学校建设标准,因此难以对全国寄宿制学校建设水平统一进行有效评估。尽管《农村普通中小学校建设标准》《关于全面改善贫困地区义务教育薄弱学校基本办学条件的意见》等政策文件中对校园用地,选址规划,校舍建筑,寄宿制学校的教室、食堂、厕所、饮用水等基本方面作出了规定,但难以体现寄宿制学校的特殊需求。出台专门针对农村寄宿制学校的底线标准,有利于规范农村寄宿制学校的基本建设投入、师资配置、课程开设、课外活动等,促进欠发达地区寄宿制学校尽快达到办学的基本要求,推进区域内教育均衡发展。

(二)引进农村寄宿制学校弹性建设机制,因地制宜促进区域特色发展

农村寄宿制学校具有全国性的范围属性,同时,由于各地情况差异较大,又有明显的地方性。因此,在对农村寄宿制学校办学投入和建设的法律法规的制定上要充分认识到这一点,考虑到各区域农村在人口条件、家庭生存形态条件、百姓教育意愿条件和学校与农村社区关系条件、交通条件、治安条件、地方政府资金供给条件等方面的弹性标准,形成差别化的建设要求。[①] 例如,在制定相应的专门性政策时要优化相应的各级政府的寄宿制学校投入成本分担机制,这也是由我国广大农村落后的社会经济发展以及"低重心"的教育投入机制带来的现实问

---

① 邬志辉:《中国农村学校布局调整标准问题探讨》,载于《东北师大学报(哲学社会科学版)》2010年第5期,第146页。

题决定的。① 总体来说，在优化各级政府间的投入成本分担机制方面可以从以下几点考虑：加大中央政府对农村寄宿制学校建设专项转移支付的力度；明确地方政府的投入责任，确保"中央地方共担"意图的实现；制订农村寄宿制学校建设工程费用减免政策，确保资金的有效使用；建立鼓励社会各界对义务教育的捐赠机制，拓宽农村寄宿制学校经费渠道；明确资金投入方向，提高有限资金的使用效率，区别对待寄宿制学校与非寄宿制学校，增拨公用经费，增加非教学服务人员编制或政府购买非教学人员服务，减轻教学人员工作负担，全员补助寄宿生生活费，创新补助机制；等等。②

四、农村寄宿制学校发展的条件保障机制

农村寄宿制学校的发展既离不开宏观政策环境的支持，也离不开学校自身的发展动能；既需要发展过程中"物"的条件建设，更需要学校中"人"的建设，因此，我们认为，农村寄宿制学校的发展需要依托的主体条件包括外在政策、自上而下的行政建设推力，也包括学校自身教育者的团队力量以及自下而上的学校发展动力。实现农村寄宿制学校发展主体条件的保障是农村寄宿制学校发展的必要条件。

（一）加强农村寄宿制学校发展政策的跟进设计与制度的全面性关照

农村寄宿制学校发展政策的跟进设计与制度的全面考量可以围绕如下基本维度和内容开展。③ 第一，在政策时间上充分考虑农村寄宿制学校发展的中长期诉求，突出政策跟进的时效性和实效性，避免在农村学校政策安排方面出现空档期。第二，继续完善与巩固政策制定主体民主参与和政策执行主体责任分担制度，建议跟进监督农村寄宿制学校发展中的一把手"问责"制度。这里需要转变的认知观念是，问责机制的目的不在于寻求学校安全事故、教学事故、管理事故发生后由谁来承担责任，而在于督促教育行政管理部门、学校领导、教师群体提高对于寄宿制学校在新型城镇化背景下发展责任的认识，从思想和认知层面理解

---

① 邱志德：《县域内义务教育阶段农村寄宿制学校标准化建设问题研究——以中部 H 省 L 县为个案》，东北师范大学 2014 年硕士学位论文，第 34 页。
② 董世华著：《我国农村寄宿制学校问题研究》，中国社会科学出版社 2015 年版，第 257~269 页。
③ 戚建、叶庆娜：《关于我国农村寄宿制学校政策内容分析的探讨——以 2001 年后农村寄宿制学校政策文本为例》，载于《湖南社会科学》2013 年第 2 期，第 249~251 页。

寄宿制学校的特殊性，关注留守儿童、低龄寄宿生、家庭结构不完整学生的特殊性，关注农村学子的成长成才，为学生发展提供良好的校园环境。第三，侧重政策对象的"工程内"（被列入农村寄宿制学校建设工程的学校）倾向性的同时要统筹兼顾"工程外"（未被列入农村寄宿制学校建设工程的学校）农村寄宿制学校发展的制度支持。第四，加强政策联系的设计考量，积极关注农村寄宿制学校发展政策与国家贫困地区的义务教育工程、中小学布局调整、农村中小学危房改造等相关政策的联系性，有的放矢地跟进、调整政策设计。

（二）完善寄宿制学校公用经费拨付机制

1. 建立寄宿制学校稳步增长的经费拨付机制

义务教育是实现教育公平的重要基石，也是我国社会发展的重要支柱力量。近年来中央政府通过一系列政策提高了对义务教育阶段学校公用经费标准，保证公用经费的稳定增长，但是由于采取的是"均一化"的拨款体制，经费拨付中没有区分寄宿制学校与非寄宿制学校的成本结构差异。直到 2015 年 12 月 25 日出台的《国务院关于进一步完善城乡义务教育经费保障机制的通知》中首次对寄宿制学校的公用经费设置了专门的拨付标准，寄宿制学校的经费难题才得到了政策回应，但经费难题并未迎刃而解，现阶段还存在很大的缺口，生均 200 元的经费标准并没有完全分担寄宿制学校的实际成本支出。2016 年新经费拨付标准虽迈出了改革经费拨付标准"均一化"的第一步，但是随着社会生产力的发展，政府财政收入、物价水平、教师工资水平的逐年增长，义务教育供给能力的增强，家长对寄宿制学校办学条件要求的逐步提高以及民办寄宿制学校的冲击，农村公办寄宿制学校要想实现良性运行，必须得到国家政策的持续扶持与关注。我国政府需建立寄宿制学校经费拨付的稳步增长机制，根据寄宿制学校的实际办学成本需求相应地加大寄宿制学校公用经费的拨款权重，对寄宿制学校的发展提供有力的经费保障，使其摆脱长期以来的低成本发展状态。在建立寄宿制学校财政拨款机制的基础上，各地区要结合当地的经济发展水平、受教育人口、教育需求、学校办学规模和学校发展定位、学校实际运行成本等因素适当调整当地的寄宿制学校经费拨付标准，加大对乡镇中心学校的扶持力度，使教育的投入与产出保持平衡，获得较好的教育产出。

2. 建立健全寄宿制学校办学成本的测算机制

公用经费是衡量教育投入水平的一个重要指标，也是教育事业发展的基本保证，而衡量公用经费的拨付是否实现了公平、效率与充足的财政投入三原则，则需要进行教育成本核算。现阶段我国对教育成本核算的研究多是建立在西方经济学的成本函数与模型的基础上，研究多集中在高等教育领域，关于义务教育阶段的教育成本研究数量很少，而关于农村寄宿制学校教育成本的深入研究更是缺乏，目前寄宿制学校建设没有具体的量化指标，办学标准也无规范性参照。从学术界对寄宿制学校经费充足性的相关研究和本书对寄宿制学校日常运行的标准生均成本的实际测算来看，目前寄宿制学校的公用经费拨付标准无法满足寄宿制学校日常运行发展的需求。从教育公平视角出发，拨款机制的设计应体现纵向公平原则，即充分考虑不同主体之间的支付能力与成本结构差异，实施不同主体不同对待的政策。要使拨款方式与寄宿制学校的实际需求相匹配，我国就必须在决策过程中运用成本评估与分析的相关技术，将成本测算引入决策过程，在科学评估寄宿制学校实际成本的基础上确定相应的拨款权重。我国应尽早建立健全寄宿制学校运行成本的测算机制，在寄宿制学校办学标准确立的基础上对成本测算中的测算维度、测算周期、测算项目、测算依据、测算原则与测算方法、测算报表等进行规范化、科学化指导，并在各地区教育或财政部门附属机构中成立专门进行成本测算的测算小组，以当地经济发展指数、物价水平、寄宿制学校规模与寄宿生情况等为依据进行当地寄宿制学校标准成本的计算，通过汇总各地不同层次、不同需求条件下的办学标准成本，为各省市确定当地农村寄宿制学校拨款水平提供决策参考。

（三）建立健全农村寄宿制学校教师专业化发展机制

1. 规范生活教师选拔与录用机制

规范的人员准入制度可以保障教师的质量，对于教师的选拔和录用要做到有据可依、有章可循。具体要做到以下几点：第一，规范人员准入标准。第二，优化选聘程序。国家和地方教育相关部门要制定《农村寄宿制学校生活教师任用管理办法》，积极倡导公开、公正、公平的选拔方式，所有符合准入标准的人员都可以参加竞聘。地方教育局和农村寄宿制学校要对参加人员的材料进行详细审核，筛选出符合条件的人员作为拟聘者；然后组建选聘小组对拟聘者进行笔试和面试，最终确定合格人选，签订聘用协议。值得注意的是，对于人员选择的渠道可以适度优化：第一，可以从应届或往届师范类毕业生中择优聘用；第二，可以从农村寄宿制中小学正在从事教育事业的人员中进行转岗调整；第三，可以从任教多年的代课教师中进行考试竞选。

2. 建立教师队伍的激励与考核机制

第一，建立健全以物质激励为基础，以福利激励为补充的激励机制。物质激励主要是指教师的工资收入，它是该群体工作和生活的基础。在确定农村寄宿制学校教师岗位工资的时候，要考虑几个要点：一是衡量教师的工作性质和工作强度与校内的学科教师、行政、教辅人员的平衡问题；二是考虑每位教师的工作绩效在工资中如何体现的问题;三是考虑不同职称级别、不同工作年限如何区别的问题。福利激励包括奖金激励和荣誉激励等激励方式,这些都是对物质激励的有效补充,可以增强农村寄宿制学校教师的职业归属感和职业认同感。荣誉激励的设置种类和数量要适当,对于那些热爱工作、忠诚事业、工作勤恳、工作成绩突出的教师给予荣誉称号。

第二,建立公平公正的教师考核机制。建立系统的寄宿制学校教师的考核机制对于教师的岗位工作是一种督促。通过对教师的思想道德、工作态度、工作质量作出真实客观的评价,并与奖惩挂钩,引导教师自我教育、自我完善。这样既能提高教师的工作积极性,又能保持良好的学校秩序。因此,教育相关部门或农村寄宿制学校应当制定规范的教师考核制度。国家和教育相关部门对此可以做示范性的方案或策略引导,采用公平合理的方式考核生活教师群体工作的有效性。对农村寄宿制学校教师的考评可以围绕职业道德、职业技能、职业行为等维度开展,考核方式建议将教师自评、寄宿生评价和家长评价等有机结合。

3. 建立教师群体专业发展的培养与职业发展的培训一体化机制

寄宿制学校尤其是农村寄宿制学校的发展需要建立专业化的教师队伍,而笔者以为这种专业化的发展既包括职前受益于教师教育或相关专业的专项学习与培养,也包括职后工作经历中基于自身发展需要和工作问题导向的职业培训,而建立专业培养与职业培训的一体化发展机制对于农村寄宿制学校的教师发展更具有全面意义。笔者建议,在培养与培训的实施中,要侧重内容的适切性与针对性,方式的灵活性与多样性,过程的阶段性与巩固性等。

(四)提升农村寄宿制学校校长领导力,发挥优秀校长领导力的辐射功能

校长领导力是一种综合领导力,既包括思维领导力也包括行动领导力。思维与行动的领导力将综合作用于学校的教学、研究、管理、师生发展决策、校园文化建设等层面。研究表明,中小学校长的领导力能够促进教师共同体的发展,对于广大中小学校,尤其是农村中小学校来说,校长更像是一面旗帜,校长的思维导向与行动取向直接关乎教师发展的制度、文化、物质等条件的建设成效。而农村寄宿制学校由于面临着各种发展条件的限制与发展环境的影响,其发展成效更是直接受制于校长的领导力。所以,提升农村寄宿制学校校长领导力,分享具有优良领导力及寄宿制学校发展经验的校长的办学思想,发挥优秀农村寄宿制学校校长领导力的辐射功能是必要的。甚至可以说,一个成功的、优秀的寄宿制学校校长能够使寄宿制学校发展中的屏障越来越少,困境变成顺境,失败转向成功。

专栏三

让学生喜欢就是学校最大的追求

我是塘房小学的校长,我们学校位于贵州省黔西南州兴仁县巴铃镇牛场坪村,是一所距镇政府驻地13千米、距县城30千米、地处偏远的村级完小。在当地党委政府的关心支持下,从2004年发展至今,全校师生将处在几乎一无所有、被当地村民称为石旮旯里的塘房小学,奇迹般地办成了一所教育质量较好、学生和家长高度信任、有一定示范作用的寄宿制学校,学生从75人发展到现在的1 002人;教职工从3人发展到现在的60人;校舍从392平方米发展到现在的6 000余平方米;校园面积由2 000平方米增加到现在的20 000多平方米,被誉为"石旮旯里的奇迹"。

从2004年到现在,我们学校辍学率为0,巩固率为100%。学生不仅不辍学,而且还越来越多,我的秘诀就是让学生喜欢学校!

我刚到学校工作不久,每天老师们在晨检时,都会发现很多学生没来,到家里询问,家长说:去了呀,而且早早就去了。原来是躲学!据学生说,他们基础太差,来学校听不懂,做不出作业,怕被老师骂,甚至怕老师打。怎么办呢?我和老师们商量,大家一致同意,建一所"学生喜欢"的学校。我们确立了"学生是来学校'玩'的"的办学理念,对每一个走进塘房小学的学生,学校把培养其"喜欢学校"放在首位。我们的做法主要有:

一是改善办学条件。校园面积太小,我就带领老师们上百次登门向周边的百姓要土地,10余位村民被我们感动,迁坟、让地。学校硬件设施差,我和老师们利用休息时间,给正在门口修路的施工方守夜干活,换取工地上的土石块,用于填校园大坑,完成填方3万多立方米。学生上学不便,路远的学生需要起早摸黑走两个小时的山路,我们就四处寻求资助,修建了学生宿舍和食堂,建成了全县第一所寄宿制小学。

二是丰富校园生活。为了避免校园生活太枯燥,我们千方百计加大音体美等设施配备,如今的塘房小学已经建成了标准篮球场、羽毛球场、排球场、健身设施、乒乓球场、直跑道、棋吧、书吧、音乐教室、梦想中心、亲情聊天室、儿童之家、理发室、移动舞台等。丰富的校园文化生活让孩子们乐在校园,他们在课间能尽情地玩耍,在活动中找到自己的位置、得到鼓励和看到希望。

三是提高育人水平。为了把寄宿制学校办好,我组织学校老师用3年的时间总结出了《农村寄宿制小学管理的方法与策略》,在全省第一届"教育教学研究成果奖"评选中获二等奖。为了促进学生的全面发展,我们成立了教育中心和教学中心,将"教育"与"教学"并重,努力纠正一些老师只教书不育人的做法。

我们还推行"年级主任负责制下的团队合作"管理模式,组成年级团队,共同育人。我们努力改革对学生的评价,采用过程性评价、自我评价,把学生的学习过程算入期末总成绩,并且对学生的德、能、勤、绩、体、美、劳、孝、恩等方面进行量化计入总成绩。我们还建立了对学习困难学生的帮扶制度,帮助他们增强学习兴趣,提高自信心和获得感。

四是守住责任底线。数量巨大的留守儿童,有一部分总是处于辍学边缘,我们建立了代理家长陪护机制,建立了视频聊天室,定期让留守儿童和家长亲情交流,还建立心理辅导室对他们加强心理辅导,让他们不感到孤单。我们不折不扣落实国家、省、州、县、镇的各项资助和惠民政策,保障即便再贫困的学生也能顺利完成九年义务教育。2013年,我带领同事们捐款建立了"塘房基金",钱虽然不多,但是我们用满腔的热情帮助了40多个贫困孤儿、留守儿童和走在失学边缘的孩子们。我教过的学生中有一位小宝同学,由于学习基础差、家庭贫穷,去年从我们学校毕业后,七年级入学不久就辍学在家,我们得知情况,马上赶赴他家和他母亲商量,把他劝回塘房小学重读六年级,今年9月成功进入我县第七中学学习,我们的"塘房基金"将资助小宝,直到他完成义务教育。

未来,我希望我有能力建一所塘房中学,建一所"各类学生都喜欢、不辍学、发展好"的中学,让每一个孩子都能真正找到属于他(她)的接受教育的位置。

资料来源:吴雄:《让学生喜欢就是学校最大的追求》,http://www.moe.gov.cn,2017年9月5日。

第十一章

乡村小规模学校发展机制研究

努力办好乡村教育,统筹推进县域内城乡义务教育一体化发展是实现教育现代化,适应全面建设小康社会的重要内容。当前,我国正处于新型城镇化深入发展的关键时期,随着农村人口生活空间和工作空间的上移,农村学龄人口的读书空间也在逐渐上移。学龄人口的向城性迁移导致乡村学校生源逐渐被"掏空",乡村出现大量的小规模学校。据统计,2016年全国乡村共有小学106 403所,其中不足100人的小规模学校达48 176所,占45.28%;2016年全国共有乡村教学点86 800个,其中不足100人的教学点达65 287个,占75.22%。[①] 大量乡村小规模学校的存在,加剧了乡村与城镇间的教育结构失衡,县域内城乡义务教育一体化发展面临挑战。那么,目前我国乡村小规模学校的总体状况如何?成因有哪些?面临着怎样的生存和发展难题?我们应如何看待乡村小规模学校的存在?如何兼顾管理效率和教育公平,推进乡村小规模学校的可持续发展,办好乡村教育?本章拟针对上述问题进行探讨。

---

① 教育部:《2016年教育统计数据》,教育部官网,2017年8月22日。

第一节 乡村小规模学校的基本形态

一、乡村小规模学校的概念界定

学术界关于小规模学校的相关研究已经相当丰富。但是对于小规模学校的判定标准,并没有较为严格的规定。总体来看,关于小规模学校的研究分为两大类,一类是基于学校规模合理性的角度,探讨了合理的学校规模对于学校管理、学生成绩等方面的重要价值,并提出相对于大规模学校,小规模学校更易于产生较好综合社会效益的判断。[①] 这里的"小规模学校"是一个相对概念,具体标准为小学学生数 500 人以下,初中学生数 800 人以下。另一类则是基于农村学校特殊性的角度,特指随着农村学龄人口减少而导致普遍存在的乡村学校规模萎缩现象。本书中的小规模学校特指第二种。乡村小规模学校的普遍存在是社会发展的必经过程。西方发达国家的经验已经证明这一点。但对如何界定乡村小规模学校,国际上也不存在绝对的标准。英格兰、瑞典将不足 100 人的学校作为小规模小学的标准,50 人以下为超小学校,[②] 韩国农渔村学生数在 60 人以下的学校为小规模学校,芬兰则是 50 人,印度将学生不足 100 人、教师不足 3 人或者只有不到 2 间常规教室的学校定义为小规模学校。[③] 我国大部分研究者参照国际上对小规模学校的界定,将学生数不足 100 人的学校定义为小规模学校。也有学者提出小规模学校不仅有数量标准的差异,更重要的是存在类型上的差异。根据学校发展水平可将小规模学校分为"生存型"和"发展型"两种类型,并指出现阶段我国农村小规模学校处于生存型阶段。[④]

综上所述,在校生数是判定小规模学校的一个重要指标。结合乡村实际以及乡村教育发展的实际情况,有学者将小规模学校定义为在农村偏远地区设置的、学生人数和教师人数都比较少的、规模较小的学校。[⑤] 本书将乡村小规模学校界

[①] 傅维利、刘伟:《学校规模调控的依据与改进对策》,载于《教育研究》2013 年第 1 期,第 44~52 页。

[②③④] 雷万鹏、张雪艳:《论农村小规模学校的分类发展政策》,载于《教育研究与实验》2011 年第 6 期,第 7~11 页。

[⑤] 吴丽萍、陈时见:《英国农村小规模学校合作发展的有益经验》,载于《外国中小学教育》2012 年第 10 期,第 5~9、53 页。

定为，分布在乡村地区，且在校生数不超过 100 人的学校称为小规模学校。根据乡村学校的地理位置分布、年级设置、教学组织形式以及教育对象等因素，我国乡村小规模学校具有以下特点：其一，布局分散，大多数散落在地理位置较为偏僻、交通不便利的乡村里。其二，完全学校和非完全学校并存，教学点为小规模学校典型代表，多为非完全学校，还有一部分为完全小学，但随着乡村生源锐减，一部分完全学校正在转变为非完全学校。其三，复式教学是当前我国小规模学校较为常见的教学组织形式。其四，小规模学校的教育对象相对贫穷，因家庭经济条件和生活条件等方面因素的限制，只能留在乡村读书。

根据小规模学校的分布情况、自身特点以及乡村儿童的教育需求，可将乡村小规模学校分为三类。第一类为保留型。保留型教学点主要分布在地理位置偏远、地形状况复杂、交通条件不便等大山区和深山区，主要是由地理因素造成的教学点。尽管 21 世纪以来农村进行了较大规模的学校布局调整，但这些教学点因地点偏远艰苦而保留下来。保留型教学点的共同特点是学生人数少（大多不足 20 人）、年级不完整（只有小学一、二年级或附设学前班）、教学方式特殊（多科教学、复式教学、小班教学）、办学条件差、教师引进难。保留型教学点基本坐落在西部经济欠发达地区，如广西、四川、贵州、云南、甘肃等省，实现教育现代化难度最大。第二类为恢复型。恢复型教学点主要分布在学生上学距离较远、交通安全隐患较大、食宿成本花费较高的丘陵和平原地区，主要是因过度撤并而恢复的教学点。恢复型教学点一般离乡镇和县城小学较远，学生人数相对较多（一般在五六十人以上）、班额比较小（每班大约有十几名学生）、年级相对完整、教师数量相对充足、办学条件相对较好。第三类为沦落型。沦落型教学点主要分布在产业结构单一、经济活力不足、外出打工人口较多的行政村或小乡镇，主要是由质量差距而导致的教学点。由于农民外出务工收入提高，对附近学校教学质量不满，因此家长用"以足投票"方式进城择校，或有亲人陪读，或让子女住宿，从而导致"教育吸引型"城镇化，出现"城满、乡弱、村空"局面。沦落型教学点拥有一定数量的生源，办好可以吸引生源回流，缓解城镇教育压力。

二、乡村小规模学校的形成原因

乡村小规模学校的普遍存在是社会发展的产物，那么乡村小规模学校的存在受哪些因素影响？是在什么条件下形成的呢？结合小规模学校存在的时代背景和客观条件，解析小规模学校产生的真正诱因，对于乡村小规模学校的治理和发展尤为重要。

首先，生育观念的变革导致乡村人口生育率降低。受计划生育政策的影响，我国人口出生率显著降低，尤其是进入 21 世纪以来，人口出生率较 20 世纪 80 年代下降近 10 个百分点。乡村人口出生率随之减少，加上乡村人口聚居规模较小的特点，单位村落内学龄人口数量萎缩，且已有乡村学校受地点固定性、地形复杂性、交通不便性以及辐射范围有限性因素的影响，在校生人数逐年减少。虽然目前国家开始推行"全面二孩"的人口生育政策，但乡村人口的生育观念却已经悄然转变，"少生""优生"的观念使得乡村人口从关注生育子女的数量向质量转变。因而未来一段时间里，若非政策导致，乡村人口的出生率变化幅度不会太大，这也就意味着乡村学龄儿童的总体数量不会发生较大变化。乡村学龄人口的自然减少导致了乡村学校规模萎缩。

其次，城镇化进程加速乡村学龄人口向城市流动。进入 21 世纪以来，我国进入城镇化快速发展时期。随着城镇化进程的推进，产业结构的升级调整，城市文明对乡土文明的冲击，人口的集聚空间、农村人口的从业结构逐渐改变，居住空间逐渐上移。伴随大规模农村人口向城镇的流动带来了义务教育学段随迁子女群体的扩大。据我国 2007~2020 年教育事业统计公报数据显示，2020 年，小学随迁子女数量达到 1 034.86 万人，较 2007 年的 591.99 万人增加 442.87 万人，增长了 74.81%，初中随迁子女数量达到 394.88 万人，较 2007 年的 173.67 万人增加 221.21 万人，增长了 127.37%。随迁子女群体的扩大，使得一部分学生从乡村学校抽离出来，进而导致乡村学龄人口的"二次减少"。

最后，城乡教育质量差距吸引乡村学生进城读书。随着乡村人口物质生活水平的提高，希望子女接受更好教育的愿望愈加强烈，乡村教育的衰败使得学生家长失去信心，开始用"以足投票"的方式主动选择到县镇学校就读，甚至不惜放弃土地耕种权利到县城寻工陪读。① 教学质量相对优质的县镇学校稀释着乡村学校的生源，导致乡村外出读书学生群体扩大，进而造成乡村学校生源逐步被掏空。尽管目前仍然有许多家长选择坚守乡村学校，然而正如他们所说的，"我们实在是走不起，如果能走起早就走了"。乡村学校成了最弱势群体的最无奈的选择。②

三、乡村小规模学校的发展状态

了解现阶段我国乡村小规模学校的总体发展状况以及分布特点，是把握乡村小规模学校的未来发展走势，科学、有针对性地进行治理的前提基础。那么，目

---

①② 邬志辉：《当前我国城乡义务教育一体化发展的核心问题探讨》，载于《教育发展研究》2012 年第 17 期，第 8~13 页。

前乡村小规模学校的总量如何？如何分布？有何特点？本书将通过国家宏观数据的统计，对上述问题进行深入分析。

（一）小规模学校的总体情况

1. 小规模学校近九成位于农村，七成以上学生人数在50人以内

现阶段，小规模学校普遍存在于小学阶段。按照学生数不足100人的标准统计，2015年，全国共有小规模学校126 751所，占全国小学总数的44.7%。其中，乡村小规模学校有111 420所，占全国小规模学校总数的87.90%，也就是说近九成小规模学校为乡村小学。此外，乡村小规模学校数量占乡村小学比例达55.7%，由此可见，乡村小学已有一半以上学校的学生人数不足100人（见表11-1）。进一步细分小规模学校学生人数发现，小规模学校中学生规模为1~10人的有28 108所，占22.1%；11~50人的有51 207所，占40.4%；51~99人的有37 769所，占29.8%；无学生的小规模学校有9 667所，占7.6%。这些学校是当地政府考虑未来几年学生就近上学需要保留的学校。总体而言，学生规模不超过50人的小规模学校有88 982所，占比70.20%（见表11-2）。

表11-1　　2015年分区域分城乡小学和教学点分布情况

区域	类别	学校数（所）	小规模学校数（所）	小学数		教学点数	
				全部小学（所）	不足100人的小学（所）	全部教学点（个）	不足100人的教学点（个）
全国	合计	283 560	126 751	190 525	44 793	93 035	81 958
	城区	27 579	2 609	26 058	1 568	1 521	1 041
	镇区	55 782	12 722	46 086	4 997	9 696	7 725
	乡村	200 199	111 420	118 381	38 228	81 818	73 192
东部	小计	73 786	22 052	53 567	6 141	20 219	15 911
	城区	13 581	722	13 013	429	568	293
	镇区	16 841	2 268	14 579	813	2 262	1 455
	乡村	43 364	19 062	25 975	4 899	17 389	14 163
中部	小计	109 056	54 816	70 765	19 760	38 291	35 056
	城区	7 961	1 281	7 383	806	578	475
	镇区	21 790	6 153	17 567	2 584	4 223	3 569
	乡村	79 305	47 382	45 815	16 370	33 490	31 012

续表

区域	类别	学校数（所）	小规模学校数（所）	小学数		教学点数	
				全部小学（所）	不足100人的小学（所）	全部教学点（个）	不足100人的教学点（个）
西部	小计	100 718	49 883	66 193	18 892	34 525	30 991
	城区	6 037	606	5 662	333	375	273
	镇区	17 151	4 301	13 940	1 600	3 211	2 701
	乡村	77 530	44 976	46 591	16 959	30 939	28 017

资料来源：笔者根据相关资料整理。

表11－2　　　　　2015年分区域小规模学校学生规模情况

类别	规模	全国	东部	中部	西部
不足100人的小学（所）	0人	2 914	378	1 501	1 035
	1~10人	3 364	198	1 647	1 519
	11~50人	15 355	1 740	6 764	1 519
	51~99人	23 160	3 825	9 848	9 487
不足100人的教学点（个）	0人	6 753	839	2 300	3 614
	1~10人	24 744	3 323	11 867	9 554
	11~50人	35 852	7 325	15 319	13 208
	51~99人	14 609	4 424	5 570	4 615
小规模学校（所）	0人	9 667	1 217	3 801	4 649
	1~10人	28 108	3 521	13 514	11 073
	11~50人	51 207	9 065	22 083	20 059
	51~99人	37 769	8 249	15 418	14 102
	合计	126 751	22 052	54 816	49 883

资料来源：笔者根据相关资料整理。

2. 超4/5乡村小规模学校集中在中西部省份，部分县（市）小规模学校较多

分地区来看，东、中、西部地区分别有乡村小规模学校19 062所、47 382所、44 976所，其中中西部乡村小规模学校合占全国的82.9%，也就是说，超4/5的乡村小规模学校集中在中西部地区。从省域层面来看，我国小规模学校数超过5 000所的省份共有11个，分别是河南、广西、江西、湖南、甘肃、四川、安徽、河北、广东、云南、山西。其中河南和广西小规模学校数量最多，达1.3万所和1万所。

从县域层面来看，2015年不足100人教学点最多的10个县中有4个集聚在四川、3个集聚在广西，其他分别位于江西、广东、湖南，10个县中不足100人的教学点数量均超过300个，其中广西玉林博白县有555个，为全国最多。不足100人小学最多的10个县有6个集聚在河南，宁夏、湖南、江西、广东4省区分别各1个，其中不足100人小学最多的是河南周口鹿邑县，有315个（见表11-3）。

表11-3　　　2015年不足100人的教学点最多的10个县

序号	地区	教学点数	不足100人的教学点					
			小计	城区	镇区	乡村	10人及以下	11~50人	51~99人
1	广西玉林博白县	676	555	0	124	431	221	255	79
2	四川巴中平昌县	489	483	19	166	298	213	231	39
3	广西梧州藤县	440	400	0	98	302	184	174	42
4	四川达州宣汉县	412	397	0	25	372	146	213	38
5	四川巴中通江县	366	366	0	35	331	312	49	5
6	广西河池都安瑶族自治县	365	355	0	39	316	215	130	10
7	四川巴中南江县	347	346	0	28	318	308	37	1
8	江西上饶鄱阳县	335	335	3	30	302	233	102	0
9	广东河源龙川县	336	305	0	15	290	103	132	70
10	湖南怀化溆浦县	327	303	0	2	301	90	177	36

3. 小规模学校大部分学制不完整，近六成仅设置3个年级

从乡村小规模学校的学制设置来看，设置6个年级的完全小学有20 284所，占小规模学校总量的16.0%，其余84.0%学制不完整，均为非完全小学。具体来看，设置1个年级的有21 509所，占比17.0%；设置2个年级的有29 215所，占比23.0%；设置3个年级的有19 868所，占比15.7%，三者占比合计55.7%，换言之，近六成的小规模学校学制仅有3个年级（见表11-4）。

表11-4　　　2015年分区域小规模学校年级设置情况

类别	规模	全国	东部	中部	西部
设置0个年级	小学（所）	2 914	378	1 501	1 035
	教学点（个）	6 753	839	2 300	3 614
	小计	9 667	1 217	3 801	4 649

续表

类别	规模	全国	东部	中部	西部
设置1个年级	小学（所）	2 387	207	1 009	1 171
	教学点（个）	19 122	2 444	8 355	8 323
	小计	21 509	2 651	9 364	9 494
设置2个年级	小学（所）	3 885	428	1 659	1 798
	教学点（个）	25 330	5 382	10 830	9 118
	小计	29 215	5 810	12 489	10 916
设置3个年级	小学（所）	5 283	730	2 125	2 428
	教学点（个）	14 585	3 869	5 812	4 904
	小计	19 868	4 599	7 937	7 332
设置4个年级	小学（所）	6 315	752	2 981	2 582
	教学点（个）	8 134	1 685	3 657	2 792
	小计	14 449	2 437	6 638	5 374
设置5个年级	小学（所）	7 139	976	3 534	2 629
	教学点（个）	4 620	1 170	2 149	1 301
	小计	11 759	2 146	5 683	3 930
设置6个年级	小学（所）	16 870	2 670	6 951	7 249
	教学点（个）	3 414	522	1 953	939
	小计	20 284	3 192	8 904	8 188

资料来源：根据教育部提供的全国统计数据整理。

（二）小规模学校的未来发展

随着乡村学龄人口的减少，乡村小规模学校的普遍存在已然成为乡村教育发展的客观事实。然而乡村教育的日渐式微，让我们不得不思考乡村教育的明天将会如何发展？乡村学校是乡村教育的实际载体，那么尝试解读乡村小规模学校的未来发展态势显得尤为必要。

1. 乡村小规模学校将长期存在

随着城镇化进程的推进，乡村面貌必然会发生变化。那么随着乡村学龄人口的逐渐减少，乡村小规模学校会不会走向衰亡呢？虽然这一问题并未有科学定论，但从 2005～2015 年教学点的数量变化来看，2005 年全国教学点数量为 94 500 个，2010 年减至 66 941 个，2015 年转升至 93 035 个，[1] 基本呈现先减后

---

[1] 根据《2005 年教育统计数据》《2015 年教育统计数据》整理得出。

增的趋势。可见，随着乡村学龄人口的变动和政策驱使，承载小规模学校的地域范围逐渐扩大，小规模学校的数量逐渐增长。此外，从西方发达国家乡村小规模学校的发展来看，高度城镇化并不能消灭乡村的存在，也没有导致乡村小规模学校的消亡，美国城镇化率尽管达到85%，但依然有教学点2.2万所，约占全美小学总数的1/3。因而，在一定时间内，我国乡村小规模学校不会消亡，仍是乡村教育的主要载体。

2. 小规模学校总量减少，层级上移

2020年末，全国内地总人口141 178万人，其中城镇常住人口90 199万人，常住人口城镇化率达到63.89%，据《2030年的中国》报告中预计2030年中国居住在城市的人口将达到2/3，届时乡村常住人口以及学龄人口数量将大幅度减少。加之与乡村人口居住相适应的乡村学校合理布局调整，乡村小规模学校总量也会相应减少。此外，目前乡村小规模学校多分布在村落里，但随着乡镇学龄人口数量的减少，乡镇学校的规模会日渐萎缩，小规模学校的层级将由村子逐渐向乡镇上移。由此可见，伴随着大量乡村人口涌入城市，总体趋势上，乡村小规模学校的总量会减少，但分布空间将会上移。

第二节 乡村小规模学校面临的挑战[①]

尽管2012年《国务院办公厅关于规范农村义务教育学校布局调整的意见》发布之后，农村教学点撤并势头得到有效遏制，3年还新增2.25万个，但要清醒看到，在2030年我国城镇化率超过70%之前，保留型小规模学校日益减少、恢复型小规模学校涨幅不大、沦落型小规模学校不断增多是总体趋势。当前，乡村小规模学校面临的最大问题是人们看不到希望和信心，即政府担心人口流动大、投入收益低，家长担心教学质量差、孩子希望小，教师担心学校被撤并、未来无出路，因此陷入了"人少无投入—质低无出路—能走咱就走—留守等撤并"的死循环，面临诸多困境。

---

① 2016年10月，东北师范大学中国农村教育发展研究院对广西博白县、四川南江县、宁夏西吉县、河南鹿邑县、湖南溆浦县、江西鄱阳县六地展开关于"乡村小规模学校发展状况"的实地调研，书中本节使用的数据均来自对该调研数据的分析，特此说明。

一、治理结构困境

第一,外部治理结构不完善。目前,多地采取了"垂直分包分管教育模式"管理教学点,即教育局管中心校、中心校管村小、村小管教学点。因小规模学校受独立事业单位法人的身份限制,中心校和村小、教学点之间在经费、人事、项目、设备等多方面形成复杂格局,导致内部治理结构困难,如生均公用经费一般只下拨到唯一事业法人——中心校账户,公用经费被截留现象突出。

第二,学校撤留矛盾突出。对于乡村小规模学校的撤留,一直存在不同的声音。坚持效益论的群体认为,相对于乡村小规模学校服务的学生而言,国家及教育行政部门投入的资源难以产生规模效益,而没有规模效益也会在一定程度上阻碍学校的发展,因而有人提出"小学进镇、初中进城"的农村教育城镇化发展方向,撤并乡村学校,消灭乡村教育。坚持权益论的群体认为,乡村小规模学校的存在能够满足一部分乡村学生就近入学的需求,尤其是偏远山区以及家庭经济困难学生群体的入学需求,如若将学校撤掉将会导致辍学率上升。撤并与保留的矛盾冲突不断升级,导致治理陷入两难冲突。一是陷入保留困局。学龄人口不足、基础设施落后、师资配备紧缺、办学成本偏高、综合效益较低、文化育人环境糟糕始终困扰着学校发展。二是陷入撤并困局。就近入学、亲情维护、经济负担、乡村环境等因素又使部分家长希望保留家门口学校。

第三,学校内部管理粗放。一是管理工作停留在粗放式层面。学校管理者缺乏管理经验,规范化、科学化、精细化程度不高,安于维持现状心态明显,存在"怕管"和"不敢管"现象。管理不善致使教师教育教学管理随意性大,"破罐子破摔"思想突出。二是教学质量低下助推民办教育无序发展。由于缺乏外部督导和内部制衡使乡村小规模学校教育质量普遍较低,日常管理规范性不足,为民办学校提供了发展空间,个别地方出现盲目扩张和无序发展现象。

二、经费保障困境

第一,公用经费问题突出。一是公用经费紧张。尽管国家对小规模学校实施了不足100人按100人拨付公用经费的政策,但维持一所学校运转大约每年需要10万元左右,小规模学校公用经费尤显不足,特别是接近100人的学校。二是刚需支出使部分开支项目超过公用经费范围。小规模学校,尤其是小规模寄宿制学校管理成本和消耗成本大,公用经费承担负担重,缺乏寄宿制学校专项经费支持,只能倒逼学校用公用经费违规开支，用于支付寄宿制学校生活教师、伙食服务人员、临聘人员等人头经费，如宁夏某小学仅取暖费用一项支出就总计50 314.8元；四川某小学仅临聘人员工资就需20 000元。三是部分地方公用经费拨付时间滞后。调查发现，地方公用经费拨付时间不统一不规范，随意性较强，教师、校长经常垫付公用经费开支，到年末才能报账，这不仅导致公用经费使用的混乱，而且降低了公用经费使用的规划性。四是多数教学点无独立账户，不同程度降低了公用经费使用的规划性。调研样本中仅河南鹿邑县为教学点设立了独立账户，其余均归中心校统一管理，这为以统筹口实而截留公用经费带来了隐患。

第二，转移支付方式不适应地方实际情况。一是公用经费支出范围使用过窄。当前实行的农村中小学公用经费支出管理暂行办法是2006年制定的，使用范围过窄，已不符合当前学校经费使用需要。二是管理过死。一些中央专项资金投入，使用规定相对较"死"，大量经费在未经充分调研评估的情况下，由各地机械地按照一些政策的相关条款集中向个别农村学校拨付，造成了部分农村校舍及教育装备的闲置与优质教育资源的浪费。

三、学校建设困境

第一，校舍建设和学校维修困难。一是学校建设缺乏标准。国家尚未针对乡村小规模学校出台相应的标准，一些地方政府建设教学点既无标准可依，也无问责机制。在财力有限的情况下，由于小规模学校教育资源使用效率较低，地方政府没有投入的积极性，导致一些教学点未达基本办学条件，无法及时更换、更新教学设施。二是乡村小规模学校受困于校舍维修资金不足。如鄱阳县有136所小规模学校校舍常年得不到维修，有273所寄宿制学校寝室建设不规范、照明线路不规范，没有洗漱间、卫生间，床铺简陋、卫生条件差。东北师范大学中国农村教育发展研究院2016年10月乡村小规模学校大调研的统计数据显示：六省区调研样本中有6.5%的小规模学校有D级危房，其中，教学点一级学校危房数量高于其他类型学校，占7.1%，分别高于调研村小乡镇小学、中心校的6.6%、4%和3.9%。地方财政配套率低：一方面，部分地方政府负债，抑制了本地教育的可持续发展能力；另一方面，部分地方政府财政投入缺位，截留小规模学校公用经费以用于中心校建设和维修，对小规模学校缺乏建设和维修热情。

第二，住宿条件总体堪忧。一是学校生活基本服务人员不足。缺乏专职生活教师、厨师和安保人员，无专项经费雇佣。二是学校生活基本配套设施设备不足且使用率低。一方面，调研的乡村小规模寄宿制学校40%不能实现一人一床、无法配备淋浴等必要的生活设施设备，难为学生购置床铺等生活用品，仅有

22.4%的小规模学校配备了开水供应设备设施；另一方面，因成本限制，生活基本配套设施设备的使用率也低。以取暖和热水器使用为例，即便学校已配备，但因公用经费有限，学校几乎不用。

第三，学习设施设备亟待改善。一是总体缺少图书室和适合儿童年龄的图书，半数以上村小和教学点无图书。有2/3的农村小规模学校未配备图书室，各校拥有图书的数量极不均衡，半数以上村小和教学点无图书，部分学校虽然图书量基本达标，但图书陈旧、内容单一、更新率低、不适阅读等问题突出。二是课桌椅数量基本满足但质量不高。调查显示，84.8%的学生能达到一人一桌一椅，但无符合学生年龄和身体特点的人体工学课桌椅，这对于低龄学生而言尤为困难。三是缺乏标准体育运动设施。学校活动场地较小，无标准运动场地、篮球架、球类等体育运动设施设备。

第四，数字教育设施缺乏且信息化运用能力弱。一是数字教育设施设备资源配置率低。从中心校到教学点在网络连通和数字化资源配备及使用方面比例逐渐降低，其中71.3%的教学点和28.7%的村小没有连通互联网，53.0%的教学点和34.7%的村小没有配备数字化教学资源相关设施设备。二是小规模学校的信息化运用能力极弱。在配备了相应信息技术设备的学校中，67%的教学点教师和74.2%的村小教师并没有在教学中加以运用，"无联网""乏培训""多故障"三项因素严重影响着小规模学校数字教育资源的使用。

四、师资配置困境

第一，编制问题突出。总体性超编和结构性缺员并存。六省区调研数据显示，若按照农村小学教职工19∶1的生师比编制标准配置，有82.51%的村小和教学点教师数量"总体性超编"，但实际上教师又严重不足：一是教师数量远不能满足正常教育教学需求。从班师比角度来看，有43.71%的村小和教学点班师比不足1人，有32.38%的村小和教学点班师比为1~2人，而班师比大于2人的村小和教学点仅占23.91%，音乐、体育、美术、英语等部分学科"结构性缺员"严重，教师教育教学工作和非教学负担极重。二是空编、占编、在编不在岗、借调等现象致临聘教师问题突出。因空编、占编、在编不在岗、借调等多重因素，存有9.33%的临聘教师，其课程负担仍相当沉重，生活待遇和社会保障条件较差，"同工难同酬"和"五险一金"支付责任主体模糊等问题突出。

第二，补充困难与"老龄化"问题并存。一是岗位吸引力弱，补充困难。因待遇、生活、交通、安全、婚姻、关系、舆论、制度等多重因素，乡村小规模学校很难留住教师。我们在调研过程中了解到，江西鄱阳县从2010年至2017年，辞职、调出的教师达 334 人，流失比例达 12%，从 2013 年至今共流失教师 60 人（其中小规模学校流失比例达 90% 以上），大多是年龄较大的教师坚守在小规模学校，队伍素质堪忧；二是教师"老龄化"问题严重，教学点"后继无人"。教学点教师 51 岁及以上的教师占 29%，村小为 22%，远高于乡镇与中心小学。三是特岗教师、公费师范生和特殊学科教师难以进入。特岗教师和公费师范生很少下到教学点，如 2016 年湖南省溆浦县共招收特岗教师 140 人，实际到岗 139 人，没有人到村小与教学点任教；江西省鄱阳县共招收 180 人，实际到岗 176 人，到村小与教学点任教的分别仅有 26 人和 16 人。"音体美"、外语和科学等学科招聘尤其困难，据国务院办公厅和教育部 2015 年实地调研情况显示，中部某地级市应配音体美教师 5 877 人，实配 2 594 人，缺额 3 283 人，其下辖某区县 2014 年拟招聘音体美教师 212 人，实际报名应聘者只有 38 人，最终录取数量更少。

第三，城乡交流艰难。一是教师交流实施率低，优秀和短缺学科教师难以派出。调研中仅 2 个县出台了县域教师交流文件（不含中层干部交流文件），也仅有 2 个县真正实施了教师交流。即便是实施了教师交流，优秀教师和音体美等短缺学科教师也很难派出，教师交流只能弥补教师短缺问题，尚难带动学校教学进步。二是交流的深度很难延伸到教学点。交流教师最远仅到达村小，基本未能到达教学点。

第四，学历、职称、培训均存在困难。一是教师学历层次与职称层次偏低。相当部分小规模学校教师是过去民转公的教师，还有部分是临聘的代课教师，均没有接受系统的专业化教育，且基本上包班教学，学科专业程度低，加上教学理念观念落后，教学方式单一、陈旧，教学质量难有保障，同时也直接造成职称层次总体偏低。当前，招录的特岗教师中有部分为非师范专业，存在"教非所学"的情况。以河南省方城县为例，全县小学专任教师 3 921 人，其中 1 128 人为"民转公"教师，893 人为以工代教身份，非正规师范类专业占 50% 以上。二是教师培训和专业化发展不足。由于小规模学校教师因工作需要难以抽出时间进行专门的专业培训与进修学习，制约了教师的专业发展，导致教师队伍的质量和水平难以提高。三是高级职称比例严重不足，个别地区职称评定仍有英语和论文要求。在乡村教师职称评定方面，多数县贯彻了《乡村教师支持计划（2015～2020 年）》的政策精神，在职称评聘上均向乡村教师作出了不同程度的倾斜，在"优先评聘""不受专业限制""不受比例限制""比例倾斜""降低等次/级别""减少项数"这六个方面给予照顾，但是个别县仍然要求英语与论文。

五、学生管理困境

第一，厌学情绪明显，辍学还一定程度存在。一是厌学情绪明显，学生学习困难度较大。在学习上获得监护人帮助的机会低，在"你在家里学习遇到不懂的问题时，能得到大人的辅导吗"问题上，村屯、乡镇、县城和城市的学生回答"从来不能"的比例分别为17.2%、13.9%、11.2%和7.7%，学习获助率低，厌学情绪浓厚。二是乡村学生辍学现象依然存在。原因主要有三：一是学习困难，厌学情绪浓，学业跟不上；二是家庭贫困，辍学务农或外出打工；三是职业教育发展滞后，孩子升学无望，读书无用论观念存在。据万年县教育局测算，全县约有6%~10%的学生未完成九年义务教育；云南怒江州小学辍学率为1.64%，初中辍学率为9.09%，九年义务教育巩固率仅为65.82%，均未达到国家要求，控辍保学任务严峻。

第二，身心健康和行为习惯问题相对突出，但获助率不高。一是特殊学生群体比例偏高。特殊儿童包括留守、贫困、离异、单亲等各类儿童，其中以留守儿童最多。调研发现，乡村小规模学校留守儿童比例平均达到53.03%。若依照教育部或全国妇联等部门的规定，则"由父、母单方或其他亲属监护的适龄儿童少年"均可认为是留守儿童，乡村小规模学校的留守儿童比例已达70%~80%，另外，贫困生比例为28.77%，父母离异比例为5.43%，智力、听力、视力等对学习造成困难的学生比例为2.29%。二是学生行为面临诸多问题。生活和学习习惯较差，学生欺诈和暴力行为普遍；不健康的生活方式（痴迷游戏和电视、过度吃零食、闲逛）普遍；缺乏规则意识、卫生习惯差普遍。三是获得针对性帮助少。留守、贫困、单亲儿童等特殊群体很难获得针对性帮助。受贫困资助的学生获助率低，仅有8.59%。

第三节 乡村小规模学校的潜在优势

综上所述，纵然乡村小规模学校面临诸多困境与挑战，但其存在对乡村教育、乡村学生有着重要的意义，是乡村学生受教育权益实现的现实载体，是乡村教育可持续发展的关键所在，是控辍保学、人力资本提升、建设人力资源强国的重要环节，关系教育现代化和全面建设小康社会的实现。乡村小规模学校更因其"规模小"的特点，存在学校管理优势、教学组织优势、学生发展优势和家校互动优势，合理运用乡村小规模学校的潜在优势，能够推动乡村小规模学校有质量地发展，建设"小而美""小而优"的乡村教育新局面。

一、学校管理优势

乡村小规模学校的管理优势具体表现在两个方面。其一，降低了学校的管理成本。学校管理成本是指为组织和管理学校正常教育教学活动的开展而投入的人力、物力、财力以及时间等。学校管理成本与学校规模密切相关。与规模较大的学校相比，小规模学校因规模小，学校管理需要投入的人力、物力、财力也相应减少，减少了学校管理的经济成本。同时，较少的教师数和学生数降低了学校管理的强度，减少了学校管理者需要投入的时间和精力，节约了学校管理者的时间成本。此外，小规模学校在一定程度上降低了发生危险的概率，学校管理所需要承担的责任权重也就随之减小，一定程度上降低了学校管理的风险成本。其二，提升了学校管理的效率。组织管理的幅度与层次影响组织管理的效率。学校规模的大小影响着学校管理的幅度与层次。与大规模学校相比，小规模学校缩小了学校管理的幅度，减少了学校管理的层次，进而淡化了学校组织的科层制管理模式，缩短了学校的管理距离，提升了学校管理的效率，进而起到改善学校管理质量的作用。因而，乡村小规模学校因学校规模小、人数少，具备上述学校管理优势，合理应用乡村小规模学校的管理优势，将有助于教育教学活动的有序开展。

二、教学组织优势

学校规模的大小一定程度上决定着班级规模的大小。乡村小规模学校的班级规模普遍较小，几个学生到十几个学生的现象较为普遍。较少的班级人数拥有一定的教学组织优势，有利于教师开展小班化教学，提升课堂教学质量。其一，较少的班级人数，教师和学生可支配的教与学的时间增加，空间拓展。班级人数少，缩小了教师管理班级的幅度，大大减少了教师组织课堂纪律的时间，反之，增加了教师课堂教学的时间，为教师开展教学活动，深化教学内容提供了时间保障。另外，学生数量少，教室人均可活动的范围变大，拓展了学生的学习空间和教室的功能空间，有助于开展多种形式的教学活动。其二，较少的班级人数，教师和学生之间互动机会增加，质量提升。班级人数较少，一定程度上减少了教师课堂提问的时间消耗，增加了学生课堂参与的机会和师生互动的机会，缩短了师生之间的互动距离，有助于提升学生的学习积极性，开展师生间的深度交流，进而加深学生对学习内容的理解，提升课堂教学质量。其三，较少的班级人数，有助于教师观察每一位学生的表情、神态、动作以及反应等，进而对学生的学习习惯、课程接受情况等进行较为全面的了解和判断，对实施个性化教学，改进教师自身教学方法以及教学内容等方面均有助益。其四，较少的班级人数，教师的教学设计环节可以深度展开，有助于学生更快、更好地掌握和理解课程学习内容，提升学生课堂学习的效率和质量。此外，班级人数少也会在一定程度上降低教师因学生而引起负面情绪的概率。由此可见，乡村小规模学校带来了开展小班化教学的优势条件，提高了教学过程中师生之间活动的密度、强度和效度，科学合理地运用乡村小规模学校的小班优势，将会促进乡村教育质量的提高。

三、学生发展优势

小规模学校的学生发展优势具体表现在学生的学业成绩和学生的行为养成两个方面。其一，小规模学校有助于学生学业成绩的提高。国外已有研究表明：学校规模与学生成绩成反比。小规模学校的学生成绩明显高于在中等规模或大规模学校学生的成绩，中等规模学校的学生成绩明显高于大规模学校学生的成绩。[①] 从小规模学校的教学实际出发，小规模学校学生数少，教师分配给每一位学生的时间和精力较多，能够针对学生的个体学习差异，进行有针对性的个性化辅导，进而提升学生的学业成绩。尤其有助于学习基础较弱的学生成绩的提高。其二，小规模学校有助于学生良好行为的养成。小规模学校学生获得教师关注的机会多，教师更容易发现学生的身心和行为是否存在问题，并且及时引导和纠正，减少小规模学校学生越轨行为的概率。据1999年美国教育部的一项研究发现，超过1 000名学生的学校和不足300名学生的学校相比，前者学生的暴力行为比例更高：暴力犯罪高8.25倍，身体冲突高3.94倍，抢劫事件高32倍，并且，大规模学校教师成为学生犯罪受害者的可能性高5倍。[②] 由此可见，乡村小规模学校虽然学生人数少，但是潜在的学生发展优势，拓展了乡村小规模学校提高教育质量的空间。

四、家校互动优势

乡村小规模学校往往设置在乡村社区之中，学校和社区之间并非完全独立的两个场域，二者之间的联系较为紧密。小规模学校的存在不仅满足了乡村儿童就

---

① 章婧、王鑫：《小规模学校更具优势：来自西方的经验》，载于《上海教育科研》2010年第10期，第42~45页。

② 谭春芳、徐湘荷：《大就好吗——美国小规模中小学校（学区）合并问题研究》，载于《外国中小学教育》2009年第2期，第19~22页。

近入学的需要，而且增添了乡土社会的文化气息，是乡村社区的文化象征。更为重要的是，乡村小规模学校与乡村社区之间较为紧密的空间布局与文化勾连，减少了教师和家长之间的沟通屏障，拉近了教师和家长之间的关系。一方面表现为，乡村小规模学校与乡村社区之间的空间距离缩短，便于家校之间的互动，加之乡土社会为"熟人社会"、"没有秘密"可言，学校可通过附近村民了解学生的家庭和生活等情况，降低了家校联系的成本。另一方面表现为，乡村小规模学校教师与家长之间的交往距离缩短，小规模学校的教师多为土生土长的本地人，对当地的语言、风俗等较为了解，一定程度上缩短了教师和家长之间的交往距离，降低了教师和家长之间沟通的难度，增进了教师和家长之间的相互理解。乡村小规模学校潜在的家校联系优势的合理运用，有助于增加学校和家长之间的有效沟通，改善家校关系，提升家校联系质量，形成家校合力，共同促进乡村学生的良好发展。

第四节　乡村小规模学校的发展机制

如何对待这些小规模学校？是保留还是撤并？学界、社会和管理部门对此一直存在两种不同的声音：① 一种观点认为，小学教育城镇化是不可逆转的大趋势，在城乡小学教育差距难以缩小甚至日益拉大的情况下，进一步撤并乡村小规模学校，继续向城镇集中是未来的方向。毕竟，乡村小规模学校难以吸引优秀教师，配置资源缺乏规模效益，无法按规定开齐、开足、开好课程。另一种观点认为，城镇化推进与新农村建设是并行不悖的，毋宁说建设好新农村是推进以人为核心的健康城镇化的前提和基础。作为城镇化的后发国家，我们绝对不能简单走早发国家的线性扩张式的城镇化道路，而要全面考虑技术进步、土地资源稀缺、逆城镇化发展、宜居型新农村建设等因素，加强乡村基础设施和公共服务建设，推进乡村社会宜居宜业和美发展。与此相对应，保留必要村小和教学点，建设"小而美"的乡村学校，不仅可以实现"就近入学"目标，而且可以减少农民教育负担、推进乡村文化传承、平衡城镇教育压力、减少教育资源浪费。更重要的是，乡村学校的服务对象多是处于社会底层的贫困家庭子女，教育是提升他们经济社会地位、改善其家庭经济收入、阻断贫困现象代际传递的重要手段和途径。没有贫困人口及其子女思想和行为的积极变化，一切扶贫脱困目标的实现都只能是暂

---

① 邬志辉：《办"有温度"的乡村教育》，载于《光明日报》2017年1月18日5版。

时的、缺乏后劲和难以持续的，无论是在精准扶贫还是在可持续扶贫方面，教育都是最根本的举措。

但是，即使保留乡村小规模学校，小规模学校的教育质量能提高吗？对这个问题很多人是有疑问的。就目前来看，办好小规模学校的确存在诸多困境，譬如乡村小规模学校地理位置偏远、交通不便、经济落后，难以吸引和留住优秀教师，再譬如小规模学校布局分散、规模过小、条件较差，难以产生规模效益和开发出丰富课程。但是，从国际经验看，小规模学校并不是一种需要淘汰的落后教育形态，恰恰相反，它是一种值得提倡的学校变革新方向。国际学术界的研究已证实，小规模学校对贫困家庭子女更有帮助，学生活动参与率更高、深度个性化学习更好、校园欺凌率及辍学率更低、家长信任度和归属感更强，师生关系和同学关系更为融洽，学校与社区的互动更为频繁，对经济社会地位较低家庭子女的学业成绩提高更大。我们在湖南溆浦调研时也发现，教学点一、二年级的语文和数学成绩普遍高于乡镇中心小学。如该县龙潭镇温水学校一年级语文和数学平均成绩分别只有 66.68 分和 66.74 分，而虎岗教学点分别为 84.75 分和 82 分；洑水湾乡中心小学二年级语文和数学平均成绩分别只有 76.53 分和 53.56 分，而新田岭教学点却达到 79.76 分和 76.60 分；淘金坪乡学校一年级语文和数学平均成绩只有 57.09 分和 76.73 分，而黄马田教学点却高达 88.25 分和 83.38 分。不仅如此，国际学术界还证明，小规模学校也并不像持"规模效益观"的学者所想象的那么缺乏效益，合并后的学校往往因购置教学设备、增加管理人员、提高教师工资等使教育成本显著增加，除此之外，家庭还要承担交通、食宿及零花钱等额外的负担，甚至还有交通安全、心理情感、营养健康等问题。

总体来说，乡村小规模学校既不是一种过渡形态，也不是一时的权宜之计，而是会长期存在。就提升教育教学质量的潜力来说，小规模学校不是一种劣势而是一种优势，不是一种落后形态而是一种现代形态。现在需要做的，就是要动态把握人口变动趋势、科学配置关键教育资源、充分调动城乡教育力量，全面激发校长教师活力、不断强化乡村教育自信，使各级政府、全社会及教育界人士能真心地为乡村儿童用情、为乡村教师用爱，为乡村学校用智、为乡村教育用力，办出"有温度"的乡村教育，全面提高乡村小规模学校的教育质量和办学水平。

一、科学推进乡村小规模学校治理改革

第一，完善乡村小规模学校办学机制和管理办法。一是进一步提高小规模学校管理地位，淡化教学点非"法人"身份的限制。从人事、财务、资产、教学、培训等管理制度上给予平等权利，与其他学校"并列"并适当给予倾斜，而不是作为其附属。二是科学分类管理乡村学校。淡化学校类型,主要依据学生人数规模决定管理模式和支持方式,开展分类指导,制定相应的标准,进行学校管理。要认识到农村小规模学校与其他规模较大农村学校存在的较大差异性,给予更为适切的政策支持。三是完善财务管理制度。实行乡村小规模学校公用经费通知书制度,县级教育行政部门、财政部门要在每年春秋季开学前书面告知每一所乡村小规模学校该年度的经费安排计划,加强审计,防止截留和挪用,确保财政补助的公用经费全部用于小规模学校的发展。

第二,合理布局农村学校,理性化解撤留冲突。一是处理好内在关系。根据学生年龄特点及各地实际,切实处理好就近入学为主与合理集中寄宿的关系。继续细化要求,指导各地科学规划合理布局农村学校。二是明确基本评判标准。坚持正确价值导向,推行农村小规模与寄宿制学校的互补策略,在交通便利、公共服务成型的地方建设标准化的寄宿制学校,在交通不便的地方保留和办好小规模学校,满足学生就近上学的需要。三是划定教学点撤并红线。加强对农村学校布局调整的监控,明确要求各地一县(市、区)一图,列明全县(市、区)学校特别是小规模学校分布情况并及时更新,随时接受督导检查。

第三,加快小规模学校的治理改革创新。一是将幼儿教育纳入义务教育可以有效增加小规模学校规模,留住小学生源。可以通过加强幼小教师培养,推进乡村"幼儿园+小学低年段"教育的一体化建设,建设小幼一体化小规模学校。二是探索改革乡村小规模学校学制。减少小规模学校年级设置任意性,试验"二四三"学制、"三三三"学制、"四二三"学制等,根据各地的实际确定学制。在调研中我们发现,以幼儿园为主体附带小学低年段是非常有优势的,即幼儿园教师不仅可以教小学1~2年级的课程,还有助于促进幼小适应。但是,如果让小学教师教幼儿园,则比较容易导致幼儿教育的小学化。通过幼小一体学制改革创新,不仅有助于增加学校的在校生规模,配足配齐教师、开足开齐课程,还有助于推进学前教育普及,提升学前教育质量。当然,在探索幼小一体办学的同时,还要加强小学低年段小班学习到小学高年段大班上课的衔接和适应,从而避免因小学高年段学习难度增加、学习环境变化对乡村儿童造成的不利影响,推动学生持续深度学习与进步。① 三是统筹村小联盟发展,共享核心教育资源。乡村小规模学校发展面临的最大问题就是缺乏规模效益,因此诸多教育要素资源的配置和办学条件的标准化建设十分困难。国际社会发展乡村小规模学校的普遍做法是建立小规模学校发展联盟,形成小规模学校发展共同体,在共同体内部开展教师联合教研、学生联合竞赛、图书校际漂流、经验共同分享等活动。村小联盟的模式

---

① 邬志辉:《用统筹思维发展乡村小规模学校》,载于《光明日报》2017年3月8日07版。

可以是多种多样的，比如对于校际相隔较近且交通便利的村小，可以采取教师走教、轮换、巡回等方式促进核心教育资源的共享。①

第四，提高乡村小规模学校管理水平。一是落实学校管理标准提高育人质量。推动乡村小规模学校规范化办学，通过开展城乡对口帮扶和一体化办学、将优质高中招生分配指标向乡村初中倾斜等方式，帮助提高乡村小规模学校办学水平。二是推进小规模学校特色发展。在小班化教学、学校文化建设、乡土课程开发、教师专业能力提升等方面彰显农村小规模学校优势和特色，提高学校品质和办学水平。

第五，科学督导和评估。一是加强对学校布局的督导。对于学校规划布局明显不合理，局部地区学生上学远、就学难的情况要坚决进行纠正。二是加强对学校办学条件的督导。完善县域义务教育均衡发展督导评估办法，将小规模学校统一纳入督导评估范围，科学设计督导评估标准，在差异系数上与其他较大规模学校合理区别。三是建立基于学生相对进步的评价机制。建立发展性评估标准，肯定乡村教师的教育努力。

二、全面加强乡村小规模学校发展建设

第一，科学推进小规模学校标准化建设。一是加快出台办学标准。加快实施乡村小规模学校标准化建设，全面改善薄弱学校基本办学条件。二是统筹资源优先支持。对小规模学校办学情况和办学需求进行一次全面的摸底调查，逐县逐校建立标准化台账，科学推进标准化建设，统筹利用"十四五"期间义务教育领域的建设项目、资金，优先支持乡村小规模学校改善办学条件。对于过渡期的教学点，也要采取相应措施，保障达到基本的办学条件。

第二，加强小规模学校建设和维修。一是落实经费保障正常建设和维修需要。要积极推进学校标准化建设，在项目、资金等方面予以倾斜，加强师资配置，要继续落实好农村地区不足100人的规模较小学校按100人核定公用经费等相关政策，并且要根据小规模学校开展教育教学活动的实际，给予专项的经费支撑，保证小规模学校的正常建设和维修需要。二是要发挥学区或中心学校在师资、设备等方面的统筹权和调配权。要结合"全面改善贫困地区义务教育薄弱学校基本办学条件"的要求开展工作，不断改善必须保留的小规模学校的办学条件，要优先配置课桌椅、教学仪器设备、图书资料、运动场地和音体美器材，配备安全饮水设施、伙房设备，满足教学和生活基本需求，确保乡村小规模学校能

---

① 邬志辉：《用统筹思维发展乡村小规模学校》，载于《光明日报》2017年3月8日07版。

开齐、开足课程。

第三，加大乡村小规模学校信息化建设力度。一是明确分类标准科学配套。以注重实效、确保教师"够用、好用、实用"为原则，制定切实可行的乡村小规模学校信息基础设施、软件资源的建设和配置标准，为不同类型小规模学校配置信息技术资源。对于距离偏远、交通不便的村小，可以通过免费宽带网络建设推进教育共享服务，促进数字教育资源在小规模学校的全覆盖，同时加强"卫星教学收视系统""教学光盘播放设备""计算机和多媒体设备"等信息技术手段的配备，促进"在线课堂""网络教研""线上学习"等 E-learning 和 E-teaching 的开展。目前，国际社会普遍重视信息技术在偏远小规模学校的广泛运用，但是也普遍发现教师的作用是信息技术所无法代替的。教师与信息技术的有效整合是重中之重。[①] 二是强化乡村教师信息技术能力的有效性培训。提高教师信息化素养及教育信息技术的应用能力，促进优质教育资源共享。

三、构建乡村小规模学校教师配置机制

第一，加强乡村小规模学校教师补充配置。一是畅通乡村教师入口。鼓励支持地方政府和师范院校加强本地化培养，采取到岗退费、国家助学贷款代偿、公费培养等多种方式，为教学点定向培养补充"一专多能"教师。探索实施"本土化""双定向"（定向招生，定向分配）培养，为乡村小规模学校培养适用的教师。二是完善师范院校、地方政府、中小学协同培养机制。积极推动小学教师5年一贯制培养。建立省级统筹、统一选拔的教学点教师补充机制，为教学点持续输送优秀高校毕业生。三是扩大农村教师特岗计划实施规模。重点支持中西部贫困地区村小、教学点的教师补充，让特岗教师真正下得去，适时提高工资性补助标准。

第二，落实城乡教师交流制度让小规模学校受益。一是扩大督导评估内容。将《国务院关于统筹推进县域内城乡义务教育一体化改革发展的若干意见》中提到的关于加强乡村教育相关的硬性要求如"推动城乡教师交流，城镇学校和优质学校教师每学年到乡村学校交流轮岗的比例不低于符合交流条件教师总数的10%，其中骨干教师不低于交流轮岗教师总数的20%"等，列入县域义务教育均衡发展督导评估办法。二是畅通交流轮岗制度渠道。全面推进县（区）域内义务教育学校教师"县管校聘"管理改革，采取定期交流、跨校竞聘、学校联盟、对口支援、学区一体化管理等多种途径引导城镇优秀校长和骨干教师向乡村学校

---

① 邬志辉：《用统筹思维发展乡村小规模学校》，载于《光明日报》2017年3月8日07版。

特别是教学点流动。三是创新交流制度。通过乡镇中心学校统筹管理、教师走教等方式，保障教学点教师配置，确保开设国家规定课程。

第三，在编制和人事管理上全面向乡村学校倾斜。一是建立学校编制底线和走教政策。及时核定乡村小规模学校教职工编制，严格落实政策。细化小规模学校教师配置标准，明确规定按照2~3人/班的标准核定小规模学校教师编制，按就高采用原则实行。二是完善职称评聘政策。加快出台县域统一的义务教育学校岗位结构比例，逐步推动县域内同学段学校岗位结构协调并向乡村适当倾斜，合理设置乡村学校中级、高级教师岗位比例，实现职称评审与岗位聘用制度的有效衔接，确保乡村学校教师职称即评即聘。三是配齐教学辅助和工勤岗位人员。制定一般性教学辅助和工勤岗位配备标准，并强制执行。

四、加强乡村弱势儿童的关爱保护

第一，强化控辍保学工作。一是强化司法控辍。明确法律责任和执法主体，进一步强化司法控辍，对劝返复学无效的辍学学生家长或其他委托监护人采取司法强制措施。二是转变学校、教师、家长的教育质量观。改变以成绩为主要评价标准的育人观。三是落实责任。落实政府、学校，特别是家长或其他委托监护人的责任。

第二，加强关爱保护。一是形成关爱合力。在强化学校教育关爱工作的同时，需要进一步强化和落实家庭主体监护责任，制定有关规定或发起有关倡议，要求未成年人的父母加强对子女的关爱，通过学校帮助家长科学关爱留守儿童，细化和明确基层政府及相关部门责任，形成政府、家庭、社会和学校共同关心留守儿童情感、心理、生活、学习所需要的合力。二是完善学生救助体系。针对目前补助范围没能覆盖所有贫困寄宿学生以及物价上升较快等现实问题，应进一步扩大补助范围，提高补助标准，实现所有贫困寄宿学生补助全覆盖，解决学生生活实际困难。同时加强学生的个体化指导性帮助。三是丰富学校文化生活。避免简单化、管制化和军事化的管理方式，充分利用乡土文化资源、红色教育资源和校外实践活动基地，积极开展丰富多彩的校园文化生活，强化对"留守儿童之家""乡村学校少年宫"的支持和建设力度，充分发挥教师的辅导作用，促进学生人格、心理和身体健康发展。四是重塑乡校与乡土的紧密关系。整合乡村公共服务资源，把小规模学校与幼儿园、乡村医务室、文化站、图书室、广播站、农村技术培训站等公共服务机构整合，提高乡村公共服务资源使用效益。

五、建立乡村小规模学校经费保障机制

第一，保障运转经费。一是多个维度核算和拨付小规模学校的教育经费。在继续落实好农村地区不足 100 人的规模较小学校按 100 人核定公用经费等相关政策的基础上，特别要对 100 人以下的学校、教学点分类细化经费拨付标准，保证小规模学校正常运转。建议按多个维度核算和拨付小规模学校的教育经费，在单纯以学生数量核拨教育经费的基础上考虑学校和班级变量，在科学分类和统筹整合的基础上核拨小规模学校教育经费，把新增教育经费优先增补给乡村小规模学校教育经费缺额的学校。二是提高乡镇寄宿制学校公用经费标准。建议在普通学校标准基础上提高 500~600 元，切实保障寄宿制学校的正常运行，对 100 人以下的村小和教学点采取"基数＋人数"的办学经费拨付办法，即每所学校先拨付一定数额的基数办学经费，再按生均公用经费标准拨付资金。对不足 200 人的初中小规模学校按 200 人拨付经费，超过 200 人的乡村初中按人头拨付经费。三是建议根据实际合理扩大公用经费支出的范围。应该根据学校当前支出的实际情况，修订公用经费管理办法，适当拓宽经费使用用途。

第二，建立、改进和完善制度。一是建议对小规模学校的财政拨款以一般性转移支付为主，专项性转移支付为辅。建议财政专项资金给予省级或基层一定的自主调整权限，或由中央划定大致适用范围，由省级政府自主安排。二是完善政府购买教育服务制度。通过政府购买教育服务等方式为乡镇寄宿制学校提供工勤和教学辅助服务，解决临聘教师问题。三是加强社会力量支持发展公办乡村小规模学校。通过建立健全社会捐助制度，畅通渠道、强化监督，发挥我国教育事业社会广泛参与的传统资源优势共同办好乡村小规模学校，地方政府坚决不能收取任何行政管理费用。四是改进乡村小规模学校资金划拨方式。发挥学区或中心学校在师资、设备等方面的统筹权和调配权。切实发挥资金效益，不断改善必须保留的小规模学校办学条件，要优先配置课桌椅、教学仪器设备、图书资料、运动场地和音体美器材，配备安全饮水设施、伙房设备，满足教学和生活基本需求。

六、统筹乡村公共服务建设[①]

统筹乡村公共服务，推进养老保学整合。在城镇化进程中，向城镇流动的农村人口基本具有年轻化、教育化和贫困化的特点，这意味着乡村留守人口不仅日

[①] 邬志辉：《用统筹思维发展乡村小规模学校》，载于《光明日报》2017 年 3 月 8 日 07 版。

益分散稀疏，而且大多是老人、妇女和儿童。由于青壮年劳动力的逃离，导致乡村养老、医疗和教育等诸多公共服务面临困境。许多已经完成城镇化的国家在面临类似问题时，采用的可资借鉴的做法是由政府派驻混合型、专业化的社工团队，从而将乡村养老、医疗和教育服务整合起来。推进乡村公共服务整合背后的理念是，老人需要儿童的表演和玩耍来颐养天年，儿童也需要老人的关心和呵护来健康成长，两者具有互补性。有条件的大学可设立包含养老、医疗和教育在内的全科性社工专业，教育与培养一支综合性、专业化的面向乡村社会的社工队伍。同时，乡村的养老院、小学校和卫生所也要在相邻的公共空间进行整合，通过一体化的工作设计，促进乡村公共服务全面而有质量地发展。

第十二章

乡村义务教育教师队伍建设机制研究

打造一支素质优良、甘于奉献、扎根乡村的教师队伍是乡村教育可持续发展的战略重点，是保障每一个乡村孩子都能接受公平、有质量的教育，阻断贫困代际传递的关键所在。改革开放以后，随着经济体制、就业结构、户籍制度、人事制度等方面改革的推进，为更好地适应经济社会发展的需求，国家加快建设中小学教师队伍，对教师的培养、招聘、工资等政策进行了一系列调整和改革，通过"三支一扶""特岗计划""农村硕师计划""公费师范生""城镇教师到农村支教""城乡教师交流"等政策，为乡村教师队伍输送新鲜血液和骨干力量。然而随着教师职业引入市场机制，受"重城轻乡"政策倾斜的历史影响，教师劳动力市场出现城乡二元分割局面。尤其是进入21世纪以来，城镇化进程的加速推进，城乡发展差距日渐凸显，乡村以及乡村教育生态环境缺乏生机，进一步固化了乡村教师劳动力市场的弱势地位。在城乡外部条件因素和教师个体内部理性因素的双重作用下，教师群体的"城市取向"职业观愈加凸显，乡村教师职业吸引力遭遇危机，边远艰苦地区农村学校的教师队伍状况依然令人担忧，教师年龄老化、知识退化、方法旧化现象非常严重，优秀人才不愿去、一般人才进不去、不合格教师退不出问题非常突出。[①] 乡村教师队伍建设面临挑战。因而，提升乡村教师职业吸引力是破解乡村教师队伍建设难题的重中之重。本章将结合时代变革下的教师劳动力市场特征，论述城乡教师劳动力市场分割下乡村教师职业吸引力的现实状况及其当前乡村教师队伍建设面临的挑战，并针对如何提升乡村教师职

---

① 邬志辉、秦玉友主编：《中国农村教育发展报告2012》，北京师范大学出版社2014年版，第216页。

业吸引力、推进乡村教师队伍建设问题提出政策建议。

第一节 乡村义务教育教师劳动力市场的现实境遇

一、市场经济与教师劳动力市场转变

从1949年到1978年，为适应计划经济体制的需要，中国逐步形成了招工方面的统包统配制度和用工方面的固定工制度，劳动力市场也因而从新中国成立初期的低级无序状态转变为完全消失状态。① 1978年改革开放之后，我国经济体制由计划经济向市场经济转轨，统包统配劳动就业制度的弊端日渐暴露，不合时宜，难以为继。1980年之后，国家对劳动就业政策进一步调整，将人事权逐渐下放，国有企业率先尝试"合同制"。然则此时，我国教育事业正值大力发展之际，特别是1985年后实施普及九年制义务教育，对各级各类学校师资的需求量不断增大，我国教师教育改革与发展呈现出的核心特征是以数量、规模扩张为主的外延式发展。② 1993年中共中央、国务院印发的《中国教育改革和发展纲要》强调"各级政府要努力增加投入，大力办好师范教育，鼓励优秀中学毕业生报考师范院校。进一步扩大师范院校定向招生的比例，建立师范毕业生服务期制度，保证毕业生到中小学任教"。因而自改革开放之后的十几年内，由于教育事业发展对教师队伍的补充需求，决定了我国中小学教师职业依旧是政府主导下的"定向招生，统一分配"的供给机制，中小学校和师范毕业生缺乏自主选择权。

1999年之后，随着高等教育逐渐走向市场化，师范生培养逐渐引入市场机制，教师教育逐渐由封闭式培养向开放式培养转型，加之教师资格制度的引入，综合院校开始加入师范生培养的队伍中，师范生培养方式由定向招生转向定向与非定向相结合的招生方式，就业制度由"分配制"向"双向选择制"转变，师范生队伍迅速壮大。当教师数量需求得到一定的缓解之后，用人单位开始不再无条件接受师范生，而是开始拒绝他们认为不合格的或不需要的师范生，③ 教师职

---

① 胡鞍钢：《从计划体制转向市场机制：对中国就业政策的评估（1949~2001年）（上）》，载于《国情报告（第五卷）》2002年（上），第15页。
② 荀渊：《教师教育变革的基本逻辑与未来走向》，载于《教育研究》2014年第10期，第73~78页。
③ 黎婉勤：《三十多年来我国教师教育发展的特点和趋势——基于政策文本的视角》，载于《河北师范大学学报（教育科学版）》2015年第2期，第98~102页。

业逐渐引入市场机制，开始推行聘任制。加之 2000 年之后事业单位人事制度改革开始全面推行聘用制度，2003 年人事部下发《关于深化中小学人事制度改革的实施意见》，中小学教师队伍开始全面推行教职工聘用（聘任）制度。由此，中小学教师逐渐由国家人过渡为契约人，单向分配逐渐转变为毕业生与学校间的双向选择，中小学校和师范毕业生拥有了一定的自主选择权。

进入 21 世纪之后，随着师范生培养和就业的市场化，市场经济时代的教师劳动力市场较之计划经济时代呈现出较为明显的市场化特征。第一，开放性。21 世纪之前，"统包统分"体制下师范生和用人学校之间的信息是闭锁的，在师范生毕业分配到岗之前，双方并不了解。师范生培养和就业体制改革之后，教师劳动力市场的大门逐渐向师范毕业生开放，就业地点和学校选择的范围扩大，师范毕业生可通过开放的就业信息进行筛选，根据自身意愿和需求进行个性化选择。第二，竞争性。"统招统分"体制下，师范毕业生由人事部门统一安排，不存在激烈的竞争关系，改革后师范毕业生可自由选择，受自古以来"人往高处走"的传统个人发展观影响，对学校地域、学校质量、福利待遇等方面要素的高追求，必然带来师范毕业生之间的就业竞争，加之，随着师范生培养规模的扩大，师范毕业生就业竞争日渐激烈。第三，筛选性。"统包统分"制度下，中小学校无自主选聘教师的权限。推行教师聘任制之后，一方面，各中小学校通过教师劳动力市场对招聘教师进行初次筛选，优秀教师向优质学校集聚。另一方面，学校可通过年度考核和聘期考核制度对在校教师进行二次筛选，淘汰不合格教师。第四，流动性。教师职业引入市场机制之后，虽然"终身制"的工作体制逐渐被打破，但同时也意味着教师的就业机会增加，这也给部分个人能力强、素质高的优秀教师"二次择业"提供了更加通畅的就业渠道和职业发展平台。

二、教师劳动力市场的城乡二元分割

与西方发达的市场经济相比，我国劳动力市场同样存在主、次劳动力市场之分，在不同企业、行业或职业中被分割为不同的劳动力市场。[①] 随着教师职业的市场化特征日益显现，教师劳动力市场内部出现了二元分割。二元制劳动力市场分割理论由美国经济学家迈克尔·皮奥雷（Michael J. Piore）和彼得·多林格（Peter B. Doeringer）提出。该理论认为整个社会存在两个工作特征完全不同的主要和次要劳动力市场。主要劳动力市场工作条件好、培训机会多、具有良好的晋

---

① 何芸：《二元分割与行业收入不平等——基于二元劳动力市场分割理论的分析》，载于《经济问题探索》2015 年第 1 期，179~185 页。

升机制；而次要劳动力市场则与之相反，其收入低、工作不稳定、工作条件差、培训机会少、缺乏晋升机制；对于主要劳动力市场的劳动者而言，教育和培训能够提高其收入，而对于次要劳动力市场的劳动者而言，接受教育和培训对于提高其收入没有作用；并且主要劳动力市场和次要劳动力市场之间的流动较少。① 国内外学者多致力于社会职业和行业间劳动力市场的二元分割研究。按此逻辑，一般意义上，非市场化下的"定向+分配"的教师供给机制不存在劳动力市场分割之分，然则随着市场化在教师职业中发挥作用，受城乡二元结构体制、制度改革以及发展条件等方面因素的影响，市场导向下的教师就业选择逐渐形成了城市作为主要教师劳动力市场，乡村作为次要教师劳动力市场的二元分割局面。

（一）城乡教师劳动力市场的空间环境分割

对于毕业生而言，选择工作地点亦是选择生活地点，作为有着稳定事业编制的教师职业更是如此，绝大多数教师的工作地点即是日后的生活地点。从这个意义上讲，生活环境的优劣以及对生活的追求和向往必然影响教师对工作地点的选择。国家优先发展城市的政策取向，造成了城乡发展差距日渐凸显，城市生活的便利性、丰富性以及舒适度与乡村生活形成强烈反差，越来越多的人对城市生活趋之若鹜，对乡村生活不屑一顾。从20世纪50年代后期起，由于计划经济体制的确立，户籍分为城市户籍和农村户籍，城乡二元体制形成了，城乡也就被割裂开来了。② 通过严格限制人口流动，实现城乡分割分治，优先发展城市，城乡二元结构体制逐渐形成。改革开放之后，我国经济建设的重心依然在城市，农业家庭联产承包责任制的推进，使得农村剩余劳动力向城市转移，进一步推动了城市的建设和发展。然而，随着城市建设脚步的逐渐加快，农村因缺乏政策扶持，受制于自身已有的劣势，发展缓慢，城乡发展差距进一步凸显。进入21世纪以来，我国城镇化进入快速发展阶段。据国家统计数据显示：2020年末，我国常住人口城镇化率达到63.89%，户籍人口城镇化率达到45.4%。③ 乡村人口的"向城性"流动与迁徙打破了乡村社会原有的封闭和静止状态，不流动的乡土演变为大流动的村庄④，城市文明与乡土文明的猛烈碰撞，城乡之间经济社会发展差异的凸显，造成乡村过疏化，人口外流、资源锐减、非居住房屋增加，村落社会生产

---

① 郭丛斌著：《教育与代际流动》，北京大学出版社2009年版，第27页。
② 厉以宁：《论城乡二元体制改革》，载于《北京大学学报（哲学社会科学版）》2008年第2期，第5~11页。
③ 国务院第七次全国人口普查领导小组办公室编：《2020年第七次全国人口普查主要数据》，中国统计出版社有限公司2021年版，第7页。
④ 陆益龙：《后乡土中国的基本问题及其出路》，载于《社会科学研究》2015年第1期，第116~123页。

和生活功能日渐崩解，乡村社会呈现一片萧条景象，自然环境唤不起乡愁，人文环境日渐凋敝，社会环境渐趋冷漠，老龄化现象严重，缺少活力。相比之下，城市舒适干净的生活环境、丰富多元的闲暇日常、方便快捷的出行方式、高效优质的公共服务充分显现了现代生活的品质所在。在城乡发展差异的外部条件约束下，城乡生态环境、生活环境以及资源供给的巨大反差造成了城乡教师劳动力市场的空间环境分割。

（二）城乡教师劳动力市场的职业提供分割

自新中国成立至改革开放初期的较长一段时间里，我国教育发展的重心皆在城市，尽管进入21世纪之后，国家制定了一系列推动乡村教育发展的政策，但受长期"重城轻乡"的教育非均衡发展政策影响，城乡教育质量差距难以在较短时间内消除，形成了城乡教师劳动力市场的职业提供分割。21世纪之前，为快速提升教育质量，国家集中人力、物力、财力兴建了一批重点学校和示范学校，据1982年一项对13个省、自治区、直辖市的348所重点中学的调查显示，城市243所，占70%；县镇98所，占28%；农村7所，占2%。其中7个省、直辖市的农村没有一所重点中学。① 1992年，国家教育委员会印发的《关于搞好城市教育综合改革试点工作的意见》中明确了城市教育的战略地位，并指出"首先必须保证实施九年义务教育，使城市基础教育不仅要在普及程度上高于农村，而且在全面贯彻教育方针、克服片面追求升学率的倾向、提高教育质量等方面在全国起到示范作用"。随着国家对城市学校办学条件、师资保障、经费投入等方面的重点发展，城乡办学条件以及办学质量差距逐渐拉大。此外，在经费投入方面，教育财政体制的城乡分治，城市学校建设速度显著高于乡村学校。在义务教育财政投入制度方面，我国最初是由中央财政统一负责，列入国家预算，由中央统一下拨。1980年推行"划分收支，分级包干"的新体制，农村开始执行以乡村为主的分级办学经费投入体制②，由于乡级财政能力有限，20世纪90年代中后期至21世纪初出现拖欠农村教师工资的普遍现象。2001年之后，我国义务教育开始执行"以县为主"的教育财政投入体制，义务教育的财政投入重心从县、乡级政府以及村提升到县级政府。③ 2005年我国开始建立中央与地方分项目、按比例分

---

① 袁振国著：《论中国教育政策的转变——对我国重点中学平等与效益的个案研究》，广东教育出版社1999年版，第38页。
② 陈江涛：《从经费视野看城乡义务教育均衡发展》，载于《教育与教学研究》2009年第12期，第35~39页。
③ 彭泽平：《分割与统筹——城乡义务教育失衡的制度与政策根源及其重构》，载于《西南大学学报（社会科学版）》2014年第3期，第64~71、182页。

担的农村义务教育经费保障新机制，但由于城乡义务教育原有差距过大以及原有政策的巨大惯性一时难以逆转，导致城乡义务教育的财力差距仍然巨大，农村中小学办学经费依旧短缺。① 在国家长期优先发展城市教育的过程中，城乡义务教育在办学条件、办公条件、学校建设以及师资队伍建设方面差距的历史积累，造成了城乡中小学教师的工作环境、薪资待遇以及职业发展空间等方面的客观差距，虽然近年来，随着国家逐渐将政策向乡村教育倾斜，乡村学校办学条件、工作条件以及乡村教师的工资待遇等有了一定程度的改善，但不得不承认乡村学校的办公条件依旧与城市差距显著，并且从职业发展空间来看，村屯小学教师晋升"小学高级"职称要比城市教师多花 4.43 年。② 由此可见，受"城市取向"下城乡义务教育非均衡发展的历史欠账影响，城乡教师职业附着的经济收益、组织环境以及专业成长机会存在明显差异，造成了城乡教师劳动力市场的职业提供分割。

（三）城乡教师劳动力市场的师资提供分割

开放性教师教育制度的推进不仅带来了师范生培养数量的"井喷式"增长，也扩大了不同培养院校之间师范毕业生的质量差距，形成了教师劳动力市场的毕业生质量分层，导致乡村教师劳动力市场掉进低质量毕业生的旋涡。具体来看，定向分配制度下，由于师范院校较少，定向名额有限，竞争较为激烈，因而师范生素质较高，并且大多数按照要求回到定向学校任教，农村教师的素质能够保证。然而进入 21 世纪之后，随着开放性教师教育制度改革的推进，综合类院校逐渐加入教师教育行列中，师范生培养机构大幅度增加。以 2007 年的数据为例，全国共有教师教育院校 2 742 所，其中师范院校 366 所，非师范院校 2 376 所。从院校数量来看，非师范院校是师范院校的 6.5 倍。非师范院校中综合大学 70 所，综合学院 128 所，独立学院（民办）及高职专业院校等 176 所，中职及其他机构 2 002 所。③ 由于师范生培养院校层次参差不齐，高水平大学少，低层次学校多，加之近年来愈演愈烈的高校扩招，师范毕业生质量出现严重分化。毋庸置疑，优质师资是中小学校办学质量的可靠保障，教师劳动力市场的形成为优质中小学校提供了收割教师人才的绝佳机遇。城乡以及城乡学校发展差距的客观存在成为彰显城市中小学市场竞争力，吸纳优秀教师的有力武器，在双向选择的市场机制下，师范毕业生队伍质量的内部分化造成了就业分流，城市中小学因其生活

---

① 彭泽平：《分割与统筹——城乡义务教育失衡的制度与政策根源及其重构》，载于《西南大学学报（社会科学版）》2014 年第 3 期，第 64～71、182 页。
② 邬志辉、秦玉友主编：《中国农村教育发展报告 2012》，北京师范大学出版社 2014 年版，第 234 页。
③ 朱旭东、胡艳主编：《中国教育改革 30 年（教师教育卷）》，北京师范大学出版社 2009 年版，第 80～81 页。

环境、职业提供等方面具有的强筛选作用，使得优秀师范毕业生向城市学校集聚，乡村学校接收毕业生的质量较师范生培养和就业制度改革之前明显下滑，城乡学校发展陷入"马太效应"的恶性循环之中。由此可见，开放性教师教育制度的推进加剧了教师劳动力市场的城乡分割。

（四）城乡教师劳动力市场的制度筛选分割

随着师范生就业市场的放开，基于双向选择的师范生自主择业制度大致分为两种类型。一种是现场招聘会形式，用人学校与求职毕业生之间在面试、洽谈的基础上签订聘用合同，如目前教育部直属6所师范院校的毕业生求职大多数采用此种方式。另一种是公开招聘考试形式，符合条件的大学毕业生可参加考试，通过公开选拔笔试和面试的同学，可进入教师行业，目前的教师编制考试、特岗教师招聘多采用此种方式。从招聘学校的性质来看，目前很多城市学校可以直接和师范生签订就业协议选拔教师，农村一般通过公开招聘的形式选拔教师。[①] 由此可见，城市学校在教师招聘中拥有更多的用人自主权和优先选择权，同时降低了师范毕业生的求职成本，提升了师范毕业生的求职效率，与农村公开招聘的形式相比，更具有竞争力。可见，城乡教师招聘制度的差异实质上即是教师劳动力市场城乡分割的制度表现。除教师的入口外，城乡中小学教师调动制度进一步强化了教师劳动力市场的城乡分割。一方面表现为，城市不合格教师的溢出。中小学校推行人事制度改革，意在打造"能上能下，能进能出"的教师管理制度，然而在实际执行过程中，受事业单位编制性质的影响，解聘不合格教师的实施难度较大，因而产生了通过行政手段将城市不合格教师调任农村学校的现象。一种途径是部分城市学校将到乡村学校交流作为惩罚教学能力差教师的手段，另一种途径是将学校未聘教师转到缺编的乡村学校应聘上岗。如江西省教育厅厅长表示该省在教师聘任上实行尾数交流，"无论是超编学校还是缺编学校，都要按2%左右的比例实行尾数交流。对在尾数比例之内的教职工，都要转到缺编的农村山区学校应聘上岗"。并且会"统一安排未聘教职工到缺编空岗的学校尤其是农村边远山区学校应聘上岗"[②]。城市欲淘汰的教师安排到农村学校任教，无形之中造成了乡村教师劳动力市场的弱势积累效应。另一方面表现为，乡村优秀教师的抽离。近些年实施的乡村教师选调制度通过全县（区）统一招聘考试的形式，将乡村优秀青年教师、骨干教师等调任县城（区）中小学校任教，将乡村优秀教师抽

---

① 刘小强：《贫困地区农村教师配置问题研究》，西南大学2014年博士学位论文，第38页。
② 徐光明：《推动中小学人事制度改革　加强教师队伍建设——访省教育厅厅长漆权》，载于《江西教育》2004年第12期，第4页。

离，进一步固化了乡村教师劳动力市场的贫弱困局。

综上可见，教师劳动力市场的城乡分割是教师职业市场化与我国长期以来"重城轻乡"倾斜政策共同作用的结果。因附着在城乡教师职业上的资源要素差异，城市教师劳动力市场能够提供更具竞争力和吸引力的生活环境、工作条件、薪资待遇、职业发展空间等，进而成为主要劳动力市场，而乡村教师劳动力市场由于弱势累积效应，生活环境、工作条件以及晋升机会方面都处于弱势地位，与城市相比毫无竞争优势，成为次要劳动力市场。尤其随着城镇化进程的加速推进，乡村教师劳动力市场将面临更大的挑战。

三、城镇化推进中的乡村教师劳动力市场

城镇化进程的快速推进改变了乡村人口的空间布局和就业结构，带动了乡村学龄人口读书空间的上移，乡村学校形态和教育环境发生改变，乡村教育可持续发展动力不足，陷入诸多困境，乡村教师职业面临新考验，增加了乡村教师职业的迷茫，加重了乡村教师职业的负担，瓦解了乡村教师职业的自信，进一步固化了乡村教师劳动力市场的弱势地位。

（一）乡村学校生源锐减与教师从业迷茫

21世纪以来，随着人口生育观念、生活观念以及教育观念的转变，乡村学校面临学龄人口"自然萎缩"与"向城性流动"并存的可持续发展危机。一方面，随着城镇化进程的快速推进，农民工群体不断扩大，2020年末，我国农民工总量28 560万人，占农村户籍人口的35.91%。外出务工的第二代农民工，携带子女进城打工现象较为普遍，随迁子女群体随着城镇化进程中进城务工人员的增加逐渐扩大。据国家公布的数据显示：2007年全国义务教育中小学随迁子女数量765.66万人，2020年达到1 429.73万人，增长了86.73%。[①] 此外，随着乡村人口经济收入的提高，对物质生活的追求逐渐提升，部分乡村中青年的居住地点逐渐上移，进而带动乡村学龄人口读书空间的上移。另一方面，受农村学校布局调整和城乡教育质量差距的影响，乡村学校的空间分布和教育质量无法满足乡村学龄人口的读书需求，部分乡村学龄人口选择外出求学。据东北师范大学中国农村教育发展研究院2015年全国大调研数据显示，乡村有48.83%的义务教育学生离家外出读书。乡村学龄人口的外出迁徙改变了乡村学生的空间分布，稀释了乡村学校的生源。学生是学校存在和发展的根基，日渐萎缩的生源导致乡村学校

---

① 根据《2007年教育统计数据》《2020年教育统计数据》整理。

缺少人气，学校规模和班级规模萎缩，乡村教育是否还有希望，可持续发展能否为继，乡村教育的未来迷途时刻动摇着乡村教师和师范毕业生的从业信心。

（二）乡村学校形态转变与教师负担加重

乡村学龄人口读书空间上移直接导致了乡村寄宿制与乡村小规模学校并存的局面。数据显示，2016 年，乡村义务教育学段有寄宿制学校共计 39 647 所，占全国寄宿制学校（77 559 所）总数的 51.12%，2015 年全国共有小规模学校（不足 100 人的小学和教学点）126 751 所，占小学和教学点总数的 44.7%，其中乡村小规模学校有 111 420 所，占乡村学校总数的 55.7%，占全国小规模学校总数的 87.9%。[①] 乡村寄宿制学校与小规模学校的普遍存在，增加了乡村教师工作的强度、工作的内容、担任的角色，乡村教师工作负担繁重。对于乡镇寄宿制学校来说，由于尚未配置专门的生活教师，乡村教师不得不兼任生活教师的角色，在正常教育教学工作之外，还需要照顾学生的饮食起居，完成住宿管理工作，除此之外，部分教师还需要完成学校夜间执勤工作，教师工作时间较长；对于乡村小规模学校而言，受制于现有的教师编制标准，学校教师数量有限，为保证国家课程开足、开齐，维持学校正常运转，教师不得不在兼任多门学科教学的情况下，承担较为繁杂的非教学事务工作，尤其对于一师一校的教学点教师而言，基本是包班制，除保证完成每天的教学任务外，还要负责学校后勤和学生的营养餐等工作，教师的工作内容纷繁复杂，工作风险高。此外，随着乡村留守儿童、单亲儿童数量的增加，乡村教师面对的教育对象复杂化，如何构建与留守儿童、单亲儿童之间良好的师生关系，及时洞察学生的心理发展状态，进行有效的家校沟通等问题均是乡村教师需要应对的学生管理难题。由此可见，乡村学校形态的变化，大大加重了乡村教师的工作负担。

（三）乡村文化传承失序与教师角色危机

城镇化进程的脚步打开了乡村社会的大门，市场经济、信息爆炸、多元价值共存的现代文明击垮了乡村礼俗社会的生态秩序，价值坚守与文化规约的缺位改变着乡村社会对教师形象的传统认知，尊师传统逐渐沦落。一方面，城市教育取向下乡村教师的教学能力逐渐被质疑，乡村社会对乡村教师的信任度下降；另一方面，拟像时代带来了信息的爆炸，大量信息以前所未有的途径与渠道铺天盖地而来，[②] 乡

[①] 根据教育部相关数据整理。
[②] 唐松林、丁璐：《论乡村教师作为乡村知识分子身份的式微》，载于《湖南师范大学教育科学学报》2013 年第 12 期，第 52~56 页。

村社会获取信息的途径和容量的增加,使得乡村教师已不再是乡村社会知识的代言人,作为乡村社会文化符号的象征意义正在逐渐消解。加之,随着乡村教师与乡村社会之间隔阂的主客观建构,逐渐疏离乡土的乡村教师,与当地乡村社会缺乏像过去那种广泛的联系与互动,因此,逐渐失去了与乡土社会文化的内在关联,日益成为乡村社会的边缘人[1],社会角色迷茫。乡村教师陷入外在承认失效与内在认同混乱的双重困局。乡村教师的角色危机直接导致乡村教师社会地位的进一步下降,影响乡村教师的职业自信。

第二节 乡村义务教育教师职业吸引力的现实状况

毋庸置疑,乡村教师劳动力市场面临的历史与现实的双面裹挟,严重影响乡村教师的职业吸引力。那么作为次要劳动力市场的乡村教师劳动力市场,其职业吸引力如何呢?不同主体对乡村教师职业的态度和评价是什么呢?已任教师和潜在教师群体对乡村教师职业的关注点又有何不同呢?接下来,将通过乡村教师职业吸引力模型,对乡村教师职业吸引力的现状进行分析。

一、乡村教师职业吸引力的内涵诠释

从元概念的角度来看吸引力的内涵,可分为自然科学意义和社会科学意义两个维度。自然科学意义上的吸引力多出自物理学领域,意指两个客体之间的相互作用力。社会科学意义上的吸引力常见于心理学与管理学领域,心理学中的吸引力偏向于个体的兴趣和爱好层面,管理学中的吸引力则更多指向一种引导人们沿一定方向前进的管理策略。毋庸置疑,"职业吸引力"概念引申自社会科学意义上的吸引力,从心理学角度来看,职业吸引力指某行业岗位在社会中以其综合声望、地位水平、发展前景与整体福利等因素使社会群体和个体产生心理兴趣与爱好的能力。从管理学角度看,职业吸引力与市场营销中的"雇主吸引力"和"组织吸引力"两个概念有关。其中,"雇主吸引力"概念在学界认识中较为不一,但比较广泛的应用是指"一名潜在雇员看到的受雇于某一个特定组织时所能预想到的利益"[2]。"组织吸

---

[1] 容中逵:《他者规训异化与自我迷失下的乡村教师——论乡村教师的身份认同危机问题》,载于《教育学报》2009 年第 5 期,第 83~88 页。

[2] Pierre Berthon, Michael Ewing, Li Lian Hah. Captivating Company: Dimensions of Attractiveness in Employer Branding. *International Journal of Advertising*, Vol. 24, No. 2, 2005, pp. 151-172.

引力"是指"组织（工作场所）所具有的，吸引外部人才，保持并激励内部人才的综合能力"，反映的是组织"用来吸引、保持、发展和激励所需员工，满足员工各种需求的现实能力、可能性估计和员工需求实现的程度"①。综合上述心理学和管理学领域对职业吸引力的理解，本书将"乡村教师职业吸引力"界定为乡村教师这一职业所具备和提供的条件使在职在岗乡村教师对乡村教师这一职业（主要指乡村义务教育阶段乡村教师岗位）的内部认同以及外部潜在人员去农村任教意愿的程度，这种程度的高低反映了乡村教师职业吸引力的高低。

二、乡村教师职业吸引力的模型构建

国内相关研究对乡村教师职业吸引力的影响因素进行了分析和探讨，主要是从"宏观社会""中观职业""微观个体"三个立体层面来建构乡村教师职业吸引力欠缺问题，综合来看，乡村教师在社会地位、薪酬待遇、教学负担、发展空间、专业发展、工作环境、家庭生活和子女教育等方面都会影响乡村教师职业吸引力。但乡村教师职业区别于一般性教师职业的特殊内涵则体现在城乡差别上，即人们做出在哪里从事教师职业是基于工作地所在的不同空间社会场域。不同的社会空间意味着不同的社会资源配置。为此，我们把乡村教师职业吸引力指标体系概括为社会认可、职业提供、个人偏好和空间社会特质四大部分（见表12-1）。

表12-1　　　　　乡村教师职业吸引力指标体系

一级指标	二级指标	三级指标
A. 社会认可	A1. 公众认可	A1-1 社会评价
	A2. 他人认可	A2-1 重要他人的意见
B. 职业提供	B1. 薪酬福利	B1-1 工资
		B1-2 周转房
		B1-3 保险与公积金
	B2. 专业发展	B2-1 参加培训的次数
		B2-2 参加培训的级别
	B3. 发展空间	B3-1 评职称时间
		B3-2 考核与评奖

---

① 杨智勤：《组织吸引力理论及其在人力资源管理中的应用》，载于《企业活力》2009年第8期，第87~90页。

续表

一级指标	二级指标	三级指标
B. 职业提供	B4. 教学负担	B4-1 任教课程门数
		B4-2 周任教课时数
		B4-3 教师编制数
	B5. 学校工作环境	B5-1 学校硬件条件
		B5-2 学校文化
		B5-3 教学氛围
	B6. 学校管理方式	B6-1 领导赏识与支持
		B6-2 承认与尊重
	B7. 职业特性	B7-1 与孩子相处
		B7-2 寒暑假
C. 个人偏好	C1. 兴趣爱好	C1 对乡村生活的偏爱
D. 空间社会特质	D1. 公共服务	D1-1 子女教育
		D1-2 医疗、社保等公共服务水平
	D2. 工作对象	D2-1 学生发展水平
		D2-2 学生家长对教育的支持度
	D3. 学校周边环境	D3-1 自然环境
		D3-2 非公共服务的社会环境
	D4. 家庭关涉	D4-1 家校距离
		D4-2 家庭支持程度

社会认可指标主要反映社会对乡村教师职业所能提供和具备条件以及社会贡献的总体评价。社会认可指标分两个二级指标：公众认可和他人认可。公众认可主要分析乡村教师职业的社会评价，他人认可主要分析乡村教师在职在岗人员和外部潜在人员重要他人（父母、亲戚朋友）对乡村教师职业的意见。

职业提供指标主要反映乡村教师所能提供的条件，这也是乡村教师职业吸引力区别于其他职业的主要方面。职业提供指标包括七个二级指标：薪酬福利、专业发展、发展空间、教学负担、学校工作环境、学校管理方式和职业特性。薪酬福利指标反映的是乡村教师职业所能提供的金钱和物质回报，包括乡村教师的工资、周转房、保险与公积金；专业发展指标反映的是乡村教师专业发展的机会，主要体现在乡村教师培训机会和层级上；发展空间指标反映的主要是乡村教师晋升发展的情况，包括评职称时间和考核与评奖；教学负担指标反映的是乡村教师教育教学的负担度，包括任教课程门数、每周任教课时数、教师编制数；学校工作环境指标包括学校硬件条件、学校文化和教学氛围；学校管理方式包括领导赏识与支持、承认与尊重；职业特性①指标主要反映的是乡村教师职业区别于其他职业的特性，包括与孩子相处和寒暑假。

个人偏好指标主要反映的是个体兴趣偏好与乡村教师职业的契合度。职业是依据不同的社会需要和工作内容分工而成的，个体对不同社会需要和工作内容的职业存有偏好，这会影响到个体从事职业的意愿程度。个人偏好指标主要包括一个二级指标：个人对乡村生活的偏爱。

空间社会特质指标主要反映的是乡村地理空间的社会特质。空间社会特质包括四个二级指标：公共服务、工作对象、学校周边环境和家庭关涉。公共服务指标反映的是地理空间内所能提供的教育、医疗、社会保障等公共服务的水平；工作对象指标反映的是乡村教师工作和服务的对象——学生和学生家长的特点，包括学生发展水平和学生家长对教育的支持程度；学校周边环境指标反映的是乡村学校的周边环境情况，包括学校周边的自然环境和非公共服务性社会环境；家庭关涉指标反映的是乡村教师的家校距离、家庭的支持程度。

三、乡村教师职业吸引力的现实境况

根据已构建的乡村教师职业吸引力模型，借助东北师范大学中国农村教育发展研究院2012年调研数据，从社会认可、职业提供、空间社会特质三个层面对

---

① 劳蒂认为，某一职业被认为可以"战胜"其他竞争者，是因为它为那些进行选择的人们提供了更多的好处。劳蒂询问了这一职业的业内人士，请他们描述该职业的吸引力，并指出相比于他们认真考虑过的其他备选职业，这一职业的吸引力之处。劳蒂通过调查将教学工作吸引因子归纳为五类，分别是人际主题、服务主题、连续性主题、物质利益主题、时间兼容性。笔者认为，教学工作最明显的特征之一在于它需要与年轻人长期接触。受访者说他们喜欢"与人打交道"（work with people）。教学工作是一种具有特殊道德价值的重要服务。在全美教育协会的全国性调查中，有28%的受访者选择了"提供重要的服务机会"，选择这一选项的女性和男性比例分别是29%和25%。有一些学生眷恋学校而不愿意离开，他们"喜爱学校"，并想在这种环境中工作。教学工作可以起到满足人们原本在学校中得到培养和强化的兴趣作用，这种吸引力具有内在的品质。教师的工作时间表总是很特殊的。教师每天的实际工作时间比正式的学校时间表要多很多。而实际上，教师的时间表依然是以便利性间歇（convenient gap）为其特色。工作日在下午中段时间结束，假日多，暑期长，这些都是年轻人将教学工作与其他备选可能进行比较时不会忽视的因素，对于女性尤为如此。教师时间表给他们留有购物、做家务等时间，同时也与孩子的上学时间吻合。尽管有少数男性将教师时间表与家庭生活合拍视为吸引力，但更多的人指出工作时间表允许他们进一步学习或做其他工作。教学工作时间的兼容性可能是一种潜在的招聘优势，几乎很少有职业能够做到为拥有其他兴趣的男男女女提供如此大的灵活性。见［美］丹·克莱门特·劳蒂著：《学校教师的社会学研究》，饶从满、于兰、单联成等译，人民教育出版社2011年版，第23～28页。

乡村教师职业吸引力的现状进行了分析。①

（一）乡村教师职业提供状况分析

薪酬福利、发展空间、学校工作环境等职业提供要素是衡量乡村教师工作选择与损益之间是否平衡的关键指标，是判断乡村教师职业吸引力高低的重要外显性因素。那么，不同群体对教师职业提供的关注点在哪里？是否满意当前乡村教师的职业提供呢？

调研结果显示：不同群体对教师职业提供的关注点略有差异，其中乡村教师群体最在意的前四项是工资水平（74.2%）、承认与尊重（23.4%）、职业晋升机会（22.1%）和子女教育（19.7%），而城镇教师群体最在意的前四项是工资水平（69.7%）、承认与尊重（27.8%）、子女教育（25.2%）和职业晋升机会（19.4%）。由此可见，城镇和乡村教师群体对教师提供最在意的四个方面只存在排序上的差异，不存在要素上的差异，并且工资水平和承认与尊重两项成为教师群体最在意的职业提供要素。进一步分析发现，乡村教师群体对乡村教师职业的福利待遇（85.1%）、周转房（81.1%）、目前工资（81.0%）和职称晋升机会（73.1%）四个方面最不满意，其中前三项属于职业提供的薪酬福利方面，后一项属于职业提供的发展空间方面。对于在农村支教或交流的城镇教师而言，对乡村教师职业提供最不满意的是福利待遇、工资水平、周转房和职称晋升。可以看出，目前对乡村教师职业提供的不满意主要集中在国家政策性的职业提供方面。

相比之下，对于潜在的教师群体而言，师范生不愿意去乡村任教的主要原因是工资待遇低（50.7%），第二位原因主要是家庭因素的影响，其中家庭生活方面占34.1%、子女教育方面占31.6%，第三位原因则与社会环境因素有关，比如生活环境差、交通不便、经济发展水平低等，个案百分比分别占27.8%、20.9%和20.8%。这足以证明，虽然工资待遇是师范生不愿去乡村任教的主要原因，但随着经济社会水平的提高，城乡发展差距的凸显，身受城市化洗礼的新一代师范毕业生对于职业关涉的家庭和社会环境两方面也十分在乎，因而，随着新一代师范毕业生走进教师队伍，提高乡村教师的职业吸引力，恐非单纯的物质激励能够解决，需结合乡村社会实际情况，协同改善乡村教师职业的综合吸引因子。

---

① 因个体偏好纯属于个体主观意愿，个体差异性较大，故此处并未对乡村教师职业吸引力的"个体偏好"维度进行分析，特此说明。此部分数据的计算结果来源于邬志辉撰写的"沙漠还是绿洲——农村教师职业吸引力状况分析"报告，见邬志辉、秦玉友主编：《中国农村教育发展报告2013～2014》，北京师范大学出版社2015年版，第288～314页。

（二）乡村教师职业的社会认可状况分析

人是社会性动物，人的社会选择经常会受到所处社会文化的潜移默化影响。其中，社会和同行评价是影响个人职业选择的重要因素，尤其是在中国这种"重视他人评价"和"讲求面子"的文化中更是如此。① 职业地位是衡量乡村教师职业公众认可度的重要指标，人们对乡村教师职业的经济地位、社会地位、专业地位评价如何直接影响到人们的就业选择。

一方面，就教师职业的经济地位而言，从国家宏观层面来看，据 2014 年的《国家数据》显示，在 19 个行业城镇单位就业人员工资水平排名中，教育业②的工资水平正好排在中间的第 10 位，但这是涵盖整个教育行业的综合收入水平，仅作参考，不足以衡量乡村教师职业的社会经济地位。从乡村教师自身对工资水平的感知可以看出，总体来说，八成以上乡村教师都认为自己的工资水平很低，有 81.6% 的乡村教师觉得自己的工资在当地处于中下等水平。③ 这一方面反映了乡村教师对自身工资收入的不满意，另一方面也证实：乡村教师职业的经济地位较低。就乡村教师的社会地位而言，通过对比国家机关、企事业单位的管理者，国家机关、企事业单位的办事人员，专业技术人员（除教师外），警察，私营企业主，产业工人，个体工商户，商业服务业员工，农林牧渔等生产人员，城市无业者、失业者、半失业者等城乡十个阶层社会人员对省重点、省一般、市重点、市一般、县重点、县一般、中心校和乡村校小学教师的社会声望状况的排序状况，发现随着学校所在地的行政层级和身份的提高，教师的社会地位也随之提高，乡镇中心校和乡村教师成了社会地位最低的人。④ 此外，由于乡村教师队伍中非师范专业教师和代课教师比例略高，获得市级以上骨干教师称号的比例略低，与城镇教师相比，乡村教师的专业化程度不够，乡村教师职业的专业地位受到影响。

---

① 邬志辉、秦玉友主编：《中国农村教育发展报告 2013~2014》，北京师范大学出版社 2015 年版，第 303 页。

② 这里的"教育业"系依据《国民经济行业分类》中所列的各级各类普通、职业和成人教育机构人员的工资，包括学前教育、初等教育（普通小学、成人小学）、中等教育（普通初中、职业初中、成人初中、普通高中、职业高中、成人高中）、高等教育（普通高教、成人高教）、特殊教育（技能培训、教育辅助及其他教育、职业技能培训、体校及体育培训、文化艺术培训、教育辅助服务以及经批准的宗教院校教育及上述未列明的教育活动）。

③ 邬志辉、秦玉友主编：《中国农村教育发展报告 2013~2014》，北京师范大学出版社 2015 年版，第 307 页。

④ 邬志辉、秦玉友主编：《中国农村教育发展报告 2013~2014》，北京师范大学出版社 2015 年版，第 308 页。

(三) 乡村教师职业的空间社会特质状况分析

乡村教师职业吸引力的空间社会特质维度绝非单纯意义上的自然地理概念，更指向乡村社会功能与乡村教师职业吸引力的内在关联。城镇化进程推进带来的乡村过疏化，进一步凸显乡村社会以及乡村生活的荒凉景象，那么，不同群体对边远艰苦地区的印象如何呢？

从乡村教师的角度看，乡村教师对"边远艰苦乡村"的印象整体趋于负面，排在前四位的因素依次是缺乏公共服务设施（88.5%）、整体文化程度低（87.7%）、经济发展水平低（87.6%）和交通不便（86.7%）。相比之下，城镇教师对"边远艰苦乡村"的印象较差，对"交通不便""网络等信息通道不通畅""整体文化程度低""缺乏公共服务设施""地处山区、高原等自然条件恶劣"五项内容持负面判断的教师比例依次为 68.4%、65.6%、64.6%、64.5% 和 64.4%。与城乡在职教师相比，大学生对乡村的印象要好很多，认为乡村"民风淳朴""自然环境好"，但是对乡村"经济不发达""信息条件差"和"交通不便"三个方面持负面评价。综上所述，我们可以看到，不同群体虽然对"艰苦边远地区"的印象略有差异，但基本上均对乡村落后的经济、不完善的公共设施、交通及通信不便的现实普遍持负面评价，进一步分析其与到乡村任教意愿之间的关系可以发现，"水电等基本物资匮乏""和外界交流困难"和"整体文化程度低"对乡村教师不愿意到艰苦边远地区任教的解释力最强，而"民风淳朴""卫生等生活环境差""生活工作压力小""居民整体文化素质差"对于大学生毕业后是否去乡村从教决策起着较大的影响。由此可见，加紧对乡村社会的公共服务设施建设已成为改善乡村教师职业空间社会特质的当务之急。

综上所述，乡村教师职业吸引力偏低，是由乡村教师的职业提供、公众认可度以及空间社会特质三个维度的因素综合作用于已任教师与潜在教师群体的结果。而已任教师以及潜在教师群体对乡村经济水平、公共服务设施、文化水平、交通等方面的负面评价，对乡村教师经济地位、社会地位、工资水平、福利待遇、晋升机会等方面的不满，直接影响乡村教师以及潜在教师群体的任教意愿，据统计 64.7% 的教师来乡村任教属于被动选择，而非主观意愿，乡村教师队伍建设面临挑战。

第三节 乡村义务教育教师队伍建设改革的实践难题

在城镇化背景下,随着乡村学生向城镇学校的不断流动,乡村学校的学生数量稀疏性减少,从而导致乡村教师队伍面临表面上富余而实际上数量不足、质量不高和结构缺编的严峻挑战。

一、乡村教师数量及补充难题

第一,现行教师编制标准不适于乡村学校实际。现行的教师数量配置依据的是学校规模,但事实上,教育教学生产过程中的各种课程却与规模无关,不管规模大小,每所学校都要完成规定的教学任务量。① 目前乡村教师配置标准与学校规模之间的非合理性匹配,造成了乡村小规模学校陷入"超编与缺编问题并存"的师资配置困局。依据《中国教育统计年鉴》2012～2021年乡村小学在校生数和教职工数的数据整理可得,2012～2021年乡村小学生师比分别是 15.90、14.70、14.54、14.74、14.90、14.71、14.57、14.25、13.95、12.86,从生师比角度看,乡村教师数量已经超编,但从班师比看,2012～2021年分别为 1.86、1.92、1.91、1.88、1.85、1.86、1.86、1.88、1.91、2.03,尽管总体趋势有所增长,但无论同全国平均水平还是城镇小学相比,依然有一定差距(见表12-2)。有研究者在兼顾教育公平及教师资源利用效率的基础上,以课程设置、学生数量的年级和班级分布为基本参数,从教师工作量的视角对乡村不同规模学校教师的供给情况进行了测算。测算结果显示,对于180人以下的乡村学校而言,普遍存在教师数量短缺问题(见表12-3)。②

---

① 安雪慧:《县域内城乡义务教育教师资源配置差异和政策建议》,载于《教育发展研究》2013年第8期,第50~56页。
② 刘善槐、邬志辉、史宁中:《我国农村学校教师编制测算模型研究》,载于《教育研究》2014年第5期,第50~57、64页。

表12-2　2012~2021年全国城乡小学生师比与班师比变化情况

项目	指标	总计	城区	镇区	乡村
2012年	生师比	17.51	19.45	18.05	15.90
	班师比	2.16	2.39	2.47	1.86
2013年	生师比	17.04	19.62	17.81	14.70
	班师比	2.20	2.37	2.48	1.92
2014年	生师比	17.22	19.88	18.09	14.54
	班师比	2.17	2.33	2.41	1.91
2015年	生师比	17.66	20.19	18.68	14.74
	班师比	2.14	2.29	2.34	1.88
2016年	生师比	17.90	20.31	18.89	14.90
	班师比	2.11	2.25	2.29	1.85
2017年	生师比	17.88	20.21	18.85	14.71
	班师比	2.10	2.24	2.26	1.86
2018年	生师比	18.04	20.51	18.92	14.57
	班师比	2.08	2.19	2.22	1.86
2019年	生师比	18.05	20.56	18.97	14.25
	班师比	2.08	2.17	2.20	1.88
2020年	生师比	17.98	20.59	18.78	13.95
	班师比	2.09	2.14	2.20	1.91
2021年	生师比	17.33	20.16	18.01	12.86
	班师比	2.17	2.18	2.27	2.03

表12-3　我国农村不同规模学校现有教师数与实需教师基本编制的对比情况

学校人数（人）	校数（所）（含教学点）	班数（个）	在校生数（人）	现有教师数（人）	实需教师编制（人）	剩余/缺少教师数（人）	剩余/缺少教师比例（%）
240以上	53 080	531 836	21 733 764	1 023 497	927 156	+96 341	9.41
211~240	10 134	65 307	2 280 325	132 470	123 272	+9 198	6.94
181~210	12 169	75 510	2 373 835	146 044	140 265	+5 779	3.96
151~180	14 700	89 452	2 426 614	159 465	162 770	-3 305	-2.07

续表

学校人数（人）	校数（所）（含教学点）	班数（个）	在校生数（人）	现有教师数（人）	实需教师编制（人）	剩余/缺少教师数（人）	剩余/缺少教师比例（%）
121～150	17 033	98 720	2 305 061	166 639	176 423	-9 784	-5.87
111～120	5 992	33 034	691 816	53 755	58 365	-4 610	-8.58
101～110	6 248	33 550	658 513	53 781	58 904	-5 123	-9.53
91～100	6 714	35 531	641 883	54 114	61 897	-7 783	-14.38
81～90	6 852	34 648	586 177	53 145	60 042	-6 897	-12.98
71～80	7 181	34 772	541 982	51 475	59 880	-8 405	-16.33
61～70	7 514	33 569	492 107	48 514	57 601	-9 087	-18.73
51～60	8 034	33 150	445 889	46 584	56 596	-10 012	-21.49
41～50	8 256	29 764	375 099	40 858	50 527	-9 669	-23.66
31～40	9 502	29 147	336 382	38 705	49 042	-10 337	-26.71
21～30	11 317	27 707	287 247	35 239	45 661	-10 422	-29.57
11～20	15 794	28 357	241 010	33 274	45 449	-12 175	-36.59
1～10	17 032	21 671	107 182	25 297	34 018	-8 721	-34.47

注：2012年统计数据按城区、城乡接合区、镇区、镇乡接合区和乡村划分，表中数据指的是乡村地区；表中在测算教师教两个平行班的课前准备时间时按教一个班级的1.5倍计算；"+"表示剩余，"-"表示缺少，数值均为估算值。

资料来源：刘善槐、邬志辉、史宁中：《我国农村学校教师编制测算模型研究》，载于《教育研究》2014年第5期，第50～57、64页。

第二，乡村教师岗位对青年教师吸引力不足。受乡村教师劳动力市场的短板制约，师范毕业生到乡村任教意愿较低，乡村教师队伍面临补充难题，村小、教学点尤为困难。据东北师范大学中国农村教育发展研究院的调研数据显示，水平越高的师范院校在校学生，到农村当教师的意愿程度越低。211师范院校学生愿意到农村当教师的比例为31.7%，比"愿意当教师"的比例下降50.4个百分点，可谓直线下降；省属重点师范院校学生愿意到农村去当教师的比例为33.2%，比"愿意当教师"的比例下降45.1个百分点；省属一般师范院校学生愿意到农村去当教师的比例为43.7%，在三类院校中是最高的，但仍然比"愿意当教师"的比例下降35.8个百分点。总体而言，农村教师职业对师范院校在校大学生的吸引力仅有38%。① 有研究者对湖北某国家级贫困县的调查发现，虽然该地对年轻教师到农村工作实施了每年3.5万元的年薪制，但依然没有年轻教师愿意到乡村学校工作，他们认为即使每年5万元的工资下班后也没有地方可以花钱。② 虽然自2006年以来，国家开始实施"特岗计划"，很大程度上弥补了乡村教师短缺的局面，但因"特岗计划"招聘的教师数量有限，很难分配到村小教学点，如东北师范大学中国农村教育发展研究院调研湖南省时发现，2016年湖南省招聘了小学特岗教师3 882名，其中，中央"特岗计划"3 142名，有555名到村小和教学点任教，占总数的17.66%；地方"特岗计划"840名，有83名到村小和教学点任教，占总数的9.88%，部分一师一校的教学点存在严重的教师断代危机。

第三，乡村教师流动率高，增加补充困难。由于部分教师仅把乡村教师岗位当作职业跳板，遇到合适机会就会调离乡村，乡村教师的流失增加了教师补充的难度。据东北师范大学中国农村教育发展研究院的调研数据显示，农村教师中有21.5%"愿意留守"、36.7%"想要离开"、65.2%"有过流动"，教师留守意愿不强。进一步分析县城学校942名有过流动经历的教师发现，53.5%来自乡镇学校，35.5%来自乡村学校。也就是说，"自下而上"的向城性流动占89%。③ 乡村教师群体的较高流动率加剧了乡村教师队伍数量不足的难题，由于难以预测乡村教师流动的对象、比例以及时间，无疑增加了乡村教师补充的难度。

二、乡村教师队伍质量提升难题

第一，新招聘教师质量良莠不齐。目前，虽然国家增加了乡村教师的补充途径，但"特岗计划"依旧是大部分地区乡村教师的主要补充途径。毋庸置疑，"特岗计划"为乡村补充了一批年轻教师，但教师质量却令人担忧。一方面，从特岗教师的招聘条件来看，中央特岗计划一般要求报考小学特岗教师的需要专科及以上学历的师范毕业生，报考初中特岗教师的需要本科及以上学历毕业生，地方特岗计划的报考要求则略低一些，造成一部分未经过师范专业训练的本科毕业生进入乡村教师队伍。加之，随着高校扩招，部分市属高校、独立学院等招生门

---

① 邬志辉、秦玉友主编：《中国农村教育发展报告2013~2014》，北京师范大学出版社2015年版，第285页。
② 刘善槐、邬志辉：《新城镇化背景下我国农村教师的核心问题与政策应对》，载于《东北师大学报（哲学社会科学版）》2014年第5期，第187~190页。
③ 邬志辉、秦玉友主编：《中国农村教育发展报告2013~2014》，北京师范大学出版社2015年版，第280页。

槛大大降低，生源质量及办学质量令人担忧，本科学历大打折扣。如 2017 年辽宁省某县特岗教师招聘的 63 名特岗教师，笔试（教育学 + 教育心理学）综合成绩平均分为 59.67 分，其中最高分 72.6 分，最低分 37.5 分，其中 50 分以下的有 9 人，占特岗教师总数的 14.29%，60 分以下的有 20 人，占比达 31.75%（见表 12 - 4）。由此可见，这部分基础知识薄弱、未经过师范专业训练的特岗教师进入乡村教师队伍无疑是一把"双刃剑"，虽然一方面补充了乡村教师的数量，但无法保证传递知识的正确性和教师教育教学的专业性。另一方面，由于部分地区特岗教师专业对口率低，影响教师的教学质量。东北师范大学中国农村教育发展研究院调研过程中发现，特岗教师专业对口率低饱受乡村学校校长诟病，个别教师由于对知识掌握度不够，教学中存在知识性错误的现象，新进乡村青年教师质量堪忧。

表 12 - 4　　2017 年辽宁省辽阳特岗教师招聘拟录用人员名单

岗位名称	教师姓名	笔试成绩	面试成绩	综合成绩
小学部班主任	刘 01	72.6	88.2	80.40
小学部体育教师	陈 02	49.6	84.8	67.20
小学部美术教师	郝 03	65.6	86.0	75.80
小学美术教师	苏 04	67.5	86.2	76.85
小学体育教师	倪 05	53.4	85.8	69.60
小学班主任	董 06	59.2	84.2	71.70
小学体育教师	张 07	58.5	80.8	69.65
小学班主任	邵 08	58.1	89.0	73.55
一贯制学校班主任	韩 09	63.2	85.2	74.20
一贯制学校班主任	吴 10	58.3	87.2	72.75
一贯制学校班主任	王 11	56.0	87.0	71.50
小学班主任	刘 12	57.1	86.2	71.65
小学班主任	刘 13	60.3	85.4	72.85
初级中学体育教师	刘 14	37.5	84.8	61.15
小学班主任	杨 15	67.2	86.0	76.60
初级中学语文教师	姜 16	53.5	85.0	69.25
小学班主任	纪 17	59.1	83.4	71.25
一贯制学校小学部班主任	耿 18	60.4	85.2	72.80
一贯制学校小学部班主任	鲁 19	55.5	89.4	72.45

续表

岗位名称	教师姓名	笔试成绩	面试成绩	综合成绩
小学部体育教师	柳 20	53.1	84.8	68.95
一中地理教师	李 21	48.8	84.6	66.70
一中政治教师	王 22	67.3	86.2	76.75
二中数学教师	田 23	61.8	87.2	74.50
二中音乐教师	李 24	40.6	90.6	65.60
中学化学教师	朱 25	70.1	89.0	79.55
中学语文教师	马 26	67.8	87.2	77.50
中学化学教师	马 27	61.2	88.0	74.60
中心校班主任	张 28	61.7	88.6	75.15
中心校班主任	刘 29	60.5	86.8	73.65
中心校英语教师	李 30	60.6	90.8	75.70
中心校英语教师	李 31	64.0	84.6	74.30
中心校体育教师	石 32	47.5	87.6	67.55
小学班主任	田 33	64.5	89.0	76.75
小学班主任	刘 34	64.3	84.4	74.35
小学班主任	崔 35	62.6	85.4	74.00
中心校英语教师	冯 36	61.0	89.8	75.40
中心校英语教师	李 37	63.3	86.8	75.05
中心校英语教师	王 38	63.3	84.4	73.85
中心校心理学教师	吴 39	44.7	78.8	61.75
中心校计算机教师	李 40	48.0	85.4	66.70
中心校体育教师	姚 41	61.6	85.0	73.30
中心校音乐教师	敬 42	60.5	89.0	74.75
中心校美术教师	白 43	64.5	87.2	75.85
中心校英语教师	孙 44	65.7	86.2	75.95
中心校英语教师	王 45	61.0	86.4	73.70
中心校英语教师	李 46	64.0	82.0	73.00
中心校心理学教师	李 47	39.8	80.0	59.90
中心校体育教师	么 48	49.8	88.6	69.20
中心校美术教师	兰 49	62.0	86.4	74.20

续表

岗位名称	教师姓名	笔试成绩	面试成绩	综合成绩
中心校班主任	李 50	66.5	91.6	79.05
中心校班主任	刘 51	66.4	88.2	77.30
中心校班主任	曾 52	69.7	82.2	75.95
中心校班主任	于 53	64.2	85.8	75.00
中心校班主任	王 54	63.4	85.6	74.50
中心校英语教师	杨 55	67.4	81.0	74.20
中心校英语教师	夏 56	63.5	83.4	73.45
中心校英语教师	王 57	60.2	85.4	72.80
中心校心理学教师	王 58	60.0	82.0	71.00
中心校计算机教师	王 59	61.3	89.4	75.35
平均分		59.7	86.02	72.85

资料来源：辽阳市人力资源和社会保障局：《2017 辽阳特岗教师招聘拟录用人员名单》，辽宁教师招聘网，https：//www.hteacher.net/jiaoshi/20171030/164400.html，2017 年 10 月 30 日。

第二，乡村教师职后培训效果不佳。职后培训是乡村教师专业成长的重要途径，2016 年国家为加大对乡村教师的培训力度，颁布了《教育部办公厅关于印发乡村教师培训指南的通知》，然而受乡村教育教学实际情况制约，乡村教师的职后培训并不理想。其一，由于乡村教师工作强度大、内容杂，工学矛盾突出，尤其对于"一师一校"的乡村教师而言，除寒暑假之外，根本无法抽身外出参加培训。其二，就目前乡村教师参加的培训形式来看，网络培训的效果较差，2017 年调研发现，乡村教师对于网络培训积极性不高，甚至认为与正常的教学工作相冲突，还加重了工作负担；校本培训、送教下乡等方式的教师培训，对于村小教学点教师而言，因为地理位置较为偏僻，教师数量少，与上一级学校联系有限，校本教研活动难开展，而送教下乡形式的培训毕竟次数极为有限，乡村教师收益不大。

第三，乡村优秀教师流失风险大。优秀教师群体是否稳定关系乡村教师队伍建设的质量，县域内教师选调政策为乡村优秀教师向上流动提供了一条捷径，严重影响乡村优秀教师群体的稳定性，乡村优秀教师流失的风险较大。如 2017 年江西省永新县教师选调加分项目中，依据乡村教师的获奖及荣誉情况、教学业绩以及教龄等制定了较为详细的评分细则，进而对报名教师按照"笔试+加分"成绩从高到低进行排名，择优录取。这无疑是通过二次师资配置对乡村教师的再筛选，优者进城，劣者留乡。据东北师范大学中国农村教育发展研究院对县域内学校优秀教师群体的流向发现：在县城学校 307 名优秀教师中有 236 名是从其他学校流动过来的，占 76.9%。从流动方向上看，优秀教师从乡村和乡镇学校流动到县城的"向城性流动"比例为 86.7%。① 由此可见，乡村优秀教师流失现象较为严重，优秀教师的流失一方面增加了乡村教师职后培养的风险成本，另一方面，由于优秀教师流失，大大增加了乡村教师队伍质量提升的难度，也给乡村学校教师的培养出了一道难题。

第四，乡村不合格教师退出困难。随着农村学龄人口的减少以及学校的大幅撤并，农村教师"有数量无质量"的问题日益凸显，大量不合格教师充斥在教师队伍当中。虽然国家早就提出要实行教师聘任制并逐步完善教师退出机制，但在现实当中，由于对不合格教师的判定、群体特征、退出程序、保障制度等一系列关键问题并没有给予很好地解决，教师"能进不能退""能上不能下"的局面并没有得到实质性的改善，不合格教师退出机制并没有真正建立起来，影响了教师工作积极性的发挥和教师队伍整体质量的提高。②

专栏一

2017 年永新县选调教师进城任教加分项目一览表

一、获奖加分

获奖加分限三年内，即：从 2014 年 9 月 1 日起至 2017 年 6 月 30 日止（省、市以证书时间为准，县委、县政府和县教体局表彰的以文件为准），请在报名登记表中填写并计算得分。

（1）教师上课、说课竞赛（含高效课堂、教学大比武）加分

教育部主办：一等 12 分；二等 10 分；三等 8 分

省教育厅主办：一等 10 分；二等 8 分；三等 6 分

市教育局主办：一等 8 分；二等 6 分；三等 4 分

（2）综合性荣誉加分

含优秀教育工作者、劳动模范、优秀教师（十佳教师）、优秀班主任、优秀校长。

其中：中共中央、国务院：12 分；省委、省政府、教育部等：10 分；市委、

---

① 我们把具有区县级、地市级和省级骨干教师或学科带头人（包括特级教师）称号的教师看作优秀教师，特此说明。引自邬志辉、秦玉友主编：《中国农村教育发展报告 2013~2014》，北京师范大学出版社 2015 年版，第 281 页。

② 杨卫安、宁洋：《农村义务教育阶段不合格教师退出机制建立的关键问题探讨》，载于《教育科学研究》2015 年第 12 期，第 32~35 页。

市政府、省教育厅：8分；县委、县政府、市教育局：6分；县教体局：4分。

（3）县局举办的创新杯或新蕾杯竞赛指导学生获奖指导教师加分

一等奖加4分、二等奖加2分、三等奖加1分。在同一次比赛中同一科目同时获多名次奖按最高名次加分。

二、教学业绩加分

（1）以2016年和2017年每年6月份本人任教学校任教的班级生均期末考试成绩或毕业统考成绩为依据，报考教师的教学成绩生均分在全片（指中学教师）或全乡镇（指小学教师）学年排名加分如下：1~2个班获第一名加1分；3个班获第一名加2分，获第二名加0.5分；4个班获第一名加3分，获第二名加2分，获第三名加1分；5~7个班获第一名加4分，获第二名加3分，获第三名加2分，获第四名加1分；8~10个班获第一名加5分，获第二名加4分，获第三名加3分，获第四名加1分；11个班及以上获第一名加6分，获第二名加5分，获第三名加3分，获第四名加2分，获第五名加1分（调动的老师回原学校出具证明）。

（2）报考音、体、美的教师如在学校任教了统一考试科目则教学业绩可按任教学科的排名加分。

三、教龄加分

教龄每周年加0.2分，不满1周年的教龄不加分。由学校出具证明。

四、担任班主任加分

自2014年9月以来，每担任一学期班主任加0.5分，由学校出具证明（调动的老师回原学校出具证明）。

资料来源：永新县人民政府：《2017江西永新县选调70名中小学教师进城任教公告》，中公事业单位网，http://www.zgsydw.com/jiangxi/20170628/294486_3.html，2017年6月28日。

三、乡村教师队伍结构合理性难题

第一，年龄结构不合理。较为理想的教师年龄结构应基本呈现倒"U"型曲线分布，即作为中坚力量的中青年教师占主体，年轻教师数量较为充足，年龄偏大教师占少数。然而，通过分析教育统计年鉴数据发现：相比于城区和镇区教师，乡村教师的年龄结构呈现"年轻化"与"老龄化"并存，"中年塌陷"现象十分严重。① 数据显示：从绝对数值来看，乡村小学24岁及以下的教师数量为

---

① 邬志辉、秦玉友主编：《中国农村教育发展报告2012》，北京师范大学出版社2014年版，第226页。

107 235 人，高于城区和镇区教师的数量。从相对数值来看，30 岁以下的乡村青年教师比例为 20.37%，高于镇区的 16.67% 和城区的 18.32%。随着国家拓宽乡村教师补充渠道，青年教师群体有所扩充。然而，就教师队伍的中坚力量来看，30~49 岁乡村教师占比明显低于城区和镇区该年龄段教师的比例，"中年塌陷"现象较为严重。而 50 岁以上的乡村教师群体占比达 21.96%，明显高于镇区的 15.7% 和城区的 12.08%（见图 12-1），其中乡村小学 50 岁以上教师群体达 24.85%，明显高于城区的 10.96%、镇区的 17.37%，接近乡村小学教师总数的 1/4，老龄化现象较为严重。① 中年教师群体是教师队伍中教学经验丰富，积淀较深的中坚力量，乡村教师队伍的中坚力量薄弱会直接影响到乡村教育的质量以及青年教师的成长，而较为严重的老龄化现象，一方面会影响乡村教师队伍的活力，另一方面由于教师年龄较大，知识老化，学习能力有限，较难适应信息化时代的教学方式，存在教学短板，影响乡村教育质量。

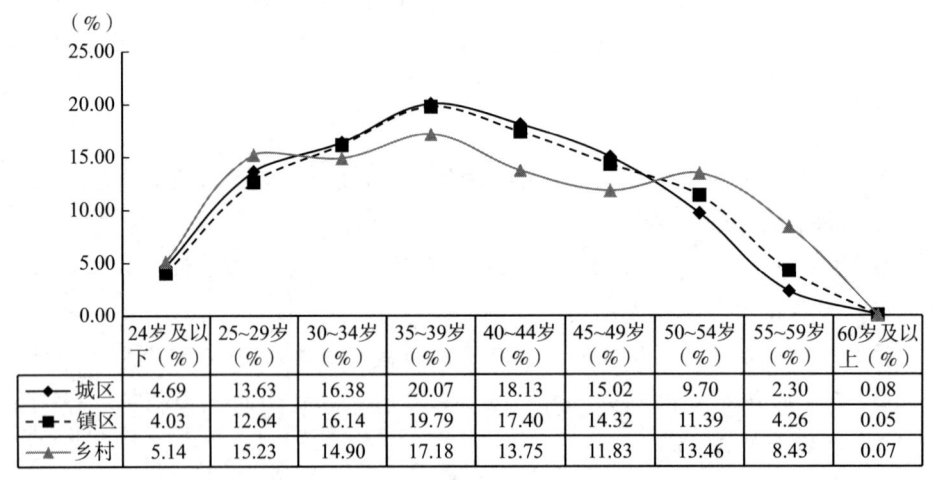

	24岁及以下（%）	25~29岁（%）	30~34岁（%）	35~39岁（%）	40~44岁（%）	45~49岁（%）	50~54岁（%）	55~59岁（%）	60岁及以上（%）
城区	4.69	13.63	16.38	20.07	18.13	15.02	9.70	2.30	0.08
镇区	4.03	12.64	16.14	19.79	17.40	14.32	11.39	4.26	0.05
乡村	5.14	15.23	14.90	17.18	13.75	11.83	13.46	8.43	0.07

图 12-1 2016 年我国义务教育专任教师年龄结构分布图

第二，乡村教师队伍的学科结构不合理。音体美等"非主科"教师数量短缺一直是乡村教师队伍学科结构的短板所在。2012 年基础教育和义务教育阶段，教师总体超编 150 万人，但艺术教师缺编数高达 40%~50%，体育教师缺编数在 20%~30%。全国体育教师缺编 30 多万人，现在有的学校 1 个语文教师编制可以配 3 名语文教师，而 3 个体育教师编制都不一定配有 1 名体育教师。② 有研究数据统计，县域内，县城小学校均拥有 1.3 名音乐教师、1.5 名美术教师、1.6

---

① 资料来源于 2017 年教育部社科司提供的义务教育分省情况数据的统计结果。
② 刘善槐、邬志辉：《新城镇化背景下我国农村教师的核心问题与政策应对》，载于《东北师大学报（哲学社会科学版）》2014 年第 5 期，第 187~190 页。

名体育教师、0.6名科学教师,而乡村小学平均要3所多学校才能拥有1名音乐教师和美术教师、2.5所学校才能拥有1名科学教师、2所学校才能拥有1名体育教师(见表12-5)。乡镇和乡村学校的音乐、美术、科学和体育教师严重不足。进一步对乡村音乐、体育、美术、科学教师的专业对口率和非对口率进行分析发现,乡村小学音乐教师的专业对口率为66.7%、体育为50.0%、美术为71.4%、科学仅为20.0%。反之,乡村小学音乐教师的任课非对口率达88.9%、体育达90.6%、美术达89.6%、科学达91.2%。乡村小学音乐、美术、体育、科学教师的专业出身率远远低于城市和县城,由此可以推测,即使乡村小学开设了这些课程,其教学质量也是令人担忧的。[①] 除此之外,乡村学校的外语教师数量也相对紧缺,数据表明,县城学校外语专业教师比例达12.07%,而乡村学校只有8.59%,两者相差3.48个百分点。[②] 由此可见,乡村教师队伍的学科结构明显失衡,音体美、外语、科学教师的匮乏无疑让乡村学生的全面发展成为纸上谈兵。

表12-5　　　　　城乡小学校均拥有音乐、美术、
体育和科学教师数　　　　单位:名

学校类型	音乐	美术	体育	科学
城市小学	1.59	1.18	1.50	1.36
县城小学	1.28	1.50	1.56	0.61
乡镇小学	0.55	0.52	1.23	0.81
乡村小学	0.32	0.28	0.57	0.40

第四节　乡村义务教育教师队伍的建设机制

面对城镇化背景下乡村教师队伍建设面临的新挑战,我们该如何全面发力、

[①] 教师专业对口率和任课非对口率是检验教师在校内配置与使用合理性的重要指标。"教师专业对口率"是检验教师所学与所教一致性的指标,一般用"所学为某一专业的教师总体任教于该门课程教师所占的百分比"来表示;"教师任课非对口率"是一个反向反映教师所教与所学一致性的指标,一般用公式"(教某门课程的教师总人数-所学专业为该门课程的教师人数)÷教该门课的教师总人数"表示。小学以70%以上的教师专业对口率作为教师资源使用合理性的标准,以40%以内的教师任课非对口率作为小学教师专业配置结构合理性和教学质量保障充分性的标准。引自邬志辉:《关于乡村小学课程开设状况的调查与思考》,载于《生活教育》2015年第15期,第5~8页。

[②] 邬志辉、秦玉友主编:《中国农村教育发展报告2012》,北京师范大学出版社2014年版,第275页。

重点施策、有效推进乡村教师队伍建设呢？

一、加强统筹治理，多部门协同合作

乡村教师队伍建设并非举教育部门一己之力，单纯改善乡村学校以及乡村教师职业生态就能够有效改进的，需结合乡村振兴战略的推进，加强政府各部门之间的联系，加强统筹治理，促进综合改革。

第一，加快乡村基本公共服务设施建设。乡村生活条件艰苦，基础设施不完善让很多人对于乡村教师岗位踟蹰不前，因而需在推进乡村振兴、加快城镇化建设的过程中，进一步完善乡村基本公共服务设施，扩大网络覆盖区域，保障水电供应，保障乡村基本生活需要的满足，逐渐提高公众对乡村的正面认知。

第二，加强政府各部门之间的联系，促进综合改革。加大力度推进实施《教育部等六部门关于加强新时代乡村教师队伍建设的意见》，推进一把手负责制，将加强新时代乡村教师队伍建设情况纳入地方政府工作考核指标体系，加强考核和监督。教育行政部门要加强对乡村教师队伍建设的统筹管理、规划和指导，协调与人力资源和社会保障、财政等部门之间的工作机制，形成工作合力，保证相关政策落实。

第三，加大对乡村教育的经费投入。当前，我国义务教育实行"以县为主"的教育管理体制，由于各县的财政收入水平差异较大，一些县级财政能力很弱，有限的教育经费维持当前的师资配置水平已"捉襟见肘"，有些地方甚至迫于财政压力只能有编不补，要进一步增加投入的话必然要面临更大的财政压力。为此，要上移教育经费的统筹级别，客观评估县财政的教育承载力，根据不同地区的财政能力建立中央、省级与县级教育人员经费分担机制。

二、拓展编制空间，多渠道补充教师

第一，改革教师编制管理，拓展乡村教师编制空间。首先，在教师行业编制紧俏的普遍状态下，利用精简压缩和"事改企"回收编制，并通过完善机构编制的实名制管理，通过与纪检监察、组织、人社等部门配合，扎实开展在编不在岗专项督查，通过逐年核销工勤和教辅人员编制、清退在编不在岗人员、老教师转岗空出编制等方式，腾出编制优先补充乡村教师的编制缺口。其次，结合乡村教育的实际情况，突破单一的教师编制标准的制度束缚，基于科学化的编制测算模型重新核算乡村学校教师编制的盈缺状况。针对满编、超编的乡村中小学可采用"基本编＋机动编"的方式核算编制，设置教师临时周转编制专户，缓解教师编制紧张状况。最后，健全编制动态管理机制。通过对本地学龄人口以及教育发展情况的摸底调研，科学预测学龄人口变化趋势，及时掌握教师编制需求，合理规划。

第二，加强省级统筹，多渠道补充乡村教师。一方面，加强省级统筹，科学规划乡村教师需求，严把乡村教师招聘入口，保障乡村教师招聘程序公正，充分利用"特岗计划""大学生上岗退费"等举措的政策优势，提升乡村教师补充的及时性、适切性与公正性。另一方面，通过深化乡村教师教育改革，加强多学科乡村教师的本土化培养。推动地方实施定向招生、一专多能、本土化培养的公费师范生教育，鼓励地方师范院校采取大类招生，二次选拔等方式，改善师范生生源质量，按照"学科培养+学科特长+实践领域小班化教学"模式，优化课程设置，加强实践教学力度，强化师范生职业训练，创新可行的全科型小学教师培养策略。

第三，有效开展教师交流，推动优秀教师向乡村流动。其一，构建"补偿+奖励"的激励机制，教育行政部门在政策执行前应充分了解教师交流相关主体在执行政策中的利益损耗，通过测算交流学校、交流教师的政策成本，建立积极差异的补偿机制。其二，通过建立乡村学校联盟，共享教师资源，促进联盟内教师交流。在分析地理因素、交通条件、教育资源分布的基础上，建立以乡镇中心校为圆心，辐射至全乡镇学校的学校联盟。联盟内的学校基于共同的发展愿景，搭建资源共享平台，创新教学方式和教研模式，改变学校孤立无援的发展状态。对于音体美等专业教师紧缺的学校而言，通过联盟内学校走教的方式实现教师资源的共享，缓解乡村教师队伍结构不合理难题。

三、加大倾斜力度，多方面改善待遇

第一，提升乡村教师的工资待遇。为了增加乡村学校教师岗位的吸引力，要对乡村地区学校教师岗位按偏远、贫困等因素进行等级分类，在每一个不同等级的教师岗位上设置有吸引力的津贴，实行"特岗"在乡村学校的分级化、常态化管理，实现"特岗"真正落实在岗位而不是特定"教师"身份上，避免出现从城市交流至乡村的教师能够获得津贴，而长期在乡村从教反而得不到相应津贴的现象。①

第二，改善乡村教师的生活待遇。进一步提高乡村教师生活补助标准，依据

---

① 凡勇昆、邬志辉：《我国城乡义务教育资源均衡发展研究报告——基于东、中、西部8省17个区（市、县）的实地调查分析》，载于《教育研究》2014年第11期，第32~44、83页。

乡村学校的边远艰苦程度实行阶梯式生活补助政策,越是在边远艰苦等级高的地区工作的教师,生活补助标准越高。① 此外,着重在乡村教师关注的住房、工资、子女教育等领域出台针对性政策,解决乡村教师生活中的实际困难。改善乡村教师的日常居住条件,为教师配备更加完善的工作生活设施;根据教师工作量核定绩效工资,尽快落实乡村教师交通补助、伙食补助等相关补助政策;建立乡村教师重大疾病救助制度;按照规定为乡村教师每年安排体检;解决好青年教师两地分居、子女教育等生活问题,为乡村教师"留得住"解决后顾之忧。

第三,重视乡村教师的政治待遇。其一,适度扩大乡村教师高级职称岗位比例,积极推进评聘结合。探索建立多层级化的教师岗位制度,保障不同年龄段教师都能有上升空间,激发乡村教师的持续发展动力。评聘标准要体现乡村实际教学特点,尊重教师实际贡献与效果。其二,扩大乡村教师参与公共民主事务的权利,提高乡村教师的政治地位,提升乡村教师中的党员比例,扩大乡村教师在基层公共事务管理中的话语权。

四、完善培训制度,促全员素质提升

第一,重视县级教师培训机构的建设,多层级培训共同推进。继续推进县级教师培训机构建设,结合国家级、省级、市级和校级培训,共同推进教师培训。县级培训在整个培训体系中占比较大,并且也是教师们所说的最"接地气"的培训,与国培、省培相比更省时省力,综合多因素来看,各省市、地区应继续建设县级教师培训机构,夯实面向乡村教师最基础、最前沿的专业发展平台。此外,要加强教师培训机构建设,并研制县级教师发展中心建设标准。加强教师培训机构建设、县级教师培训机构的建设应是未来一段时间教师培训的重点工作方面。

第二,创新机制、多措并举,激发教师对培训的认同感与需求感。推进信息化管理,多措并举激励教师自觉进行培训。一是建立教师培训信息管理系统,从学员报名、市县审核,到过程管理、结业考核,再到证书打印、学分登记,全部实现信息化管理,提高管理效率。二是进一步落实教师培训学分登记管理制度,准确记录培训的学时学分,并充分运用培训的评价结果,把培训结果与职称评聘、评优评先、工资待遇挂钩,使教师真正把培训内化成自觉自发行为。应推进培训管理改革,推动各地落实中小学教师培训学分管理指导意见,规范培训学分登记,探索建立培训学分银行,激发教师参训动力。

---

① 邬志辉:《如何提高乡村教师职业吸引力》,载于《光明日报》2014年9月2日第011版。

五、强化荣誉激励，保乡村从教尊严

第一，强化乡村教师荣誉证书的激励作用。在全国范围内明确统一荣誉证书登记发放对象，建立与教师待遇相挂钩的荣誉证书制度，彰显荣誉证书实用价值，增强乡村教师对于荣誉证书发放的仪式感，逐渐在乡村形成尊师重教的氛围，鼓励乡村教师长期从教、终身从教。

第二，完善激励乡村教师的荣誉制度体系。一是统筹针对乡村教师的各项激励措施，将精神需求与物质需求相结合，同时兼顾年龄因素，化分散为系统，逐步形成科学合理的荣誉制度体系。二是综合运用税收激励等多种手段，进一步加大力度吸引社会力量以多种形式鼓励长期从教的乡村教师，参与反哺乡村教育。三是扩大荣誉制度的受益群体，丰富激励形式，使更多的乡村教师真正受惠于乡村教师荣誉制度，解决乡村教师的实际困难。四是规范各项奖励的评选程序，提高评选过程中的社会参与度和知晓度，让乡村教师的无私奉献镌刻于广大民众的内心。

第三，探索建立乡村教师子女教育的优惠政策。子女教育问题是教师普遍关注的问题，也是造成乡村教师职业吸引力低、流失严重的因素之一，因而可根据乡村教师在乡村学校的工作年限和实际贡献，建立乡村教师任教年限、工作贡献与其子女教育优惠政策的联动机制，激发优秀教师长期在乡村从教，为乡村教育创造更好的业绩，作出更大的贡献，实现乡村教师与乡村学生的共赢。

第十三章

农村义务教育学校留守儿童关爱机制研究

2021年我国有29 251万名农民工,其义务教育阶段子女留守率达46.63%,总量达1 199.2万人。据对近10年农村留守儿童自杀、犯罪、非正常伤害与意外死亡等事件的分析,近五年出现206起,占86.2%,呈现不断增长的态势。① 接二连三的留守儿童事件不断挑战着人们的底线,一次次地刺痛着社会的神经。农村留守儿童问题背后折射出亲子情感缺失、社会认知扭曲、生活金钱至上等社会问题,让我们不免担心"20年后他们会如何对待社会"? 农村留守儿童议题已经不仅仅关涉一个孩子和一个家庭的未来,而且关涉中国社会的未来。

第一节 农村义务教育留守儿童问题的价值观照

2015年6月,习近平总书记在贵州调研时强调:"要关心留守儿童,完善工作机制和措施,加强管理和服务";2016年2月14日,李克强总理签发《国务院关于加强农村留守儿童关爱保护工作的意见》,正式将留守儿童问题纳入国家议程。作为被媒体称为"比雾霾更深重的中国难题",农村留守儿童议题已经不单纯是关涉一个孩子和一个家庭的问题,而且是涉及农村儿童身心发展和中国社

---

① 邬志辉等:《农村留守儿童:伤害的与被伤害的》,载于《中国青年报》2016年1月18日第10版。

会未来发展的重大问题。

我们关注留守儿童，是因为这关乎中国 1 200 万名农村留守儿童的生活质量；关乎 2.9 亿名流动人口及其子女的家庭幸福；关乎贫困地区脱贫程度和质量；关乎社会的安宁稳定和民族未来。

一、农村留守儿童是如何产生的？

我国的城镇化发展从 1999 年进入发展的快车道，截至 2021 年城镇化水平已达 64.72%。我国已经进入可能面对诸多风险的"上中等收入"国家行列，也进入城镇化快速发展期。然而，在城镇化与城乡二元体制的作用下，我国的人口城镇化进程一直都呈现出一个长期的、复杂的渐进演变过程。尤其对于外来务工人员而言，剧烈的社会变迁、家庭成员的选择等因素均对他们的家庭结构产生了前所未有的影响和挑战。

当然，宏观意义上的"社会变迁"因素是产生农村留守儿童问题的一个重要原因。户籍本身作为一种形式已经失去意义，但附着在户籍上的不平等公共服务和福利却作为一种社会屏蔽机制依然在起着身份区隔的作用。农民工并非形成于单项的户口制度，而是一整套的制度设计和安排，这些制度稳定下来，就形成了中国社会的三元结构，而农民工的家庭分居模式是这个三元结构的第三元。[①] 目前，农民工及其子女仍然无法真正实现身份流动和阶层流动，他们即使离开了农村，却也无法融入城市中去，无法享受与市民同等的社会保障，成为无家可归的原子化个人，形成了独特的城市二元社会。随着城镇化进程的加快和农民工市民化进程的滞后，产生了在发达国家少见的一个社会群体——留守儿童。他们在城市的边缘性处境同时导致了一种"拆分型的劳动力再生产模式"，即农村劳动力在进城务工的同时很难实现家庭的整体迁移，只能把家庭成员（主要是妇女、孩子和老人）留在农村，从而造成了一种分离的家庭模式，并形成了今天中国农村典型的留守妇女、留守儿童和留守老人现象。[②] 作为社会弱势和弱小群体、家庭结构残缺化的承受者，他们在尚未成年的时候却要成为中国不完全城镇化发展的承受者，农村留守儿童问题是现代化尤其是城镇化发展进程中社会代价的反映，是我国城镇化不彻底导致的一个衍生性问题。这种思维方式具有典型的"社会学的想象力"特征，它将农村留守儿童的苦痛与社会结构和历史建立起了一个沟通

[①] 谭深：《中国农村留守儿童研究述评》，载于《中国社会科学》2011 年第 1 期，第 138~150 页。
[②] 潘璐、叶敬忠：《"大发展的孩子们"：农村留守儿童的教育与成长困境》，载于《北京大学教育评论》2014 年第 3 期，第 2~13 页。

的桥梁，在看似非常松散甚至毫无关联的两端发现了内隐的联系，这种深刻的洞察力为政策设计中的"政策责任"提供了学理上的依据。

除此之外，至少还有一种思路将农村留守儿童的产生归因到微观层面的家庭。从家庭内部的视角来看，导致产生留守儿童而非随迁子女的一个重要原因是家庭的决策，父母究竟基于什么样的理由才作出了把孩子留守在家的决定，成为一些研究者和政府部门关注的一个议题。例如，有调查发现：2/5的农民或农民工有携带子女进城的可能或行为；家里是否有人监护子女、经济承受能力和城乡教育水平差距是农民决定子女随迁还是留守的最重要考量因素；接受更好的教育与维护家庭经济无法满足开支时，就会将其送回老家。[1] 家庭视角的观察显而易见，它更加直观地显现了留守儿童的产生机制，也很好地还原了农村家庭在社会变迁潮流中的无奈和承受的苦痛。在这样的思路指导下，近几年的政策设计将工作方式指向了"父母责任"，作为留守儿童问题的生产者和最亲近的利益相关者，父母不能毫无责任地撒手不管，将责任无限地推向学校、政府乃至整个社会，"只生不养"的现象不应成为中国农民工家庭的常态。

近几年，根据国家城镇化规划的目标，我国要实现"三个一亿人"城镇化目标，未来可能还会有更高的城镇化水平，而人的城镇化难题在短时间内又很难得到彻底解决。同时，对于父母监护责任的回归，无论在程度、范围、效果还是后续的保障机制上都难以预测，毕竟它牵涉到城镇化进程、产业结构布局和调整以及父母的思考方式等因素，因此，政策的落实还需要更多的耐心，留守儿童群体作为社会和家庭发展代价的一个表征，还可能要持续较长一段时期。

二、农村留守儿童研究还需关注什么？

以往研究大致可分为农村留守儿童的宏观结构样态、中观政策支持、微观生存状态三类研究取向。

第一，农村留守儿童的宏观结构样态研究。这类研究关注农村留守儿童的总体数量、结构形态、地域分布、变动趋势等宏观结构样态，其手法往往是借助国家宏观数据进行分析，目的是引发社会对农村留守儿童的关注。有研究通过大样本的统计分析和推断，得出目前全国农村留守儿童总体规模在不断扩大，性别比例差异不大，高度集中在四川、河南、安徽等劳务输出大省。城乡二元经济社会结构产生了庞大的留守儿童群体，形成留守儿童的再生产机制，对农村社会结构

---

[1] 邬志辉、秦玉友主编：《中国农村教育发展报告2015》，北京师范大学出版社2016年版，第169~241页。

形成强烈冲击。①

第二，农村留守儿童的中观政策支持研究。这类研究主要关注农村留守儿童的关爱与支持机制体系建构、政策扶持等内容，常见于管理学和教育学等学科，研究方法多为理论思辨，目的指向农村留守儿童的问题解决。多数研究认为要建立政府主导，学校、家庭和全社会共同参与的农村留守儿童关爱服务体系，保证强制报告、应急处置、评估帮扶、监护干预等农村留守儿童救助保护机制有效运行，健全未成年人保护法律法规和制度体系。②

第三，农村留守儿童的微观生存状态研究。这类研究最为常见，内容涉及留守儿童身体、心理、学业、安全、情感、社会性等方面的发展状况以及对应策略，其研究手法多为调查与测量，包括质性与量化研究。多数研究证实长期留守造成学习成绩差、社会化和认知水平低、情感发展缺乏引导、独立生活能力弱、身心健康难以保障等问题。也有研究认为留守儿童存在"被污名化"现象。③

以往的研究为本报告的撰写提供了重要的基础，也为中国农村留守儿童的相关研究提供了很好的典范。其实，还有一些地方值得去进一步挖掘研究，例如，能否使用较大范围更多数量的样本来反映农村留守儿童的总体状况和问题？能否对产生这些问题的原因进行深入的分析？如何突破原有重复性较高的问题结构和思路，再生成一些新的思维方式，发现新的问题和挑战？面向未来，农村留守儿童研究的可能路径会延伸到哪里？对于这些问题的思考和尝试性的回答，成为了设计本报告的出发点和着力点，我们期待着通过这些研究工作的开展，能够让人们对农村留守儿童的把握更加清晰。

---

① 段成荣等：《我国农村留守儿童生存和发展基本状况》，载于《人口学刊》2013年第3期，第37～49页。谭深：《中国农村留守儿童研究述评》，载于《中国社会科学》2011年第1期，第138～150页。全国妇联课题组：《全国农村留守儿童、城乡流动儿童状况研究报告》，载于《中国妇运》2013年第6期，第30～34页。全国妇联课题组：《全国农村留守儿童状况研究报告》，2008年2月7日。潘璐、叶敬忠：《"大发展的孩子们"：农村留守儿童的教育与成长困境》，载于《北京大学教育评论》2014年第3期，第2～13页。

② 刘利民：《建立健全农村留守儿童关爱服务体系》，载于《中国农村教育》2012年第1期，第7页。邬志辉等：《农村留守儿童：伤害的与被伤害的》，载于《中国青年报》2016年1月18日第10版。范先佐、郭清扬：《农村留守儿童教育问题的回顾与反思》，载于《中国农业大学学报（社会科学版）》2015年第1期，第55～64页。段成荣等：《城市化背景下农村留守儿童的家庭教育与学校教育》，载于《北京大学教育评论》2014年第4期，第13～30页。

③ 袁振国：《农民工子女教育问题研究》，经济科学出版社2012年版，第301～394页。吕绍清著：《留守还是流动？——"民工潮"中的儿童研究》，中国农业出版社2007年版，第20～124页。邬志辉、李静美：《农村留守儿童生存现状调查报告》，载于《中国农业大学学报（社会科学版）》2015年第1期，第65～74页。秦玉友、翟晓雪：《农村留守儿童健康、生活和人际状况调查》，载于《中国德育》2016年第21期，第27～31页。杨东平：《如何破解中国留守儿童之殇》，http://cul.qq.com/a/20150625/040263.htm，2015年6月25日。范先佐：《关于农村"留守儿童"教育公平问题的调查分析及政策建议》，载于《湖南师范大学教育科学学报》2008年第6期，第11～17页。

第二节 农村义务教育留守儿童的现实境况

随着我国城镇化的不断推进,大量农村剩余劳动力涌入城市务工。但由于我国以户籍制度为代表的城乡二元社会制度的限制,他们在外出时会基于对家庭经济能力、流入城市制度接纳情况等因素的综合考量,做出子女随迁抑或留守的决策,从而导致大量随迁子女和农村留守儿童的出现。据教育部统计,2021 年义务教育农村留守儿童数量达 1 199.20 万人,① 这一庞大的弱势群体已成为我国社会转型代价的承受者之一。他们在成长过程中面临父母缺席的困境,出现了许多问题,引起社会广泛关注。本书以浙江省、山东省、重庆市、四川省、江西省、湖南省、湖北省、河南省、山西省、甘肃省 10 省(市)9 448 名农村义务教育阶段学龄儿童为样本,并结合教育部统计数据,以及通过微博、报纸、网络等媒体搜索获取的 239 起留守儿童舆情事件,分析了当前农村留守儿童的总体状况。

一、农村留守儿童舆情事件分析②

调查发现,留守儿童在身体发育、营养水平等方面弱于非留守儿童,尤其是在身体发育的关键期,但这并未影响到他们的身体健康状况。同时与非留守儿童相比,留守儿童在教育监管方面也处于缺位状态,但两个群体在情感依赖、社会交往和自我效能感等方面,以及学习方面并无显著差异,留守儿童并非"问题儿童"。③ 这是两个儿童群体在总体上的表现。当然,不可否认,由于监护不力、教育不足、亲情缺失等原因,一些留守儿童个体在某些方面处于弱势地位,甚至出现了问题。近年来,在网络媒体上也曝光了一些农村留守儿童悲剧事件。我们认为,每个个体之于自我、之于家庭而言都是唯一,这些事件留给家庭、学校、社会的应当是反思与行动,而非一时的悲愤,抑或对留守儿童的污名化和标签化。为此,我们将微博、报纸、网络媒体等报道的农村留守儿童单一事件作为基本编码单元展开分析,结果如下。

---

① 根据《2021 年教育统计数据》整理。
② 邬志辉等:《农村留守儿童:伤害的与被伤害的》,载于《中国青年报》2016 年 1 月 18 日第 10 版。
③ 邬志辉、李静美:《农村留守儿童生存现状调查报告》,载于《中国农业大学学报(社会科学版)》2015 年第 1 期,第 65~74 页。

(一) 2010年后留守儿童舆情事件突增，非正常伤害事件增幅显著

2006~2015年，关于留守儿童的舆情事件共计239起，主要包括留守儿童自杀、犯罪、非正常伤害与意外死亡四种类型。从发生年份来看，2006~2009年，每年的留守儿童舆情事件数均为个位数，呈现出零星散发态势。2010年之后，我国社会进入留守儿童舆情事件的高发期，仅2010~2015年就出现了206起，占统计总量的86.19%，其中2015年为43起，达到顶峰（见表13-1、图13-1）。

表13-1　　　　　留守儿童舆情事件年度分布情况　　　　单位：起

年份	自杀	犯罪	非正常伤害	意外死亡	合计
2006	3	3	0	3	9
2007	1	2	3	0	6
2008	3	4	1	1	9
2009	1	2	3	3	9
2010	4	4	6	16	30
2011	6	6	8	10	30
2012	3	9	10	9	31
2013	3	7	18	10	38
2014	2	9	16	7	34
2015	2	8	18	15	43
合计	28	54	83	74	239

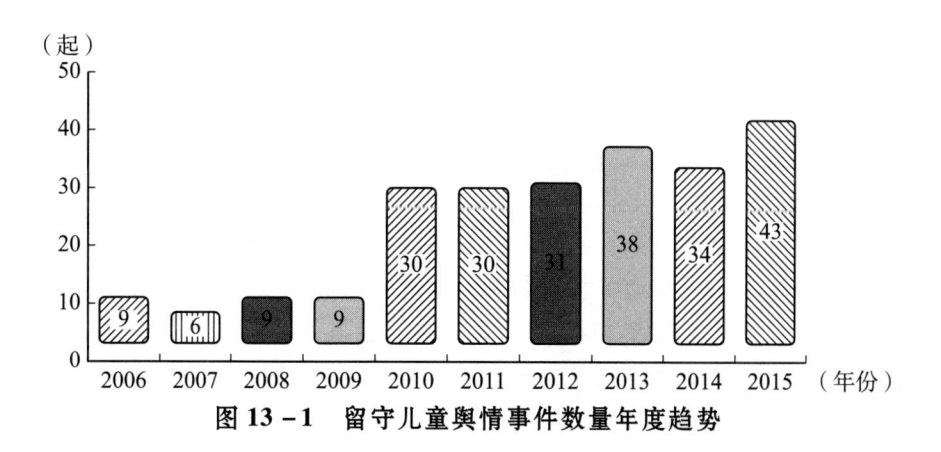

图13-1　留守儿童舆情事件数量年度趋势

就四种舆情事件类型的年度趋势来看，10 年间留守儿童自杀分布较为平稳；留守儿童犯罪自 2011 年之后有微小增幅；非正常伤害自 2012 年之后增幅显著；留守儿童意外死亡自 2010 年后开始增长，2011～2014 年有些许回落，2015 年后则保持继续增长趋势（见图 13-2）。

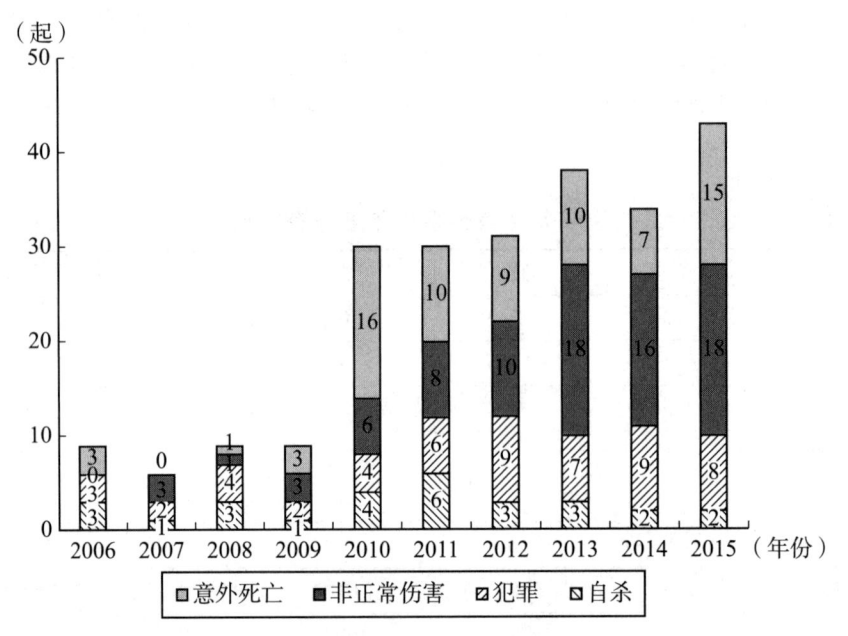

图 13-2　留守儿童舆情事件类型年度趋势

（二）留守儿童非正常伤害舆情事件占比最高，其次是意外死亡

从留守儿童舆情事件类型来看，在 10 年间的 239 起事件中，留守儿童非正常伤害共 83 起，占总数的 34.73%，占比最高。其中留守儿童遭受性侵舆情事件 62 起，遭受他人蓄意伤害及杀戮 21 起。舆情事件显示，留守儿童遭受性侵的对象多以女童为主，实施性侵的人员多为家中亲戚、附近邻里或教师，而遭受他人蓄意伤害的事件则多以校园霸凌为主。其次是留守儿童意外死亡事件共 74 起，占总舆情数的 30.96%。其中留守儿童溺水 42 起，车祸 23 起，其他类型意外死亡 9 起。留守儿童犯罪舆情数共 54 起，占比 22.59%，其中留守儿童杀人 44 起，强奸 5 起，盗窃 4 起，吸毒 1 起。另外，留守儿童自杀事件共 28 起，占总舆情数的 11.72%。从自杀舆情事件来看，留守儿童自杀并非一时兴起，长期得不到父母关爱、与家人缺少交流以及家庭贫困共同促使留守儿童心理逐步异样，最终促成留守儿童自杀行为的产生。

(三) 留守儿童舆情事件主要集中在中西部劳务输出大省

从舆情事件发生的地域来看，中部是高发地区。10 年间中部地区舆情事件累计达 113 起，占事件总数的 47.28%。其中，以河南及湖南最为突出，两地分别发生 27 起、26 起，占据事件省份排名的前两位。西部地区的舆情数为 76 起，占事件总数的 31.80%，其中主要集中在以四川、广西、贵州为主的人口流出大省。东部地区的留守儿童舆情事件数相对较低，为 50 起，占比 20.92%（见表 13-2）。

表 13-2　　　　留守儿童舆情事件分省统计情况　　　　单位：起

东部地区（50 起，20.92%）		中部地区（113 起，47.28%）		西部地区（76 起，31.80%）	
省份	舆情事件数	省份	舆情事件数	省份	舆情事件数
广东	17	河南	27	四川	17
浙江	13	湖南	26	广西	15
山东	7	安徽	22	贵州	14
江苏	4	湖北	21	重庆	11
河北	4	江西	16	陕西	11
福建	3	陕西	11	甘肃	3
海南	2	黑龙江	1	云南	2
				宁夏	2
				新疆	1

二、农村留守儿童的总体状况

对于"留守儿童"的认定标准，学术界一直存在争议，争议的焦点主要集中在三个方面：一是父母外出的结构，即双方均外出还是单方外出；二是父母外出的时间，即不能与子女见面的时间为半年以上还是一年以上；三是留守子女的年龄，即是 18 岁以下还是 15 岁以下或者 12 岁以下。[①] 在我们的调查中，农村留守儿童指的是父母至少一方外出，而孩子留在户籍所在地的农村地区（乡镇或乡村）学校接受义务教育的儿童。根据调研数据并结合国家统计数据，分析发现当

---

① 邬志辉、李静美：《农村留守儿童生存现状调查报告》，载于《中国农业大学学报（社会科学版）》2015 年第 1 期，第 65~74 页。

前农村留守儿童呈现出以下几个特点。

（一）农村留守儿童规模巨大，且集中在劳务输出大省，但总体呈下降趋势

在我们调查的 9 448 名农村义务教育阶段学生中，有 3 750 名学生为留守儿童，占农村儿童的 39.69%，接近 2/5。从总体规模来看，2013 年全国妇联根据《中国 2010 年第六次人口普查资料》样本数据推算，全国 17 岁以下农村留守儿童共计 6 102.55 万人，占农村儿童的 37.70%，[①] 比我们的数据低出 2 个百分点。而根据教育部的统计，在义务教育段的在校生中，2021 年底农村留守儿童[②]数量为 1 199.20 万人，占农村义务教育阶段在校生总数的 41.97%。总体而言，农村留守儿童规模巨大。从地区分布来看，在所调研的 10 个省（市）中，农村留守儿童比例超过平均值（39.69%）的省份有河南（57.82%）、山西（44.25%）、湖南（44.11%）、重庆（43.17%）和湖北（40.16%），尤以河南省数量最多，可见农村留守儿童主要集中在中西部劳务输出大省。

虽然农村留守儿童规模巨大，但近年来总体呈下降趋势。自 2009 年以来，尽管农民工数量由 2.30 亿人增加到 2021 年的 2.93 亿人，但农村留守儿童数量却由 2011 年的 2 200.32 万人下降到 2021 年的 1 199.20 万人，10 年间减少了 1 001.12 万人，其中小学阶段下降 658.88 万人，初中阶段下降 342.25 万人。初中段留守儿童数量下降较多，与初中段在校生数下降幅度大有关。另外，农民工子女的留守率[③]也呈下降趋势。根据教育部统计数据测算，留守率由 2009 年的 69.05% 下降到 2021 年的 46.63%，下降了 22.42 个百分点（见表 13-3）。

（二）农村留守儿童主要集中在小学阶段，但初中阶段留守率高于小学阶段

从 2021 年农村留守儿童的绝对数量来看，小学和初中阶段分别达 777.93 万人、421.27 万人。农村留守儿童主要集中在小学阶段，占 64.87%。但从留守儿童占全国同学段儿童的相对比例来看，初中段略高。小学阶段农村留守儿童占小

[①] 全国妇联课题组：《全国农村留守儿童、城乡流动儿童状况研究报告》，载于《中国妇运》2013 年第 6 期，第 30~34 页。

[②] 教育部统计口径中的农村留守儿童，是指外出务工连续三个月以上的农民托留在户籍所在地家乡，由父、母单方或其他亲属监护接受义务教育的适龄儿童少年。

[③] 农民工子女的留守率，即留守儿童数占农民工子女数的比例。计算公式：留守率 = 某阶段留守儿童数 ÷（某阶段留守儿童数 + 随迁子女数）。

表 13-3 2009~2021 年义务教育阶段流动人口和农民工子女数量

项目	2009 年	2011 年	2013 年	2015 年	2017 年	2019 年	2021 年
农民工数量（亿人）	2.30	2.53	2.69	2.77	2.87	2.91	2.93
农民工子女数量（万人）	3 221.35	3 461.29	3 403.92	3 386.33	2 957.19	2 811.37	2 571.61
小学阶段农民工子女数（万人）	2 183.74	2 369.55	2 371.32	2 397.22	2 106.66	1 967.44	1 762.04
初中阶段农民工子女数（万人）	1 037.61	1 091.74	1 032.59	989.11	850.54	843.94	809.57
留守儿童数（万人）	2 224.24	2 200.32	2 126.75	2 019.23	1 550.56	1 384.41	1 199.20
小学阶段留守儿童数（万人）	1 432.97	1 436.81	1 440.47	1 383.66	1 064.48	925.41	777.93
初中阶段留守儿童数（万人）	791.27	763.51	686.28	635.57	486.08	459.00	421.27
留守率（%）	69.05	63.57	62.48	59.63	52.43	49.24	46.63
小学阶段留守率（%）	65.62	60.64	60.75	57.72	50.53	47.04	44.15
初中阶段留守率（%）	76.26	69.94	66.46	64.26	57.15	54.39	52.04

资料来源：国家统计局：《全国农民工监测调查报告 2009-2021》，http://www.stats.gov.cn；教育部：《全国教育事业发展统计公报 2009-2021》，http://www.moe.gov.cn。

学阶段在校生人数（10 779.93 万人）的 7.22%，初中阶段农村留守儿童占初中阶段在校生人数（5 018.44 万人）的 8.39%（见表 13 – 3）。而从留守儿童占同学段农民工子女的相对比例即留守率来看，初中阶段农民工子女的留守率为 52.04%，高出小学阶段 7.89 个百分点。也就是说，孩子年龄越大，家长越倾向于让其留在家乡。一方面，这可能与儿童年龄有关，年龄越大，生活自理能力相对较强，家长更放心将其留在家乡；另一方面，可能与孩子面临的升学问题有关，初中阶段的流动儿童在流入地面临异地中考、就读高中等制度障碍，导致出现了返乡就学的留守现象。

（三）父亲和双亲外出留守儿童比例较高，一半以上的留守儿童母亲缺位

从留守儿童的父母外出结构来看，43.36% 的农村留守儿童其父母双方均外出打工，46.91% 的留守儿童其父亲外出务工，还有将近 10% 的属于母亲外出务工。从中国传统的"男主外，女主内"的家庭分工模式来看，男子是农村家庭的主要劳动力和家庭经济收入的主要创造者，外出打工比例高具有一定的客观性和合理性，甚至具有一定的不可避免性。而女性主要承担着相夫教子、料理家庭的主要责任，从社会意义上来说，母亲作为儿童成长过程中的重要他人，对孩子形成爱与家庭观念有重要作用，深刻影响着儿童的心理健康。但在 53.09% 的留守儿童家庭中，母亲处于缺位的状态。这不仅仅是儿童监护意义上的缺位，更是心理成长引导者的缺位，这可能也是留守儿童问题出现的重要原因（见图 13 – 3）。

父亲外出	母亲外出	双亲外出
1 759	365	1 626
46.91%	9.73%	43.36%

图 13 – 3　农村留守儿童的父母外出结构

（四）留守儿童中有 1/3 属于隔代监护，1/5 属于同辈监护

调查显示，在三种类型的留守儿童中，同祖父母一起居住的比例最高，达 33.53%，同母亲居住的比例达 27.12%，同兄弟姐妹居住的达 22.62%，同父亲

居住的占 14.26%，还有 2.47% 的留守儿童同其他亲属同住。在双亲外出留守儿童中，有 43.91% 同祖父母一起居住，有 21.36% 同兄弟姐妹一起居住。可见，无论是双亲外出的留守儿童还是总体留守儿童，都有 1/5 没有跟长辈一起居住。此外，根据全国妇联测算的数据显示，在我国 6 102.55 万名农村留守儿童中，独居留守儿童占 3.37%，达 205.7 万人。① 大量的农村留守儿童处于监护不良或监护缺失状态，这一状况尤其应引起各方关注。

第三节 农村义务教育留守儿童的问题表现与形成原因

农村留守儿童是不完整城镇化的结果。中国的城镇化发展是付出了代价的，而留守儿童就是城镇化发展代价的一部分。那么，留守究竟给农村儿童带来怎样的影响呢？

一、问题表现

（一）在生长发育关键期，非留守儿童身体发育状况优于留守儿童

1. 在生长发育关键期，非留守儿童的身高、体重状况优于留守儿童

从身高来看，非留守男生的平均身高比留守男生高 1.37 厘米。具体来看，在小学阶段，非留守男生平均比留守男生高 1 厘米左右；初中阶段尤其是八、九年级，两者相差 2~3 厘米。就女生而言，非留守儿童比留守儿童高 1.10 厘米，三、四年级和八、九年级相差较为明显，尤其是九年级，差 2.60 厘米。从体重来看，非留守男生的平均体重比留守男生多 1.12 千克，在三、四年级和八、九年级相差最为明显，而女生并没有明显差异。从总体均值来看，留守女生的体重比非留守女生多 0.15 千克。可见，在儿童生长发育关键期（三、四年级和八、九年级），非留守儿童的身体发育状况优于留守儿童，尤其是在身高方面。这可能是由于在身体发育关键期，父母的陪护能让他们的生活获得更好的照料，尤其是在营养水平方面，从而使身体获得了较好的发育（见表 13-4）。

---

① 全国妇联课题组：《全国农村留守儿童、城乡流动儿童状况研究报告》，载于《中国妇运》2013 年第 6 期，第 30~34 页。

表 13 – 4　　不同年级非留守儿童和留守儿童男女生身高、体重对比表

年级	非留守儿童				留守儿童				二者比较			
	身高（厘米）		体重（千克）		身高（厘米）		体重（千克）		身高差（厘米）		体重差（千克）	
	男生	女生	男生	女生	男生	女生	男生	女生	男生	女生	男生	女生
三年级	126.09	124.61	34.39	31.58	125.61	123.23	33.22	30.96	0.48	1.38	1.17	0.62
四年级	133.10	130.65	35.26	30.56	131.46	128.52	33.59	32.38	1.64	2.13	1.68	-1.83
五年级	135.97	136.40	35.94	33.11	136.65	136.66	35.63	33.35	-0.68	-0.26	0.31	-0.24
六年级	142.78	141.93	37.99	35.39	141.35	142.81	36.98	35.79	1.43	-0.87	1.01	-0.40
七年级	147.24	148.82	40.23	39.63	146.65	149.17	40.23	39.29	0.59	-0.35	0.00	0.34
八年级	155.30	150.87	45.65	42.35	153.18	149.65	44.33	42.98	2.12	1.13	1.33	-0.63
九年级	162.40	155.81	48.55	44.91	159.18	153.21	46.83	45.03	3.22	2.60	1.72	-0.11
总计	142.39	140.97	39.34	36.58	141.02	139.87	38.21	36.73	1.37	1.10	1.12	-0.15

2. 非留守儿童的营养水平高于留守儿童

有 65.25% 的非留守儿童每天或经常能吃到肉，高于留守儿童 3.77 个百分点。父母的外出，并没有如我们想象的那样，在提高了家庭经济收入的同时，也提高了儿童的营养水平。究其原因，第一，可能是由于儿童的监护人多为祖辈，较之年轻的父母，他们奉行勤俭节约的生活理念，只关注"吃饱"，忽视"吃好"，不注重儿童营养水平的提高，即使他们有一定的经济基础，也不会用在提高孩子的营养方面。第二，家中青壮年劳动力外出，家中大小琐事需祖辈照料，而他们精力有限，故难以无微不至地照顾孩子。相反，在家的年轻父母有着较为开放的生活理念，比较注重生活质量，同时也有充裕的时间和精力照料孩子，因而非留守儿童的营养水平高于留守儿童。第三，留守儿童中有 1/5 是兄弟姐妹同住的，缺少成人的生活照料和监管，一日三餐质量无从保障，这也可能导致留守儿童的身体发育状况不佳。

3. 母亲外出留守儿童的健康状况略差

非留守儿童的营养水平高于留守儿童，身体发育情况优于留守儿童，但这一定会导致留守儿童的健康状况比非留守儿童差吗？本书研究发现，留守儿童和非留守儿童在健康方面没有显著差异，二者在半年来生病次数上没有明显差异（$\chi^2_{(4)} = 7.651$，$P = 0.105 > 0.05$），而在生病多久康复上有显著差异（$\chi^2_{(4)} = 22.406$，$P = 0.000 < 0.05$），留守儿童反而更容易康复。这有别于学界或是社会大众的主观印象：留守儿童的健康状况更差。进一步分析发现，与非留守儿童以及其他两类留守儿童相比，母亲外出留守儿童生病康复需要更长时间。其中两周

左右康复的占比 8.08%，比留守儿童的平均占比（5.58%）高 2.5 个百分点，得慢性病的比例为 3.06%，比留守儿童平均占比（1.62%）高 1.44 个百分点。

由此可见，尽管留守儿童和非留守儿童在健康方面没有太大差异，但孩子一旦生病，仍然需要母亲的照料，母亲温暖的心灵关怀和细心的生活照料有助于孩子尽早康复，反之，孩子的康复需要更长时间，甚至容易患慢性病。当前，母亲外出留守儿童的低年级化趋势较为明显，母亲外出留守儿童的健康状况更需引起重视。这也在一些学者的研究中得到了证实。如潘璐、叶敬忠在研究中指出，2003 年菲律宾的研究发现，留守儿童的整体健康状况好于非留守儿童，但母亲外出的留守儿童在生理与心理健康方面遇到的困难较多、表现较差。[①] 陈在余运用 2000 年、2004 年和 2006 年中国营养与健康调查数据分析发现，母亲不在家对留守儿童健康的负向影响较为显著，而且这一影响在不同收入水平家庭之间无显著差异，因此，在 6~18 岁儿童的生长发育过程中，母亲在家对子女的照料之于青少年健康较为重要，无论家庭收入水平的高低，学龄儿童均需要母亲照料。[②]

留守儿童的营养水平和身体发育状况比非留守儿童差，这的确需要引起社会、家长的关注，漠视、任由其发展可能会使留守儿童的情况愈发不好。但我们不能为此将留守儿童问题扩大化，毕竟留守儿童的健康状况还未受到影响。我们应本着理性分析、着力解决的原则，来认识和化解留守儿童问题，将留守儿童问题扩大化无助于问题的解决。

（二）留守儿童与非留守儿童在心理方面无显著差异，母亲外出儿童心理问题值得关注

1. 不同类型的儿童对父母的情感依赖具有一致性

留守儿童和非留守儿童以及不同类型的留守儿童对父母的情感依赖程度具有一致性，他们都最想在生病或取得好成绩时告诉父母或给父母打电话。这说明无论留守儿童抑或非留守儿童都有亲情需求，对父母都存在情感依赖，希望父母陪伴走过困境、共享喜悦。然而，父母缺席于留守儿童的成长过程，会造成他们亲情缺失，影响亲情需要的满足，至于是否会影响儿童的情感发展，是否会影响亲子关系和儿童社会交往，还需作进一步的跟踪研究。

2. 母亲外出留守儿童，尤其是母亲外出的低龄留守儿童社会交往较差

总体而言，留守儿童和非留守儿童在与同学相处方面没有明显差异（$\chi^2_{(2)} =$

[①] 潘璐、叶敬忠：《农村留守儿童研究综述》，载于《中国农业大学学报（社会科学版）》2006 年第 2 期，第 5~17 页。

[②] 陈在余：《中国农村留守儿童营养与健康状况分析》，载于《中国人口科学》2009 年第 5 期，第 95~112 页。

0.670，$P=0.715>0.05$），3/4 的学生和班里大部分同学关系很好。然而，从留守儿童内部来看，母亲外出留守儿童的同学关系不如父亲外出留守儿童和完全留守儿童，在"只和几个同学好"的选项上，前者占 29.33%，后两者分别只占 23.79% 和 23.23%。可见母亲对孩子良好人际关系的形成有较大影响，母亲的缺位容易造成孩子不善于与同学交往。而母亲外出留守儿童的同学关系弱于完全留守儿童，这可能与母亲外出留守儿童的低年级化趋势更为明显有关。进一步分析发现，在母亲外出留守儿童中，其年级越小，与同学相处越不好，母亲外出对其社会交往的影响越大，在"只和几个同学好"的选项上，小学低年级（1~3年级）比初中（7~9年级）高 9.42 个百分点，因此要着重关注农村地区母亲外出务工的低龄留守儿童的社会性发展（见图 13-4）。

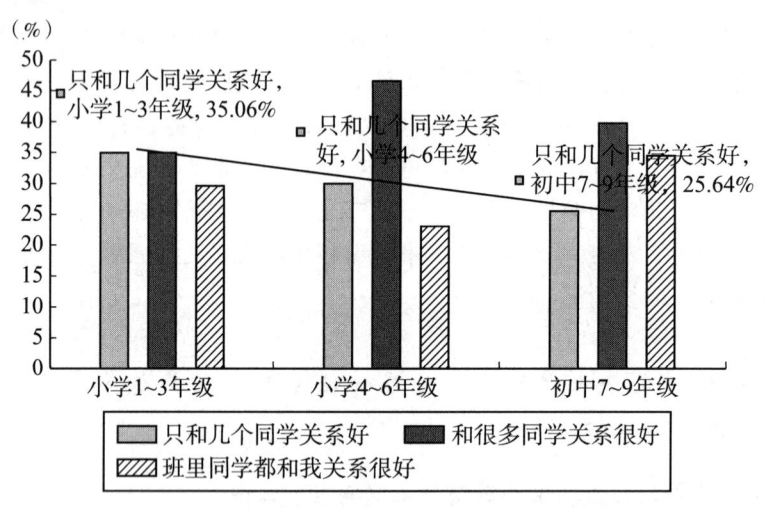

图 13-4 不同年级组的母亲外出留守儿童与同学相处情况

3. 母亲外出留守儿童的自我效能感分化较为明显，有较大比例缺乏成长自信

留守儿童和非留守儿童在自我效能感方面没有显著差异（$\chi^2_{(2)}=0.614$，$P=0.736>0.05$），遇到没有完全把握的事情，近 80% 的留守儿童和非留守儿童都会选择接受，并尽力做到最好，但均会表现出一定程度的焦虑。对比不同类型的留守儿童发现，8.43% 的母亲外出留守儿童会选择"逃避，不去干"，比其他类型的留守儿童平均高 2.14 个百分点，父亲外出留守儿童的平均占比最低，为 5.72%。可见，母亲的陪伴能给孩子以成长的勇气，使其敢于面对生活的挑战，有较强的自信；反之，在孩子成长过程中，母亲的缺席会影响他们的成长自信。在问到学生觉得自己做事的能力和效果时，母亲外出留守儿童表现出较大的分化。和其他类型的儿童相比，他们认为自己做事水平和其他人差不多的占比较低，而认为自己做事更好抑或更差的比例最高，分别高出留守儿童平均占比 3.18

个和 3.64 个百分点。这反映出母亲外出留守儿童或自我效能感较强或自我效能感较弱，即在该群体中一部分儿童较为自信，另一部分儿童则较为自卑。可见，与其他类型的儿童相比，母亲外出留守儿童群体的自我效能感分化更为明显。

关于留守儿童心理问题，周宗奎等调查发现，留守儿童的心理问题主要表现在人际关系和自信心方面显著地不如父母都在家的儿童，而在孤独感、社交焦虑方面与其他儿童没有显著的差异。[①] 但他并没有进一步分析不同类型留守儿童在心理方面的差异。关于留守儿童的心理问题，还需做深入跟踪研究（见图 13-5）。

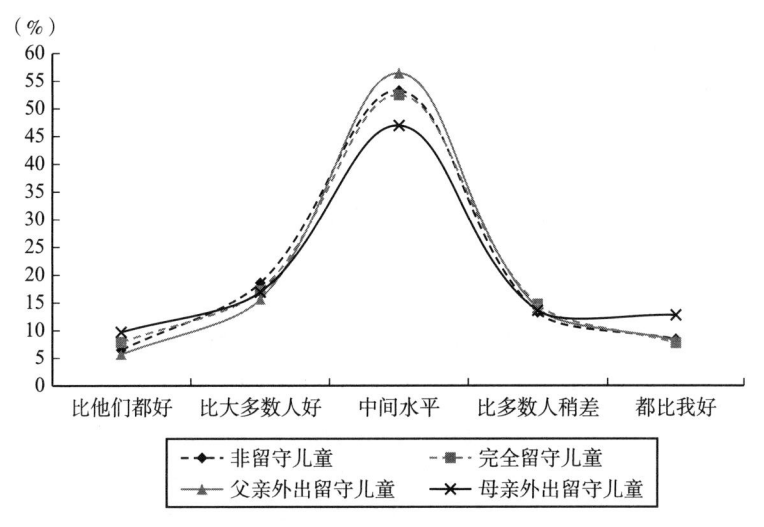

图 13-5 不同类型儿童对自己做事如何的看法

（三）留守儿童和非留守儿童在学习上差异不大，母亲外出留守儿童学习问题值得关注

1. 非留守儿童在教育监管方面优于留守儿童

在自我学习监管方面，留守儿童和非留守儿童并没有明显差异（$\chi^2_{(3)}$ = 1.502，$P = 0.682 > 0.05$），不同类型的留守儿童之间也没有显著差异（$\chi^2_{(6)}$ = 3.682，$P = 0.720 > 0.05$）。近 70% 的学生都能自己主动或和家长商量着安排自己的学习。在他人对学生学习监管方面，留守儿童和非留守儿童有显著差异（$\chi^2_{(5)} = 29.602$，$P = 0.000 < 0.05$）。54.52% 的非留守儿童由父母督促学习，其中母亲所占比例比父亲高 9.38 个百分点；28.48% 的完全留守儿童由祖父母督促学

---

① 周宗奎等：《农村留守儿童心理发展与教育问题》，载于《北京师范大学学报（社会科学版）》2005 年第 1 期，第 71~79 页。

习，30.22%无人督促；父亲外出留守儿童主要由母亲督促；而母亲外出留守儿童的学习或无人督促，或主要由母亲来督促，但由于母亲外出，事实上并不能对孩子的学习形成及时监管。值得注意的是，除完全留守儿童外，其余儿童的学习由母亲监督的比例都较大。可见，无论是留守儿童抑或非留守儿童，母亲都是孩子学习的主要监管者，若母亲外出打工可能会对孩子的学习产生一定的负面影响。

2. 留守儿童和非留守儿童的学习兴趣基本无显著差异

留守儿童和非留守儿童对语文的学习兴趣有显著差异（$t = -2.654$，$P = 0.008 < 0.05$），留守儿童的兴趣得分（3.81）高于非留守儿童（3.75）；而在数学和英语学习方面，二者的兴趣得分没有显著差异。这与中央教育科学研究所教育发展研究部课题组的研究结论基本一致：农村留守儿童和非留守儿童在学习兴趣上没有显著差异，在对自身学习成绩的认识上也没有显著差异。[①] 从留守儿童内部来看，父亲外出留守儿童对语文、数学、外语的学习兴趣得分高于完全留守儿童和母亲外出留守儿童。这可能从侧面反映出，母亲对孩子的学习监管和引导有利于培养孩子的学习兴趣。

3. 在学习关键期，母亲外出留守儿童的学业成绩较差

总体来看，留守儿童和非留守儿童的学业成绩没有太大差异。而从留守儿童内部分析，母亲外出留守儿童比其他类型留守儿童成绩差，尤其是在五、六、九年级（小升初、初升高的学习关键期），其语文、数学、外语总分比其他类型留守儿童平均低15分左右。儿童学业成绩与其学习管理、学习兴趣存在一定关系。母亲外出留守儿童的学习，或由母亲远程督促或无人督促，但由于母亲外出打工，儿童的学习事实上处于无人监管的状态，而家长的疏于管理和引导，使其难以形成浓厚的学习兴趣，可能在一定程度上影响了他们的学业成绩。这也在叶敬忠教授的研究中得到了印证。研究发现，留守儿童与非留守儿童的学习成绩整体对比差别不大，但少数留守儿童由于父母外出后缺少学习辅导与监督而出现了成绩的下降。部分留守儿童学习态度变得散漫，出现了迟到、逃课、不交作业等不良现象。[②] 雷万鹏教授研究发现，留守儿童的成绩差异主要是组内差异，而不是组间差异，即主要是不同类型留守儿童之间的差异，而不是留守儿童与非留守儿童成绩之间的差异，这都与本书研究存在一致性。[③] 此外，从时间维度上对不同

[①] 中央教育科学研究所教育发展研究部课题组：《农村留守儿童问题调研报告》，载于《教育研究》2004年第10期，第15~18页。

[②] 叶敬忠、王伊欢、张克云、陆继霞：《父母外出务工对农村留守儿童学习的影响》，载于《农村经济》2006年第7期，第119~123页。

[③] 雷万鹏、杨帆：《对留守儿童问题的基本判断与政策选择》，载于《教育研究与实验》2009年第2期，第24~29页。

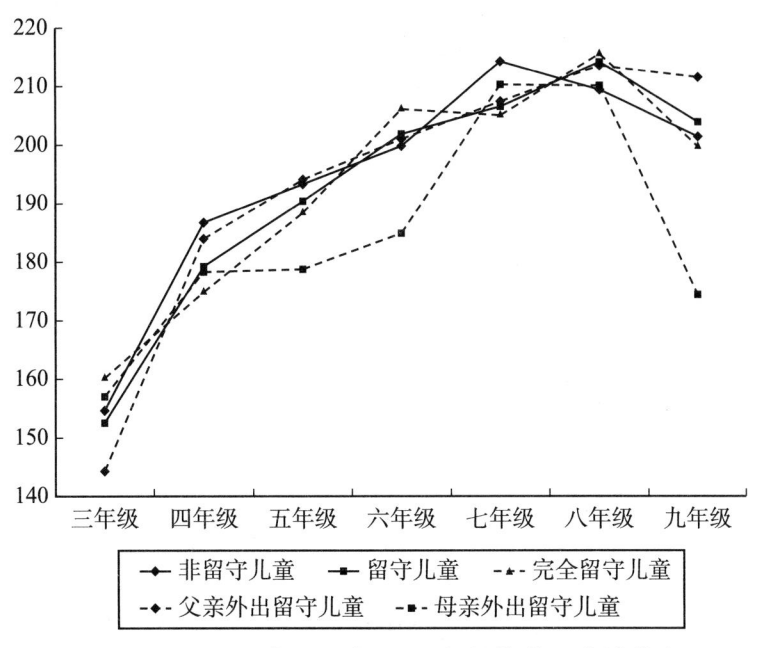

类型儿童的学业成绩进行跟踪对比，将更有意义（见图 13-6）。

图 13-6　不同类型儿童 3~9 年级的学习成绩分布

二、形成原因

分析当前农村留守儿童存在问题的原因，我们需要对留守儿童具体问题的情境进行深度解剖，进一步了解留守儿童的意义世界，从而明白他们对周遭世界的解读，理解他们实现意义需求的障碍，最终发现表面问题背后的深层次原因。据此，我们认为当前农村留守儿童出现的问题，主要与监护缺位、教育缺失、亲情匮乏以及农村环境恶劣有关。

（一）家庭监护缺位导致留守儿童意外伤害凸显

农村留守儿童由于父母外出，尤其是父母双方外出，他们首先面临的就是监护问题，这直接关系到留守儿童的安全。《中华人民共和国未成年人保护法》第十六条规定，"父母因外出务工或者其他原因不能履行对未成年人监护职责的，应当委托有监护能力的其他成年人代为监护"。《最高人民法院关于贯彻执行〈中华人民共和国民法通则〉若干问题的意见（试行）》对临时监护人的监护能力作了原则性规定，"认定监护人的监护能力，应当根据监护人的身体健康状况、经济条件,以及与被监护人在生活上的联系状况等因素确定"。然而,当前农村留守儿童中有 1/3 是隔代监护,有 1/5 是同辈监护,还有 3.37% 为自我监护。这些临时监护人由于身体健康不佳或者精力不足、能力不够等原因,难以达到相关法律法规关于临时监护人监护能力的规定,导致履责不到位,从而影响到留守儿童获得较好的监督、照顾和保护,导致或者出现意外伤害,或者出现心理疾病,甚至最终促使留守儿童发生犯罪。

(二) 教育双重缺失导致留守儿童缺乏成长引导

当前农村留守儿童意外伤害、犯罪等相关危害性事件的发生,与其缺乏正确的价值引导、明确的法律观念、安全的防范意识等有很大关系,而这一切的根源又在于家庭教育与学校教育的双重缺失。农村留守儿童由于父母外出打工,与孩子相处的时间较短,同时由于工作比较忙抑或家庭教育意识差等原因,和孩子联系较少。据"上学路上儿童心灵关爱中心"调查,在受访的留守儿童中,29.4% 的学生一年能见父母 1~2 次,15.1% 的学生一年到头都见不到父母,如果按照留守儿童总数 1 199.2 万人测算,全国约有近 353 万名农村留守儿童一年只能见父母 1~2 次,181 万名孩子一年都没有见过父母。而在与父母进行电话或网络联系次数方面,10.2% 的学生每年与父母联系 1~2 次,4.3% 与父母一年都没有联系,推算数量分别达 122 万人、52 万人。① 这些父母几乎没有进行家庭教育的时间和空间,即使关注孩子,也多集中在学业成就方面。这使得留守儿童的家庭教育,无论在显性层面还是隐性层面,都存在明显缺失。正因为留守儿童家庭教育的缺失,学校教育在他们成长过程中的作用就显得尤为重要。然而,当前农村教育存在严重的城市化取向,片面追求知识教育和升学率,忽视了乡村社会和乡村儿童作为价值主体对教育的个性化需求,缺乏对农村留守儿童作为一个特殊的社会群体对教育的特定需求的观照。安全教育、法制教育、心理健康教育、道德教育等相关课程开设不足或者课程开设流于形式,教育方式方法陈旧落后,不符合留守儿童的生活实际,他们难以从中获得相应的正确价值引导,形成完备的安全法制意识和知识等。两方面教育的缺乏最终促使留守儿童一方面成为了各类伤害事件的承受者,另一方面成为了各类犯罪事件的制造者。

(三) 亲情关爱缺失导致留守儿童心理发展异样

《中国留守儿童心灵状况白皮书 (2015)》指出,农村留守儿童"经常感

---

① 李亦菲:《拨开留守的"迷雾"——〈中国留守儿童心灵状况白皮书 (2015 年)〉》,http://image.cdb.org.cn/,第 11~12 页,测算数据为本书作者得出。

到烦躁、孤独、闷闷不乐、无缘无故发脾气的比例高于非留守儿童"①,当不良心理情绪严重恶化,极度孤独、无助、绝望时,就可能会出现自杀、杀人等伤害性行为。埃米尔·迪尔凯姆(Emile Durkheim)在其《自杀论》中指出:"乍看起来,自杀者所完成的动作似乎只表现他个人的性格,实际上是这些动作所表现出来的某种社会状态的继续和延伸"②,"当个人脱离社会时,他很容易自杀,而当他过分地与社会融为一体时,他也很容易自杀"③。留守儿童出现心理问题或者因心理问题出现伤害事件,不只是特定个体的性格使然,更是当前农村留守儿童个人生活意义丧失,以及个人生活意义与周遭世界意义链接丧失的反映。从根本上说,是留守儿童情感缺失,尤其是亲情缺失造成的。一般儿童最初是在家庭中,在与父母的互动中感受爱、感受存在的价值与生活的意义。而农村留守儿童,由于和父母共同生活的时间很少,甚至有很大一部分群体和父母联系也很少,他们的亲情需求难以得到满足。缺乏亲情体验和亲情关爱,相应地,他们也就不会对周围人、周围事,乃至周遭世界形成有积极意义的价值观念,甚至对自我存在的意义产生否定。亲情缺失,直接影响到他们的情感发展,加之缺乏合理的倾诉途径与方法,长期压抑就很容易出现心理问题。所以说,家庭的破裂、亲情的丧失,是伤害农村留守儿童的主要根源。

(四)环境隐患重重导致留守儿童成长面临危机

当前留守儿童主要生活在偏远农村地区,其生存环境隐患重重。从自然环境来看,农村地区地广人稀,山地、河流、湖泊等自然环境对尚未有完备自我保护意识的留守儿童而言如同潘多拉魔盒一般,充满吸引却也危机四伏。受限于农村地区安全措施的匮乏,多数具有安全隐患的自然环境并无安全提示标语与防范救助设施,这也很大程度上是留守儿童外出玩耍导致意外伤亡发生的原因。譬如,夏季时节,留守儿童溺毙湖泊事件屡见不鲜,更有因救助溺水留守儿童而导致的多人生命同时消逝的惨剧发生。另外,随着我国城镇化进程的不断加快,大部分青壮年劳动力不断涌向城市,留下老人和儿童在农村相依生活,给犯罪分子实施伤害或侵害以可乘之机。近年来,农村地区也发生了诸如"甘肃多名留守儿童遭教师性侵""湖南留守女童遭受同村男子强奸杀害""河南留守儿童被村霸虐杀并抛尸河中""贵州留守儿童惨遭校园霸凌而亡"等多起事件,道德沦丧的悲剧

---

① 李亦菲:《拨开留守的"迷雾"——〈中国留守儿童心灵状况白皮书(2015年)〉》,http://image.cdb.org.cn/,第2页。
② [法]埃米尔·迪尔凯姆著:《自杀论》,冯韵文译,商务印书馆1996年版,第321~322页。
③ [法]埃米尔·迪尔凯姆著:《自杀论》,冯韵文译,商务印书馆1996年版,第225页。

不断引起社会的高度关注,也在不断警示人们,要关注留守儿童所处的农村社会环境的潜在危险。

第四节　农村义务教育留守儿童关爱的新思维

课题组基于对 10 个省(市)9 448 名农村义务教育阶段留守儿童的实证调查发现,留守儿童在身体生长发育、教育监管方面弱于非留守儿童,而在心理和学习等方面与非留守儿童无显著差异。农村留守儿童并非"问题儿童",而是"弱势儿童";农村留守儿童群体存在分化,需要关爱。

一、对农村义务教育留守儿童问题的基本判断[①]

(一)农村留守儿童不是"问题儿童",而是"弱势儿童"

与非留守儿童相比,农村留守儿童由于父母外出而形成的留守状态使其存在着父母监护缺位、亲情缺失等方面的弱势。这些弱势容易催化或加重儿童身上处于萌芽阶段的问题,但是否会恶化到妨碍青少年身心健康和智能发展,使其成为"问题儿童",还受到父母外出后教养方式、生活环境、个人特质等多方面因素的影响。调查发现,留守儿童在身体发育、营养水平等方面弱于非留守儿童,尤其是在身体发育的关键期,但这并未影响到他们的身体健康状况。此外,他们在教育监管方面也处于缺位状态,这是由于父亲或母亲的外出、无法陪伴其成长而直接导致的"弱势"。从研究结论来看,这些弱势并未严重影响儿童的身心健康。留守儿童和非留守儿童在情感依赖、社会交往和自我效能感等心理方面没有显著差异;在学习方面也无显著差异,相反留守儿童的语文学习兴趣还略高于非留守儿童,可见留守儿童并非"问题儿童"。但儿童心理的变化具有隐蔽性、持续性和滞后性,学习方面也应进行父母外出前后的成绩对比和外出期间成绩的变化跟踪,因而对这两方面进行持续关注和追踪研究将更具说服力,也更有意义。可见,留守儿童是某些方面存在弱势的"弱势儿童",而这些弱势并未恶化成或导致严重问题。

---

① 邬志辉、李静美:《农村留守儿童生存现状调查报告》,载于《中国农业大学学报(社会科学版)》2015 年第 1 期,第 65~74 页。

但为什么关于"问题儿童"的论调会在社会和学界形成扩大化趋势呢？首先，留守儿童缺乏父母监护，而其他监护人又监护不力，出现问题的风险和可能性更大，这是"问题儿童"趋势扩大化存在的基础。其次，当前一些关于留守儿童的研究由于信度和效度不高，形成了非科学的判断，导致了错误的舆论导向。具体表现为：第一，研究方法问题。很多留守儿童研究属于个案研究。诚然，个案研究有助于深入走进研究对象的内心世界，更好地把握其发展历程，但以个案特征来揭示留守儿童的群体特征，未免以偏概全。第二，内部效度问题。很多研究缺乏对留守儿童与非留守儿童以及留守儿童内部的对比分析，没有分清留守儿童与非留守儿童的共性与差异。第三，外部效度问题。有些研究取样较少，其研究结论难以推广。[①] 再次，媒体的大肆宣传。由于留守儿童出现问题的可能性较大，一旦出现问题，媒体就会大肆宣传，这是留守儿童问题扩大化传播的媒介原因。我们发现，媒体报道的多为安全问题，这也是父母缺席最容易造成的问题。但大肆宣传容易让社会将这种"问题化"扩大到儿童的学习、心理、行为表现等方面，从而对留守儿童形成"问题儿童"的主观印象。政府、社会和学界需转变对留守儿童的认识，由"问题儿童"向"弱势儿童"转向，理性对待农村留守儿童群体存在的问题，这样才有助于留守儿童关爱行动的开展。

（二）农村留守儿童群体存在分化

研究发现，不同类型的农村留守儿童面临的问题以及问题的严重性是不同的，农村留守儿童内部存在分化。具体表现为：第一，农村义务教育阶段留守儿童呈现出低年级化趋势，而低年级是儿童行为习惯、思想品德形成的奠基时期，应加强对低年级留守儿童群体的关注。第二，与其他类型儿童相比，母亲外出留守儿童在健康状况、同学关系、自我效能感、学业成绩等方面更为薄弱，值得关注。第三，在儿童生长发育关键期，留守儿童的身体发育状况弱于非留守儿童；在小学升初中、初中升高中的学习关键期，母亲外出留守儿童的学业成绩比其他类型的留守儿童更差。因此，应重点关注低年级留守儿童、母亲外出留守儿童以及处于成长关键期的留守儿童群体。鉴于农村留守儿童群体的内部分化，应避免对留守儿童问题一概而论，应具体问题具体分析，有针对性地开展农村留守儿童关爱活动，增强活动的实效性。

---

① 雷万鹏、杨帆：《对留守儿童问题的基本判断与政策选择》，载于《教育研究与实验》2009年第2期，第24~29页。

二、农村留守儿童关爱新思维[①]

近几年,留守儿童的伤害与被伤害事件屡有发生。虽然各级政府三令五申,在事故出现之后人们对留守儿童的关注达到了空前强烈的程度,预防留守儿童事件的举措不断推出,然而悲剧的再次发生还是令人扼腕。在现代社会里,随着城镇化进程的不断推进,流动人口的向城性流动成为社会进步的大势所趋,亲子分离的拆分型非常规家庭模式逐渐成为现代社会又一新常态。目前,我国确立了以政府为主、社会多元主体共同参与建设留守儿童关爱服务体系的思路。农村留守儿童关爱服务体系难以完全替代父母,毕竟,家庭是社会结构中具有文化意义的一个构成,父母的在位对子女的成长意味着一种符号意义和象征。但作为当前政府解决留守儿童难题的重要途径,关爱服务体系应是一个能够基本实现正常家庭功能的社会网络。然而这并不能掩盖主体论缺乏对一些重要细节、前提以及一些特殊性问题的考虑。我们对特殊性的关注太少,对普遍性号召太多,宏观的变革常常决定中观微观的改革,但宏观改革思路经常不考虑中观微观的特殊性问题,层次不一样,主体不一样,变革需求也就不一样,变革任务也不一样。[②] 在留守儿童上主要体现在:忽视了非学校教育时间之外的处理,"八小时外"的问题没有得到足够的重视;留守儿童的最大需求与主体关心内容有着较明显的失位和错位;缺乏对留守儿童的类型化处理,尤其是深层次差异的研究,以及这种差异对于儿童未来发展的影响,难以把握不同留守儿童形态需要的关爱服务特征。到底应如何关爱农村留守儿童,悲剧才不会重演?我们认为农村留守儿童关爱服务体系的构建应该由主体论转向类型论、时空论和适应论。

(一) 农村留守儿童关爱的类型论

与理论对实践的人工裁剪不同,现实的世界总是真实的、生动的、复杂的。留守儿童问题是 21 世纪以来逐渐被人们所认识的,特别是一些留守儿童的生活苦痛经过社会媒体的极力渲染,使得留守儿童已经被标签化和污名化了。每每提及留守儿童,多数人脑海里闪现的是"贫穷""成绩不好""辍学""问题少年"……再加上一些实地调查的"佐证",也更强化和固化了留守儿童作为社

[①] 凡勇昆:《农村留守儿童关爱应有新思维:类型论·时空论·适应论》,载于《教育发展研究》2015 年第 20 期,第 63~67 页。

[②] 叶澜:《教育改革要注意"度"的问题》,http://learning.sohu.com/20150525/n413719872.shtml,2015 年 5 月 25 日。

会底层的弱势形象。然而，也有人认为留守儿童的问题没有宣传得那么严重，大多数留守儿童在生活、学习和心理发展等方面与非留守儿童没有差别，留守儿童并不是"问题儿童"①，而有些较大年龄段的儿童离开父母反而获得了更多的自由空间，不同的留守儿童具有不同的个体化特征。那么，留守儿童的真实境遇到底如何？我们将如何认识留守儿童带来的信息丛？现在农村研究停留在两个层面：一是文本研究，深入持续地开展农村调查的少，纸上谈兵的比较多；二是分类研究比较少，现在农村社会千差万别、复杂多样，应该更多地进行分类研究。②留守儿童研究也面临这样的尴尬，我们在讨论相关问题时需要"类型论"的思维。

当然，类型论存在一个基本前提，即要求研究留守儿童要真正回到现场，回归经验和常识。没有调查，没有对现实真切的观察和体验，就没有分类的意识，现实中的错综复杂也就平面化和简单化了。要真正建立一种理论与实践相结合的方式，回到中国教育的常识和经验中来，立足中国教育现象和问题的真实场景，对中国教育当下的状况和处境进行深入的体悟和理解，在中国教育问题的语境中建构理论，提炼出对教育政策和教育研究有用的理论架构和决策建议。如果没有回到基本的现实中去，那么我们得到的信息就失去了最重要的实度特性，最终形成的"成果"也就难以称得上是真正意义的研究了。

基于对回归现实的确认，研究有必要将农村留守儿童进行类型化处理。相关政策中已经提到了"统筹规划，分类指导"的工作原则，聚焦"不同年龄阶段家长、不同类型家庭"的留守儿童，然而，这还远远不够。我们应该清楚，留守儿童并非同质化的，是一个由异质性较强的不同种类的孩子构成的类似于马赛克型的群体。在研究和工作中要分析不同性别、年龄、区域、家庭结构、监护类型、家庭收入、家庭文化资本、留守时间、留守模式以及是否寄宿学校的留守儿童的行为结果，研究不同的留守儿童形态需要的关爱服务特征。记得在四川的一所山区学校调研时，我们在学校随机抽取的四名留守儿童样本有着迥异的特征，单就留守模式而言就有父亲外出、母亲外出（其中一个是离异家庭）、双亲外出三种类型，这让我们深切地体会到，对于留守儿童这个群体还有多少值得去探寻的隐秘！在各种"外来因素"的影响下，留守儿童也可能呈现较强的变动性。例如，今年的留守儿童可能变成了明日的随迁子女；现在孩子由祖父母照顾，未来的监护人可能就转换成了邻居；孩子本来形成的阴郁的个性，可能在学校教师的

---

① 雷万鹏、杨帆：《对留守儿童问题的基本判断与政策选择》，载于《教育研究与实验》2009年第2期，第24~29页。

② 张杰：《后乡土中国：中国农村社会学的新机遇》，载于《中国社会科学报》2015年2月13日第A02版。

帮助下变得活泼开朗；等等。要拓展留守儿童及其面对的类型，这意味着留守儿童类型并非一贯来自传统的边界，而是要关注经验中生动的场景，分析当前留守儿童有无新的变化，尤其是我们尚未知晓却又难以忽略的场景，都有可能成为分析和破解留守儿童难题的一个突破口。过去很多调查已经形成一些重要结论：母亲外出对留守儿童的伤害更大；低年龄段的留守儿童影响更为明显；具有单亲、贫困且有家庭暴力等特征家庭的留守儿童更需要关爱；单独居住的留守儿童要给予更多关注；与学习和安全相比，留守儿童在情感和心理上更需要帮助；等等。这些共识能够为政策制定和社会行动提供准确定位，为留守儿童提供及时、合理和实质性的帮助。也只有在这样的类型化思维下，才能体现留守儿童内在的丰富性。

对此，可能有些人会提出疑问：如果要对留守儿童的一个个类型进行研究，它的"代表性"怎么满足？其实这并不构成真正的困难，对不同类型研究的累积和扩展，能够很好地弥补个案研究的局限，而对某一类型的研究，无形之中加大了研究对问题认识的深刻性。费孝通先生曾这样回应"个别社区的微型研究能否概括中国国情"的质疑，"我从没有把一个农村看作是全国农村的典型，用它来代表所有的中国农村……然而江村能在某些方面代表一些中国的农村，如果我们用比较方法把中国农村的各种类型一个一个地描述出来，那就不需要把千千万万个农村一一地加以观察了"①。不同类型的个案研究具有累积效应，是实现达到或接近总体轮廓的途径，也正因如此，细致入微的田野工作跟随了费孝通一生。只有基于对留守儿童类型化的处理，相关的政策设计和制度安排才能实现"不同儿童不同对待"的目标，有针对性地提出的设想才具有具体而非抽象的、可操作性强的特点。

（二）农村留守儿童关爱的时空论

理想型家庭生活模式在时空上是紧密结合型的，亲子之间朝夕相伴，夫妇之间和睦相处。只有这样的家庭结构才能形成稳定的"三角关系"，如果其中有任何一方缺席，都不足以构成一个完整的家庭，而且这样的家庭在结构上较为松散，很容易在社会浪潮中遭到破坏。夫妇和亲子关系不能相互独立，夫妇关系以亲子关系为前提，亲子关系也以夫妇关系为必要条件，这是三角的三个边，不能短缺。② 在城镇化进程中"拆分型的劳动力再生产模式"的家庭结构造成了亲子、夫妇的分割，对于留守在家的孩子而言，此时的亲子关系已经发生了重要转

---

① 费孝通：《人的研究在中国——个人的经历》，载于《读书》1990年第9期，第3~11页。
② 费孝通著：《乡土中国　生育制度》，北京大学出版社1998年版，第159页。

变,家庭教育已经难以为继,相互间正常的交流沟通机制也被迫中断。如何弥补亲子时空分离带来的损失以及在程度上减小到最小化?我认为可及性和便利性是两个值得考虑的要素。

可及性要求留守儿童在遇到困难时,周边的人能够提供及时和实质性的帮助。根据人们对留守儿童的界定,他们是那些父母一方或双方从农村流动到其他地方,超过半年的时间不能与父母双方共同生活的18岁以下的儿童。这些孩子还没有完成社会性断乳,他们的群体特征比较鲜明:年龄普遍较小、身心发育尚未成熟、社会化程度低、安全隐患时刻存在,尤其是处于义务教育阶段及以前的儿童,其基本生活、学习都难以自理。当他们遇到困难时,需要得到身边成年人及时的保护和帮助。可及性的关键是处理好学校、家庭、邻居等不同主体间的时间对接,保证每个孩子都在成年人的实质监护下,实现留守儿童在不同主体间转换的无缝衔接。在校园里学习时间怎么安排?寄宿制学校里有无生活教师?从下午到晚上的较长时间是否有安排老师专门看护?放学后回到家里监护人是否有能力履行责任?周末和假期是否有妥帖的安排?等等。这些都是需要关爱主体思考的问题。笔者曾经在中部某省调研期间发现这样的事情:下午放学后,一个小学二年级的小男孩独自坐在偌大的教室,没有看书,没有写作业,没有玩耍,只是在那里呆坐着。看到我们进来,他表现得非常不自然,或许是害羞、害怕、紧张,不断在抠着自己脏兮兮的小手。无论我们和他说什么话,都得不到任何言语的回应,有时他会翻眼瞅一下,但又快速地低下了头。校长说这是全年级唯一住校的留守儿童,只有周末会被爷爷接回家,平时不爱说话,不合群。这里暂且不讨论这个孩子的身心健康,只是他所处的环境就已经告诉我们,这绝不是一个孩子想要的生活,而社会却没有给予他应有的帮助。只有像正常的亲子家庭一样,让孩子无论在学校内还是放学后都生活在监护人的可控范围内,360度无死角,才能及时避免可能发生的危险,尽可能地为留守儿童提供及时的帮助。

另外,便利性也是值得注意的一个要素。关爱留守儿童是需要精力、感情以及时间投入的,关爱主体不可能、也没有必要时时刻刻都陪在孩子身边,尤其当孩子在不同时空转换的时候,我们就要考虑便利性了。如果是在学校里的上课时间,教师是当然的负责人,有责任对留守儿童给予特别关照;如果是晚上在寄宿学校的话,生活教师就应该是孩子们坚实的依靠,这时就不应该事事都由班主任亲力亲为;如果是回到家里,监护人又成了孩子距离最近的保护,甚至邻居都可能成为潜在的重要他人,是照料留守儿童生活起居的好帮手,"远亲不如近邻"应该能够形象地表达便利的重要性。当然,父母是孩子最合适的关爱人选,亲子间的接触对于孩子的身心发展是其他人难以替代的,有无父母陪伴对于孩子的影响可能是决定性的。现实中留守儿童与父母天各一方,父母不是具有超自然能力的神话人物，不可能随时出现在孩子身旁，因此，在这个程度上而言父母却是便利性最差的选择。在毕节事件上，如果这些孩子的父亲能在外出打工前找到一个亲戚来帮助照看，如果当地政府能够使用一定经费及早安排一个邻居时不时来关心一下，我想孩子们的境况是不是会好一些。毕竟除了父母、学校老师之外，亲戚和邻居是最具有这种能够给予他们帮助条件的人群。另外，在寻求关爱方式上也可以有一些便利性的选择，"新一千零一夜""上学路上"等社会组织使用的故事盒子等播放、讲读小故事的方式别出心裁，能够有效地利用晚上休息前的这段时间，让孩子们度过一段愉快的时光。

（三）农村留守儿童关爱的适应论

解决留守儿童难题的金钥匙是让孩子跟随父母自由流动，毕竟孩子和父母一起生活反映了人类的直观和习惯，其他任何主体的关爱都只是次优选择。然而却因现实的制度、文化以及社会经济等障碍，"把留守儿童变为流动儿童"成为外来务工人员心中难以企及的乌托邦。笔者认为以政府为主、多元主体共同参与的留守儿童关爱服务体系里隐含了一个容易被人忽视的"适应"细节：立足留守儿童的视角，社会人士积极提供的关爱服务体系是否满足了他们的真正需要？

留守儿童关爱活动需要的是雪中送炭，而非锦上添花。有些社会机构出于关爱社会弱势群体的目的，在特殊的节日到留守儿童家里或者学校开展送温暖活动，送来的有一些常用的生活和学习用品。在笔者调研以及新闻媒体的报道中发现，等活动结束之后，很多方便面、牛奶等食品都被孩子们扔掉，因为这类食品在一般的农村家庭都已非稀缺之物，孩子们本就不喜欢吃这些。还有一些是不同社会机构在不同的时间"重复""错位"关爱，有些留守儿童一年被赠送了好几条棉被，一次发放的铅笔可能会使用几年，新书包永远使用不完，每年暑期都有不愿意上的大学生支教课堂……而夏日最需要的凉席和风扇却无人购买，周末的形单影只和无所事事最是煎熬，可是以上缺憾又往往没有进入人们视野，或被视而不见。根据全国妇联的调查，留守婴幼儿有母亲哺乳、科学养育的需求，6~7岁有按期入学的问题，而大龄流动儿童有完成义务教育后继续高中学习和异地高考的需求，这些都需要我们考虑到不同年龄段儿童的需求。[①] 事实证明，对留守儿童进行的关爱活动并非只需要单方的"暴力"付出，也需讲究策略和方法，要开展先期的实地调查，清楚认识到留守儿童目前迫切需要的是什么，哪些方面最需要给予帮助，然后再采取行动主动适应孩子的真正需要。当面对不同类型的留

---

① 全国妇联课题组：《全国农村留守儿童、城乡流动儿童状况研究报告》，载于《中国妇运》2013年第6期，第30~34页。

守儿童时，我们要尽可能满足他们的个性化需要。正如卢安克所言，留守儿童并不需要一个完美但虚拟的远程老师，也不需要自己永远追求不上的录音教材，而是需要一个在他们身边活着的、有自己追求和缺点的真人。① 这或许是大多数留守儿童最真切的想法，很多时候，我们抱着一颗真诚的心，设计了很多制度，开展了很多活动，到最后却发现事与愿违，因为出发点就已经错了。

诚然，为了弥补一个拆分型家庭环境带来的不适，社会有责任为留守儿童提供尽可能完整的关爱服务。那么，是否我们要尽可能满足孩子的任何需求？是否要纵容孩子的欲望和言行？未必。留守儿童年龄偏小，身心发展还极不成熟，尤其是在中学时期受到各种社会环境的刺激引发青春期综合征，容易让留守儿童在没有父母双方照看的情况下形成不合理需求。前不久看到一篇关于留守儿童的报道，讲的是一名小学阶段的留守儿童把一所小学的办公室给砸了，令人奇怪的是，虽然这个孩子把窗户砸烂了，但是只是跳进去把东西掀了个遍，什么都没拿走，他做这件事也没有任何理由和前兆。正如当事老师所言，"这漫无目的的愤怒让人更加害怕"。对于这样无理的打砸"需求"，我们可能要做的就是合理引导和控制。有些流动在外地的父母为了弥补亲情关爱的缺失，平时可能会让留在家里的孩子支配更多的零花钱，然而又没有给予明确的支出控制，在网络、同伴的影响下，留守儿童就可能养成相互攀比、自私自利等不正之风。并非孩子的什么要求都是合理需要，有些甚至是无理的索取和恶意消费。到底哪些方面的需求需要满足？这或许又是另外一个值得讨论的问题，不过周边的成人要有一些直观的判断标准，例如这些需要必须满足真实、必需以及有利于孩子身心健康等标准。如果家长或其他监护人继续放纵孩子不太合理的需求，把给予物质奖励当成对孩子的爱，那么留守儿童也就真的成为问题儿童了。

第五节　农村义务教育留守儿童问题的关爱机制

留守儿童作为同农村人口流动相伴生的弱势群体，长久以来一直受到社会各界的高度关注。2015 年 6 月，国务院总理李克强针对贵州毕节留守儿童服农药自杀事件作出批示，要求悲剧不能一再发生。农村留守儿童问题是我国社会转型发展中的一大问题，减少或预防留守儿童悲剧的再次发生，需要建立政府支持下社

---

① 卢安克：《农村需要我们，还是我们需要农村》，http://www.aisixiang.com/data/78248.html，2014 年 9 月 24 日。

会各界广泛参与、协同治理的机制。针对农村留守儿童问题产生的原因，要减少相关问题的出现，就需要监护、教育与亲情的"复位"抑或"补位"，为留守儿童健康发展提供最能满足他们需要的支持，同时还要加强乡村社会治理、重塑乡村社会秩序与文化，为留守儿童创造良好的外部成长环境。①

一、强化家长的主体监护与教育责任，政府积极提供辅助支持

在现代社会，儿童不只是家庭的私有物品，更是全社会的公共物品，他们是祖国未来的建设者和接班人。因此政府有责任和义务去保障每一位儿童的健康成长。一直以来，我们都在倡导建立健全政府主导、社会参与的农村留守儿童关爱服务体系。然而，对于儿童来说，他们最需要的是父母的亲情关怀和家庭教育，这是政府无论如何也无法包办代替的，家长应是孩子养育的第一责任人。当前一些家长在经济利益和家庭责任的天平上，偏向了经济利益。在家长的逻辑中，追求经济利益的最终目的是家庭生存，是为了家庭过上更好的生活。可是，当家庭把美好生活的梦想投放到遥远未来的时候，儿童当下的生活又该由谁来关照呢？如果儿童的心理受到了伤害、生命受到了迫害，在未来到来的时候，美好的生活还能属于他们吗？所以，为了未来过上美好的生活绝不应该成为家长推卸责任的理由，从儿童出生的那刻起，就意味着家长对孩子应该履行天然的道义责任，家长教育责任的忽视和丢弃不仅仅不能让儿童的身心获得健康的发展，也会让这个家庭在未来蒙受更大的损失，更会让整个社会承受这一外部性的代价。

《国家贫困地区儿童发展规划（2014～2020年）》明确指出，要强化父母和其他监护人的监护责任并提高其监护能力，加强家庭教育指导服务，引导外出务工家长以各种方式关心留守儿童。为此，我们建议：第一，家长要增强家庭责任意识和观念，减少夫妻双方外出的比例，尤其是要减少母亲外出的比例。如果无法保证母亲留在家乡，在外出时尽量将子女携带进城。第二，家长在外务工，要抽出时间多和孩子联系，不仅仅要关注孩子的学习，更要关注孩子的生活和情感需求；同时还要注意和学校、教师保持沟通，及时了解孩子情况。第三，政府要指导、支持、监督家庭切实履行家庭职责。可以通过立法手段，进一步明确家长的监护主体责任，对家庭养育缺失、缺位或失范的，要严格追究家长的法律责任；督促外出务工人员妥善安排好留守儿童的学习与生活，在劳务培训中增加相

---

① 邬志辉、李静美、陈昌盛：《农村留守儿童：现实状况与路径选择》，引自杨东平主编：《教育蓝皮书：中国教育发展报告（2016）》，社会科学文献出版社2016年版，第14～29页。

关法制教育内容，帮助农村外出务工人员知晓自己对子女抚养教育的法定责任和义务，增强家长作为第一监护人的责任意识；鼓励农民工返乡就业创业，尤其是女性农民工返乡，政府应优先安排她们就业，并同时给予困难户以更多的补助。例如，美国于1996年开始实施针对贫困儿童及家庭的TANF（Temporary Assistance for Needy Families）项目，由联邦与州政府共同承担资助资金，同时对项目申请人进行了条件限制与约束，防止申请人对救助金产生依赖，如要求救助金领取者必须完成一定时间的福利工作等。①

二、积极引导和发挥社会组织的作用，提高对留守儿童指导的针对性和专业性

当前我国留守儿童数量庞大与问题冗杂并存，很需要专门化和专业化地解决，这对于个体成长、家庭幸福、社会和谐有重要意义。这就需要在政府支持下，调动社会组织的广泛参与，提高留守儿童指导的针对性和专业性。通过借鉴国外和中国香港地区关于弱势儿童开展的工作，我们提出以下两点建议：

第一，以政府为主导，在农村地区设立留守儿童专门救助机构。政府作为国家发展的核心驱动力，对于社会问题的产生与解决具有不可推卸的责任。当前需要以政府为主导，通过专项资金的方式在农村地区设置救助留守儿童的专项机构，来满足留守儿童成长的基本生活与教育需求。救助站的具体内容应包括对留守儿童的基本生活救助，如饮食、医疗救助等；对留守儿童的心理救助，如积极的心理辅助与疏导等；对留守儿童的基本教育救助，如安全教育、法律教育等；对留守儿童的社会交往救助，如开展合适的娱乐社交活动等。以英国1994年实施的儿童城项目为例，儿童城是一个教育和培训类的慈善机构，其主要工作内容是对课后儿童进行看护。儿童城主要设立在英国种族成分较为复杂的落后社区，通过开展课后教育、体育及娱乐活动来对该社区弱势儿童的发展进行积极引导与帮助，经费由孩子父母、政府、信托基金、机构自身共同担负。② 再如，香港特区政府针对弱势儿童，直接出资设立救助中心，包括儿童及青年中心、综合青少年服务中心、综合家庭服务中心等。③

第二，通过政府购买社会服务，调动社会专业组织和机构的广泛参与，提高

---

① U. S. Department of Health & Human Services. *About TANF*，http：//www.acf.hhs.gov/programs/ofa/programs/tanf/about，Jun. 28，2017.

② Kids City. *Kids City Annual Report and Accounts* 2013，http：//www.kidscity.org.uk/，2013年12月31日。

③ 香港社会福利署：《服务单位名单》，http：//www.swd.gov.hk/，2015年11月12日。

留守儿童社会关爱的广泛性和专业性。党的十八届三中全会以来,强调多元主体合作、协同治理的新型政府管理模式已成为我国社会实践的主流。留守儿童问题并非政府能独立完善解决之事,通过购买社会服务,引入专业组织的力量,一方面能够减轻政府的负担,另一方面能够激发多种资源要素的活力,从而有利于更为全面地改善留守儿童的生存状况。例如,香港特区政府一方面建立了政府购买社会服务项目经费制度,并对承担社会服务的工作机构进行年度考核,考核不合格的机构则予以淘汰;另一方面,简化社会服务机构的行政审批手续,积极提供相关硬件措施,并大力提倡公众的广泛参与,以促成社会力量效用的最大化。①

第三,加强专业社工人才的培养力度,并把老年人社工与儿童社工工作有机地结合起来。目前,在社工人才培养上,我们比较重视老年社工专业人才培养,较为忽视儿童社工专业人才建设。面对城镇化的持续推进背景以及农村社会老龄化和低龄化并存的现实,统筹加强专门针对老年人和儿童的社工专业人才培养,并建立统筹化的专业服务机制,使老年人能有儿童陪伴,增加他们的幸福感,让儿童能有老人的照顾和关爱,提升家庭般的温馨与和谐,这既有助于双方的统筹照顾,更有助于提升专业社会工作服务对象的范围,提高规模效益,科学合理地应对农村留守老人和留守儿童的双重挑战。

三、创新农村教育课程,加强留守儿童的法制、安全和心理健康教育

英国社会学家、教育学家赫伯特·斯宾塞(Herbert Spencer)提出,教育是为人的未来美好生活做准备的活动。一个人所接受的教育,深刻地影响着他的健康成长和未来发展。然而,当前农村留守儿童面临着家庭教育缺位的窘境,因此学校教育在他们价值观形成、个性养成、健康成长方面的作用就显得尤为重要。

《国家贫困地区儿童发展规划(2014~2020年)》指出,"学校对留守儿童受教育实施全程管理,注重留守儿童心理健康教育和亲情关爱,及早发现和纠正个别留守儿童的不良行为"。为此,我们提出如下建议:第一,课程是学校实施教育的主要媒介,农村学校教育应改变以往过于注重知识教育、追求升学率的发展模式,针对留守儿童群体的特定需求,开设心理、安全、法制等课程,同时在当地司法机关、共青团、妇联、关工委等社会组织与团体的帮助下,开展相关课程延伸下的校园活动,使这些课程的学习能够真正为学生所用,成为他们安全生

---

① 民政部社会工作司著:《国外及港台地区社会工作发展报告》,中国社会出版社2010年版,第281页。

存、健康成长的助推力。第二，教师作为留守儿童成长的重要影响他人，在教学上要培养学生的探究精神、学习兴趣及勤奋刻苦的学习品质，促使留守儿童产生较高的学业成就动力与自信。马克斯·范梅南（Max Van Manen）认为："教育者在孩子更广阔的生活历史背景中理解孩子的学习和发展。这是教学活动的一个关键特点。确实，理解这些儿童的生活意义可能会引导我们在与儿童相处的关系中作出恰当的教育行动。"① 不仅仅是在教学活动中，在教育活动中同样适用。因而在生活上，教师要了解留守儿童的生活背景，走进他们的意义世界，努力成为他们价值的引领者、情感的分享者、关爱的给予者，帮助留守儿童建立积极的心理品质、生活信念并成为正能量的实践者。同时，尽可能地针对留守儿童的相关问题，及时和家长交流、沟通，获取家长的支持，共同促进留守儿童的健康发展。

四、加强农村社会治理，重塑农村社会秩序与文化，为留守儿童创造良好成长环境

解决留守儿童各类问题，除了关注留守儿童成长的内部影响主体之外，还要从外部环境入手，通过加强农村社会治理，重塑当前因人口流动而逐步解构的农村秩序与文化，来为留守儿童创造良好的成长氛围。为此，可以采取以下措施：第一，建立农村自然环境危机排查机制。由村委会等组织牵头对该地区危险自然区域进行标示，设立显著警示标语，并在学校等公共区域广泛宣传告知监护人及留守儿童本人，从而尽可能避免留守儿童意外伤亡事故的发生。第二，建立留守儿童邻里保障机制。邻里作为留守儿童生活中的主要接触人群之一，其对留守儿童的保护具有天然的优势和不可忽视的重要作用。留守儿童监护人要主动加强邻里沟通，邻里也应主动了解外出务工家庭留守儿童和老人的生活，发现留守儿童有异样，则需及时采取措施防止危害的出现或进一步扩大。第三，引入社会力量参与农村社会建设，激发乡土活力、重塑农村社会秩序与文化。城镇化的快速发展对于农村社会意味着各类资源的不断剥离与抽取，因而要想为留守儿童成长创造良好的文化环境，就需要政府大力引导社会力量的进驻，通过资源要素的回流激活乡土自身的文化发展活力。从已有的实践来看，以非政府组织等为代表的社会力量能够很好地促成乡村社会优质文化的形成，例如爱心传递慈善基金会的"蒲公英乡村图书馆"项目、西部阳光农村发展基金会的"驻校社工"与"阳光童趣园"等项目都对农村地区的文化发展与留守儿童成长产生了积极的影响。

---

① [加]马克斯·范梅南著：《教学机智：教育智慧的意蕴》，李树英译，教育科学出版社2001年版，第71~72页。

第六节 农村义务教育留守儿童问题解决的可能路径[①]

以往研究大致可分为农村留守儿童的宏观结构样态、中观政策支持、微观生存状态三类研究取向,这些研究反映了不同的研究思路和风格,为后来者提供了一定启发。然而,研究还存在三个不容忽视的缺憾:缺乏深度的思想挖掘、缺乏大数据的实证支持以及缺乏追踪的社会调查。笔者认为,农村留守儿童是一个重要的研究、政策和媒体话语,留守儿童研究需要寻找一些新的可能生长点。研究要反思"农村留守儿童是怎么产生的""农村留守儿童日常生活是什么样的""谁才是农村留守儿童"等前提性问题。目前在留守儿童基本状况的信息上还缺乏大数据的支撑,要建立农村留守儿童大数据的动态监测机制和中国农村留守儿童发布平台。跟踪研究行动可以获得留守经历对留守儿童发展状况的长期影响,有利于突破传统研究框架的限制,生成新的问题意识和知识,只是跟踪研究有难控性特征,要足够重视一些注意事项。在深入反思以往研究的基础上,尝试对当前农村留守儿童研究的理论框架寻找一些可能突破的方向和生长点,以便对留守儿童的研究和工作提供实质性的、可行性的帮助。

一、反思农村留守儿童家庭决策、日常描述和概念边界的前提性问题

目前,每年研究留守儿童的文献早已超过千篇且逐年增长,这些文献反映了不同的研究思路和风格,积累了政府决策所需要的信息和数据,给相关研究提供了一定启发。遗憾的是,它们却忽视了对一些前提性问题的追问和探讨,造成人们对留守儿童基本问题的认识和表达不清,并致使一系列衍生性的政策性和制度性困难。事实上,正是对这些问题的思考才构成了研究和行动的前提。

笔者认为,留守儿童研究首先要清楚"农村留守儿童是怎么产生的"这一关键问题。21世纪之初,随着工业化和城市化进程的加快,大量农村人口的向城性单向流动带来了大量留守儿童。户籍制度改革虽然让户籍本身作为一种形式已经失去意义,但附着在户籍身上的不平等公共服务和福利却作为一种社会屏蔽机

[①] 凡勇昆等:《农村留守儿童研究的学理反思与可能生长点》,载于《教育发展研究》2016年第20期,第47~51页。

制依然在起着身份区隔的作用。目前，农民工及其子女仍然无法真正实现身份流动和阶层流动，他们虽然离开了农村，但却无法融入城市中去，成为无家可归的原子化个人，形成了独特的城市二元社会。随着城镇化进程的加快和农民工市民化进程的滞后，作为社会弱势和弱小群体、家庭结构残缺化的承受者，留守儿童却要成为中国不完全城镇化发展的代价承受者，这也构成了城乡二元结构对农村家庭结构危机带来的挑战。这是目前学术界对留守儿童产生问题上的一种基本共识。不过，大多研究是基于宏观社会背景和时代条件分析的结果，缺乏微观机制的思考，特别是将一个家庭作为基本分析单元的研究方式还比较缺乏。如此一来，研究就很难深入到家庭内部的"小环境"来分析留守儿童父母的选择依据和困境。或许，在这个问题上我们可以再进一步追问：在同一社会下，为什么有的家庭儿童留守，而有的家庭选择将孩子随迁？或许有人认为，是家庭决策的结果，那么到底什么样的家庭才会作出这样的决策？是家庭境遇、家庭结构、父母人格还是其他？对以上问题的考察，将回答"作为社会细胞的家庭，在什么情况下会选择让孩子留守在家或随迁到外地"的疑惑，从而改变以往人们在此问题上采取的仅仅靠经验判断和猜测的弊端，以便在基于对农村家庭现实状况实证调查的基础上对留守儿童问题采取看病抓药。

若要深入了解农村留守儿童的处境，就必须长期深入他们的生活中去，"农村留守儿童日常生活是什么样的"是一个值得思考的问题。这大概包括了以下两个问题：家庭结构缺失对农村留守儿童意味着什么？我们如何去记录农村留守儿童这一群体的生命成长历程？鉴于长时期的留守经历给留守儿童可能带来的深远的不确定影响，我们有必要对一些留守儿童的日常生活开展较长时间的人类学研究工作，从他们的个人生活史和现实处境中获得以下问题的答案：家庭结构缺失对农村留守儿童意味着什么？我们怎样才能知道留守经历对留守儿童意味着什么？如何描绘农村留守儿童的心灵体验？在残缺家庭结构中成长的孩子，当其成年后与常人有何不同？其社会性行为会有怎样的变化？他们会如何对待社会？如何对待自己的下一代？等等。这些问题对于留守儿童研究至关重要，而通过较长时期的质的研究是获取信息的一个重要渠道。另外，我们如何去记录农村留守儿童这一群体的生命成长历程？如何去理解和读懂他们？要真正把握留守经历对于儿童的影响，就要深入他们的日常生活中，贴近他们的个体成长，甄别武断和虚妄的外衣，抽出反映客观事实的信息，否则我们对农村留守儿童的认识就可能趋于肤浅化、简单化，可能忽略问题的一些重要特征及其产生的核心机理。值得注意的是，真正熟知留守儿童言行和制度运行内在逻辑的人往往是沉默的大多数，他们或者没有知识，或者缺乏沟通渠道，总之，社会和政府较难听到这些人的声音。我们通过一系列方法了解留守儿童的日常生活，本身就是让"无声者发声"

的一个重要途径。

澄清"谁才是农村留守儿童"也是一个亟待确认的学术议题。对此，以往政策及其他报告中曾有着不同的回答，具有代表性的有："父母双方外出务工或一方外出务工另一方无监护能力、不满十六周岁的未成年人"[①] "农村留守儿童是指外出务工连续三个月以上的农民托留在户籍所在地家乡，由父、母单方或其他亲属监护接受义务教育的适龄儿童少年"[②] "父母双方或一方从农村流动到其他地区，孩子留在户籍所在地的农村地区，并因此不能和父母双方共同生活在一起的 0~17 岁儿童"[③] 等。从时间序列上来看，国务院的界定是距今时间最近、最权威的，却也是涵盖范围最含糊的一个，毕竟判断"有无监护能力"的标准本就是一个非常主观的概念。表面上这是一个政策问题，是一个依靠生活常识即可轻易判断的现象，实际上却是一个关系到生理学、社会学、教育学等学科基础的理论问题，作出这样的判断需要以严格的学理论证为基础。例如，留守时间这个问题在根本上是在"留守多长时间"对不同留守儿童可能造成什么样的影响上划定一个标准，它有利于指导我们将关爱重心放在何处，就目前多数研究认定的"三个月""六个月"而言，多是基于主观经验的认识，没有基于科学意义上的佐证。留守儿童边界的模糊不清，造成人们在实际工作中往往无法把握帮扶对象，并引发随之出现的责任推诿。综合而言，留守儿童识别的混乱主要集中在年龄、留守时间、父母双方还是单方外出等条件的限定上，我们建议相关部门基于农村留守儿童的发展状况尽快明晰这一问题，以便让大家真正看清"谁才是农村留守儿童"。

[①] 国务院：《关于加强农村留守儿童关爱保护工作的意见》，2016 年 2 月 14 日。

[②] 教育部：《2014 年全国教育事业发展统计公报》，2015 年 7 月 30 日。2015 年以后，教育部发布的年度统计公报删去了对留守儿童指标的注释。为了落实《国务院关于加强农村留守儿童关爱保护工作的意见》，2016 年 3 月，民政部、教育部、公安部在全国范围内对全国农村留守儿童情况进行了摸底排查，所采用的统计口径为"父母双方外出务工或一方外出务工另一方无监护能力、不满十六周岁"，主要依据是《预防未成年人犯罪法》第十九条"未成年人的父母或者其他监护人，不得让不满十六周岁的未成年人脱离监护单独居住"等有关规定。排查结果显示，按新统计口径，目前全国有农村留守儿童 902 万人。其中，由（外）祖父母监护的有 805 万人，占 89.3%；由亲戚朋友监护的有 30 万人，占 3.3%；一方外出务工另一方无监护能力的有 31 万人，占 3.4%；无人监护的有 36 万人，占 4%。从范围看，东部省份农村留守儿童有 87 万人，占全国总数的 9.65%；中部省份农村留守儿童有 463 万人，占全国总数的 51.33%；西部省份农村留守儿童有 352 万人，占全国总数的 39.02%。从省分分布来看，江西、四川、贵州、安徽、河南、湖南和湖北等省的农村留守儿童数量都在 70 万人以上，占全国总数的 67.7%。从年龄结构看，0~5 周岁、6（含）~13 周岁、14（含）~16 周岁的农村留守儿童分别为 250 万人、559 万人和 92 万人，分别占 27.8%、62.0% 和 10.2%。见王会贤：《全国共摸底排查出农村留守儿童 902 万人》，载于《公益时报》2016 年 11 月 15 日第 003 版。

[③] 全国妇联课题组：《全国农村留守儿童、城乡流动儿童状况研究报告》，载于《中国妇运》2013 年第 6 期，第 30~34 页。

二、建立农村留守儿童大数据的动态监测机制和信息发布平台

农村留守儿童数量极大,占据学龄儿童的比例极高,这对农村家庭、社会乃至中国未来构成了极大的威胁。可惜的是,目前我国还缺乏农村留守儿童的动态监测机制,缺少权威性的信息发布平台,人民获得的农村留守儿童信息多呈现碎片化特征,缺乏专门研究机构,研究力量不够且过于分散,很难做到集中力量解决重大问题,如今很多政策和措施的出台都出现"感性大于理性""经验多于实证"的现象。

不得不承认,目前在留守儿童基本状况信息上还缺乏大数据的支撑。虽然说有较多的调查研究,甚至有些研究选择了较大范围的抽样,但是这样的数据要么是一次性的截面数据,要么是样本数量太少、代表性较差,要么是监测指标设计不合理等。我们可以很容易找到关于农村留守儿童的定量数据,却发现很多研究成果不足以作为研究基础来使用,它们的代表性没有充分的说服力。以全国妇联课题组分别在 2008 年和 2013 年发布的两份报告为例,这应该是目前该领域比较有影响力的研究,对我国农村留守儿童的总体现状进行了较为科学的判断,涉及上百万的样本量,不过这两份报告的数据均以人口普查数据为重要来源,并非来源于实地调研。不得不承认,"对农村留守儿童的状况非常陌生"的基本事实让留守儿童研究和工作显得有些尴尬,基础信息的匮乏让人们难以对留守儿童工作做出有针对性和实效性的判断。这或许也是国务院提出"在 2016 年上半年开展一次全面的农村留守儿童摸底排查"的重要背景,试想如果有一个比较完备的农村留守儿童信息采集系统,估计也就不需要劳烦民政部亲自来开展这样的调查了。

设计留守儿童动态监测指标体系是非常关键的一步。为全面了解我国农村留守儿童的真实状况,在开发中国农村留守儿童动态监测指标体系时要将留守儿童的身体健康、心理保健、人身安全、学习成就、生活习惯、情感态度、德行养成、法律意识、社会化程度等内容作为重点考察对象。为了更好地把握留守儿童的基本特征,研究可对留守儿童进行"内外双重性"的类型化处理:其一,区分留守儿童与非留守儿童;其二,区分不同性别、年龄、区域、家庭结构、家庭收入、家庭文化资本、监护类型、留守时间、留守模式以及是否寄宿学校的留守儿童等。

基于此,我们有必要建立留守儿童的大数据采集系统,通过问卷和访谈调查、参与观察、个人生活史等研究方法收集信息。为了使调查样本具有较好的代

表性，调查不仅覆盖留守儿童分布集中的中、西部地区，也对东部一些集中区域进行研究。有必要依据农村留守儿童人口分布特征，从东、中、西部选取10个左右有代表性的省份进行抽样调查。如果可能的话，可设计"中国留守儿童动态监测数据库"，联合教育管理部门、研究机构和个人参与留守儿童调查活动，形成实时的数据采集系统。

在成果的组织上，可采取类似《中国农村留守儿童白皮书》的形式展现，以年度为单位定期出版。为了使动态监测数据产生较大的效益，要建立中国农村留守儿童状态数据发布平台，组织政府、研究机构和新闻媒体召开年度"留守儿童研究专题新闻发布会"，为全社会提供留守儿童动态变化信息。我们需要超越由热点新闻制造的"激情式"关注和"用灾难掩盖灾难"的"问题解决模式"，提高他们的社会能见度，使主流社会能够看见这一庞大的教育边缘化群体。[①] 积极引导社会公众对留守儿童的客观辩证认知，产生良好的学术与社会影响。只有这样，才能够不断促进形成中国本土的留守儿童学术话语和理论体系，才能够产生具有世界影响力的研究成果。

三、开展针对留守儿童生活状况的跟踪研究行动

除此之外，还有一个研究值得深入开展，即针对留守儿童生活状况的跟踪研究。对于动态监测和跟踪研究而言，如果说前者追求的是研究对象的代表性的话，那么后者追求的则是研究对象的典型意义，质的研究的最大意义并非追求代表性，而是对某一个类型进行深挖进而掌握其内在运行逻辑[②]；前者是在某一个时间点对研究对象横切面信息的采集，后者是延绵几年、十几年甚至几十年的较长时间的纵向数据分析；前者以定量数据采集为主，后者则既可以对小社区内的某些群体开展质的研究，也可以设计一些调查工具收集数据。

为什么要开展农村留守儿童的跟踪研究呢？首先，可以获得留守经历对留守儿童发展状况的长期影响。以往研究通常会有一些结论，例如留守儿童学习成绩差、身心发展不健全等，但是这些结果缺乏纵向数据和信息的验证，难以真正找到引起留守儿童问题的原因。与通过回溯性资料来达到时间上前后变化及借用数理统计判断因果关系不同，追踪研究则是通过对"同一组对象"在前后多个不同的时间点上进行调查，收集同一组对象在不同时间点的资料，来达到因果分析中

---

① 杨东平：《如何破解中国留守儿童之殇》，http：//cul.qq.com/a/20150625/040263.htm，2015年6月25日。
② 王宁：《代表性还是典型性？——个案的属性与个案研究方法的逻辑基础》，载于《社会学研究》2002年第5期，第123~125页。

"因在前、果在后"的逻辑要求。① 可以想象，通过我们对一些留守儿童的追踪，30 年后的研究发现会多么震撼，我们可以看到如今许多的研究结论和针对性举措是多么的必要或可笑。另外，跟踪研究有利于突破传统研究框架的限制，生成新的问题意识和知识。以往的研究缺乏深度的思想挖掘，大多是简单应对式的、无根的，对农村留守儿童体验到的家庭结构、父母角色、社会目光等社会问题缺少深刻剖析。通过全面与历史性地记录日常生活中的农村留守儿童发展状况，深入解读城乡二元结构与农村家庭结构危机、乡村文化和教育衰落、伴随社会结构断裂可能引发的社会危机等问题。

到底应该如何开展跟踪研究呢？笔者认为基于处于复杂、剧变的社会变迁中的农村留守儿童，研究可聚焦在农村留守儿童的基本发展状况、关爱工作开展、日常家庭生活等研究议题上，通过对追踪指标与监测工具设计、数据采集以及数据挖掘三个方面，立足实证调查和理论研究、主位与客位相结合的方法论，在不同区域选择 3~5 个区县开展追踪研究。在追踪研究中，可以综合使用问卷调查、访谈调查、个人生活史等研究方法。追踪研究要求对同一组农村留守儿童在多个不同的时间点上进行调查，纵跨很多年收集资料，然后通过对前后几次调查所得资料的统计分析来探索变化特征和因果关系。

基于跟踪研究本身所具有的难控性，笔者认为有一些要点有必要给予足够的重视。第一，研究可采用随机抽样、分层抽样和便利抽样相结合的方式进行。研究应该尽量选择那些既与所研究的问题或现象密切相关，又容易进入、容易观察的地点。在选取区县时可采取便利抽样方式，样本既要具有较强的典型性，又要有比较熟悉的"守门员"。在县域内，可采用分层抽样方式把义务教育阶段学校分为城关镇、乡镇和乡村三个层级，然后从各个层级随机抽取若干学校，在这些学校的各个年级随机抽取若干留守儿童。研究对象分为实验组和对照组各 500 人，分别由留守儿童和非留守儿童组成。第二，对于较为明显的留守儿童伤害与被伤害事件的出现，要及时与相关人取得联系并开展及时追踪，必要时要随时来到区县境内，挖掘事件发生的脉络及其原因。第三，要为每位调查对象建立独立档案，记录和及时更新调查对象本人、班主任和重要监护人的 QQ、微信、手机、家庭地址等联系方式，通过信息平台建立"追踪研究群"加强相互联系，以便加深这些人对研究本身的印象以及与研究团队之间的熟悉程度。第四，虽然追踪研究的损耗率没有明确规定，但是按照追踪研究本身的特征以及惯例，有效追踪率

---

① 风笑天：《追踪研究：方法论意义及其实施》，载于《华中师范大学学报》2006 年第 6 期，第 43~47 页。

要严格控制在 2/3 以上①，如果小于这个比例则极有可能损失掉一部分具有共同特征的对象，造成被追踪到的总体在某些变量上出现偏差。第五，在固定的一段时期内，调查的次数越多对研究的价值就越大，但也会花费更多的时间、经费成本。英国最近推出的一部名为《56UP》的纪录片，通过对 14 名儿童从 7 岁记录到 56 岁的跟踪，探索了英国社会不平等以及阶层流动的情况。著名的《大萧条的孩子们》《国民收入动态追踪研究》（PSID）等也大致相似。对于留守儿童研究可以采用 10 年期限，每次调查间隔 2 年，这样既能够有效观察到儿童的纵向变化特征，也不至于使研究过程过于拖沓。如果能够借助一定的经费资助，研究期限最好能够再次延长至 20 年甚至更长，当然，如此一来研究投入会更高，难度也更大。

---

① 风笑天：《追踪研究：方法论意义及其实施》，载于《华中师范大学学报》2006 年第 6 期，第 43~47 页。

参考文献

[1] [美] 阿历克斯·英格尔斯著：《人的现代化——心理、思想、态度、行为》，殷陆君编译，四川人民出版社1985年版。

[2] [美] 阿瑟·刘易斯著：《二元经济论》，施炜等译，北京经济学院出版社1989年版。

[3] [法] 埃米尔·迪尔凯姆著：《自杀论》，冯韵文译，商务印书馆1996年版。

[4] [美] 爱德华·格莱泽著：《城市的胜利：城市如何让我们变得更加富有、智慧、绝色、健康和幸福》，刘润泉译，上海社会科学院出版社2012年版。

[5] 安晓敏著：《义务教育公平指标体系研究——基于县域内义务教育校际差距的实证分析》，教育科学出版社2012年版。

[6] 安雪慧：《县域内城乡义务教育教师资源配置差异和政策建议》，载于《教育发展研究》2013年第8期。

[7] 包云岗：《浅谈产业界与学术界的合作研究》，载于《中国计算机学会通讯》2014年第5期。

[8] [美] 保罗·诺克斯、史蒂文·平奇著：《城市社会地理学导论》，柴彦威、张景秋等译，商务印书馆2005年版。

[9] [美] 彼得·德鲁克著：《管理实践》，毛忠明等译，译文出版社1999年版。

[10] [美] 布赖恩·贝利著：《比较城市化——20世纪的不同道路》，顾朝林等译，商务印书馆2010年版。

[11] [美] 布罗姆利著：《经济利益与经济制度》，陈郁、郭宇峰、汪春译，上海三联书店2012年版。

[12] 蔡春驰：《融合教育课程：内涵、缘由及策略》，载于《教育发展研究》2012年第12期。

[13] 蔡昉、杨涛：《城乡收入差距的政治经济学》，载于《中国社会科学》

2000年第4期。

[14] 蔡祥焜、李瑾、魏艳丽、孙静、霍军生：《农村寄宿制学校初一学生认知能力状况》，载于《中国学校卫生》2015年第8期。

[15] 曹宗平著：《中国城镇化之路——基于聚集经济理论的一个新视角》，人民出版社2009年版。

[16] 陈宏彩著：《效能政府建设的框架体系与运行机制研究》，人民出版社2009年版。

[17] 陈江涛：《从经费视野看城乡义务教育均衡发展》，载于《教育与教学研究》2009年第12期。

[18] 陈金干：《城镇化进程中农村基础教育问题探究》，载于《中国教育学刊》2009年第12期。

[19] 陈立鹏、郭晶：《我国现行异地高考政策分析》，载于《国家教育行政学院学报》2013年第4期。

[20] 陈心想：《走出乡土——阅读费孝通〈乡土中国〉札记之一》，载于《书屋》2015年第2期。

[21] 陈彦光：《城市化水平增长曲线的类型、分段和研究方法》，载于《地理科学》2012年第1期。

[22] 陈油华、曾水兵：《城镇化背景下城区义务教育师资困境与出路——基于江西省N（市辖）区的调查分析》，载于《教育探索》2016年第2期。

[23] 陈友华、方长春：《社会分层与教育分流——一项对义务教育阶段"划区就近入学"等制度安排公平性的实证研究》，载于《江苏社会科学》2007年第1期。

[24] 陈在余：《中国农村留守儿童营养与健康状况分析》，载于《中国人口科学》2009年第5期。

[25] 程文浩、卢大鹏：《中国财政供养的规模及影响变量——基于十年机构改革的经验》，载于《中国社会科学》2010年第2期。

[26] 程仙平：《城乡文化差异与城市农民工子女学校融入问题探析》，载于《教育理论与实践》2011年第12期。

[27] 迟福林：《政府转型与基本公共服务》，载于《新华文摘》2009年第12期。

[28] 迟福林、殷仲义著：《城市化时代的转型与改革：城市化与城乡一体化的新趋势、新挑战、新突破》，华文出版社2010年版。

[29] 迟福林、殷仲义著：《中国农村改革新起点——基本公共服务均等化与城乡一体化》，中国经济出版社2009年版。

[30] 褚宏启：《城乡教育一体化：体系重构与制度创新》，载于《教育研究》2009年第11期。

[31] 褚宏启：《教育制度改革与城乡教育一体化——打破城乡教育二元结构的制度瓶颈》，载于《教育研究》2010年第11期。

[32] 褚宏启、赵茜等著：《城镇化进程中的教育变革》，教育科学出版社2016年版。

[33] [美] 戴维·B. 秦亚克著：《一种最佳体制：美国城市教育史》，赵立玮译，上海人民出版社2010年版。

[34] [美] 戴维·L. 韦默著：《制度设计》，费方城、朱宝钦译，上海财经大学出版社2004年版。

[35] [美] 戴维·奥斯本、彼得·普拉斯特里克著：《再造政府：政府改革的五项战略》，谭功荣、刘霞译，中国人民大学出版社2014年版。

[36] [美] 戴维·奥斯本、特德·盖布勒著：《改革政府：企业家精神如何改革着公共部门》，周敦仁等译，上海译文出版社2006年版。

[37] [美] 丹尼尔·U. 莱文、瑞依娜·F. 莱文著：《教育社会学（第九版）》，褚宏启、郭锋、黄雯等译，中国人民大学出版社2009年版。

[38] [美] 道格拉斯·C. 诺思著：《制度、制度变迁与经济绩效》，杭行译，格致出版社2008年版。

[39] [加] 道格·桑德斯著：《落脚城市：最后的人类大迁徙与我们的未来》，陈信宏译，上海译文出版社2014年版。

[40] 丁国光：《意大利城乡一体化调查》，载于《农村财务与财政》2008年第7期。

[41] 丁延庆、王绍达、叶晓阳：《为什么有些地方政府撤并了更多农村学校？》，载于《教育经济评论》2016年第4期。

[42] 董世华：《寄宿制学校：实现山区县域义务教育均衡发展的最佳选择——基于湖北、江西两省6个山区县（市）的调查数据》，载于《现代教育管理》2011年第10期。

[43] 董世华：《价值拓展：促进农村寄宿制学校内涵发展的路径选择》，载于《当代教育论坛》2015年第4期。

[44] 董世华：《农村寄宿制中小学发展的历史沿革与反思》，载于《当代教育论坛》2014年第1期。

[45] 董世华：《我国农村寄宿制学校发展趋势及特征的实证分析——基于五省部分县（市）的调查数据》，载于《现代教育管理》2013年第3期。

[46] 董世华著：《我国农村寄宿制学校问题研究》，中国社会科学出版社

2015 年版。

[47] 董燕：《农村中小学校长变革型领导力问题的研究》，载于《教育现代化》2017 年第 8 期。

[48] 杜丹清：《互联网助推消费升级的动力机制研究》，载于《经济学家》2017 年第 3 期。

[49] 杜晓利：《我国中小学教师工资水平的比较分析与若干建议》，载于《中国教育学刊》2015 年第 4 期。

[50] 段成荣等：《城市化背景下农村留守儿童的家庭教育与学校教育》，载于《北京大学教育评论》2014 年第 4 期。

[51] 段成荣等：《我国农村留守儿童生存和发展基本状况》，载于《人口学刊》2013 年第 3 期。

[52] 段成荣、王文录、王太元：《户籍制度 50 年》，载于《人口研究》2008 年第 1 期。

[53] 凡勇昆：《农村留守儿童关爱应有新思维：类型论·时空论·适应论》，载于《教育发展研究》2015 年第 20 期。

[54] 凡勇昆等：《农村留守儿童研究的学理反思与可能生长点》，载于《教育发展研究》2016 年第 20 期。

[55] 凡勇昆、邬志辉：《我国城乡义务教育资源均衡发展研究报告——基于东、中、西部 8 省 17 个区（市、县）的实地调查分析》，载于《教育研究》2014 年第 11 期。

[56] 樊纲、胡永泰：《"循序渐进"还是"平行推进"？——论体制转轨最优路径的理论与政策》，载于《经济研究》2005 年第 1 期。

[57] 范芬芬著：《流动中国：迁移、国家和家庭》，邱幼云、黄河译，社会科学文献出版社 2013 年版。

[58] 范先佐：《关于农村"留守儿童"教育公平问题的调查分析及政策建议》，载于《湖南师范大学教育科学学报》2008 年第 6 期。

[59] 范先佐、郭清扬：《我国农村中小学布局调整的成效、问题及对策——基于中西部地区 6 省区的调查与分析》，载于《教育研究》2009 年第 1 期。

[60] 范先佐、郭清杨：《农村留守儿童教育问题的回顾与反思》，载于《中国农业大学学报（社会科学版）》2015 年第 1 期。

[61] 范先佐、彭湃：《农民工子女义务教育经费保障机制构想》，载于《中国教育学刊》2009 年第 3 期。

[62] 范先佐著：《中国中西部地区农村中小学合理布局结构研究：基于对中西部地区 6 省区 38 个县市 177 个乡镇的调查与分析》，中国社会科学出版社

2009 年版。

[63] 费孝通：《人的研究在中国——个人的经历》，载于《读书》1990 年第 9 期。

[64] 费孝通著：《乡土中国 生育制度》，北京大学出版社 1998 年版。

[65] 费孝通著：《中国城镇化道路》，内蒙古人民出版社 2010 年版。

[66] 风笑天：《追踪研究：方法论意义及其实施》，载于《华中师范大学学报》2006 年第 6 期。

[67] 付波航、方齐云、宋德勇：《城镇化、人口年龄结构与居民消费——基于省际动态面板的实证研究》，载于《中国人口·资源与环境》2013 年第 11 期。

[68] 傅松涛、赵建玲：《美国城乡教育机会均等与"农村教育成就项目"》，载于《外国教育研究》2006 年第 3 期。

[69] 傅维利、刘伟：《学校规模调控的依据与改进对策》，载于《教育研究》2013 年第 1 期。

[70] 高书国著：《中国城乡教育转型模式》，北京师范大学出版社 2006 年版。

[71] 官希魁：《中国现行户籍制度透视》，载于《社会科学》1989 年第 2 期。

[72] 龚向和著：《受教育权论》，中国人民公安大学出版社 2004 年版。

[73] 辜胜阻、易善策、李华：《城镇化进程中农村留守儿童问题及对策》，载于《教育研究》2011 年第 9 期。

[74] 顾明远主编：《教育大辞典》，上海教育出版社 1997 年版。

[75] 郭丛斌著：《教育与代际流动》，北京大学出版社 2009 年版。

[76] 郭少榕：《城镇化背景下我国农村基础教育优化发展的政策思考——以福建等地为例》，载于《教育研究》2011 年第 12 期。

[77] 郭咸纲著：《西方管理思想史》，经济管理出版社 2007 年版。

[78] 国家统计局城市社会经济调查司：《中国城市统计年鉴（2012～2021）》，中国统计出版社 2013～2022 年版。

[79] 国家卫生和计划生育委员会流动人口司编：《中国流动人口发展报告 2011～2018》，中国人口出版社 2011～2018 年版。

[80] 国家行政学院经济学教研部著：《中国供给侧结构性改革》，人民出版社 2016 年版。

[81] 国家质量技术监督局、中华人民共和国建设部：《中华人民共和国国家标准——GB/T 50280—98：城市规划基本术语标准》，中国建筑工业出版社 1999 年版。

[82] 国务院发展研究中心课题组：《着力实现质量与水平同步提升——城

镇化经验的国际比较与启示》，载于《中国发展观察》2014年第7期。

[83] 国务院发展研究中心课题组著：《中国新型城镇化：道路、模式和政策》，中国发展出版社2014年版。

[84] 国务院法制办公室著：《中华人民共和国土地管理法注解与配套（第三版）》，中国法制出版社2016年版。

[85] 哈巍、余韧哲：《学校改革，价值几何——基于北京市义务教育综合改革的"学区房"溢价估计》，载于《北京大学教育评论》2017年第3期。

[86] 韩宗礼：《试论教育资源的效率》，载于《河北大学学报（哲学社会科学版）》1982年第4期。

[87] 郝文武：《论城镇化进程中的农村学校布局问题》，载于《教育研究》2011年第3期。

[88] 何菊莲、李军、赵丹：《高等教育人力资本促进产业结构优化升级的实证研究》，载于《教育与经济》2013年第2期。

[89] 何芸：《二元分割与行业收入不平等——基于二元劳动力市场分割理论的分析》，载于《经济问题探索》2015年第1期。

[90] 贺芬：《我国中小学"大班额"现象的破解策略》，载于《教学与管理》2012年第4期。

[91] 贺芬：《中小学"大班额"现象分析》，载于《教育评论》2012年第2期。

[92] ［挪］贺美德、鲁纳编著：《"自我"中国：现代中国社会中个体的崛起》，许烨芳等译，上海译文出版社2011年版。

[93] 贺雪峰著：《城市化的中国道路》，东方出版社2014年版。

[94] ［德］赫尔穆特·博特著：《今日的城市性》，刘涟涟、蒋薇摘译，载于《国际城市规划》2010年第4期。

[95] 洪阳、叶文虎：《可持续环境承载力的度量及其应用》，载于《中国人口·资源与环境》1998年第3期。

[96] 胡鞍钢：《从计划体制转向市场机制：对中国就业政策的评估（1949～2001年）（上）》，载于《国情报告（第五卷）》2002年（上）。

[97] 胡恒钊、文丽娟：《城镇化进程中农民工流动子女教育的断链与衔接》，载于《学术论坛》2015年第6期。

[98] 胡锦涛：《坚定不移沿着中国特色社会主义道路前进为全面建成小康社会而奋斗——在中国共产党第十八次全国代表大会上的报告》，载于《求是》2012年第22期。

[99] 胡俊生、李期：《城市让教育更美好——再论城镇化进程中的农村教

育》,载于《当代教育与文化》2012年第6期。

[100] 胡俊生、司晓虹:《农村教育城镇化的路径选择——"平原模式"与"柯城模式"浅析》,载于《北京大学教育评论》2009年第3期。

[101] 胡平平、张守祥著:《农村义务教育投入保障机制及管理体制问题研究》,科学出版社2007年版。

[102] 胡序威:《论城镇化的概念内涵和规律性》,载于《城市与区域规划研究》2008年第2期。

[103] 黄佳平:《教育产业领域中借鉴、运用BOT模式的实践与思考》,载于《国家教育行政学院学报》2005年第3期。

[104] 黄建辉:《城区义务教育学校大班额问题成因及其化解》,载于《教学与管理》2014年第31期。

[105] 黄建辉:《城市中小学教育用地问题探析》,载于《教学与管理》2014年第1期。

[106] 黄麟雅:《义务教育阶段城区学校大班额现象探究》,载于《亚太教育》2015年第30期。

[107] 黄荣清:《城市人口研究的视点》,载于《市场与人口分析》2003年第1期。

[108] 黄兆信:《农民工随迁子女融合教育:互动与融合》,载于《教育研究》2014年第10期。

[109] 黄宗智:《中国过去和现在的基本经济单位:家庭还是个人?》,载于《人民论坛·学术前沿》2012年第1期。

[110] [美]贾雷德·戴蒙德著:《枪炮、病菌与钢铁:人类社会的命运(修订版)》,谢延光译,上海译文出版社2014年版。

[111] [美]贾雷德·戴蒙德著:《为什么有的国家富裕,有的国家贫穷》,栾奇译,中信出版社2017年版。

[112] 贾勇宏、曾新:《农村中小学布局调整对教育起点公平的负面影响——基于全国9省(区)的调查》,载于《华中师范大学学报(人文社会科学版)》2012年第3期。

[113] 姜超、邬志辉:《教师编制银行——城镇化背景下义务教育教师编制配置的新机制》,载于《基础教育》2015年第6期。

[114] 姜超、邬志辉:《新型城镇化对义务教育管理的挑战与回应》,载于《基础教育》2016年第2期。

[115] 姜美玲:《教育公共治理的国际经验及其启示——加拿大、日本教育公共治理考察报告》,载于《世界教育信息》2010年第6期。

[116] 蒋嵘涛：《论城市化进程中城乡教育资源整合》，载于《求索》2004年第8期。

[117] 教育部财务司、国家统计局人口和社会科技统计局编：《中国教育经费统计年鉴2001~2021》，中国统计出版社2002~2022年版。

[118] [英] 杰瑞·斯托克：《地方治理研究：范式、理论与启示》，载于《浙江大学学报（人文社会科学版）》2007年第2期。

[119] 靳希斌著：《教育经济学》，人民教育出版社2009年版。

[120] 靳玉乐著：《教育资源配置与结构调整研究》，重庆出版社2011年版。

[121] 蓝建：《城乡二元结构与发展中国家教育》，载于《教育研究》2008年第8期。

[122] 劳动科学研究所课题组：《产业结构调整要有效促进就业增长》，载于《中国劳动》2012年第3期。

[123] [英] 雷蒙·威廉斯著：《乡村与城市》，韩子满、刘戈、徐珊珊译，商务印书馆2013年版。

[124] 雷万鹏：《寻求义务教育均衡发展的新机制》，载于《教育研究与实验》2006年第2期。

[125] 雷万鹏：《义务教育学校布局：影响因素与政策选择》，载于《华中师范大学学报（人文社会科学版）》2010年第5期。

[126] 雷万鹏、汪传艳：《农民工随迁子女"入学门槛"的合理性研究》，载于《教育发展研究》2012年第24期。

[127] 雷万鹏、杨帆：《对留守儿童问题的基本判断与政策选择》，载于《教育研究与实验》2009年第2期。

[128] 雷万鹏、张雪艳：《论农村小规模学校的分类发展政策》，载于《教育研究与实验》2011年第6期。

[129] 黎婉勤：《三十多年来我国教师教育发展的特点和趋势——基于政策文本的视角》，载于《河北师范大学学报（教育科学版）》2015年第2期。

[130] 李传健：《刘易斯二元经济模型与我国城乡一体化发展——以模型的局限性为分析视角》，载于《经济问题探索》2010年第3期。

[131] 李春玲：《社会政治变迁与教育机会不平等——家庭背景及制度因素对教育获得的影响（1940~2001）》，载于《中国社会科学》2003年第3期。

[132] 李慧芳、孙津：《城乡统筹中新型城市形态创制的要素关系》，载于《中国人口·资源与环境》2008年第2期。

[133] 李捷、苏磊、张新海：《中部地区城镇中小学建设：问题、经验与对策——以河南省为例》，载于《教育探索》2016年第7期。

[134] 李静美、邬志辉：《当前城镇义务教育学校大班额的问题及其治理》，载于《教育发展研究》2017年第8期。

[135] 李克强：《协调推进城镇化是实现现代化的重大战略选择》，载于《新华文摘》2013年第1期。

[136] 李培林、陈光金、张翼主编：《社会蓝皮书：2016年中国社会形势分析与预测》，社会科学文献出版社2016年版。

[137] 李培林著：《社会改革与社会治理》，社会科学文献出版社2014年版。

[138] 李强等著：《城镇化进程中的重大社会问题及其对策研究》，经济科学出版社2009年版。

[139] 李强等著：《多元城镇化与中国发展：战略及推进模式研究》，社会科学文献出版社2013年版。

[140] 李强、王昊：《什么是人的城镇化？》，载于《南京农业大学学报（社会科学版）》2017年第2期。

[141] 李善民、张媛春：《制度环境、交易规则与控制权协议转让的效率》，载于《经济研究》2009年第5期。

[142] 李少元：《城镇化的挑战与农村教育决策的应对》，载于《东北师大学报（哲学社会科学版）》2003年第1版。

[143] 李铁、乔润令等著：《城镇化改革的地方实践》，中国发展出版社2013年版。

[144] 李铁、乔润令等著：《城镇化进程中的城乡关系》，中国发展出版社2013年版。

[145] 李铁、邱爱军著：《促进城镇健康发展的规划研究》，中国发展出版社2013年版。

[146] 李铁著：《城镇化是一次全面深刻的社会变革》，中国发展出版社2013年版。

[147] 李铁著：《我所理解的城市》，中国发展出版社2013年版。

[148] 李晓江、郑德高：《人口城镇化特征与国家城镇体系构建》，载于《城市规划学刊》2017年第1期。

[149] 李训著：《激励机制与效率——公平偏好理论视角的研究》，经济管理出版社2007年版。

[150] 李鹰：《中小学特色办学：内涵、误区与路径》，载于《山东师范大学学报（人文社会科学版）》2017年第4期。

[151] 李煜伟、郭淑婷著：《新型城镇化与教育支持》，广东经济出版社2014年版。

[152] 李跃雪、邬志辉：《美国关于转学经历对学生影响的研究综述》，载于《比较教育研究》2015 年第 7 期。

[153] 厉以宁：《论城乡二元体制改革》，载于《北京大学学报（哲学社会科学版）》2008 年第 2 期。

[154] 厉以宁、艾丰、石军著：《中国新型城镇化概论》，中国工人出版社 2014 年版。

[155] [美] 利奥尼德·赫维茨、斯坦利·瑞特著：《经济机制研究》，田国强等译，格致出版社 2009 年版。

[156] 联合国开发计划署编：《2009 年人类发展报告——跨越障碍：人员流动与发展》，刘民权、王素霞、夏君译，中国财政经济出版社 2009 年版。

[157] [美] 威廉·N. 邓恩著：《公共政策分析导论》，谢明等译，中国人民大学出版社 2002 年版。

[158] 梁文泉、陆铭：《城市人力资本的分化：探索不同技能劳动者的互补和空间集聚》，载于《经济社会体制比较》2015 年第 3 期。

[159] 林家彬、王大伟等著：《城市病：中国城市病的制度性根源与对策研究》，中国发展出版社 2012 年版。

[160] 林毅夫、蔡昉、李周著：《充分信息与国有企业改革》，格致出版社 2014 年版。

[161] 刘成玉、蔡定昆：《教育公平：内涵、标准与实现路径》，载于《教育与经济》2009 年第 3 期。

[162] 刘厚金：《公共服务财权配置的问题分析与改革策略》，载于《新华文摘》2009 年第 24 期。

[163] 刘辉：《发达城市影子教育的发展：调查与反思——以广州市为例》，载于《当代教育科学》2014 年第 21 期。

[164] 刘俊贵、王鑫鑫：《农民工随迁子女义务教育经费保障问题及对策研究》，载于《教育研究》2013 年第 9 期。

[165] 刘利民：《城镇化背景下的农村义务教育》，载于《求是》2012 年第 23 期。

[166] 刘利民：《建立健全农村留守儿童关爱服务体系》，载于《中国农村教育》2012 年第 1 期。

[167] 刘利平、刘春平：《我国中西部农村中小学校长领导风格探析——基于"农村校长助力工程"新疆师范大学培训班学员的调查》，载于《天津师范大学学报（基础教育版）》2015 年第 2 期。

[168] 刘善槐：《我国城镇义务教育学校布局调整研究》，载于《教育研究》

2015 年第 11 期。

[169] 刘善槐、邬志辉:《农民工随迁子女普惠性民办校发展的困境与政策应对》,载于《华中师范大学学报(人文社会科学版)》2015 年第 5 期。

[170] 刘善槐、邬志辉:《新城镇化背景下我国农村教师的核心问题与政策应对》,载于《东北师大学报(哲学社会科学版)》2014 年第 5 期。

[171] 刘善槐、邬志辉、史宁中:《我国农村学校教师编制测算模型研究》,载于《教育研究》2014 年第 5 期。

[172] 刘慎松、范菠:《促进教育均衡发展化解"大班额"难题》,载于《中国财政》2014 年第 10 期。

[173] 刘诗波、郑显亮、胡宏新:《农村寄宿制学校留守儿童家庭教育功能补偿探索——以江西 A 县 B 县小学的实践为例》,载于《中国教育学刊》2014 年第 10 期。

[174] 刘爽、郎放:《大班额之弊及其应对策略》,载于《现代教育科学》2013 年第 10 期。

[175] 刘希娅:《破解大班额真的没有办法吗》,载于《人民教育》2015 年第 7 期。

[176] 刘霞:《义务教育阶段城镇学校大班额现象探究》,载于《科教文汇(上旬刊)》2014 年第 11 期。

[177] 刘欣:《农村中小学布局调整与寄宿制学校建设》,载于《教育与经济》2006 年第 1 期。

[178] [美] 刘易斯·芒福德著:《城市发展史——起源、演变和前景》,宋峻岭、倪文彦译,中国建筑工业出版社 2003 年版。

[179] 刘永新:《实现教育均衡发展解决城镇学校大班额问题》,载于《中国财政》2016 年第 20 期。

[180] 刘振杰:《乡城人口流动背景下义务教育均衡发展规划布局研究——基于河南部分地市的调查》,载于《城市发展研究》2010 年第 10 期。

[181] 刘自强、李静、鲁奇:《41 个国家城乡发展演变规律总结与变革的临界点分析》,载于《世界地理研究》2008 年第 3 期。

[182] 卢海弘:《班级规模变小,学生成绩更好?——美国对缩小班级规模与学生成绩之关系的理论与实验研究述评》,载于《比较教育研究》2001 年第 10 期。

[183] 陆铭、蒋仕卿:《反思教育产业化的反思:有效利用教育资源的理论与政策》,载于《世界经济》2007 年第 5 期。

[184] 陆学艺:《统筹城乡发展破解"三农"难题》,载于《半月谈》2004

年第 4 期。

[185] 陆益龙：《后乡土中国的基本问题及其出路》，载于《社会科学研究》2015 年第 1 期。

[186] 吕绍清著：《留守还是流动？——"民工潮"中的儿童研究》，中国农业出版社 2007 年版。

[187] 罗清澄：《安徽省城镇特点和城镇化问题初探》，载于《城市规划》1981 年第 3 期。

[188] 马斌著：《政府间关系：权力配置与地方治理——基于省市县政府间关系的研究》，浙江大学出版社 2009 年版。

[189] 马诚云：《管理育人理论与实践的几点思考》，载于《普教研究》1996 年第 1 期。

[190] 马佳宏、熊虎、孟骁枭：《义务教育学校"大班额"的危害、成因与对策——基于广西的分析与思考》，载于《广西师范大学学报（哲学社会科学版）》2016 年第 4 期。

[191] 马凯：《中国特色城镇化道路的重点任务》，载于《新华文摘》2013 年第 1 期。

[192] 马凯：《以转变政府职能为核心深化行政管理体制改革》，载于《新华文摘》2009 年第 2 期。

[193] ［加］马克斯·范梅南著：《教学机智：教育智慧的意蕴》，李树英译，教育科学出版社 2001 年版。

[194] ［美］迈克尔·P. 托达罗著：《经济发展与第三世界》，印金强、赵荣美等译，中国经济出版社 1992 年版。

[195] ［美］曼瑟尔·奥尔森著：《集体行动的逻辑》，陈郁、郭宇峰、李崇新译，上海人民出版社 1995 年版。

[196] 孟祥林、王印传著：《新型城乡形态下的农村城镇化问题》，经济科学出版社 2011 年版。

[197] 民政部社会工作司著：《国外及港台地区社会工作发展报告》，中国社会出版社 2010 年版。

[198] ［美］摩尔根著：《古代社会（全三册）》，杨东莼、张栗原、冯汉骥译，商务印书馆 1971 年版。

[199] 莫丽娟、袁桂林：《农村留守儿童教育问题的几个基本判断》，载于《上海教育科研》2010 年第 1 期。

[200] 欧阳日辉、吴春红：《基于利益关系的中央政府与地方政府关系》，载于《新华文摘》2009 年第 1 期。

[201] 潘家华、魏后凯主编：《中国城市发展报告 No.6：农业转移人口的市民化》，社会科学文献出版社 2013 年版。

[202] 潘璐、叶敬忠：《"大发展的孩子们"：农村留守儿童的教育与成长困境》，载于《北京大学教育评论》2014 年第 3 期。

[203] 潘璐、叶敬忠：《农村留守儿童研究综述》，载于《中国农业大学学报（社会科学版）》2006 年第 2 期。

[204] 潘孝军：《"URBANIZATION"之确切含义及中文译词选择》，载于《城市观察》2011 年第 6 期。

[205] 潘颖、李梅：《班级规模与学生发展的问题研究》，载于《东北师大学报（哲学社会科学版）》2006 年第 6 期。

[206] 彭泽平：《分割与统筹——城乡义务教育失衡的制度与政策根源及其重构》，载于《西南大学学报（社会科学版）》2014 年第 3 期。

[207] [法] 皮埃尔－菲利普·库姆斯、蒂里·迈耶、[比] 雅克－弗朗索瓦·蒂斯著：《经济地理学：区域和国家一体化》，安虎森等译，中国人民大学出版社 2011 年版。

[208] 戚建、叶庆娜：《关于我国农村寄宿制学校政策内容分析的探讨——以 2001 年后农村寄宿制学校政策文本为例》，载于《湖南社会科学》2013 年第 2 期。

[209] 秦玉友：《教育均衡化与中国城镇化的健康发展》，载于《东北师大学报（哲学社会科学版）》2003 年第 1 期。

[210] 秦玉友、翟晓雪：《农村留守儿童健康、生活和人际状况调查》，载于《中国德育》2016 年第 21 期。

[211] 仇保兴著：《应对机遇与挑战——中国城镇化战略研究主要问题与对策（第二版）》，中国建筑工业出版社 2009 年版。

[212] 邱小健：《中国城市化进程中流动人口子女义务教育问题研究——教育财政的视角》，载于《河北师范大学学报（教育科学版）》2009 年第 8 期。

[213] 全国妇联课题组：《全国农村留守儿童、城乡流动儿童状况研究报告》，载于《中国妇运》2013 年第 6 期。

[214] [美] R. E. 帕克、E. N. 伯吉斯、R. D. 麦肯齐著：《城市社会学——芝加哥学派城市研究文集》，宋俊岭、吴建华、王登斌译，华夏出版社 1987 年版。

[215] [美] R. 科斯、A. 阿尔钦、D. 诺思著：《财产权利与制度变迁——产权学派与新制度学派译文集》，刘守英译，上海三联书店 1992 年版。

[216] 饶传坤：《日本农村过疏化的动力机制、政策措施及其对我国农村建

设的启示》，载于《浙江大学学报（人文社会科学版）》2007年第6期。

［217］任东升：《坚持服务育人抓好生活管理》，载于《生活教育》2014年第22期。

［218］戎庭伟：《农民工随迁子女在校融入问题及其对策——基于福柯的"权力分析"视角》，载于《教育发展研究》2014年第6期。

［219］荣雷：《新型城镇化背景下全国义务教育形势研判会会议纪要》，载于《基础教育参考》2015年第5期。

［220］容中逵：《他者规训异化与自我迷失下的乡村教师——论乡村教师的身份认同危机问题》，载于《教育学报》2009年第5期。

［221］申兵：《"十二五"时期农民工市民化成本测算及其分担机制构建——以跨省农民工集中流入地区宁波市为案例》，载于《城市发展研究》2012年第1期。

［222］沈亚芳、谢童伟、张锦华著：《中国农村的教育贫困与教育补偿机制研究》，上海财经大学出版社2011年版。

［223］盛来运著：《流动还是迁移——中国农村劳动力流动过程的经济学分析》，上海远东出版社2008年版。

［224］石长慧：《融入取向与社会定位的紧张——对北京市流动少年社会融合的研究》，载于《社会学评论》2013年第5期。

［225］石奇、尹敬东、吕磷：《消费升级对中国产业结构的影响》，载于《产业经济研究》2009年第6期。

［226］史柏年：《城市边缘人——进城农民工家庭及其子女问题研究》，社会科学文献出版社2015年版。

［227］史宁中等著：《新农村建设与城镇化推进中农村教育布局调整研究》，经济科学出版社2014年版。

［228］［美］苏黛瑞著：《在中国城市中争取公民权》，王春光、单丽卿译，浙江人民出版社2009年版。

［229］孙久文等著：《走向2020年的我国城乡协调发展战略》，中国人民大学出版社2010年版。

［230］孙绵涛著：《教育管理学》，人民教育出版社2006年版。

［231］谭春芳、徐湘荷：《大就好吗——美国小规模中小学校（学区）合并问题研究》，载于《外国中小学教育》2009年第2期。

［232］谭晓玲、王爱云：《新中国成立后中共重点学校政策的演变》，载于《党史研究与教学》2016年第6期。

［233］谭深：《中国农村留守儿童研究述评》，载于《中国社会科学》2011

年第 1 期。

[234] 唐松林、丁璐：《论乡村教师作为乡村知识分子身份的式微》，载于《湖南师范大学教育科学学报》2013 年第 12 期。

[235] 唐祥来：《PPP 模式与教育投融资体制改革》，载于《比较教育研究》2005 年第 2 期。

[236] 陶然、曹广忠：《"空间城镇化"、"人口城镇化"的不匹配与政策组合应对》，载于《新华文摘》2009 年第 3 期。

[237] 田国强：《经济机制理论：信息效率与激励机制设计》，载于《经济学（季刊）》2003 年第 2 期。

[238] 田毅鹏：《地域社会学：何以可能？何以可为？——以战后日本城乡"过密——过疏"问题研究为中心》，载于《社会学研究》2012 年第 5 期。

[239] [美] 托马斯·R. 戴伊著：《理解公共政策》，谢明译，中国人民大学出版社 2011 年版。

[240] 汪长明：《从"他者"到"群我"：农民工随迁子女学校融入问题研究》，载于《国家行政学院学报》2013 年第 3 期。

[241] 汪明：《义务教育均衡发展与若干保障机制——部分地区的政策及实践分析》，载于《新华文摘》2006 年第 4 期。

[242] 王本陆：《消除双轨制：我国农村教育改革的伦理诉求》，载于《教育参考》2004 年第 9 期。

[243] 王定华：《关于我国农村义务教育学校布局调整的调查与思考》，载于《华中师范大学学报（人文社会科学版）》2012 年第 6 期。

[244] 王定华著：《全面推进义务教育均衡发展》，人民教育出版社 2012 年版。

[245] 王放：《中国城镇化进程中的流动人口子女受教育问题》，载于《中国青年研究》2005 年第 9 期。

[246] 王嘉毅：《农村教师与农村基础教育课程改革》，载于《基础教育课程》2005 年第 5 期。

[247] 王景：《农村中小学布局调整中寄宿制学校建设的思考》，载于《教育理论与实践》2016 年第 25 期。

[248] 王景、张学强：《当前我国农村义务教育阶段寄宿制学校发展的问题研究》，载于《教育科学》2010 年第 3 期。

[249] 王克勤：《论城乡教育一体化》，载于《普教研究》1995 年第 1 期。

[250] 王丽旭、唐斌：《农村寄宿制学校师资问题探讨》，载于《中国集体经济（人力资源管理)》2008 年第 8 期。

[251] 王利娟：《排斥与团结：社会分层机制下的教育选择》，载于《兰州学刊》2008年第3期。

[252] 王宁：《代表性还是典型性？——个案的属性与个案研究方法的逻辑基础》，载于《社会学研究》2002年第5期。

[253] 王嵘：《贫困地区教育资源的开发利用》，载于《教育研究》2001年第9期。

[254] 王善迈：《教育公平的分析框架和评价指标》，载于《北京师范大学学报（社会科学版）》2009年第3期。

[255] 王善迈著：《教育投入与产出研究》，河北教育出版社2004年版。

[256] 王士君著：《城市相互作用与整合发展》，商务印书馆2009年版。

[257] 王树涛、毛亚庆：《寄宿对留守儿童社会情感能力发展的影响：基于西部11省区的实证研究》，载于《教育学报》2015年第5期。

[258] 王兴周：《珠江三角洲新市民的乡民性与人的城市化》，载于《广西民族大学学报（哲学社会科学版）》2015年第6期。

[259] 王秀玲：《对国外城镇化发展的思考》，载于《河北师范大学学报（哲学社会科学版）》2006年第4期。

[260] 韦之：《事业单位机构编制管理的历史沿革》，载于《经济研究参考》1992年第Z6期。

[261] 魏海政：《抓住三要素，山东省将用两年时间解决大班额》，载于《人民教育》2016年第12期。

[262] 温铁军：《中国的"城镇化"道路与相关制度问题》，载于《开放导报》2000年第5期。

[263] 邬志辉：《城乡教育一体化：问题形态与制度突破》，载于《教育研究》2012年第8期。

[264] 邬志辉：《当前我国城乡义务教育一体化发展的核心问题探讨》，载于《教育发展研究》2012年第17期。

[265] 邬志辉：《关于乡村小学课程开设状况的调查与思考》，载于《生活教育》2015年第15期。

[266] 邬志辉：《中国农村学校布局调整标准问题探讨》，载于《东北师大学报（哲学社会科学版）》2010年第5期。

[267] 邬志辉、李静美：《农村留守儿童生存现状调查报告》，载于《中国农业大学学报（社会科学版）》2015年第1期。

[268] 邬志辉、李静美：《农民工随迁子女在城市接受义务教育的现实困境与政策选择》，载于《教育研究》2016年第9期。

[269] 邬志辉、秦玉友主编:《中国农村教育发展报告 2011~2019》,北京师范大学出版社 2012~2020 年版。

[270] 邬志辉、秦玉友主编:《中国农村教育发展报告 2020~2022》,科学出版社 2022 年版。

[271] 邬志辉、史宁中:《农村学校布局调整的十年走势与政策议题》,载于《教育研究》2011 年第 7 期。

[272] 邬志辉、杨卫安:《"离农"抑或"为农"——农村教育价值选择悖论及消解》,载于《教育发展研究》2008 年第 Z1 期。

[273] 邬志辉主编:《农村义务教育经费保障新机制》,北京大学出版社 2008 年版。

[274] 邬志辉著:《中国教育现代化新视野》,东北师范大学出版社 2000 年版。

[275] 吴方文、宋映泉、黄晓婷:《校园欺凌:让农村寄宿生更"受伤"——基于 17841 名农村寄宿制学校学生的实证研究》,载于《中小学管理》2016 年第 8 期。

[276] 吴华、胡威:《公共财政为什么要资助民办教育》,载于《北京大学教育评论》2012 年第 2 期。

[277] 吴敬琏主编:《比较》,中信出版社 2016 年版。

[278] 吴丽萍、陈时见:《英国农村小规模学校合作发展的有益经验》,载于《外国中小学教育》2012 年第 10 期。

[279] 吴万齐:《中国城镇化道路问题学术讨论会在南京举行》,载于《建筑学报》1983 年第 3 期。

[280] 吴从清著:《角色轮——个人与社会的互动》,浙江大学出版社 2010 年版。

[281] 相伟:《中国城镇化的难点与对策》,载于《中国投资》2012 年第 3 期。

[282] 向芸芸、蒙吉军:《生态承载力研究和应用进展》,载于《生态学杂志》2012 年第 11 期。

[283] [美] 小弗恩·布里姆莱、鲁龙·R.贾弗尔德著:《教育财政学——因应变革时代(第九版)》,窦卫霖主译,中国人民大学出版社 2007 年版。

[284] 肖利敏、陶芳标、陈钦:《安徽省农村寄宿制学校学生抑郁焦虑症状及其影响因素分析》,载于《中国学校卫生》2008 年第 9 期。

[285] 谢宝富:《城市化进程中流动人口随迁子女义务教育问题研究——以北京市城乡结合部城市化改造为例》,载于《北京社会科学》2013 年第 1 期。

[286] 谢建社、牛喜霞、谢宇：《流动农民工随迁子女教育问题研究——以珠三角城镇地区为例》，载于《中国人口科学》2011年第1期。

[287] 谢童伟、吴燕：《教育发展差异对人口迁移的影响——基于城市化发展的视角》，载于《南方人口》2012年第6期。

[288] 谢晓波：《区域经济理论十大流派及其评价》，载于《山东经济战略研究》2004年第Z1期。

[289] 谢治菊、刘洋：《边远贫困山区农村寄宿制学校建设研究——基于贵州省黔东南州"两山"地区的实证调查》，载于《中国教育学刊》2012年第8期。

[290] 熊丙奇：《治理大班额要做好均衡文章》，载于《发明与创新（大科技）》2016年第6期。

[291] 徐光明：《推动中小学人事制度改革加强教师队伍建设——访省教育厅厅长漆权》，载于《江西教育》2004年第12期。

[292] 徐丽敏：《城市公办学校中农民工随迁子女教育融入的问题与对策》，载于《教育理论与实践》2009年第26期。

[293] 徐云鹏、辜胜阻著：《当代人口迁移与城镇化》，武汉大学出版社1994年版。

[294] 许传新、张登国：《流动还是留守：家长的选择及其影响因素》，载于《中国青年研究》2010年第10期。

[295] 许汀：《消除大班额，推进教育均衡发展》，载于《亚太教育》2016年第30期。

[296] 荀渊：《教师教育变革的基本逻辑与未来走向》，载于《教育研究》2014年第10期。

[297] [英]亚当·斯密著：《国民财富的性质和原因的研究（上下卷）》，郭大力、王亚南译，商务印书馆2009年版。

[298] [荷]亚历山德拉·登海耶、杰基·德弗里斯、汉斯·德扬著：《发展中的知识城市——整合城市、企业和大学的校园发展战略》，焦怡雪译，载于《国际城市规划》2011年第3期。

[299] 严从根、孙芳：《教育空间生产的资本化及其正义思考》，载于《教育发展研究》2017年第3期。

[300] 杨成明、张棉好：《"后撤点并校时代"对我国农村基础教育发展的理性思考》，载于《当代教育论坛》2014年第4期。

[301] 杨东平：《新型城镇化道路对教育的挑战》，载于《教育发展研究》2013年第5期。

[302] 杨东平主编:《中国教育发展报告(2009~2020)》,社会科学文献出版社 2009~2020 年版。

[303] 杨东平主编:《中国流动儿童教育发展报告 2016》,社会科学文献出版社 2017 年版。

[304] 杨今宁:《农村寄宿制小学办学存在的问题及对策》,载于《教育理论与实践》2012 年第 26 期。

[305] 杨菊华:《从隔离、选择融入到融合:流动人口社会融入问题的理论思考》,载于《人口研究》2009 年第 1 期。

[306] 杨菊华:《中国流动人口的社会融入研究》,载于《中国社会科学》2015 年第 2 期。

[307] 杨林、张敬聘:《农民工随迁子女教育公平的财政实现机制探析》,载于《学术交流》2012 年第 6 期。

[308] 杨明:《进城务工人员随迁子女义务教育财政:资助供求失衡以及平衡化策略》,载于《教育与经济》2014 年第 6 期。

[309] 杨庆蔚主编:《中国投资发展报告(2013)》,社会科学文献出版社 2013 年版。

[310] 杨卫安、宁洋:《农村义务教育阶段不合格教师退出机制建立的关键问题探讨》,载于《教育科学研究》2015 年第 12 期。

[311] 杨卫安、邬志辉:《"校车"还是"寄宿"——农村学校布局调整后两者的优劣比较及选择》,载于《上海教育科研》2012 年第 12 期。

[312] 杨卫安著:《中国城乡教育关系制度的变迁研究》,东北师范大学出版社 2012 年版。

[313] 杨颖、孙亚玲、孙俊:《国外教育地理研究回顾与借鉴》,载于《世界地理研究》2016 年第 4 期。

[314] 杨兆山、姚姿如:《农村寄宿制学校生活教师队伍建设研究》,载于《教育探索》2012 年第 6 期。

[315] 杨志勇、杨之刚著:《中国财政制度改革 30 年》,上海人民出版社 2008 年版。

[316] 杨智勤:《组织吸引力理论及其在人力资源管理中的应用》,载于《企业活力》2009 年第 8 期。

[317] 姚继军、陈婷婷:《超大规模学校的问题分析与改革出路》,载于《人民教育》2014 年第 4 期。

[318] 叶敬忠、潘璐:《农村小学寄宿制问题及有关政策分析》,载于《中国教育学刊》2008 年第 2 期。

[319] 叶敬忠、王伊欢、张克云、陆继霞：《父母外出务工对农村留守儿童学习的影响》，载于《农村经济》2006年第7期。

[320] 叶庆娜：《学校规模对教育公平、成本效益的影响——国外学校规模影响研究综述及启示》，载于《教育与经济》2016年第3期。

[321] 叶秀丹：《新课程改革中农村教师的心态分析与调适》，载于《当代教育科学》2006年第23期。

[322] 叶裕民、黄壬侠：《中国新型工业化与城市化互动机制研究》，载于《西南民族大学学报（人文社科版）》2004年第6期。

[323] 殷志静、郁奇虹著：《中国户籍制度改革》，中国政法大学出版社1996年版。

[324] [以] 尤瓦尔·赫拉利著：《人类简史：从动物到上帝》，林俊宏译，中信出版社2014年版。

[325] 余益中：《城镇化建设与农村教育改革》，载于《教育研究》2002年第6期。

[326] 俞德鹏著：《城乡社会：从隔离走向开放——中国户籍制度与户籍法研究》，山东人民出版社2002年版。

[327] 虞小强、陈宗兴、霍学喜：《城镇化进程中农村教育的困境与选择》，载于《现代教育管理》2011年第6期。

[328] 袁桂林：《建设文化教育型小城市的可行性研究》，载于《东北师大学报（哲学社会科学版）》2003年第1期。

[329] 袁桂林等著：《中国农村教育发展指标研究》，经济科学出版社2009年版。

[330] 袁连生：《农民工子女义务教育经费负担政策的理论、实践与改革》，载于《教育与经济》2010年第1期。

[331] 袁振国著：《论中国教育政策的转变——对我国重点中学平等与效益的个案研究》，广东教育出版社1999年版。

[332] 袁振国著：《农民工子女教育问题研究》，经济科学出版社2012年版。

[333] 原青林、单中惠：《基础教育公私合作伙伴关系模式：问题与启示》，载于《教育研究》2009年第9期。

[334] 翟博：《中国基础教育均衡发展实证分析》，载于《教育研究》2007年第7期。

[335] 翟博著：《教育均衡论》，人民教育出版社2008年版。

[336] 翟雪辰、汪露露、巨琛琛：《西北地区大班额问题的成因与对策探析》，载于《基础教育研究》2014年第13期。

[337][美]詹姆斯·C. 斯科特著:《国家的视角:那些试图改善人类状况的项目是如何失败的》,胡晓毅译,科学文献出版社2004年版。

[338]湛卫清:《农民工随迁子女融合教育的困惑与对策》,载于《教育发展研究》2008年第10期。

[339]湛卫清:《融合教育:农民工随迁子女教育的新策略》,载于《人民教育》2009年第11期。

[340]张光陆:《学校教育融合视角下——外来务工人员随迁子女的身份认同——基于交际人种志的研究》,载于《教育发展研究》2017年第12期。

[341]张国林:《城镇学校大班额现象探析》,载于《辽宁师范大学学报(社会科学版)》2013年第2期。

[342]张洪华著:《农村中小学布局调整中的利益博弈——基于苏镇个案的实地研究》,南开大学出版社2014年版。

[343]张继良、马洪福:《江苏外来农民工市民化成本测算及分摊》,载于《中国农村观察》2015年第2期。

[344]张杰:《教育郊区化:城市化进程中的教育转型》,载于《南通纺织职业技术学院学报(综合版)》2006年第4期。

[345]张锦华著:《中国农村教育平等问题研究》,上海财经大学出版社2008年版。

[346][美]张鹂著:《城市里的陌生人——中国流动人口的空间、权力与社会网络的重构》,袁长庚译,江苏人民出版社2014年版。

[347]张力:《促进城乡义务教育均衡发展加快普及农村高中阶段教育》,载于《人民教育》2009年第1期。

[348]张立荣、曾维和:《当代西方"整体政府"公共服务模式及其借鉴》,载于《中国行政管理》2008年第7期。

[349]张芯、马冠生、胡小琪、张倩、李艳平、檀倩影、董一凡、龚宁:《我国农村寄宿制学校学生食物消费现况》,载于《中国学校卫生》2010年第9期。

[350]张新平:《巨型学校的成因、问题及治理》,载于《教育发展研究》2007年第1A期。

[351]张燕:《后撤点并校时代农村寄宿制学校发展研究》,载于《教学与管理》2017年第18期。

[352]张勇、王慧炯、古明明:《发展教育是跨越"中等收入陷阱"的关键——通过发展教育和转型来规避"中等收入陷阱"》,载于《教育与经济》2012年第2期。

[353] 章婧、王鑫：《小规模学校更具优势：来自西方的经验》，载于《上海教育科研》2010年第10期。

[354] 赵丹、于晓康：《农村小学低龄寄宿生学校适应性及影响因素研究——基于陕西省两县的实证分析》，载于《教育科学研究》2017年第5期。

[355] 赵伟：《工业化与城市化：沿海三大区域模式及其演化机理分析》，载于《新华文摘》2010年第2期。

[356] 赵新平、周一星：《改革以来中国城市化道路及城市化理论研究述评》，载于《中国社会科学》2002年第2期。

[357] 郑立坤等：《城镇化进程中县城城区小学"大班额"问题调查研究》，载于《信阳师范学院学报（哲学社会科学版）》2017年第1期。

[358] 中共教育部党组：《发展具有中国特色世界水平的现代教育——党的十八大以来教育改革发展的成就和经验》，载于《求是》2017年第16期。

[359] 中央教科所教育发展研究部课题组：《中国进城务工就业农民子女义务教育研究》，载于《华中师范大学学报（人文社会科学版）》2007年第2期。

[360] 中央教育科学研究所教育督导评估研究中心著：《义务教育均衡发展报告2010》，教育科学出版社2010年版。

[361] 中央教育科学研究所教育发展研究部课题组：《农村留守儿童问题调研报告》，载于《教育研究》2004年第10期。

[362] 中央教育科学研究所课题组：《贫困地区农村寄宿制学校学生课余生活管理研究——基于广西壮族自治区都安县、河北省丰宁县的调研》，载于《教育研究》2008年第4期。

[363] 钟宜兴著：《比较教育的发展与认同》，复文图书出版社2004年版。

[364] 周翠翠：《中小学校长领导力存在的问题、原因及提升途径》，载于《中小学校长》2010年第1期。

[365] 周建明：《高流动社会与属地化管理体制下的公共产品供给》，载于《学术月刊》2014年第2期。

[366] 周其仁著：《城乡中国》，中信出版社2016年版。

[367] 周天勇著：《中国行政体制改革30年》，上海人民出版社2008年版。

[368] 周雪光：《基层政府间的"共谋现象"——一个政府行为的制度逻辑》，载于《开放时代》2009年第12期。

[369] 周雪光著：《组织社会学十讲》，清华大学出版社2003年版。

[370] 周晔、王晓燕：《城乡教育统筹治理：概念与理论架构》，载于《教育研究》2014年第8期。

[371] 周兆海、邬志辉：《工作量视角下义务教育教师编制标准研究——以

农村小规模学校为例》,载于《中国教育学刊》2014年第9期。

［372］周志忍、陈家浩:《政府转型与制度构建——中国教育资源配置的政治分析》,载于《政治学研究》2010年第4期。

［373］周宗奎等:《农村留守儿童心理发展与教育问题》,载于《北京师范大学学报(社会科学版)》2005年第1期。

［374］朱家存著:《教育均衡发展政策研究》,中国社会科学出版社2003年版。

［375］朱劲松:《我国农村教育水平与城市化率实证研究》,载于《商业时代》2010年第14期。

［376］朱镜德:《农民工子女进城求学与二元教育结构转变》,载于《中国人口科学》2004年第4期。

［377］朱旭东、胡艳主编:《中国教育改革30年(教师教育卷)》,北京师范大学出版社2009年版。

［378］邹一南:《户籍制度改革的内生逻辑与政策选择》,载于《经济学家》2015年第4期。

［379］Aba Schwartz. Interpreting the Effect of Distance on Migration. *Journal of Political Economy*, Vol. 81, No. 5, 1973, pp. 1153 – 1169.

［380］Adna Ferrin Weber. *The Growth of Cities in the Nineteenth Century*: *A Study in Statistics*. Columbia University, 1899.

［381］Alok Kumar, Brianne Kober. *Urbanization, Human Capital, and Cross-country Productivity Differences. Economics Letters*, Vol. 117, No. 1, 2012, pp. 14 – 17.

［382］Anthony H. Richmond. Immigrant Adaptation: A Critical Review of "Three Years in Canada". *Canadian Public Policy*, Vol. 1, No. 3, 1975, pp. 317 – 327.

［383］Arnold M. Rose (Ed.). Human Behavior and Social Processes. Boston, MA: Houghton Mifflin Company, 1962.

［384］Bethann Berliner. *Alternatives to School District Consolidation. Knowledge Brief*, No. 2, 1990, pp. 1 – 9.

［385］Bingqin Li, David Piachaud. Urbanization and Social Policy in China. *Asia - Pacific Development Journal*, Vol. 13, No. 1, 2006, pp. 1 – 26.

［386］Brian Irby. *The Consolidation Battle of 1966 and the Creation of the Arkansas Rural Education Association*. Educational Resources Information Center, 1998.

［387］Bruce A. Miller. The Role of Rural Schools in Community Development: Policy Issues and Implications. *Journal of Research in Rural Education*, Vol. 11, No. 3, 1995, pp. 163 – 172.

［388］ Cecilia Tacoli. Rural-urban Interactions: A Guide to the Literature. *Environment and Urbanization*, Vol. 10, No. 1, 1998, pp. 147 – 166.

［389］ Charles R. Tittle, Mark C. Stafford. Urban Theory, Urbanism, and Suburban Residence. *Social Forces*, Vol. 70, No. 3, 1992, pp. 725 – 744.

［390］ Clarence Arthur Perry. *The Neighborhood Unit: A Scheme of Arrangement for the Family-life Community*. Published as Monograph 1 in Vol. 7 of Regional Plan of New York Regional Survey of New York and its Environs, 1929.

［391］ Claude S. Fischer. The Subcultural Theory of Urbanism: A Twentieth – Year Assessment. *American Journal of Sociology*, Vol. 101, No. 3, 1995, pp. 543 – 577.

［392］ Claudio Thum, Silke Uebelmesser. Mobility and the Role of Education as a Commitment Device. *International Tax and Public Finance*, Vol. 10, No. 5, 2003, pp. 549 – 564.

［393］ Department of Economic and Social Affairs. *World Urbanization Prospects: The 2011 Revision*, 2012 – 03 – 01.

［394］ Georg Simmel. *The Metropolis and Mental Life*. Translated and edited by Kurt H. Wolff. The Sociology of Georg Simmel. New York: Free Press, 1950.

［395］ Gian S. Sahota. An Economic Analysis of Internal Migration in Brazil. *Journal of Political Economy*, Vol. 76, No. 2, 1968, pp. 218 – 245.

［396］ Graeme Hugo. *Urbanisation in Asia: An Overview*. Paper Prepared for Conference on African Migration in Comparative Perspective, Johannesburg, South Africa, 4 – 7, June 2003.

［397］ Herbert J. Gans. *Urban Villagers: Group and Class in the Life of Italian – Americans (Updated and Expanded Edition)*. The Free Press, 1982.

［398］ Hobarat L. Harmon, Kai Schafft. Rural School Leadership for Collaborative Community Development. *The Rural Educator*, Vol. 30, No. 3, 2009, pp. 4 – 9.

［399］ Houchang Hassan – Yari, Youhanna Najdi, Mohd Azhari Bin Abdul Karim. Education, Urbanization and Propensity towards Democracy in Iranian Society 1995 – 2010: With Emphasize on Martin Lipset's Theory. *International Journal of Humanities and Social Science*, Vol. 2, No. 15, 2012, pp. 143 – 154.

［400］ Ivan Muse, Ralph B. Smith, Bruce O. Barker. *The One – Teacher School in the 1980s*. Las Cruces, N. M.: Fort Collins, Colo.: ERIC Clearinghouse on Rural Education and Small Schools, 1987.

［401］ Janet Abu – Lughod. Migrant Adjustment to City Life: The Egyptian Case.

American Journal of Sociology, Vol. 67, No. 1, 1961, pp. 22 – 32.

［402］Jeremy D. Finn, Gina M. Pannozzo, Charles M. Achilles. The "why's" of Class Size: Student Behavior in Small Classes. *Review of Educational Research*, Vol. 73, No. 3, 2003, pp. 321 – 368.

［403］Joanne Canddy, Christian Vergez. *Citizens as Partners: Information, Consoladation and Public Participation in Policy – Making*. OECD Publications, 2001.

［404］John Friedmann. *Two Concepts of Urbanization: A Comment. Urban Affairs Review*, Vol. 1, No. 4, 1966, pp. 78 – 84.

［405］John Zahorik, Alex Molnar, Karen Ehrle, et al. Evaluating the SAGE Program: A Pilot Program in Targeted Pupil – Teacher Reduction in Wisconsin. *Educational Evaluation and Policy Analysis*, Vol. 21, No. 2, 1999, pp. 165 – 177.

［406］Joyce D. Stern. *The Condition of Education in Rural Schools*. Washington, DC: U. S. Department of Education, Office of Educational Research and Improvement, 1994.

［407］Kalervo N. Gulson, Colin Symes. *Spatial Theories of Education: Policy and Geography Matters*. New York: Routledge, 2007.

［408］Karen Kay Petersen. Villagers in Cairo: Hypotheses Versus Data. *American Journal of Sociology*, Vol. 77, No. 3, 1971, pp. 560 – 573.

［409］Kate V. Wofford. *Modern Education in the Small Rural School*. New York: The MacMillan Co., 1943.

［410］Kenny Lynch. *Rural-urban Interaction in the Developing World*. Routledge Perspective on Development, 2005.

［411］Kieran Killeen, John Sipple. *School Consolidation and Transportation Policy: An Empirical and Institutional Analysis*. Educational Resources Information Center, 2000.

［412］Krzysztof Zagórski, Anna M. Furdyna. Urbanization and Resulting Changes in Class Structure and Education. *International Journal of Sociology*, Vol. 7, No. 3/4, 1977, pp. 48 – 58.

［413］Laila Kûle. *Concepts of Rurality and Urbanity as Analytical Categories in Multidimensional Research. Proceedings of the Latvian Academy of Sciences*. Section B, Vol. 62, No. 1/2, 2008, pp. 9 – 17.

［414］Larry A. Sjaastad. The Costs and Returns of Human Migration. *Journal of Political Economy*, Vol. 70, No. 5, 1962, pp. 80 – 93.

［415］Leo Driedger. Toward a Perspective on Canadian Pluralism: Ethnic Identity in Winnipeg. *The Canadian Journal of Sociology*, Vol. 2, No. 1, 1977, pp. 77 – 95.

[416] Leo Hendrik Klaassen, Willem Molle, Jean H. P. Paelinck. *Dynamics of Urban Development*. Aldershot: Gower, 1981.

[417] Leo van den Berg, Leland S. Burns, Leo H. Klaassen. *Spatial Cycles*. Aldershot: Gower, 1987.

[418] Leo van den Berg. *Urban Europe: A Study of Growth and Decline*. Oxford, New York: Pergamon Press, 1982.

[419] Lipton Michael. *Why Poor People Stay Poor: Urban Bias in World Development*. Cambridge, MA: Harvard University Press, 1977.

[420] Louis Wirth. Urbanism as a Way of Life. *American Journal of Sociology*, Vol. 44, No. 1, 1938, pp. 1 – 24.

[421] Mark S. Granovetter. The Strength of Weak Ties. *American Journal of Sociology*, Vol. 78, No. 6, 1973, pp. 1360 – 1380.

[422] M. Hulusi Demir, Meltem Ince, Cigdem Mehrnaz Nourani Amin. The Effects of Education and Urbanization on SAP. *Problems and Perspectives in Management*, Vol. 4, No. 2, 2006, pp. 46 – 61.

[423] Michael Dear, Steven Flusty. *Postmodern Urbanism*. Annals of the Association of American Geographers, Vol. 88, No. 1, 1998, pp. 50 – 72.

[424] Michael J. Greenwood. An Analysis of the Determinants of Geographic Labor Mobility in the United States. *The Review of Economics and Statistics*, Vol. 51, No. 2, 1969, pp. 189 – 194.

[425] Micha Gisser. On Benefit – Cost Analysis of Investment in Schooling in Rural Farm Areas. *American Journal of Agricultural Economics*, Vol. 50, No. 3, 1968, pp. 621 – 629.

[426] Micha Gisser. *Schooling and the Farm Problem. Econometric*, Vol. 33, No. 3, 1965, pp. 582 – 592.

[427] Mike Douglass, John Friedmann. *Cities for Citizens: Planning and the Rise of Civil Society in Global Age*. Academy Press, 1998.

[428] Mike Douglass. A Regional Network Strategy for Reciprocal Rural – Urban Linkages: An Agenda for Policy Research with Reference to Indonesia. *Third World Planning Review*, Vol. 20, No. 1, 1998, pp. 1 – 33.

[429] Mike Douglass. *Rural-urban Linkages and Poverty Alleviation: Toward a Policy Framework*. Curitiba, Brazil: International Workshop on Rural – Urban Linkages, 1998.

[430] Moses O. Oketch, Moses W. Ngware. *Urbanization and Education in East Africa*. African Population and Health Research Center, 2012.

[431] Nels Anderson. Urbanism and Urbanization. *American Journal of Sociology*, Vol. 65, No. 1, 1959, pp. 68 – 73.

[432] Oscar Lewis. Urbanization without Breakdown: A Case Study. *The Scientific Monthly*, Vol. 75, No. 1, 1952, pp. 31 – 41.

[433] Paul J. Magnarella. From Villager to Townsman in Turkey. *Middle East Journal*, Vol. 24, No. 2, 1970, pp. 229 – 240.

[434] Peter Blatchford, Ed Baines, Peter Kutnick, et al. Classroom Contexts: Connections between Class Size and within Class Grouping. *British Journal of Educational Psychology*, Vol. 71, No. 2, 2001, pp. 283 – 302.

[435] Peter C. Smith, Mehtab S. Karim. *Urbanization, Education and Marriage Pattern: Four Cases from Asia*. Papers of the East – West Population Insitute, No. 70, 1980.

[436] Pierre Berthon, Michael Ewing, Li Lian Hah. Captivating Company: Dimensions of Attractiveness in Employer Branding. *International Journal of Advertising*, Vol. 24, No. 2, 2005, pp. 151 – 172.

[437] Pierre Philippe Combes, Gilles Duranton, Henry G. Overman. Agglomeration and the Adjustment of the Spatial Economy. *Papers in Regional Science*, Vol. 84, No. 3, 2005, pp. 311 – 349.

[438] Reeder. *Urban Education in the Nineteenth Century*. London: Taylor and Francis Ltd., 1977.

[439] Robert J. Havighurst. Urbanization and Education in the United States. *International Review of Education*, Vol. 13, No. 4, 1967, pp. 393 – 409.

[440] Robin Alexander. Education for All, *The Quality Imperative and the Problem of Pedagogy*. Create, Apr. 2008.

[441] Saad E. M. Ibrahim. Over – Urbanization and Under – Urbanism: The Case of the Arab World. *International Journal of Middle East Studies*, Vol. 6, No. 1, 1975, pp. 29 – 45.

[442] Sajjad Akhtar. Dependency, Urbanization, Education and Household Savings: Some Preliminary Evidence from Pakistan. *Savings and Development*, Vol. 11, No. 4, 1987, pp. 337 – 353.

[443] Shi Jinghuan, Wang Li, Xie Guodong, Zhang Tiedao. *Education for Rural Transformation: A Conceptual Framework*. Baoding: UNESCO International Re-

search and Training Center for Rural Education, 2001.

[444] S. M. Brownell. Education and Urbanization. *Journal of Teacher Education*, Vol. 13, No. 2, 1962, pp. 203 – 207.

[445] Stanley Milgram. Book Review on Gerald D. Suttles. *The Social Construction of Communities*. University of Chicago Press, 1972.

[446] Svend Riemer. Villagers in Metropolis. *British Journal of Sociology*, Vol. 2, No. 1, 1951, pp. 31 – 43.

[447] Tahire Erman. Becoming "Urban" or Remaining "Rural": The Views of Turkish Rural-to – Urban Migrants on the "Integration" Question. *International Journal of Middle East Studies*, Vol. 30, No. 4, 1998, pp. 541 – 561.

[448] Takahiro Akita, Sachiko Miyata. *Urbanization, Educational Expansion, and Expenditures Inequality in Indonesia in* 1996, 1999, *and* 2002. IFPRI Discussion Paper 00728, November 2007.

[449] Thomas Welsh, Nobel F. McGinn. *Decentralization of Education*: *Why, When, What and How*? UNESCO, 1999.

[450] UNESCO. *EFA Global Monitoring Report* 2009—*Overcoming Inequality*: *Why Governance Matters*. Oxford University Press, 2008.

[451] United Nations Department of Economic and Social Affairs Population Division. *World Urbanization Prospects*: *The* 2014 *Revision*. New York: T/ESA/SER. A/366, 2015.

[452] W. E. Marsden. *Education and Urbanization in Nineteenth-century Britain*. *Paedagogica Historica*, Vol. 23, No. 1, 1983, pp. 85 – 124.

[453] William F. Blankenau, Mark L. Skidmore. School Finance Litigation, Tax and Expenditure Limitations, and Education Spending. *Contemporary Economic Policy*, Vol. 22, No. 1, 2004, pp. 127 – 143.

[454] William T. Pink, George W. Noblit. *International Handbook of Urban Education*. Dordrecht: Springer, 2007.

[455] Zu-chao Li, Wen Xu. Demand for Education in the Urbanization Process: Prediction and Analysis. *Frontiers of Education in China*, Vol. 1, No. 4, 2006, pp. 533 – 548.

后 记

本书是教育部哲学社会科学研究重大课题攻关项目的终期研究成果。课题研究历时四年，尽管课题组围绕研究主题先后发表了 80 余篇研究成果，有 10 余份政策咨询报告获得国家领导人、教育部领导及民主党派领导批示，有的甚至直接转化为了国家的教育政策文件，但是这本学术专著并不是前期发表论文的简单集合，而是根据对课题的理解重新撰写的，尤其是著作中提出的城镇化"集聚"与"筛选"机制、"产城人教"实践模式、"个人城市性"及"城市性重建""城市教育空间、身份与机会不平等"以及"城市教育供给侧结构性改革"等一系列新观点，在之前是没有发表过的。期望本书所提出的观点能对后续研究提供有益的启示。

本书的结构框架由首席专家设计，除前言外，共分 3 篇 14 章（引论 + 13 章），由课题组成员分别撰写。本书是课题组成员集体智慧的结晶，尽管各章内容均经过了课题组的充分讨论，但在撰写过程中还是充分尊重了各章撰写人的独立意志。各章的具体撰写人员如下：前言、引论和第一章由邬志辉撰写，第二章由李涛、刘善槐、付昌奎、邬志辉撰写，第三章由秦玉友、张金龙撰写，第四章由丁学森撰写，第五章由陈昌盛、邬志辉撰写，第六章由陈昌盛、邬志辉、张红艳、赵小翠、赵贞撰写，第七章由邬志辉、李静美撰写，第八章由秦玉友、曾文婧、邬志辉撰写，第九章由付昌奎撰写，第十章由倪建雯、汤颖、付春苗、马晓微、邱智德撰写，第十一章和第十二章由王红、邬志辉撰写，第十三章由凡勇昆、邬志辉、李静美撰写。

尽管本书作者在写作过程中查阅了大量研究资料，但随着研究的深入又发现了许多新的非常值得研究的课题。因此，本书只能算是阶段性的研究成果，加上时间有限而任务繁重，书中会存在不少疏漏和错误，恳请各位读者批评指正。

邬志辉

教育部哲学社会科学研究重大课题攻关项目成果出版列表

序号	书　名	首席专家
1	《马克思主义基础理论若干重大问题研究》	陈先达
2	《马克思主义理论学科体系建构与建设研究》	张雷声
3	《马克思主义整体性研究》	逄锦聚
4	《改革开放以来马克思主义在中国的发展》	顾钰民
5	《新时期　新探索　新征程——当代资本主义国家共产党的理论与实践研究》	聂运麟
6	《坚持马克思主义在意识形态领域指导地位研究》	陈先达
7	《当代资本主义新变化的批判性解读》	唐正东
8	《当代中国人精神生活研究》	童世骏
9	《弘扬与培育民族精神研究》	杨叔子
10	《当代科学哲学的发展趋势》	郭贵春
11	《服务型政府建设规律研究》	朱光磊
12	《地方政府改革与深化行政管理体制改革研究》	沈荣华
13	《面向知识表示与推理的自然语言逻辑》	鞠实儿
14	《当代宗教冲突与对话研究》	张志刚
15	《马克思主义文艺理论中国化研究》	朱立元
16	《历史题材文学创作重大问题研究》	童庆炳
17	《现代中西高校公共艺术教育比较研究》	曾繁仁
18	《西方文论中国化与中国文论建设》	王一川
19	《中华民族音乐文化的国际传播与推广》	王耀华
20	《楚地出土戰國簡册［十四種］》	陈　伟
21	《近代中国的知识与制度转型》	桑　兵
22	《中国抗战在世界反法西斯战争中的历史地位》	胡德坤
23	《近代以来日本对华认识及其行动选择研究》	杨栋梁
24	《京津冀都市圈的崛起与中国经济发展》	周立群
25	《金融市场全球化下的中国监管体系研究》	曹凤岐
26	《中国市场经济发展研究》	刘　伟
27	《全球经济调整中的中国经济增长与宏观调控体系研究》	黄　达
28	《中国特大都市圈与世界制造业中心研究》	李廉水

序号	书名	首席专家
29	《中国产业竞争力研究》	赵彦云
30	《东北老工业基地资源型城市发展可持续产业问题研究》	宋冬林
31	《转型时期消费需求升级与产业发展研究》	臧旭恒
32	《中国金融国际化中的风险防范与金融安全研究》	刘锡良
33	《全球新型金融危机与中国的外汇储备战略》	陈雨露
34	《全球金融危机与新常态下的中国产业发展》	段文斌
35	《中国民营经济制度创新与发展》	李维安
36	《中国现代服务经济理论与发展战略研究》	陈 宪
37	《中国转型期的社会风险及公共危机管理研究》	丁烈云
38	《人文社会科学研究成果评价体系研究》	刘大椿
39	《中国工业化、城镇化进程中的农村土地问题研究》	曲福田
40	《中国农村社区建设研究》	项继权
41	《东北老工业基地改造与振兴研究》	程 伟
42	《全面建设小康社会进程中的我国就业发展战略研究》	曾湘泉
43	《自主创新战略与国际竞争力研究》	吴贵生
44	《转轨经济中的反行政性垄断与促进竞争政策研究》	于良春
45	《面向公共服务的电子政务管理体系研究》	孙宝文
46	《产权理论比较与中国产权制度变革》	黄少安
47	《中国企业集团成长与重组研究》	蓝海林
48	《我国资源、环境、人口与经济承载能力研究》	邱 东
49	《"病有所医"——目标、路径与战略选择》	高建民
50	《税收对国民收入分配调控作用研究》	郭庆旺
51	《多党合作与中国共产党执政能力建设研究》	周淑真
52	《规范收入分配秩序研究》	杨灿明
53	《中国社会转型中的政府治理模式研究》	娄成武
54	《中国加入区域经济一体化研究》	黄卫平
55	《金融体制改革和货币问题研究》	王广谦
56	《人民币均衡汇率问题研究》	姜波克
57	《我国土地制度与社会经济协调发展研究》	黄祖辉
58	《南水北调工程与中部地区经济社会可持续发展研究》	杨云彦
59	《产业集聚与区域经济协调发展研究》	王 珺

序号	书名	首席专家
60	《我国货币政策体系与传导机制研究》	刘 伟
61	《我国民法典体系问题研究》	王利明
62	《中国司法制度的基础理论问题研究》	陈光中
63	《多元化纠纷解决机制与和谐社会的构建》	范 愉
64	《中国和平发展的重大前沿国际法律问题研究》	曾令良
65	《中国法制现代化的理论与实践》	徐显明
66	《农村土地问题立法研究》	陈小君
67	《知识产权制度变革与发展研究》	吴汉东
68	《中国能源安全若干法律与政策问题研究》	黄 进
69	《城乡统筹视角下我国城乡双向商贸流通体系研究》	任保平
70	《产权强度、土地流转与农民权益保护》	罗必良
71	《我国建设用地总量控制与差别化管理政策研究》	欧名豪
72	《矿产资源有偿使用制度与生态补偿机制》	李国平
73	《巨灾风险管理制度创新研究》	卓 志
74	《国有资产法律保护机制研究》	李曙光
75	《中国与全球油气资源重点区域合作研究》	王 震
76	《可持续发展的中国新型农村社会养老保险制度研究》	邓大松
77	《农民工权益保护理论与实践研究》	刘林平
78	《大学生就业创业教育研究》	杨晓慧
79	《新能源与可再生能源法律与政策研究》	李艳芳
80	《中国海外投资的风险防范与管控体系研究》	陈菲琼
81	《生活质量的指标构建与现状评价》	周长城
82	《中国公民人文素质研究》	石亚军
83	《城市化进程中的重大社会问题及其对策研究》	李 强
84	《中国农村与农民问题前沿研究》	徐 勇
85	《西部开发中的人口流动与族际交往研究》	马 戎
86	《现代农业发展战略研究》	周应恒
87	《综合交通运输体系研究——认知与建构》	荣朝和
88	《中国独生子女问题研究》	风笑天
89	《我国粮食安全保障体系研究》	胡小平
90	《我国食品安全风险防控研究》	王 硕

序号	书　名	首席专家
91	《城市新移民问题及其对策研究》	周大鸣
92	《新农村建设与城镇化推进中农村教育布局调整研究》	史宁中
93	《农村公共产品供给与农村和谐社会建设》	王国华
94	《中国大城市户籍制度改革研究》	彭希哲
95	《国家惠农政策的成效评价与完善研究》	邓大才
96	《以民主促进和谐——和谐社会构建中的基层民主政治建设研究》	徐　勇
97	《城市文化与国家治理——当代中国城市建设理论内涵与发展模式建构》	皇甫晓涛
98	《中国边疆治理研究》	周　平
99	《边疆多民族地区构建社会主义和谐社会研究》	张先亮
100	《新疆民族文化、民族心理与社会长治久安》	高静文
101	《中国大众媒介的传播效果与公信力研究》	喻国明
102	《媒介素养：理念、认知、参与》	陆　晔
103	《创新型国家的知识信息服务体系研究》	胡昌平
104	《数字信息资源规划、管理与利用研究》	马费成
105	《新闻传媒发展与建构和谐社会关系研究》	罗以澄
106	《数字传播技术与媒体产业发展研究》	黄升民
107	《互联网等新媒体对社会舆论影响与利用研究》	谢新洲
108	《网络舆论监测与安全研究》	黄永林
109	《中国文化产业发展战略论》	胡惠林
110	《20世纪中国古代文化经典在域外的传播与影响研究》	张西平
111	《国际传播的理论、现状和发展趋势研究》	吴　飞
112	《教育投入、资源配置与人力资本收益》	闵维方
113	《创新人才与教育创新研究》	林崇德
114	《中国农村教育发展指标体系研究》	袁桂林
115	《高校思想政治理论课程建设研究》	顾海良
116	《网络思想政治教育研究》	张再兴
117	《高校招生考试制度改革研究》	刘海峰
118	《基础教育改革与中国教育学理论重建研究》	叶　澜
119	《我国研究生教育结构调整问题研究》	袁本涛 王传毅
120	《公共财政框架下公共教育财政制度研究》	王善迈

序号	书　名	首席专家
121	《农民工子女问题研究》	袁振国
122	《当代大学生诚信制度建设及加强大学生思想政治工作研究》	黄蓉生
123	《从失衡走向平衡：素质教育课程评价体系研究》	钟启泉 崔允漷
124	《构建城乡一体化的教育体制机制研究》	李　玲
125	《高校思想政治理论课教育教学质量监测体系研究》	张耀灿
126	《处境不利儿童的心理发展现状与教育对策研究》	申继亮
127	《学习过程与机制研究》	莫　雷
128	《青少年心理健康素质调查研究》	沈德立
129	《灾后中小学生心理疏导研究》	林崇德
130	《民族地区教育优先发展研究》	张诗亚
131	《WTO主要成员贸易政策体系与对策研究》	张汉林
132	《中国和平发展的国际环境分析》	叶自成
133	《冷战时期美国重大外交政策案例研究》	沈志华
134	《新时期中非合作关系研究》	刘鸿武
135	《我国的地缘政治及其战略研究》	倪世雄
136	《中国海洋发展战略研究》	徐祥民
137	《深化医药卫生体制改革研究》	孟庆跃
138	《华侨华人在中国软实力建设中的作用研究》	黄　平
139	《我国地方法制建设理论与实践研究》	葛洪义
140	《城市化理论重构与城市化战略研究》	张鸿雁
141	《境外宗教渗透论》	段德智
142	《中部崛起过程中的新型工业化研究》	陈晓红
143	《农村社会保障制度研究》	赵　曼
144	《中国艺术学学科体系建设研究》	黄会林
145	《人工耳蜗术后儿童康复教育的原理与方法》	黄昭鸣
146	《我国少数民族音乐资源的保护与开发研究》	樊祖荫
147	《中国道德文化的传统理念与现代践行研究》	李建华
148	《低碳经济转型下的中国排放权交易体系》	齐绍洲
149	《中国东北亚战略与政策研究》	刘清才
150	《促进经济发展方式转变的地方财税体制改革研究》	钟晓敏
151	《中国—东盟区域经济一体化》	范祚军

序号	书名	首席专家
152	《非传统安全合作与中俄关系》	冯绍雷
153	《外资并购与我国产业安全研究》	李善民
154	《近代汉字术语的生成演变与中西日文化互动研究》	冯天瑜
155	《新时期加强社会组织建设研究》	李友梅
156	《民办学校分类管理政策研究》	周海涛
157	《我国城市住房制度改革研究》	高波
158	《新媒体环境下的危机传播及舆论引导研究》	喻国明
159	《法治国家建设中的司法判例制度研究》	何家弘
160	《中国女性高层次人才发展规律及发展对策研究》	佟新
161	《国际金融中心法制环境研究》	周仲飞
162	《居民收入占国民收入比重统计指标体系研究》	刘扬
163	《中国历代边疆治理研究》	程妮娜
164	《性别视角下的中国文学与文化》	乔以钢
165	《我国公共财政风险评估及其防范对策研究》	吴俊培
166	《中国历代民歌史论》	陈书录
167	《大学生村官成长成才机制研究》	马抗美
168	《完善学校突发事件应急管理机制研究》	马怀德
169	《秦简牍整理与研究》	陈伟
170	《出土简帛与古史再建》	李学勤
171	《民间借贷与非法集资风险防范的法律机制研究》	岳彩申
172	《新时期社会治安防控体系建设研究》	宫志刚
173	《加快发展我国生产服务业研究》	李江帆
174	《基本公共服务均等化研究》	张贤明
175	《职业教育质量评价体系研究》	周志刚
176	《中国大学校长管理专业化研究》	宣勇
177	《"两型社会"建设标准及指标体系研究》	陈晓红
178	《中国与中亚地区国家关系研究》	潘志平
179	《保障我国海上通道安全研究》	吕靖
180	《世界主要国家安全体制机制研究》	刘胜湘
181	《中国流动人口的城市逐梦》	杨菊华
182	《建设人口均衡型社会研究》	刘渝琳
183	《农产品流通体系建设的机制创新与政策体系研究》	夏春玉

序号	书　名	首席专家
184	《区域经济一体化中府际合作的法律问题研究》	石佑启
185	《城乡劳动力平等就业研究》	姚先国
186	《20世纪朱子学研究精华集成——从学术思想史的视角》	乐爱国
187	《拔尖创新人才成长规律与培养模式研究》	林崇德
188	《生态文明制度建设研究》	陈晓红
189	《我国城镇住房保障体系及运行机制研究》	虞晓芬
190	《中国战略性新兴产业国际化战略研究》	汪　涛
191	《证据科学论纲》	张保生
192	《要素成本上升背景下我国外贸中长期发展趋势研究》	黄建忠
193	《中国历代长城研究》	段清波
194	《当代技术哲学的发展趋势研究》	吴国林
195	《20世纪中国社会思潮研究》	高瑞泉
196	《中国社会保障制度整合与体系完善重大问题研究》	丁建定
197	《民族地区特殊类型贫困与反贫困研究》	李俊杰
198	《扩大消费需求的长效机制研究》	臧旭恒
199	《我国土地出让制度改革及收益共享机制研究》	石晓平
200	《高等学校分类体系及其设置标准研究》	史秋衡
201	《全面加强学校德育体系建设研究》	杜时忠
202	《生态环境公益诉讼机制研究》	颜运秋
203	《科学研究与高等教育深度融合的知识创新体系建设研究》	杜德斌
204	《女性高层次人才成长规律与发展对策研究》	罗瑾琏
205	《岳麓秦简与秦代法律制度研究》	陈松长
206	《民办教育分类管理政策实施跟踪与评估研究》	周海涛
207	《建立城乡统一的建设用地市场研究》	张安录
208	《迈向高质量发展的经济结构转变研究》	郭熙保
209	《中国社会福利理论与制度构建——以适度普惠社会福利制度为例》	彭华民
210	《提高教育系统廉政文化建设实效性和针对性研究》	罗国振
211	《毒品成瘾及其复吸行为——心理学的研究视角》	沈模卫
212	《英语世界的中国文学译介与研究》	曹顺庆
213	《建立公开规范的住房公积金制度研究》	王先柱

序号	书　名	首席专家
214	《现代归纳逻辑理论及其应用研究》	何向东
215	《时代变迁、技术扩散与教育变革：信息化教育的理论与实践探索》	杨　浩
216	《城镇化进程中新生代农民工职业教育与社会融合问题研究》	褚宏启 薛二勇
217	《我国先进制造业发展战略研究》	唐晓华
218	《融合与修正：跨文化交流的逻辑与认知研究》	鞠实儿
219	《中国新生代农民工收入状况与消费行为研究》	金晓彤
220	《高校少数民族应用型人才培养模式综合改革研究》	张学敏
221	《中国的立法体制研究》	陈　俊
222	《教师社会经济地位问题：现实与选择》	劳凯声
223	《中国现代职业教育质量保障体系研究》	赵志群
224	《欧洲农村城镇化进程及其借鉴意义》	刘景华
225	《国际金融危机后全球需求结构变化及其对中国的影响》	陈万灵
226	《创新法治人才培养机制》	杜承铭
227	《法治中国建设背景下警察权研究》	余凌云
228	《高校财务管理创新与财务风险防范机制研究》	徐明稚
229	《义务教育学校布局问题研究》	雷万鹏
230	《高校党员领导干部清正、党政领导班子清廉的长效机制研究》	汪　曦
231	《二十国集团与全球经济治理研究》	黄茂兴
232	《高校内部权力运行制约与监督体系研究》	张德祥
233	《职业教育办学模式改革研究》	石伟平
234	《职业教育现代学徒制理论研究与实践探索》	徐国庆
235	《全球化背景下国际秩序重构与中国国家安全战略研究》	张汉林
236	《进一步扩大服务业开放的模式和路径研究》	申明浩
237	《自然资源管理体制研究》	宋马林
238	《高考改革试点方案跟踪与评估研究》	钟秉林
239	《全面提高党的建设科学化水平》	齐卫平
240	《"绿色化"的重大意义及实现途径研究》	张俊飚
241	《利率市场化背景下的金融风险研究》	田利辉
242	《经济全球化背景下中国反垄断战略研究》	王先林

序号	书名	首席专家
243	《中华文化的跨文化阐释与对外传播研究》	李庆本
244	《世界一流大学和一流学科评价体系与推进战略》	王战军
245	《新常态下中国经济运行机制的变革与中国宏观调控模式重构研究》	袁晓玲
246	《推进21世纪海上丝绸之路建设研究》	梁 颖
247	《现代大学治理结构中的纪律建设、德治礼序和权力配置协调机制研究》	周作宇
248	《渐进式延迟退休政策的社会经济效应研究》	席 恒
249	《经济发展新常态下我国货币政策体系建设研究》	潘 敏
250	《推动智库建设健康发展研究》	李 刚
251	《农业转移人口市民化转型：理论与中国经验》	潘泽泉
252	《电子商务发展趋势及对国内外贸易发展的影响机制研究》	孙宝文
253	《创新专业学位研究生培养模式研究》	贺克斌
254	《医患信任关系建设的社会心理机制研究》	汪新建
255	《司法管理体制改革基础理论研究》	徐汉明
256	《建构立体形式反腐败体系研究》	徐玉生
257	《重大突发事件社会舆情演化规律及应对策略研究》	傅昌波
258	《中国社会需求变化与学位授予体系发展前瞻研究》	姚 云
259	《非营利性民办学校办学模式创新研究》	周海涛
260	《基于"零废弃"的城市生活垃圾管理政策研究》	褚祝杰
261	《城镇化背景下我国义务教育改革和发展机制研究》	邬志辉
……		